Murray G. Hall · Gerhard Renner

HANDBUCH DER NACHLÄSSE UND SAMMLUNGEN ÖSTERREICHISCHER AUTOREN

LITERATUR IN DER GESCHICHTE
GESCHICHTE IN DER LITERATUR

In Verbindung mit Claudio Magris herausgegeben von
Klaus Amann und Friedbert Aspetsberger
Band 23

Murray G. Hall · Gerhard Renner

Handbuch der Nachlässe und Sammlungen österreichischer Autoren

BÖHLAU VERLAG WIEN · KÖLN · WEIMAR

Gedruckt mit Unterstützung durch
den Fonds zur Förderung der wissenschaftlichen Forschung,
die Niederösterreichische Landesregierung und
das Kulturamt der Stadt Wien.

Die Deutsche Bibliothek – CIP-Einheitsaufnahme

Hall, Murray G.:
Handbuch der Nachlässe und Sammlungen österreichischer
Autoren / Murray G. Hall ; Gerhard Renner. – Wien ; Köln ;
Weimar : Böhlau, 1992
(Literatur in der Geschichte, Geschichte in der Literatur ; Bd. 23)
ISBN 3-205-05528-4
NE: Renner, Gerhard:; HST; GT

Umschlagmotiv: Testament Franz Grillparzers vom 29. 5. 1863.
Wiener Stadt- und Landesbibliothek, H. I. N. 82.360.
Das Testament ist als Ausschnitt wiedergegeben.

Datenaufbereitung: Zehetner Ges. m. b. H., A-2105 Oberrohrbach
Druck: Novographic, A-1238 Wien

Inhalt

Vorwort

Daß es zu einer Bestimmung dessen, was österreichische Literatur ist, nicht mehr der Versuche bedarf, die uns ein Bild von deren Wesen vorzaubern, sondern vorerst verläßliche Grundlagenforschung nötig ist – diese Auffassung hat sich unter den Literaturwissenschaftlern in den letzten fünfundzwanzig Jahren mehr und mehr durchsetzen können. Das bedeutet nun nicht den Verzicht auf die Frage nach dem methodischen Stellenwert, den diese Bemühungen um die Erfassung der so oft vermuteten Besonderheit der österreichischen Literatur haben. Gerade diese Vorüberlegungen aber führten zwingend zu der Einsicht, daß die Sicherung des Materials die vordringliche Aufgabe jeder Befassung mit der österreichischen Literatur ist, ja daß eine österreichische Literaturgeschichte, deren Fehlen allenthalben beklagt und nicht ohne Grund auch der österreichischen Germanistik angelastet wird, noch eines Fundaments bedarf, das eben aus jenen Dokumenten zu errichten ist. Daß dafür die Erforschung der Nachlässe in möglichst breiter Streuung den verbindlichen Ausgangspunkt darstellen müßte, ist eine banale, jedoch keineswegs allenthalben geteilte Einsicht.

Bücher haben ihr Schicksal, heißt es. Mit gutem, ja besserem Grund läßt sich diese Redensart auch auf Nachlässe anwenden, doch von deren Schicksal wird erst dann erzählt, wenn es zu spät ist oder der Fall sich erledigt hat. Das Fehlen eines Verzeichnisses der Nachlässe, die in österreichischen Bibliotheken und Museen ganz oder teilweise zugänglich sind, war eines der ärgsten Defizite. Ein Novum in forschungsgeschichtlicher Hinsicht stellt der Versuch dar, die in Privatbesitz befindlichen Nachlässe zu orten und zu beschreiben, und dem „Fonds zur Förderung der wissenschaftlichen Forschung“ in Österreich ist nachdrücklich dafür zu danken, daß er das ebenso dringliche wie auf Grund seiner Komplexität riskante und arbeitsintensive Projekt großzügig durch fünf Jahre förderte. Die lapidaren Angaben verraten in den meisten Fällen gar nicht, wie langwierig es war, in deren Besitz zu gelangen. Das hier angesammelte Material dürfte nicht ohne Auswirkung auf die Anschaffungspolitik der Archive in der Folgezeit sein, zur Setzung von Prioritäten beitragen und Maßnahmen fördern, um dem Materialschwund mit konsequenter Prophylaxe zu begegnen.

Das Ineinander öffentlicher und oft höchst privater Interessen macht die Geschichte der Nachlässe zu einem der spannendsten Kapitel der praktischen Philologie, doch es ist nicht nur das detektivische Interesse allein, das den wissenschaftlichen Reiz dieses Unterfangens ausmacht, sondern auch die Möglichkeit, durch neue Funde einen Erkenntniszuwachs zu erzielen.

Daß der Zufall dabei eine große Rolle spielt, steht außer Zweifel, sowohl beim geglückten Fund wie denn auch bei erfolgloser Suche, wobei in diesem Fall dessen heimtückisches Wirken meist verborgen bleibt. Diesen Zufallsfaktor weitgehend auszuschalten, war eines der Hauptziele des Unternehmens, Vollständigkeit anzustreben ein anderes. Auch wenn dies als nicht erreichbar sich erweisen sollte, so durfte dies doch kein Hinderungsgrund dafür sein, sich der Aufgabe zu stellen, und die Unmöglichkeit der Perfektion ist noch lange kein Grund dafür, auf das Optimum maximum zu verzichten. Hier werden nüchterne Daten geboten, doch wer zwischen den Zeilen zu lesen versteht, kann durch Wege und Umwege der Nachlässe ermessen, welche verheerenden Folgen die politische Geschichte auf dieses unschätzbare Quellenmaterial hatte. Das ist kein Buch, in dem das rhetorische Ornament ein Heimatrecht hätte, doch es ist sehr wohl ein Buch, das die Phantasie des Benützers fordert und herausfordert.

Dieses Handbuch kann als ein Grundriß der österreichischen Literatur- und Wissenschaftsgeschichte angesehen werden, ein Grundriß, an dem aus leicht einsehbaren Gründen weiter zu arbeiten sein wird. Doch an den Aufriß läßt sich bereits viel konkreter denken denn zuvor.

Wendelin Schmidt-Dengler

Einleitung

Seit Jahren wird von Wissenschaftlern, die sich mit österreichischer Literatur beschäftigen, darüber Klage geführt, daß es in Österreich im Gegensatz zu anderen Ländern keine Möglichkeiten gibt, sich über Nachlässe, deren Inhalt und Standort, zu informieren. So gut wie keine nachlaßverwahrende Institution in Österreich verfügt heute über ein publiziertes und daher auch für nicht am Ort wohnende Forscher zugängliches Bestandsverzeichnis. Wenn ein solches Verzeichnis existiert, ist es selbst schon „Literaturgeschichte".[1]

Um dieses Problem einer Lösung zumindest näher zu führen, wurde in den Jahren 1984-1989 vom Fonds zur Förderung der wissenschaftlichen Forschung in Österreich über Anregung von Univ.-Prof. Dr. Wendelin Schmidt-Dengler das Schwerpunktprojekt „Nachlässe österreichischer Autoren" gefördert.)

Aus den ersten beiden Projekten entstand das vorliegende Handbuch. Es enthält Beschreibungen von Nachlässen österreichischer Autoren in öffentlichem Besitz in Österreich, in öffentlichem Besitz im Ausland sowie in Privatbesitz. Es ist kein Verzeichnis von Einzelautographen, sondern rekurriert auf das in den Archiven seit langem gebräuchliche Provenienzprinzip, nach dem Nachlässe in dem Zusammenhang, in dem sie bei den Autoren gewachsen sind, auch aufbewahrt und beschrieben werden sollen. Daraus resultiert die immer wieder von neuem bestaunte Tatsache, daß die Briefe eines Autors sich nicht in seinem Nachlaß befinden. Für unser Handbuch bedeutet dies, daß die zahlreichen Briefe, die von österreichischen Autoren in Nachlässen von nicht österreichischen Autoren liegen, hier nicht zu finden sind. Bei manchen Eintragungen haben wir unter dem Vermerk „Autographen in anderen Beständen" zusätzliche Hinweise auf oft entlegene Materialien zusammengefaßt, die sich entweder nicht in Nachlässen österreichischer Autoren befinden oder nicht als Nachlaß bezeichnet werden können.

Die Debatte, wer als „österreichischer Autor" bezeichnet werden darf, füllt inzwischen Bände und kann hier nicht neu aufgerollt werden. Wir haben uns auf formale Kriterien

1 Das Schwerpunktprogramm umfaßte fünf Projekte: 1. Verzeichnis der schriftlichen Nachlässe in den Bibliotheken Österreichs (Leitung: Dr. Eva Irblich, Bearbeiter: Dr. Gerhard Renner), 2. Verzeichnis literarischer Nachlässe österreichischer Autoren, die nicht in öffentlichen Bibliotheken aufbewahrt werden (Leitung: Univ.-Prof. Dr. Wendelin Schmidt-Dengler, Bearbeiter: Univ.-Doz. Dr. Murray G. Hall), 3. Aufbereitung von Nachlässen und Erarbeitung von Archivierungsrichtlinien im Brenner-Archiv (Leitung: Univ.-Doz. Dr. Walter Methlagl, Bearbeiter: Dr. Erika Wimmer-Webhofer, Dr. Christoph König, Dr. Andreas Schumacher), Salzburger Literaturarchiv (Leitung: Univ.-Prof. Dr. Adolf Haslinger, Bearbeiter: Hildemar Holl), Transkription des Nachlasses Robert Musil (Leitung: Univ.-Prof. Dr. Friedbert Aspetsberger, Bearbeiter: Mag. Arno Rußegger). Aus diesen Projekten sind bereits zwei Veröffentlichungen hervorgegangen: Christoph König: Verwaltung und wissenschaftliche Erschließung von Nachlässen in Literaturarchiven. Österreichische Richtlinien als Modell. Hrsg. vom Forschungsinstitut „Brenner-Archiv". München-New York-London-Paris: Saur 1988; Erika Wimmer-Webhofer: Die Konservierung von Archivalien in Literaturarchiven. Empfehlungen zur Lagerung, Benützung und Sicherung von Nachlässen. Hrsg. vom Forschungsinstitut „Brenner-Archiv". München-New York-London-Paris: Saur 1989. Die Weiterarbeit an den Projekten 1 und 2, zum Teil mit veränderter Aufgabenstellung, wurde 1990-1992 vom Bundesministerium für Wissenschaft und Forschung ermöglicht. Siehe Gerhard Renner: Das Österreichische Literaturarchiv. In: *Zirkular* (Wien), 1991, Nr. 14, S. 13-15.

zurückgezogen, um im Einzelfall praktikable Leitlinien zur Hand zu haben. Eine der Bedingungen ist die Geburt vor 1918 im Gebiet der Habsburgermonarchie, eine weitere, daß der Autor deutsch geschrieben hat, in einzelnen Fällen wurde vom Kriterium der Geburt abgegangen, dann nämlich, wenn Österreich für jemanden eine wichtige Wirkungsstätte war.
Die einzige Ausnahme, die uns auch wesentlich erscheint, haben wir uns bei Verlagen gestattet. Die Archive einiger weniger deutscher Verlage (Verlag Allert de Lange, Cotta, S. Fischer Verlag, Insel Verlag, Kurt Wolff Verlag), die österreichische Autoren zu ihren wichtigsten zählten, haben wir aufgenommen und die Manuskripte und Briefe von Österreichern in diesen Archiven verzeichnet.
Unter dem Begriff „Autor" verstehen wir einmal belletristische Autoren, dann aber auch Journalisten, die sich mit Literatur beschäftigen, also vorwiegend Literaturkritiker und Kulturjournalisten, sowie österreichische Literarhistoriker. Die Grenze zwischen Autoren und Theaterleuten ist sehr schwer zu ziehen. Wir haben generell keine Schauspieler, Regisseure, Volkssänger usw. aufgenommen, obwohl es uns manchmal schmerzt, etwa einen Regisseur, in dessen Nachlaß sich umfangreiche Korrespondenzen mit Autoren befinden, von unserer Liste zu streichen, zumal alle diese Angaben aus keinem anderen Nachschlagewerk ermittelt werden können. Lebende Autoren werden im allgemeinen nicht berücksichtigt. Von diesem Prinzip wird nur dann abgegangen, wenn ein Autor bereits zu Lebzeiten einen Teil seines Archivs an eine Institution abgegeben hat.
Die Quellenbasis für die Nachlaßbeschreibungen ist je nach Standort des Nachlasses sehr unterschiedlich. Für Nachlässe in öffentlichem Besitz in Österreich basieren die Eintragungen auf den Ergebnissen des ersten Teilprojekts. In diesem Projekt wurden Nachlässe, für die kein Verzeichnis vorlag, zum Großteil autopsiert und nach einem im Projekt entwickelten Modell beschrieben. Sie wurden dem „Verzeichnis der schriftlichen Nachlässe in den Bibliotheken und Museen der Republik Österreich" entnommen, das als Ergebnis dieses Teilprojekts publiziert worden ist.
In ausländischen Institutionen befinden sich vor allem Nachlässe von Autoren, die in den 30er Jahren zur Emigration gezwungen wurden bzw. nach dem Anschluß das Glück hatten, das Land lebend verlassen zu können. Diese Nachlässe sind in den U.S.A. gut dokumentiert, man würde sich nur wünschen, daß sich mehr österreichische Forscher mit diesen Beständen beschäftigten. Ein Überblick über Materialien außerhalb der Vereinigten Staaten war hingegen schwerer zu gewinnen. Doch mußte im zweiten Teilprojekt des Schwerpunktprogramms (Verzeichnis der Nachlässe österreichischer Autoren in Privatbesitz) zu Beginn abgeklärt werden, welche Materialien noch in Privatbesitz zu erwarten waren, und dazu war es notwendig, in ausländischen Institutionen verwahrte Bestände ausfindig zu machen. Davon hat das vorliegende Handbuch enorm profitiert. Für die Beschreibungen standen zum Teil gedruckte Verzeichnisse zur Verfügung, zum Teil wurden die vorhandenen internen Verzeichnisse bzw. Kataloge ausgewertet. Diese Kataloge sind oft sehr detailliert, manchmal enthalten sie aber auch nur rudimentäre Informationen. In diesem Fall konnten auch wir nur Stichworte zum Inhalt des Nachlasses übernehmen. Standen umfangreiche Informationen zur Verfügung, so wurden sie grosso modo nach dem für die österreichischen Institutionen verwendeten Modell redigiert.
Die Informationen über Nachlässe in Privatbesitz stammen ebenfalls aus dem zweiten

Teilprojekt. Der zu Beginn mit einiger Skepsis begleitete Versuch, diese Nachlässe zu erfassen, konzentrierte sich aus verständlichen Gründen auf Schriftsteller des 20. Jahrhunderts und war doch von einigem Erfolg gekrönt. Es konnten zahlreiche Nachlässe ausfindig gemacht, persönlich besichtigt und verzeichnet werden. Oft war der Projektbearbeiter der erste am Nachlaß interessierte Besucher. Die Beschreibungen sind ebenfalls nach dem Modell redigiert, wenn sie auch manchmal wesentlich umfangreicher sind als die Beschreibungen für Nachlässe in öffentlichen Institutionen; sie enthalten oft auch unpublizierte Manuskripte, für die kein gesicherter Titel vorliegt und die auch in keiner Bibliographie verzeichnet sind, deren Mitteilung aber doch ein wichtiger Hinweis sein kann.

Das Handbuch ist alphabetisch nach den gebräuchlichen Namen der Nachlasser geordnet. Wenn ein Schriftsteller in erster Linie unter einem Pseudonym schrieb und bekannt wurde, ist er unter diesem Pseudonym zu finden. Generell haben wir alle Pseudonyme, die wir von den hier vertretenen Autoren ermitteln konnten, vermerkt und mit einem Verweis auf den Namen, unter dem der Nachlaß im Verzeichnis zu finden ist, auch ins Personenregister aufgenommen. In der zweiten (dritten) Zeile werden nach Möglichkeit die vollständigen Lebensdaten mit Geburts- und Sterbeort angeführt, erstens weil manche Fehler in gängigen Lexika zu korrigieren waren, dann aber auch, weil Daten von weniger bekannten Autoren oft sehr mühsam zu eruieren sind. Geburts- und Sterbeorte zeigen übrigens, daß sich das geistige Potential Österreichs - konzentriert vorwiegend in Wien - auch nach dem Zusammenbruch der Habsburgermonarchie noch aus diesen riesigen Gebiet speiste und welche absurden Wege in die Welt es in den 30er Jahren zu nehmen gezwungen war.

In der Berufszeile werden sowohl „zivile“ Berufe als auch literarische Arbeitsschwerpunkte, fallweise Wirkungsstätten genannt. Verzichtet wird hier auf die Nennung von akademischen Graden (außer in den wenigen Fällen, wo Nachlaßbesitzer hierauf besonderen Wert legten), Ehrentitel (etwa Prof. h.c.) und Vereinsfunktionen werden ebenfalls nicht aufgenommen.

In der Zeile „Standortangabe“, die mit einem „*“ eingeleitet wird, steht an erster Stelle der Ort, gefolgt vom Namen der Institution und der Abteilung, in der sich der Nachlaß befindet. Die volle Adresse findet der Benützer unter dem Ort im Verzeichnis der Institutionen. Als Standortangabe wurden häufig, um Platz zu sparen, Kurzformen gebraucht, die im Verzeichnis der Abkürzungen und Siglen aufgelöst worden sind. Bei den Nachlässen, die nicht in öffentlichen Archiven, Museen, Bibliotheken usw. aufbewahrt werden, wird die Zeile mit „* Privatbesitz“ eingeleitet. Es folgen, je nach Wunsch des Besitzers, nur Standort und/oder nur Name mit/ohne Adresse.

Die Herausgeber gaben sich große Mühe, Standort- und Bestandssangaben in einschlägigen Verzeichnissen und Katalogen zu überprüfen und gegebenenfalls zu korrigieren und zu ergänzen. Es wurde nämlich die Erfahrung gemacht, daß bei der Redaktion von gängigen Handbüchern die Angaben über Nachlässe selten überprüft werden und eine falsche Angabe unweigerlich weitere zur Folge hat.

Der Aufbau der einzelnen Eintragungen wurde zur leichteren Orientierung des Benützers wie folgt vereinheitlicht:

a) Art und Umfang des Nachlasses: Auf die Bezeichnungen Nachlaß, Teilnachlaß, Splitternachlaß, Kryptonachlaß im Nachlaß von . . . oder Sammlung folgt, wo bekannt, die Umfangsangabe in möglichst aussagekräftiger Form. Die Größe von Kartons, Schachteln u.ä. kann allerdings stark differieren.

b) Beschreibung: Liegt von einer Institution (z.B. DLA Marbach oder Leo Baeck Institute) ein Gesamtbestandsverzeichnis oder für ein einzelnes Land ein Materialienkatalog gedruckt vor, wird mit Kurztitel und Seitenangabe darauf verwiesen. Ergänzungen zum jeweiligen Bestand werden vermerkt. Ansonsten ist die Beschreibung nach einzelnen Kategorien geordnet, die in der Regel durch „. – " voneinander getrennt werden.
   - Werkmanuskripte: Ist eine Globalzahl bekannt, beginnt die Eintragung mit dieser Zahl in Verbindung mit „Werkmanuskripte", wenn mehrere Arten von Werken vorhanden sind. Es folgt gegebenenfalls eine Klammer, in der die vorhandenen Manuskriptarten, durch Beistrich getrennt, aufgezählt werden.
   - Briefe: Ist die Gesamtzahl der Briefe bekannt, wird sie auch genannt, nach einem Beistrich und „u.a. von" folgen die Namen jener Schreiber, von denen vor allem bei Institutionen mehr als 20 Briefe im Nachlaß vorhanden sind. Es ist daher nicht von vornherein ausgeschlossen, daß der Benützer, der meint, irgendwelche Zeugnisse eines Briefschreibers müßten in einem bestimmten Nachlaß vorhanden sein, einige wenige Briefe doch findet. Es wird im übrigen empfohlen, einen Autor nicht nur im Haupttext zu suchen, sondern auch das Namenregister zu konsultieren. Es folgt ein Hinweis auf eventuell vorhandene Briefe oder Durchschläge von Briefen des Nachlassers. Bei unbearbeiteten Nachlässen werden die Briefe vorwiegend in sachlichen Kategorien verzeichnet, die Angabe von solchen Kategorien wird aber auch bei bearbeiteten Nachlässen verwendet: Familien-, Geschäfts- und Verlagskorrespondenzen usw.
   - Lebensdokumente: Die Kategorie Lebensdokumente bzw. persönliche Dokumente enthält entweder nur diesen Begriff, oder, wenn nähere Informationen möglich sind, die Angabe der Art der vorhandenen Dokumente. Auch Materialien, die aus der Berufstätigkeit des Verfassers resultieren, werden in dieser Kategorie genannt.
   - Sammlungen: Neben Zeitungsausschnitten, Sonderdrucken, Druckbelegen, Photos u.ä. werden hier auch Manuskripte anderer Autoren vermerkt sowie Materialien zur Familiengeschichte.
   - Ein eventuell vorhandener fremder Nachlaß oder Nachlaßteil wird, durch „. – " getrennt, nach den Sammlungen ausgewiesen.
   - Ist die Bibliothek vorhanden, wird dies am Ende der Eintragung vermerkt.
   - Art der Verzeichnung: Hier wird, sofern bekannt, angegeben, ob und in welcher Form ein Verzeichnis vorhanden ist. Ist der Nachlaß nicht bearbeitet, wird dies mit „Unbearbeitet" angegeben.
   - Erwerbung: Die Art der Erwerbung (Kauf, Geschenk, Testamentarische Verfügung etc.) wird nach Möglichkeit auch mit einer Jahreszahl verbunden.

Die Literaturangaben am Ende einer Eintragung verweisen auf Editionen und auf *nachlaßbezogene* Literatur, also Arbeiten, die sich mit einem Nachlaß in beschreibender Weise beschäftigen oder sich in wissenschaftlicher Form mit ihm befassen.

Daß die Öffentlichkeit, und sei es auch nur eine interessierte Fachöffentlichkeit, von Nachlässen erfährt, die noch in privater Hand sind, mag auf Kritik stoßen. Sicher gibt es Argumente dagegen, unserer Meinung nach aber überwiegen jene, die dafür sprechen.

So wurden beispielsweise im Goedeke und im Katalog von Spalek (1978) Nachlässe in Privathand aufgenommen. Auch lebende Autoren bewahren schließlich ihre Manuskripte bei sich zu Hause auf und ihre Adresse kann in *Kürschners Deutschem Literatur-Kalender* oder in *Literarisches Leben in Österreich* leicht ausfindig gemacht werden.
Die hier vorliegenden Informationen zeigen wohl eines klar: Es gibt in Österreich hunderte für die Forschung und Literaturwissenschaft interessante Nachlässe, die viel zu wenig bekannt und deshalb auch kaum benützt werden. Neben den Literaturwissenschaftlern, denen man wie schon im 19. Jahrhundert „ad fontes" zurufen möchte, sind vor allem die öffentlichen Institutionen aufgefordert, in Erwerbung, Bearbeitung und in eine adäquate Infrastruktur für die Benützung von Nachlässen wesentlich mehr zu investieren, als das bisher geschehen ist. Notwendig erscheint uns eine Öffnung dieser Institutionen (denen man im Nachlaßbereich oft kaum das Prädikat „öffentlich" zuerkennen mag). Engere Kontakte mit den Autoren und mit den Literaturwissenschaftlern sind eine Voraussetzung dafür, daß Bibliotheken interessante Bestände erwerben, sie aber auch vor dem drohenden Schlummer im Depot bewahren und ins Bewußtsein einer breiteren Öffentlichkeit heben können. Dazu möge unser Handbuch beitragen.
Noch ein Wort zur „Aktualität" der hier gebotenen Informationen und Daten: ein Handbuch dieser Art ist manchmal wie das Amtliche Telefonbuch. Kaum hat man das heurige Telefonverzeichnis in der Hand, stimmen manche Nummer nicht mehr, neue Teilnehmer werden aufgenommen, andere werden gelöscht. Bei den Nachlässen kann es manchmal vorkommen, daß verwahrende Institutionen umbenannt, Bestände übertragen werden. Davor ist auch unser Handbuch nicht gefeit, und hier kann dem Benützer nur empfohlen werden, sich mit der betreffenden Institution in Verbindung zu setzen. Bei den Nachlässen und Sammlungen in Privatbesitz kann es passieren, daß diese an eine öffentliche Institution abgegeben, über den Autographenhandel verkauft werden oder mit dem Ableben des Besitzers verschollen bleiben. Es ist tatsächlich so, daß in manchen Fällen, wo Nachlässe im Laufe der Recherchearbeit in Privatbesitz erfaßt wurden, die Spur zum Besitzer seitdem verlorengegangen ist. Daher gelten die Informationen nach dem jeweiligen letzten Stand.
Wenn wir nun schließlich festhalten, daß, obwohl hier immerhin ca. 1.100 Autoren erfaßt wurden, dieses Handbuch für Österreich bloß einen Anfang darstellt, so ist das keine falsche Bescheidenheit. Es wäre zu hoffen, daß weitere ergänzte Auflagen erforderlich werden und daß dieses Datenmaterial den Grundstock einer konsequent weiterzuführenden Nachlaßdatenbank bilden wird. Die Autoren nehmen gern Hinweise auf Ergänzungen und Korrekturen entgegen.
Es ist selbstverständlich, daß ein derartiges Handbuch nur mit mannigfaltiger Unterstützung zustande kommen kann. Zu danken haben wir einmal dem Fonds zur Förderung der wissenschaftlichen Forschung, vor allem Hofrat Dr. Raoul Kneucker und Univ.-Prof. Dr. Walter Weiss, unseren Projektleitern Oberrat Dr. Eva Irblich und Univ.-Prof. Dr. Wendelin Schmidt-Dengler. Wir danken auch dem Bundesministerium für Wissenschaft und Forschung, das die Fortsetzung der Arbeit ermöglicht hat, und der Österreichischen Nationalbibliothek.
Den Eigentümern von Nachlässen in Privatbesitz gebührt unser besonderer Dank. Als der Haupttext feststand, haben wir mit ihnen erneut Kontakt aufgenommen, ihnen die für sie relevante Eintragung mit der Bitte um allfällige Korrekturen und Ergänzungen

zugesandt und sie um ihre Zustimmung zur Angabe von Namen und Adresse gebeten. Die Rückmeldungsrate hat unsere Erwartungen weit übertroffen, und so konnten diese Eintragungen nicht nur „approbiert", sondern mit Hilfe der Nachlaßbesitzer auch komplettiert werden.
Ohne die praktische Hilfe von zahlreichen Kollegen und Bibliothekaren, die uns mit Auskünften und Ratschlägen unterstützt haben, hätten wir das „rettende Ufer" nie erreicht. Unser Dank gilt ihnen besonders, es wurde aber zu weit führen, sie alle einzeln zu nennen.

Wien, im April 1992

Abgekürzt zitierte Literatur

Catalog: Leo Baeck Institute New York. Catalog of the Archival Collections edited by Fred Grubel in cooperation with Alan S. Divack, Frank Mecklenburg, Michael A. Riff, Nusi Sznaider. Tübingen: J.C.B.Mohr (Paul Siebeck) 1990.

Dachs: Die schriftlichen Nachlässe in der Bayerischen Staatsbibliothek München. Verzeichnet von Karl Dachs. Wiesbaden: Otto Harrassowitz 1970. (= Catalogus codicum manuscriptorum bibliothecae Monacensis 9,1)

Frels: Frels, Wilhelm: Deutsche Dichterhandschriften von 1400 bis 1900. Gesamtkatalog der eigenhändigen Handschriften deutscher Dichter in den Bibliotheken und Archiven Deutschlands, Österreichs, der Schweiz und der ČSR. Leipzig: Verlag von Karl W. Hiersemann 1934.

Guide Amsterdam: Guide to the International Archives and Collections at the IISH, Amsterdam. Hrsg. Atie van der Horst und Elly Koen. Amsterdam 1989.

Guide, 1978: Guide to the Archival Materials of the German-speaking Emigration to the United States after 1933. Verzeichnis der Quellen und Materialien der deutschsprachigen Emigration in den U.S.A. seit 1933. By John M. Spalek in collaboration with Adrienne Ash and Sandra H. Hawrylchak. Charlottesville: University Press of Virginia 1978.

Guide, 1992: Guide to the Archival Materials of the German-speaking Emigration to the United States after 1933. Volume 2. Verzeichnis der Quellen und Materialien der deutschsprachigen Emigration in den USA seit 1933. Band 2. By John M. Spalek and Sandra H. Hawrylchak. Bern: A. Francke Verlag 1992.

Hahn: Goethe- und Schiller-Archiv. Bestandsverzeichnis. Bearbeitet von Karl-Heinz Hahn. Weimar: Arion Verlag 1961.

Kussmaul: Ingrid Kussmaul: Die Nachlässe und Sammlungen des Deutschen Literaturarchivs Marbach am Neckar. Ein Verzeichnis. Marbach am Neckar: Deutsche Schillergesellschaft 1983. Zweite, durchgesehene Auflage 1986. (Deutsches Literaturarchiv. Verzeichnisse–Berichte–Informationen 10)

Spalek, Kalifornien: Deutsche Exilliteratur seit 1933. Band 1: Kalifornien. Teil 1. Hrsg. John M. Spalek und Joseph Strelka. Bern und München: Francke Verlag 1976; Teil 2. Hrsg. John M. Spalek, Joseph Strelka und Sandra H. Hawrylchak. Bern und München: Francke Verlag 1976.

Abkürzungen und Siglen

Bgld.	Burgenland
Graz, StLJ	Steiermärkisches Landesmuseum Joanneum
Ktn.	Kärnten
Marbach, DLA	Marbach am Neckar, Deutsches Literaturarchiv
N.Ö.	Niederösterreich
O.Ö.	Oberösterreich
Sbg.	Salzburg
Stmk.	Steiermark
Tir.	Tirol
UB	Universitätsbibliothek
Vbg.	Vorarlberg
Wien, KHM	Wien, Kunsthistorisches Museum
Wien, ÖAW	Wien, Österreichische Akademie der Wissenschaften
Wien, ÖNB HS	Wien, Österreichische Nationalbibliothek, Handschriften- und Inkunabelsammlung
Wien, ÖNB ÖLA	Wien, Österreichische Nationalbibliothek, Österreichisches Literaturarchiv
Wien, WSTLB HS	Wien, Wiener Stadt- und Landesbibliothek, Handschriftensammlung
Wien, WSTLB MS	Wien, Wiener Stadt- und Landesbibliothek, Musiksammlung

Institutionen und ihre Adressen

Albany, State University of New York at Albany, The Library, Department of Special Collections, 1400 Washington Avenue, Albany, New York 12222, U.S.A.

Amsterdam, The International Institute of Social History (Internationaal Instituut voor Sociale Geschiedenis), Cruquiusweg 31, NL-1019 AT Amsterdam, Niederlande.

Ann Arbor, (Mich.), University of Michigan, Bentley Historical Library, Michigan Historical Collections, 1150 Beal Avenue, Ann Arbor, Michigan 48109-2113, U.S.A.

Austin, University of Texas, Humanities Research Center, Manuscripts Collection, Box 7219, Austin, Texas 78712, U.S.A.

Bad Aussee, Heimatmuseum, Kammerhof, A-8990 Bad Aussee.

Bad Vöslau, Heimatmuseum, Gemeindeamt, Schloßplatz 1, A-2540 Bad Vöslau.

Baden, Städtische Sammlungen, Weikersdorferplatz 1, A-2500 Baden bei Wien.

Berlin, Akademie der Künste der DDR, Hermann-Matern-Straße 58-60, D-O-1040 Berlin, Bundesrepublik Deutschland.

Berlin, Akademie der Künste, Archiv und Bibliothek, Hanseatenweg 10, D-W-1000 Berlin 21, Bundesrepublik Deutschland.

Berlin, Akademie der Wissenschaften [der ehemaligen DDR], Zentrales Akademie-Archiv, Otto-Nuschke-Straße 22/23, D-O-1086 Berlin, Bundesrepublik Deutschland.

Berlin, Deutsche Staatsbibliothek in der Stiftung Preußischer Kulturbesitz, Handschriftenabteilung/Literaturarchiv, Unter den Linden 8, Postfach 1312, D-O-1086 Berlin, Bundesrepublik Deutschland.

Berlin, Landesarchiv Berlin, Kalckreuthstraße 1-2, D-W-1000 Berlin 30, Bundesrepublik Deutschland.

Berlin, Staatsbibliothek Preußischer Kulturbesitz, Handschriftenabteilung, Potsdamer Straße 33, Postfach 1407, D-W-1000 Berlin 30, Bundesrepublik Deutschland.

Berlin, Stiftung Deutsche Kinemathek, Pommernallee 1, D-W-1000 Berlin 19, Bundesrepublik Deutschland.

Bern, Schweizerisches Literaturarchiv, Halwylstraße 15, CH-3003 Bern, Schweiz.

Bloomington, Indiana University, The Lilly Library, Manuscripts Department, Bloomington, Indiana 47405-3301, U.S.A.

Bludenz, Stadtarchiv, Rathaus, Rathausgasse 1, A-6700 Bludenz.

Bonn, Archiv der Sozialen Demokratie, Friedrich-Ebert-Stiftung, Godesberger Allee 149, D-5300 Bonn 2, Bundesrepublik Deutschland.

Bonn, UB, Abt. Handschriften, Adenauerallee 39-41, Postfach 2460, D-W-5300 Bonn 1, Bundesrepublik Deutschland.

Boston (Mass., U.S.A.), Harvard Medical Library, The Francis A. Countway Library of Medicine, Archives and Rare Books Department, 10 Shattuck Street, Boston, Massachusetts 02115, U.S.A.

Boston, Boston University, Mugar Memorial Library, 771 Commonwealth Avenue, Boston, Massachusetts 02215, U.S.A.

Bregenz, Archiv der Landeshauptstadt Bregenz, Rathausstraße 4, Postfach 44, A-6900 Bregenz.

Bregenz, Franz-Michael-Felderarchiv und Vorarlberger Literaturarchiv, Kirchstraße 28, A-6901 Bregenz.

Bregenz, Vorarlberger Landesbibliothek, Fluherstraße 4, A-6900 Bregenz.

Bregenz, Vorarlberger Landesmuseum, Kornmarkt 1, A-6900 Bregenz.

Bremen, Staats- und Universitätsbibliothek Bremen, Referat Handschriften/Rara, Postfach 33 01 60, D-W-2800 Bremen 33, Bundesrepublik Deutschland.

Brighton, University of Sussex Library, Manuscripts Section, Brighton BN1 9QL, England.

Brno, Archiv města Brna, Dominikánské nám. 1, CS-601 67 Brno, ČSFR.

Brno, Státní Oblastní Archiv V Brně, Žerotínovo nám. 3/5, PP 22, CS-656 01 Brno, ČSFR.

Budapest, Bibliothek der Akademie der Wissenschaften (Magyar Tudományos Akadémia Könyvtára), Akadémia utca 2, H-1361 Budapest V), Ungarn.

Budapest, Petöfi Irodalmi Múzeum, V. Károlyi U. 16, Postfach 71, H-1364 Budapest, Ungarn.

Budapest, Ungarische Nationalbibliothek (Országos Széchényi Könyvtár), Muzeum Körút 14, H-1827 Budapest VIII; Postadresse: Budapest 5, Postfach 486), Ungarn.

Calgary, University of Calgary, Arts and Humanities Library, Special Collections, 2500 University Drive N.W., Calgary, Alberta T2N 1N4, Canada.

Cambridge (Mass., U.S.A.), Harvard University, Houghton Library, Cambridge, Massachusetts 02138, U.S.A.

Cambridge, Cambridge University Library, West Road, Cambridge CB3 9DR, England.

Cambridge, Churchill College, Churchill Archives Centre, Cambridge CB3 0DS, England.

Cambridge, Trinity College, Wren Library, Cambridge CB2 1TQ, England.

Cincinnati, University of Cincinnati, The Library, University Archives, Cincinnati, Ohio 45221, U.S.A.

Clayton, Monash University, Department of German Studies, Clayton, Victoria 3168, Australia.

Clayton, Monash University, Library, Clayton, Victoria 3168, Australia.

Cleveland, Case Western Reserve University, Freiberger Library, Special Collections, 11161 East Boulevard, Cleveland, Ohio 44120-7151, U.S.A.

Collegeville, St. John's University, Department of Modern and Classical Languages, Collegeville, Minnesota 56321, U.S.A.

Darmstadt, Hessisches Staatsarchiv, Bibliothek, Schloß, D-W-6100 Darmstadt, Bundesrepublik Deutschland.

Davis, University of California, Shields Library, Department of Special Collections, Davis, California 95616, U.S.A.

Den Haag, Nederlands Letterkundig Museum en Documentatiecentrum, Bibliotheek, Prinses Irenepad 10, postbus 905 15, NL-2509 LM 's-Gravenhage, Holland.

Dortmund, Institut für deutsche und ausländische Arbeiterliteratur, Markt 12, D-W-4600 Dortmund 1, Bundesrepublik Deutschland.

Dortmund, Stadt- und Landesbibliothek, Hansaplatz, Postfach 907, D-W-4600 Dortmund, Bundesrepublik Deutschland.

Dresden, Sächsische Landesbibliothek, Abteilung Sondersammlungen, Postschließfach 467/468, Marienallee 12, D-O-8060 Dresden, Bundesrepublik Deutschland.

Duisburg, Stadtbücherei, Düsseldorferstraße 5-7, D-W-4100 Duisburg 1, Bundesrepublik Deutschland.

Düsseldorf, Heinrich-Heine-Institut, Bilker Straße 14, Postfach 1120, D-W-4000 Düsseldorf 1, Bundesrepublik Deutschland.

Edinburgh, University of Edinburgh, University of Edinburgh Library, George Square, Edinburgh EH8 9LJ, Scotland.

Eger, (Ungarn), Föegyházmegyei Könyvtár Eger, (Bibliothek der Erzdiözese) Eszterházy Tér 2.1/46, H-3300 Eger, Ungarn.

Eibiswald, Kloepfermuseum, A-8552 Eibiswald 289.

Eisenstadt, Burgenländische Landesbibliothek, Freiheitsplatz 1, A-7001 Eisenstadt.

Eisenstadt, Burgenländisches Landesarchiv, Freiheitsplatz 1, A-7001 Eisenstadt.

Enns, Museum Lauriacum, Hauptplatz 19, A-4470 Enns.

Erlangen, UB Erlangen-Nürnberg, Handschriftenabteilung, Postfach 3509, D-W-8520 Erlangen, Bundesrepublik Deutschland.

Esslingen am Neckar, Ostdeutsches Theaterarchiv der Künstlergilde Esslingen, Hafenmarkt 2, D-W-7300 Esslingen am Neckar, Bundesrepublik Deutschland.

Eugene, University of Oregon, The Library, Special Collections, Eugene, Oregon 97403-1299, U.S.A.

Exeter, University of Exeter, University Library, Stocker Road, Exeter EX4 4PT, England.

Feldkirch, Stadtbibliothek, Schlossergasse 8, A-6800 Feldkirch.

Frankfurt am Main, Die Deutsche Bibliothek. Deutsches Exilarchiv 1933-1945. Zeppelinallee 4-8, D-W-6000 Frankfurt am Main 1, Bundesrepublik Deutschland.

Frankfurt am Main, Freies Deutsches Hochstift, Großer Hirschgraben 23-25, D-W-6000 Frankfurt am Main, Bundesrepublik Deutschland.

Frankfurt am Main, Stadt- und Universitätsbibliothek, Bockenheimer Landstraße 134-138, D-W-6000 Frankfurt am Main, Bundesrepublik Deutschland.

Fredonia, State University College, Daniel Reed Library, Stefan Zweig Collection, Fredonia, New York 14063, U.S.A.

Fribourg, Université de Fribourg, Bibliothèque cantonale et universitaire, 16, rue St Michel, CH-1701 Fribourg, Schweiz.

Gartenberg, Kolbenheyer-Archiv und Gedenkstätte, Kolbenheyerstraße 28/30, D-W-8192 Gartenberg, Bundesrepublik Deutschland.

Genf, Bibliothèque des Nations Unies, Collections historiques, Palais des Nations, Porte 20, 8-14, avenue de la paix, CH-1211 Genève 10, Schweiz.

Genf, Bibliothèque Publique et Universitaire, Promenade des Bastions, CH-1211 Genève 4, Schweiz.

Genf, Fondation Archives Européennes, 16b, chemin des Genlts, CH-1202 Genève, Schweiz.

Genf, Fondation Martin Bodmer, Bibliotheca Bodmeriana, 19-21, Route du Guignard, CH-1223 Cologny-Genève, Schweiz.

Gmünd, Archiv für Heimat- und Lokalgeschichte, Stadtplatz 34, A-3950 Gmünd.

Gmunden, Thomas Bernhard Nachlaßverwaltung Ges.m.b.H., Lerchenfeldgasse 11, A-4810 Gmunden.

Graz, Diözesanarchiv, Mariahilferplatz 3, A-8020 Graz.

Graz, Franz Nabl Institut für Literaturforschung, Humboldtstraße 9, A-8010 Graz.
Graz, Österreichische Gesellschaft für Kulturpolitik, Albrechtgasse 7, A-8010 Graz.
Graz, Stadtmuseum, Sackstraße 18, A-8010 Graz.
Graz, Steiermärkische Landesbibliothek, Kalchberggasse 2, A-8011 Graz.
Graz, Steiermärkisches Landesarchiv, Hamerlinggasse 3, A-8010 Graz.
Graz, Steiermärkisches Landesmuseum Joanneum, Bild- und Tonarchiv, Sackstraße 17/II, A-8010 Graz.
Graz, Steirisches Volkskundemuseum, Paulustorgasse 13, A-8010 Graz.
Graz, Universität, Archiv, Universitätsplatz 3, A-8010 Graz.
Graz, Universität, Institut für Germanistik, Universitätsplatz 3, A-8010 Graz.
Graz, Universität, Institut für Volkskunde, Hans Sachs-Gasse 3/II, A-8010 Graz.
Graz, Universitätsbibliothek, Abteilung für Sondersammlungen, Universitätsplatz 3, A-8010 Graz.
Gundelsheim/Neckar, Arbeitskreis für Siebenbürgische Landeskunde e.V., Schloß Horneck, D-W-6953 Gundelsheim/Neckar, Bundesrepublik Deutschland.
Hannover, Stadtbüchereien, Hildesheimer Straße 29, D-W-3000 Hannover 1, Bundesrepublik Deutschland.
Hanover (New Hampshire), Dartmouth College, Baker Memorial Library, Special Collections, Hanover, New Hampshire 03755, U.S.A.
Heiligenkreuz, Zisterzienerstift, Archiv, A-2532 Heiligenkreuz.
Hilversum, Internationaal Literatuur Bureau BV, Postbus 10014, Koninginneweg 2A, NL-1201 DA Hilversum, Holland.
Hobart (Tasmania), State Library of Tasmania, 91 Murray Street, Hobart Tasmania, Australia, 7000.
Houston, Rice University Library, P.O. Box 1892, Houston, Texas 77251, U.S.A.
Hüttenberg, Heinrich-Harrer-Museum, A-9375 Hüttenberg.
Iglau [Bezirksarchiv], Okresní archiv v Jihlavě, Hluboká 1, CS-586 01 Jihlava, ČSFR.
Innsbruck, Tiroler Landesmuseum Ferdinandeum, Bibliothek, Museumstraße 15, A-6020 Innsbruck.
Innsbruck, Universität, Archiv, Innrain 52, A-6020 Innsbruck.
Innsbruck, Universität, Forschungsinstitut „Brenner-Archiv“, Innrain 52, A-6020 Innsbruck.
Innsbruck, Universitätsbibliothek, Handschriftenabteilung, Innrain 50, A-6020 Innsbruck.
Institute, Drain-Jordan Library, Archives, West Virginia State College, Institute, West Virginia 25112, U.S.A.
Jerusalem, Central Zionist Archives, 4, Zalman Shazar Avenue, Postal address P.O.B. 92, 91920 Jerusalem, Israel.
Jerusalem, The Central Archives for the History of the Jewish People, Hebrew University Campus, Sprinzak Building, P.O. Box 1149, 91010 Jerusalem, Israel.
Jerusalem, The Jewish National and University Library, Department of Manuscripts and Archives, The Hebrew University of Jerusalem, P.O.B. 503, 91004 Jerusalem, Israel.
Kiel, Schleswig-Holsteinische Landesbibliothek, Schloß, D-W-2300 Kiel 1, Bundesrepublik Deutschland.
Kiel, Universität Kiel, Institut für Literaturwissenschaft, Bibliothek, Leibnizstraße 8, D-W-2300 Kiel 1, Bundesrepublik Deutschland.

Kirchberg am Walde, Gemeindeamt, Hamerlinghaus, A-3932 Kirchberg am Walde 88.
Kitzbühel, Stadtarchiv, A-6370 Kitzbühel.
Klagenfurt, Kärntner Landesarchiv, Landhaus, A-9020 Klagenfurt.
Klagenfurt, Landesmuseum für Kärnten, Bibliothek, Museumgasse 2, A-9010 Klagenfurt.
Klagenfurt, Robert-Musil-Archiv, Haus der Literatur, Bahnhofstraße 50, A-9020 Klagenfurt.
Klagenfurt, Slowenisches wissenschaftliches Institut, Tarviserstraße 15, A-9010 Klagenfurt.
Klagenfurt, Universität für Bildungswissenschaften, Bibliothek, Universitätsstraße 65-67, A-9022 Klagenfurt.
Klosterneuburg, Stiftsarchiv, Chorherrenstift, Stiftsplatz, A-3400 Klosterneuburg.
Köln, Holtei-Archiv, Am Hof 50, D-W-5000 Köln, Bundesrepublik Deutschland.
Kopenhagen, Det Kongelige Bibliotek, Handskriftafdelingen, Christians Brygge 8, DN-Kobenhavn K, Danmark.
Kórnik, Biblioteka Kórnicka, Polska Akademia Nauk, PL-62-035 Kórnik-Zamek, Polen.
Kraków, Uniwersytet Jagielloński, Biblioteka Jagiellońska, Aleja Mickiewicza 22, PL-30-059 Kraków, Polen.
Krems, Bundesgymnasium, Piaristengasse 2, Postfach 19, A-3500 Krems a.d.Donau.
Krems, Historisches Museum der Stadt Krems, Dominikanerplatz, A-3500 Krems.
Krieglach, Roseggermuseum, Roseggerstraße 44, A-8670 Krieglach.
Kufstein, Heimatmuseum auf der Festung, Festung, A-6330 Kufstein.
Laramie, University of Wyoming, The Library, Archive of Contemporary History, Box 3334, Laramie, Wyoming 82071, U.S.A.
Lawrence, University of Kansas, Department of Special Collections, Lawrence, Kansas 66045-2800, U.S.A.
Leipzig, Stadtgeschichtliches Museum, Bibliothek, Markt 1, D-O-7010 Leipzig, Bundesrepublik Deutschland.
Leipzig, UB, Beethovenstraße 6, D-O-7010 Leipzig, Bundesrepublik Deutschland.
Leoben, Museum der Stadt Leoben, Kirchgasse 6, A-8700 Leoben.
Linz, Adalbert-Stifter-Institut des Landes Oberösterreich, Adalbert-Stifter-Platz 1, A-4020 Linz.
Linz, Archiv der Stadt Linz, Rathaus, Hauptplatz 1, A-4010 Linz.
Linz, Oberösterreichisches Landesmuseum, Volkskundliche Abteilung, Tummelplatz 10, A-4020 Linz.
Linz, Stelzhamerbund, Landstraße 31/II, A-4020 Linz.
Linz, Universität, Ludwig Boltzmann-Institut für Geschichte der Arbeiterbewegung, Altenbergerstraße 69, A-4040 Linz-Auhof.
Lissabon, Biblioteca Nacional, Rua Ocidental do Campo Grande 83, P-1751 Lisboa Codex, Portugal.
Litomyšl, Městske muzeum, Jiráskova 6, CS-57001 Litomyšl, ČSFR.
London, The British Library, The Manuscript Collections, Great Russell Street, London WC1B 3DG, England.
Los Angeles, University of California, Los Angeles, A1713 University Research Library, Department of Special Collections, Los Angeles, California 90024-1754, U.S.A.

Los Angeles, University of Southern California, Edward L. Doheny Memorial Library, University Park, Los Angeles, California 90089-0182, U.S.A.

Lübeck, Bibliothek der Hansestadt Lübeck, Hundestraße 5-17, D-W-2400 Lübeck, Bundesrepublik.

Madison, University of Wisconsin, General Library Systems, Rare Book Collection, 728 State Street, Madison, Wisconsin 53706, U.S.A.

Marbach, Schiller-Nationalmuseum, Deutsches Literaturarchiv, Postfach 1162, D-W-7142 Marbach am Neckar, Bundesrepublik Deutschland.

Marburg, Johann-Gottfried-Herder-Institut, Gisonenweg 5-7, D-W-3550 Marburg/Lahn, Bundesrepublik Deutschland.

Marburg, Universität Marburg, Universitätsbibliothek, Abt. Handschriften, Rara und Bestandserhaltung, Wilhelm-Röpke-Straße 4, D-W-3550 Marburg, Bundesrepublik Deutschland.

Mauthausen, Heimatmuseum, Brunngraben 41, A-4310 Mauthausen.

Millersville, Millersville University of Pennsylvania, Ganser Library, Millersville, Pennsylvania 17551, U.S.A.

Mödling, Literarische Gesellschaft, Herzoggasse 4, A-2340 Mödling.

Mühlbach am Manhartsberg, Joseph-Misson-Bund, A-3473 Mühlbach am Manhartsberg.

München, Adalbert-Stifter-Verein, Hochstraße 8, D-W-8000 München 80, Bundesrepublik Deutschland.

München, Akademie der Bildenden Künste, Bibliothek, Akademiestraße 2, D-W-8000 München 40, Bundesrepublik Deutschland.

München, Bayerische Akademie der schönen Künste, Bibliothek, Max-Joseph-Platz 3, D-W-8000 München 22, Bundesrepublik Deutschland.

München, Bayerische Staatsbibliothek, Handschriften- und Inkunabelabteilung, Postfach 34 01 50, D-W-8000 München 34, Bundesrepublik Deutschland.

München, Institut für Zeitgeschichte, Bibliothek, Leonrodstraße 46b, D-W-8000 München 19, Bundesrepublik Deutschland.

München, Stadtbibliothek, Handschriften-Abteilung, Maria-Theresia-Straße 23, D-W-8000 München 80, Bundesrepublik Deutschland.

München, Städtische Galerie im Lenbachhaus, Bibliothek, Luisenstraße 33, D-W-8000 München 2, Bundesrepublik Deutschland.

München, Sudetendeutsches Archiv, Hochstraße 8/II, D-W-8000 München 80, Bundesrepublik Deutschland.

Münster, Universität Münster, Universitätsbibliothek, Krummer Timpen 3-5, Postfach 8029, D-W-4400 Münster/Westfalen, Bundesrepublik Deutschland.

Münster, Westfälisches Landesmuseum für Kunst- und Kulturgeschichte, Domplatz 10, D-W-4400 Münster/Westfalen, Bundesrepublik Deutschland.

Mürzzuschlag, Walter-Buchebner-Gesellschaft, Wiener Straße 78, A-8680 Mürzzuschlag.

Neunkirchen, Städtisches Heimatmuseum, Dr. Stockhammer-Gasse 13, A-2620 Neunkirchen.

New Haven, Yale University Library, The Beinecke Rare Book and Manuscript Library, Yale Collection of German Literature, 1603A Yale Station, New Haven, Connecticut 06520, U.S.A.

New York, Columbia University in the City of New York, Butler Library, Rare Book and Manuscript Library, 535 West 114th Street, New York, New York 10027, U.S.A.

New York, Leo Baeck Institute, 129 East 73 Street, New York, New York 10021, U.S.A.

New York, New York Psychoanalytic Institute, Abraham A. Brill Library, 247 East 82nd Street, New York, New York 10028, U.S.A.

New York, New York Public Library for the Performing Arts, 111 Amsterdam Avenue, New York, New York 10023, U.S.A.

New York, The Galerie St. Etienne, 24 West 57th Street, New York, New York 10019, U.S.A.

New York, The New York Public Library, The Research Libraries, Manuscripts Division, Fifth Avenue and 42nd Street, New York, New York 10018-2788, U.S.A.

Nürnberg, Germanisches Nationalmuseum, Archiv, Kartäusergasse 1, D-W-8500 Nürnberg, Bundesrepublik Deutschland.

Nürnberg, Stadtbibliothek, Institut für fränkische Literatur, Egidienplatz 23, D-W-8500 Nürnberg, Bundesrepublik Deutschland.

Offenbach am Main, Klingspor-Museum der Stadt Offenbach am Main, Herrnstraße 80, D-W-6050 Offenbach am Main, Bundesrepublik Deutschland.

Opava (Troppau), Státní oblastní archiv v Opavě (Staatliches Archiv), Sněmovní 1, CS-746 22 Opava, ČSFR.

Oxford, University of Oxford, Bodleian Library, Broad Street, Oxford OX1 3BG, England.

Passau, Böhmerwaldmuseum Passau, Oberhaus, D-W-8390 Passau, Bundesrepublik Deutschland.

Pavia, Universitů di Pavia, Biblioteca Universitaria, Strada Nuova 65, I-27100 Pavia, Italien.

Philadelphia, American Philosophical Society, The Library, 105 South Fifth Street, Philadelphia, Pennsylvania 19106, U.S.A.

Philadelphia, La Salle University, Connelly Library, 20th Street & Olney Avenue, Philadelphia, PA 19141, U.S.A.

Philadelphia, University of Pennsylvania, University Libraries, Van Pelt Library, Special Collections Department, 3420 Walnut Street, Philadelphia, PA 19104-6206, U.S.A.

Pittsburgh (Penn.), University of Pittsburgh, Bibliographical Center of German Literature, Pittsburgh, Pennsylvania 15260, U.S.A.

Pöchlarn, Oskar Kokoschka-Dokumentation, Regensburger Straße 29, A-3380 Pöchlarn.

Potsdam, Bundesarchiv, Abteilungen Potsdam (früher: Zentrales Staatsarchiv der DDR), Berliner Straße 98-101, Eingang Tizianstraße, D-O-1561 Potsdam, Bundesrepublik Deutschland.

Prag, Ústřední archiv ČSAV (Zentrales Archiv der Tschechoslowakischen Akademie der Wissenschaften), Karlova ul. 2, CS-110 00 Praha 1, ČSFR.

Prag, Literární archiv, Památník Národního Písemnictví, Strahovské Nádvoři č. 1, CS-118 38 Praha 1- Hradčany, ČSFR. (Museum der tschechischen Literatur)

Prag, Národní knihovna v Praze (Nationalbibliothek), Klementinum 190, CS-110 01 Praha 1, ČSFR.

Princeton, Princeton University, Firestone Library, Princeton, New Jersey 08540, U.S.A.

Reading, University of Reading, The Library, Whiteknights, PO Box 223, Reading, England RG6 2AE.

Reno (Nevada), University of Nevada-Reno, College of Arts and Science, Department of Foreign Languages and Literatures, Reno NV 89557-0034 U.S.A.

Rio de Janeiro, Biblioteca Nacional, Av Rio Branco 219-239, 20042 Rio de Janeiro, Brasilien.

Saarbrücken, Universität des Saarlandes, Arbeitsstelle für Robert-Musil-Forschung, Bau 35, D-W-6600 Saarbrücken 11, Bundesrepublik Deutschland.

Salzburg, Landesarchiv, Michael Pacher-Straße 40, Postfach 527, A-5010 Salzburg.

Salzburg, Max Reinhardt-Forschungs- und Gedenkstätte, Arenbergstraße 8-10, A-5020 Salzburg.

Salzburg, Museum Carolino Augusteum, Museumsplatz 6, A-5010 Salzburg.

Salzburg, Otto Müller Verlag, Ernest-Thun-Straße 11, Postfach 167, A-5021 Salzburg.

Salzburg, Salzburger Literaturarchiv, Akademiestraße 20, A-5020 Salzburg.

Salzburg, Trakl Forschungs- und Gedenkstätte, Waagplatz 1a, A-5020 Salzburg.

Salzburg, Universitätsbibliothek, Hofstallgasse 2-4, A-5010 Salzburg.

Santa Monica, The Getty Center for the History of Art and the Humanities, 401 Wilshire Boulevard, Suite 400, Santa Monica, California 90401, U.S.A.

Schwäbisch Gmünd, Brünner Heimatmuseum, Prediger, Johannisplatz, D-W-7070 Schwäbisch Gmünd, Bundesrepublik Deutschland.

Schwaz, Bischöfliches Gymnasium Paulinum, Innsbrucker Straße 78, A-6130 Schwaz.

Seitenstetten, Stiftsarchiv, Benediktinerstift, Am Klosterberg 1 A-3353 Seitenstetten.

Solothurn, Zentralbibliothek, Bielstraße 39, CH-4502 Solothurn, Schweiz.

St. Lamprecht, Benediktinerstift, Hauptstraße 1-2, A-8813 St. Lamprecht.

St. Louis, The Missouri Historical Society, Collections, Jefferson Memorial Building, Forest Park, St. Louis, Missouri 63112, U.S.A.

St. Margarethen, Gemeindebücherei, Volksschule, A-7062 St. Margarethen.

St. Marienkirchen, Richard Billinger Gedenkraum, A-4922 St. Marienkirchen, Nr. 140.

St. Paul im Lavanttal, Benediktinerstift, Gedenkraum, A-9470 St. Paul i.L.

St. Pölten, Diözesanarchiv, Domplatz 1, A-3100 St. Pölten.

St. Pölten, Dokumentationsstelle für Literatur in Niederösterreich, Bundesländerhaus, Neugebäudeplatz 1, Zimmer 216, A-3100 St. Pölten.

St. Pölten, Stadtmuseum und Stadtarchiv, Prandtauerstraße 2, A-3100 St. Pölten.

Stanford, Stanford University, Hoover Institution on War, Revolution and Peace, Archives, Stanford, California 94305-6010, U.S.A.

Stanford, The Stanford University Libraries, Department of Special Collections, Stanford, California 94305-6004, U.S.A.

Steyr, Museum, Stadtplatz 27, A-4400 Steyr.

Stockerau, Bezirksmuseum, Lenau-Archiv, Belvederestraße 3, A-2000 Stockerau.

Stockholm, Kungliga Biblioteket, Box 5039, S-10241 Stockholm, Schweden.

Stuttgart, Universität, UB, Archiv, Holzgartenstraße 16, Postfach 104941, D-W-7000 Stuttgart 10, Bundesrepublik Deutschland.

Stuttgart, Württembergische Landesbibliothek, Konrad-Adenauer-Straße 8, Postfach 105441, D-W-7000 Stuttgart 10, Bundesrepublik Deutschland.

Sydney, State Library of New South Wales, Mitchell Library, Manuscripts Section, Macquarie Street, Sydney NSW 2000, Australia.

Szprotawa (Sprottau), Laube-Museum, Szprotawski Dom Kultury (Izba Pamięci), ul. Mickiewicza 1, Szprotawa, Polen.

Třebon, Státní oblastní archiv v Třeboni, zámek, CS-379 11 Třebon, ČSFR.

Überlingen, Moreno Institut, Uhlandstraße 8, D-W-7770 Überlingen, Bundesrepublik Deutschland.

Urbana, University of Illinois at Urbana-Champaign, University Library, Rare Book and Special Collections Library, 346 Main Library, 1408 West Gregory Drive, Urbana, Illinois 61801, U.S.A.

Väster ås, Västerés stadsbibliotek, Länsbibliotek för Västmanlands län, Biskopsgt 2, Box 717, S-721 20 Västerés, Schweden.

Victoria, University of Victoria, McPherson Library, Special Collections, P.O. Box 1800, Victoria, British Columbia V8W 3H5, Canada.

Villach, Museum der Stadt Villach, Widmanngasse 38, A-9500 Villach.

Vorau, Augustiner-Chorherrenstift, Stiftsbibliothek, A-8250 Vorau.

Waidhofen a.d. Thaya, Heimatmuseum, Moriz Schadekgasse 4, A-3830 Waidhofen a.d. Thaya.

Waidhofen a.d. Ybbs, Heimatmuseum, Oberer Stadtplatz 32, A-3340 Waidhofen a.d.Ybbs.

Waidhofen a.d. Ybbs, Stadtarchiv, Ybbsitzerstraße 18, A-3340 Waidhofen a.d. Ybbs.

Waltham, Special Collections Department, P.O.B. 9110, Brandeis University Library, Waltham, MA 02254-9110, U.S.A.

Warschau, Biblioteka Instytutu Sztuki, Polskiej Akademii Nauk, ul. Dluga 26/28, skrytka poczt. 994, PL-00-950 Warszawa, Polen.

Washington, Library of Congress, Manuscript Division, Independence Avenue and First Street S.E., Washington, D.C. 20540, U.S.A.

Weimar, Goethe- und Schiller-Archiv, Nationale Forschungs- und Gedenkstätten der klassischen deutschen Literatur in Weimar, Burgplatz 4 (Schloß), Postfach 12 und 309, D-O-5300 Weimar, Bundesrepublik Deutschland.

Wernstein am Inn, Alfred Kubin-Gedenkstätte, Kubin-Haus, Zwickledt, A-4783 Wernstein am Inn.

Wesselburen, Hebbel-Museum, Österstraße 6, D-W-2240 Wesselburen, Bundesrepublik Deutschland.

Wien, Arthur Schnitzler-Institut, Herrengasse 5, A-1010 Wien.

Wien, Bezirksmuseum Landstraße, Sechskrügelgasse 11, A-1030 Wien.

Wien, Bezirksmuseum Neubau, Stiftgasse 8, A-1070 Wien.

Wien, Burgtheater, Archiv, Dr. Karl Lueger-Ring 2, A-1010 Wien.

Wien, Dokumentationsarchiv des österreichischen Widerstandes, Wipplingerstraße 8, A-1010 Wien.

Wien, Dokumentationsstelle für neuere österreichische Literatur, Seidengasse 13, A-1070 Wien.

Wien, Gesellschaft der Musikfreunde, Archiv, Bösendorferstraße 12, A-1010 Wien.

Wien, Historisches Museum der Stadt Wien, Karlsplatz, A-1040 Wien.

Wien, Kammer für Arbeiter und Angestellte, Sozialwissenschaftliche Dokumentation,

Prinz Eugen Straße 20-22, A-1040 Wien.

Wien, Kunsthistorisches Museum, Sammlung von Medaillen, Münzen und Geldzeichen, Burgring 5, A-1010 Wien.

Wien, Museum des Blindenwesens, Wittelsbachstraße 5, A-1020 Wien.

Wien, Österreichische Akademie der Wissenschaften (ÖAW), Archiv, Dr. Ignaz Seipel-Platz 2, A-1010 Wien.

Wien, Österreichische Galerie, Bibliothek, Unteres Belvedere, Rennweg 6, A-1037 Wien.

Wien, Österreichische Galerie, Gustinus Ambrosi-Museum, Scherzgasse 1A, A-1020 Wien.

Wien, Österreichische Gesellschaft für Literatur, Herrengasse 5, A-1010 Wien.

Wien, Österreichische Nationalbibliothek, Handschriften- und Inkunabelsammlung, Josefsplatz 1, A-1015 Wien.

Wien, Österreichische Nationalbibliothek, Musiksammlung, Augustinerstraße 1, A-1010 Wien.

Wien, Österreichische Nationalbibliothek, Österreichisches Literaturarchiv, Josefsplatz 1, A-1015 Wien.

Wien, Österreichisches Buchgewerbehaus, Archiv, Grünangergasse 4, A-1010 Wien.

Wien, Österreichisches Filmarchiv, Rauhensteingasse 5, A-1010 Wien.

Wien, Österreichisches Museum für angewandte Kunst, Bibliothek und Kunstblättersammlung, Stubenring 5, A-1010 Wien.

Wien, Österreichisches Staatsarchiv, Abt. Haus-, Hof- und Staatsarchiv, Nottendorfer Gasse 2, A-1030 Wien.

Wien, Österreichisches Theatermuseum, Lobkowitzplatz 2, A-1010 Wien.

Wien, Österreichisches Volksliedwerk, Zentralarchiv, Fuhrmanngasse 18a/1, A-1080 Wien.

Wien, Presseclub Concordia, Bankgasse 8, A-1010 Wien.

Wien, Thomas Sessler Verlag, Johannesgasse 12, A-1010 Wien.

Wien, Universität, Archiv, Postgasse 9, A-1010 Wien.

Wien, Universität, Institut für Germanistik, Bibliothek, Dr. Karl Lueger-Ring 1, A-1010 Wien.

Wien, Universität, Institut für Musikwissenschaft, Universitätsstraße 7, A-1010 Wien.

Wien, Universität, Institut für Theaterwissenschaft, Hofburg, Batthyánistiege, A-1010 Wien.

Wien, Universität, Institut für Vergleichende Literaturwissenschaft, Berggasse 11/5, A-1090 Wien.

Wien, Universität, Institut für Zeitgeschichte, Rotenhausgasse 6, A-1090 Wien.

Wien, Universitätsbibliothek, Dr. Karl Lueger-Ring 1, A-1010 Wien.

Wien, Verein für Geschichte der Arbeiterbewegung, Rechte Wienzeile 97, A-1050 Wien.

Wien, Wiener Philharmoniker, Historisches Archiv, Bösendorferstraße 12, A-1010 Wien.

Wien, Wiener Stadt- und Landesarchiv, Handschriftensammlung, Rathaus, A-1082 Wien.

Wien, Wiener Stadt- und Landesbibliothek, Musiksammlung, Bartensteingasse 9, A-1082 Wien.

Wien, Wiener Stadt- und Landesbibliothek, Rathaus, A-1082 Wien.
Wiener Neustadt, Stadtarchiv, Petersgasse 2, A-2700 Wiener Neustadt.
Wiener Neustadt, Theresianische Militärakademie, Archiv, Burgplatz 1, A-2700 Wiener Neustadt.
Wilhering, Zisterzienserstift, Bibliothek, A-4073 Wilhering 1.
Winnipeg, University of Manitoba, Elizabeth Defoe Library, Department of Archives and Special Collections, Winnipeg, Manitoba R3T 2N2, Canada.
Wrocław, Biblioteka PAN Zakładu Narodowego im.Ossolińskich, ul. Szewcka 37, PL-50-139 Wrocław, Polen.
Wrocław, Biblioteka Uniwersytecka, Oddział Rękopisów, ul. sw. Jadwigi 3/4 (na Wyspie piaskoweij), PL-50-266 Wrocław, Polen.
Wuppertal, Bergische Universität-Gesamthochschule Wuppertal, Forschungsstelle für Prager deutsche Literatur, D-W-5600 Wuppertal 1, Bundesrepublik Deutschland.
Zagreb, Historijski Arhiv Zagreba, Biblioteka, ul Opatička 29, YU-41000 Zagreb, Jugoslawien.
Zagreb, Institut za Književnost i teatralogiju, ul Opatička 18, YU-41000 Zagreb, Jugoslawien.
Zámrsk, Státní oblastní archiv v Zámrsku (Staatsarchiv), Zámek, CS-565 43 Zámrsk, ČSFR.
Zürich, Eidgenössische Technische Hochschule, Schönberggasse 15, CH-8001 Zürich, Schweiz.
Zürich, Universität Zürich, Deutsches Seminar, Postfach, Zürichbergstraße 8, CH-8028 Zürich, Schweiz.
Zürich, Universität Zürich, Völkerkundemuseum, Pelikanstraße 40, CH-8001 Zürich, Schweiz.
Zürich, Zentralbibliothek, Kantons-, Stadt- und Universitätsbibliothek, Handschriftenabteilung, Zähringerplatz 6, CH-8025 Zürich, Schweiz.

Abeles, Otto

1.5.1879, Rohatetz (Mähren)–Mai 1945 (vermutlich KZ Bergen-Belsen)
Lyriker, Erzähler, Theaterkritiker in Wien. Abeles starb an Typhus. Das Sterbedatum ist unbekannt, sein Tod wurde im August 1945 bekannt.

* *Jerusalem, Central Zionist Archives*
Teilnachlaß, 0,1 m: Fragebogen mit biographischen Details über Abeles und seine Frau, Manuskripte und Artikel über jüdische und andere Themen. – Briefe von Adolf Boehm, Börries von Münchhausen und Blanche Dergan, Briefe von Hugo Zuckermann an Abeles' Frau, Photos von Abeles und seiner Frau.
Signatur: A 270

Achenrainer, Anna Maria

5.7.1909, Pfunds (Tir.)–14.1.1972, Innsbruck
Lyrikerin, Erzählerin; Innsbruck.

* *Innsbruck, Tiroler Landesmuseum Ferdinandeum, Bibliothek*
Teilnachlaß, 1 Konvolut: Gedichte, Vorträge, Radiomanuskripte, Rezensionen. – Druckbelege, Zeitungsausschnitte zur Tiroler Literatur.
Unbearbeitet.
Geschenk 1986

* *Innsbruck, Universität, Forschungsinstitut „Brenner-Archiv"*
Teilnachlaß, 2 Kartons: Zahlreiche Briefe, u. a. von Marianne Bauer, Gertrud Fussenegger, Gustav Hiltpold-Deneux, Martha Hofmann, Gottfried Hohenauer, Hermann Kuprian, Hede Marek, Norbert Möstl, Lieselotte Popp, Friedrich Punt, Ruth Reh, Heinrich von Schullern und Marianne Zeller. – Rezensionen ihrer Werke.
Unbearbeitet.
Leihgabe des Tiroler Landesmuseums Ferdinandeum 1984

Adami, Heinrich Josef

16.12.1807, Wien–30.9.1895, Wien-Pötzleinsdorf
Schriftsteller; Wien.

* *Wien, WSTLB HS*
Teilnachlaß: 3 Manuskripte. – Ca. 10 Briefe. – Einzelne Stammbuchblätter.
Verzeichnung: Zettelkatalog.

Adler, Hans

Pseudonyme: Honso, Anton Hangleitner, H.H. Delar, Adam Hayndl, Erna, Samson, Hertha Bauer, Paul Vulpius, Aristide Maréchal (gem. mit Rudolf Lothar)
13.4.1880, Wien–12.11.1957, ebda
Dramatiker, Jurist, Lyriker, Librettist; Wien.

* *Wien, WSTLB HS*
Nachlaß, ca. 35 Inventarnummern und 10 Kartons: Gedichte, Couplets, Erzählungen, Filmentwürfe und Drehbücher, Dramen und Libretti (einige gemeinsam mit anderen Autoren, u. a. mit Paul Frank, Marcel Lion, Rudolf Lothar, Raimund Martin, Leo Perutz), Übersetzungen und Bearbeitungen. – Zahlreiche Briefe. – Lebenslauf, Personaldokumente, Testament, Meldungsbuch der Universität Wien, Dokumente zur Beamtenlaufbahn, Glückwünsche, Kondolenzen, Photos, Unterlagen zur Mitgliedschaft in verschiedenen Schriftstellerorganisationen, Klavierauszüge von Vertonungen der Libretti von Adler.
Maschinschriftliches Verzeichnis.

* *Wien, Thomas Sessler Verlag*
Sammlung: Gedichte.

Adolph, Karl

19.5.1869, Wien–22.11.1931, ebda
Handwerker, Beamter, Schriftsteller; Wien.

* *Wien, WSTLB HS*
Teilnachlaß: 6 Werkmanuskripte (Ge-

dichte und Aufsätze), 1 autobiographisches Fragment.
Verzeichnung: Zettelkatalog.

Aichen, Johann Nepomuk von

8.9.1783–22.8.1858
Schriftsteller.

* *Wien, WSTLB HS*
Teilnachlaß: 7 Bände Gedichte.
Verzeichnung: Zettelkatalog.

Aigner, Josef Matthäus

18.1.1818, Wien–19.2.1886, ebda
Porträtmaler, Illustrator, Kunstschriftsteller; Wien.

* *Wien, WSTLB HS*
Splitternachlaß: 2 Werkmanuskripte, 1 autobiographisches Fragment. – Lebensdokumente.
Verzeichnung: Zettelkatalog.
Kauf 1901

Alker, Ernst

22.12.1895, Wien–5.8.1982, Cademario (Tessin)
Literarhistoriker, seit 1946 Professor an der Université de Fribourg.

* *Fribourg, Université de Fribourg, Bibliothèque cantonale et universitaire*
Teilnachlaß, 2,4 m: Vorlesungsmitschriften (1914-1918), frühe literarische Werke (u. a. *Die Verlockung der Träume, Die Gasthausköchin Katharina Boner, Die Geschichte vom alten Georg und seinem Garten*), wissenschaftliche Arbeiten (u. a. *Die deutsche Literatur im 19. Jahrhundert, Die deutsche Literatur nach 1914,* Studien zu Franz Grillparzer und Heimito von Doderer), Vorlesungen. – Einzelne Briefe, u. a. von Heinrich Imhof. – Verlagsvertrag. – Manuskripte von Heinrich Imhof, Gottfried Kölwel, Oskar Loerke, Nelly Sachs. – Ca. 4 000 Bände der Bibliothek.
Maschinschriftliches Verzeichnis.
Testamentarische Verfügung 1976

* *Wien, ÖNB HS*
Splitternachlaß. Autogr. 670/29-31: 22 Briefe von Heimito von Doderer an Ernst Alker.

Allert de Lange Verlag

* *Amsterdam, Internationaal Instituut voor Sociale Geschiedenis. Bis 1991 Zentrales Staatsarchiv der DDR, bzw. Bundesarchiv, Abteilungen Potsdam*
Verlagsarchiv, 149 Kartons: Schriftwechsel mit Autoren, Verlagen und Vertriebsfirmen (1934-1940), darunter mit folgenden österreichischen Autoren und Verlagen (5 oder mehr Korrespondenzstücke): Franz Blei, Max Brod, Otto Brod, Ferdinand Bruckner, Franz Theodor Csokor, Albert Ehrenstein, Hans von Flesch-Brunningen, Paul Frischauer, Ödön von Horváth, Gina Kaus, Egon Erwin Kisch, Lili Körber, Felix Langer, Alma Mahler-Werfel, Valeriu Marcu, Hans Natonek, Robert Neumann, Hertha Pauli, Alfred Polgar, Joseph Roth, Annemarie Selinko, Paul Stefan, Adrienne Thomas, Friedrich Torberg, Karl Tschuppik, Joseph Wechsberg, Franz Werfel, Alma Stephanie Wittlin (= Frischauer), Hermynia Zur Mühlen, Friderike Zweig und Stefan Zweig, Auseinandersetzungen Stefan Zweigs mit dem Herbert Reichner Verlag, Wien, wegen Verlagsrecht (Juli 1938-September 1938), Schriftwechsel des Verlags Allert de Lange mit der Buchhandlung Josef Kende, Wien (1936-1938), Schriftwechsel mit dem E.P. Tal & Co. Verlag, Wien (1933-1936). Schriftwechsel mit Verlagen, Übersetzern, Druckereien, Agenten und Vertriebsfirmen betreffend Überset-

zungs- und Verfilmungsrechte für deutschsprachige Bücher, Rezensionen, Vorankündigungen und Werbetexte, Schriftwechsel mit dem Forum Verlag, Korrespondenz und Verrechnung der Zentralauslieferung der Verlage Allert de Lange, Querido, Forum, und Bermann-Fischer.
Verzeichnung: Findbuch
Kerstin Sorgatz: Verlagsarbeit im Exil. Untersuchungen zur Geschichte der deutschen Abteilung des Amsterdamer Allert de Lange Verlages 1933-1940. Diss. Berlin 1989.

Allesch, Ea von

Eigentlicher Name: Emma Elisabeth Allesch von Allfest
11.5.1875, Wien–30.7.1953, ebda
Modejournalistin; Wien, Berlin.

** Wien, Dokumentationsstelle für neuere österreichische Literatur*
Teilnachlaß, 3 Mappen: Briefe, u. a. von Eugen d'Albert, Hermann Broch und Alfred Polgar. – Photos.
Maschinschriftliches Verzeichnis.

Allram, Josef

Pseud. Waldviertlersepp
22.11.1860, Schrems (N.Ö.)–29.12.1941, Mödling (N.Ö.)
Lehrer, Lyriker, Erzähler; Schrems, Wien.

** Gmünd, Archiv für Heimat- und Lokalgeschichte*
Nachlaß, 2 Kartons: 2 Gedichtsammlungen, einzelne Gedichte, Erzählungen und Aufsätze. – Briefe. – Gedichte von Karl Fisselthaler, Zeitungsausschnitte, Sammlung von Materialien über Robert Hamerling.
Maschinschriftliches Verzeichnis.

Altenberg, Peter

Pseud. für Richard Engländer
9.3.1859, Wien–8.1.1919, ebda
Literat, Bohemien; Wien.
Von Altenberg gibt es keinen Nachlaß im herkömmlichen Sinn. Wohl aber liegen in einer Reihe von Institutionen sowie in privatem Besitz Sammlungen von Materialien und Handschriften.

** Wien, Historisches Museum der Stadt Wien*
„Otto Kallir-Nirenstein erwarb den Nachlaß von Peter Altenberg (1859-1919) – den Inhalt seines Zimmers im Grabenhotel–1927 von Marie Mauthner, der Schwester des Dichters. Noch im selben Jahr fand in der Neuen Galerie eine Ausstellung statt (...); 1929 wurde in der Galerie ein Peter-Altenberg-Zimmer eingerichtet und eröffnet (...), das bis 1938 bestand. Das Historische Museum der Stadt Wien erwarb schon 1927 11 Fotografien aus dem Nachlaß und 1950, unter Direktor Dr. Franz Glück, dessen Großteil (350 Objekte: Fotos, Karikaturen und andere Wandobjekte sowie Erinnerungsgegenstände, persönliche Gebrauchsgegenstände und Reste der Zimmereinrichtung) um den symbolischen Betrag von S 8000.-." (*Otto Kallir-Nirenstein. Ein Wegbereiter österreichischer Kunst*. Katalog. Historisches Museum der Stadt Wien. 98. Sonderausstellung, 20. Februar bis 27. April 1986. Wien 1986: „Nachlaß Peter Altenberg", S. 42ff.)

** Wien, WSTLB HS*
Umfangreiche Sammlung von Briefen und Manuskripten.

** Jerusalem, The Jewish National and University Library, Department of Manuscripts and Archives*
„Personal Archives": 0,5 m Briefe von Peter Altenberg an Dr. Ernst von Lieben.
Signatur: Ms.var. 304

* *New York, Galerie St. Etienne*
Kein Verzeichnis.

* *Berlin, Deutsche Staatsbibliothek, Hss-Abt./Lit.-Archiv*
1 Mappe: 3 Manuskripte, Briefe von Altenberg.
Signatur: Slg Autographa

* *New York, Leo Baeck Institute*
Sammlung, 40 Nummern: Catalog, S. 193.

Aus einem Skizzenbuch. Five Unpublished Sketches by Peter Altenberg. Edited (with an introduction and notes) by Andrew Barker. In: *Vienna 1900. From Altenberg to Wittgenstein*. Edited by Edward Timms and Ritchie Robertson. Edinburgh: Edinburgh University Press 1990 (= Austrian Studies 1), S. 28-46.
Hans Haider: Altenberg und der Kinderschutz. Wer sind die heutigen Erben des literarischen Copyrights? In: *Die Presse* (Wien), 4.1.1984, S. 5.; Hans Bisanz: *Peter Altenberg: Mein äußerstes Ideal. Altenbergs Photosammlung von geliebten Frauen, Freunden und Orten*. Mit 60 Abb., davon 25 in Farbe. Wien-München: Verlag Christian Brandstätter 1988. (Zum Nachlaß, S. 33)

Amann, Paul

6.3.1884, Prag–24.2.1958, Fairfield, Conn., U.S.A.
Lyriker, Übersetzer (u. a. für den Paul Zsolnay Verlag); Gymnasialprofessor in Wien.
Emigrierte Februar 1939 von Wien nach Paris und Montpellier und im September 1941 in die U.S.A. Professor (Germanistik und Romanistik) am Champlain College, Plattsburgh, New York, U.S.A.

* *New York, Leo Baeck Institute*
Nachlaß, 1,5 m: Catalog, S. 5; Guide, 1992, S. 10-12.
Maschinschriftliches Verzeichnis.
Geschenk 1967

* *Lübeck, Bibliothek der Hansestadt Lübeck*
Sammlung: Ca. 50 Briefe von Paul Amann an Thomas Mann (1915-1952).
Thomas Mann. Briefe an Paul Amann. 1915-1952. Hrsg. v. Herbert Wegener. Mit 31 Abb. Lübeck: Verlag Max Schmidt-Römhild 1959. (= Veröffentlichungen der Stadtbibliothek Lübeck. Neue Reihe, Band 3)

Ambrosi, Gustinus

24.2.1893, Eisenstadt–1.7.1975, Wien
Bildhauer, Lyriker.

* *Wien, Gustinus-Ambrosi-Gesellschaft*
Nachlaß.

* *Wien, Österreichische Galerie*
Teilnachlaß.

Améry, Jean

Pseud. für Hans Maier, etwa 1934 bis 1955 verwendete er auch das Pseudonym Hanns Mayer
31.10.1912, Wien–16.10.1978, Salzburg (Selbstmord)
Schriftsteller, Publizist.

* *Marbach, DLA*
Nachlaß, 30 Kartons: Kussmaul, Sp. 9-10.
Friedrich Pfäfflin: *Jean Améry. Unterwegs nach Oudenaarde*. Marbach am Neckar: Deutsche Schillergesellschaft 1982 (= Marbacher Magazin 24/1982)

Amos, Bernhard

25.8.1895, Innsbruck–9.4.1961, ebda
Photograph, Lehrer, Lyriker; Hauptschuldirektor in Innsbruck.

* *Innsbruck, Tiroler Landesmuseum Ferdinandeum, Bibliothek*
Teilnachlaß, 1 Mappe: 1 Band Gedichte

(1911-1914), Dramenentwürfe. – Einzelne Briefe. – Tagebuch (1914). – Zeitungsausschnitte (Gedichte aus dem Jahr 1914).
Unbearbeitet.
Geschenk 1982

Amschl, Alfred

Pseud. A. Berg
7.6.1852, Pettau (Stmk.)–29.8.1926, Graz
Jurist, Kriminalanthropologe, Staatsanwalt und Senatspräsident in Graz, Lyriker.

* *Graz, Steiermärkisches Landesarchiv*
Nachlaß: 11 Kartons.
Erwerbung 1924/1926

* *Graz, Steiermärkische Landesbibliothek*
Teilnachlaß, 6 Kartons: Ca. 60 Werkmanuskripte (juristische Abhandlungen und Vorträge, Dramen). – Ca. 70 Briefe, u. a. von Oskar Dressler, einzelne Briefentwürfe von Amschl. – Zeitungsausschnitte, Sammlung über Robert Hamerling.
Handschriftliches Verzeichnis.

Andergassen, Eugen

20.6.1907, Feldkirch (Vbg.)–31.3.1987, ebda
Lehrer, Schauspieler; Wien, Direktor der Kaufmännischen Berufsschule in Feldkirch, Leiter des „Studio Feldkirch" und der Theaterklassen an den Musikschulen Feldkirch und Dornbirn.

* *Bregenz, Franz-Michael-Felderarchiv und Vorarlberger Literaturarchiv*
Teilnachlaß, 16 Kartons, 5 Ordner: Zahlreiche Werkmanuskripte (Gedichte, Märchen, Hörspiele, Dramen). – Briefe, u. a. von Felix Braun, Hans Carossa und Verlagskorrespondenzen. – Kritiken, Tonbandkassetten mit Hörspielen und Rundfunksendungen.
Maschinschriftliches Verzeichnis.
Kauf 1988

* *Feldkirch, Stadtbibliothek*
Bibliothek.

Anders, Günther

Geb. 12.7.1902, Breslau, lebt in Wien
Lyriker, Essayist.

* Diverse Materialien finden sich in einigen Sammlungen in den U.S.A. Vgl. Spalek, Kalifornien, S. 151f.; Guide, 1978, S. 18-20.
Jürgen Langenbach: *Günther Anders. Eine Monographie*. Wien: Falter Verlag 1986.

Andrian zu Werburg, Leopold von

9.5.1875, Wien–19.11.1951, Fribourg, Schweiz
Diplomat, Lyriker, Erzähler, ging 1938 ins Exil.

* *Marbach, DLA*
Nachlaß, 50 Kartons: Kussmaul, Sp. 16-18; *Jahrbuch der Deutschen Schillergesellschaft* 23 (1979), S. 640.
Correspondenzen. Briefe an Leopold von Andrian 1894-1950. Herausgegeben von Ferruccio Delle Cave. Marbach am Neckar 1989. (= Marbacher Schriften, Band 29)

Angel, Ernst (Ernest)

11.8.1894, Wien–10.1.1986, Newark Airport, New Jersey
Theater- und Filmkritiker, Drehbuchautor, Filmregisseur, Verleger, Lyriker, Psychoanalytiker.
Hielt sich 1918/19 in Wien auf, übersiedelte nach Berlin, wo er ca. 1926 den „Ernst Angel Verlag" gründete. Er heiratete Hanna Lehmann (30.3.1893, Berlin) und nahm sie als Partnerin in seine Filmgesellschaft. Zwei der Filme befaßten sich mit der modernen Medizin. Leiter der Propaganda-Abteilung der Ullstein Zeitungen in Berlin 1924-25. Chefredak-

teur der Zeitschrift *Film-Spiegel*. 1928 Leiter des Volksverbands für Filmkunst. 1933 Rückkehr nach Wien, wo er 1936 die „Gesellschaft der Filmfreunde Österreichs" gründete, in deren Vorstand auch Robert Musil, Fritz Lahr, Viktor Matejka und Carl Zuckmayer saßen. Nach dem „Anschluß" kam er ins KZ (u. a. Sachsenhausen). Emigration nach England, dann 1940 in die U.S.A. Promovierte 1965 an der New York University (Ph.D.) und besuchte das „Training Institute of the National Psychological Association for Psychoanalysis". (Dissertation: Cultural Distance. A Study of Measures and Modes of the Distance Felt by Groups of American Intellectual Professions in Relation to Contemporary American Culture and Its Practiced „Values".)
Angel war der Neffe des Vaters von Lucy Tal, der Gattin des Verlegers Ernst Peter Tal. Angels Schwester, Dora Angel (29.9.1889, Wien–26.2.1984, Berlin, Pseud. Dora Peterson), heiratete am 16.2.1915 Otto Soyka (aus dieser Ehe stammte die am 21. August 1914 geborene Tochter), wurde 1917 geschieden und war seit 10.2.1939 mit Heinrich Eduard Jacob verheiratet. Herausgeber der Reihe *Das Drehbuch. Eine Sammlung ausgewählter Filmmanuskripte* im Gustav Kiepenheuer Verlag Potsdam (Band 1: Carl Mayer: *Sylvester. Ein Lichtspiel,* 1924).
Inhaber der Urheberrechte: Mrs. Bridget Bogard, 535 14th Street, New York, New York 10009, U.S.A.

* *Privatbesitz. Dr. Murray G. Hall, Wien*
Sammlung, gespeist aus dem Nachlaß von Heinrich Eduard Jacob (Berlin) bzw. dem Nachlaß Ernst Angels: 1. Plakate, Karten, Briefpapier, Zeitungsartikel, Programme zur Gesellschaft der Filmfreunde Österreichs, 2. Typoskripte von Texten Ernst Angels zum Thema Medizin, darunter aber auch Filmtreatments (*Blitzlicht.* Treatment einer 1200 m-Tonfilm-Komödie von Ernst Angel-hievon auch das komplette Drehbuch 87 Bl.); Die grosse Chance. Treatment für einen kurzen Werbefilm *(Feine Konfektion),* 3. Sammlung von Szenenphotos aus dem Film *Der zerbrochene Krug,* 4. Photos von Brigitte Angel im Alter von 4 Jahren und von Brigitte mit ihrer Mutter Dussia.

Anschütz, Eduard

1797, Luckau in der Lausitz–11.4.1855, Wien
Erzähler, Schauspieler; Leipzig, Wien.

* *Wien, WSTLB HS*
Splitternachlaß: 29 handschriftliche Hefte der wöchentlichen Kneippzeitung *Archiv des menschlichen Unsinns.*
Verzeichnung: Zettelkatalog.
Kauf 1937

Anschütz, Heinrich

8.2.1785, Luckau in der Lausitz–29.12.1865, Wien
Schauspieler, Regisseur, Bühnenschriftsteller, Übersetzer; Leipzig, Breslau, Wien.

* *Wien, WSTLB HS*
Sammlung, ca. 30 Inventarnummern: 2 Verzeichnisse von Theaterstücken auf dem Wiener Hoftheater. – Ca. 20 Briefe an Anschütz. – Personaldokumente, Dekrete. – Stammbuch.
Verzeichnung: Zettelkatalog.
Kauf 1961

Anzengruber, Ludwig

Pseud. Ludwig Gruber
29.11.1839, Wien–10.12.1889, ebda
Schauspieler, Beamter, Publizist, Dramatiker, Erzähler; Wien.

* *Wien, WSTLB HS*
Gesamtnachlaß, ca. 1 300 Inventarnummern: Zahlreiche Werkmanuskripte (Entwürfe, Gedichte, Dramen, Erzählungen, Theatermanuskripte, Korrekturfahnen). – Ca. 800 Briefe, u. a. von Anton Bettelheim, Wilhelm Bolin, Ada Christen, Peter Rosegger, Leopold Rosner und Friedrich Schlögl. – Personaldokumente, Zeugnisse, Dekrete, Rechnungen, Verlagsver-

träge, Glückwünsche, Tagebuchblätter (1872-1889), Kalender. – Familiendokumente, Zeitungsausschnitte, Manuskripte anderer Autoren, u. a. von Karl Anzengruber und Anton Bettelheim, Unterlagen zum Anzengruber-Kuratorium.
Geschenk 1907, Kauf 1939 und 1942
Goedekes Grundriß zur Geschichte der deutschen Dichtung. Neue Folge (Fortführung von 1830 bis 1880). Erster Band. Hrsg. von Georg Minde-Pouet und Eva Rothe. Berlin: Akademie-Verlag 1962, S. 257-422, bes. S. 265-266.
Hermann Böhm: *Ein Klassiker des Volksstückes. Ludwig Anzengruber (1839-1889).* Katalog der 217. Wechselausstellung der Wiener Stadt- und Landesbibliothek. November 1989-Februar 1990. Wien 1989.

Standorte von weiteren Autographen nachgewiesen bei Frels, S. 8.

Appel, Wilhelm Freiherr von

Pseud. Kiek, Kikeriki
11.9.1875, Wien–22.11.1911, ebda
Sekretär in der Staatsbahndirektion, Journalist, Dichter; Begründer und erster Chefredakteur der *Muskete.*

** Wien, WSTLB HS*
Nachlaß.
Geschenk von Magda Dichler-Appel
Der Musketier. Wilhelm Freiherr von Appel.Gedichte. Wien: Augarten Verlag Stephan Szabo 1976.

Arnold, Robert Franz

27.11.1872, Wien–24.1.1938, ebda
Universitätsprofessor, Literarhistoriker.

** Wien, ÖNB HS*
Sammlung, Ser. n. 9.828-9.923: Seminar- und Proseminararbeiten.

Ascher-Nash, Franzi

28.11.1910, Wien–1.9.1991, Lancaster, Pennsylvania, U.S.A.
Lyrikerin, Erzählerin, Musikschriftstellerin, lebte seit 1938 in den U.S.A.

** Millersville, Millersville University of Pennsylvania, Ganser Library*
Nachlaß.

Attems, Sophie Gräfin

Pseud. L.und S. Hartig-Attems, geb. Hartig
27.2.1862, Retz (N.Ö.)–1.12.1937, Wien
Epikerin, Erzählerin, schrieb alle Werke gemeinsam mit ihrem Bruder Dr. Leopold Graf Hartig.

** Der Nachlaß muß als verschollen gelten.*
Elfriede Rotter: Gräfin Sophie Attems und ihre Werke. Versuch einer Monographie. Diss. Wien 1952. Zum Schicksal des Nachlasses heißt es dort: „Ihr Nachlaß geht in die Hände ihrer beiden Schwestern über. Es befinden sich darunter viele Gedichte und Novellen, die niemals veröffentlicht wurden; unter anderem das Gedicht ‚Die Glocken von Bozen‘ und ein Vindobonagedicht. Die Schwestern erwiesen sich als äußerst untreue Verwalterinnen des ihnen anvertrauten Gutes und verbrannten Vieles, was ihnen wertlos erschien. Dadurch, sowie durch Bombenschäden während des letzten Weltkrieges, sind leider zahlreiche Schriften verloren gegangen, in die Einsicht zu nehmen von großem Interesse gewesen wäre.“ (S. 60) „Leider sind sämtliche Zeitungskritiken über das Werk, die von den Verfassern sorgfältig aufbewahrt wurden, verlorengegangen.“ (S. 65) „Nach ihrem Tode ging ihr ganzer Nachlaß, unter dem sich viele ihrer Gelegenheitsarbeiten befanden, in die Hände ihrer Schwestern über. Doch diese erwiesen sich als ungetreue

Sachwalterinnen. Sie warfen vieles achtlos beiseite, was sie für wertlos hielten. Was sie nicht zerstörten, fiel in den letzten Kriegstagen einem Bombenangriff zum Opfer. Erhalten sind uns einzig und allein einige Gedichte und Skizzen, die in den Zeitschriften der St. Peter Claver Sodalität erschienen." (S. 198)

Auden, Wystan Hugh

21.2.1907, York (England)–29.9.1973, Wien
Lyriker, Literaturkritiker; York, Birmingham, Professor an der Universität Oxford, New York, Kirchstetten.

* *St. Pölten, Dokumentationsstelle für Literatur in Niederösterreich*
Teilnachlaß, 2 Kartons: Gedichte. – Einzelne Briefe an Auden. – Personaldokumente, Bankauszüge, Rechtsanwaltskorrespondenzen, Dokumente zu Versicherungs-, Finanzamts- und Grundstücksproblemen, Photos. – Übersetzungen seiner Gedichte ins Deutsche. – Bibliothek.
Maschinschriftliches Verzeichnis.
Depot

Auernheimer, Raoul

15.4.1876, Wien–7.1.1948, Oakland, California, U.S.A.
Schriftsteller, Theaterkritiker, Feuilletonist; Wien.

* *Privatbesitz. Prof. Donald G. Daviau, Department of German, University of California at Riverside, Riverside, California 92502, U.S.A.*
Nachlaß, 1,5 m: Spalek, Kalifornien, S. 152-156; Guide, 1978, S. 31-37. (Alle weiteren Materialsammlungen in den U.S.A. sind ebenfalls hier verzeichnet.)

* *Wien, WSTLB HS*
Teilnachlaß, ca. 700 Inventarnummern und 3 Kartons: Entwürfe, Gedichte, Aphorismen, Reden, Aufsätze, Novellen, Romane, Tagebücher (1897-1899, 1906-1919), Reisetagebücher, Komödien, Drehbuch. – Ca. 350 Briefe, u. a. von Hugo von Hofmannsthal, Anton Wildgans, Stefan Zweig und Familienkorrespondenzen. – Lebenslauf, Personaldokumente, Reisepaß, Dokumente zur Emigration 1938 und zur Wiedererlangung des Besitzes in Spital am Semmering, Zeugnisse, Notizbücher. – Manuskripte anderer Autoren.
Maschinschriftliches Verzeichnis, Zettelkatalog. – Teilweise unbearbeitet.
Erwerbung 1959

* *Wien, Thomas Sessler Verlag*
Sammlung: Gedichte, vereinzelte Briefe, Lebensdokumente (u. a. Testament), Verträge.

Auersperg, Anton Alexander Graf

Pseud. Anastasius Grün
11.4.1806, Laibach–12.9.1876, Graz
Lyriker, Übersetzer, liberaler Politiker; Laibach, Graz, Mitglied der Deutschen Nationalversammlung in Frankfurt, Mitglied des Herrenhauses in Wien.

* *Wien, WSTLB HS*
Sammlung: Verzeichnis der Druckfehler in der 4. Auflage von Auerspergs Gedichten. – Ca. 100 Briefe von Auersperg, meist an die Weidmannsche Buchhandlung in Leipzig
Verzeichnung Zettelkatalog.
Kauf 1906

* *Graz, Universität, Institut für Germanistik*
Teilnachlaß, 1 Kiste: Gedichte, politische Aufzeichnungen, Reden. – Ca. 2 400 Briefe, u. a. von Eduard von Bauernfeld, Charles Boner, Wilhelm Braumüller, Bartholomäus von Carneri, Ignaz Franz Castelli, Georg Cotta, Ludwig August Frankl, Joseph von Hammer-Purgstall, Franz Her-

mann von Hermannsthal, Adolf von Herz, Salomon Hirzel, Joseph von Hormayr, Karl von Holtei, Leopold von Lichtenberg, Ludwig Mittermayer, Karl Reimer, Franz (?) Schlechta von Wschehrd, Anton von Schmerling, Karl Julius Schröer, Anton Xaver Schurz, Gustav Schwab, Johann Gabriel Seidl, Josef (?) von Seyfried, der Weidmannschen Buchhandlung und Constantin Wurzbach von Tannenberg. – Vermögensaufstellung, Glückwünsche, Ehrungen.
Verzeichnung: Handschriftliches Inventar. – A. Kracher, H. Himmel, in: *Goedekes Grundriß zur Geschichte der deutschen Dichtung. Neue Folge (Fortführung von 1830 bis 1880).* Erster Band. Hrsg. von Georg Minde-Pouet und Eva Rothe. Berlin: Akademie-Verlag 1962, S. 567-573.

* *Graz, Steiermärkische Landesbibliothek*
Sammlung, 1 Karton: Einzelne Gedichte, Zeichnungen, Aquarelle. – Ca. 40 Briefe von Auersperg.
Maschinschriftliches Verzeichnis.

* *Berlin, Staatsbibliothek Preußischer Kulturbesitz*
Teilnachlaß, 4 Bände: Dichterische Manuskripte.
Hermann Degering: *Kurzes Verzeichnis der germanischen Handschriften der Preußischen Staatsbibliothek,* 1-3; Leipzig 1925-1932, Neudruck Graz 1970 (= Mitteilungen aus der Preußischen Staatsbibliothek, 7-9).

* *Münster, Westfälisches Landesmuseum*
Nachlaß von Levin Schücking: Briefe an Levin Schücking.

* *Wien, ÖNB HS*
Autogr. 131/2: 145 Briefe an Anton Laschan Ritter von Moorland.
Standorte von weiteren Autographen nachgewiesen bei Frels, S. 106-107.

Bach, David Josef

13.8.1874, Lemberg–31.1.1947, London
Kulturschriftsteller in Wien.
Besuchte das Akademische Gymnasium in Wien 1884-1892, promovierte zum Dr.phil. an der Universität Wien am 20.7.1897, trat 1904 in die Redaktion der *Arbeiter-Zeitung* ein, später Leiter der Sozialdemokratischen Kunststelle in Wien, schrieb auch für die Zeitschriften *Der Kampf, Kunst und Volk.*

* *Privatbesitz. Dr. Philip Marriott, Crowborough, England*
Erhalten ist nur sehr wenig Korrespondenz, einige Memorabilia aus Wien, Eintrittskarten, Programme der Sozialdemokratischen Kunststelle und eine Kassette, die Bach anläßlich seines 50. Geburtstags am 13. August 1924 überreicht wurde.

* Weiteres Nachlaßmaterial (Briefe) befand sich früher im Besitz der Witwe, Frau Gisela Bach, das 1975, laut Kotlan-Werner, im Besitz von Mrs. Millicent Bach (England) war.

* *Cambridge, Cambridge University Library*
Bibliothek.

Henriette Kotlan-Werner: *Kunst und Volk. David Josef Bach. 1874-1947.* Mit einem Vorwort von Bundesminister Dr. Hertha Firnberg. Wien: Europaverlag 1977. (= Ludwig Boltzmann Institut für Geschichte der Arbeiterbewegung, Materialien zur Arbeiterbewegung Nr. 6); dies.: David Josef Bach, in: Friedrich Stadler (Hrsg.): *Vertriebene Vernunft II. Emigration und Exil österreichischer Wissenschaft.* Internationales Symposium 19. bis 23. Oktober 1987 in Wien. Wien-München: Jugend und Volk 1988, S. 915-928.

Bacher, Karl

10.2.1884, Waltrowitz bei Znaim–8.7.1954, Steyr (O.Ö.)
Gymnasiallehrer in Wien und Znaim, Mundartdichter, Lyriker, Erzähler, Dramatiker.

* *Zellerndorf (N.Ö.), Sammlung Graf (Karl-Bacher-Gedenkstätte), Josef Graf, Weinviertlerhof, A-2051 Zellerndorf 258*
Nachlaß: „Handschriftliche Aufzeichnungen, Zeitungsausschnitte, Bilder, Erinnerungsstücke, Druckwerke Bachers".
Heinrich Kuhn: *Sudetendeutsche Heimatsammlungen. Museen. Archive. Galerien. Bibliotheken. Heimatstuben. Privatsammlungen.* Herausgegeben vom Sudetendeutschen Archiv. (2.) Erweiterte Neuauflage. München: Aufstieg-Verlag 1985, S. 263.

Bachmann, Ingeborg

25.6.1926, Klagenfurt–17.10.1973, Rom
Erzählerin, Lyrikerin; Wien, Rom.
Inhaber der Rechte: Dr. Heinz W. Bachmann, c/o Turkse Shell, P.K. 115, 06442 Yenisehir, Ankara, Türkei.

* *Wien, ÖNB HS*
Nachlaß, Ser. n. 25.094-25.202: 109 Manuskripte mit 8 157 Bl., die Korrespondenz ist für die Benützung gesperrt.
Kauf April 1978
Christine Koschel u. Inge von Weidenbaum: Nachlaßregistratur. Hrsg. Robert Pichl. Wien 1981; *Texte. Noten. Bilder. Neuerwerbungen, Restaurierungen, Konservierungen 1977-1983*. Ausstellung der Österreichischen Nationalbibliothek. Prunksaal 8. Juni-13. Oktober 1984. Wien: Österreichische Nationalbibliothek 1984, S. 64-65.

Backmann, Reinhold

1.12.1884, Leipzig–4.3.1947, Wien
Literarhistoriker, Mitherausgeber der historisch-kritischen Franz-Grillparzer-Ausgabe; Wien.

* *Wien, WSTLB HS*
Teilnachlaß, ca. 220 Inventarnummern und 16 Kartons: Gedichte, Vorträge, Studien zur Literaturgeschichte, Unterlagen und Manuskripte zur Beschreibung des Nachlasses von Franz Grillparzer. – Ca. 200 Briefe, u. a. von Oswald Redlich, Hedda Sauer und Gustav Wilhelm. – 15 Kartons Unterlagen zur Arbeit an der historisch-kritischen Franz-Grillparzer-Ausgabe (Notizen, textkritische Arbeiten, Lesarten, Druckvorlagen, Korrespondenzen, Sammlung von Literatur über Franz Grillparzer). – Sammlung von Rezensionen zur modernen Literatur.
Maschinschriftliches Verzeichnis, Zettelkatalog. – Teilweise unbearbeitet.
Geschenk 1940 und 1947

* *Wien, ÖNB HS*
Briefnachlaß: 364 Briefe an Backmann von August Sauer.

Bacsányi, Gabriele

Auch Batsányi, geb. von Baumberg
24.3.1755, Wien–24.7.1839, Linz
Lyrikerin.

* *Der Nachlaß ist verschollen.*
Margarethe Farkas: Gabriele Batsányi geb. Baumberg. Ihr Leben und dichterisches Schaffen. Diss. Wien 1950. Den spärlichen Angaben Farkas' ist (S. 138) folgendes über den literarischen Nachlaß zu entnehmen: „Das Fragment einer Autobiographie in Hs. wurde mit dem literarischen Nachlaß bei einer Auktion in Deutschland verkauft. Hier war das letzte Gedicht von Gabriele Batsányi, an ihren Mann gerichtet, enthalten."

* Briefe von Bacsányi finden sich in Wien, in der ÖNB HS (3 Br., 1802-1818) und der WSTLB HS.

Standorte von weiteren Autographen nachgewiesen bei Frels, S. 18.

Bäuerle, Adolf

9.4.1786, Wien–20.9.1859, Basel
Beamter, Publizist, Theaterdichter, Herausgeber der *Wiener Theaterzeitung*.

** Wien, WSTLB HS*
Sammlung, ca. 400 Inventarnummern: Briefe, u. a. von Karl Carl, Franz Graeffer und Moritz Gottlieb Saphir.
Verzeichnung: Zettelkatalog.
Kauf seit 1908
Anton Mantler: *Adolf Bäuerle und das Alt-Wiener Volkstheater*. Katalog der 201. Wechselausstellung der Wiener Stadt- und Landesbibliothek. Juli 1984-Oktober 1984. Wien 1984.

** Wien, ÖNB HS*
Sammlung, 18 Manuskripte: Lustspiele, Possen, Schwänke, Zauberoper.
Standorte von weiteren Autographen nachgewiesen bei Frels, S. 16.

Bahr, Hermann

19.7.1863, Linz–15.1.1934, München
(Grab in Salzburg)
Erzähler, Kritiker, Dramatiker.
Inhaberin der Rechte: Hedwig Kautzky, Wien.

** Wien, Österreichisches Theatermuseum*
Nachlaß.
Donald G. Daviau: Hermann Bahr's Nachlaß. In: *Journal of the International Arthur Schnitzler Research Association* 2 (1963), Nr. 3, S. 4-27; Das Archiv Hermann Bahr und Anna Bahr-Mildenburg in der ÖNB. In: *Biblos* 2 (1953), S. 153-155; Ein Hermann Bahr-Archiv. In: *Neues Wiener Tagblatt,* 11.5.1939, S. 11; Erhard Buschbeck: Eine österreichische Insel. In: *Neues Wiener Tagblatt,* 13.9.1935, S. 2; Rechtsstreit um das Bahr-Archiv. In: *Die Presse* (Wien), 23.10.1951, S. 5; dasselbe in: *Neue Wiener Tageszeitung,* 23.10.1951; Hermann Bahrs Nachlaß gehört dem Verleger. In: *Neues Österreich* (Wien), 22.6.1952, S. 2; Hans Haider: Wem gehören heute Hermann Bahrs Urheberrechte? Gerichte sollen verworrene Erbschafts- und Werknutzungsverhältnisse klären. In: *Die Presse,* 19./20.7.1980, S. 7.
Jeffrey B. Berlin: The Unpublished Letters of Richard Beer-Hofmann to Hermann Bahr (with the unpublished letters between Beer-Hofmann and Theodor Herzl. In: Mark H. Gelber (Hrsg.): *Identity and Ethos. A Festschrift for Sol Liptzin on the Occasion of His 85th Birthday.* New York-Berne-Frankfurt am Main: Peter Lang 1986, S. 121-144.

** Salzburg, UB*
Bibliothek.
Ludwig Praehauser: Hermann Bahr und seine Bibliothek. In: *Salzburger Volksblatt,* 3.4.1934; P. Thun-Hohenstein: Hermann Bahr und die Bücher. In: *Jahrbuch Deutscher Bibliophilen und Literaturfreunde* 20 (1934), S. 49-52.

** Wrocław, UB*
Nachlaß Wilhelm Bölsche: 14 Briefe von Bahr an Bölsche (1891-1909).
Edward Białek/Alois Woldan: Briefe österreichischer Literaten in der Universitätsbibliothek Wrocław. In: *Germanica Wratislaviensia* 1985, Heft 68, S. 148-155; hier S. 149-150.

Balázs, Béla

Pseud. für Herbert Bauer
4.8.1884, Szegedin–17.5.1949, Budapest
Schriftsteller, Filmkritiker und -theoretiker in Wien und Berlin.

** Budapest, Bibliothek der Akademie der Wissenschaften (Magyar Tudományos Akadémia Könyvtár)*
Nachlaß: Literarische Werke (Vorlesungen, Reden, Notizen, Berichte, Entwürfe

usw., Lebensdokumente, Korrespondenz, Tagebücher). – Photos, Werke anderer Autoren sowie Dokumente zur Geschichte des Nachlasses und zum Wirken des Autors.
Verzeichnis: F. Csanak Dóra: *Balázs Béla Hagyatéka az akadémiai könyvtár Kézirattárában (Ms 5009-Ms 5024)*. 2. Auflage. Budapest 1967.
Lee Congdon: The Making of a Hungarian Revolutionary: the Unpublished Diary of Bela Balazs. In: *Journal of Contemporary History* 8 (1973), No. 3, S. 57-74.

* *Budapest, Ungarische Nationalbibliothek (Országos Széchényi Könyvtára)*
Teilsammlung.

Balochino, Carlo

1770, Vercelli (Piemont)–15.6.1851, Mailand
Theaterunternehmer, Theaterdirektor in Florenz und Mantua. Pächter des Kärntnertortheaters in Wien.

* *Wien, WSTLB HS*
Nachlaß, ca. 500 Inventarnummern: Einzelne Werkmanuskripte. – Zahlreiche Briefe, u. a. von Philippe Taglioni und Briefentwürfe von Balochino. – Verträge.
Verzeichnung: Zettelkatalog.
Kauf 1888

Baron, Salo Wittmayer

26.5.1895, Tarnów (Galizien)–1989
Historiker, seit 1930 Professor an der Columbia University (Miller Chair of Jewish History, Literature and Institutions).

* *Stanford, The Stanford University Libraries, Department of Special Collections*
Nachlaß, ca. 25 m: Entwürfe und Manuskripte. – 140 Kartons Briefe, u. a. von vielen jüdischen Organisationen in den U.S.A. und in Israel, Korrespondenz mit Zeitschriften (*Jewish Social Studies, Menorah Journal*) und mit der *Encyclopedia Judaica*.
Maschinschriftliches Verzeichnis.
Erworben 1986 und 1990
Signatur: M 580

Bartsch, Rudolf Hans

Pseud. Ernst Brandt
11.2.1873, Graz–7.2.1952, St. Peter bei Graz
Berufsoffizier, dann freier Schriftsteller.

* *Graz, Stadtmuseum*
Teilnachlaß: Ca. 10 Werkmanuskripte (Theatermanuskripte, Dramen, Essays und Erzählungen). – Einzelne Briefe und Briefentwürfe von Bartsch. – Lebenslauf, Photos. – Zeitungsausschnitte, Druckbelege, Würdigungen.
Maschinschriftliches Verzeichnis.

Basil, Otto

Pseud. Markus Hörmann
24.12.1901, Wien–19.2.1983, ebda
Redakteur, Verlagslektor, Lyriker.

* *Wien, ÖNB HS*
Teilnachlaß, Ser. n. 32.856-32.893, Autogr. 1207/1-1209/43: Manuskripte von Basil und anderen Autoren, darunter Christine Busta, Hans von Flesch-Brunningen, Erich Fried, Rudolf Johann Geist, Albert Paris Gütersloh, Oskar Jellinek, Ernst Jirgal, Josef Kalmer, Karl Klammer, Paula Ludwig, Max Mell, Alfred Polgar, Alexander Sacher-Masoch, Theodor Sapper, Leo Schmidl, Walther Schneider und Berthold Viertel. – Briefe.

Baudisch, Paul

Pseud. Georges Roland, Georges Martens
19.6.1899, Wien–17.6.1977, Dalarö (Schweden)
Studium der Naturwissenschaften in Wien da-

nach als Schriftsteller und Übersetzer tätig, lebte 1926-1933 in Berlin, KPD-Mitglied, ging dann 1933 nach Wien, 1938 nach Paris und ließ sich 1939 in Stockholm nieder. Zahlreiche Übersetzungen englischer und amerikanischer Literatur.

* *Privatbesitz. Walter Holthausen (Inhaber der Urheberrechte) bzw. dessen zwei Söhne. Fack 17, S-130 54 Dalarö, Schweden*
Kleine, angelegte Sammlung: Keine Briefe, einige Photos, Kritiken.

* *Västerås (Schweden), Stadtbibliothek*
Materialien zu Baudisch im Bestand „Enquete. Briefwechsel mit Helmut Müssener. Gewerkschaftsgruppe".
Helmut Müssener: *Exil in Schweden. Politische und kulturelle Emigration nach 1933*. München: Hanser 1974, S. 496.

Bauer, Julius

15.10.1853, Raab-Sziget–11.6.1941, Wien
Theaterkritiker, Journalist.

* *Wien, ÖNB HS*
Nachlaß, Ser. n. 28.991-29.047, Autogr. 577/1-584/101, 1004/53-69, 1122/1-1124/12: Manuskripte und ca. 1 900 katalogisierte Briefe von 806 Schreibern sowie zahlreiche unbearbeitete Briefe.

Bauer-Schwind, Greta

4.11.1904, Brünn–13.3.1944, ebda
Lyrikerin.

* *Wien, Dokumentationsstelle für neuere österreichische Literatur*
Teilnachlaß: 6 Gedichtzyklen, meist Abschriften von Elfriede Sanchez. – Einzelne Briefe. – Rezensionen.
Maschinschriftliches Verzeichnis.

Bauernfeld, Eduard von

13.1.1802, Wien–9.8.1890, ebda
Beamter, freier Schriftsteller.

* *Wien, WSTLB HS*
Nachlaß, ca. 2 000 Inventarnummern: Ca. 900 Werkmanuskripte (Lektürenotizen, Gedichte, Aphorismen, Epigramme, Denkschriften, Aufsätze, Proklamationen, Erinnerungen, Tagebücher und Reisetagebücher, Lustspiele und Trauerspiele). – Ca. 950 Briefe, u. a. von Franz von Dingelstedt, Heinrich Laube und Moriz von Schwind. – Autobiographische Aufzeichnungen, Schul- und Studienzeugnisse, Ehrungen, Stammbuchblätter, Eingaben, Gesuche, Tantiemenabrechnungen.
Verzeichnung: Zettelkatalog.
Kauf 1895 und 1911

* *Wien, ÖNB HS*
Teilnachlaß, Ser. n. 9.725-9.737 und 16.074-16.097: Gedichte, Epigramme, Aphorismen, Dramen, Schauspielentwürfe, Tagebuch 1842-1844, Kassabuch, Rechnungen, Zeugnisse und Dokumente, Notizen, Aphorismen und tagebuchartige Eintragungen 1845-1850.

* *Berlin, Deutsche Staatsbibliothek, Hss.-Abt./Lit.-Archiv*
Sammlung: 4 Briefe und Schriftstücke 1860-1885.
Signatur: Slg Autographa

Standorte von weiteren Autographen nachgewiesen bei Frels, S. 18.

Baum, Oskar

21.1.1883, Pilsen–20.3.1940, Prag
Erzähler, Dramatiker, Musikkritiker.

* Der Nachlaß dürfte verlorengegangen sein. Einzelne Briefe von und an Baum befinden sich im Nachlaß von Shmuel Hugo Bergmann und in der „Schwadron autograph collection", beides in der Je-

wish National and University Library in Jerusalem.

Baum, Vicki

24.1.1888, Wien–29.8.1960, Los Angeles
Schriftstellerin.

* *New York, New York Public Library for the Performing Arts*
Edmond Pauker Collection: Guide, 1978, S. 51-52.

* *Albany, State University of New York at Albany, Department of Germanic Languages and Literatures*
Vicki Baum Collection: Großteils Korrespondenz mit dem Verlag Doubleday & Co. (Guide, 1978, S. 51)

* *New York, Leo Baeck Institute*
Carl H. Ostertag-Vicki Baum Collection: Briefe an Ostertag.
Catalog, S. 201; *Library & Archives News,* Leo Baeck Institute, Nr. 21, January 1985; Spalek, Kalifornien, S. 156-157; Guide, 1978, S. 51-54.

Baumann, Alexander

7.2.1814, Wien–25.12.1857, ebda
Dramatiker, Mundartdichter, Archivar des Reichsrates in Wien.

* *Wien, WSTLB HS*
Teilnachlaß, ca. 50 Inventarnummern: Gedichte, Scherzreden, Lustspiele.
Verzeichnung: Zettelkatalog.
Kauf 1910

Baumgärtel, Karl Emmerich

Pseud. Erich Schardenberg
3.11.1889, Mauer bei Wien–27.8.1958, Linz
Lyriker, Dramatiker, Chefredakteur in Linz, Sekretär des Landesbildungsamtes.

* *Linz, Archiv der Stadt Linz*
Teilnachlaß, 14 Schuber: Manuskripte (hauptsächlich Lyrik), Tage- und Notizbücher. – Briefwechsel mit Bekannten und Behörden. – Persönliche Dokumente, Schriftgut des O.Ö. Künstlerbundes. – Druckbelege, Zeitungsausschnitte, Lichtbilder, Manuskripte fremder Autoren.
Geordnet. Maschinschriftliches Verzeichnis.
Übernommen 1964

Baxa, Jakob

15.2.1895, Wien–10.11.1979, Mödling (N.Ö.)
Erzähler, Dramatiker, Nationalökonom; Professor an der Universität Wien.

* *Privatbesitz. Dr. Roswitha Fries, Mühlenstraße 26, D-W-8045 Ismaning (Inhaberin der Rechte)*
Splitternachlaß: Im Eigenverlag erschienene literarische Werke von Baxa, Teil der Bibliothek.

* *Privatbesitz. Dr. Winfried Baxa, Lerchengasse 14/2/8, A-2340 Mödling*
Splitternachlaß: Einzelne Manuskripte, Druckbelege, fast alle der überwiegend im Eigenverlag erschienenen literarischen Werke von Baxa, einige seiner wissenschaftlichen Werke.
Die Bibliothek–ausschließlich Belletristik–wurde großteils dem Kloster St. Gabriel in Mödling überlassen.

Bayer, Cornelia

Geb. v. Plachki-Pruchenheim, Pseud. Nelly Lia Bayer
17.10.1881, Klagenfurt–13.1.1975, Graz
Lyrikerin, Erzählerin.

* *Wien, ÖNB HS*
Literarischer Nachlaß, Ser. n. 17.257-17.276 und 20.288-20.504: Tagebuch (1931-1942, 4 St.), literarische Notizen (1930, 1943), Memoiren (325 Bl.).
Legat 1973

Bayer, Konrad

17.12.1932, Wien–10.10.1964, ebda
Experimenteller Lyriker, Dramatiker und Prosatexter, Verfasser von Einaktern, Kabarettsketches, kombinatorischen Sprachspielen und skelettierter Prosa. Mitbegründer der „Wiener Gruppe".

* *Privatbesitz. Traudl Bayer, Dannebergplatz 11, A-1030 Wien (Inhaberin der Rechte)*
Nachlaß: Manuskripte und Briefe.
Konrad Bayer: *Sämtliche Werke*. Hrsg. v. Gerhard Rühm. 2 Bände. Wien: ÖBV–Klett-Cotta 1985. (Band 2: Gerhard Rühm: „nachwort zu der gesamtausgabe", S. 369-373: „nachwort zu den sämtlichen werken", S. 374-377)

Bayr, Rudolf

22.5.1919, Linz–17.10.1990, Salzburg
Erzähler, Lyriker, Übersetzer, Journalist, Koch; Herausgeber der Zeitschrift *Wiener Literarisches Echo,* Leiter der Abteilung Literatur und Hörspiel im ORF-Landesstudio Salzburg (1956-1971), Hauptabteilungsleiter Kultur des Österreichischen Rundfunks (1971-1975), Intendant des ORF-Landesstudios Salzburg (1975-1984).

* *Privatbesitz.*
Nachlaß.

Beck, Karl Isidor

1.5.1817, Baja (Ungarn)–9.4.1879, Wien
Lyriker, Epiker, Journalist.

* *Wien, ÖNB HS*
Nachlaß, Ser. n. 14.641-14.692, Autogr. 602/26-604/12: Manuskripte sowie ca. 400 Briefe von Beck und ca. 720 Briefe an Beck.
Erwerbung 1949

Becker, Helene

15.3.1868, Salzburg–7.5.1945, ebda
Dramatikerin, Erzählerin, Salzburg.

* *Salzburg, Museum Carolino Augusteum, Bibliothek*
Teilnachlaß, 69 Inventarnummern: Gedichte, Geschichten und Legenden, Dramen. – Korrespondenz mit Theatern. – Sammlung von Rezensionen eigener Werke.
Zettelkatalog.

Becsi, Kurt

30.5.1920, Wien–10.1.1988, ebda
Dramatiker, Kulturphilosoph.

* *Privatbesitz. Magret Becsi, Daringergasse 12b/27/4, A-1190 Wien*
Nachlaß: Manuskripte aller unveröffentlichten Werke, Tagebücher (1945-1988). – Briefe, u. a. von Franz Theodor Csokor, Friedrich Schreyvogl, Korrespondenz mit Verlagen. – Verträge. – Konvolut von Zeitungsdrucken und Rezensionen seiner Werke, Familienphotos, ca. 90 Szenenphotos von den Aufführungen seiner Theaterstücke, sehr große Bibliothek.

Beer, Natalie

Pseud. Ursula Berngath
17.6.1903, Au (Vbg.)–31.10.1987, Rankweil (Vbg.)
Lyrikerin, Erzählerin; Au, Innsbruck, Rankweil.

* *Bregenz, Vorarlberger Landesbibliothek*
Nachlaß, 24 Kartons: Gedichte, Theaterstücke, Tagebücher, Erzählungen, Reiseskizzen, Romane, Korrekturfahnen. – Briefe seit 1932, u. a. von Eugen Andergassen, Arnulf Benzer, Hans Heinz Dum, Gudrun Embacher, Günther Flaig, Walter Flaig, Traute Foresti, Wolfgang Hahn, Jo-

hannes Hauer, Charlotte Hochgründler-Hofmann, Elisabeth Honold, Mirko Jelusich, Robert Kampel, Paul Anton Keller, Norbert Langer, Kaspar Machowetz, Hans Georg Marek, Therese Mühlhaus-Vogeler, Hans Nägele, Franz J.M. Ortner, Reinhard Pozorny, Ottmar Premstaller, Artur Schwarz, Reinhold Simma, Rosemarie Tiarks, Elmar Vonbank, Karl Wopfner; Korrespondenzen mit den Verlagen Heyn Verlag, Ennsthaler Verlag, Stiasny Verlag, Leopold Stocker Verlag, Welsermühl Verlag und dem NS Gauverlag in Innsbruck; Briefe an Grete Gulbransson und Wolfgang Hahn. – Personaldokumente, Lebensläufe, Taschenkalender (1947-1970), Buchhaltung (1946-1960), Verlagsverträge, Honorarabrechnungen, Verlagsprospekte, Glückwünsche, zahlreiche Photos. – Rezensionen und Handexemplare ihrer Bücher, umfangreiche Sammlung von Druckbelegen. – Teil der Bibliothek.
Handschriftliches Verzeichnis.
Depot 1988

Beer-Hofmann, Richard

11.7.1866, Wien–26.9.1945, New York
Schriftsteller, Regisseur.

* *Cambridge (Massachusetts, U.S.A.), Harvard University, Houghton Library*
Nachlaß mit Teil der Handbibliothek, 47 Kartons: Guide, 1978, S. 58-68; Roland Folter: *Deutsche Dichter- und Germanistenbibliotheken. Eine kritische Bibliographie ihrer Kataloge.* Stuttgart: Verlag Fritz Eggert 1975.

* *New Haven (Conn., U.S.A.), Yale University Library, The Beinecke Rare Book and Manuscript Library, Yale Collection of German Literature*
Teilnachlaß: 973 Briefe (1890-1929) an Richard Beer-Hofmann, u. a. von Hermann Bahr, Hugo von Hofmannsthal, Gertrud von Hofmannsthal, Arthur Schnitzler und Olga Schnitzler. (Guide, 1978, S. 66)
Hugo von Hofmannsthal–Richard Beer-Hofmann. Briefwechsel. Hrsg. von Eugene Weber. Frankfurt am Main: S. Fischer Verlag 1972; Jeffrey B. Berlin: The Unpublished Letters of Richard Beer-Hofmann to Hermann Bahr (with the unpublished letters between Beer-Hofmann and Theodor Herzl. In: Mark H. Gelber (Hrsg.): *Identity and Ethos. A Festschrift for Sol Liptzin on the Occasion of His 85th Birthday.* New York-Berne-Frankfurt am Main: Peter Lang 1986, S. 121-144; ders.: The Friendship and Unpublished Correspondence between Thornton Wilder and Richard Beer-Hofmann. In: *Germanisch-Romanische Monatsschrift* N.F. 40 (1990), S. 304-323 [Briefwechsel der Jahre 1935-1944. Die Originale der Briefe von Beer-Hofmann an Wilder sind vermutlich verloren. Hier werden die Briefkonzepte im Nachlaß Beer-Hofmanns publiziert.]; *Arthur Schnitzler–Richard Beer-Hofmann. Briefwechsel 1891-1931.* Hrsg. von Konstanze Fliedl. Wien: Europa Verlag 1992.

* *New York, Leo Baeck Institute*
Richard Beer-Hofmann Collection, 0,5 m: Catalog, S. 13; *Library & Archives News,* Leo Baeck Institute, June 1985.
Legat der Tochter Beer-Hofmanns, Miriam Beer-Hofmann Lens (†)
Eugene Weber: Richard Beer-Hofmann: Daten. In: *Modern Austrian Literature* 17 (1984), Nr. 2, S. 13-42.

Standorte von weiteren Sammlungen in Guide, 1978.

Behrens-Giegl, Erna

Geb. 26.10.1917, Odrau (Österr. Schlesien)
Lehrerin, Erzählerin; Wien.

* *Mödling, Literarische Gesellschaft, Archiv für ungedruckte Manuskripte*

Teilnachlaß, 15 Mappen: 12 Werkmanuskripte.
Unbearbeitet.
Depot 1982

Benatzky, Ralph

5.6.1889, Mährisch-Budwitz–17.10.1957, Zürich
Komponist, Schriftsteller. Beigesetzt in einem Ehrengrab in St. Wolfgang.

* *Privatbesitz. Günter Benatzky, Wentzelstraße 17, D-W-2000 Hamburg 60, Bundesrepublik Deutschland*
Nachlaß: Autographe und vervielfältigte Kompositionen (ca. 450 Lieder und Chansons, Klavierauszüge der 55 Bühnenwerke, z.T. auch Stimmen), zahlreiche Liedertexte, 24 Tagebücher (1919-1957). – Briefe. – Karikaturen, Photos, Schallplatten, darunter alte Schellackplatten seit 1928.
Der Hinweis im *Biographischen Handbuch der deutschsprachigen Emigration,* wonach der Nachlaß bzw. ein Teil des Nachlasses von Benatzky in der New York Public Library for the Performing Arts aufbewahrt wird, ist nach Auskunft der Bibliothek unzutreffend.

Benedikt, Ernst

Pseud. Erich Major
20.5.1882, Wien–28.12.1973, ebda
Journalist, Lyriker, Dramatiker, Herausgeber der *Neuen Freien Presse* in Wien.

* *Privatbesitz in Wien und Paris*

* *Wien, WSTLB HS*
Teilnachlaß: Ca. 370 Briefe, u. a. von Felix Braun, Johann Gunert und Max Mell. – Einzelne Manuskripte anderer Autoren.
Verzeichnung: Zettelkatalog.
Kauf 1971

* *Västerås (Schweden), Stadtbibliothek*
Sammlung, angelegt von Helmut Müssener: Materialien, Briefwechsel mit Müssener.
Helmut Müssener: *Exil in Schweden. Politische und kulturelle Emigration nach 1933*. München: Hanser 1974, S. 497.

Berg, O.F.

Pseud. für Ottokar Franz Ebersberg
10.10.1833, Wien–16.1.1886, ebda
Beamter, Publizist, Dramatiker; Wien.

* *Wien, WSTLB HS*
Splitternachlaß: 3 Werkmanuskripte. – Einzelne Briefe an Berg.
Verzeichnung: Zettelkatalog.
Kauf 1932
Ernst Gampe: Ottokar Franz Ebersberg (O.F. Berg) und seine Stellung im Wiener Volksstück. Diss. Wien 1953. Zum Nachlaß, S. 304.

Bergamer, Friedrich

Pseud. für Friedrich Glückselig
18.12.1909, Wien–9.10.1981, New York
Lyriker, Essayist, Kunsthändler.

* *Marbach, DLA*
Nachlaß: Guide, 1992, S. 39.

Berger, Alfred von

30.4.1853, Wien–24.8.1912, ebda
Philosoph, Publizist; Professor an der Universität und Direktor des Burgtheaters in Wien.

* *Wien, WSTLB HS*
Teilnachlaß, ca. 60 Inventarnummern und 3 1/2 Kartons: Literarische, dramaturgische, juridische und philosophische Arbeiten, Tagebücher. – Einzelne Briefe an Berger. – Bühnenverträge von Stella Hohenfels, Notizen, Gedichte und Aufsätze, vor allem Shakespeare-Studien, von Johann Nepomuk Berger.
Maschinschriftliches Verzeichnis, Zettelkatalog. – Teilweise unbearbeitet.

Erwerbung 1913, 1951 und 1974

Berger, Gisela von

12.12.1878, Wien–26.1.1961, ebda
Erzählerin, Dramatikerin, war im Bibliotheks- und Verlagswesen tätig.

* *Wien, ÖNB HS*
Nachlaß, Ser. n. 14.491-14.722, 31.406-31.407, Autogr. 605/1-607/66: Manuskripte, vorwiegend Familienbriefe, 9 Bücher mit autographen Eintragungen.
Geschenk 1971 und 1989

Berger, Hermann Anton

20.5.1866, Salzburg–20.6.1953, Graz
Erzähler, Lehrer, Komponist; Graz.

* *Graz, Steiermärkisches Landesarchiv*
Nachlaß, 3 Kartons: *Elsbeth.* Roman, *Faust. Eine Volksdichtung,* Gedichtsammlungen (*Zwischen zwei Welten, Stunden hoher Muse, Lose Gedanken*), Erzählungen, Feuilletons, politische und philosophische Aufsätze, Autobiographie.
Maschinschriftliches Verzeichnis.
Erwerbung 1953

Berger, Joe

22.10.1939, Kaltenleutgeben (N.Ö.)–30.5.1991, Wien

* *Privatbesitz. Sara Suranyi*
Nachlaß: Manuskripte, wenige Briefe.

Berger, Raimund

31.3.1917, Hall (Tir.)–21.1.1954, Innsbruck
Dramatiker.

* *Privatbesitz. Bettina Berger, Murnau (Bayern)*
Nachlaß.

Berghofer, Amand

2.12.1745, Grein (O.Ö.)–7.2.1825, Graz
Lehrer, Philosoph, Schuldirektor in Steyr, Zensor in Prag.

* *Wien, WSTLB HS*
Sammlung, 1 Konvolut: Briefabschriften. – Stammbuchblatt, Familiendokumente, Briefe über Berghofer.
Verzeichnung: Zettelkatalog.

Bergmann, Hilda

Pseud. für Hilda Kohner-Bergmann
9.11.1878, Prachatitz (Böhmen)–20.10.1947, Astorp (Schweden)
Lyrikerin, Erzählerin, war bis zu ihrer Heirat Lehrerin in Wien.

* *Passau, Böhmerwaldmuseum Passau*
Nachlaß.
Unbearbeitet.

* *Wien, ÖNB HS*
Einige wenige Manuskripte: Lyrik, Prosa.

Bermann, Joseph

1810, Wien–4.7.1886, ebda
Kunst- und Musikalienhändler, Verleger; Wien.

* *Wien, WSTLB HS*
Nachlaß, ca. 55 Inventarnummern: Ca. 700 Werkmanuskripte (Gedichte, Fabeln, dramatische Versuche, Rezensionen, Entwürfe). – Ca. 30 Briefe, u. a. von Karl Adam Kaltenbrunner, mehrere Briefkonzepte von Bermann. – Tagebücher (1835-1878), Lebenslauf. – Materialien zum „Katholikenverein“, Abschriften der Predigten von Johann Emanuel Veith (1839-1856).
Verzeichnung: Zettelkatalog.
Kauf 1937

Bermann, Moriz

Pseud. Berthold Mormann, Moritz B. Zimmermann, Julius Marlott, Louis Mühlfeld
16.3.1823, Wien–12.6.1895, ebda
Kunsthändler, Publizist, Erzähler; Wien.

** Wien, WSTLB HS*
Teilnachlaß, 1/4 Karton: Notizen, Exzerpte, Gedichte, Pamphlete. – Sammlung zu Persönlichkeiten des Revolutionsjahres 1848.
Unbearbeitet.
Geschenk 1904

Bermann, Richard A.

Pseud. Arnold Höllriegel
27.4.1883, Wien–3.9.1939, Saratoga Springs, New York, U.S.A.
Journalist, seit 1914 in Wien, Erzähler, Reiseschriftsteller.

** Frankfurt am Main, Die Deutsche Bibliothek, Deutsches Exilarchiv 1933-1945 (früher im Leo Baeck Institute)*
Teilnachlaß: Korrespondenz der Jahre 1938 und 1939; Manuskripte, persönliche Dokumente.
Signatur: EB 78/15

** Marbach, DLA*
Zeitungsausschnitte 1918-1938 (Guide, 1978, S. 427-428).

** Albany, State University of New York at Albany, Department of Germanic Languages and Literatures*
Splitternachlaß, 7 Mappen: Manuskripte (u. a. *Tagebuch der Ägyptenreise 1933, Die Herzogin von Atholl, Februar 1934, Die Pseudonyme des Teufels, Meine Flucht aus Österreich,* hektographierte Texte von Radiosendungen). – 5 Briefe an und von Bermann. – Ca. 50 Druckbelege von Zeitungsartikeln Bermanns.

Bernatzik, Emmy

3.4.1904, Wien–September 1977, Einsiedeln (Schweiz)
Reiseschriftstellerin, verfaßte Bücher über Afrika mit ihrem Gatten.

** Privatbesitz. Dr. Doris Byer, Stiftgasse 27, A-1070 Wien*

Bernhard, Thomas

10.2.1931, Heerlen (Holland)–12.2.1989, Gmunden (O.Ö.)
Erzähler, Dramatiker.

** Privatbesitz. Dr. Peter Fabjan, A-4810 Gmunden (Erbe und Nachlaßverwalter)*
Der Nachlaß ist zur Zeit nicht öffentlich zugänglich. Er umfaßt nach bestätigten Pressemeldungen hunderte Manuskriptseiten, die zum Großteil aus der frühesten Zeit seines Schaffens stammen. Bei mehreren Verlagen sollen unveröffentlichte Manuskripte von Bernhard liegen.
In Gmunden wurde im Herbst 1990 von Dr. Peter Fabjan eine „Thomas Bernhard Nachlaßverwaltung Gesellschaft m.b.H." gegründet. Adresse: Lerchenfeldgasse 11, A-4810 Gmunden.

** Wien, ÖNB HS*
Sammlung, Schriftstücke aus dem Privatbesitz eines Freundes von Bernhard: Briefe, Postkarten und andere Dokumente, die entweder von Bernhard verfaßt oder an ihn gerichtet sind, sowie Typoskripte; Tonbänder und Photos zum literarischen Werk Bernhards.
Kauf August 1990

Bettelheim, Anton

18.11.1851, Wien–29.3.1930, ebda
Schriftsteller, Germanist.

** Wien, ÖNB HS*
Nachlaß, Ser. n. 22.180-22.470, Autogr.

904/1-933/31: Manuskripte und 6 335 Briefe an Helene Bettelheim-Gabillon und Anton Bettelheim von 1 285 Schreibern, u. a. von Rudolf Alt, Karl Anzengruber, Ludwig Anzengruber, Berthold Auerbach, Eugen B. Auerbach, Edmund Benedikt, Alfred von Berger, Wilhelm Bolin, Alfred Wilhelm Dove, Marie Ebner von Eschenbach, Ludwig Gabillon, Zerline Gabillon, Karl Goldmark, Karoline Gomperz, Karl Gründorf, Hyazinth Holland, Maria Kralik von Meyrswalden, Josef Lewinsky, Ludwig Lobmeyr, Alfred Mensi von Klarbach, Oswald Redlich, Julius Rodenberg, Ferdinand von Saar, August Sauer, Viktor Schembera, Paul Schlenther, Louise Gräfin Schönfeld, Karl Schönherr, Bernhard Seuffert, Josef Viktor Widmann, Adolf von Wilbrandt, Auguste Wilbrandt-Baudius und Helene Fürstin Ypsilanti, Verlagskorrespondenzen.
Im Nachlaß Bettelheims befindet sich auch der Briefnachlaß von Berthold Auerbach (Autogr. 929/16-933/31). Dieser umfaßt 1 568 Stück von 56 Schreibern.

Bettelheim-Gabillon, Helene

7.11.1857, Wien–22.1.1946, ebda
Erzählerin.

* *Wien, Österreichisches Theatermuseum*
Teilnachlaß, 3 Kartons.

* *Wien, ÖNB HS*
Im Nachlaß von Anton Bettelheim (Autogr. 904/1-929/15 bzw. 933/31) befinden sich insgesamt 1 352 Autographen von 312 Schreibern, die an Helene Bettelheim-Gabillon adressiert sind.

Biczó, Alexander von

10.2.1868, Wien–18.4.1935, ebda
Erzähler, Dramatiker; Wien.

* *Wien, WSTLB HS*
Teilnachlaß, 1/2 Karton: Couplets, Lieder, Volksstücke, Opern- und Operettentextbücher.
Maschinschriftliches Verzeichnis. – Unbearbeitet.

Bienenstein, Karl

1.11.1869, St. Leonhard am Forst (N.Ö.)–1.2.1927, Bruck a.d.Mur (Stmk.)
Lehrer und Bürgerschuldirektor, Erzähler.

* *Nicht bekannt*
Rudolfine Perouka: Karl Bienenstein. Leben und dichterisches Schaffen. Diss. Wien 1942. Kein Hinweis auf den Nachlaß.

Biener, Clemens

15.4.1887, Mährisch-Schönberg–26.11.1965, Wien
Literarhistoriker, Mittelschullehrer in Wien.

* *Wien, Universität, Institut für Germanistik, Bibliothek*
Teilnachlaß, 7 Meter: Exzerpte und Notizen, Elegien, Epen, Romane, Übersetzungen mittelhochdeutscher Literatur, Dramatisierungen von mittelalterlicher und griechischer Literatur, wissenschaftliche Arbeiten zur deutschen Sprachgeschichte. Unbearbeitet.
Geschenk

* *Wien, ÖNB HS*
Sammlung: Zahlreiche Manuskripte.

Bigler, Edmund

27.5.1899, Przemyśl–28.3.1975, Wien
Schriftsteller, Werbe- und Vertriebsleiter der Telegraf-Zeitungs-Gesellschaft, Finanzamtsbeamter; Wien.

* *Wien, WSTLB HS*
Teilnachlaß, 2 Kartons: Notizen, Aphorismen, Gedichte, Dramen. – 1 Mappe Briefe.
Maschinschriftliches Verzeichnis. – Unbearbeitet.

Billinger, Richard

20.7.1890, St. Marienkirchen bei Schärding am Inn (O.Ö.)–7.6.1965, Linz
Lyriker, Dramatiker, Erzähler.

* *Linz, Adalbert-Stifter-Institut*
Teilnachlaß, 11 Kartons: 33 Werkmanuskripte (Novellen, Romane, Hörspiele, Dramen, Filmentwürfe).
Maschinschriftliches Verzeichnis.
Erwerbung 1983
Wilhelm Bortenschlager: Der dramatische Nachlaß Richard Billingers im Adalbert-Stifter-Institut. In: *Vierteljahresschrift. Adalbert-Stifter-Institut des Landes Oberösterreich* 26 (1977), S. 121-130.

* *Privatbesitz. Paula Hanreich-Ludwig, Münzwardeingasse 2, A-1060 Wien. (Gründerin der Richard Billinger-Gesellschaft)*
Teilnachlaß, Material aus der Zeit vor 1933: Briefe, u. a. von Heimito von Doderer, Anton Faistauer, Arthur Fischer-Colbrie, Franz Karl Ginzkey, Paula Grogger, Hans von Hammerstein-Equord, Gerhart Hauptmann (1 Br.), Hermann Hesse (3 Br.), Hugo von Hofmannsthal (1 Karte), Hosaeus (Innviertler Kultur-Gemeinde), Alfred Kubin, Max Mell, Robert Michel, Max Peinkofer, Georg Rendl, Grete Wiesenthal, H. Wimmer (Bildhauer in München), Stefan Zweig (1 Br.), sowie ein umfangreicher Briefwechsel mit dem Insel Verlag (vor allem mit Katharina Kippenberg). – Große Sammlung von Rezensionen, Werke Billingers, viele Familienphotos, die genau beschriftet worden sind, Gemälde und Bilder Billinger darstellend, viele Holzschnitte von Erwin Lang.

* Unbestätigt ist, ob Otto von Walchshofer, Niederpöcking 11-13, D-W-8130 Starnberg, Oberbayern, noch einen Teilnachlaß Billingers besitzt.

* *St. Marienkirchen, Richard Billinger Gedenkraum*
Splitternachlaß: 8 Werkmanuskripte (Gedichte, Romane, Dramen). – Einzelne Briefe. – Ehrungen, Ernennungen. – Theater- und Familienphotos.
Maschinschriftliches Verzeichnis.
Kauf 1973 bis 1985

Bindtner, Josef

12.4.1866, Wien–5.8.1939, ebda
Schriftsteller, Literarhistoriker; Wien.

* *Linz, Adalbert-Stifter-Institut*
Teilnachlaß, 17 Kartons: Ca. 90 Werkmanuskripte (Gedichte, Erzählungen, zahlreiche Arbeiten über Adalbert Stifter, Tagebücher und Lebenserinnerungen, Übersetzungen). – Ca. 230 Briefe, u. a. von Hugo Thimig, Familienkorrespondenzen; ca. 30 Briefe von Bindtner. – Personaldokumente, Unterlagen zur Tätigkeit in der Adalbert-Stifter-Gesellschaft und in der Schlögl-Gesellschaft. – Sammlung von Autographen, Sammlung von Manuskripten, Photos und Büchern von Richard Kralik von Meyrswalden. – Teil der Bibliothek.
Maschinschriftliches Verzeichnis.
Geschenk 1987

Binzer, Emilie von

Pseud. Ernst Ritter
6.4.1801, Berlin–9.2.1891, München
Erzählerin; Wien, Bad Aussee, Linz.

* *Wien, WSTLB HS*
Briefnachlaß: Ca. 530 Briefe von Joseph Christoph von Zedlitz.
Verzeichnung: Zettelkatalog.
Geschenk 1942

Birnbaum, Uriel

13.11.1894, Wien–9.12.1956, Amersfoort (Holland)

Graphiker, Lyriker; Wien, Amersfoort.

* *Wien, ÖNB HS*
Teilnachlaß, Ser. n. 25.219-25.701, 35.649: Manuskripte, darunter *Habsburgische Utopie. Roman in 20 Kapiteln.* Schenkung der Witwe Birnbaums.

* *Wien, Dokumentationsstelle für neuere österreichische Literatur*
Teilnachlaß, 1 Karton: 30 Werkmanuskripte (Gedichte, Essays, Novellen, Märchen, Kurzdramen), Werkaufstellung „Die ungedruckten Werke Uriel Birnbaums". Maschinschriftliches Verzeichnis.

* *Marbach, DLA*
Sammlung: Briefwechsel mit Hanns Loerke und dem Georg Müller Verlag. *Jahrbuch der Deutschen Schillergesellschaft* 35 (1991), S. 513.

* *Privatbesitz. Frau Mirjam Birnbaum, Gerard Doustraat 36, NL-3817 RS Amersfoort, Holland. Uriel-Birnbaum-Archiv (Inhaberin der Rechte)*

Uriel Birnbaum. 1894-1956. Dichter und Maler. Universitätsbibliothek Hagen. 15. Januar bis 28. Februar 1990. 1. Band. Hagen 1990 (= Veröffentlichungen der Universitätsbibliothek Hagen. Hrsg. Gert Hagelweide), Katalogteil S. 83-108.

Bitterlich, Victor Friedrich

16.1.1892, Hainfeld (N.Ö.)–im August 1914 während der Schlacht bei Alt Zamosch schwerverwundet von der russischen Armee gefangengenommen, seither verschollen.
Mitglied des „Brenner-Kreises"; Wien, Innsbruck.

* *Privatbesitz. Wien*
Walter Methlagl: Drei Vergessene aus dem Brennerkreis. In: *Die Furche* (Wien), 22 (1966), Nr. 52/53, 24.12.1966, Beilage, S. I-II.

Bittner, Alfred

19.3.1914, Wien–3.6.1989, ebda
Erzähler, Dramatiker, Essayist; Wien.

* *Privatbesitz. Wien*
Monika Doblhammer: Nichts ist ungeschehen zu machen. In: *Wiener Zeitung,* 18.8.1989, Beilage, S. 8, mit Werkverzeichnis: „Es ist geplant, den literarischen Nachlaß der Dokumentationsstelle für neuere österreichische Literatur (...) zu übergeben, so daß (...) Interessierten die Möglichkeit gegeben werden kann, Einblick zu nehmen."

Bittner, Anton

30.7.1819, Melk–7.6.1880, Wien
Schauspieler, Dramatiker; Wien, Melk.

* *Ein literarischer Nachlaß ist mit größter Wahrscheinlichkeit nicht überliefert.*
Adolf Graf: Anton Bittner. Ein Melker Dichter und Schauspieler. Ein Beitrag zu seinem Lebensbild. In: *Melker Kulturbrief,* Jg. 1956, Folge 23, 24, 25. Laut Graf lag kein Testament vor, das Grab auf dem Zentralfriedhof in Wien wurde 1905 aufgelassen, da sich keine Hinterbliebenen meldeten. Bittners Tochter Anna starb 14-jährig im Jahre 1885: „Das ist die letzte Nachricht von der Familie Bittner."

Blasel, Karl

16.10.1831, Wien–16.6.1922, ebda
Schauspieler, Bühnendichter, Volkssänger; Wien.

* *Wien, WSTLB HS*
Teilnachlaß, ca. 200 Inventarnummern und 1/2 Karton Theaterstücke. – Einzelne Briefe. – Bühnenverträge, Abrechnungen. – Theatermanuskripte sowie Regie- und Souffleurbücher von Stücken anderer Autoren, u. a. von Friedrich Kaiser, Anton Langer und Josef Wimmer.

Verzeichnung: Zettelkatalog. – Teilweise unbearbeitet.
Geschenk 1922

* *Wien, WSTLB MS*
Teilnachlaß, ca. 65 Inventarnummern: Couplets, Singspiele und Operetten verschiedener Komponisten, meist Partituren.
Verzeichnung: Zettelkatalog.
Kauf 1920

Blasl, Franz Xaver

29.11.1890, Losenstein (O.Ö.)–27.7.1971, Linz
Pfarrer, Mundartdichter; Linz, St. Georgen, Losenstein.

* *Linz, Stelzhamerbund*
Teilnachlaß: Ca. 500 Gedichte, Chronik von Losenstein. – Teil der Bibliothek.
Handschriftliches Verzeichnis.
Geschenk 1971

Blauhut, Robert

27.5.1911, Korneuburg–10.9.1978, Bregenz
Mittelschullehrer, Literaturkritiker; Berndorf, Mödling, Wien, Bludenz, Bregenz.

* *Bregenz, Franz-Michael-Felderarchiv und Vorarlberger Literaturarchiv*
Nachlaß, 21 Kartons: Exzerpte und Korrekturfahnen, Gedichte, Erzählungen, Reiseberichte, Tagebuchaufzeichnungen, pädagogische Abhandlungen, Literaturkritiken, Hörspiele, Lustspiele. – Redaktions-, Verlags- und Familienkorrespondenzen. – Dokumente und Korrespondenzen zur Beamtenlaufbahn, Honorarabrechnungen. – Zahlreiche Zeitungsausschnitte.
Unbearbeitet.
Geschenk 1982

Blechner, Heinrich

25.12.1845, Wien–9.12.1901, ebda
Fabrikant, Bauunternehmer, Journalist und Erzähler; Wien.

* *Wien, WSTLB HS*
Teilnachlaß, 9 Inventarnummern: Novellen, Romane, Tragödien.
Verzeichnung: Zettelkatalog.
Kauf 1983

Blei, Franz

Pseud. Peregrin Steinhövel, Franciscus Amadeus
18.1.1871, Wien–10.7.1942, New York
Erzähler, Kritiker, Herausgeber, Schauspieler.
Ein Nachlaß in engerem Sinn ist nicht überliefert, wohl aber gibt es diverse Sammlungen, die aus dem Nachlaß von Blei stammen, auf ungeklärte Weise getrennt wurden und an verschiedenen Stellen aufbewahrt werden.

* *Hilversum, Internationaal Literatuur Bureau*
Briefe von Robert Musil an Franz Blei.

* *Marbach, DLA*
Sammlung von Einzelautographen: Kussmaul, Sp. 582.

* *Berlin, Deutsche Staatsbibliothek, Hss.-Abt./Lit.-Archiv*
Sammlung, 1 Karton.
Maschinschriftliches Verzeichnis.

* *New York, Leo Baeck Institute*
The Franz Blei Collection, 0,1 m: Ca. 300 Briefe an den und vom Georg Müller Verlag, München (1909-1915), 2 Photos von Blei. (Catalog, S. 19)
Verzeichnis vorhanden.
Signatur: AR-B 319, 2933

* *Lissabon (Portugal), Biblioteca Nacional (Nationalbibliothek)*
Bibliothek Franz Bleis.
Uma biblioteca reencontrada. A Doação Sibylle Blei–Sarita Halpern na Biblioteca

Nacional. Catálogo. Prefácio e Organização Maria Assunção Duarte Pinto Correia. Lisboa: Biblioteca Nacional 1988. Im Bestand finden sich zwei Fotoalben der Tochter Bleis mit Photos der Hochzeitsreise 1925.

* *Wien, ÖNB HS*
Briefe, Ser. n. 9.760: 33 Briefe und 6 Postkarten von Hans Müller-Einigen an Franz Blei vom 28.8.1903-4.4.1911.
Erwerbung 1939

* *Wien, ÖNB HS*
Nachlaß Albert Paris Gütersloh: Briefe von Franz Blei.

* *Wrocław, UB*
Nachlaß Wilhelm Bölsche: 13 Briefe von Blei an Bölsche (1891-1922).
Edward Białek/Alois Woldan: Briefe österreichischer Literaten in der Universitätsbibliothek Wrocław. In: *Germanica Wratislaviensia* 1985, Heft 68, S. 148-155; hier S. 150-152.

Blümelhuber, Michael

23.9.1865, Unterhimmel bei Steyr (O.Ö.)–20.1.1936, Steyr
Stahlschneider, Erzähler; Steyr.

* *Steyr, Museum*
Sammlung, 1 Mappe: Photos von künstlerischen Arbeiten Blümelhubers. – Briefe von Blümelhuber, u. a. an Josef Würth. – Privatphotos. – Sonderdrucke eigener Arbeiten, Sammlung von Veröffentlichungen über Blümelhuber.
Vorgeordnet.

Blümml, Karl Emil

25.10.1881, Wien–26.4.1925, ebda
Germanist; Wien.

* *Wien, Österreichisches Volksliedwerk, Zentralarchiv*
Teilnachlaß, 11 Mappen: Notizen, Exzerpte, Abschriften von Volksliedern, Werkmanuskripte, Druckfahnen, Zettelkataloge. – Briefe, u. a. von Joseph Pommer und Josef Reiter. – Verlagsvertrag. – Teil der Bibliothek.
Verzeichnung: Inventar. – Teilweise unbearbeitet.

Blum, Robert

10.11.1807, Köln–9.11.1848, Wien (kriegsrechtlich erschossen)
Journalist, Politiker, Buchhändler, Dramatiker, Erzähler; Leipzig, Wien.

* *Berlin, Staatsbibliothek Preußischer Kulturbesitz, Handschriftenabteilung*
Teilnachlaß, 4 Kartons: Gedichte, Trauerspiele, Lustspiele, Possen, Reiseberichte, Druckbelege, Ausgaben der Zeitungen *Unser Planet* und *Abend-Zeitung*, Einladungen und Anzeigen.

* *Potsdam, Bundesarchiv, Abteilungen Potsdam (Früher Staatsarchiv Potsdam)*
Teilnachlaß: Briefe und zeitgenössische biographische Dokumente.
Sander L. Gilman: Der literarische Nachlaß Robert Blums. In: *Archiv für Kulturgeschichte* 52 (1970), S. 114-120.

Blum, Robert

17.4.1881, Wien–1.7.1952, Paris (Giebisch-Gugitz: 3.7.1952)
Theaterdirektor in Wien, Kritiker, Redakteur, Bühnenschriftsteller, Übersetzer.

* Privatbesitz. Laut Auskunft von Elizabeth Nash wird ein Teil des Nachlasses von ihrem Gatten, Patrick Blum, der größte Teil von dessen Bruder, Ara Blum, Yately Manor, Yately, Near Camberley, Surrey, England betreut.

* *Wien, Österreichisches Theatermuseum*
Teilnachlaß.

Blumauer, Johann Aloys

21.12.1755, Steyr–16.3.1798, Wien
Priester, Lyriker; Mitglied des Jesuitenordens, Zensor und Buchhändler.

* *Wien, ÖNB HS*
Teilnachlaß: Frels, S. 27.

* *Wien, WSTLB HS*
Sammlung: Exzerpte, Lektürenotizen, Abschriften von Gedichten, 1 Gedicht, 2 Buchbesprechungen, Manuskripte des 9. Buches von *Virgils Aeneis, travestiert.* Standorte von weiteren Autographen ebenfalls nachgewiesen bei Frels, S. 27.

Bodmershof, Imma von

10.8.1895, Graz–31.8.1982, Gföhl bei Krems (N.Ö.)
Erzählerin, Gutsbesitzerin.

* *Marbach, DLA*
Nachlaß.
Auf Grund einer testamentarischen Verfügung übergeben im November 1982.
Jahrbuch der Deutschen Schillergesellschaft 28 (1984), S. 510f.

* *Stuttgart, Württembergische Landesbibliothek*
Briefe Norbert von Hellingraths an Imma von Bodmershof wurden der Württembergischen Landesbibliothek übergeben.

Böck-Gnadenau, Josef

16.2.1859, Wien–3.7.1940, ebda
Beamter, Publizist, Musikwissenschaftler, Sekretär des Zweigvereins der „Schiller-Stiftung" in Wien.

* *Wien, WSTLB HS*
Teilnachlaß, ca. 90 Inventarnummern und 1/2 Karton: Notizen und Studien zur Biographie Ludwig van Beethovens. – Briefe, u. a. von Theodor von Frimmel, Vereinskorrespondenzen.
Verzeichnung: Zettelkatalog. – Teilweise unbearbeitet.
Erwerbung 1896

Böhm, Franz Josef

27.7.1874, Wien–8.2.1938, Mürzzuschlag (Stmk.)
Photograph, Schauspieler, Autographensammler; Mürzzuschlag, Neuberg.

* *Wien, WSTLB HS*
Nachlaß, ca. 1 400 Inventarnummern: Einzelne Briefe an Böhm. – Sammlung von ca. 900 Autographen, darunter Briefe von Ludwig August Frankl, u. a. an Eduard von Bauernfeld; von Ludwig Anzengruber, u. a. an Wilhelm Bolin, Heinrich Jacobsen, Ernst Juch, Joseph Kürschner, Franz Lipka, Julius Rennert, Peter Rosegger, Leopold Rosner, Karl Albert Sachse, Friedrich Schlögl, S. Schottländer und Rudolf Tyrolt; Briefe an Friedrich Schlögl, u. a. von Karl Gründorf; Briefe von Friedrich Schlögl, u. a. an Adolf Bäuerle, Wilhelm Bolin, Carl Haffner und Heinrich Laube, sowie zahlreiche Manuskripte, meist von Autoren des Wiener Volkstheaters.
Verzeichnung: Zettelkatalog.
Kauf 1929 und 1939

Börner, Wilhelm

26.6.1882, Laa a.d. Thaya (N.Ö.)–17.12.1951, Wien
Arzt, Philosoph, Pazifist; Wien.

* *Wien, WSTLB HS*
Nachlaß, ca. 1 400 Inventarnummern und 16 Kartons: 5 Kartons Manuskripte (Vorträge, Reden, Rezensionen, Aufzeichnungen über Friedrich Jodl). – Ca. 200 inventarisierte und 1 Karton vorgeordnete Briefe an Wilhelm Börner, u. a. von Marie von Wettstein. – Unterlagen zur Tätigkeit der „Gesellschaft für Ethische Kultur" (Protokolle, Vereinsangelegenheiten, Vortrags-

manuskripte verschiedener Autoren, Korrespondenzen, Zeitschriften, Broschüren, Zeitungsartikel, Mitteilungen), Mitteilungen der „Wiener Ethischen Gemeinde“ (1924-1937). – Gedichte von Oskar Jellinek. – Nachlässe von Wilhelm Bolin, Bartholomäus von Carneri, Friedrich Jodl und Bertha von Suttner, siehe dort.
Verzeichnung: Zettelkatalog. – Teilweise unbearbeitet.
Kauf 1952 und Geschenk 1985

* *Wien, WSTLB Druckschriftensammlung*
Bibliothek und Zeitungsausschnitte.

* *Wien, Kammer für Arbeiter und Angestellte, Sozialwissenschaftliche Dokumentation*
Teilnachlaß, 1 Meter: Vorträge, Zeitungs- und Zeitschriftenartikel. – Zahlreiche Briefe an und von Börner. – Personaldokumente, Notizbücher. – Photos, Sammlung von Zeitungs- und Zeitschriftenartikeln.
Vorgeordnet.
Kauf 1985

Bowitsch, Ludwig

Pseud. Ludwig Bisthow
24.8.1818, Wien–22.9.1881, ebda
Beamter, Lyriker, Erzähler; Kanzleivorstand der Hofkammerprokuratur in Wien.

* *Wien, WSTLB HS*
Teilnachlaß: Ca. 90 Briefe an Bowitsch. – Manuskripte anderer Autoren.
Verzeichnung: Zettelkatalog.
Kauf 1906

Braun, Felix

4.11.1885, Wien–29.11.1973, Klosterneuburg
Erzähler, Dramatiker; Wien, London.
Inhaberin der Rechte: Tatjana Popović, München.

* *Wien, WSTLB HS*
Teilnachlaß, ca. 3 300 Inventarnummern und 31 Kartons: Einzelne inventarisierte und 13 Kartons vorgeordnete Werkmanuskripte (Notizen, Entwürfe, Gedichte, Reden, Rezensionen, epische und dramatische Arbeiten, Tagebücher aus den Jahren 1933 bis 1972). – Ca. 3 300 inventarisierte und 24 Kartons vorgeordnete Briefe, u. a. von Gustinus Ambrosi, Eugen Andergassen, Eugen Antoine, Raoul Auernheimer, Clemens de Baillou, Ernst Benedikt, Rudolf Binding, Jethro Bithell, Imma von Bodmershof, Gertrud Bombe, Walter Bombe, Maximilian Brantl, Walter Breitenfeld, Christian Kate Brown, Christine Busta, Hans Carossa, Franz Theodor Csokor, Rosemary De Foublanque, Hans Deißinger, Berta Burgio Delle Gazzere, Ellen Delp, Klaus Peter Dencker, Walter Ehlers, Wilhelm Eisenthal, Rita Ejlersen, Robert Faesi, Josef Feiks-Waldhäusl Ludwig von Ficker, Hugo Fischer, Arthur Fischer-Colbrie, Erich Fitzbauer, Victor Fleischer, Guido Fuchs, Josef Friedrich Fuchs, Benno Geiger, Mimi Geiger, Viktor von Geramb, Else Germani-Krückel, Kurt Gerstenberg, Ilse Glaninger-Halhuber, Walter Grasspointner, Johannes von Guenther, Johann Gunert, Michael Guttenbrunner, Michael Hamburger, Hermann Harless, Mela Hartwig, Rudolf Henz, Hermann Hesse, Otto Heuschele, Rudolf Hirsch, Eugenie Hirschfeld, Martha Hofmann, Hugo von Hofmannsthal, Alma Holgersen, Fritz Homeyer, Hans von Hülsen, Ilse Jank, Elisabeth Janstein, Karl Klammer, Eva Kampmann-Carossa, Josef Klaus, Robert J Koc, Hermann Kuprian, Norbert Langer, Hans Leifhelm, Alexander Lernet-Holenia, Hans Lohberger, Louise Lorber-Stral, Emil Lorenz, Peter Magill, Thomas Mann, Josefine Martinschak, Ferdinand Mayer-Eschenbacher, Friederike Mayröcker, Max Mell, Friedrich Michael, Lilly Miller, Erika Mitte-

rer, Igea Montemartini-Griziotti, Alice Morawitz, Johanna Muck, Otto Muck, Martha Müller-Ott, Franz Nabl, Hans Nüchtern, Elisabeth Ortner-Kallina, Franz Ottmann, Hermon Ould, Carlo Pietzner, Paula von Preradovic-Molden, Elfriede Prillinger, Nora Purtscher-Wydenbruck, Elly Reinhardt, Karl Reinhardt, Hanns Renger, Werner Riemerschmid, Alexandra Robb-Cuchetti, Leopold Rosenmayer, Kurt Rüdiger, Agnethe Sax, Theodor Sapper, Helmut Scharf, Aldemar Schiffkorn, Bettina Schlanze-Spitzner, Walter Schlorhaufer, Ernst Schönwiese, Emil Scholl, Johannes Schrader, Edmund Schwab, Heribert Schwarzbauer, Ursula Sommervell, Leopold Soukop, Robert Spira, Maria Steindl, Herbert Steiner, Anton Steinhart, Kurt Walter Strebel, Eduard Stucken, Camillo Valerian Susan, Lotte von Takach, Bonaventura Tecchi, Gertrud Thaussen-Haffner, Joanna Thylmann, Regina Ullmann, Ernst Wagner, Wilhelm Waldstein, Thea Walz, Arpad Weixlgärtner, Martina Wied, Grete Wiesenthal, Anton Wildgans, Lilly Wildgans, Arthur Zanker, Kosmas Ziegler, Richard Ziegler, Friderike Zweig, Stefan Zweig, Hans Zwölfer und Otto Zoff, Briefe von Felix Braun an Eugen Antoine, Raoul Auernheimer, Klaus Peter Dencker, Gustav von Festenberg, Hedwig Gaensler, Eugenie Hirschfeld, Ella Iranyi, Elisabeth Janstein, Franz Ottmann, Alfred Schaeffer, Sofia von Schönborn und Lotte von Takach, umfangreiche Familienkorrespondenzen. – Einzelne Lebensdokumente, Notizbuch, Glückwünsche. – Manuskripte anderer Autoren, darunter Gedichte von Max Brod, Tagebuch von Gustinus Ambrosi, Autographensammlung, Briefe an Guido Fuchs; Zeitungsausschnitte, Gedichte und Artikel von Robert Braun. – Nachlaß von Käthe Braun-Prager, siehe dort.

Maschinschriftliches Verzeichnis, Zettelkatalog. – Teilweise unbearbeitet oder vorgeordnet.
Erwerbung 1967, 1974 bis 1977 und 1988
Hermann Böhm: *Franz Theodor Csokor (1885-1969). Felix Braun (1885-1973).* Katalog der 204. Wechselausstellung der Wiener Stadt- und Landesbibliothek. August 1985-November 1985. Wien 1985.

* *Wien, ÖNB HS*
Nachlaß, Ser. n. 27.045-28.046, 29.514-29.519, Autogr. 1060/1-1067/86: Manuskripte und Briefe.
Kauf 1982

* *Marbach, DLA*
Sammlung, 3 Kartons: Kussmaul, Sp. 55, *Jahrbuch der Deutschen Schillergesellschaft* 34 (1990), S. 498-499.

Braun, Robert

Pseud. Montis
2.3.1896, Wien–16.3.1972, Uppsala (Schweden)
Lebensmittelchemiker, dann Journalist und freier Radiomitarbeiter. Emigration im September 1938 nach Schweden. 1943-64 Bibliothekar in Uppsala.

* *Unbekannt.*
Möglich ist, daß sich der Nachlaß im Besitz seiner Tochter in Norwegen, Frau Hilde Björnsen, die noch 1979 lebte, befindet.

* *Wien, ÖNB HS*
Teilnachlaß, Ser. n. 26.493-26.512, Autogr. 748/2-758/12, 952/1-44, 1034/1-24, 1046/1-44: Manuskripte. – Briefe, u. a. von Gustav von Festenberg, Max Oppenheimer und Karl Anton Rohan, Briefe von Felix Braun an Robert Braun, Briefe von Robert Braun an seine Mutter, einzelne Briefe von Felix Braun an andere.

* *Västerås (Schweden), Stadtbibliothek*
Briefe an Helmut Müssener. „Interviewnotizen-Schriftsteller".
Helmut Müssener: *Exil in Schweden. Politische und kulturelle Emigration nach 1933*. München: Hanser 1974, S. 500.

Braun-Prager, Käthe

Pseud. Anne Maria Brandt
12.2.1888, Wien–18.6.1967, ebda
Schriftstellerin, Lyrikerin; Wien, London.
Schwester von Felix und Robert Braun.

* *Wien, ÖNB HS*
Kryptonachlaß im Nachlaß von Felix Braun, Ser. n. 27.788-28.046 + Beilagen.
Kauf 1985

* *Wien, WSTLB HS*
Teilnachlaß: Ca. 210 Briefe an Hans Prager und Käthe Braun-Prager, u. a. von Max von Sachsen und Hans Vaihinger. – Nachlaß von Rosa Mayreder, siehe dort.
Verzeichnung: Zettelkatalog.
Kauf 1953

* *Wien, WSTLB HS*
Kryptonachlaß im Nachlaß von Felix Braun: Gedichte, Aphorismen, Erzählungen, Dramen. – Zahlreiche Briefe, u. a. von Ellen Delp und Gustav von Festenberg; Briefe von Käthe Braun-Prager, u. a. an Eugen Antoine, Gustav von Festenberg, Ella Iranyi, Maria Mayer und Franz Ottmann. – Personaldokumente und Ausweise, Mitgliedsausweise, Lizenzverträge, Honorarabrechnungen. – Familiendokumente.
Maschinschriftliches Verzeichnis. – Teilweise vorgeordnet.

Braun von Braunthal, Karl Johann

Pseud. Jean Charles
1802, Eger (Böhmen)–26.11.1866, Wien
Archivar in Böhmen, seit 1850 in Wien als Bibliotheksbeamter. Lyriker, Erzähler, Dramatiker.

Nach einer Mitteilung von Gauby (s.u.) unter Berufung auf Dipl.-Ing. Ernst Braun von Braunthal hat die Witwe Braun von Braunthals, Amalie, „durch ihre drängende Notlage (...) alle Manuskripte des Dichters für billiges Geld einem Trödler überlassen". „Von diesem aus mögen die wenigen erhaltenen Werke durch viele Hände gewandert sein, bis ein Teil davon endlich in die Handschriftensammlung der Wiener Stadtbibliothek eine Bleibe fand." (S. 319, III. „Der Nachlaß Brauns von Braunthal")

* *Nachlaß verschollen*
Die WSTLB HS besitzt eine Vielzahl von Briefen Brauns an andere (1824-Oktober 1866).
Anny Gauby, geb. Kurfürst: Johann Karl Braun von Braunthal. Versuch einer Monographie. Diss. Wien 1951. „Chronologisches Verzeichnis der unveröffentlichten Briefe Braunthals" (S. 340-344).
Standorte von weiteren Autographen nachgewiesen bei Frels, S. 35.

Braune, Franz Anton

16.3.1766, Zill im Pinzgau–24.9.1853, Salzburg
Lyriker, Dramatiker, Historiker; Werfen, Sekretär im Salz- und Bergwesen bei der Hofkammer in Salzburg, Redakteur der *Salzburger Zeitung*.

* *Salzburg, Museum Carolino Augusteum, Bibliothek*
Teilnachlaß, 6 Inventarnummern: Gedichte, 1 Schauspiel, Beschreibung des Landgerichtes Zell am See, Führer durch das Salzburger Gebirge.
Verzeichnung: Zettelkatalog.

Brecka, Hans

Pseud. Hans Stiftegger, Hans Biederhofer, Christofer, Artikel signiert mit „B.", „Hb." „HB", „St."
2.1.1885, Wien–7.10.1954, Zelking bei Melk (N.Ö.)

Redakteur, Theaterkritiker, Erzähler, Kulturfunktionär.

* *Wien, ÖNB ÖLA. Früher Privatbesitz. Margarethe Schindlegger, A-3393 Zelking 19*
Nachlaß: Zeitungsdrucke, teils mit Druckvorlage, *Aus ganzer Seele,* Manuskripte aus den Jahren 1952 bis 1954, eine Mappe „Singgemeinschaft" mit Texten von Brecka samt Zeitungskritiken. – Briefe, u. a. von Rosa Albach-Retty, Franz Eichert, Heinrich Federer, Alexander Girardi, Rudolf Hawel, Robert Hohlbaum, Richard Kralik von Meyrswalden, Max Mell, Hansi Niese, Hermann Röbbeling, Annie Rosar, Peter Rosegger, Felix Salten, Karl Schönherr, Hugo Thimig, Georg Trakl (Brief mit zwei Sonderdrucken, einer mit eh. Widmung), Herbert Waniek, Else Wohlgemuth, Mathias Zdarsky, Stefan Zweig. In der Mehrzahl handelt es sich um Dankschreiben nach Kritiken und nicht um einen Briefwechsel. – Photoalbum mit Photos von Brecka und Gattin; Archiv der Österreichischen Kunststelle: Korrespondenz, Gründung, Mitteilungen; Lebenslauf Breckas u. a. – Umfangreiche Sammlung von Druckbelegen (Theaterkritiken, Buchbesprechungen) der Arbeiten Breckas in der *Reichspost,* Kritiken von Max Mells *Kriemhilds Rache* im Burgtheater 1951, Bühnenmanuskript von Raoul Auernheimers *Der stumme Ritter* aus dem Georg Marton Verlag, Typoskript von Henrik Ibsen: *Stützen der Gesellschaft,* Otto Marbach: *Das Spiel von des Sünders Not,* Rudolf Henz: *Der Spielmann* (Sammlung gebunden mit Kritiken).

Bredenbrücker, Richard

5.1.1848, Deutz bei Köln–26.2.1931, Stolberg i. Harz
Schriftsteller; Berlin, München.

* *Weimar, Goethe- und Schiller-Archiv*
Teilnachlaß: Gedichte, 1 Drama, ca. 30 Erzählungen und Romane, Autobiographie, Stoffsammlungen, Reiseaufzeichnungen (1894), Aufzeichnungen über Tiroler Mundart, Tiroler Familiennamen, Tiroler Lieder und Grabinschriften. – Zeitungsausschnitte.
Verzeichnung: Hahn, S. 228-229.

* *Innsbruck, Tiroler Landesmuseum Ferdinandeum, Bibliothek*
Teilnachlaß: Ca. 60 Briefe von Anna Colli. Unbearbeitet.

Brehm, Bruno (Adalbert Clemens)

Pseud. Bruno Clemens
23.7.1892, Laibach–5.6.1974, Altaussee
Schriftsteller, Offizier.

* *Privatbesitz. Dr. Roland Brehm, Wien*
Der Nachlaß ist nicht zugänglich.

Breuer, Robert

3.10.1909, Wien, lebt in Elmhurst (U.S.A.)
Journalist, Lyriker; Wien, Elmhurst (U.S.A.).

* *Marbach, DLA*
Restnachlaß: Berichte, Erinnerungen, Skizzen für ein geplantes Werk in 6 Teilen. – Briefe, u. a. von Kurt Kersten.
Jahrbuch der Deutschen Schillergesellschaft 34 (1990), S. 499.

* *Wien, WSTLB HS*
Splitternachlaß: Ca. 60 Briefe an Breuer.
Verzeichnung: Zettelkatalog.
Kauf 1987

Britz, Nikolaus

7.11.1919, Gr. Kikinda (Ungarn)–10.11.1982, Wien
Literarhistoriker.

* *Privatbesitz. Wien*
Nachlaß.

* *Eisenstadt, Burgenländische Landesbibliothek*
Bibliothek.

Broch, Hermann

1.11.1886, Wien–31.5.1951, New Haven, Conn., U.S.A.
Schriftsteller, Industrieller in Wien, New Haven.

* *New Haven (Conn., U.S.A.), Yale University Library, The Beinecke Rare Book and Manuscript Library*
Nachlaß (1914-1951): Werke literarischen, philosophischen, mathematischen und politischen Inhalts, Briefe. Zwischen 1951-61 aus Privathand erworben.
Götz Wienold: Werk und Nachlaß Hermann Brochs. Editions- und Forschungsprobleme. In: *Euphorion* 60 (1966), S. 370-382; Christa Sammons: Hermann Broch Archive Yale University Library. In: *Modern Austrian Literature* 5 (1972), Nr. 3/4, S. 18-69 (Verzeichnis inzwischen unvollständig).

* *New York, Leo Baeck Institute*
Nachlaß (1939-1967), 35 Nummern: Persönliche Korrespondenz 1939-1951, Zeitungsausschnitte. (Catalog, S. 216)
Signatur: AR 1022

* *Marbach, DLA*
Sammlung, 2 Kartons, angefügt Broch-Sammlung Daniel und Daisy Brody, 7 Kartons: Kussmaul, Sp. 60.

* *Princeton (New Jersey, U.S.A.), Princeton University, Firestone Library*
Hermann Broch Collection: Briefe, Typoskripte.

Zu den vielen Standorten von Briefen in den U.S.A. siehe Guide, 1978, S. 133-143.

Bibliothek.
Klaus Amann und Helmut Grote: *Die „Wiener Bibliothek" Hermann Brochs. Kommentiertes Verzeichnis des rekonstruierten Bestandes.* Wien-Köln: Böhlau Verlag 1990. (= Literatur in der Geschichte–Geschichte in der Literatur, Band 19)

Brod, Max

27.5.1884, Prag–20.12.1968, Tel Aviv
Schriftsteller, Kabarettist, Herausgeber; Prag, Wien.
1918 Vizepräsident des Jüdischen Nationalrats nach Gründung der Tschechoslowakei, 1929-1939 Kritiker des *Prager Tagblatts,* 1939 Flucht aus Prag, neue Existenz in Palästina. Seit 1939 Dramaturg des Habimah-Theaters in Tel Aviv.

* *Privatbesitz. Ilse Esther Hoffe, 23 Spinoza Street, 64516 Tel Aviv, Israel*
Nachlaß.

* *Frankfurt am Main, Die Deutsche Bibliothek, Deutsches Exilarchiv 1933-1945*
Sammlung: Umfangreiche Konvolute von Briefen Max Brods an Franz Goldstein und David Scheinert.

* *New York, Leo Baeck Institute*
Sammlung (1928-1968), 19 Einheiten: Briefe von Brod persönlichen Inhalts 1928-1965, Zeitungsausschnitte, Photos. (Catalog, S. 216)

* *Marbach, DLA*
Einzelautographen von Brod im Bestand Autographensammlung, 39 Briefe und Karten von Stefan Zweig an Brod.
Jahrbuch der Deutschen Schillergesellschaft 32 (1988), S. 573; Kussmaul, Sp. 582.

Briefe von Max Brod in Institutionen in den U.S.A., siehe Guide, 1978.

Brod, Otto

6.7.1888, Prag–gest. 1944 Auschwitz
Schriftsteller; Prag.

** Privatbesitz. Ilse Esther Hoffe, 23 Spinoza Street, 64516 Tel Aviv, Israel*
Kryptonachlaß im Nachlaß von Max Brod: *Die Berauschten, Hold und Unhold,* Lyrik, fünf Kapitel („112 Schreibmaschinseiten zu 31 Zeilen") eines Romans aus dem Leben Voltaires u.d.T. *Es siegte das Recht.*
Max Brod: *Der Prager Kreis.* Stuttgart: Kohlhammer 1966, S. 161; Jürgen Serke: *Böhmische Dörfer. Wanderungen durch eine verlassene literarische Landschaft.* Wien-Hamburg: Paul Zsolnay Verlag 1987, S. 387-388.

Bronnen, Arnolt

Pseud. für Arnold Bronner; weiteres Pseud. A.H. Schelle-Noetzel
19.8.1895, Wien–12.10.1959, Berlin
Schriftsteller, Dramaturg; Wien, Berlin.

** Berlin, Akademie der Künste*
Sammlung: *Die Bestände des Archivs und der Bibliothek der Akademie der Künste.* Hrsg. vom Senator für Kulturelle Angelegenheiten. Berlin 1985, S. 18.

** Berlin, Privatbesitz*
Nachlaßteile aus den 50er Jahren.

** Marbach, DLA*
Sammlung, 1 Karton: Kussmaul, Sp. 64. Dazu kamen aus dem „Münchner Nachlaß" 550 Briefe und Karten an Hildegard Bronnen, 22 Briefe und Karten an Else und Ernst von Lossow, Lebensdokumente, Familienbriefe.
Jahrbuch der Deutschen Schillergesellschaft 31 (1987), S. 571 und 32 (1988), S. 461; Arnolt Bronnen: sturmpatrull. In: *Österreich in Geschichte und Literatur* 31 (1987), S. 173-204; Friedbert Aspetsberger: Todeserfahrung und Todesvision. Biographische und werkgeschichtliche Anmerkungen zu Arnolt Bronnens Weltkriegsdrama *sturmpatrull.* In: *ebda,* S. 161-172.

** München, Bayerische Staatsbibliothek, Handschriften- und Inkunabelabteilung*
Splitternachlaß: 12 Briefe und 6 Karten von Bertolt Brecht an Arnolt Bronnen (1922-1932).
Signatur: Cgm 8075

Arnolt Bronnen: *Werke in 5 Bänden.* Hrsg. von Friedbert Aspetsberger. Klagenfurt: Ritter Verlag 1989; Friedbert Aspetsberger: Bronnen: O.Ö. In: *Vierteljahresschrift. Adalbert-Stifter-Institut des Landes Oberösterreich* 34 (1985), S. 175 (erwähnt die beiden Nachlaßteile in München und Berlin, neben Akademie der Künste Berlin).

Bronner, Ferdinand

Pseud. Franz Adamus
15.10.1867, Auschwitz (Österr. Schlesien)–8.6.1948, Bad Ischl
Gymnasiallehrer, Dramatiker, Erzähler.

** Privatbesitz. F. Adler, Los Angeles*
Teilnachlaß.

Bruch-Sinn, Karoline

13.1.1853, Olmütz (Mähren)–1.11.1911, Wien
Erzählerin, Publizistin; Olmütz, Graz, Wien.

** Wien, WSTLB HS*
Teilnachlaß, ca. 300 Inventarnummern und 1/3 Karton: Gedichte, Couplets, Erzählungen und Aufsätze. – Ca. 300 Briefe, u. a. von Wilhelm Capilleri und Emerich Graf Stadion, Briefentwürfe von Karoline Bruch-Sinn. – Manuskripte anderer Autoren, u. a. von Emerich Graf Stadion und Karl Graf Oberndorff.
Maschinschriftliches Verzeichnis, Zettelkatalog. – Teilweise unbearbeitet.
Kauf 1920, 1925 und 1966

Bruckner, Anton

20.5.1868, Hirschbach (N.Ö.)–10.7.1922, Wien
Priester; Pfarrer in Aggsbach, Spitz/Donau.

* *Gmünd, Archiv für Heimat- und Lokalgeschichte*
Splitternachlaß, 2 Mappen: 1 Gedichtsammlung. – 1 Brief. – Photo.
Maschinschriftliches Verzeichnis.

Bruckner, Ferdinand

Pseud. für Theodor Tagger
26.8.1891, Sofia–5.12.1958, Berlin
Schriftsteller; Wien, Berlin.
Kindheit in Wien, Gymnasium in Graz und Berlin. Studierte 1910-13 in Wien und Berlin. Seit 1920 dramaturgische Tätigkeit. 1923-27 mit seiner Frau Leitung des von ihm gegründeten Renaissance-Theaters in Berlin, 1927 Übernahme der Leitung des Kurfürstendammtheaters. Seit 1928 große Bühnenerfolge unter dem Pseudonym Ferdinand Bruckner, das erst 1930 gelüftet wurde. 1933 Emigration nach Frankreich, 1936 nach den U.S.A., Lektor in New York, Fortsetzung der Theaterarbeit. Kehrte 1953 endgültig nach Berlin zurück und war am Schillertheater tätig.

* *Berlin, Akademie der Künste*
Ferdinand-Bruckner-Archiv: *Die Bestände des Archivs und der Bibliothek der Akademie der Künste*. Hrsg. vom Senator für Kulturelle Angelegenheiten. Berlin 1985, S. 18.

Kleinere Materialsammlungen in diversen Archiven in den U.S.A. Guide, 1978, S. 146-147.

Brügel, Fritz

F.B.; Pseud. Wenzel Sladek
13.2.1897, Wien–4.7.1955, London
Lyriker, Bibliothekar, Publizist; Wien.

* *Wien, Kammer für Arbeiter und Angestellte, Dokumentation*
Teilnachlaß, 0,5 Meter: Ca. 120 Werkmanuskripte (Feuilletons, Kurzgeschichten). – Ca. 50 Briefe an Brügel. – Sammlung von Beiträgen für Zeitungen und Zeitschriften.
Maschinschriftliches Verzeichnis.
Geschenk 1984

Brukner, Fritz

3.8.1881, Wien–4.7.1944, ebda
Jurist, Theaterhistoriker; Wien.

* *Wien, WSTLB HS*
Teilnachlaß, ca. 1 700 Inventarnummern: Sammlung von Briefen und Manuskripten, vorwiegend von Autoren des Wiener Volkstheaters: Adolf Bäuerle, Karl Carl, Ignaz Franz Castelli, Josef Alois Gleich, Friedrich Halm, Carl Meisl, Johann Nestroy, Ferdinand Raimund und Joseph Schreyvogel. – Nachlaß von Franz Xaver Karl Gewey, siehe dort.
Verzeichnung: Zettelkatalog.
Kauf 1954

* *Wien, WSTLB MS*
Teilnachlaß, ca. 20 Inventarnummern: Autographe Kompositionen von Carl Binder, Joseph Drechsler, Johann Jakob Haibel, Michael Hebenstreit, Konradin Kreutzer, Adolf Müller und Wenzel Müller.
Verzeichnung: Zettelkatalog.
Erwerbung 1954

Brunner, Heinz

4.2.1905, Marburg a.d.Drau–23.5.1971, Graz
Romanautor, Dr.phil., Verlagsdirektor; Graz.

* *Privatbesitz. Maria Brunner, Rauchleitenstraße 51, A-8010 Graz*
Nachlaß.

Brunngraber, Rudolf

Pseud. C. Benjamin
20.9.1901, Wien–5.4.1960, ebda
Lehrer, Arbeiter, freier Schriftsteller; Wien.

Anläßlich der Übersiedlung der Witwe, Frau Luise Brunngraber, soll ein Teil des Nachlasses im Keller des früheren Wohnhauses zurückgelassen und bei einem Rohrbruch überschwemmt worden sein.

* *Wien, Dokumentationsstelle für neuere österreichische Literatur*
Teilnachlaß (ca. ein Drittel des ursprünglichen Umfangs), ca. 40 Mappen: Zeichnungen, Gedichte, Drehbücher, Hörspiele, Zeitungsberichte, Erzählungen, Romane, Tagebücher. – Briefe an/von Brunngraber. – Lebensdokumente, Dokumente zum Werk, fremde Briefe und Dokumente, Photos, Druckbelege.
Maschinschriftliches Verzeichnis.
Geschenk 1987

* *Marbach, DLA*
Briefkonvolut: 58 Briefe und Karten an Luise und Rudolf Brunngraber.
Marianne Jobst-Rieder: Katalog des Nachlasses Rudolf Brunngrabers. Unver. Ms. 1982; Bestandskatalog des Nachlasses von Rudolf Brunngraber in der Dokumentationsstelle für neuere österreichische Literatur in Wien, zusammengestellt von Gerhard Renner. Unver. Ms. 1990.

Brunnlechner, Adolf

6.4.1863, Mürzzuschlag (Stmk.)–1.12.1960, Graz
Lehrer, Maler; St. Radegund, Konstantinopel, Triest, Professor an der Lehrerbildungsanstalt in Graz.

* *Graz, Steiermärkische Landesbibliothek*
Teilnachlaß, 10 Meter: Notizen, Exzerpte, Abhandlungen, meist über Peter Rosegger. – Briefe, u. a. von Walter Kandler. – Kalender, Photos. – Umfangreiche Sammlung von Materialien zu Peter Rosegger (Abschriften von Briefen und Tagebüchern, Sammlung von Briefen Peter Roseggers, u. a. an Heinrich Freiheim, Sammlung von Rezensionen zum Werk und zur Wirkung von Rosegger).
Vorgeordnet.

* *Graz, Stadtmuseum*
Teilnachlaß: Ca. 80 Aquarelle und Federzeichnungen.
Maschinschriftliches Verzeichnis.
Geschenk 1981

Buber, Martin

8.2.1878, Wien–13.6.1965, Jerusalem
Schriftsteller, Philosoph, Soziologe; Wien, Frankfurt, Jerusalem.

* *Jerusalem, The Jewish National and University Library, Department of Manuscripts and Archives*
Nachlaß: Biographisches Material, Schriften zur Bibel, zu Chassidismus, Judentum, Zionismus und Jüdisch-Arabischen Problemen. – Briefe, u. a. von Max Brod (40 Briefe, 1912-1964), Eugen Hoeflich (4 Briefe, 1917/18), Hugo von Hofmannsthal (16 Briefe, 1905-1928), R. Löwit Verlag (2 Briefe, 1915), Fritz Mauthner (44 Briefe, 1906-1923), Josef Popper-Lynkeus (10 Briefe, 1906-1917), Heinz Politzer, Arthur Schnitzler (3 Karten, 1906, 1915, 1916), Friedrich Torberg (11 Briefe, 1946-1961), Franz Werfel (29 Briefe, 1913-1936), Otto Zoff (6 Briefe, 1913-1914), Stefan Zweig; Briefe von Buber an Brod (131 Br., Mai 1912-1964), Kopien der Briefe von Buber an Hugo von Hofmannsthal (9 Kopien 1906-1928).
Das Nachlaßverzeichnis ist auf Mikrofiche zugänglich.
Erworben 1971.
Signatur: Arc Ms. Var. 350.

* *New York, Leo Baeck Institute*
Sammlung (1921-1929): Briefe von Franz Rosenzweig an Buber mit den Gegenbriefen. (Catalog, S. 27)
Erworben 1971.
Signatur: AR 3866.

* *Berlin, Deutsche Staatsbibliothek, Hss-Abt./Lit.Archiv*
Einzelne Briefe.
Signatur: Slg Autographa

Buchebner, Walter

9.9.1929, Mürzzuschlag (Stmk.)–4.9.1964, Wien (Selbstmord)
Schriftsteller, 1956-64 Bibliothekar bei den Städtischen Büchereien der Gemeinde Wien.

* *Mürzzuschlag, Walter-Buchebner-Gesellschaft*
Nachlaß: Tagebücher, Gedicht-, Prosa-, Skizzenbände.
Ursula Rosenbichler: Walter Buchebner (1929-1964): „Dichter einer verlorenen Generation?“ In: *Literatur in Österreich von 1950 bis 1965. Walter Buchebner Tagung 1984.* Hrsg. von Wendelin Schmidt-Dengler. Mürzzuschlag: Walter-Buchebner-Gesellschaft (1985), S. 8-20. Darin S. 12: „Die Aufarbeitung des Nachlasses Walter Buchebners gestaltet sich äußerst schwierig und würde jeden Anspruch auf Vollständigkeit der Überheblichkeit bezichtigen. Abgesehen von der Odyssee des Nachlasses durch verschiedenste Hände, durch die einige Materialien abhanden gekommen sind, gibt es noch ein anderes erwähnenswertes Faktum, das das Werk Buchebners auf das heutige Maß zusammenschrumpfen ließ: Nach seinem Tod hatten sich Bekannte und auch Verwandte in Gruppen oder alleine eingefunden, um den Nachlaß zu korrigieren. Die herausgerissenen Blätter und verlorengegangenen Tagebücher bezeugen dies.“
Norbert Frei: Die fünfziger Jahre im Spiegel von Schriftsteller-Autobiographien. In: *Literatur der Nachkriegszeit und der 50er Jahre in Österreich.* Hrsg. F. Aspetsberger, N. Frei und H. Lengauer. Wien: Österr. Bundesverlag 1984, S. 59-74.

Budik, Peter

18.10.1792, Butschkowitz (Mähren)–26.3.1858, Klagenfurt
Beamter der Wiener Hofbibliothek, Lyzealbibliothekar in Klagenfurt, Übersetzer, Gelegenheitsdichter, Dramatiker.

* *Klagenfurt, Kärntner Landesarchiv*
Teilnachlaß, 1 Faszikel (345 Blatt): Schöngeistige und bibliothekswissenschaftliche Manuskripte, u. a. *Matthias Corvinus.* Dramatisches Fragment, *Idomeneus.* Trauerspiel, Exzerpte aus verschiedenen Dichtungen.

Bunzel, Joseph Hans

20.9.1907, Graz–14.1.1975, Buffalo, New York
Sozialwissenschaftler, Lyriker, Essayist; Wien, U.S.A.

* *Wien, Dokumentationsstelle für neuere österreichische Literatur*
Teilnachlaß, 8 Kartons: Soziologische und sozialwissenschaftliche Abhandlungen, 18 Bände mit Gedichten, Romane, umfangreiche Notizen. – Lebensläufe, Schriftenverzeichnis, Dokumente zur schriftstellerischen Tätigkeit. – Sonderdrucke, Rezensionen, Handexemplare seiner Publikationen, Bücher seines Vaters Julius Bunzel.
Maschinschriftliches Verzeichnis.
Geschenk 1977 bis 1981

* *Wien, ÖNB HS*
Teilnachlaß, Ser. n. 18.958-18.963, 31.766-31.870. Autogr. 1174/1-1175/84: Manuskripte und Briefe.
Erwerbung 1977

Burckhard, Max Eugen

14.7.1854, Korneuburg (N.Ö.)–16.3.1912, Wien
Jurist, Kritiker, Direktor des Burgtheaters in Wien.

** Wien, WSTLB HS*
Teilnachlaß, ca. 80 Inventarnummern: Ca. 25 Werkmanuskripte (Gedichtentwürfe, Komödien, journalistische Arbeiten). – Ca. 20 Briefe, u. a. Verlagskorrespondenzen, Briefentwürfe von Burckhard. – Kalender, Verträge.
Verzeichnung: Zettelkatalog.
Geschenk 1935

** Wien, ÖNB HS*
Teilnachlaß, Ser. n. 16.135-16.150: Literarische und juridische Schriften.

** Wien, Österreichisches Theatermuseum*
Teilnachlaß.
Bibliothek Max Burckhard-Versteigerung November 1912 Wien. [Katalog] Hugo Heller & Co. Wien 1912.

Buschbeck, Erhard

6.1.1889, Salzburg–2.9.1960, Wien
Schriftsteller, Dramaturg; Wien.
1909 Matura in Gmunden, 1909-14 Jusstudium in Wien, seit 1918 Dramaturg am Burgtheater in Wien.

** Wien, ÖNB HS*
Teilnachlaß, Autogr. 981/1-1004/31: Ca. 5 960 Briefe von ca. 1 400 Schreibern, u. a. von Hermann Bahr, Anna Bahr-Mildenburg, Alban Berg, Ulrich Bettac, Ida Bienert, Richard Billinger, Johann Brahm, Felix Braun, Josef Brauneis, Josef Brendel, Ilka Däubler, Richard Flatter, Gerhard Forner, Heinrich George, Albert Paris Gütersloh, Franz Herterich, Stefan Hock, Franz Horch, Linus Kefer, Paul Königer, Hans Leb, Alexander Lernet-Holenia, Max Mell, Hermann Heinz Ortner, Paul Pawel, Josef Karl Ratislav, Erwin Rieger, Hermann Röbbeling, Arthur Ernst Rutra, Arnold Schönberg, Josef Soyka, Siegfried Trebitsch, Fritz von Unruh, Julie Wassermann, Anton Webern, Josef Wenter, Fanny Wibmer-Pedit, Anton Wildgans, Victor Wittner, Ernst Wurm, Karl Zeska, Berta Zuckerkandl, Stefan Zweig und Frank Zwillinger. – Zeitungsausschnitte.

** Wien, ÖNB Plakatsammlung*
Plakate (Akademischer Verband für Literatur und Musik in Wien)

Erhard Buschbeck: Der heimliche Burgherr. Ausstellung im Burgtheater zu seinem 90. Geburtstag. Wien: Österreichisches Theatermuseum 1979. Nach dem Katalog zu schließen müßte der Nachlaß fast 200 Briefe von Theodor Däubler enthalten [S. 11]; auch Briefe, u. a. von Hugo von Hofmannsthal, Robert Neumann und Franz Werfel sowie die Montagsprotokolle des Schutzverbandes deutscher Schriftsteller in Österreich (27.5.1929-27.6.1932.); Erhard Buschbeck: *Mimus austriacus. Aus dem nachgelassenen Werk.* Hrsg. von Lotte von Tobisch. Mit einem Vorwort von Carl Zuckmayer. Salzburg-Stuttgart: Verlag Das Bergland-Buch 1962.

Busson, Paul

9.7.1873, Innsbruck–5.7.1924, Wien
Zuerst Berufsoffizier, dann Schriftsteller, Lyriker und Erzähler; Wien.

** Privatbesitz. Irmgard und Horst Münster, Nußberggasse 7a, A-1190 Wien*
Teilnachlaß: *Winterlegende.* Ein Trauerspiel, eine Mappe Feuilletons, *Raubvögel.* Schauspiel in 4 Akten, Gedichte. – Briefe, u. a. von Franz Blei (1 Karte), Robert Hohlbaum, Arno Holz, Helene Kann [Friedrich Eckstein, Karl Kraus, Fritz Wittels], Rudolf Jeremias Kreutz, Vinzenz Oskar Ludwig, Karl Lustig-Prean, Gustav Meyrink, Hans Müller-Einigen, Karl Josef Nowak, Erwin Herbert Rainalter, Alexander Roda Roda, Maria Stona, Karl Hans Strobl, Fritz Stüber-Gunther, Ludwig Thoma, Erwin

Weill, Fritz Wittels, Alfred von Wurmb, eine große Anzahl von Postkarten an Paul Busson von seiner damaligen Braut, Schreiben Bussons im Durchschlag an Verlage, z.B. Vertriebsanstalt musikdramat. Werke Bühnenverlag „Erfolg" in Berlin (Herr Wolfradt), Scherl Verlag, Wila, C.W. Stern (Buchhandlung L. Rosner Verlag), Durchschläge der Witwe an Verlage. – Reisepaß, Photos, Studienbuch der Universität Graz 1893, Verlagsverträge (Verlag „Erfolg", Rikola, Speidel, Kremayr & Scheriau, Donauland [nach 1945], Paul Zsolnay Verlag, Wiener Verlag). – Einzelne Druckbelege: *Simplicissimus, Die Muskete* sowie andere Zeitungsausschnitte. – Briefe aus den Jahren 1810 ff. an Paul Busson senior.
Kamilla Peinlich: Paul Busson. Eine Monographie. Diss. Wien 1932. Stand des Nachlasses 1932. Bereits zu diesem Zeitpunkt waren, so Peinlich, manche Korrespondenzbestände sowie die Tagebücher nicht mehr vorhanden.

Busta, Christine

Verehelicht Christine Dimt
23.4.1915, Wien–3.12.1987, ebda
Lehrerin, Bibliothekarin, Lyrikerin; Wien.
Der Nachlaß wurde unter den Erben aufgeteilt. Die Rechte auf die zu Lebzeiten der Dichterin im Otto Müller Verlag, Salzburg, erschienenen Texte liegen beim Verlag.

* *Privatbesitz. Josef Wenzel Hnatek, Kohlgasse 47/25, A-1050 Wien*
Teilnachlaß: Einige Manuskripte, sowie auch Plastiken und Bilder von Busta.

* *Privatbesitz*
Teilnachlaß: Manuskripte und Briefe, u. a. von Ludwig von Ficker und Johannes Urzidil.

* *Privatbesitz. Franz Peter Künzel, Egenhoferstraße 24, D-W-8039 Puchheim bei München, Bundesrepublik Deutschland*
Künzel besitzt neben Manuskripten Bustas auch eine sehr umfangreiche Korrespondenz mit der Dichterin.

* *Wien, ÖNB HS*
Nachlaß Franz Peter Dimt, Autogr. 1216/1-26: Briefe von Christine Busta an Franz Peter Dimt und einzelne Briefe von Dimt an Busta.

* Die Bibliothek wurde von einem Mitglied des „Busta-Kreises/Wien", A. Gruber, für ein Busta-Archiv erworben.

Buttinger, Joseph

30.4.1906, Reichersbeuern (Oberbayern)–4.3.1992, New York
Schriftsteller; Wien, Paris, New York.

* *Wien, Verein für Geschichte der Arbeiterbewegung*
Teilnachlaß, 10 Mappen: 1 Manuskript. – Briefe, u. a. von Friedrich Adler, Otto Bauer, Hugo Breitner, Franta, Otto Haas, Karl Heinz, Josef Pleyl, Oscar Pollak und Moritz Robinson. – Materialien zur Tätigkeit im Zentralkomitee der revolutionären Sozialisten, zur „Auslandsvertretung der österreichischen Sozialisten" in Paris (1938-1940) und New York (1939-1942), Auszüge aus Berichten der GESTAPO Wien (1938-1940).
Verzeichnung: Inventar

* *Bonn, Friedrich-Ebert-Stiftung, Archiv der sozialen Demokratie*
Teilnachlaß.

* *Klagenfurt Universität für Bildungswissenschaften, UB*
Bibliothek.
Guide, 1978, S. 160-162; *Archiv. Mitteilungsblatt des Vereins für Geschichte der Arbeiterbewegung* 13 (1973), Nr. 1, S. 3-11.

Byr, Robert

Pseud. für Karl Robert Emanuel von Bayer
15.4.1835, Bregenz–30.6.1902, Baden bei Wien
Offizier, Erzähler, Dramatiker; Mailand, Wien, Prag, Bregenz, Baden.

* *Bregenz, Franz-Michael-Felderarchiv und Vorarlberger Literaturarchiv*
Teilnachlaß: Ca. 35 Werkmanuskripte (Notizen, Gedichte, Erzählungen, Romane, Dramen). – Verlagsverträge. – Exemplare seiner Publikationen.
Maschinschriftliches Verzeichnis.
Kauf 1978
Bibliothek und Medikamentensammlung von Samuel Hahnemann aus dem Nachlaß von Robert Byr: Bregenz, Vorarlberger Landesbibliothek.

Carneri, Bartholomäus von

3.11.1821, Triest–18.5.1909, Marburg a. d. Drau
Philosoph, politischer Schriftsteller; Triest, Marburg, Mitglied des steirischen Landtags und des Reichsrats.

* *Wien, WSTLB HS*
Kryptonachlaß im Nachlaß von Wilhelm Börner: Ca. 230 inventarisierte und mehrere unbearbeitete Briefe, u. a. von Wilhelm Bolin, Aloys von Brinz, Karl Du Prel, Karl Gruen, Friedrich Jodl und Alois Riehl.
Verzeichnung: Zettelkatalog. – Teilweise unbearbeitet.
Kauf 1952

* *Graz, Steiermärkisches Landesarchiv*
Sammlung, 1 Karton: Briefe an Wanda Baltzer, geb. Borkowska von Novina (1894-1907).

Carpeaux, Otto Maria

Carpeaux hieß ursprünglich Otto Karpfen, nannte sich seit 1932 Otto Maria Karpfen; weitere Pseudonyme: Otto Maria Fidelis, im belgischen Exil: Dr. Leopold Wiesinger.
9.3.1900, Wien–3.2.1978, Rio de Janeiro
Schriftsteller, Journalist, Bibliotheksdirektor. Emigrierte im März 1938 über Italien, die Schweiz und Paris nach Belgien (Antwerpen), 1939 nach Brasilien (Rio de Janeiro).
Inhaberin der Urheberrechte: Helene Karpfen-Carpeaux (†)

* Nach Auskünften von Dr. Andreas Pfersmann hat sich kein nennenswerter Nachlaß von Otto Maria Carpeaux erhalten. Politische Artikel der späten 60er Jahre befinden sich in der Casa Ruy Barbosa in Rio de Janeiro.
Andreas Pfersmann: Exilland Brasilien. Apercu zur literarischen Emigration, in: Friedrich Stadler (Hrsg.): *Vertriebene Vernunft II. Emigration und Exil österreichischer Wissenschaft.* Internationales Symposium 19. bis 23. Oktober 1987 in Wien. Wien-München: Jugend und Volk 1988, S. 1012-1016; ders.: Incipit Hitler. L'idéologue, le romancier et le polémiste autrichien face aux débuts du troisième Reich. In: Felix Kreissler (Hrsg.): *Autriche 1867-1938. Itinéraire culturel.* Actes du colloque tenu au Centre Georges Pompidou, Rouen, CERA (im Erscheinen).

Castelli, Ignaz Franz

6.3.1781, Wien–5.2.1862, ebda
Lyriker, Erzähler, Dramatiker.

* *Wien, ÖNB HS*
Teilnachlaß, Ser. n. 3.285-3.298, 3.313, 3.315, 9.645, Autogr. 47/44, 350/1-350/234: 4 Bände Gedichte, 3 Bände Prosa, 2 Stammbücher, Briefe an Castelli, darin auch Briefe an Johann August Stoeger.
Erwerbung 1881, 1906 und 1939

* *Wien, WSTLB HS*
Sammlung: Einzelne Gedichte. – Briefe an Gottlieb Theodor Winkler.

Verzeichnung: Zettelkatalog.

Standorte von weiteren Autographen nachgewiesen bei Frels, S. 44-45.

Castle, Eduard

7.11.1875, Wien–8.6.1959, ebda
Literar- und Theaterhistoriker; Professor an der Universität Wien.

* *Wien, WSTLB HS*
Nachlaß, 11 Kartons: Arbeits- und Übungshefte, Gedichtabschriften, Manuskripte. – Umfangreiche Korrespondenz, darunter auch Familienkorrespondenzen. – Ausgabenbücher. – Notizbuch von Friedrich Seis, Bücherverzeichnis von Cäcilia Castle, Notizen von Ferdinand Castle, Dokumente von Franz Kleedorfer.
Vorgeordnet.
Kauf 1985

* *Wien, WSTLB Druckschriftensammlung*
Bibliothek.

Celan, Paul

23.11.1920, Czernowitz–28.4.1970, Paris
Lyriker, Übersetzer, lebte nach 1945 in Wien, dann in Paris.

* *Marbach, DLA*
Nachlaß (Depositum): Entwürfe, Exzerpte und Notizen, Jugendgedichte, Gedichtsammlungen und -zyklen, oft mit Vorarbeiten und Entwürfen, unveröffentlichte Gedichte, Nachdichtungen aus dem Englischen, Französischen, Italienischen und Russischen, u. a. von Werken von René Char, Emily Dickinson, Sergeij Jessenin, Ossip Mandelstam, Henri Michaux, William Shakespeare, Jules Supervielle, Giuseppe Ungaretti und Paul Valéry. – Briefe von Beda Allemann, Alfred Andersch, Ingeborg Bachmann, Heinrich Böll, René Char, Jean Daive, Klaus Demus, André Du Bouchet, Hans Magnus Enzensberger, Ludwig von Ficker, Erich Fried, Max Hölzer, Peter Jokostra, Erich von Kahler, Karl Krolow, Hermann Lenz, David Rokeah, Max Rychner, Nelly Sachs, Paul Schallück, Rolf Schroers, Petre Solomon, Margarete Susman, Peter Szondi, Jean Pierre Wilhelm, Franz Wurm, mit den Verlagen Deutsche Verlagsanstalt, S. Fischer Verlag, Insel Verlag, Mondadori, Suhrkamp Verlag, Walter Verlag, sowie mit den Zeitschriftenredaktionen *Akzente, Merkur, Die neue Rundschau*. – Lebensdokumente.
Jahrbuch der Deutschen Schillergesellschaft 35 (1991), S. 509.

Chargaff, Erwin

Geb. 11.8.1905, Czernowitz
Lyriker, Biochemiker.

* *Marbach, DLA*
Literarischer Nachlaß: Gedichte, Essays, Aphorismen, Autobiographie, Notizbücher. – Briefwechsel mit Naturwissenschaftlern, wissenschaftlichen Gesellschaften und Institutionen, Verlagen, Redaktionen und Rundfunkanstalten seit den 30er Jahren. – Lebensdokumente.
Jahrbuch der Deutschen Schillergesellschaft 32 (1988), S. 458.

* *Philadelphia (Pa., U.S.A.), American Philosophical Society, The Library*
Nachlaß, ca. 75 Kartons: Guide, 1978, S. 177-178; Guide, 1992, S. 86.
Maschinschriftliches Verzeichnis.
Depot 1976

Christen, Ada

Pseud. für Christiane von Breden
6.3.1839, Wien–19.5.1901, ebda
Lyrikerin, Erzählerin, Schauspielerin; Wien.

* *Wien, WSTLB HS*
Nachlaß, ca. 530 Inventarnummern und 1

Karton: Ca. 110 inventarisierte und 1 Karton unbearbeitete Werkmanuskripte (Gedichte, Dramen, Entwürfe, Tagebuchaufzeichnungen). – Ca. 470 Briefe, u. a. von Ludwig Anzengruber, Oskar Blumenthal, Josefine Gallmeyer, Ludwig Hevesi, Heinrich Landesmann, Heinrich von Littrow, Theodor Storm und Familienkorrespondenzen. – Manuskripte anderer Autoren, u. a. von Ludwig Anzengruber.
Verzeichnung: Zettelkatalog. – Teilweise unbearbeitet.
Kauf 1923 und 1929

* *Düsseldorf, Heinrich-Heine-Institut*
Nachlaß Julius Campe: Manuskripte von Ada Christen (*Aus der Asche,* 3 Gedichtabschriften), 157 Briefe von Christen an Julius Campe, Zeitungsausschnitte, Photo.

Standorte von weiteren Autographen nachgewiesen bei Frels, S. 47.
Margarethe Rabitsch: Ada Christen. Diss. Wien 1959.

Cloeter, Hermine

31.1.1879, München–22.1.1970, Krems a.d.Donau (N.Ö.)
Lyrikerin, heimatkundliche Schriftstellerin; München, Wien.

* *Wien, ÖAW, Archiv*
Teilnachlaß: Tagebücher (1916-1968), Kopien der im Besitz von Dr. Christoph Cloeter befindlichen Briefe.
Erwerbung 1990

* *Wien, ÖNB HS*
Teilnachlaß, Ser. n. 9.409-9.423, Autogr. 575/1-576/61: 15 Manuskripte, ca. 345 Briefe von 155 Schreibern an Hermine Cloeter.

* *Wien, WSTLB HS*
Teilnachlaß, 1/3 Karton: Notizen zum Trattnerhof. – Einzelne Briefe, Schmalfilme.
Erwerbung 1959

* *Privatbesitz. Dr. Christoph Cloeter, Haus Nr. 310, A-5570 Mauterndorf, Lungau*
Teilnachlaß: Nach Auskunft von Dr. Cloeter ist der Nachlaß sehr umfangreich. Er hat in vierjähriger Arbeit die Tagebücher und den großen Briefwechsel transkribiert. Außerdem besitzt Dr. Cloeter mehrere Entwürfe und Manuskripte, die unveröffentlicht sind, eine komplette Sammlung der in der *Neuen Freien Presse* und in anderen Zeitungen erschienenen Arbeiten von Hermine Cloeter sowie zahlreiche Glückwünsche und Photos.

Colerus, Egmont

Dr. Egmont Colerus von Geldern
12.5.1888, Linz–8.4.1939, Wien
Beamter des Bundesamts für Statistik in Wien, Schriftsteller.

* *Privatbesitz. Monica Skidelsky-Colerus, Feldgasse 11, A-2380 Perchtoldsdorf*
Nachlaß: Handgeschriebene Vorstudien und Manuskripte der veröffentlichten Werke, unveröffentlichte Novellen und Erzählungen (*Ich stehe zur Verfügung, Iphigenes. Ein unhistorisches Drama,* Konzeptheft mit mehreren Entwürfen [1907], u. a. *Der Zug zum Licht;* Vorentwurf zum Film *Kaufherr und Krämer, Die Invasion, Das Sonnenvolk. Eine astrale Vision, Vorläufer. Eine individuelle Rhapsodie, Symbolon, Der Weise vom westlichen Tore,* Graues Schulheft 1908, *Leibniz, Pythagoras, Eine sonderbare Begnadigung, Licht und Schatten, Die Brücke Cinvat, Der Führer und die Jugend, Kaufherr und Krämer, Von Pythagoras bis Hilbert, Mangel. Erstes Buch vom Wege zur Reinigung, Axiome nach Hilbert,* Mappe mit Notizen zu *Pythagoras, Die beiden Grachen, Lotosspiegelwahrheit, Die einsame Hand, Dreadnoughtsorgen, Ich stehe zur Verfügung, Zweikampf, Kurze Ge-*

schichten, Die einsame Hand, Marco Polo, Politik, Antarktis, Die neue Rasse, Der dritte Weg, Der heiligste Krieg, Behemoth, Zwei Jahre vor Golgatha, früher *Römische Apokalypse, Casanova, Antarktis, Vom Punkt zur vierten Dimension, Imago hominis,* Entwürfe zu Kritiken, Entwurf zum Film *Graf Zeppelin,* Szenarium zum Film *Graf Zeppelin, Währungsfragen, Archimedes, Die einsame Hand*). – Manuskripte von Blanca von Geldern: *Egmont Colerus. Seine Biographie, Ich habe eine liebe Freundin, Osterfeiertage mit Hindernissen, Der verspätete Gast, Von Kobolden verfolgt, Zweimal hin Einmal her, Pfingstreise,* B.v.Geldern (?): *Das Mädchen mit den Tieren.* – Briefe, u. a. von Heinrich Mann, Thomas Mann, Friedrich Schreyvogl – sorgfältig ausgesucht von der Witwe. Sehr spärliche Verlagskorrespondenz, Verlagsverträge (Ilf-Verlag, Paul Zsolnay Verlag). – Lebensdokumente. – Zeitungskritiken und Rezensionen zu allen Werken von Colerus mit Ausnahme der Romane *Kaufherr und Krämer* sowie *Die neue Rasse,* Kritiken von Aufführungen der Stücke von Colerus, Würdigungen u. a. zum 50. Geburtstag, Artikel über Vorträge, biographische Artikel, Druckbelege, kurze Nachrufe.
Umfangreiche Photosammlung (Familie u.ä.); einige Buchumschläge, Zsolnay-Werbematerial für Werke von Colerus, Entwürfe für Buchumschläge von Heribert Reyl-Hanisch zu Colerus: *Der heiligste Krieg* (Ilf-Verlag).

* *Wien, Österreichisches Staatsarchiv, Abteilung Haus-, Hof- und Staatsarchiv*
Erinnerungen.

Collin, Heinrich Joseph

26.12.1771, Wien–28.7.1811, ebda
Lyriker, Dramatiker, Beamter.

Standorte von Autographen nachgewiesen bei Frels, S. 49.

Collin, Matthäus von

3.3.1779, Wien–23.11.1824, ebda
Dramatiker, Lyriker, Universitätsprofessor, Redakteur der *Allgemeinen Literaturzeitung* und der *Jahrbücher der Literatur.*

Standorte von Autographen nachgewiesen bei Frels, S. 49.

Corti, Egon Caesar Conte

2.4.1886, Zagreb–17.9.1953, Klagenfurt
Generalstabsoffizier im Weltkrieg, Schriftsteller.

* *Nachlaßbesitzerin und Inhaberin der Werkrechte ist Frau Liselotte Trubel, Innocentiagasse 3, A-1130 Wien.*
Wesentliche Teile des schriftlichen Nachlasses wurden bereits 1980 an das Haus-, Hof- und Staatsarchiv in Wien, andere Teile (Militaria) wurden an das Heeresgeschichtliche Museum abgegeben und von diesem an das Haus-, Hof- und Staatsarchiv weitergegeben. In ihrem Besitz befindet sich noch eine Mappe „Briefe berühmter Persönlichkeiten“, hauptsächlich Briefe an und von Adeligen und Historikern, kaum etwas von Schriftstellern. Solche Briefe wurden im Februar 1987 vom Wiener Antiquariat Ingo Nebehay (Liste 85, Autographe, Dichter und Schauspieler) einzeln verkauft. Außerdem einige biographische Artikel, Nachrufe und zahlreiche Photos von seiner Wohnung.

* *Wien, Österreichisches Staatsarchiv, Abteilung Haus-, Hof- und Staatsarchiv*
Wissenschaftlicher Nachlaß und Korrespondenz, 34 Kartons: Karton 1-9: Materialien zu *Ich, eine Tochter Maria Theresias;* Karton 10-12: Materialien zu *König Ludwig I. von Bayern;* Karton 13-16: Ma-

terialien zu *Elisabeth, eine seltsame Frau;* Karton 17-19: Materialien zu *Metternich;* Karton 20: Materialien zu *Anonyme Briefe an drei Kaiser;* Karton 21-23: Materialien zu *Rothschild;* Karton 24,25: Materialien zu *Die trockene Trunkenheit;* Karton 26: Materialien zu einem Spielerbuch (Homburg und Monte Carlo); Karton 27: Verschiedene nicht verwertete Materialien, DAF-Mitgliedsbuch; Karton 28: Tagebuch von Sophie Herzogin von Herzfeld verehel. Marschall. Gedenkbuch Joseph Marschall, Notizbuch Joseph Marschall; Karton 29: Korrespondenz Cortis (1946-48); Memoiren der Kronprinzessin Stephanie (Abschrift); Karton 30: Materialien zu Stephanie u. a. (von Judtmann übernommen), Materialien zu Franz Joseph; Karton 31: Materialien zu Kaiser Franz Joseph; Karton 32: Materialien zu Kaiser Franz Joseph; Exzerpte aus Akten des Ministeriums des Äußern, 3 Bde.; Karton 33: Materialien und Manuskripte zur Diplomatie im Ersten Weltkrieg; Karton 34: Memoiren der Kronprinzessin Stephanie [zu Hohenlohe?] (masch.) und andere Materialien.

* *Privatbesitz. Guido Graf Corti*
Konvolut von Zeitungsausschnitten mit Kritiken der Werke Conte Cortis.

* *Pavia, Universität*
Die über 23.000 Bände umfassende Bibliothek Cortis am Franziskanerplatz wurde testamentarisch übergeben.

Costa, Martin

Pseud. für Martin Kostia-Costa
12.10.1895, Wien–17.1.1974, ebda
Schauspieler, Regisseur, Bühnenschriftsteller, Bruder des literarischen Direktors im Paul Zsolnay Verlag, Felix Costa. Costas Werke wurden in der NS-Zeit unter dem Namen des Autors Franz Füssel veröffentlicht bzw. aufgeführt.

* *Privatbesitz. Carl und Christian Costa, Florianigasse 33/12, A-1080 Wien*
Nachlaß: Bühnenmanuskripte. – Die Korrespondenz erstreckt sich über die Jahre 1945-1954 und ist alphabetisch geordnet, vereinzelt auch Briefe aus früheren Jahren. Vorhanden sind u. a. Briefe von der AKM (1945-49), von Franz Antel, Ewald Balser (1947), Grete und Rudolf Hans Bartsch (1946-51), Käthe Dorsch (1945-46), Eirich-Verlag, Edmund Eysler (1947), Oskar Maurus Fontana (1 Br., 1946), Georg Fraser/Georg Marton Verlag, Lux-Film (1953), Erwin Müller (Schönbrunn Film), Reichskulturkammer (1938), Reichstheaterkammer (1939-40), Fritz Stein, Franz Stoß/Wiener Bürgertheater (1945-47), Richard Thieberger (betr. Oskar Jellinek 1950), Verlag Jos. Weinberger, Guido Wieland, Paul Zsolnay Verlag (1949), Fritz und Tilly Zweig; Durchschläge von Briefen, u. a. an Willi Forst, Georg Fraser, Franz Füssel, Egon Hilpert, Paul Hörbiger, Hans Lang, Franz Stoß, Hermann Stuppäck (1941-42), Richard Thieberger, Paul Zsolnay Verlag, Fritz und Tilly Zweig. – Lebensdokumente, Filmverträge. – Kritiken von Aufführungen und Verfilmungen der Werke Costas, Zeitungsartikel zu seiner Tätigkeit als Schauspieler und Regisseur, Photos.

* *Wien, Thomas Sessler Verlag*
Teilnachlaß: Bühnenmanuskripte der von Sessler betreuten Stücke.

Costenoble, Karl Ludwig

28.12.1769, Herford (Westfalen)–28.8.1837, Prag
Schauspieler, Regisseur, Lustspieldichter; Hamburg, Wien.

* *Wien, WSTLB HS*
Teilnachlaß: Umfangreiche Tagebücher. – Ca. 450 Briefe, u. a. von Friedrich

Gerstäcker und Auguste Krüger-Aschenbrenner.
Verzeichnung: Zettelkatalog.

Cotta-Archiv

* *Marbach, Schiller-Nationalmuseum, Cotta-Archiv*
Archiv der J.G. Cotta'schen Buchhandlung und ihrer Nachfolger (1790-1940): Manuskripte, Druckvorlagen, Korrekturabzüge. – Briefwechsel von Johann Friedrich von Cotta, Georg von Cotta, Carl von Cotta, Adolf Kröner, Robert Kröner, Wilhelm Hertz, Verlag A.G. Liebeskind u. a. mit folgenden österreichischen Autoren: Fred Antoine Angermayer, Ludwig Anzengruber, Raoul Auernheimer, Anton Alexander Graf Auersperg, Karl Bacher, Hermann Bahr, Eduard von Bauernfeld, Alfred von Berger, Karl Hugo Amber Bernstein, Anton Bettelheim, Helene Bettelheim-Gabillon, August Daniel von Binzer, Emilie von Binzer, Franz Blei, Felix Braun, Karl Johann Braun von Braunthal, Richard Bredenbrücker, Ferdinand Bronner, Paul Busson, Robert Byr, Ignaz Franz Castelli, Josef Cerny, Ottokar F. Chalupka, Vinzenz Chiavacci, Heinrich Joseph Collin, Matthäus von Collin, Egon Caesar Conte Corti, Gottlieb August Crüwell, Jakob Julius David, Johann Ludwig Deinhard von Deinhardstein, Marie Eugenie Delle Grazie, Ida Maria Deschmann, Franz von Dingelstedt, Ludwig von Dóczi, Eduard Duller, Karl Egon von Ebert, Marie Ebner von Eschenbach, Moritz von Ebner-Eschenbach, Karl Erdmann Edler, Albert Ehrenstein, Leopold Ehrlich, Emil Ertl, Konrad Ettel, Karl Federn, Emmy Feiks-Waldhäusl, Johann Ferch, Egid Filek von Wittinghausen, Victor Fleischer, Aloys Casimir Flir, Ludwig August Frankl, Karl Emil Franzos, Hans Fraungruber, Siegfried Freiberg, Kurt Frieberger, Johann Georg Frimberger, Hans Fuschlberger, Julius Gans von Ludassy, Rudolf Johann Geist, Richard Genée, Wilhelm Adolf Gerle, Ludwig Germonik, Alexander Gigl, Hermann von Gilm, Franz Karl Ginzkey, Rudolf Glaser, Hermann Graedener, Hans Grasberger, Leo Greiner, Hermann Greinz, Hugo Greinz, Rudolf Greinz, Franz Grillparzer, Stefan Grossmann, Viktor Grünberger, Karl Gründorf, Alfred Grünewald, Eugen Guglia, Harald Peter Gutherz, Josef Haase, Gustav Hackl, Emil Hadina, Friedrich Ludwig Halirsch, Friedrich Halm, Otto Hamann, Robert Hamerling, Hans von Hammerstein-Equord, Enrica von Handel-Mazzetti, Wilhelm Arthur Hammer, Hermann Hango, Karl Viktor von Hansgirg, Eduard Hanslick, Moritz Hartmann, Otto Hauser, Franz Joseph Heller, Isidor Heller, Leo Heller, Karl Friedrich Hensler, Franz Herndl, Franz Herold, Theodor Hertzka, Leo Herzberg-Fränkel, Marie Herzfeld, Sigmund Herzl, Ludwig Hevesi, Helene Hirsch, Leo Hirschfeld, Viktor Hirschfeld, Karl Emerich Hirt, Irma von Höfer, Angelika Hörmann von Hörbach, Ludwig Hörmann von Hörbach, Camill Hoffmann, Anton Adalbert Hofmann, Robert Hohlbaum, Philipp Holitscher, Karl von Holtei, Rudolf Holzer, Josef Johann Horschik, Rudolf von Hoyos, Ella Hruschka, Josef Andreas Huschak, W. Theodor Hutter, Otto Iro, Ludwig Jahne, Friedrich Jaksch, Rudolf Christoph Jenny, Raimund Friedrich Kaindl, Max Kalbeck, Franziska Kaltenhauser, Maria Anna Kaltenhauser, Siegfried Kapper, Gustav Karpeles, Eduard Fedor Kastner, Franz Keim, Joseph Kerausch, Karl Maria Kertbeny, Sophie von Khuenberg-Kleinert, Friedrich August Kienast, Julius Kiener, Florian Kienzl, Hermann Kienzl, Theodor Kirchner, Joseph Kitir, Alfred Klaar, Hugo Klein, Michael Klieba, Carl

Maria Klob, Hilda Knobloch, Fritz Koberg, Hanns Kogler, Leonhard Kohl von Kohlenegg, Salomon Kohn, Siegmund Kolisch, Zdenko von Kraft, Richard Kralik von Meyrswalden, Antonie Kreiml-Baumberg, Karl Krobath, Ferdinand Kürnberger, Heinrich Landesmann, Karl Landsteiner, Heinrich Laube, Otto Georg von Leitgeb, Karl Gottfried von Leitner, Nikolaus Lenau, Karl Michael von Levetzow, Heinrich Levitschnigg, Ernst Lissauer, Heinrich von Littrow, Ernst Lothar, Rudolf Lothar, Emil Lucka, Joseph August Lux, Anton Maly, Otto Marbach, Theodor Heinrich Mayer, Rosa Mayreder, Hermann Günther Meynert, Robert Michel, Stephan von Millenkovich, Salomon Hermann von Mosenthal, Josef Mühlberger, Heinrich Müller, Hans Müller-Einigen, Adam Müller-Guttenbrunn, Herbert Müller-Guttenbrunn, Roderich Müller-Guttenbrunn, Adelbert Muhr, Georg Muschler, Robert Musil, Johann Willibald Nagl, Marie von Najmájer, Ernst Rudolf Neubauer, Johann Philipp Neumann, Walther Neuwirth, Franz Nissel, Heinrich Noë, Hans Nüchtern, Friedrich Werner van Oestéren, Joseph Frithjof Ofner, Anton Ohorn, Erwin Ott, Viktor Otte, Leonore Pany, Betty Paoli, Joseph Papesch, Ignaz Pauer, Julius Pederzani-Weber, Heinrich Penn, Hermann von Pfaundler, Anton Pfliegl, Adolf Pichler von Rautenkar, Caroline Pichler, Fritz Pichler, Viktor Pietschmann, Richard Plattensteiner, J.C. Platter, Oswald Plawina, Kleo Pleyer, Hans Pöhnl, Maria Plorny, Joseph Pommer, Wilma Popper, Adolf Povinelli, Johann Nepomuk Preyer, Hans Probst, Karl Pröll, Friederike von Prokesch-Osten, Ernst Prossinagg, Johann Ladislaus Pyrker von Oberwart, Josef Rank, Emil Rechert, Hans José Rehfisch, Friedrich Wilhelm Reichenbach-Illing, Fritz Reif, Johann Anton Friedrich Reil, Karl Reiterer, Franz Xaver Reitterer, Gustav Andreas Ressel, Gottfried Kuno Riccabona, Karl Thomas Richter, Rainer Maria Rilke, Thaddäus Rittner, Alexander Roda Roda, Hermann Rollett, Hans Ludwig Rosegger, Peter Rosegger, Kory Elisabeth Rosenbaum, Arthur Rosenberg, Karl Rosner, Leopold Rosner, Ferdinand von Saar, Alexander Sacher-Masoch, Leopold von Sacher-Masoch, Edward Samhaber, Moritz Saphir, Maria Anna von Sazenhofen, Alice Schalek, Leon Schalit, Franz Schamann, Richard von Schaukal, Irene von Schellander, Franz Wolfram Scherer, Helene Scheu-Riess, Ferdinand Schifkorn, Sigismund Schlesinger, Ludwig Schneegans, Josephine Schneider, Arthur Schnitzler, Hermann Schöne, Hans Schönfeld, Karl Schönherr, Paul Schönthan von Pernwald, Emil Scholl, Anton Schott, Franz von Schrank, Demetrius Schrutz, Friedrich Schütz, Julius Franz Schütz, Anton von Schullern, Heinrich von Schullern, Leopold Schwarz, Josef Schwarzbach, Amand von Schweiger-Lerchenfeld, Johann Georg Seeger, Hans Semper, Franz Servaes, Josef Seyfried, Sil-Vara, August Silberstein, Fritz Singer, Maximilian Singer, Hans Sittenberger, Karl Sloboda, Hans Sommert, Erika Spann-Rheinsch, Ferdinand Graf Sporck, Ferdinand Stamm, August von Steigentesch, Jacobus Conrad Stein, Emil Maria Steininger, Franz Stelzhamer, Maurice Reinhold von Stern, Hermann Sternbach, Adalbert von Sternberg, Josef Stibitz, Adalbert Stifter, Dora Stockert-Meynert, Helène Stoekl, Otto Stoessl, Maria Stona, Hildegard Stradal, Erwin Stranik, Friedrich Streissler, Joseph Streiter, Carl Leopold Strobl, Karl Hans Strobl, Richard Strohschneider, Mathilde Gräfin Stubenberg, Camillo Valerian Susan, Arthur Gundaccar von Suttner, Emil Szittya, Joseph Tandler, Georg Terrama-

re, Heinrich Teweles, Anna Antonia von Thaler, Karl von Thaler, Hans Thalhammer, Berta Thomann, Andreas Graf von Thürheim, Christiane von Thun-Salm, Heinz Julius Tomaseth, Karl Torresani, Julius von der Traun, Siegfried Trebitsch, Georg Friedrich Treitschke, Wenzel Tremler, Albert von Trentini, Irma von Troll-Borostyáni, Friedrich Uhl, Georg Ulrich, Grete von Urbanitzky, Max Veigelstock, Karl von Vincenti, Hans von Vintler, Josef Vogler, Friedrich Maria Volderauer, Adolf Wahrmund, Sophie Gräfin Waldburg, Viktor Wall, Friedrich Wallisch, Alexander von Warsberg, Wilhelm von Wartenegg, Jakob Wassermann, Alfons Watzlawik, Beda Weber, Robert Weil, Josef Weil von Weilen, Karl Weislein, August Weiß, Karl Weiß (Ps. Schrattenthal), Maximiliane Weißenthurn, August Weißl, Zacharias Werner, Emanuel Wertheimer, Paul Wertheimer, Joseph Wichner, Albrecht Graf Wickenburg, Oskar Wiener, Adolf von Wilbrandt, Ludwig Winder, Jakob Leopold Windholz, Ottokar Winicky, Josef Winter, Ferdinand Wittenbauer, Albert Wittstock, Viktor Wodiczka, Francis Wolf-Cirian, Franz Wolff, Eugen Wrany, Joseph Wratitsch, Friedrich von Wrede, Alfred von Wurmb, Joseph Christoph von Zedlitz, Karl Ziegler, Regine Ziegler, Paul Zifferer, Elsa Ruth Zimmermann, Albert Zipper, Otto Zoff, Michelangelo von Zois, Karl Dankwart Zwerger. – Verträge, Druckauftrags- und Kalkulationsbücher, Honorarbücher, Kassenbücher, Zirkulare, Verlagsverzeichnisse, Papiere zur internen Verlagsgeschichte, Redaktionsexemplare von Zeitungen und Zeitschriften, Publikationen des Verlages Cotta.
Liselotte Lohrer: *Bestandsverzeichnis des Cotta-Archivs (Stiftung der Stuttgarter Zeitung).* Band I, Dichter und Schriftsteller. Stuttgart: Ernst Klett Verlag 1963. (= Veröffentlichungen der Deutschen Schillergesellschaft; Band 25); Kussmaul, Sp. 75-91; Dorothea Kuhn, Anneliese Kunz und Margot Pehle: *Cotta und das 19. Jahrhundert. Aus der literarischen Arbeit eines Verlages.* Ständige Ausstellung des Schiller-Nationalmuseums und des Deutschen Literaturarchivs Marbach am Neckar. Marbach: Deutsche Schillergesellschaft 1980 (= Marbacher Kataloge Nr. 35).

Coudenhove-Kalergi, Richard Graf Nikolaus

6.11.1894, Tokio–27.7.1972, Schruns (Vbg.)
Politischer Schriftsteller, Verleger, Zeitschriftenherausgeber.
Auf seinem Weg in das Exil konnte Coudenhove-Kalergi nur einen winzigen Teil seiner Korrespondenz mitnehmen.

* *Genf, Fondation Archives Européennes*
Nachlaß, 51 Kartons: Papiere der Pan-Europäischen Union von 1943 bis 1971. Der Briefnachlaß ist eine Gabe der Fondation Coudenhove-Kalergi in Lausanne.
Bei einem Lokalaugenschein wurde eingesehen Karton B.1: Correspondence. Der Karton umfaßt eher zufällig erhaltene Briefe an Richard Graf Nikolaus Coudenhove-Kalergi 1917-1944, die chronologisch geordnet sind. Briefe, u. a. von Dean Acheson, Konrad Adenauer, Eduard Benes, Léon Blum, Willy Brandt, Franz Theodor Csokor (1919), Julius Deutsch, Anthony Eden, Albert Ehrenstein (3 Br., Juni 1922-Mai 1938), Sigmund Freud (1 Br., Nov. 1929), J.W. Fulbright, Otto von Habsburg, Theodor Heuss, Kurt Hiller (Februar 1919-August 1923), Hans Kelsen, Alfred Kerr, John Knittel, Annette Kolb, Bruno Kreisky, Eduard Ludwig, Harald MacMillan, André Malraux, Heinrich Mann (10 Br., September 1921-Juli 1924), Thomas Mann (Nov. 1934-

Nov. 1954), Jan Masaryk, Leo Matthias, Miller-Aichholz, Otto Molden, Robert Müller (3 Br., Juli 1920-Oktober 1920), Friedrich Carl von Oppenheim, Josef Luitpold Stern, Franz Josef Strauß, Ernst Toller.
Présentation & État Général des Fonds d'Archives. Genève: Fondation Archives Européennes 1990, S. 5-6; Marco Pons: Les archives d'un grand Européen: Richard de Coudenhove-Kalergi. In: *Cadmos* no. 30, été 1985, S. 75-81.

** Moskau, Archives centrales d'Etat de la révolution d'octobre et de l'administration supérieure de l'URSS, fonds 554 et 771.*
Teilnachlaß: Materialien, die im März 1938 von der Gestapo in Wien beschlagnahmt und nach dem Krieg von der sowjetischen Armee konfisziert wurden.

Diverse Sammlungen (Briefe) in Archiven in den U.S.A. Guide, 1978, S. 179-180

Crüwell, Gottlieb August

10.12.1866, Leangolla auf Ceylon–22.12.1931, St. Margherita
Bibliothekar, Dramatiker, Lyriker; Direktor der Universitätsbibliothek Wien.

** Wien, UB*
Teilnachlaß, 43 Konvolute: 32 Werkmanuskripte (Gedichte, Schauspiele, Erzählungen, Aufsätze). – Druckbelege, Sammlung von Kritiken über sein Drama *Schönwiesen*.
Maschinschriftliches Verzeichnis.
Testamentarische Verfügung

Csokor, Franz Theodor

6.9.1885, Wien–5.1.1969, ebda
Dramaturg, Regisseur, Schriftsteller; Wien, Belgrad, Korcula, Rom.

** Wien, WSTLB HS*
Teilnachlaß, ca. 1 100 Inventarnummern und 7 Kartons: Exzerpte, Entwürfe, Gedichte, Romane, Erzählungen, literar- und theaterhistorische Arbeiten, Reden, Dramen, Drehbücher. – Ca. 2 900 Briefe, u. a. von Ferdinand Bruckner, Dusza Czara-Stec, Ida Heller, Fritz Hochwälder, Theodor W. Holtz, Anni Mewes, Hertha Pauli, Milica Sacher-Masoch, Richard Weininger, Briefe von Csokor, u. a. an Ferdinand Bruckner, Carry Hauser, Lina Loos, Heinz und Eugenie Rieder, Familien-, Theater- und Verlagskorrespondenzen (Verlag Kurt Desch, Paul Zsolnay Verlag). – Personaldokumente, Schul- und Studienzeugnisse, Mitgliedskarten, medizinische Befunde, Kalender und Notizbücher (1908-1968), Adressenverzeichnis, Glückwünsche, Ehrungen, Abrechnungen. – Zeitungsausschnitte, Manuskripte anderer Autoren, u. a. von Adolf Nowaczynski, Abschriften der Briefe von Kerstin Strindberg an Lina Loos und Leopoldine Rüther, einzelne Entwürfe aus dem Nachlaß von Lina Loos.
Verzeichnung: Zettelkatalog, Repertorium.
Erwerbung 1969
Hermann Böhm: *Franz Theodor Csokor (1885-1969). Felix Braun (1885-1973).* Katalog der 204. Wechselausstellung der Wiener Stadt- und Landesbibliothek. August 1985-November 1985. Wien 1985.

** Wien, ÖNB HS*
Teilnachlaß, Ser. n. 24.305-24.387, 25.873, 31.297-31.351, Autogr. 1183/1-15: Entwürfe, Gedichte, Dramen, Erzählungen, Tagebücher. Verlags- und Theaterkorrespondenz (1911-1920). – Briefe. – Lebensdokumente, Zeugnisse. – Zeitungsausschnitte.
Kauf 1981 und 1989
Texte. Noten. Bilder. Neuerwerbungen, Restaurierungen, Konservierungen 1977-1983. Ausstellung der Österreichischen

Nationalbibliothek. Prunksaal. 8. Juni-13. Oktober 1984. Wien: Österreichische Nationalbibliothek 1984, S. 69-71.

* *Wien, Dokumentationsstelle für neuere österreichische Literatur*
Sammlung, 1 Karton: Ca. 10 Werkmanuskripte (vor allem Dramen). – Zahlreiche Kopien von Briefen an Csokor, u. a. von Roman Brandstätter, Karin Hauser, Erika Mitterer, Heinz Rieder.
Maschinschriftliches Verzeichnis.

Harald Klauhs: *Franz Theodor Csokor. Leben und Werk bis 1938 im Überblick.* Stuttgart: Akademischer Verlag Hans-Dieter Heinz 1988 (= S.A.G. Band 204), S. 558f.

Cysarz, Herbert

29.1.1896, Oderberg (Österr. Schlesien)–1.1.1985, München
Literarhistoriker, Universitätsprofessor.
Im Sommer 1944 wurde Cysarz' Wohnung in München mit allem Hausrat und allen seinen Büchern durch einen Bombenangriff völlig zerstört. Es ist daher unwahrscheinlich, daß Nachlaßmaterial vor 1944 vorhanden ist.

* *München, Sudetendeutsches Archiv*
Teilnachlaß.
Nach einer Mitteilung vom 8.11.1989 von Prof.Dr. Monika Glettler, Sudetendeutsches Archiv, kam der Nachlaß in mehreren Raten an das Archiv. Nur vom letzten übernommenen Paket gibt es ein Inhaltsverzeichnis.

* *Marbach, DLA*
Sammlung, 1/2 Karton: Kopien von Briefen an Cysarz aus den Jahren 1963-1982 samt Photos.

Wilhelm Bietak: In memoriam Herbert Cysarz. (29. Januar 1896-1. Januar 1985). In: *Jahrbuch der Grillparzer-Gesellschaft,* 3. Folge, 16 (1984/85/86), S. 129-145.

Czibulka, Alfons von

28.6.1888, Schloß Radbor (Böhmen)–22.10.1969, München
Offizier, Erzähler, Übersetzer; München.

* *Wien, WSTLB HS*
Splitternachlaß: Einzelne Briefe. – Zeugnisse, Militärpapiere, Gesuche.
Verzeichnung: Zettelkatalog.
Erwerbung 1943

Däubler, Theodor

17.8.1876, Triest–14.6.1934, St. Blasien im Schwarzwald
Lyriker, Epiker.

* *Berlin, Akademie der Künste*
Nachlaß, Theodor-Däubler-Archiv: Werke, Briefe, Photos, Primär- und Sekundärliteratur, Zeitungsausschnitte.
Die Bestände des Archivs und der Bibliothek der Akademie der Künste. Hrsg. vom Senator für Kulturelle Angelegenheiten. Berlin 1985, S. 20.

* *Weimar, Goethe- und Schiller-Archiv*
Teilnachlaß: Manuskripte von Gedichten, dramatischen Dichtungen und Prosawerken (*Hesperien. Eine Symphonie, Der sternhelle Weg, Hymne an Italien, Päan und Dithyrambos. Eine Phantasmagorie, Attische Sonette, Gesänge in Griechenland, Mit silberner Sichel, Der heilige Berg Athos, Der Schatz der Insel,* Manuskripte zum Nachlaßband *Griechenland*), Handexemplare des *Nordlicht.* – Photos, Zeitungsausschnitte.
Erwerbung 1941 und 1943/44
„1936-1942 Fritz und Jaroslava Löffler retten den in Dresden verbliebenen Nachlaß vor dem Zugriff der Gestapo und geben ihn zu Teilen an das Goethe- und Schiller-Archiv nach Weimar sowie an die Sächsische Landesbibliothek, Dresden." (Thomas Rietzschel: *Theodor Däubler. Eine Collage seiner*

Biographie. Leipzig: Reclam 1988, S. 395).

* *Marbach, DLA*
Bestand Autographensammlung. (Kussmaul, Sp. 582)

* *Innsbruck, Universität, Forschungsinstitut „Brenner-Archiv"*
Sammlung Max Sidow, 1 Karton: Gedichte, Reiseberichte, Korrekturfahnen. – Durchschläge von Briefen Däublers. – Werkverzeichnis. – Druckbelege von Arbeiten über Däubler von Max Sidow, einzelne Briefe an Max Sidow.
Vorgeordnet.

* *Privatbesitz. Oktavia Lökher, Wien*
Korrespondenz: Ca. 400 Postkarten Däublers an Oktavia Lökher.

* *Dresden, Sächsische Landesbibliothek*
Nachlaß.
„Im Däubler-Nachlaß befinden sich verschiedene Fassungen des Romans ‚Herr Kollmann', z.T. eigenhändig, z.T. maschinenschriftlich, darunter auch in mehreren identischen Durchschlägen. Das Material umfaßt insgesamt etwa 650 Bl., doch ist der Roman offensichtlich nicht vollendet worden. Im Däubler-Nachlaß sind 9 Briefe des Zsolnay Verlags an Däubler enthalten, und sie stammen aus der Zeit vom 3.7.1925-17.5.1928. Darunter ist der Verlagsvertrag für ‚Der Schatz der Insel', die anderen Briefe betreffen Abrechnungen der Buchhaltung und Zahlungen an Däubler sowie den Roman ‚Herr Kollmann'." (19.7.1988)

* *Privatbesitz. Marie Peterich-Nepi, Florenz*
Tagebücher (1928-1934).

Friedhelm Kemp und Friedrich Pfäfflin: *Theodor Däubler 1876-1934*. Marbach am Neckar: Deutsche Schillergesellschaft 1984. (= *Marbacher Magazin* 30/1984). – Däublers Briefe an August Sauer befinden sich in der WSTLB und nicht, wie Kemp und Pfäfflin annehmen, in der Dokumentationsstelle für neuere österreichische Literatur in Wien.

Daller, Rosa

20.12.1915, St. Ulrich bei Steyr (O.Ö.)–28.12.1983, Bad Ischl (O.Ö.)
Lyrikerin.

* *Linz, Adalbert-Stifter-Institut*
Teilnachlaß, 6 Mappen: Gedichte, z.T. in Mundart, sowie Gedichtabschriften. – 1 Brief von Rosa Daller, ein Photo.
Maschinschriftliches Verzeichnis.
Geschenk 1987

Daniek, Edmund

Pseud. Karl Neudeck, E. Fichtinger
10.2.1892, Wien–3.8.1966, ebda
Erzähler, Redakteur, Bezirksrat und Magistratsbeamter in Wien.

* *Waidhofen an der Thaya, Heimatmuseum*
Nachlaß: Romane (u. a. *Im Banne der Kornblume*), Aufsätze, Radiovorträge, Exzerpte. – Briefe. – Kalender. – Teil der Bibliothek.
Unbearbeitet.
Geschenk

Danszky, Eduard Paul

14.2.1884, Wien–4.11.1971, ebda
Publizist, Erzähler, Dramatiker; Wien.

* *Wien, WSTLB HS*
Nachlaß, ca. 20 Inventarnummern und 8 Kartons: Drehbücher, Romane, Erzählungen, Lustspiele. – Einzelne Briefe. – Personaldokumente.
Maschinschriftliches Verzeichnis, Zettelkatalog. – Teilweise unbearbeitet.
Erwerbung 1975 und 1976

Dauthage, Heinrich

Pseud. für Heinrich de Arnoldi
25.4.1905, Wien–3.1.1979, ebda
Akademischer Maler, Erzähler, Dramatiker, Lyriker.
Der Urgroßvater von Heinrich de Arnoldi war der Porträtmaler Adolf Dauthage, der Vater war Eisenbahnunternehmer.

* *Privatbesitz. Edith de Arnoldi, Himmelstraße 30, A-1190 Wien*
Der Nachlaß und die große Bibliothek wurden von ihr der UB Wien testamentarisch vermacht. Im Jahr 1945 gingen durch Plünderung und Brand Teile des Nachlasses, vor allem Bilder, in Wien verloren. Über die Zeit vor 1945 ist nach Frau de Arnoldi kaum etwas vorhanden. Wenig Korrespondenz, Verlagsverträge lediglich aus den 50er und 60er Jahren, Photos, Lebensdokumente, Zeitungsausschnitte.
R.J.P.: Mit Pinsel und Feder. Henrique de Arnoldi, ein Malerpoet unserer Tage. In: *Neue Wiener Tageszeitung*, Nr. 219, 22.9.1951, S. 8.

Debrois van Bruyck, Karl

14.3.1828, Brünn–5.8.1902, Waidhofen a.d. Ybbs (N.Ö.)
Komponist, Musikschriftsteller; Brünn, Wien.

* *Wien, WSTLB HS*
Nachlaß, ca. 1 260 Inventarnummern und 1 1/2 Kartons: Notizen, Exzerpte, kulturkritische und philosophische Abhandlungen, Tagebuchblätter, autobiographische Aufzeichnungen. – Ca. 1 260 Briefe, u. a. von Goswina von Berlepsch, Born Adolf Boczek, Karl von Borkowska, Rika von Borkowska, Breitkopf & Härtel, Marie von Breuning, Olga von Engelhardt, Ludwig Foglar, Robert Hamerling, Eduard Hanslick, Friedrich Hebbel, Vinzenz Josef Heller, Paul Heyse, Franz Joachimovicz, Emerich Graf Stadion und Familienkorrespondenzen. – Manuskripte anderer Autoren, u. a. von Franz Liszt. – Lebensdokumente, Ehrungen.
Maschinschriftliches Verzeichnis, Zettelkatalog. – Teilweise unbearbeitet.
Kauf 1926

Decsey, Ernst

13.4.1870, Hamburg–13.3.1941, Wien
Literaturkritiker, Dramatiker, Publizist; Graz, Wien.

* *Wien, WSTLB HS*
Sammlung: Ca. 50 Briefe, u. a. von Wilhelm Kienzl und Felix Salten.
Verzeichnung: Zettelkatalog.
Kauf 1953 und 1966

Decsey, Ernst

19.7.1900, Graz–10.9.1947, Wien (Unfall)
Verlagsleiter.
Sohn des Vorigen. Begann die berufliche Tätigkeit am Opernhaus in Graz (Korrepetitor, Kapellmeister), Musikschutzverband (Berlin) bis 1933, Sekretär bei Wiener Vertretung des Do-Re-Mi-Verlag (Dreiklang Verlag, Dreimaskenverlag) bis Sommer 1935, danach bei der Universal-Edition in Wien.

* *Privatbesitz. Maria Decsey (†), Grassigasse 5, A-1140 Wien*

Degotardi, Johann Nepomuk

Er nannte sich in Australien John Degotardi.
26.9.1823, Laibach–16.12.1882, Darlinghurst (Australien)
Drucker, Verleger, Photograph, Herausgeber u. a. der *Australischen Deutschen Zeitung* in Sydney; Graz, Itzehoe, Sydney.

* *Sydney (Australien), State Library of New South Wales, Mitchell Library, Manuscripts Section*
Teilnachlaß: Tagebuch (1843-1852), Notizbücher (1849 bis ca. 1874), u. a. über Druckereien in England. – Briefe, u. a. von

Alois Auer von Welsbach und Familienkorrespondenz. – Personaldokumente, darunter Reisepässe, Aufenthaltserlaubnis, Empfehlungsschreiben, Logenmitgliedskarte. – 21 Photos, Verlagsexemplare der Drucke Degotardis.
Depot 1984
John Fletcher: *John Degotardi. Printer, publisher and photographer.* Sydney: Book Collectors' Society of Australia 1984. (= Studies in Australian Bibliography, Number 25); ders.: *German manuscripts (1538-1864) in the libraries of Sydney. A descriptive catalogue.* Sydney: Book Collectors' Society of Australia 1988, S. 9; Johann Nepomuk Degotardi: *The Art of Printing (Sydney, 1861).* Sydney: At the Brandywine Press 1982.

Deinhard von Deinhardstein, Johann Ludwig

Pseud. Dr. Römer
21.6.1794, Wien–12.7.1859, ebda
Dramatiker, Lyriker, Professor der Ästhetik am Theresianum.

* *Wien, ÖNB HS*
Teilnachlaß: 139 Briefe an Friedrich von Neu, 168 Briefe von Friedrich von Neu an Deinhardstein.

* *Wien, WSTLB HS*
Nachlaß, ca. 160 Inventarnummern und 14 Mappen: Zahlreiche Gedichte, Dramen, Reiseaufzeichnungen (1839-1858), Notizen. – Familienkorrespondenzen. – Zeugnisse, Dekrete, Ernennungen, autobiographische Aufzeichnungen, Memoranden betreffend die *Wiener Jahrbücher für Literatur.* – Familiendokumente, Zeitungsausschnitte, Gedichte an Deinhardstein.
Verzeichnung: Zettelkatalog.
Geschenk 1890 und Kauf 1986

Standorte von weiteren Autographen nachgewiesen bei Frels, S. 55.

Deißinger, Hans

19.7.1890, Mies (Böhmen)–28.2.1986, Salzburg
Gymnasiallehrer in Salzburg, freier Schriftsteller, Erzähler, Lyriker: Mies im Egerland (Böhmen), Wien, Asch, Salzburg, Anthering.

* *Salzburg, Salzburger Literaturarchiv*
Nachlaß, ca. 500 Inventarnummern: 1 Skizze für ein Filmdrehbuch, 1 Hörspiel, Schauspiele, zahlreiche Erzählungen, Märchen, Romane, Erinnerungen, Korrekturfahnen. – Ca. 200 Briefe an Martha und Hans Deißinger, darunter umfangreiche Familienkorrespondenzen und einzelne Verlagskorrespondenzen. – Kalender, Lebenslauf, Testament, Ehrungen, Verzeichnis der Publikationen und Rundfunkbeiträge. – Druckbelege und Sonderdrucke eigener Publikationen, Sammlung von Rezensionen eigener Werke, Tagebuch (1917-1918) sowie Aquarelle und Zeichnungen von Marta Crammer, Gedichte von Juliane Windhager, Kompositionen auf Texte von Hans Deißinger von Franz Xaver Neubacher und Josef Reiter, Kompositionen von Eduard Deißinger.
Verzeichnung: F. Gebesmair: Hans Deißinger. Eine methodische Nachlaßaufnahme. Hausarbeit, Universität Salzburg 1979.

Del-Pero, Bartholomäus

5.2.1850, Pizzano im Nonsberg (Südtir.)–13.5.1933, Innsbruck
Beamter, Lyriker; Innsbruck.

* *Innsbruck, Universität, Forschungsinstitut „Brenner-Archiv"*
Teilnachlaß, 1 Karton: Erinnerungen, Übersetzungen italienischer Lyrik. – Verzeichnis seiner gedruckten Gedichte. – Druckbelege.
Vorgeordnet.
Depot 1974

Del-Pero, Silvia

4.1.1880, Innsbruck–3.1.1960, Thaur (Tir.)
Erzählerin, Tochter von Bartholomäus Del-Pero.

* *Innsbruck, Tiroler Landesmuseum Ferdinandeum*
Kryptonachlaß im Nachlaß von Elsa Lanser, 4 Bände: Autobiographische Aufzeichnungen.
Verzeichnung: Zettelkatalog.

Delle Grazie, Marie Eugenie

14.8.1864, Weißkirchen (Banat)–19.2.1931, Wien
Lyriker, Erzählerin, Dramatikerin; Wien.

* *Wien, WSTLB HS*
Nachlaß, ca. 2 000 Inventarnummern: Entwürfe, Gedichte, Rezensionen, Erzählungen, Romane, Theaterstücke. – Ca. 1 500 Briefe, u. a. von Goswina von Berlepsch, Breitkopf & Härtel, Bartholomäus von Carneri, Gertrud Egger-Tietze, Heinrich Glücksmann, Ernst Haeckel, Karl Keitler, Lucia Morawitz, Ilona Ritscher, Familien- und Verlagskorrespondenzen, Briefe und Briefentwürfe von Delle Grazie. – Verlagsabrechnungen, Glückwünsche, Verträge. – Manuskripte und Lebensdokumente von Laurenz Müllner, einzelne Briefe an ihn.
Verzeichnung: Zettelkatalog.
Geschenk 1939

Denis, Michael

27.9.1729, Schärding (O.Ö.)–29.9.1800, Wien
Lyriker, Dramatiker, Professor am Theresianum, Kustos der Wiener Hofbibliothek.

Standorte von Autographen nachgewiesen bei Frels, S. 55.

Deschmann, Ida Maria

11.2.1886, Steyeregg (Stmk.)–30.10.1976, Graz
Beamtin, Erzählerin; Wien, Schwanberg.

* *Graz, Steiermärkische Landesbibliothek*
Teilnachlaß, 3 Meter: Ca. 110 Werkmanuskripte (Gedichte, Erzählungen, Dramen, Rezensionen, zahlreiche Entwürfe). – Rechnungen, Materialien zur Mitgliedschaft in Schriftstellerverbänden. – Photos, Handexemplare ihrer Publikationen. – Teil der Bibliothek.
Maschinschriftliches Verzeichnis.
Erwerbung 1977

Dettelbach, Hans von

27.8.1900, Graz–12.7.1976, ebda
Musikkritiker, Essayist.

* *Graz, Universität, Institut für Germanistik*
Teilnachlaß, 2 Pakete: Ca. 120 Werkmanuskripte (Rundfunkdialoge, philosophische Essays). – Tonaufnahmen.
Unbearbeitet.
Geschenk 1977

Deutsch, Richard Friedrich

Pseud. Richard A. Edon, Ludwig Ulrich Eger, Richard Ödön
27.12.1876, Wien–12.4.1960, ebda
Erzähler, Dramatiker; Wien.

* *Wien, Österreichisches Theatermuseum*
Teilnachlaß, 5 Kartons.

Deutsch-Akademischer Verein der Germanisten Graz

* *Graz, Steiermärkische Landesbibliothek*
Teil des Vereinsarchivs, 1 Karton (1918-1934): Satzungen, Tätigkeits- und Kassa-

berichte, Einladungen, Festreden, Zeitungsausschnitte.
Maschinschriftliches Verzeichnis.

Deutschösterreichische Schriftstellergenossenschaft

Österreichische Schriftstellerorganisation, die 1896 als „Wiener Schriftstellergenossenschaft" gegründet und im Herbst 1897 in Deutschösterreichische Schriftstellergenossenschaft umbenannt wurde.

* *Wien, Österreichisches Buchgewerbehaus, Archiv*
Teile des Vereinsarchivs, darunter die Protokolle der Vereinssitzungen (Ausschußsitzungen) aus den Jahren 1901-1938 sowie Exhibitenprotokolle 1925-1938.

Diamant, Paul Joseph

12.2.1887, Wien–30.4.1966, Jerusalem
Rechtsanwalt, Verleger, Historiker, Genealoge.
Promovierte zum Dr.jur. an der Universität Wien, verließ Wien im November 1938, war aktiver Zionist, gab 1912 das *Archiv für jüdische Familienforschung* heraus.

* *Jerusalem, The Central Archives for the History of the Jewish People*
Kleiner Nachlaß in den „Private Archives": Materialien zum Thema jüdische Genealogie und Heraldik, nicht aber zu seiner Tätigkeit als Verleger in Wien (Verlagsanstalt Dr. Zahn & Dr. Diamant).
Signatur: P/27
Encyclopaedia Judaica, Vol. 6, 1971, Sp. 2. Nachruf von B. Brilling in: *Allgemeine unabhängige jüdische Wochenzeitung* (Düsseldorf), 5.8.1966, S. 14.

Dichler-Appel, Magda

Geb. 30.4.1906, Wien
Lehrerin, Lyrikerin, Erzählerin; Wien.

* *Wien, WSTLB HS*
Teilnachlaß: Gedichte, Erzählungen. – Manuskripte anderer Autoren, u. a. Gedichte von Julie Jerusalem und Albine Schroth-Ukmar.
Unbearbeitet.
Geschenk 1984

Dichler, Gustav

Geb. 15.5.1907, Wien
Lehrer, Lyriker, Erzähler; Wien.

* *Wien, WSTLB HS*
Teilnachlaß: 2 Konvolute Briefe, u. a. von Imma von Bodmershof, Otto Feil und Hans Ranzoni.
Unbearbeitet.
Geschenk 1983

Dietzenschmidt

Hieß ursprünglich *Anton Franz Schmid,* führte den Namen Dietzenschmidt zunächst als Künstlernamen, seit 1927 als bürgerlichen Namen und legte Wert darauf, daß der Künstlername ohne Vornamen genannt wurde. Veröffentlichte unter dem Pseudonym Peter Thomas Bundtschuch bzw. Bundtschuh auch Jugendspiele.
21.12.1893, Teplitz-Schönau–17.1.1955, Esslingen am Neckar
Erzähler, Dramatiker; Berlin.
Nach Auskunft des Beauftragten der Erben des Sohns Wendelin Dietzenschmidt, wurden ohne Wissen und gegen den Willen der Erben Einzelstücke vom Nachlaß getrennt.

* *Privatbesitz. Wendelin Dietzenschmidt, Wackerstraße 14, D-W-7800 Freiburg im Breisgau, Bundesrepublik Deutschland.*
Teilnachlaß.

* *Frankfurt am Main, Die Deutsche Bibliothek, Deutsches Exilarchiv 1933-1945*
Nachlaß Gertrud Isolani: Ca. 40 Gedichte von Dietzenschmidt, Briefe von Dietzenschmidt an Gertrud Isolani (1952-1953), biographische Unterlagen zu Dietzen-

schmidt, Zeitungsausschnitte, Theaterzettel.
Signatur: EB 88/120

* *Marbach, DLA*
Sammlung, 1 Karton: Kussmaul, Sp. 98.

Dietzenschmidt. Eine Selbstbiographie aus dem Nachlaß des Dichters mit einer Einführung und Proben aus seinen Dichtungen. Königstein: Königsteiner Institut für Kultur und Geschichte Ostmitteleuropas, Sudentendeutsche Abteilung, 1959.

Dingelstedt, Franz von

30.6.1814, Halsdorf (Hessen)–15.5.1881, Wien
Lyriker, Erzähler, Dramatiker, Intendant an den Hoftheatern von München und Weimar, Direktor der Wiener Hofoper, Leiter des Burgtheaters in Wien.

* *Dresden, Sächsische Landesbibliothek*
Teilnachlaß: Einzeldrucke von Gedichten z.T. korrigiert, Notizen zu Dramenstoffen, Dramen (u. a. *Genoveva, Goethes Götz*), Romane und Romanentwürfe (u. a. *Sieben Jahre, Cagliostro*), Erzählungen, Mitschrift einer Vorlesung von Jacob Sengler, Abschriften von Gedichten und Briefen, angefertigt von Susanne von Dingelstedt. – Ca. 5 000 Briefe an und von Dingelstedt, Katalog der Briefe von R. Göhler. – Dokumente zur Lehrerlaufbahn und zur Tätigkeit als Intendant in Weimar und Wien, Materialien zum Prozeß gegen die Schauspielerin Marie Denker. – Sammlung von Theaterzetteln, Dokumente zur Geschichte des Nachlasses.
Maschinschriftliches Verzeichnis.

* *Wien, WSTLB HS*
Teilnachlaß: 5 Gedichte, einige kleinere Manuskripte, Briefe.

* *Dortmund, Stadt- und Landesbibliothek*
Sammlung: 3 Gedichte, 49 Briefe von Dingelstedt.

Stadt- und Landesbibliothek Dortmund. Autographenkatalog. Bearbeitet von Hedwig Gunnemann unter Mitwirkung von Harro Heinz. Dortmund 1962, S. 78. (= Veröffentlichungen, N.F., Band 1)

* *Marburg, UB Marburg*
Sammlung, 6 Nummern: Manuskript *Der reiche Poet*, Briefe von Dingelstedt.

* *Marbach, DLA*
Sammlung, 1 Karton: Kussmaul, Sp. 99.

Standorte von weiteren Autographen nachgewiesen bei Frels, S. 56-57.

Dirsztay, Victor von

23.6.1884, Budapest–6.11.1935, Wien
Schriftsteller.
Sohn des österreichischen Generalkonsuls in der Türkei Ladislaus D. († 4.6.1921, siehe *Neue Freie Presse*, Abendausgabe, 4.6.1921, S. 1). Der Vater war Präsident der Lemberger-Czernowitzer Eisenbahn, er wurde 1905 in den erblichen Adelsstand erhoben. Er war in erster Ehe mit Gräfin Zichy verheiratet, Victor stammt aus dieser Ehe. Victor D. beging Selbstmord durch Leuchtgas zusammen mit seiner Frau Klara (* 31.1.1889, Lemberg), zuletzt wohnhaft 18., Plenergasse 24/18. Dirsztay dürfte neben Franz Werfel für die Figur des Alfred Engländer in Werfels Roman *Barbara oder Die Frömmigkeit* Modell gestanden sein. Zur Biographie siehe: Die Tragödie eines geistigen Menschen. In: *Die Stunde*, 21.3.1926.

* *Ein Nachlaß ist mit Wahrscheinlichkeit nicht überliefert.*

* *Wien, ÖNB HS*
Nachlaß Fritz Lampl, Ser. n. 19.417, Autogr. 799/9 (1-3): Manuskript *Das Genie* (29 Bl.), 3 Briefe von Dirsztay.

Doblhoff, Joseph von

Pseud. Paul Devloff, Chillonius
25.10.1844, Wien–9.3.1928, Baden bei Wien

Im diplomatischen Dienst, lebte in Salzburg (1885-1899), Lyriker, Erzähler, Dramatiker.

* *Baden, Städtische Sammlungen*
Nachlaß: Umfangreiche Reisetagebücher. – Reiserechnungen. – 2 arabische Handschriften, Landkarten, Photoapparate, zahlreiche Photos (Glasplattennegative, Abzüge, Stereoskopiebilder) und Erinnerungsstücke von seinen Reisen aus der ganzen Welt.
Unbearbeitet.
Maria Ortmayr: Josef Freiherr von Doblhoff. Versuch einer Monographie. Diss. Wien 1950. Nachgelassene Schriften verzeichnet ebda, S. 304-308. Nachlaß im Besitz des Sohns (1950): Briefwechsel Doblhoffs, Zeitungsausschnitte aus österreichischen, deutschen und schweizerischen Blättern, Photos, Bildermappen.

Dobržensky, Maria

26.1.1889, Meran–23.10.1970, Ascona, Schweiz
Gräfin Dobržensky war mit sehr vielen Künstlern und Schriftstellern befreundet.

* *Zámrsk (ČSFR), Státní oblastní archiv v Zámrsku (Staatsarchiv)*
Teilnachlaß: Briefe, u. a. von Ea von Allesch, Karel Čapek, Annette Kolb, Karl Kraus, Arne Laurin, Martha Musil, Robert Musil, Max Reinhardt, Rainer Maria Rilke, Regina Ullmann.

* *Prag, Literární archiv. Památník Národního Písemnictví. (Museum der tschechischen Literatur)*
Briefsammlung: 56 Briefe (1916-1940) an Jiří Vaclav Klima (1874-1948).
Josef Polišenský-Zdeněk Šolle: Literární Okruh Marie Dobrženské a její Styky s českými spisovateli (Der literarische Kreis von Maria Dobržensky und deren Kontakte mit tschechischen Schriftstellern). In: *Studie O Rukopisech* (Praha) 15 (1976), S. 83-98; Vera Sekotová: Prameny k vztahům českých zemí k evropským kulturním osobnostem (R.M. Rilke, K. Kraus, R. Musil, G. Kars). (Quellen zu den Beziehungen der böhmischen Länder zu Kulturpersönlichkeiten Europas.) In: *Sborník* 3 (1975), Státní oblastní archiv Zámrsk, S. 197-210; Jaromír Loužil–Zdeněk Šolle: Aus den Briefen Mary Dobrženskys an Karl Kraus. In: *Kraus Hefte* 1979, H. 10/11, S. 1-2.

* *Marbach, DLA*
Teilnachlaß, 4 Kartons: Briefe von diversen Personen sowie zugehörige Materialien. (Kussmaul, Sp. 99)

* *Privatbesitz. Gräfin Agnese von Dobrzensky-Corlo, Via del Sole 55, CH-6612 Ascona, Schweiz*
Gästebuch des Hauses in Potštejn.

Doderer, Heimito von

5.9.1896, Weidlingau bei Wien–23.12.1966, Wien
Lyriker, Erzähler; Wien.

* *Wien, ÖNB HS (Kopie im Institut für Germanistik der Universität Wien)*
Nachlaß, Ser. n. 14.043-14.356, Autogr. 523/1-535/72: Manuskripte und Briefe, dazu 19 Schreiben von Rudolf Haybach (Autogr. 760/14).
Texte. Noten. Bilder. Neuerwerbungen, Restaurierungen, Konservierungen 1977-1983. Ausstellung der Österreichischen Nationalbibliothek. Prunksaal. 8. Juni-13. Oktober 1984. Wien: Österreichische Nationalbibliothek 1984, S. 80.

* *Wien, WSTLB HS*
Teilnachlaß: Gedichte, 1 Roman, Erzählungen, Dissertation, Tagebuch (1934). – Ca. 20 Briefe an Doderer.
Vorgeordnet.
Kauf 1988 und 1989

** Marbach, DLA*
Stiftung Philipp Hausser: Briefe von Heimito und Marie von Doderer an Philipp Hausser sowie Doderer betreffende Korrespondenz.

** Wien, Österreichische Gesellschaft für Literatur*
Doubletten aus der Bibliothek Doderers.

Wendelin Schmidt-Dengler: Zum Nachlaß Heimito von Doderers. In: *Literatur und Kritik* 4 (1969), S. 177-180; ders.: On the posthumous papers of Heimito von Doderer. In: *Books Abroad* 42 (1968), S. 368-371; Laurenz Strebl: Der Doderer-Nachlaß in der Österreichischen Nationalbibliothek. In: *Biblos* 21 (1972), S. 17-25; *Heimito von Doderer. Albert Paris Gütersloh. Briefwechsel 1928-1962.* Hrsg. von Reinhold Treml. München: Biederstein Verlag 1986; Heimito von Doderer: *Die sibirische Klarheit. Texte aus der Gefangenschaft.* Hrsg. von Wendelin Schmidt-Dengler und Martin Loew-Cadonna. München: Biederstein Verlag 1991.

Dörmann, Felix

Pseud. für Felix Biedermann
29.5.1870, Wien–26.10.1928, ebda
Lyriker, Erzähler, Dramatiker und Librettist; Wien.

** Wien, WSTLB HS*
Teilnachlaß, 3 Kartons: Entwürfe und Skizzen, Erzählungen, Libretti von Operetten, Lustspiele, Romane. – Nachrufe.
Kauf 1984
Helmut Schneider: *Felix Dörmann. Eine Monographie.* Wien: VWGÖ-Verlag 1991 (= Dissertationen der Universität Wien). Zum Nachlaß, S. 378-384.

Domanig, Karl

3.4.1851, Sterzing (Tir.)–9.12.1913, St. Michael bei Bozen
Schriftsteller, Numismatiker; Kustos und Vorstand des Münz- und Antikenkabinettes des Kunsthistorischen Museums in Wien.

** Wien, KHM, Sammlung von Münzen, Medaillen und Geldzeichen*
Teilnachlaß, 2 Kartons: Notizen, kunsthistorische, numismatische und heraldische Abhandlungen, Besprechungen, Fundberichte. – Ca. 50 Briefe an Domanig. – Materialien zu Peter Flötner und Hans Daucher, Nachrufe.
Maschinschriftliches Verzeichnis.

Dombrowski, Ernst von

12.9.1896, Emmersdorf (N.Ö.)–14.6.1985, Siegsdorf (O.Ö.)
Holzschneider, Maler; Professor an der Akademie für Angewandte Kunst in München.

** Graz, Stadtmuseum*
Nachlaß: Ca. 900 Zeichnungen, Holzschnitte und Holzplatten, Radierungen, Offsetdrucke, von Dombrowski illustrierte Bildbände.
Maschinschriftliches Verzeichnis.
Geschenk 1978
Herta Neunteufl: Dombrowski zum Gedenken. In: *Lot und Waage* (Graz), 32 (1985), H. 3, S. 12-13.

Donath, Gustav

2.9.1878, Leoben (Stmk.)–3.1.1965, Wien
Musikwissenschaftler, Bibliothekar, Lyriker.

** Wien, ÖNB HS*
Teilnachlaß, Ser. n. 14.463-14.465, Autogr. 545/1-546/81: Manuskripte und Briefe, u. a. von Ludwig Klages.

** Wien, ÖNB MS*
Weiterer Nachlaßteil, darunter Partituren.

Doninger, Emmerich

22.9.1914, St. Florian im Innkreis (O.Ö.)–10.3.1964, Linz
Zisterzienserpater, Maler und Mundartdichter, Gymnasiallehrer; Wilhering.

* *Wilhering, Zisterzienserstift, Bibliothek*
Nachlaß, 1 Meter: Gedichte, meist in oberösterreichischer Mundart, Gemälde und Graphiken. – Lebensdokumente.
Verzeichnung: Helene Mitterkalkgruber, Leben, Werk und Mundart des oberösterreichischen Dichters Prof. P. Emmerich Doninger. Wien, Phil. Diss. 1966, S. 182-265. – Künstlerischer Nachlaß unbearbeitet.
Testamentarische Verfügung

Dopf, Carl

1.11.1883, Desselbrunn (O.Ö.)–16.11.1968, ebda
Publizist, Schriftsteller; Oberösterreich, Hamburg.

* *Linz, Universität, Ludwig Boltzmann-Institut für Geschichte der Arbeiterbewegung*
Nachlaß, 25 Meter: 8 Werkmanuskripte (autobiographische Aufzeichnungen, Tagebücher, kulturhistorische Abhandlungen). – Ca. 100 Briefe, u. a. von Rudolf Grossmann, Karl F. Kocmata, Gustav Landauer, Erich Mühsam und Otto Rühle, Korrespondenzen mit sozialdemokratischen Partei- und Gewerkschaftsfunktionären, deutschen und österreichischen Anarchisten und Syndikalisten; ca. 200 Briefe von Dopf. – Lebensläufe, Notizbücher, Materialien über die öffentliche Wirksamkeit. – Sammlung von Flugblättern politischen und religiösen Inhalts aus Hamburg, Wien, Köln, Linz und Graz (1913-1945). – Teil der Bibliothek.
Verzeichnung: Zettelkatalog.
Geschenk 1969

Drasenovich, Adalbert von

20.2.1868, Zagreb–27.1.1936, Graz
Lyriker, Jagdschriftsteller, Jurist; Präsident der Finanzprokuratur in Graz.

* *Graz, Steiermärkische Landesbibliothek*
Teilnachlaß, 6 Inventarnummern: Mundartgedichte, Erzählungen. – Einzelne Briefe, Werkverzeichnis.
Vorgeordnet.

Drexel, Joseph E.

6.6.1896, München–1976

* *Innsbruck, Universität, Forschungsinstitut „Brenner-Archiv“*
Teilnachlaß, 1 Karton: Briefe an Drexel von Ludwig und Heinrich von Ficker, Durchschläge der Briefe von Drexel an Ludwig und Heinrich von Ficker. – Nachrufe auf Ludwig von Ficker, Photos.
Vorgeordnet.
Geschenk 1982

Dubsky, Franz Graf

13.9.1883, Zdißlawitz (Mähren)–15.9.1965, Wien
Großneffe von M. Ebner von Eschenbach, Legationssekretär in Wien, Dramatiker.

* *Brno, Státní oblastní archiv v Brně (Brünn, Staatsarchiv)*
Ein Teil des Nachlasses bis zum Jahr 1945 findet sich im Familien- bzw. Herrschaftsarchiv im Staatsarchiv in Brünn. Dieser Nachlaß ist nicht geordnet worden, sondern weist jene Ordnung auf, die er bei der Übernahme hatte.
Nachlaßbeschreibung in: *Státní archiv v Brně*, Průvodce Po Archivních Fondech, Svazek 3, S. 263-265.

Duller, Eduard

8.11.1809, Wien–24.7.1853, Wiesbaden
Lyriker, Erzähler, Dramatiker, Zeitschriftenherausgeber.

* *Dortmund, Stadt- und Landesbibliothek*
Sammlung: 3 Gedichte, 40 Briefe von Duller.
Stadt- und Landesbibliothek Dortmund. Autographenkatalog. Bearbeitet von Hedwig Gunnemann unter Mitwirkung von Harro Heim. Dortmund 1962, S. 87. (= Veröffentlichungen, N.F., Band 1)

Standorte von Autographen nachgewiesen bei Frels, S. 59.

Ebersberg, Joseph Siegmund

22.3.1799, Steinbrunn (N.Ö.)–27.10.1854, Wien
Erzieher, Publizist, Jugendschriftsteller in Wien.

* *Wien, WSTLB HS*
Kleine Sammlung: Zwei Gedichte, zwei Verlagsverträge.

* *Wien, ÖNB HS*
6 Briefe von Ebersberg und 2 Briefe an Ebersberg.
Elfriede Waas: Joseph Siegmund Ebersberg. Beiträge zu einer Monographie. Diss. Wien 1951. Angaben zu Briefen von Ebersberg, S. 271-273.

Ebner, Ferdinand

31.1.1882, Wiener Neustadt–17.10.1931, Gablitz (N.Ö.)
Lehrer, Philosoph; Wiener Neustadt, Waldegg, Gablitz.

* *Innsbruck, Universität, Forschungsinstitut „Brenner-Archiv"*
Teilnachlaß, ca. 2 600 Inventarnummern: Ca. 440 Werkmanuskripte (Entwürfe, Aphorismen, Gedichte, Essays, philosophische Abhandlungen, Dramen, Tagebücher 1902-1931). – Ca. 2 000 Briefe, u. a. von Eduard Bauer, Josef Matthias Hauer, Hildegard Jone, Luise Karpischek, Familienkorrespondenzen, Briefe von Ebner an Luise Karpischek. – Testament, Rechnungen, Photos, Bücherverzeichnis. – Druckbelege, Zeitungsausschnitte, Konzertprogramme. – Gedichte von Hildegard Jone. – Kryptonachlässe von Josef Matthias Hauer, Hildegard Jone und Josef Räuscher, siehe dort.
Verzeichnung: Inventar, Zettelkatalog.
Erwerbung 1969 und 1987

Ebner, Jeannie

Geb. 17.11.1918, Sydney (Australien)
Lyrikerin, Erzählerin; Wien.

* *Wien, WSTLB HS*
Teilnachlaß, 2 Kartons: Manuskripte, u. a. *Papierschiffchen treiben.* – Briefe, u. a. von Ilse Aichinger, Thomas Bernhard, Christine Busta, Franz Theodor Csokor, Herbert Eisenreich, Marlen Haushofer, Christine Lavant, Gerhard Lampersberg, Michael Scharang und Hans Weigel, Korrespondenzen aus der Redaktion der Zeitschrift *Literatur und Kritik.* – Manuskripte anderer Autoren. – Teil der Bibliothek.
Geschenk seit 1989

Ebner von Eschenbach, Marie

13.9.1830, Schloß Zdißlawitz bei Ungarisch-Hradisch (Mähren)–12.3.1916, Wien
Erzählerin und Dramatikerin.

* *Wien, WSTLB HS*
Nachlaß, ca. 4 900 Inventarnummern und 1/2 Karton: Ca. [illegible] 000 inventarisierte und einzelne vorgeordnete Werkmanuskripte (Notizen, Entwürfe, Druckfahnen, Gedichte, Aphorismen, Erzählungen, Schauspiele, Erinnerungen und Tagebücher). – Ca. 5 000 Briefe, u. a. von Franz Alt, Anton

Bettelheim, C. Viktor Bjoerkmann, Oskar Blumenthal, Friedrich Duesel, Max Leopold Ehrenreich, Emilie Exner, Sigmund Exner, Adolf Glaser, Louise von François, Karl Emil Franzos, Flora Galling, Friedrich Halm, Enrica von Handel-Mazzetti, Paul Heyse, Renata Berta Hofmann, Rudolf von Ihering, Eduard Ille, Marie Ille-Beeg, Marie Kittl, Marie Kotzian, Adolf Kröner, Hermann Anders Krüger, Karl Graf Lanckoroński, Ludwig Lobmeyr, Fritz Mauthner, Ludwig Michalek, Maria Müller, Marie von Najmájer, Emilie Nebel, Moritz Necker, Faust Pachler, Walpurga Gräfin Plaz, Mathilde Rechwitz, Flora Reisinger, Ellen Rennit, Harald Rennit, Julius von Rodenberg, Justina Rodenberg, August Sauer, Louise Schoenfeld-Neumann, Klotilde von Schwartzkoppen, Helene Stoekl, Mathilde Gräfin Stubenberg, Anna Versing-Hauptmann, Alexander von Weilen, George Westermann, Albrecht Graf Wickenburg, Karl Wiene, Auguste Wilbrandt-Baudius, Raffaele Zaccagnini, Familienkorrespondenzen, Briefe von Verlagen, u. a. von Cotta, Bloch und Paetel, Redaktionskorrespondenzen; ca. 400 Briefe von Marie Ebner von Eschenbach, u. a. an Eduard Devrient, Heinrich Landesmann, Natalie von Milde, Marie von Najmájer, Ferdinand von Saar, Josef Weil von Weilen und Auguste Wilbrandt-Baudius. – Ehrungen, Glückwünsche, Verlagsverträge, Kassabücher, Inventar ihrer Uhrensammlung, Absatzberichte und Tantiemenabrechnungen verschiedener Verlage. – Zahlreiche Manuskripte anderer Autoren, Stammbuch, Listen der Materialien zu Ebner von Eschenbach in den Staatsarchiven Brno und Opava, Briefe von Viktor Dubsky und Materialien zum Nachlaß.
Maschinschriftliches Verzeichnis, Zettelkatalog. – Teilweise unbearbeitet.
Kauf 1930

* *Brno (ČSFR), Státní oblastní archiv v Brně (Staatsarchiv)*
Familienarchiv: In diesem Bestand finden sich u. a. 33 gebundene Tagebuchhefte: Tagebuch 1863 bis 1865 Ende; Merkbuch für 1865, nur teilweise ausgefüllt; Merkbücher für die Jahre: 1866, 1867, 1869, 1871, 1872, 1873, 1874, 1875, 1876, 1877, 1878, 1880, 1881, 1882, 1883, 1884, 1885, 1886 (2 Stück, eines kaum benützt), 1887, 1889, 1890, 1891, 1893, 1896, 1897, 1898, 1899, 1902, 1903, 1905, 1908, 1909). Ein Notizbuch [1887]. Diese Sammlung enthält auch Briefe, die 1968 noch nicht katalogisiert waren.
Jiří Veselý: Tagebücher legen Zeugnis ab. Unbekannte Tagebücher der Marie Ebner von Eschenbach. In: *Österreich in Geschichte und Literatur* 15 (1971), S. 211-241.
Verzeichnis des Familienarchivs in: *Státní archiv v Brně*, Průvodce Po Archivních Fondech, Svazek 3.

* *Opava (ČSFR), Státní oblastní archiv v Opavě (Troppau, Staatsarchiv)*
Material aus dem ehemaligen Harrach-Schloß zu Janovice bei Rýmařov: Die Marie Ebner von Eschenbach betreffenden Papiere sind hauptsächlich Briefe, darunter Briefe an den Bruder Viktor (1857-1915) und an die Schwester Julie (1873-1914). In diesem Besitz finden sich dazu auch Unterlagen von Moritz von Ebner-Eschenbach, darunter das Manuskript seiner *Erinnerungen.*
Inventar: *Velkostatek Zadlovice,* 1692-1946.
Standorte von weiteren Autographen nachgewiesen bei Frels, S. 61.
Marie von Ebner-Eschenbach: *Tagebücher I 1862-1869.* Kritisch herausgegeben und kommentiert von Karl Konrad Polheim unter Mitwirkung von Rainer Baasner. Tübingen: Max Niemeyer Verlag 1989 (= Kritische Texte und Deutun-

gen). Zur Edition, S. XIV-XVII.

Eckardt, Ludwig

16.5.1827, Wien–1.2.1871, Tetschen (Böhmen)
Publizist, Erzähler, Bibliothekar; Wien, Präsident des literarischen Verbandes in Bern.

* *Wien, WSTLB HS*
Teilnachlaß, ca. 1 100 Inventarnummern: Werkmanuskripte (Gedichte, Erzählungen, kunsthistorische und literarhistorische Abhandlungen). – Ca. 950 Briefe, u. a. von Ignaz Paul Troxler, Richard Wehn, Familienkorrespondenzen und einzelne Briefe Eckardts. – Personaldokumente, Doktordiplom, Ehrungen, Verlagsverträge. – Manuskripte anderer Autoren.
Verzeichnung: Zettelkatalog.
Geschenk 1905

Eckstein, Friedrich

17.2.1861, Perchtoldsdorf (N.Ö.)–10.11.1939, Wien
Schriftsteller, Chemiker.

* *Wien, ÖNB HS*
Teilnachlaß, Ser. n. 28.072-28.116 + 10 Beilagen: Essays, Manuskripte, Typoskripte, Exzerpte.
Geschenk 1985

Eckstein-Diener, Bertha Helene

Pseud. Sir Galahad, Helen Diner
18.3.1874, Wien–20.2.1948, Genf
Schriftstellerin in Wien, emigrierte 1938 in die Schweiz.

* *Wien, ÖNB HS*
Sammlung, Ser. n. 28.220-224 + 3 Beilagen: Typoskripte, Materialien über Eckstein-Diener, Photos, Briefe an den Sohn Roger Diener.
Erworben 1985
Sibylle Mulot-Déri: *Sir Galahad. Porträt einer Verschollenen*. Frankfurt am Main: Fischer Taschenbuch Verlag 1987.

Edler, Karl Erdmann

8.5.1844, Poděbrady (Böhmen)–25.1.1931, Wien
Lehrer, Erzähler; Wien.

* *Wien, WSTLB HS*
Nachlaß, ca. 1 100 Inventarnummern und 2 Kartons: Entwürfe, Gedichte. – Ca. 540 inventarisierte und zahlreiche unbearbeitete Briefe, u. a. von Anna Amadei, Paula von Coudenhove, Marie Ebner von Eschenbach, Constantin Prinz Hohenlohe, Konrad Prinz Hohenlohe, Marie Fürstin zu Hohenlohe und Constantin Graf Nigra. – Personaldokumente, Diplome.
Maschinschriftliches Verzeichnis, Zettelkatalog. – Teilweise unbearbeitet.
Kauf 1931 bis 1934

Edling, Anselm von

Pseud. A.E.
13.12.1741, Maria Saal (Ktn.)–11.4.1794, Göss (Stmk.)
Abt des Benediktinerklosters St. Paul in Kärnten, Pfarrer in Klagenfurt, Epiker, Prosaist.

* *Klagenfurt, Kärntner Landesarchiv*
2 Manuskripte: *Tagsatzung im Olymp ausgeschrieben in puncto labefactata Aeneidis contra Blumauer* (1784); *Die Feyerlichkeiten am Namenstag seiner königlichen Hochheit der durchläuchtigten Erzherzoginn Maria Anna in 2 Aufzügen. Eine komische Oper* (1783).
Signatur: Geschichtsverein-Handschriften 6/42 und 6/48.

Eggert-Grimm, Vera

10.9.1907, Hall (Tir.)–12.11.1986, Innsbruck
Schriftstellerin; Wien.

* *Wien, Dokumentationsstelle für neuere*

österreichische Literatur
Teilnachlaß: 52 Hefte Tagebücher (1936-1968).
Vorgeordnet.
Geschenk 1987

Ehrenstein, Albert

23.12.1886, Wien–7.4.1950, New York
Lyriker, Erzähler, Übersetzer, Essayist.

* *Jerusalem, The Jewish National and University Library, Department of Manuscripts and Archives*
Nachlaß, 23 Mappen: Gedichte, Erzählungen, literaturkritische und politische Aufsätze, Übersetzungen, Autobiographie bis 1919, Tagebücher (1905-1912), Notizkalender. – Briefe, u. a. von M.Y. Ben-Gavriël, Walter Hasenclever, Oskar Kokoschka, Karl Kraus, Thomas Mann, Rahel Sanzara, Arthur Schnitzler, Erwin von Zach, Briefe von Ehrenstein. – Reisepässe, Lebenslauf, Redaktionsausweis des *Prager Tagblatts,* Photos. – Familiendokumente, Druckbelege, Bücher und Zeitschriften, Manuskripte von Grete Weil.
Maschinschriftliches Verzeichnis.
1957 von seinem Bruder Carl übergeben.
Signatur: Ms.Var. 305
M.Y. Ben-Gavriël: Briefe aus dem Nachlaß Albert Ehrensteins. In: *Neue Zürcher Zeitung,* 12.4.1958, Bl. 15.

* *Dortmund, Stadt- und Landesbibliothek*
Teilnachlaß Zech: 19 Briefe von Ehrenstein an Paul Zech.

Weitere kleinere Sammlungen finden sich in diversen Archiven in den U.S.A. Siehe Guide, 1978.
Albert Ehrenstein: *Werke.* Hrsg. v. Hanni Mittelmann. Band 1. *Briefe.* München: Boer Verlag 1988. Im Vorwort (S. 7-10) erwähnt die Herausgeberin mehr als 350 an Ehrenstein gerichtete Karten, Telegramme und Briefe von über 80 Schriftstellern, Malern und Schauspielern, sowie an die 450 Briefe und Karten, die Ehrenstein in den Jahren 1899 bis 1950 an seine Eltern und Geschwister geschrieben hat. Ihre Nachforschungen in Archiven, Bibliotheken und Privatsammlungen in Deutschland, Österreich und den U.S.A. brachten weitere 500 Briefe und Karten Ehrensteins zu Tage. Im Anhang: Verzeichnis der Briefempfänger sowie „Überblick über den Gesamtbestand der Korrespondenz Albert Ehrensteins und Auflösung der Bibliothekssiglen".

Ehrenstein, Carl

9.9.1892, Wien–10.1.1971, Whitstable, Kent, England
Lektor, Schriftsteller.

* *Jerusalem, The Jewish National and University Library, Department of Manuscripts and Archives*
Nachlaß, 35 Kartons: Gedichte, Erzählungen, Aufsätze, Theaterkritiken, Notizbücher, Schreibhefte. – Briefe, u. a. von Albert Ehrenstein, Walther Rathenau, Hermann George Scheffauer, Thomas Schramek, Otto Soyka, Ludwig Winder, Hermynia Zur Mühlen, Familienkorrespondenz, Verlagskorrespondenz (Ernst Rowohlt Verlag, S. Fischer Verlag, Ed. Strache Verlag, Gustav Kiepenheuer Verlag, Georg Müller Verlag, Kurt Wolff Verlag). – Lebensdokumente, Personalausweise, Schulzeugnisse, Militärpapiere, ärztliche Zeugnisse, Photos von Carl und Albert Ehrenstein und Familienphotos, Verlagsverträge mit dem Kurt Wolff Verlag.
Maschinschriftliches Verzeichnis.
Signatur: Ms.Var. 430

Eichert, Franz

Pseud. Miles
11.2.1857, Schneeberg bei Tetschen (Böhmen)–6.7.1926, Breitenfurt bei Wien
Eisenbahnangesteller, Publizist, Lyriker; Wien, Herausgeber des *Gral.*

** Wien, WSTLB HS*
Teilnachlaß, 2 Inventarnummern und 1/2 Karton: Entwürfe, Gedichte, Abhandlungen. – Rezensionen und Beiträge über Eichert.
Maschinschriftliches Verzeichnis. – Teilweise unbearbeitet.

Eichler, Ferdinand

18.10.1863, Schallan (Böhmen)–14.4.1945, Knittelfeld (Stmk.)
Germanist, Bibliothekar; Dozent für Bibliothekswissenschaften und Direktor der Universitätsbibliothek Graz (1919-1924).

** Graz, UB, Abteilung für Sondersammlungen*
Nachlaß, 8 Meter: Mitschriften von Vorlesungen Wilhelm Scherers, Exzerpte, Notizen, Vorlesungen und Abhandlungen zur Bibliotheksgeschichte und Bibliothekswissenschaft. – Einzelne Briefe. – Manuskripte anderer Autoren, Zeitungsausschnitte, Sonderdrucke, Handexemplare seiner Publikationen, zahlreiche Photos von Bibliotheken.
Unbearbeitet.

Eichthal, Rudolf von

Pseud. für Rudolf Pfersmann von Eichthal
18.3.1877, Mährisch-Trübau–17.8.1974, Wien
Erzähler.
Die Rechte für die Werke Eichthals liegen beim Verlag Kremayr & Scheriau. Kontaktperson: Rechtsanwalt Dr. Hans Pfersmann, Wien.

** Wien, ÖNB HS*
Nachlaß, Ser. n. 22.803-23.666: Tagebücher, Briefe.
Testamentarische Verfügung

Eigner, August

10.4.1884, Wien–27.9.1950, ebda
Lehrer, Lyriker, Theaterhistoriker; Hauptschuldirektor in Wien.

** Wien, WSTLB HS*
Sammlung Karl Keck, ca. 50 Inventarnummern: Briefe, u. a. von Johanna Dirnböck-Schulz. – Notizblätter von Karl Keck, einzelne Briefe an und von Karl Keck, Protokoll der Dirnböck-Schulz-Gesellschaft.
Verzeichnung: Zettelkatalog.
Geschenk 1952

Einem, Gottfried von

Geb. 24.1.1918, Bern
Komponist.

** Wien, Gesellschaft der Musikfreunde, Archiv*
Nachlaß: Zahlreiche autographe Kompositionen, Korrekturfahnen und korrigierte Handexemplare. – Zahlreiche Briefe, u. a. von Helene Berg, Karl Böhm, Bertolt Brecht, Werner Egk, Heimo Erbse, Ferenc Fricsay, Wilhelm Furtwängler, Alexander Lernet-Holenia, Igor Markevitch, Peter Mieg, Carl Orff, Eugene Ormandy, Georg Solti, George Szell, Fritz Wotruba und Carl Zuckmayer. – Zahlreiche Konzertprogramme und Kritiken von Aufführungen eigener Werke.
Teilweise vorgeordnet.
Geschenk 1988

Eisenreich, Herbert

7.2.1925, Linz–6.5.1986, Wien
Schriftsteller, Erzähler, Essayist.

** Privatbesitz. Christine Fritsch, Schulerstraße 1/58, A-1010 Wien*
Nachlaß: Notizen, Entwürfe, Skizzen und Fragmente, Gedichte, Essays, Dialoge, Artikel, Aphorismen, Erzählungen, Romane, Manuskripte für Sachbücher. – Zahlreiche Briefe, darunter Familienkorresponden-

zen, Korrespondenzen mit Schriftstellern, Verlagen, Zeitungs-, Zeitschriften- und Rundfunkredaktionen sowie mit Ämtern und Behörden, Leserbriefe. – Personaldokumente, Zeugnisse, Ausweise, Ehrungen, Dokumente über Vermögens- und Steuerangelegenheiten, Verlagsverträge und Verlagsabrechnungen, Prozeßakten. – Sammlung von Rezensionen seiner Bücher, Druckbelege, Bücher und Zeitschriften, Erinnerungsstücke. – Teil der Bibliothek.
Nachgelassene Werke und Texte erschienen im Stieglitz Verlag, E. Händle, A-8952 Irdning, Stmk.

** Wien, ÖNB HS*
Sammlung: 9 Manuskripte.

Elbogen, Paul

11.11.1894, Wien–10.6.1987, Kanada (Unfall)
Nachruf: *Aufbau* (New York), Nr. 14, 3.7.1987.
Erzähler, Essayist, Wien. Lebte zuletzt in Hollywood.

** Davis (California), University of California, Shields Library, Department of Special Collections*
Nachlaß.
Spalek, Kalifornien, S. 164-165; Guide, 1978, S. 238-239.

** Wien, WSTLB HS*
Teilnachlaß: Ca. 90 Briefe, u. a. von Theodor Kramer.
Geschenk 1973

Ellert, Gerhart

Pseud. für Gertrud Schmirger
26.1.1900, Wolfsberg (Ktn.)–7.5.1975, ebda
Landwirtin, Erzählerin; Wolfsberg, Brünn, Wien.
Kontaktperson: Hartwig Pucker, Ausstellungsbüro St. Paul i.L., Tel. 04357/2019, DW 22.

** St. Paul im Lavanttal, Benediktinerstift, Gedenkraum*
Nachlaß, ca. 4 Meter: Schulhefte mit Gedichten und Zeichnungen der Kinder- und Jugendzeit (1913-1922), Sprachübungen in Arabisch und Griechisch, Notizen, Entwürfe und Materialsammlungen zu den historischen Romanen, Erzählungen, Novellen, historische Romane, Dramen, Zeichnungen, Aquarelle und Ölbilder. – 11 Ordner Verlagskorrespondenzen (1933-1970), u. a. von den Verlagen Arena, Verlag Das Bergland-Buch, Carinthia, Bernhard Franck, Hesse & Becker, Kremayr & Scheriau, Lübbe, Paul Neff Verlag, Österreichischer Bundesverlag, F. Speidel und Carl Ueberreuter; Durchschläge der Briefe von Ellert, Schulzeugnisse, Reisepaß, Mitgliedsausweise, Ehrungen, Verlagsabrechnungen, Porträtphotos, Photoalben und Materialien zu ihren Reisen, Parte, Kondolenzen. – Familiendokumente, Theaterprogramme, Rezensionen ihrer Bücher (1938-1971), Manuskripte von Anna Lukesch und Erika Lieleg, Erinnerungsgegenstände, Exemplare ihrer Bücher.
Testamentarische Verfügung
Ingeborg U. Rauber-Zimmer: Auf endlosen Straßen–Erinnerung an Gerhart Ellert. In: *Die Brücke. Kärntner Kulturzeitschrift* 6 (1980), H. 11, S. 167-174.

Elmar, Karl

Pseud. für Karl Swiedack
22.5.1815, Wien–2.8.1888, ebda
Soldat, Schauspieler, Publizist, Bühnenschriftsteller; Wien.

** Wien, WSTLB HS*
Teilnachlaß, ca. 50 Inventarnummern: Ca. 40 Werkmanuskripte (Gedichte, Couplets, Volksstücke). – Einzelne Briefe.
Verzeichnung: Zettelkatalog.
Kauf 1917

Eltz, Gustav

2.5.1867, Wien–14.3.1922, ebda
Offizier; Wien.

* *Wien, Dokumentationsstelle für neuere österreichische Literatur*
Teilnachlaß, 1 Mappe: Gedichte, Erzählungen, Kriegstagebuch (1914-1918). Maschinschriftliches Verzeichnis.
Geschenk 1977

Elvert, Christian d'

11.4.1830, Brünn–28.1.1896, ebda
Kulturhistoriker, Beamter, Bürgermeister von Brünn.

* *Brno, Archiv města Brna (Stadtarchiv)*
Nachlaß, 2 Bände und 8 Kartons: *Chronik der k. Hauptstadt Brünn seit den letzten hundert Jahren, Privilegien der Stadt Brünn.* Zur Zeit der Aufnahme war das in den Kartons verwahrte Material wegen Übersiedlung unzugänglich.
Wilhelm Schram: Die Archivalien-Sammlung des Hofrathes Christian Ritter d'Elvert. In: *Mitteilungen der 3. [Archiv-] Sektion der k.k. Zentral-Kommission zur Erforschung und Erhaltung der kunst- und historischen Denkmale,* Band 4. Wien [1899], S. 197-202.

Enk von der Burg, Carl Maria

1.1.1808, Salzburg–21.10.1885, ebda
Lehrer, Gymnasiallehrer in Vinkovci und Iglau, Landesschulinspektor von Niederösterreich in Wien.

* *Salzburg, Museum Carolino Augusteum, Bibliothek*
Teilnachlaß, 2 Kartons: Erinnerungen (seit 1846), Abhandlungen zu Schulproblemen und zur Schulreform, Reisetagebücher. – Amtliche Korrespondenzen mit zahlreichen Briefentwürfen von Enk. – Dokumente zur Berufslaufbahn, Ehrungen. – Familiendokumente.
Vorgeordnet.
Geschenk 1885 und 1888

Enk von der Burg, Michael

29.1.1788, Wien–11.6.1843, Melk (N.Ö.)
Pater des Benediktinerordens, Gymnasiallehrer.
Der Nachlaß wurde laut Frels, S. 65 vernichtet.

* *Wien, ÖNB HS*
Kryptonachlaß im Nachlaß von Friedrich Halm, Ser. n. 430-434: Frels, S. 65 sowie einzelne Briefe an ihn.

Standorte von weiteren Autographen nachgewiesen bei Frels, S. 65.

Enzinger, Moriz

30.12.1891, Steyr (O.Ö.)–4.10.1975, Wien
Literarhistoriker, Professor an den Universitäten Innsbruck und Wien.

* *Linz, Adalbert-Stifter-Institut*
Teilnachlaß, 8 Kartons: Vortragsnotizen, Kommentar zur Edition der Briefe an Friedrich Hebbel, Album mit Scherenschnitten (1924-1931). – Ca. 200 Briefe (1945-1975), u. a. von Gustav Wilhelm und Institutskorrespondenzen. – Dokumente zur Beamtenlaufbahn (u. a. zur Pensionierung 1946 und Briefe und Dokumente zur „Enthebung“ 1947-1975), Ehrungen, Glückwünsche, Dokumente zur Habilitation von Adalbert Schmidt. – Zeitungsausschnitte, Manuskripte von Gustav Wilhelm, Rezensionen zu Veröffentlichungen Enzingers über Stifter (1951-1971).
Vorgeordnet – Teilweise gesperrt.
Geschenk

Ermers, Max

11.2.1881, Wien–2.10.1950, ebda
Früherer Name Rosenthal, Schriftsteller, Journalist, Bruder von Ernst Peter Tal. War von

1919 bis 1923 Leiter des Siedlungsamtes der Stadt Wien, Kunstkritiker, außenpolitischer Leitartikler bei *Der Wiener Tag,* Herausgeber von Wochenblättern wie *Neue Erde* und *Wiener Zeit,* Leiter der Verlagsgenossenschaft *Neue Erde.* Verließ Wien 1939, emigrierte nach England, kehrte als kranker Mann im Juli 1948 wieder nach Wien zurück.

* *Nachlaß verschollen*

* *Privatbesitz. Frau Eva Jarl, Ludwig Höfler-Gasse 37, A-2340 Mödling (Inhaberin der Urheberrechte)*
Angelegte Sammlung: Bücher von Ermers.
Max Ermers wieder in Wien. In: *Neues Österreich,* 10.7.1948, S. 3; Max Ermers plötzlich gestorben. In: *Wiener Zeitung,* 3.10.1950, S. 5; Max Ermers plötzlich gestorben. In: *Neues Österreich,* 3.10.1950, S. 2; *Das Jahrbuch der Wiener Gesellschaft.* Wien: Verlag Franz Planer 1929, S.140.

Ertl, Emil

11.3.1860, Wien–8.5.1935, Graz
Bibliotheksdirektor an der Bibliothek der Technischen Hochschule in Graz, Erzähler.

* *Wien, Bezirksmuseum Neubau*
Teilnachlaß, 0.5 m: Einzelne Manuskripte (Notizen und Entwürfe zum *Antlaßstein,* Vortrag über künstlerische Geschmacksbildung, Manuskriptblätter und Fragmente). – Lebenslauf, Werkverzeichnis, Ehrenbürgerurkunde der Stadt Wien, Stammbaum der Familie Ertl, Erinnerungsgegenstände, Photos. – Sammlung von Rezensionen der Werke Ertls, Würdigungen und Nachrufe, Handexemplar von *Das befreiende Lachen,* Bühnenmanuskripte.
Depot 1986

Ertler, Bruno

29.1.1889, Pernitz (N.Ö.)–10.12.1927, Graz
Redakteur in Graz, Beamter, Lyriker, Erzähler, Dramatiker.

* *Graz, Steiermärkische Landesbibliothek*
Nachlaß, 26 Kartons: Zahlreiche Werkmanuskripte (Gedichte, Novellen, Autobiographie, Dramen, Puppenspiele, 12 Bände Tagebücher). – Briefe, u. a. von Wilhelm Gösser, Itzi Henike, Switbert Lobisser, Martha Runk, Durchschläge der Briefe von Ertler an Switbert Lobisser, Hans von Reininghaus. – Zeugnisse, Personaldokumente, Werkverzeichnis, Verlagsverträge, Kondolenzen, Testament. – 5 Kartons Photos, Sammlung von Kritiken eigener Werke, Theaterzettel von Aufführungen eigener Dramen, Briefe an Josefine Haus-Ertler, u. a. von Grete Körber, Korrespondenzen zur Verwaltung des Nachlasses, geführt von Josefine Haus-Ertler, Skizzenbuch von August Haus.
Maschinschriftliches Verzeichnis.
Testamentarische Verfügung 1943 und späteres Geschenk

* *Graz, Stadtmuseum*
Teilnachlaß: Zahlreiche Werkmanuskripte. – Briefe, u. a. von Max Mell, Switbert Lobisser. – Doktordiplom. – Familienphotos, Familiendokumente, betreffend Anton Haus und Emil Haus, Skizzenbücher und einzelne Briefe von August und Anton Haus, Druckbelege, Bibliothek, Sammlung von Bildern und Kunstgegenständen.
Maschinschriftliches Verzeichnis.
Geschenk 1953
Bruno Ertler: *Dramatische Werke.* Hrsg. Prof. Dr. Emil Nack. Unter der freundlichen Mithilfe von Frau Fini Haus-Ertler, der treuen Hüterin des literarischen Nachlasses ihres Bruders. Wien: Europäischer Verlag 1957, S. 372-374. „Verzeichnis der

Handschriften in der Steiermärkischen Landesbibliothek in Graz“, S. 372-374.
Zu diesem Zeitpunkt waren wohl Nachlaßteile (z.B. Tagebücher) im Besitz der Schwester, Josefine Haus-Ertler.

Essigmann, Alois

4.5.1878, Wien–3.3.1937, ebda
Erzähler und Essayist.

* *Wien, ÖNB HS*
Teilnachlaß, Ser. n. 32.006-32.134 und Autogr. 1202-1204: Manuskripte und Briefe.
Kauf 1989

Ettel, Konrad

17.1.1847, Neuhof bei Sternberg (Mähren)–21.3.1924, Wien
Beamter des Verkehrsinstituts in Wien, Lyriker, Erzähler, Dramatiker.

* *Wien, ÖNB HS*
Teilnachlaß, Ser. n. 15.418-15.493, 22.783, Autogr. 669/20-23: 56 gebundene und ca. 20 ungebundene Manuskripte (Schauspiele, Lustspiele, Gedichte [1884-1911], Tragödie). – 4 Briefe von Ettel, 3 Briefe an Ettel.

Exl-Bühne

Innsbrucker Theatergesellschaft, als „Exl's I. Tiroler Bauerntheater“ 1902 von Ferdinand Exl gegründet, aufgelöst 1956.

* *Innsbruck, Universität, Forschungsinstitut „Brenner-Archiv“*
Archiv, ca. 100 Kartons: Bühnenmanuskripte, Rollenhefte, Szenarios für Stegreifaufführungen, Theaterzettel und Programme. – Photos von Aufführungen, darunter auch Glasplattennegative. – Kritiken der Aufführungen.
Vorgeordnet.
Depot 1984

Fantner, Benedikt

9.6.1893, Wien–ca. 19.1.1942, Schloß Hartheim (O.Ö.)
Zeitweise Bankbeamter, Arbeiterschriftsteller. Fantner wurde am 19.1.1942 in die Vernichtungsstätte Schloß Hartheim überstellt und fand dort den Tod.

* *Nicht überliefert.*

* *Wien, Dokumentationsarchiv des österreichischen Widerstandes*
Angelegte Sammlung.
Herbert Exenberger: Benedikt Fantner (1893-1942). Ein österreichischer Arbeiterschriftsteller. In: *Österreich in Geschichte und Literatur* 26 (1982), S. 206-214.

Farau, Alfred

Pseud. Fred Hernfeld
10.12.1904, Wien–14.11.1972, New York
Lyriker, Psychotherapeut in New York.

* *Laramie, University of Wyoming, Archive of Contemporary History, The Library*
Alfred Farau Collection, 93 Einheiten und Bücher: Guide, 1978, S. 247-250.

Farkas, Karl

28.10.1893, Wien–16.5.1971, ebda
Schriftsteller, Kabarettist, Schauspieler, Theaterdirektor.
Werknutzungsrechte: Thomas Sessler Verlag

* *Wien, Thomas Sessler Verlag*
Sammlung: Manuskripte, Programme des Cabaret Simpl, Zeitungskritiken, viele Photos, Bilanzbücher, Geschäftsunterlagen.

Federmann, Reinhard

12.1.1923, Wien–29.1.1976, ebda
Journalist, Erzähler, Dramatiker.

** Privatbesitz. Dorothea Löcker, Wien*
Nachlaß.
Unbearbeitet.

Feigl, Hans

7.6.1869, Gstettendorf (O.Ö.)–4.9.1937, Wien
Publizist; Präsident der Wiener Bibliophilengesellschaft.

** Wien, WSTLB HS*
Teilnachlaß: Ca. 90 Briefe, u. a. von Anton Wildgans und Stefan Zweig. – Einzelne Manuskripte anderer Autoren, u. a. von Wildgans und Zweig.
Verzeichnung: Zettelkatalog.
Kauf 1956

Felber, Rudolf

3.5.1891, Göding (Mähren)–24.4.1978, Wien
Musikwissenschaftler, Publizist; Wien.

** Wien, Universität, Institut für Musikwissenschaft*
Teilnachlaß, 2 Meter: Gedichte, Erzählungen, Dramen, Vorträge, Theater- und Musikkritiken, musikwissenschaftliche Abhandlungen. – Werkverzeichnis, Lebensdokumente, Ehrungen, Photos. – Gedruckte Volksliedbearbeitungen von Felber, Exemplare seiner Bücher.
Unbearbeitet.
Geschenk

** Wien, WSTLB HS*
Teilnachlaß, 3 Kartons: Gedichte, Erzählungen, Theaterstücke. – Zeitungsausschnitte.
Maschinschriftliches Verzeichnis. – Unbearbeitet.
Erwerbung 1981

Felder, Franz Michael

13.5.1839, Schoppernau (Vbg.)–26.4.1869, Bregenz
Bauer, Dichter, Sozialreformer; Schoppernau.

** Bregenz, Franz-Michael-Felderarchiv und Vorarlberger Literaturarchiv*
Teilnachlaß, 2 Kartons: Entwürfe, Gedichte, Beiträge zu Wörterbüchern, politische Abhandlungen, Reden. – Ca. 340 Briefe, u. a. von Josef Feuerstein, F.X. Jochum, Briefentwürfe von Felder, Familien- und Verlagskorrespondenzen, Zuschriften von Ämtern und Gerichten. – Gedichte an Felder.
Maschinschriftliches Verzeichnis.

Standorte von weiteren Autographen nachgewiesen bei Frels, S. 68.

Feldkircher, Johann

3.3.1812, Andelsbuch (Vbg.)–2.9.1851, Bamberg
Priester, Dialektdichter; Andelsbuch, Konstanz, Kaplan in verschiedenen Orten der Diözese Mainz.

** Bregenz, Franz-Michael-Felderarchiv und Vorarlberger Literaturarchiv*
Teilnachlaß, 1 Karton: Gedichte und Erzählungen in Dialekt und Hochdeutsch, Predigten. – Ernennungen.
Unbearbeitet.
Erwerbung 1986

Feldmann, Else

25.2.1884, Wien–am 14.6.1942 nach Izbica deportiert.
Schriftstellerin.

** Nachlaß nicht überliefert.*
Herbert Exenberger: Auf den Spuren von Else Feldmann: Eine Wiener Schriftstellerin–Opfer des Holocaust. In: *Jahrbuch 1990.* Dokumentationsarchiv des österreichischen Widerstandes. Wien: Österr. Bundesverlag 1990, S. 56-75.

Felmayer, Rudolf

24.12.1897, Wien–27.1.1970, ebda
War bis 1945 Bankbeamter, dann Bibliothekar

der Wiener Städtischen Büchereien, Lektor des Amtes für Kultur und Volksbildung der Stadt Wien, Lektor für Lyrik im Radiosender Wien. Lyriker (Julius Reich Preis 1935).

** Wien, ÖNB HS*
Nachlaß, Ser. n. 17.579-17.925, 18.384-18.396, 34.349-34.556, Autogr. 716/1-731: Manuskripte, Feuilletons, Autorenporträts. – 3 843 Briefe von 707 Schreibern, u. a. von Bergland-Verlag, Georg Drozdowski, Friedrich Glückselig (= Bergammer), Otto Grünmandl, Johann Gunert, Michael Guttenbrunner, Hermann Hakel, Marlen Haushofer, Martha Hofmann, Emil Lerperger, Hermann Lienhard, Franz Pühringer, Franz Richter, Max Roden, Herta Staub, Viktor Suchy, Oskar Jan Tauschinski, Hans Vlasics, Ernst Waldinger und Juliane Windhager.
Erwerbung 1973, 1989 und 1991

** Wien, Dokumentationsstelle für neuere österreichische Literatur*
Teilnachlaß, 1 Karton: Gedichte, Literaturkritiken. – Briefe, u. a. von Walter Buchebner. – Manuskripte von Walter Buchebner.
Maschinschriftliches Verzeichnis.

Ferch, Johann

Pseud. Johann Freiner, Johannes Ekkehart, Verus, J. Ferro, J. Ferron, J. Silvanus
3.6.1879, Wien–30.1.1954, ebda
Tendenzschriftsteller, Erzähler, Dramatiker.

** Nachlaß nicht eruiert.*

Fercher von Steinwand, Johann

Pseud. für Johann Kleinfercher
22.3.1828, Steinwand bei Wildegg im Mölltal (Ktn.)–7.3.1902, Wien
Lyriker, Dramatiker, Erzieher in Wien, lebte 1862-1879 in Perchtoldsdorf.

** Wien, WSTLB HS*
Nachlaß, ca. 160 Inventarnummern: Gedichte und Gedichtsammlungen, Essays, Dramen. – Briefe an und Briefentwürfe von Fercher. – Studienzeugnisse, Studienbuch, Reisepaß, Gesuche, Vereinszuschriften. – Manuskripte anderer Autoren.
Verzeichnung: Zettelkatalog.
Erwerbung 1905

** Klagenfurt, Kärntner Landesarchiv*
Teilnachlaß: 2 Konvolute mit Manuskripten: Lyrik, Korrespondenz, ursprünglicher Entwurf zur Tragödie *Drakomiza* (1851).
Signatur: Geschichtsverein-Sammelarchiv (GV-SA), Faszikel 75.
Sammelarchiv des Landesarchivs: Briefe, Lyrik, Nachrufe.
Signatur: Faszikel XIV, Nr. 134.

** Wien, ÖNB HS*
Teilnachlaß, Ser. n. 3.828, 3.856, 3.857, 3.859, 9.602-9.607, Autogr. 130/22-45, 261/78-82: Manuskripte, u. a. von Gedichten, ca. 390 Briefe an und von Fercher, Zeitungsausschnitte, Photos.

Standorte von weiteren Autographen nachgewiesen bei Frels, S. 68.

Festenberg, Gustav von

Pseud. für Gustav von Festenberg-Packisch
13.3.1892, Wiener Neustadt–3.8.1968, Wien
Sektionsrat i.R. in Wien, Erzähler, Essayist, Übersetzer, Lyriker.

** Privatbesitz Dr. Karl Michael Kisler, Berggasse 5/27, A-1090 Wien*
Nachlaß: Manuskripte (Novellen, Reiseberichte), Notizbücher, wenig Korrespondenz, einzelne Verlagsverträge, ein Karton Photos (Familienbilder, letzte Aufnahme, Grabfoto), Sammlung von Zeitungsausschnitten und Kritiken.
Gustav von Festenberg: *Ich bin gerne ich.* Eingeleitet von Imma von Bodmershof. Graz u. Wien: Stiasny Verlag 1964. (= Das österreichische Wort, Band 153.)

Feuchtersleben, Ernst von

29.4.1806, Wien–3.9.1849, ebda
Arzt, Unterstaatssekretär im Unterrichtsministerium in Wien, Lyriker, Philosoph.

* *Wien, Archiv des Bundesministeriums für Unterricht in Wien*
Teilnachlaß: gilt als verschollen.

* *Wien, WSTLB HS*
Teilnachlaß: 8 Gedichte, Aufsatz über Schobers Gedichte, Kritik der Gedichte Eduard von Bauernfelds, größere Anzahl Diplome.

* *Frankfurt am Main, Freies Deutsches Hochstift*
Sammlung: 1 Gedichtsammlung und 1 Gedicht.
Freies Deutsches Hochstift. Frankfurter Goethe-Museum. Katalog der Handschriften. Bearbeitet von Jürgen Behrens/Beatrix Habermann/Leo Philippsborn. Unter Mitarbeit von Heide Schlüpmann. Tübingen: Max Niemeyer Verlag 1982 (= Reihe der Schriften/Freies Deutsches Hochstift; Band 25), S. 166.

Standorte von weiteren Autographen nachgewiesen bei Frels, S. 68.

Ficker, Ludwig von

13.4.1880, München–20.3.1967, Innsbruck
Lyriker, Verleger, Mittelpunkt des „Brenner-Kreises". Studierte Germanistik und Kunstgeschichte in Innsbruck, Berlin und Wien.

* *Innsbruck, Universität, Forschungsinstitut „Brenner-Archiv"*
Nachlaß, 100 Kartons: Gedichte, Dramen, Erzählungen, Essays, Zeitungsartikel, Vorlesungsmitschriften, Gutachten für literarische Preise. – Ca. 12 000 Briefe, u. a. von Odilo Altmann, Alfred Baeumler, Paul Bargehr, Otto Basil, Theresia Bauer-Zangerle, Philipp Berger, Felix Braun, Elisabeth Brochowska, Erhard Buschbeck, Christine Busta, Theodor Däubler, Carl Dallago, Joseph E. Drexel, Ferdinand Ebner, Alfred Eichholz, Marie Einkemmer, Wilhelm Eßer, Max von Esterle, Georg Feichtinger, Paul Fröschel, Franz Glück, Hilde Glück, Hugo Greinz, Ludwig Greve, Fridl Grünfelder, Karl Grünwald, Johann Gunert, Willy Haas, Theodor Haecker, Ludwig Hänsel, Johannes Harling, Martin Heidegger, Karl Borromäus Heinrich, Gottfried Hohenauer, Kurt Horwitz, Josef Humplik, Hans Jaeger, Gertrude Jahn, Hans Janowitz, Karl Jaray, Rudolf Christian Jenny, Hildegard Jone, Max Kaindl-Hönig, Hans Kestranek, Goedela Keyserling, Hans Kiene, Julius Kiener, Walter Killy, Ernst Knapp, Klara Kockerbeck, Oskar Kokoschka, Werner Kraft, Annie Kraus, Karl Kraus, Lucia Kraus, Ernst Krenek, Eduard Lachmann, Christine Lavant, Alwi Lechner, Kurt Lechner, Maria Lehner, Josef Leitgeb, Leopold Liegler, Hans Limbach, Erich Lissner, Margarete Löffler, Margit Loidl, Adolf Loos, Walther Lutz, Friedl Makowetz, Walter Manggold, Alfred Marnau, Monika Mayr, Erich Messing, Werner Meyknecht, Robert Michel, Richard Moissl, Ehrentraud Müller, Ludwig Müller, Otto Müller, Robert Müller, Sidonie Nádherný von Borutin, Kriemhilde Natmeßnig, Hugo Neugebauer, Gustl Neuwirth, Hans Neuwirth, Anton Niggl, Elsa Niggl, Hilde Nöbl, Sebastina Obergasser, Joseph Georg Oberkofler, Hermann von Pfaundler, Mina Pirckmayer, Raimund Poukar, Friedrich Punt, Gustav Richter, Daniel Sailer, Bruno Sander, Franz Schamann, Fritz Schey, Carl Schleinkofer, Paula Schlier, Karl Schoßleitner, Josef Schulz, Fritz Schweynert, Ludwig Seifert, Franz Seyr, Richard Smekal, Max Stefl, Carl Stein, Eberhard Steinacker, Maria Strachwitz, Gerhard Stroomann, Hans Szklenar, Ludwig Erik

Tesar, Karl Thieme, Lotte Tobisch von Labotyn, Friedrich Torberg, Heinrich von Trott zu Solz, Katharina von Trott zu Solz, Werner von Trott zu Solz, Georg Trakl, Hermann Wagner, Hermann Walde, Max Weiler, Wilhelm Weindler, Josef Wenter, Alice Wernherr, Valerie Wernherr, Martina Wied, Viktor von Wildauer, Suzan von Wittek, Ludwig Wittgenstein, Ignaz Zangerle, August Zechmeister, Briefe der Zeitschrift *Die Fackel* und Familienkorrespondenzen; ca. 2 000 Briefe von Fikker, u. a. an Theodor Haecker, Martin Heidegger, Josef Humplik, Hildegard Jone, Walter Manggold, Bruno Sander, Paula Schlier und Franz Seyr. – Ausweise, Zeugnisse, Personaldokumente, Lebenslauf, Notizbücher, Testament, Sparbücher, Materialien betreffend den Brenner-Verlag (Verträge, Abonnentenlisten, Kassabücher, Prospekte und Programme) und den Springer-Verlag (Geschäftskorrespondenzen und Unterlagen). – Zeichnungen, Photos, Ansichtskarten, Erinnerungsgegenstände. – Bibliothek. – Nachlaß von Georg Trakl, siehe dort.
Verzeichnung: Zettelkatalog.
Kauf 1964 und 1969
Ludwig von Ficker: *Briefwechsel 1909-1914*. Hrsg. von Ignaz Zangerle, Walter Methlagl, Franz Seyr, Anton Unterkircher. Salzburg: Otto Müller Verlag 1986. (= Brenner-Studien Band VI); Ludwig von Ficker: *Briefwechsel 1914-1925*. Hrsg. von Ignaz Zangerle, Walter Methlagl, Franz Seyr, Anton Unterkircher. Innsbruck: Haymon-Verlag 1988. (= Brenner-Studien Band VIII); Ludwig von Ficker: *Briefwechsel 1926-1939*. Hrsg. von Ignaz Zingerle, Walter Methlagl, Franz Seyr, Anton Unterkircher. Innsbruck: Haymon-Verlag 1991. (= Brenner-Studien Band XI).

Fickert, Auguste

25.5.1855, Wien–9.6.1910, ebda
Lehrerin, Sozialreformerin, Publizistin; Wien.

* *Wien, WSTLB HS*
Nachlaß, ca. 1 900 Inventarnummern: Ca. 200 Werkmanuskripte (Gedichte, Novellen, Reiseaufzeichnungen, Rezensionen, zahlreiche Entwürfe). – Ca. 2 000 Briefe, u. a. von Flora Carnegie, Maria Dulebianka, Karoline Fellner, Emma Filek von Wittinghausen, Maikki Frieberg, Adele Gerber, Elsa Gralich, Marianne Hainisch, Anita Haslinger, Johann Herrdegen, Ferdinand Kronawetter, Leopoldine Kulka, Stefanie Kummer, Marie Lang, Ida Mayer, Rosa Mayreder, Rosa Raupach von Bauernthal, Therese Schlesinger, Irma von Troll-Borostyáni, Ottilie Turnau und Familienkorrespondenzen, Briefe von Auguste Fickert an Ida Baumann, Ernst Berner, Katharina Buxbaum und Rosa Mayreder. – Schulhefte, Zeugnisse, Rechnungen, Haushaltsbücher. – Briefe verschiedener Schreiber an Rosa Mayreder.
Verzeichnung: Zettelkatalog.
Kauf 1929 und 1938

Fiedler, Andreas Johann

Geb. 6.11.1901, St. Veit an der Glan
Lyriker; St. Veit an der Glan, Klagenfurt, Liebenfels.

* *Klagenfurt, Landesmuseum für Kärnten, Bibliothek*
Teilnachlaß, 1 Karton: Gedichte, Reiseberichte, Jugenderinnerungen. – Abschriften von eigenen Briefen. – Abschriften von Gedichten seines Bruders Georg Andreas Fiedler. – Teil der Bibliothek.
Vorgeordnet.
Geschenk 1987

Filek von Wittinghausen, Egid

18.1.1874, Wien–20.4.1949, ebda
Gymnasiallehrer, Erzähler; Wien, Iglau, Brünn.

* *Wien, WSTLB HS*
Nachlaß, 6 Kartons: Gedichte, Erzählungen, Reiseerinnerungen, Dramen. – Notizbücher.
Maschinschriftliches Verzeichnis. – Unbearbeitet.
Erwerbung 1979

* *Wien, Bezirksmuseum Landstraße*
Teilnachlaß: Ca. 20 Werkmanuskripte. – 52 Briefe an Filek. – Ahnenbuch der Familie, Familiendokumente, Druckbelege.
Maschinschriftliches Verzeichnis.

Fingerland, Gabriele Margarete

Pseud. Ella von Hötting
Keine Daten ermittelt. (um 1900)
Lyrikerin; Innsbruck.

* *Innsbruck, UB, Handschriftenabteilung*
Splitternachlaß: 2 Konvolute Gedichte.
Vorgeordnet.
Geschenk 1904

Fink, Franz

31.7.1889, Wien–25.4.1974, Schärding
Beamter, Archivar und Schriftführer der Adalbert-Stifter-Gesellschaft in Wien.

* *Linz, Adalbert-Stifter-Institut*
Teilnachlaß, 7 Konvolute: Unterlagen, Zeitungsausschnitte und Korrespondenzen zur Erforschung von Adalbert Stifters Ahnen.
Vorgeordnet.

Finke, Edmund

23.7.1888, Wien–11.3.1968, ebda
Schriftsteller, Historiker, Lyriker, Major a.D.

* *Privatbesitz. Therese Finke*
Nach ihrem Ableben soll der Nachlaß an das Heeresgeschichtliche Museum, Wien, übergeben werden.
Nachlaß: Manuskripte zu allen Romanen, Druckfahnen einzelner Werke. – Privatkorrespondenz, Verlagskorrespondenz (Paul Zsolnay Verlag, Pilgram Verlag/Hermann Stuppäck, Karl H. Bischoff Verlag, Kremayr & Scheriau u. a.). – Lebensdokumente, Photos, Gerichtsunterlagen (Verfahren wegen Registrierung als NSDAP-Mitglied), Verlagsverträge (Paul Zsolnay Verlag, Karl H. Bischoff Verlag, Kremayr & Scheriau, Pilgram Verlag). – Sonderdrucke von Publikationen Finkes, etwa zum Kriminalroman, Zeitungsausschnitte, Werkrezensionen.

Fischer, Cyrill

12.7.1892, Schwarzenberg (O.Ö.)–11.5.1945, Santa Barbara, Ca., U.S.A.
Franziskanerpater, Soziologe.
Wurde 1938 ins Exil getrieben, entkam über Ungarn und Italien nach U.S.A., wo er zuerst in Cincinnati, Ohio, später in der Franziskaner Missionskirche in Santa Barbara, California, tätig war. Mit Franz Werfel befreundet. Ausführlicher Lebenslauf: Father Cyril Fischer, O.F.M. (1892-1945). In: *Provincial Annals. Province of Saint Barbara* 7 (1945), No. 3, S. 58-63.

* *Nachlaß verschollen.*
Franz Lugmayer: Cyrill Fischer–ein vergessener Kämpfer in Wort und Tat gegen den Nationalsozialismus. In: *Christliche Demokratie. Zeitschrift des Karl v. Vogelsang-Institutes,* 3/87, S. 203ff.; ders.: Ein Rufer in der Wüste. P. Cyrill Fischer–Brückenbauer zum Judentum. In: *Die Furche* (Wien), Nr. 7, 19.2.1988, S. 9.; Cyrill Fischer und Franz Werfel. Die Begegnung zweier Brückenbauer zwischen Christentum und Judentum in den U.S.A. In: *ebda,* Nr. 1, 4.1.1990, S. 7.

Fischer, Ernst

Pseud. Peter Wieden, Pierre Vidal
3.7.1899, Komotau (Böhmen)–31.7.1972, Deutsch-Feistritz (Stmk.)
Politiker, 1939-1945 in der Emigration in Moskau, Staatssekretär der prov. österreichischen Regierung 1945, Abgeordneter zum Nationalrat, Lyriker, Dramatiker, Essayist.

* *Wien, Universität, Institut für Zeitgeschichte*
Nachlaß, 36 Mappen (1943-1955): Gedichte, Zeitungsartikel, Reden, Rundfunkkommentare, philosophische Manuskripte, Aufsätze zur Kunst- und Kulturgeschichte, Hörspiele, Theaterstück. – Ausweise, Notizbuch, Materialien zur österreichischen Innenpolitik (Berichte und Anträge zur Länderkonferenz, Unterlagen zur Entnazifizierung und zum Kartellgesetz), Materialien zur Tätigkeit in der KPÖ. – Manuskripte anderer Autoren. Maschinschriftliches Verzeichnis.

* *Privatbesitz. Frau Lou Eisler-Fischer*
Teilnachlaß.

Fischer, Felix

20.3.1879, Wien–18.10.1944
(nicht 31.10.1944!), ebda
Journalist, Theaterleiter.

* *Wien, WSTLB HS*
Nachlaß, 10 Kartons: Theaterstücke. – Theaterzettel und Plakate zur Aufführung von Stücken Fischers.
Kauf 1992

Fischer, Heinrich

22.8.1896, Karlsbad (Böhmen)–16.3.1974, München
Essayist, Dramaturg, Hörspielautor, Testamentsvollstrecker von Karl Kraus.

* *Marbach, DLA*
Teilnachlaß, 7 Kartons: Kussmaul, Sp. 118.

Fischer, Marie Louise

Pseud. für Marie Louise Kernmayer
Geb. 28.10.1922 Törwang-Untereck (Oberbayern)
Erzählerin; Untereck (Oberbayern).

* *Graz, Steiermärkische Landesbibliothek*
Teilnachlaß: 24 Romane.
Vorgeordnet.

S. Fischer Verlag

Gegründet 1886 in Berlin

* *Bloomington, Indiana University, The Lilly Library, Manuscripts Department*
The S. Fischer Verlag Papers: Briefe von ca. 200 Korrespondenzpartnern an Hedwig und Samuel Fischer sowie an Brigitte und Gottfried Bermann Fischer, z.T. auch Durchschläge der Gegenbriefe.
Der Bestand enthält Korrespondenzen mit folgenden österreichischen Autoren: Ilse Aichinger, Peter Altenberg, Ingeborg Bachmann, Hermann Bahr, Richard Beer-Hofmann, Thomas Bernhard, Richard Billinger, Franz Blei, Hermann Broch, Paul Celan, Richard Graf Nikolaus Coudenhove-Kalergi, Marie Ebner von Eschenbach, Albert Ehrenstein, Stefan Grossmann, Friedrich Heer, Gertrud von Hofmannsthal, Hugo von Hofmannsthal, Alexander Lernet-Holenia, Mechtilde von Lichnowsky, Paula Ludwig, Alma Mahler-Werfel, Martha Musil, Robert Musil, Heinz Politzer, Max Reinhardt, Rainer Maria Rilke, Alexander Roda Roda, Felix Salten, Arthur Schnitzler, Heinrich Schnitzler, Kurt Schuschnigg, Friedrich Torberg, Bruno Walter, Jakob Wassermann, Franz Werfel, Viktor Zuckerkandl, Stefan Zweig.
Erwerbung 1977
[Verzeichnis] Albrecht Holschuh and Saundra Taylor: The S. Fischer Verlag

Papers in The Lilly Library, Indiana University. In: *The Indiana University Bookman* 1982, Number 14.

Fischer, Wilhelm

18.4.1846, Tschakathurn (Westungarn)–30.5.1932, Graz
Erzähler, Bibliothekar; Direktor der Steiermärkischen Landesbibliothek in Graz.

* *Graz, Steiermärkische Landesbibliothek*
Nachlaß: 43 Bände und Mappen sowie 85 einzelne Werkmanuskripte (Gedichte und Lieder, Erzählungen, Romane, Aufsätze, Lustspiele, Übersetzungen aus dem Englischen). – 70 Pakete Briefe, u. a. von Erich Gärtner, Wilhelm Kaiserfeld, Ernst Kammerhoff, Rosa Kosjell, Heinrich Moser, Rudolf Tyrolt, Else Schwarzenstein-Burger, einzelne Briefe von Fischer. – Maturazeugnis, Ehrenbürgerurkunde der Stadt Graz, Vorlesungsbestätigung der Universität Graz (1876), Glückwünsche, 9 Reisetagebücher, zahlreiche Kalender und Notizbücher, Verlagsverträge. – Kritiken seiner Werke, Druckbelege, zahlreiche Konzertprogramme.
Handschriftliches Verzeichnis.
Geschenk 1943

Fischer-Colbrie, Arthur

25.7.1895, Linz–30.12.1968, ebda
Landesbeamter, Dichter.

* *Linz, Adalbert-Stifter-Institut*
Teilnachlaß, 15 Kartons: Gedichte, Rundfunkmanuskripte, Reden, Dramen. – 2 1/2 Kartons Briefe, u. a. von Erna Blaas, Robert Braun, Käthe Braun-Prager, Otto Fränkl, Otto Heuschele, Friedrich Hiebel, Max Peinkofer, Karl Schölly, Julius Zerzer, Familien-, Verlags- und Redaktionskorrespondenzen. – Notizbücher, Personaldokumente, Ahnenpaß, Zeugnisse, Glückwünsche, Ehrungen, Photos, Rechnungen, Dokumente zur Schriftstellerlaufbahn. – Manuskripte anderer Autoren, u. a. von Erfried Siewers, Schul- und Studienzeugnisse sowie Dokumente zur Beamtenlaufbahn von Ida Fischer-Colbrie, Rezensionen seiner Werke, Materialien zur Verleihung des Handel-Mazzetti-Preises.
Maschinschriftliches Verzeichnis.
Kauf 1984 und 1987

Fischer-Sörensen, Frithjof

Pseud. Dieter Ott, Wulf Sörensen, Frithjof Asmus Johannsen-Nürnberg
23.7.1899, Bonn–21.5.1977, Orth/Donau
Volontär im Kunst- und Buchhandel, 1941-1944 Studium der Malerei und Kunstgeschichte in Paris. Dolmetscher, Auslandskorrespondent, Reiseleiter, Maler.

* *Privatbesitz. Elfriede Fischer, Raiffeisenstraße 37, A-2304 Orth/Donau*
Gesamtnachlaß: Manuskripte (auch unveröffentlichte), persönliche Dokumente, Zeitungsausschnitte, Druckbelege, Verlagskorrespondenz (u. a. Nordland Verlag, Bauer-Verlag), Verlagsverträge, Photos, Bibliothek.

Fischnaler, Alois

* *Innsbruck, Universität, Forschungsinstitut „Brenner-Archiv“*
Teilnachlaß, 2 Konvolute: Gedichte, Zeichnungen.
Unbearbeitet.

Fischnaller, Joseph

Geb. 1862, Innsbruck
Schulbeamter, Lyriker; St. Paul (Minnesota, U.S.A.).

* *Innsbruck, Universität, Forschungsinstitut „Brenner-Archiv“*

Teilnachlaß, 1 Karton: Gedichte. – Druckbelege.
Unbearbeitet.
Depot 1974

Flatter, Richard

14.4.1891, Wien–5.11.1960, Wien
Rechtsanwalt, Dramatiker, Übersetzer.
Wanderte 1938 nach England aus, wurde dann nach Australien deportiert (blieb 1 1/2 Jahre dort), dann 1948 U.S.A., kehrte 1953 nach Österreich (Wien) zurück. Vornehmlich als Shakespeare-Forscher und -Übersetzer bekannt.

* *Wien, Österreichisches Theatermuseum*
Nachlaß, 11 Kartons.
Sylvia M. Patsch: *Österreichische Schriftsteller im Exil in Großbritannien. Ein Kapitel vergessene österreichische Literatur.* Wien: Verlag Christian Brandstätter 1985, S. 130-140. „Nachforschungen, die sein persönliches Schicksal klären könnten–auch im Exil–, blieben ergebnislos.“ (S. 132)

Fleischer, Victor

12.9.1882, Komotau (Böhmen)–1951, London
Erzähler, Dramatiker, Verleger in Frankfurt und Berlin, ging von dort nach London.

* *Marbach, DLA*
Splitternachlaß: 156 Briefe von Stefan Zweig.
Jahrbuch der Deutschen Schillergesellschaft 29 (1985), S. 596.

Flesch-Brunningen, Hans von

Eigentlich Johannes Evangelista Luitpold Flesch Edler von Brunningen, Pseud. Vincenz/Vinzent Brun
5.2.1895, Brünn–1.8.1981, Bad Ischl
Schriftsteller, Übersetzer.
Soldat in Rußland und Italien im Ersten Weltkrieg. Studierte an der Universität Wien, promovierte 1919 zum Dr.jur. 1919-1923 Bankbeamter, 1923-25 Rechtsanwaltsanwärter, seit 1925 freier Schriftsteller in Wien. 1925 Aufenthalt in Italien, 1928-1933 in Berlin, emigrierte 1934 nach London, 1940-1958 Sprecher und Kommentator der österr. Abteilung der BBC in London. 1953-1958 Präsident des PEN-Zentrums der deutschen Autoren im Ausland. Endgültige Rückkehr nach Wien 1963. Verheiratet mit Hilde Spiel.

* *Marbach, DLA*
Nachlaß, 7 Kartons: Gedichte, dramatische Entwürfe, Hörbilder, Romane (u. a. *Orpheus und Eurydyke*), Aufsätze und Vorträge, Tagebücher, Arbeitshefte (1912-1979), Autobiographie *Reise durch die Eingeweide einer besseren Welt.* – Wenige Briefe, u. a. von Lou und Ernst Fischer, Hans Mayer und Robert Neumann.
Vorgeordnet.
Jahrbuch der Deutschen Schillergesellschaft 27 (1983), S. 583-584.
Maschinschriftliches Verzeichnis.

* *Wien, Dokumentationsstelle für neuere österreichische Literatur*
Teil des Nachlaßkonvoluts von Zeitungsartikeln.

Flir, Aloys Casimir

7.10.1805, Angedair bei Landeck (Tir.)–7.3.1859, Rom
Priester, Erzähler, Dramatiker; Innsbruck, Rom, Mitglied des Frankfurter Parlaments.

* *Innsbruck, Universität, Forschungsinstitut „Brenner-Archiv“*
Teilnachlaß, 1/2 Karton: 1 Manuskript über Ästhetik. – Ca. 20 Briefe an Corsin und Aloys Casimir Flir, Familienkorrespondenzen.
Unbearbeitet.
Depot 1974

* *Innsbruck, Universität, Forschungsinstitut „Brenner-Archiv“*

Sammlung Ludwig Rapp, 1 Konvolut: Gedichte, Erzählungen.
Unbearbeitet.

Focke, Alfred

Pseud. Karl Eckhof
24.12.1916, Teplitz-Schönau–15.8.1982, Bez. Lienz (Tir.)
Ordenspriester, Literarhistoriker.

* *Marbach, DLA*
Teilnachlaß: Arbeiten über Gertrud von le Fort, Korrespondenz über Gertrud von le Fort mit den Verlagen Ehrenwirth, Styria u. a.
Jahrbuch der Deutschen Schillergesellschaft 29 (1985), S. 591.

Foglar, Ludwig

24.12.1819, Wien–15.8.1889, Kammer am Attersee
Lyriker; Angestellter der Donau Dampfschiffahrtsgesellschaft in Wien.

* *Wien, WSTLB HS*
Teilnachlaß, ca. 640 Inventarnummern und 1/4 Karton: Werkmanuskripte von Melanie und Ludwig Foglar. – Ca. 400 Briefe an Melanie und Ludwig Foglar, u. a. von Cajetan Cerri, Johann Ludwig Deinhard von Deinhardstein, Ludwig August Frankl, Paula Frankl, Johann Friedrich Neu und Familienkorrespondenzen. – Notizbuch. – Stammbuch von Melanie Foglar, Manuskripte anderer Autoren. Maschinschriftliches Verzeichnis, Zettelkatalog. – Teilweise unbearbeitet.
Kauf 1920

Foidl, Gerold

28.4.1938, Lienz (Tir.)–29.3.1982, Salzburg
Zollbeamter, Schriftsteller, Obmann der „Salzburger Autorengruppe".

* *Privatbesitz. Dorothea Macheiner, Thumeggerstraße 29a, A-5020 Salzburg. Petra Forster, Markus-Sittikusgasse 20, A-5020 Salzburg*
Nachlaß.

Folberth, Otto

10.7.1896, Mediasch (Siebenbürgen), lebt 1990 im Pensionistenheim, Hellbrunner Straße 28, A-5020 Salzburg.
Lehrer in Salzburg, Lyriker, Erzähler, Hörspielautor.

* *Gundelsheim/Neckar, Arbeitskreis für Siebenbürgische Landeskunde e.V.*
Inhalt nicht ermittelt.

Fontana, Oskar Maurus

13.4.1889, Wien–4.5.1969, ebda
Theaterkritiker, Erzähler, Dramatiker; Wien. Verbrachte seine Jugend auf einem Gut seines Vaters in Dalmatien. Studierte in Wien Literatur und Theaterwissenschaft. Nahm als Offizier am 1. Weltkrieg teil. Dann freier Schriftsteller und Kritiker. Arbeitete auch im Volksbildungswesen in Wien mit. 1929 Literaturpreis der Stadt Wien. 1945-49 Tätigkeit bei Wiener Zeitungen. Mitbegründer des Verbandes demokratischer Schriftsteller und Journalisten, dessen Präsident er von 1952-1962 war. 1956 Lehrbeauftragter der Universität Wien. Leitete die Österreichische Buchgemeinschaft.

* *Wien, WSTLB HS*
Nachlaß, ca. 2 100 Inventarnummern und 8 Kartons: Aufsätze und Rezensionen. – Ca. 2 060 inventarisierte und 7 Kartons unbearbeitete Briefe, u. a. von Miriam Beer-Hofmann Lens, M.Y. Ben-Gavriël, Ernst Benedikt, Ulrich Bettac, Franz Theodor Csokor, Herbert Eulenberg, Paul Frank, Georg Froeschel, Leo Geiringer, Johannes von Guenther, Johann Gunert, Gottlieb Heinrich Heer, Ninon Hesse, Franz Jung, Hans Nüchtern, Max Picard, Reinhold Schneider, Siegfried Trebitsch und Grete Wiesenthal, Verlags- und Fa-

milienkorrespondenzen; Briefkonzepte und Briefe von Fontana. – Glückwünsche, Verlagsabrechnungen, Materialien zu Prozessen. – Manuskripte anderer Autoren.
Maschinschriftliches Verzeichnis, Zettelkatalog. – Teilweise unbearbeitet.
Erwerbung 1969
Die Bibliothek wurde 1972 verkauft. Lit.: Heidrich (Wien), Katalog Nr. 84. (144 S.)

Forschneritsch, Alfred

Pseud. Alfred Giller
2.4.1872, Wien–18.4.1917, ebda
Schriftsteller, Prokurist der Stölzle-Glas A.G.

* *Wien, WSTLB HS*
Teilnachlaß: Ca. 44 Schreibhefte mit hs. Niederschrift vieler Märchen, Geschichten, Novellen von frühester Zeit bis zu seinem Tod; *Fremde Götter*. Volksstück in 3 Acten (datiert 1.1.1893), Drama *Andromache*, Korrespondenz (Anzengruber Verlag Brüder Suschitzky, Karl Jäger, Max von Millenkovich-Morold, Fritz Stüber-Gunther), einige Ausschnitte eigener Texte, Druckbelege anläßlich der Ausgabe der *Gesammelten Schriften*.

Forst, Willi

Pseud. für Wilhelm Frohs
7.4.1903, Wien–11.8.1980, ebda
Drehbuchautor, Schauspieler, Regisseur.

* *Wien, Thomas Sessler Verlag*
Teilnachlaß: Drehbücher, Korrespondenzen mit Filmfirmen, Dokumente zur Geschichte eigener Produktionsgesellschaften, Verträge.

Franchy, Franz Karl

21.9.1896, Bistriz (Siebenbürgen)–19.2.1972, Wien
Schriftsteller.

* *Wien, ÖNB HS*
Nachlaß, Ser. n. 23.958-23.975, Autogr. 1018/1-18: Romane, u. a. *24 Stunden im Leben einer Frau* (Romanfragment), *Maurus und sein Turm, Abel schlägt Kain, Spießer und Spielmann, Ankläger Mitmann, Die Brandgasse, Der Steuerkontrollor, Berufene und Verstoßene, Ecce Homo, Der Präsident, Schuldloses Europa*), *Zwischen den Geleisen* (Drama), *Anna Gorth* (Drama), *Gesang der Häuser* (Gedichte), *Der Dichter und der Techniker* (Essay). – Verlagskorrespondenzen und Verlagsverträge, Familienkorrespondenzen. – 9 Beilagen zu Ser. n. 23.958-975 (Bücher und Drucke).

Frank, Josef Maria

3.6.1895, Mayen (Eifel)–9.4.1975, Kufstein (Tir.)
Lyriker, Erzähler, Dramatiker; lebte in Kufstein.

* *Marbach, DLA*
Nachlaß: Gedichte, Komödien (*Erwin Müller und das Wirtschaftswunder, Ein gewisser Herr Bothwell*), Drehbücher, Filmexposés, Roman *Die Saat des Bösen*, Erzählungen. – Lebensdokumente.
Jahrbuch der Deutschen Schillergesellschaft 35 (1991), S. 509.

Frank, Karl Borromäus

24.9.1891, Altpölla (N.Ö.)–4.8.1961, St. Pölten
Domherr in St. Pölten, Lyriker, Erzähler; St. Pölten, Steyr.

* *St. Pölten. Diözesanarchiv*
Nachlaß.

* *Wien, WSTLB HS*
Teilnachlaß, ca. 80 Inventarnummern: Ca. 15 Werkmanuskripte (Gedichte, Erzählungen). – Ca. 65 Briefe, vor allem von Musikern.

Verzeichnung: Zettelkatalog.
Kauf 1943

Frank, Paul

14.4.1885, Wien–20.3.1976, Hollywood
Erzähler, Dramatiker.

* *New York, New York Public Library for the Performing Arts*
Edmond Pauker Collection: Manuskripte und Typoskripte.
Guide, 1978, S. 296.
Weitere Sammlungen in anderen Archiven in den U.S.A.: Guide, 1978, S. 296-297; Spalek, Kalifornien, S. 180-181.

Franke, Wilhelm

28.5.1901, Gmünd (N.Ö.)–24.2.1979, Wien
Lyriker, Hauptschullehrer, Schulrat in Gmünd.

* *Privatbesitz. Andrea Urteil, Hochegasse 83a, A-1180 Wien*
Nachlaß ungeordnet. Korrespondenz vorhanden.

Frankl, Ludwig August

3.2.1810, Chrast (Böhmen)–12.3.1894, Wien
Arzt, Lyriker, Erzähler, Publizist, Sekretär der Israelitischen Kultusgemeinde, Prof. für Ästhetik in Wien.

* *Wien, WSTLB HS*
Nachlaß, ca. 6 070 Inventarnummern und 7 Kartons: Erinnerungen an zahlreiche Wiener Schriftsteller und andere Persönlichkeiten, Notizen, Entwürfe, Gedichte, Erzählungen. – Ca. 5 000 Briefe, u. a. von Elise von Asztalos, Anton Alexander Graf Auersperg, Ada Christen, Eugenie Diesner, Adolf Duse, Sigmund Englaender, Adolf Fischhof, Ludwig Foglar, Rudolf Foglar, A.G. Gottlober, Franz Graeffer, Karl Gutzkow, Edgar Herz, Elise von Herz, Theodor Heusenstamm, Adolf Jellinek, Siegfried Kapper, Josephine von Knorr, Ignaz Leopold Kober, Ferdinand Kürnberger, Emil Kuh, Ignaz Kuranda, Karl Lehmann, Max Letteris, Ludwig von Mertens, Salomon Hermann von Mosenthal, Louise Neumann, Theodor Philippson, Adolf Pichler von Rautenkar, Caroline Pichler, Adriana Gräfin Pötting, Hedwig Gräfin Pötting, J. Theodor Pulitzer, Hermann Rollett, Albert Rosenfeld, Karl von Scherzer, August Schmidt, Elise Schmidt, Jose Schneider-Arno, Alois von Schnierer, Felix Schweighofer, Johann Gabriel Seidl, Karl von Thaler, Josef Weil von Weilen, Heinrich Zirndorf und Verlagskorrespondenzen, Briefe von Marie Ebner von Eschenbach an Paula Frankl. – Autobiographische Aufzeichnungen. – Briefe von Wenzel Messenhauser an Auguste Czerny, Briefe von Anton Alexander Graf Auersperg, u. a. an Adolf von Herz, Werkmanuskripte anderer Autoren, u. a. von Anton Alexander Graf Auersperg, Sammlung von Quellen zum Revolutionsjahr 1848.
Maschinschriftliches Verzeichnis, Zettelkatalog. – Teilweise unbearbeitet.
Kauf 1938

* *Weimar, Goethe- und Schiller-Archiv*
Teilnachlaß: 165 Briefe von Anton Alexander Graf Auersperg.

Standorte von weiteren Autographen nachgewiesen bei Frels, S. 74.

Frankl, Adolf

6.6.1862, Mürzzuschlag (Stmk.)–23.4.1958, Gries bei Sinabelkirchen (Stmk.)
Lehrer, Lyriker, Erzähler, Dramatiker; Lehrer in Edelsbach, Ilz und Söchau, Schuldirektor in Fürstenfeld.

* *Graz, Steiermärkische Landesbibliothek*
Teilnachlaß, 10 Kartons: Autobiographische Aufzeichnungen. – 1 Karton Briefe,

u. a. von Karl Adam-Kappert, Ida Maria Deschmann, Arthur Fischer-Colbrie, Hans Fraungruber, Ewald Haufe, Karl Mader, Richard Plattensteiner, Aurelius Polzer, Peter Rosegger, Adolf Scharpf, Korrespondenz mit dem „Deutsch-österreichischen Preßverein", Verlags- und Redaktionskorrespondenzen. – Ehrungen. – Zeitungsausschnitte.
Handschriftliches Verzeichnis.
Geschenk 1955

Franz, Henriette

Pseud. für Franziska von Pelzeln
6.12.1826, Wien–12.8.1904, ebda
Erzählerin, Wien.

** Wien, WSTLB HS*
Nachlaß, ca. 770 Inventarnummern: Tagebuch (1842-1843). – Verzeichnis der Werke. – Familiendokumente, Erzählungen und Tagebücher von Marie von Pelzeln, Briefe an Marie von Pelzeln, u. a. von Hedwig Wolf. – Nachlaß von Caroline Pichler, siehe dort.
Verzeichnung: Zettelkatalog.
Kauf und Geschenk 1904 und 1906

Franzos, Karl Emil

25.10.1848, Czortkow (Galizien)–28.1.1904, Berlin
Erzähler.

** Wien, WSTLB HS*
Nachlaß, ca. 7 600 Inventarnummern: Entwürfe, Gedichte, Aphorismen, Erzählungen, Reden, Vorträge, Übersetzungen, Reisenotizen. – Ca. 6 300 Briefe, u. a. von Friedrich Adler, Viktor von Andrejanoff, Ludwig Anzengruber, Robert Franz Arnold, Eduard Bacher, Eduard von Bauernfeld, Josef Bayer, Hugo Blümmer, Oskar Blumenthal, Heinrich Bulthaupt, Ada Christen, Felix Dahn, Jakob Julius David, Juliane Dery, Georg Ebers, Marie Ebner von Eschenbach, Ernst Eckstein, Ernst Elster, Eduard Engel, Johann Georg Fischer, Arthur Fitger, Ludwig Foglar, Ludwig August Frankl, Karl Frenzel, Adolf Frey, Alfred Friedmann, Ludwig Fulda, Ludwig Geiger, Rudolf von Gottschall, Martin Greif, Robert Hamerling, Johann Julius Havemann, Marcel Herwegh, Sigmund Herzl, Paul Heyse, J.J. Honegger, Hans Hopfen, Wilhelm Jensen, Gustav Karpeles, Alfred Klaar Wilhelm Langewiesche, Moriz Lazarus, Hermann Lingg, Fritz Mauthner, Adalbert Meinhardt, Richard Moriz Meyer, Jakob Minor, Alfred Mombert, Adam Müller-Guttenbrunn, Franz Muncker, Marie von Olfers, Faust Pachler, Karl von Perfall, Hermine von Preuschen-Telmann, Johannes Proelss, Julius von Rodenberg, Otto Roquette, Hugo Rosenthal-Bonin, Ferdinand von Saar, Hugo Salus, Theodor Storm, Karl von Thaler, Hans von Vintler, Friedrich Theodor Vischer, Richard von Volkmann, Richard Voss, Robert Waldmüller, Josef Weil von Weilen, Michael Werner, Richard Maria Werner, Ernst Wichert, Josef Willomitzer, Josef Winter und Fedor von Zobeltitz; Kopierbücher seiner Briefe (1889-1904). – Zeugnisse, Reisedokumente, Honorarbücher, Ernennungen, Verzeichnisse seiner Vorträge und Zeitschriftenartikel, der empfangenen Briefe und der empfangenen Lyrik. – Zahlreiche Manuskripte anderer Autoren, u. a. von Richard Dehmel, Arno Holz, Wilhelm Jensen, Ferdinand von Saar und Johannes Schlaf; Briefe von Joseph von Hormayr an Johann Ludwig Deinhard von Deinhardstein, Briefe von Adelbert von Chamisso an Karl Reimer.
Verzeichnung: Zettelkatalog.
Kauf 1925

** Berlin, Deutsche Staatsbibliothek, Hss.-Abt./Lit.-Archiv*
Nachlaß Theodor Mommsen: 1 Konvolut Briefe von Franzos an Theodor Mommsen (1889-1902).

Standorte von weiteren Autographen nachgewiesen bei Frels, S. 74-75.

Franzos, Marie

Pseud. Francis Maro
17.9.1870, Wien–6.8.1941, Schweiz
Übersetzerin.

** Wien, ÖNB HS*
Briefnachlaß, Autogr. 258/1-128, 292/36 (1-216), 305/1-309/28, 516/1-68: Briefe, u. a. von Hermann Bahr, Franz Blei, Martin Buber, Paul Busson, Carl Dallago, Theodor Herzl, Hugo von Hofmannsthal, Selma Lagerlöf (1896-1939), Heinrich Mann, Thomas Mann, Eduard Pötzl, Rainer Maria Rilke, Alexander Roda Roda, Karl Hans Strobl, Jakob Wassermann, Anton Wildgans, Stefan Zweig.
Verzeichnung: Zettelkatalog.

Fraser, Georg

Pseud. für August Hermann Zeiz
23.9.1893, Köln–30.8.1964, Berlin
Schriftsteller, Filmautor.
F. übersiedelte 1935 nach Wien. Schrieb Dramen unter dem Namen Georg Fraser. Nach 1938 mehrfach verhaftet. Seine Frau wurde nach Auschwitz deportiert. Über seine Festnahme am 15.2.1943 berichtet *Widerstand und Verfolgung in Wien 1934-1945. Eine Dokumentation. 1938-1945*. Band 3. Wien 1975, S. 514. Mitwirkung in der Österreichischen Freiheitsbewegung „05". Lebte nach einem Aufenthalt in München wieder in Österreich.

** Wien, Thomas Sessler Verlag*
Nachlaß: Manuskripte und Korrespondenzen.
Der Hinweis im *Biographischen Handbuch der deutschsprachigen Emigration*, wonach der Nachlaß von Fraser in der Deutschen Akademie für Sprache und Dichtung in Darmstadt liegen soll, ist unzutreffend.

Fraungruber, Hans

26.1.1863, Obersdorf (Stmk.)–7.8.1933, Wien
Lehrer, Mundartlyriker, Erzähler; Bad Mitterndorf, Schuldirektor in Wien.

** Graz, Steiermärkische Landesbibliothek*
Teilnachlaß: 105 Briefe, u. a. von Peter Rosegger. – Photos von Peter und Hans Ludwig Rosegger.
Vorgeordnet.
Testamentarische Verfügung 1972

** Bad Aussee, Heimatmuseum*
Teilnachlaß, 6 Kartons: Dramen, Anthologien, Korrekturfahnen. – Sammlung von Briefen bekannter Autoren an Fraungruber. – Ehrungen, Mitgliedskarten, Familienphotos. – Plakate, Photos und Theaterzettel von Aufführungen seiner Stücke, zahlreiche Druckbelege, Arbeiten über Fraungruber.
Vorgeordnet.

Frei, Bruno

Pseud. für Benedikt Freistadt
11.6.1897, Preßburg–21.5.1988, Klosterneuburg (N.Ö.)
Journalist, schrieb Essays, Reportagen. Emigrierte 1933 in die Tschechoslowakei, 1936 nach Frankreich (1939/40 in Le Vernet interniert), 1940 nach Mexiko, 1947 Rückkehr nach Österreich, Chefredakteur der Wochenzeitung *Österreichisches Tagebuch* 1947-1956.

** Wien, Dokumentationsarchiv des österreichischen Widerstandes*
Teilnachlaß, 4 Mappen: Briefe, u. a. Korrespondenzen zur Rückkehr nach Wien (1945-1946). – Dokumente zum Aufenthalt in den französischen Internierungslagern Le Vernet und Les Millet.
Verzeichnung: Inventar.

** Wien, ÖNB ÖLA*
Nachlaß, ca. 10 000 Seiten: Beiträge zur

österreichischen Kulturgeschichte, Notizen und Manuskripte aus dem Exil in Mexiko, Entwürfe und Notizen zu seinem unpublizierten China-Roman, 5 Notizbücher. – Ca. 1 000 Seiten Briefe, u. a. von Karola Bloch, Ernst Fischer, Nahum Goldmann, Peter Härtling, Viktor Matejka, Marcel Rubin, Karl Schwarzenberg und Anna Seghers. – 70 Photos, Material zum Konflikt um seine Autobiographie *Der Papiersäbel*.
Noch nicht aufgearbeitet.
Kauf 1991
Palatina-Nachrichten 68 (1991), Nr. 1/2, S. 9.

Freiberg, Siegfried

18.5.1901, Wien–5.6.1985, Kerkakers (Holland)
Oberstaatsbibliothekar, Direktor der Bibliothek der Akademie der bildenden Künste in Wien, Lyriker, Erzähler, Dramatiker.

* *Wien, ÖNB HS*
Nachlaß, Ser. n. 20.631-20.650, 29.311-29.477, Autogr. 1014/1-1017/92, 1099/1-1105/67: Manuskripte und 828 Briefe von 303 Schreibern an Freiberg, u. a. von Felix Braun, Robert Braun, Käthe Braun-Prager, Max Mell, Helmut Scharf, Heinrich von Schullern und Ernst Wurm.
Geschenk 1978 und 1986

* *Wien, Dokumentationsstelle für neuere österreichische Literatur*
Teilnachlaß, 2 Kartons: Entwürfe, 1 Roman, Theaterstücke, Rundfunkmanuskripte, Reisebilder. – Manuskripte von Felix Braun, Albert Gronner und Josef Nádherny von Borutin.
Maschinschriftliches Verzeichnis.
Geschenk 1982

* *St. Pölten, Dokumentationsstelle für Literatur in* Niederösterreich
Teilnachlaß, 2 Kartons: Gedichte, kunsthistorische Arbeiten, Reiseberichte, Kurzprosa, Reden. – Einzelne Briefe. – Sammlung von Publikationen und Lexikonartikeln über Freiberg, Programme der Gesellschaft der Literaturfreunde in Klosterneuburg
Vorgeordnet.

* *Wien, WSTLB HS*
Teilnachlaß, 1/2 Karton: Epische und dramatische Werke.
Maschinschriftliches Verzeichnis. – Unbearbeitet.
Erwerbung 1967

Freiheim, Franz Xaver

1811, Marburg–1899, Graz
Lyriker, Librettist, Dramatiker; Graz.

* *Graz, Steiermärkische Landesbibliothek*
Teilnachlaß, 7 Kartons: Ca. 230 Werkmanuskripte (Gedichte und Lieder, Couplets, Libretti, Rollenhefte, Erinnerungen). – Einzelne Briefe. – Personaldokumente. – Nachrufe, Photos.
Handschriftliches Verzeichnis.
Kauf 1978

Freumbichler, Johannes

20.10.1881, Henndorf–11.2.1949, Salzburg
Erzähler; Henndorf, Wien, Seekirchen, Traunstein (Oberbayern), Salzburg.

* *Privatbesitz Thomas Bernhard Nachlaßverwaltung Gesellschaft m.b.H., Lerchenfeldgasse 11, A-4810 Gmunden. Bis 1990 Salzburger Literaturarchiv*
Nachlaß, 22 Kartons: Zahlreiche Entwürfe, Gedichte in Hochdeutsch und in Salzburger Mundart, Erzählungen, Romane und Dramen. – Ca. 850 Briefe, u. a. von Rudolf Kasparek, Alice Zuckmayer und Carl Zuckmayer, umfangreiche Verlags- und Familienkorrespondenzen. – Zahlreiche Tagebücher mit literarischen Bemer-

kungen und Arbeitsplänen, Erziehungsplan für seinen Enkel Thomas Bernhard, Zeugnisse, Verlagsabrechnungen. – Familiendokumente.
Vorgeordnet.
Caroline Markolin: *Die Großväter sind die Lehrer. Johannes Freumbichler und sein Enkel Thomas Bernhard.* Salzburg: Otto Müller Verlag 1988; Hildemar Holl: Zu den *Salzburger Spinnstubengeschichten* von Johannes Freumbichler. In: *Salzburg Archiv* 10 (1990), S. 215-248. Ebenda, S. 249-268: „Aus den ‚Salzburger Spinnstubengeschichten' von Johannes Freumbichler."

Frey, Dagobert

23.4.1883, Wien–13.5.1962, Stuttgart
A.o.Prof. für Ästhetik der bildenden Künste an der Technischen Hochschule Wien 1922-1931, Vorstand des Institutes für Kunstforschung am österreichischen Bundesdenkmalamt 1925-1931, Professor an der Universität Breslau 1931-1945, dann an der Technischen Hochschule Stuttgart und ab 1949 Honorarprofessor für Kunstgeschichte an der Universität Wien.

* *Nürnberg, Germanisches Nationalmuseum, Archiv*
Nachlaß, dabei von F. angelegte Materialsammlung.
Erwerbung 1968

* *Privatbesitz. Prof.Dr. Gerhard Frey, Bienerstraße 2, A-6020 Innsbruck*
Teilnachlaß.

* *Stuttgart, Universität, UB, Archiv*
Einzelne Manuskripte.

Frieberger, Kurt

4.4.1893, Wien–19.11.1970, ebda
Diplomat, Richter, Lyriker, Erzähler, Dramatiker, seit 1945 Senatspräsident beim Verwaltungsgerichtshof Wien.

* *Privatbesitz. Andrea Frieberger, Vegagasse 15, A-1190 Wien*
Nachlaß: Lebensdokumente, Bibliothek, Photos, Manuskripte, Tagebücher, Briefe, Zeitungsausschnitte, Verlagsverträge, Verlagskorrespondenz.

* *Wien, WSTLB HS*
Teilnachlaß, 1 und 1/3 Karton: Entwürfe, Dramen.
Maschinschriftliches Verzeichnis. – Unbearbeitet.
Erwerbung 1944

Fried, Alfred Hermann

21.11.1864, Wien–4.5.1921, ebda
Verleger, Pazifist.

* *Genf, Bibliothèque des Nations Unies, Collections historiques*
Der Nachlaß ist durch einen Zettelkatalog erschlossen. Er ist Teil der „Collection Suttner-Fried".
Unter „general correspondence" finden sich Briefe an Fried, u. a. vom Bund der geistig Tätigen, von Karl Kraus, Franz Kobler, Robert Müller, Arthur Schnitzler, Schutzverband deutscher Schriftsteller Berlin, Philipp Suschitzky, Ernst Peter Tal, Wiener Verlag, Stefan Zweig.
„Fried-Suttner Papers" in: *Guide to the archives of international organizations. 1. The United Nations system.* UNESCO Paris 1984 (= Documentation, libraries and archives: bibliographies and reference works-8), S. 174-175.

* *Stanford (California, U.S.A.), Stanford University, Hoover Institution on War, Revolution and Peace*
Teilnachlaß, 5 Schachteln: 1-2. Tagebücher (1914-1919). 3. Korrespondenz (1914-1919), alphabetisch nach Briefpartnern. 4. Schriften (ca. 1910-1919). Entwürfe, Manuskripte, Notizen, alphabetisch nach Titel geordnet. 4-5. „Subject

File". Zeitungsausschnitte, Artikel, Broschüren entweder alphabetisch nach Autor oder nach Titel geordnet. 5. „Miscellany", ein gebundenes Heft (ca. 1900-1914) über Bertha von Suttner.
Maschinschriftliches Verzeichnis.

Fried, Erich

6.5.1921, Wien–22.11.1988, London
Lyriker, Erzähler, Übersetzer, ging 1938 nach London.

* *Wien, ÖNB ÖLA*
Der Nachlaß umfaßt ca. 900 Kartons und Mappen u. a. mit vielen unveröffentlichten Manuskripten sowie eine Bibliothek mit 11 000 Bänden. (Nicht aufgearbeitet, wird 1991 in Angriff genommen.)

Friedell, Egon

21.1.1878, Wien–16.3.1938, ebda (Freitod)
Schauspieler, Schriftsteller, Dramatiker, Kulturhistoriker; Berlin, Wien.

* *Annemarie Kotab, Hippbichl 2, A-6330 Kufstein. (Inhaberin der Urheberrechte)*
Teilnachlaß: Diverses Material, Briefe, Photos.

* *Wien, ÖNB HS*
Teilnachlaß, Ser. n. 30.661-30.675: Unveröffentlichte Manuskripte und Briefe.
Kauf September 1989

* *Wien, WSTLB HS*
Splitternachlaß: 5 Werkmanuskripte. – Ca. 25 Briefe an Friedell. – 1 Manuskript von Heimito von Doderer.
Verzeichnung: Zettelkatalog.
Kauf 1974

Friedl, Hermann

21.2.1920, Linz–4.12.1988, Steyr (O.Ö.)
Arzt, Erzähler, Linz, Gemeindearzt in Oberneukirchen, Facharzt für Psychiatrie und Neurologie in Weißenau und Wien.

* *Linz, Adalbert-Stifter-Institut*
Nachlaß, 3 große Kartons: Gedichte, Romane und Erzählungen (*Die Schleuse, Heilverfahren, Beginn der Errichtung eines Denkmals, Variationen zu dem Thema Adalbert Stifter, Die Verkrustung oder aus dem Leben des Amtsrats Bieringer, Ein Mann zwischen zwei Stühlen, Keine Helden, Einengung, Siegfrieds Tod, Aufzeichnungen eines wahnsinnigen Beamten*), Erinnerungen, medizinische und literarhistorische Arbeiten, Tagebücher, Reden, Korrekturfahnen. – Briefe, u. a. von Jeannie Ebner, Herbert Eisenreich, Richard Exner und Hans Weigel, Verlagskorrespondenzen (Edition S., Otto Müller Verlag, Residenz Verlag und Paul Zsolnay Verlag), Korrespondenz aus der Tätigkeit als Arzt und Familienkorrespondenzen, Durchschläge eigener Briefe. – Reisepaß, Heimatschein, Schul- und Studienzeugnisse, ärztliche Befunde, Ehrungen, Notizbücher, Familien- und Reisephotos, Dokumente zur ärztlichen Laufbahn. – Manuskripte anderer Autoren, u. a. von Gerald Bisinger, Herbert Eisenreich, Peter Friedl, Waldo Frank, Egon Hofmann, Christine Hocheder und Sylvia Patsch, Sonderdrucke der Arbeiten von Richard Exner.
Unbearbeitet.
Testamentarische Verfügung 1990

Friedmann, Armin

Pseud. F. Armin
31.12.1863, Budapest–30.5.1939, Wien
Journalist, Lustspieldichter; Wien.

* *Wien, Österreichisches Theatermuseum*
Teilnachlaß, 2 Kartons.

Frimberger, Johann Georg

16.12.1851, Groß-Enzersdorf (N.Ö.)–23.11.1919, Wien
Eisenbahnbeamter, Lyriker, Erzähler, Drama-

tiker, Mundartdichter; Wien, Mährisch-Ostrau.

** Nachlaß seit 1949 verschollen.*
Dramatische Werke, Erzählungen, Gedichte, Briefe.
Erich Roubicek: J.G. Frimberger. Diss. Wien 1949.

Frisch, Ephraim

1.3.1874, Stryj (Galizien)–29.11.1942, Ascona
Publizist, Herausgeber, Dramatiker.

** New York, Leo Baeck Institute*
Nachlaß: Catalog, S. 48-49.
Maschinschriftliches Verzeichnis.

Frisch, Justinian

19.7.1879, Kritzendorf (N.Ö.)–3.6.1949, Cambridge
Verlagsleiter, Übersetzer (Pearl S. Buck, Schalom Asch, Vicki Baum). Leitete den Bermann-Fischer Verlag in Stockholm. Emigration: Wien-Schweden-Cambridge.

** Cambridge, Trinity College, Wren Library*
Kryptonachlaß im Nachlaß von Dr. Otto Robert Frisch (Sohn): Schul- und Arbeitszeugnisse, Briefe an den Sohn Otto Robert Frisch, Verlagskorrespondenz, *Festschrift aus Anlaß der Feier des dreißigjährigen Bestehens der Buchdruckerei Moriz Frisch Wien 1877-1907*. Wien, den 16. Jänner 1907.
The Papers of Otto Robert Frisch, Wren Library, Trinity College, Cambridge, London 1982. (Archivbehelf, CSAC 87/5/82 vervielfältigt von National Register of Archives, London, enthält: Report on the papers and correspondence of Otto Robert Frisch, 155 p. mit Index der Briefpartner.)

** Cambridge, Churchill College, Churchill Archives Centre*
Nachlaß von Lise Meitner (1878-1968), Atomphysikerin: Darin auch Briefe von Justinian Frisch und seiner Frau.
Ein Archivbehelf ist vorhanden. Der Nachlaß wurde grob geordnet.
Erwerbung 1970

Frischauer, Paul

25.5.1898, Wien–7.5.1977, ebda
Sohn des Rechtsanwalts Dr. Otto Frischauer. Gymnasium in Wien, studierte Jus und Staatswissenschaften an der Universität Wien, Kriegsdienst. Paul und sein jüngster Bruder Willi schrieben für das *Neue Wiener Tagblatt*, die *Wiener Sonn- und Montags-Zeitung* sowie für die *Montagspost*. Ging 1933 nach Berlin, emigrierte 1934 nach England und arbeitete während des Kriegs dort für den englischen Geheimdienst MI5. 1940 nach Brasilien, war Berater des Präsidenten Vargas, ging ca. 1947 von dort in die U.S.A. Kehrte später nach Wien zurück.
In erster Ehe (7.5.1921) mit Dr.phil. Alma Stephanie Frischauer, geb. Wittlin verheiratet. Sie war die Schwester des galizischen Schriftstellers Jószef Wittlin und soll später bei der UNESCO in Paris gearbeitet haben, publizierte Museumsführer. Nach der Scheidung war Paul Frischauer in zweiter Ehe mit Marica, geb. Horvat verheiratet. Aus dieser Ehe ging 1935 eine Tochter Silba hervor. Sein Bruder Leo war mit der Schwester von Lise Meitner verheiratet. Ein weiterer Bruder Paul Frischauers, Edi (Eduard), ein Rechtsanwalt, war mit Gina Kaus verheiratet. Frischauer war in seiner letzten Ehe mit der Schriftstellerin Gaby von Schönthan verheiratet.

** Privatbesitz. Gaby von Schönthan, Penzinger Straße 66, A-1140 Wien*
Es handelt sich um keinen Nachlaß, vorhanden sind lediglich ein Lebenslauf und diverse Auszeichnungen.

Fritsch, Fred

24.1.1884, Graz–31.8.1963, ebda
Kunsthistoriker, Literatur- und Musikkritiker; Graz.

** Graz, UB, Abteilung für Sondersammlungen*
Nachlaß, 35 Kartons: Vorträge, Kritiken, Gedichte, Dramen. – Ca. 5 000 Briefe, u. a. von Elfriede Barger, Wilhelm Bernauer, Adolf Brunnlechner, Werner Daitz, Oskar Ewald, Günther Franz, Magda von Hattingberg-Graedener, Hans Hauke, Siegmund Hausegger, Johannes Hepperger, Cäsar von Hofacker, Hugo Holzmann, Wilhelm Huber, Maria Jerasek, Wilhelm Kadletz, Alma Karlin, Margarethe Klinckerfuss, Hans Kloepfer, Hilda Knobloch, J.G. Kölly, Josef Kremer, E. Krispel, Camillo Kurtz, Edmund Kutschera, Rudolf Laminger, Josef Lelek, Fritz List, Switbert Lobisser, Emil Lucka, Joseph August Lux, Karl Mader, Josef Manfreda, Theodor Heinrich Mayer, Max Mell, Walter von Molo, Othmar Muth, Heinz Nonveiller, Raimund Plattensteiner, Richard Plattensteiner, Mila Radakovic, Franz Reuter, Wolfgang Rudert, Adolf Schafheitlin, Hugo Schöppel, Othmar Schredt, Heinrich Schwarze, Josefine Spitaler, Alois Stadlmayr, Johannes Ude, Theodor Vodozinski, Carl Hans Watzinger, Karl Wernegg, Alfons Werner, Theodor Werner, Martha Wölger, Ernst Zahn, Julius Zerzer. – Umfangreiche Tagebücher, Materialien zur Tätigkeit in verschiedenen kulturellen Organisationen (Steirischer Kulturschutzbund u. a.) – Manuskripte anderer Autoren, u. a. von Barbara Frischmuth, Herbar von Joh. Haring. – Nachlaß von Friedrich von Suhtschek-Hauschka, siehe dort.
Teilweise vorgeordnet.
Geschenk 1963

Fritsch, Gerhard

28.3.1924, Wien–22.3.1969, ebda
Lyriker, Roman- und Hörspielautor, Essayist, Redakteur der österreichischen Literaturzeitschrift *Wort in der Zeit*, Herausgeber der Nachfolgezeitschrift *Literatur und Kritik* bis zu seinem Tod. Ebenfalls von 1966 bis 1969 Herausgeber der Wiener Jahresschrift für Literatur, bildende Kunst und Musik, *protokolle* (gemeinsam mit Otto Breicha).

** Privatbesitz, Barbara Fritsch, Ada Christen Gasse 13/32/6, A-1100 Wien (Inhaberin der Rechte)*
Nachlaß: Manuskripte, Verlagsverträge, Korrespondenz mit Verlagen, Schriftstellerkollegen, Lektoren und Übersetzern. – Druckbelege, Photos. – Bibliothek.

Fritsch, Günther

26.6.1926, Wien–23.5.1982, Semmering (N.Ö.)
Schriftsteller.

** Privatbesitz, Wien*
Nachlaß: Erzählungen, Sketches, Drehbücher, 1 Hörspiel, Reportagen, Entwürfe zu Erzählungen und Romanen, Fragment eines Lustspiels. – Briefe, vor allem Redaktionskorrespondenz und Leserbriefe. – Personaldokumente, Zeugnisse, Ausweise, Verträge, Unterlagen zu Steuerangelegenheiten. – Druckbelege, Sammlung der Bücher, Photos.
Vorgeordnet.

Froeschel, Georg

9.3.1891, Wien–22.11.1979, Los Angeles
Erzähler, Filmautor, lebte seit 1920 in Berlin, dann in Hollywood.

** Waltham (Mass., U.S.A.), Brandeis University Library, Special Collections Department*
Teilnachlaß: Typoskripte mehrerer Werke, vermutlich auch weiteres Material.
Unbearbeitet, kein Inhaltsverzeichnis.
Spalek, Kalifornien, S. 181-182; Guide, 1978, S. 304-305.

Fronz, Oskar

13.11.1861, Wien–29.3.1925, ebda
Schauspieler, Bühnenschriftsteller; Direktor des Bürgertheaters in Wien.

* *Wien, WSTLB HS*
Teilnachlaß, ca. 45 Inventarnummern: Gedichte, Theaterstücke. – Ca. 40 Briefe. – Manuskript von Ignaz Franz Castelli.
Verzeichnung: Zettelkatalog.
Geschenk 1939

Fuchs, Hans

1911, Wien–12.9.1980, ebda
Bühnen- und Musikverleger; Wien, Präsident des Verbandes der Bühnenverleger Österreichs.
Siehe Theaterverlag Fuchs

Fuchs, Josef Friedrich

Pseud. Joseph Adrian
6.3.1907, Wien–21.8.1960, Kierling (N.Ö.)
Verleger, Lyriker, Erzähler.
Fuchs, der vor dem Krieg bei Herder als Lektor gearbeitet hatte, war Gründer und Geschäftsführer des Amandus-Verlags.

* *Privatbesitz. Emmy Fuchs, Neugasse 24, A-3400 Kierling bei Wien*
Teil des Archivs des Amandus-Verlags.

* *Wien, Dokumentationsstelle für neuere österreichische Literatur*
Bücher des Amandus-Verlags.

Fuchs, Rudolf

Pseud. Rufus
5.3.1890, Poděbrady (Böhmen)–17.2.1942, England (Unfall)
Beamter der böhm. Handelsgewerbekammer, Redakteur in Prag, Lyriker, Dramatiker, Übersetzer.

* *Prag, Archiv des Instituts für Marxismus-Leninismus (ÚML)*
Nachlaß: Gedichte (u. a. *Deutsche Gedichte aus Prag, Der Meteor, Karawane, Liebesmesse, Frühlingsreiter, Ein wissender Soldat*), Erzählungen (u. a. *Der Stern Szintilli und andere Schicksale*), Dramen (u. a. *Der Einsturz*), übersetzungen tschechischer Lyrik, Zeitungsausschnitte eigener Texte, Briefe, u. a. von Louis Fürnberg, Wieland Herzfelde, Johannes Urzidil und Hermynia Zur Mühlen.
Die Zukunft des Instituts war nach dem November 1989 ungewiß. Die Bestände sind zur Zeit nicht zugänglich.

* *Prag, Literární archiv. Památník Národního Písemnictví. (Museum der tschechischen Literatur)*
Briefkonvolut: Briefe an Rudolf Fuchs, u. a. von Max Brod (21 Br., 1913-16), Josef Čapek (8 Br., 1916), Karel Čapek (4 Br., 1916), Otakar Fischer (5 Br., 1922-37), Franz Kafka (3 Br., o.D.), Max Mell (6 Br., 1915-17), Rainer Maria Rilke (1 Br., 1922), Will Vesper (1 Br., o.D.), Franz Werfel (13 Br., hauptsächlich Feldpostkarten 1915-17) sowie fremde Korrespondenzen.
Vladimir Hellmuth-Brauner: *Literární pozůstalost. Rudolf Fuchs (1890-1942).* Praha 1972.
Rudolf Fuchs: *Die Prager Aposteluhr. Gedichte, Prosa, Briefe.* Ausgewählt, kommentiert und mit einem Nachwort versehen von Ilse Seehase. Halle-Leipzig: Mitteldeutscher Verlag 1985.

Fülöp-Miller, René

Pseud. René Miller
17.3.1891, Caransebes (Banat)–7.5.1963, Hanover, New Hampshire, U.S.A.
Schriftsteller.

* *Hanover, New Hampshire (U.S.A.), Dartmouth College, Baker Memorial Library, Special Collections*
Nachlaß: 1 Karton.
Kein Verzeichnis.

** Privatbesitz. Mrs. Erika Renon (Witwe von Fülöp-Miller), Menlo Park, California*
Siehe Guide, 1978, S. 315-320

** München, Bayerische Staatsbibliothek, Handschriften- und Inkunabelabteilung*
Nachlaß: 13 große Schachteln.
Repertorium.

Funck, Agnes

11.6.1883, Frankfurt am Main
Verlagslektorin.

** Wien ÖNB HS*
Teilnachlaß, Ser. n. 9.326, Autogr. 297/1-11: 1 Manuskript von Max Mell und 596 Briefe an Funck, darunter 477 von Max Mell aus den Jahren 1920-1957 und 114 von Anton Wildgans aus den Jahren 1919-1930.

Gagern, Dorothea (Dorette) von

27.11.1901, Wien–22.12.1980, ebda
Schriftstellerin.

** Wien, ÖNB HS*
Literarischer Nachlaß, Ser. n. 25.875-26.021: Manuskripte und Typoskripte.
Erwerbung 1982

Gagern, Friedrich von

26.6.1882, Schloß Mokric (Krain)–15.11.1947, Geigenberg bei St. Leonhard am Forst (N.Ö.)
Journalist und Redakteur, Jagdschriftsteller, Erzähler.

** Privatbesitz. Falk Gagern, Chimanistraße 31, A-1190 Wien*
Teilnachlaß: Entwürfe und Skizzen, Kopie des unpublizierten Romans *Sulla,* unveröffentlichte Erzählungen zu geschichtlichen Themen. – Schulzeugnisse, Zeichnungen. – Einzelne Briefe, u. a. von Rudolf Hans Bartsch und Anton Wildgans sowie von verschiedenen Verlegern, Familienkorrespondenz. – Sammlung von Archivalien zur Geschichte von Schloß Mokric.
Vorgeordnet.
Falk von Gagern: Friedrich Freiherr von Gagern. Sein Leben und Werk. In: *Friedrich Freiherr von Gagern (26.6.1882–15.11.1947). Sonderausstellung Marchegg.* Katalog des N.Ö. Landesmuseums, Redaktion Dr. Gerhard Winkler, Neue Folge Nr. 183, 1987, S. 12-19.

Gangl, Josef

25.8.1868, Deutsch-Beneschau (Böhmen)–6.9.1916, Wien
Schriftsteller.

** Linz, Adalbert-Stifter-Institut*
Nachlaß, 3 große Schachteln, 2 Konvolute.

** Wien, WSTLB HS*
Splitternachlaß: 1 Konvolut Notizen, 3 Werkmanuskripte (Erzählung, Lustspiele).
Verzeichnung: Zettelkatalog.

Gans von Ludassy, Julius

Pseud. Julius von Goose
13.4.1858, Wien–2.10.1922, ebda
Dramatiker, Erzähler; Wien.

** Nachlaß verschollen*
Paula Kremsner: Julius Gans von Ludassy. Beiträge zu einer Monographie. Diss. Wien 1952.
Laut Kremsner ist der überaus reiche literarische Nachlaß des Schriftstellers fast vollkommen verloren gegangen. Es fehlen Briefdokumente, „die durch das fast vollständige Fehlen des Nachlasses bedingt sind“ (S. 36). „Ludassy's Heim beherbergte eine große Bibliothek und viele wertvolle Gemälde.“ (S. 36) Schicksal unbekannt. Einige Bücher standen K. zur Verfügung. Auskunftsperson war die

Tochter, Lisl Mandler, die Kremsner u. a. eine unveröffentlichte autobiographische Skizze (*Das Kaffeehaus*) zur Verfügung stellte.
Autographen in anderen Beständen

* *Wien, ÖNB HS*
Französische Briefe von Gans, 2 Briefe an unbek. Adressaten und an Adam Müller-Guttenbrunn.

* *Wien, Österreichisches Theatermuseum*
Nachlaß Hugo Thimig: Briefe von Gans an Hugo Thimig.

* *Wien, WSTLB HS*
Briefe von Gans an Adalbert Franz Seligmann.

* *Jerusalem, Central Zionist Archives*
Nachlaß Theodor Herzl: 64 Briefe Ludassys, 3 Visitkarten, 1 Postkarte (1881-1899) an Theodor Herzl.

Geipel-Trakl, Maria

21.12.1882, Salzburg–25.10.1973, ebda
Schwester von Georg Trakl; Salzburg.

* *Salzburg, Trakl Forschungs- und Gedenkstätte*
Teilnachlaß: Familiendokumente und Familienphotos, darunter Personaldokumente und Photos von Georg Trakl. Testamentarische Verfügung

Geist, Rudolf Johann

Pseud. Nick N. Nobody
13.6.1900, Garschönthal b. Feldsberg, N.Ö. (heute ČSFR)–22.4.1957, Wien
Verlagsbuchhändler, Lyriker, Erzähler.

* *Nicht bekannt. Als Erbin eingesetzt war Erda Rubik, Hietzinger Hauptstraße 55, A-1130 Wien.*

Genner, Laurenz

5.8.1894, Irnfritz (N.Ö.)–11.7.1962, Wien
Abgeordneter zum n.ö. Landtag und Landesrat, Journalist.

* *Privatbesitz. Michael Genner, Rußweg 16, A-1130 Wien*
Nachlaß: Manuskripte, Briefe, Druckbelege, Zeitungsausschnitte, Photos.
Michael Genner: *Mein Vater Laurenz Genner. Ein Sozialist im Dorf. Nachwort von Karl R. Stadler*. Wien-München-Zürich: Europa Verlag 1979. (= Veröffentlichungen des Ludwig-Boltzmann-Instituts für Geschichte der Arbeiterbewegung) (Texte aus dem Nachlaß)

Gentz, Josef

1805–10.9.1875, Wien
Beamter, Publizist; Wien.

* *Wien, WSTLB HS*
Nachlaß, ca. 90 Inventarnummern: Politische und religionsphilosophische Notizen, Exzerpte und Abhandlungen, Gedichtabschriften, Tagebuchblätter (1840-1853). – Auszüge aus den Tagebüchern von Friedrich von Gentz.
Verzeichnung: Zettelkatalog.
Geschenk 1890

Geramb, Viktor von

24.3.1884, Deutschlandsberg (Stmk.)–8.1.1958, Graz
Volkskundler; Begründer des Steirischen Volkskundemuseums, Professor an der Universität Graz.

* *Privatbesitz. Familie Prof. Dr. Wilhelm Herzog, Graz*
Nachlaß, darunter Briefe von Werner Bergengruen an Geramb. – Bibliothek.
Dieter A. Binder: Bergengruens Briefe nach Graz. Zur konservativen Opposition in der Kriegszeit. In: *Österreich in Ge-*

schichte und Literatur 27 (1983), S. 281-306; Christoph H. Binder: Viktor von Geramb und Max Mell. Aus ihrem Briefwechsel in den Jahren 1938 bis 1945. In: *Blätter für Heimatkunde* (Graz) 59 (1985), S. 121-136.

* *Graz, Universität, Institut für Volkskunde*
Teilnachlaß, 1 Meter: Notizen, Exzerpte, Vorlesungen, volkskundliche Arbeiten, u. a. über Sagen.
Vorgeordnet.

Gerold

1780 in Wien als Buchhandlung gegründet, später auch als Schulbuchverlag sowie als literarischer und wissenschaftlicher Verlag tätig (Medizin, Landwirtschaft, Technik, Militär, Recht).

* *Wien, WSTLB HS*
Teil des Archivs, 3 Kartons (1819-1921): Geschäftskorrespondenzen des Verlags, darunter Briefe an Carl Gerold, u. a. von Friedrich Halm und Karl Schenkel, Verlagsverträge.
Maschinschriftliches Verzeichnis.
Kauf 1981

* *Wien, ÖNB HS*
Weiterer Teil des Archivs.

Gerold, Rosa

13.8.1829, Wallershausen (Thüringen)–16.1.1907, Wien
Reiseschriftstellerin.

* *Wien ÖNB HS*
Nachlaß, Ser. n. 9.779-9.786, Autogr. 738/1-744/24 und Einzelsignaturen: 7 Tagebücher und 1 Einschreibebuch. – 1 532 Schriftstücke an Rosa Gerold von 510 Schreibern, u. a. von Alexander von Warsberg, Günter von Warsberg und Henriette Feuerbach, sowie 290 Briefe von Gerold an Alexander von Warsberg.
Erworben 1941, 1943 und 1973

Gerwald, Ludo

Pseud. für Hubertus von Beyer
26.3.1912, Wien–23.10.1974, ebda
Lyriker, Erzähler, Dramatiker, Filmdramaturg, Mitbegründer der Deutschen Akademie für Sprache und Dichtung in Darmstadt.

* *Privatbesitz, Doris Beyer, Wien*
Nachlaß.

Gewey, Franz Xaver Karl

14.4.1764, Wien–18.10.1819, ebda
Dramatiker, Publizist; Kanzlist der Hofkanzlei, nach Josef Richters Tod Herausgeber der *Briefe eines Eipeldauers* in Wien.

* *Wien, WSTLB HS*
Kryptonachlaß im Nachlaß von Fritz Brukner, 5 Mappen: Dramen und dramatische Entwürfe, Manuskript der *Komischen Gedichte über die Vorstädte Wiens,* Teile der *Briefe eines Eipeldauers.*
Vorgeordnet.
Kauf 1954

Gigl, Alexander

9.12.1821, Wien–2.6.1878, Pötzleinsdorf bei Wien
Archivar, Lyriker, Erzähler; Wien.

* *Wien, WSTLB HS*
Teilnachlaß, 1/3 Karton: Entwürfe, Gedichte, Erzählungen, Dramen.
Maschinschriftliches Verzeichnis. – Unbearbeitet.

Gilm, Hermann von

1.11.1812, Innsbruck–31.5.1864, Linz
Lyriker, Beamter; Feldkirch, Innsbruck, Schwaz, Bruneck, Rovereto, Wien, Linz.

* *Innsbruck, Tiroler Landesmuseum Ferdinandeum, Bibliothek*
Teilnachlaß: 2 Bände Lieder, Gedichte,

Tagebücher. – Einzelne Briefe an und von Gilm.
Verzeichnung: Zettelkatalog.

* *Innsbruck, Tiroler Landesmuseum Ferdinandeum, Musiksammlung*
Kryptonachlaß im Nachlaß von Ludwig Hörmann von Hörbach, 5 Kartons: 1 Karton Gedichte, Tagebuchabschriften, Chronik des Casinos Innsbruck (1842-1848). – 2 Kartons Briefe, u. a. von Josefine Kogler und Josef Friedrich Lentner, Familienkorrespondenzen. – Erinnerungsgegenstände. – Bücher, Broschüren und Photos, Manuskripte von anderen Autoren, u. a. von Rudolf Sinwel, Franz Stelzhamer, Sammlung von Zeitungsausschnitten über Gilm.
Verzeichnung: Inventar.

Standorte von weiteren Autographen nachgewiesen bei Frels, S. 86-87.

Ginzkey, Franz Karl

8.9.1871, Pola–11.4.1963, Wien
Offizier, Lyriker, Erzähler, Dramatiker; Salzburg, Braunau, Pola, Wien, Seewalchen.

* *Wien, WSTLB HS*
Nachlaß, ca. 2 000 Inventarnummern und 7 Kartons: Ca. 400 inventarisierte und zahlreiche unbearbeitete Werkmanuskripte (Gedichte, Erzählungen, Reden, Vorträge, Drehbücher). – Ca. 1 600 inventarisierte und 4 Kartons vorgeordnete Briefe, u. a. von Gustinus Ambrosi, Rudolf Hans Bartsch, Felix Braun, Eduard Castle, Rudolf Czapek, Hermann Hesse, Robert Hohlbaum, Wilhelm Klitsch, Max Mell, Erwin Herbert Rainalter, Peter Rosegger, Ernst Scheibelreiter, Heinrich Srbik, Alfred Staackmann, Karl Hans Strobl, Fritz Stüber-Gunther, Josef Wenter, Anton Wildgans, Stefan Zweig und Verlagskorrespondenzen. – Personaldokumente, Schulzeugnisse, Schulhefte, Notizhefte, Verlagsverträge.
Maschinschriftliches Verzeichnis, Zettelkatalog. – Teilweise unbearbeitet.
Geschenk 1953 bis 1954

* *Calgary, University of Calgary, Arts and Humanities Library*
Die Bibliothek Ginzkeys wurde vermutlich im Jahre 1972 von der Arts and Humanities Library teilweise erworben. „Unfortunately our files do not give us any information about when the collection was acquired. All we can verify is that it was listed in the Special Collections in 1972. The only information we have about the previous owner is that some books have the very characteristic ownership marks of Dr. Kurt Thomasberger. We seem to have an extensive collection from Thomasberger which was not all kept together. The Ginzkey portion of the collection seems to have been kept together in Special Collections (...).“ (23.4.1987)

Giugno, Carl

Pseud. Karl Juin
2.3.1818, Wien–10.8.1891, ebda
Rauchfangkehrer, Bühnendichter; Wien.

* *Wien, WSTLB HS*
Teilnachlaß, ca.160 Inventarnummern: Gedichte, Possen, Libretti. – Einzelne Briefe an und Briefentwürfe von Giugno.
Verzeichnung: Zettelkatalog.
Kauf 1905

* *Wien, ÖNB HS*
Einzelmanuskripte.

Glossy, Karl

7.3.1848, Wien–9.9.1937, ebda
Jurist, Direktor der Wiener Städtischen Sammlungen, Literarhistoriker.

* *Wien, ÖNB HS*
Teilnachlaß, Ser. n. 31.395-31.437 und Autogr. 1176/1-1182/39: Manuskripte und Briefe.

** Wien, WSTLB HS*
Teilnachlaß, ca. 150 Inventarnummern und 1 1/4 Kartons: Notizen, Exzerpte, kulturhistorische Studien. – Ca. 70 inventarisierte und zahlreiche unbearbeitete Briefe, u. a. von Fritz Stüber-Gunther und Korrespondenzen zur *Neuen österreichischen Biographie.* – Zahlreiche Notizen und Manuskripte von Joseph Schreyvogel.
Maschinschriftliches Verzeichnis, Zettelkatalog. – Teilweise unbearbeitet.
Geschenk 1926 und 1929

** Wien, Österreichisches Theatermuseum*
Teilnachlaß, 20 Kartons.

Glücksmann, Heinrich

Pseud. Fortunatus, Hermann Heinrich, Henriette Namskilg
7.7.1864, Rackschitz (Mähren)–Juni 1947, Argentinien.
Journalist, Dramaturg in Wien. 1938 Emigration, Lyriker, Dramatiker, Übersetzer.

** Wien, ÖNB HS*
Teilnachlaß, Ser. n. 14.469-14.479, Autogr. 569/1-572/71: Manuskripte und 973 Briefe, u. a. von Raoul Auernheimer, Oskar Bendiener, Julius Bittner, Paul Busson, Franz Theodor Csokor, Ernst Decsey, Marie Eugenie Delle Grazie, Alfred Grünewald, Leo Grünstein, Viktor Hammerschlag, Hans Müller-Einigen, Alfons Petzold, Arthur Schnitzler, Sil-Vara, Dora Stockert-Meynert, Siegfried Trebitsch, Paul Wertheimer, Anton Wildgans, Stefan Zweig; Briefe von Glücksmann, u. a. an Julius Bauer, Anton Bettelheim, Helene Bettelheim-Gabillon, Erhard Buschbeck, Paul Anton Keller, Joseph Marx, Hanns Sassmann, Arthur Gundaccar von Suttner.
Erwerbung 1971

** Wien, Österreichisches Theatermuseum*
Teilnachlaß, 2 Kartons.

Goerlitz-Niggl, Theodor Ludwig

Pseud. Theo L. Goerlitz
15.3.1908, München–1.2.1943 (laut Kürschners Deutschem Literatur-Kalender als Flieger vermißt)
Lyriker, Erzähler, Verleger. War seit 1936 in Wien.

** Wien, ÖNB HS*
Splitternachlaß, Ser. n. 31.443-31.447: Manuskript (*Hymnus*), Besprechungen der Werke von Goerlitz durch Robert Braun.
Übernommen von der Studienbibliothek Linz.
Theodor Goerlitz: *Rudolf von Habsburg.* Wien: Bastei-Verlag 1961. Klappentext: „Der Verlag fühlt sich verpflichtet, das zuletzt verfaßte und im Nachlaß gefundene Werk von Goerlitz über Rudolf von Habsburg in Erinnerung an diese literarische Begabung herauszugeben.“

Goldscheider, Ludwig

3.6.1896, Wien–26.6.1973, London
Verlagsleiter, Kunsthistoriker, Übersetzer.
Inhaberin der Rechte: Gaby Goldscheider, 32 Hornton Street, London W 8.

** Santa Monica (California), The Getty Center for the History of Art and the Humanities*
Teilnachlaß.
Preliminary Guide to the Collections. Archives of the History of Art. The Getty Center for the History of Art and the Humanities. Santa Monica, Autumn 1985.

Goll, Ernst

14.3.1887, Windischgrätz (Stmk.)–13.7.1912, Graz
Lyriker; Graz.

** Graz, Steiermärkische Landesbibliothek*
Teilnachlaß, 4 Konvolute: Gedichte, 2

Zeichnungen. – Einzelne Briefe an Goll. – Photos.
Maschinschriftliches Verzeichnis.

Gong, Alfred

Pseud. für Arthur Liquornik
14.8.1920, Czernowitz–18.10.1981, Wien
Lyriker, Erzähler.

* *Cincinnati, University of Cincinnati, The Library, University Archives*
Nachlaß, 6 Kartons: Gedichte, Dramen, Erzählungen, Satiren, Filmexposé, Rezensionen, Vorträge, Tagebücher. – Briefe, u. a. von Max Brod, Bodo Scheurig, Joseph P. Strelka, Familienkorrespondenz, Verlagskorrespondenz. – Lebensdokumente, Lebenslauf, Publikationsverzeichnis, Adreßbücher. – Sammlungen von Rezensionen seiner Veröffentlichungen.
Guide, 1992, S. 201-204.
Maschinschriftliches Verzeichnis.
Legat 1983
Kontaktperson Prof. Jerry Glenn, German Department, University of Cincinnati, Cincinnati, Ohio 45221-0372, U.S.A.
Alfred Gong: *Early Poems. A Selection from the Years 1941-1945*. Hrsg. von Jerry Glenn, Joachim Herrmann, Rebecca Rodgers. Columbia (South Carolina): Camden House 1987. (= Studies in German Literature, Linguistics, and Culture Band 38); Joachim Herrmann: Leben und Werk von Alfred Gong. In: *Die Bukowina. Studien zu einer versunkenen Literaturlandschaft.* Hrsg. Dietmar Goltschnigg u. Anton Schwob unter Mitarbeit von Gerhard Fuchs. Tübingen: Francke Verlag 1990, S. 385-401.

Gottlein, Arthur

13.6.1895–16.9.1977, Wien
Filmregisseur und Filmproduzent, Gewerkschafter; Wien, Shanghai, Manila.

* *Wien, Österreichisches Filmarchiv*
Nachlaß, 1,5 Meter: Deutsche und englische Drehbücher für Werbe- und Spielfilme, Gedichte, Erinnerungen. – Personaldokumente, Reisepapiere, Kalender. – Druckbelege, Materialien der Shanghaier Puppenbühne (Texte, Bühnenpläne, Verträge und Korrespondenzen), Filmphotos, Zeitungen aus dem Exil.
Unbearbeitet.
Geschenk

Gottsleben, Ludwig

24.11.1836, Wien–26.2.1911, ebda
Schauspieler, Bühnenschriftsteller; Wien.

* *Wien, WSTLB HS*
Nachlaß, ca. 170 Inventarnummern und 1 1/3 Kartons: Ca. 30 inventarisierte und zahlreiche unbearbeitete Werkmanuskripte, vor allem Theaterstücke und Couplets. – Einzelne Briefe. – Tagebuchnotizen (1863-1867), Bühnenverträge, autobiographische Aufzeichnungen. – Zahlreiche Theaterstücke und Couplets anderer Autoren.
Maschinschriftliches Verzeichnis, Zettelkatalog. – Teilweise unbearbeitet.
Kauf 1916

Grab, Hermann

6.5.1903, Prag–2.8.1949, New York
Schriftsteller, Musikkritiker, Lyriker, zuletzt als Lehrer an einem New Yorker College tätig.

* *Privatbesitz. Blanche Smullyan (-Grab), Elka Park, New York 12427, U.S.A.*

* *Privatbesitz. Dr. Karl Hobi, Erdinos, CH-7315 Vättis, Schweiz*
Sammlung.

* Weiteres Material findet sich mit großer Sicherheit im Besitz von Prof.Dr. Ernst Schönwiese (†), Wien.

Karl Hobi: Hermann Grab. Leben und Werk. Diss. Fribourg (Schweiz) 1969.

Graber, Georg

15.4.1882, Pörtschach (Ktn.)–27.8.1957, Klagenfurt
Volkskundler; Kustos am Kärntner Heimatmuseum in Klagenfurt.

* *Klagenfurt, Landesmuseum für Kärnten, Volkskundliche Abteilung*
Teilnachlaß, 2 Kartons: Abhandlungen zur Geschichte und Volkskunde von Kärnten, Reden, Aufzeichnungen von verschiedenen Passionsspielen, Rezensionen. – Gutachten über Grabers Buch *Volksleben in Kärnten.* – Sammlung von Sprüchen, Liederbüchern, Hirten-, Passions- und Volksschauspielen (teilweise in Abschrift), Rezensionen seiner Bücher, Sonderdrucke eigener Veröffentlichungen, Zeichnungen von Werner Berg.
Verzeichnung: Inventar.
Erwerbung um 1957

Grabherr, Edwin

23.2.1874, Höchst (Vbg.)–5.11.1965, Schruns (Vbg.)
Lehrer, Lyriker; Höchst, Röns, Bregenz, Schruns, Bludenz, Hauptschuldirektor in Feldkirch.

* *Feldkirch, Stadtbibliothek*
Kryptonachlaß im Nachlaß von Elmar Grabherr, 17 Bände, zahlreiche Hefte und 2 Kartons: Gedichte, Erzählungen, Reiseberichte, Sammlung von Zitaten, pädagogische Notizen. – Wohnungsinventar, Gesuche und Korrespondenzen zur Beamtenlaufbahn. – Familiendokumente, Hefte von Schülern.
Vorgeordnet.
Geschenk 1987

Grabner, Lenz

26.7.1892, Achau (N.Ö.)–13.3.1943, Wien
Kaufmann, Lyriker (mit Ernst Schönwiese eng befreundet); Wien, Mödling.

* *Wien, Dokumentationsstelle für neuere österreichische Literatur*
Teilnachlaß, 1 Karton: Gedichte, Dramenentwürfe, Essays. – Briefe, u. a. von Werner Riemerschmid und Ernst Schönwiese, Verlagskorrespondenzen. – Ahnentafeln. – Druckbelege seiner Gedichte (1913-1932), Rezensionen.
Unbearbeitet.
Geschenk

* *Mödling, Literarische Gesellschaft, Archiv für ungedruckte Manuskripte*
Teilnachlaß: Ca. 290 Gedichte. – Werkverzeichnis.
Unbearbeitet.
Depot 1982

Graedener, Hermann

29.4.1878, Wien–24.2.1956, Altmünster (O.Ö.)
Schriftsteller, Dramatiker. Mit Magda von Hattingberg (s.d.) verheiratet.
Über die Vorgeschichte gibt ein Brief Magda von Hattingbergs an Walther Hjalmar Kotas vom 22. November 1955 Aufschluß, der sich in dessen Nachlaß befindet. Die Graedeners verließen Wien Anfang 1942 und zogen nach Bad Ischl, wo sie über ein Jahr wohnten. „Man hat uns geraten, dies zu tun und unsere Sachen, soweit es möglich war, bei einem Spediteur einzulagern, der sichere Keller haben sollte. Im Jahre 44 wurde unser Haus [in Wien] zerstört und die kostbare Bibliothek, die man uns nicht mehr nachsenden wollte ‚weil kein Fuhrwerk vorhanden war' von Plebs in den Donaukanal geworfen. Unwiederbringliche Schätze sind dabei verloren gegangen und am Schluß sind uns einige Bilder, ein paar Silbersachen und Kleider erhalten geblieben, die schönen Teppiche haben die Russen aus dem Spediteur-Magazin ‚abgeholt' und meine Bösendor-

ferflügel ebenfalls, die aber wie durch ein Wunder wieder zu Stande gebracht werden konnten und von denen ich mir einen jetzt kommen lassen kann. Leider sind von meinem Mann unwiederbringliche Manuscripte verloren gegangen, so die Skizzen vom Frundsberg-Roman und anderes. Aber man lebt, hat nie die Schrecken von Bombennächten in Kellern erlebt und Wien in der herrlichen lieben unzerstörten Erinnerung behalten dürfen, wie man es in glücklichen Zeiten kannte. Das sind so die Ereignisse der letzten 14 Jahre."

** Wien, WSTLB HS*
Kryptonachlaß im Nachlaß von Magda von Hattingberg-Graedener, 1 Karton: Gedichte, Aufsätze, dramatische und erzählende Werke (*Brief aus Wien 1809, Deutschtum. Abendland. Erdball, Dichtung und Richtung*. Expressionismus und Folgeerscheinungen [1926], *Das deutsche Gebot, Rechnung mit der Romantik* [1938], *Kultur und Kampf* [1932], *Neues Reich (Sickingen)*. Eine deutsche Tragödie in Sieben Bildern, *Anna Weber*. Tragödie, *Über Werden und Wesen des Utz Urbach* [1929, Selbstanzeige], *Nie wieder Krieg?* [1929], *Weltbrand und Lichtwille. Ein Buch vom Prinzen Carl von Aspern.*
Geschenk 1985

Gräffer, Franz

Pseud. Jul. Böttiger, F.H. Contée
6.1.1785, Wien–8.10.1852, ebda
Buchhändler, Erzähler.

** Wien, ÖNB HS*
Sammlung, Ser. n. 31.409-31.428: Manuskripte, 11 Briefe an Gräffer.

Grafe, Felix

9.7.1888, Humpoletz (Böhmen)–18.12.1942, Wien (hingerichtet)
Lyriker, Übersetzer, Kunsthistoriker, Kunstsammler.

Strelka führt eine Reihe von Manuskripten und Heften an, die im Besitz verschiedener Personen waren. Im Nachlaß, von dem einiges verloren gegangen sein dürfte („gar manches von seiner literarischen Hinterlassenschaft nicht mehr geborgen werden konnte", S. 373), befanden sich mehrere Schreibhefte mit Gedichten bzw. Gedichtentwürfen. Ob Briefe vorhanden waren, ist nicht bekannt, zumal sie nicht in die Ausgabe aufgenommen werden konnten. Als Eigentümern von Manuskripten nennt Strelka (S. 379): drei Handschriften und ein Manuskript im Eigentum von Elisabeth Grafe (Wien) und eine Handschrift im Besitz von Prof. Dr. Ernst Schönwiese, ein Manuskript im Eigentum von Dr. Innozenz Grafe, London, 3 Handschriften und 3 Manuskripte im Eigentum von Lukas Grafe, Magpies, Nettlebed, Oxford.

** Privatbesitz. Dr. Innozenz Grafe, 21 Cyril Mansion, Prince of Wales Drive, London SW 11*
Teilnachlaß.
Felix Grafe: *Dichtungen*. Hrsg. u. eingel. von Joseph Strelka. Wien: Bergland Verlag 1961.
Jürgen Serke: *Böhmische Dörfer. Wanderungen durch eine verlassene literarische Landschaft*. Wien-Hamburg: Paul Zsolnay Verlag 1987, S. 442-444.

** Bibliothek.*
Im September 1955 wurde von der Fa. Buchhandlung und Antiquariat Alois Reichmann, Wien, ein Teil der Bibliothek Grafes verkauft. Hiezu gab es den *Katalog 175* mit dem Titel „Bibliographie Nachlaß Felix Grafe". Es handelt sich nicht um seine literarische Bibliothek, sondern um Werke zum Thema Buchhandel, Bibliotheken, Antiquariats- und Versteigerungskataloge.

Grandjean, Moritz Anton

Pseud. M.G. Herbert
8.10.1821, Wien–19.1.1885, ebda
Bankbeamter, Dramatiker; Wien.

* *Wien, WSTLB HS*
Teilnachlaß, ca. 65 Inventarnummern: Ca. 60 Werkmanuskripte (Couplets, Scherzgedichte, Theaterstücke). – Glückwünsche. – Familiendokumente.
Verzeichnung: Zettelkatalog.
Kauf 1929

Grasberger, Hans

Pseud. Karl Birkenbühl
2.5.1836, Obdach (Stmk.)–11.12.1898, Wien
Redakteur in Wien, Kunstkritiker, Freund Peter Roseggers, Lyriker, Erzähler.
Nur ein Teil des Nachlasses ist erhalten geblieben. Die Tatsache ist darauf zurückzuführen, daß Grasberger „großen Spaß“ daran hatte, seine Manuskripte zu verbrennen. (Fisslberger zitiert einen Brief Grasbergers an Peter Rosegger vom 17.X.1894). Die Tochter Grasbergers, Margarethe Bergeat, teilte Fisslberger am 25.III.1952 mit, „daß die Handschriften der letzten Arbeiten verbrannt worden sind“. Dies bedeute vor allem den Verlust von Romanen und Dramen. „Die Tochter besitzt von ihrem Vater nur zwei Porträts und die Totenmaske, die Grasbergers Freund Prof. Hoffmann abgenommen hat.“

* *Graz, Steiermärkische Landesbibliothek*
Teilsammlung.

* *Wien, WSTLB HS*
Manuskript: *Auf dem Wiener Pflaster* (1897).
Hermann Fisslberger: Das lyrische Werk Hans Grasbergers. Diss. Wien 1953.

Grasspointner, Walter

7.10.1899, Wien–19.6.1963, London
Lyriker, Beamter im Französischen Kulturinstitut in Wien, London.

* *Wien, Dokumentationsstelle für neuere österreichische Literatur*
Teilnachlaß, 2 Kartons: Gedichte, Aphorismen, kleine Prosa. – Einzelne Briefe an Grasspointner. – Ausweise, Photos. – Druckbelege, 1 Theaterstück von Tone Brulin.
Vorgeordnet.
Geschenk 1983

Grazer Autorenversammlung

Österreichische Schriftstellerorganisation, auf den ersten Präsidenten H.C. Artmann folgten Gerhard Rühm (1978) und Ernst Jandl (1983).

* *Wien, Dokumentationsstelle für neuere österreichische Literatur*
Sammlung Ernst Jandl, 7 Ordner und 38 Mappen: Aufzeichnungen, Vereinsunterlagen und Korrespondenzen zur Gründung und Entwicklung der Organisation.
Geschenk 1986

Gregor, Joseph

26.10.1888, Czernowitz–12.10.1960, Wien
Regisseur, Theater- und Kulturhistoriker, Lyriker, Erzähler. Vorstand der Theatersammlung der Österreichischen Nationalbibliothek.

* *Wien, Österreichisches Theatermuseum. Früher: Internationales Musiker-Brief-Archiv Wien, früher Berlin*
Teilnachlaß, 14 Kisten: Manuskripte, Biographien, Briefe.

* *Wien, Wiener Philharmoniker, Historisches Archiv*
Teilnachlaß: Ca. 245 Briefe von Richard Strauss und 20 Briefe von Stefan Zweig an Joseph Gregor.
Maschinschriftliches Verzeichnis.
Erwerbung 1950

Stefan Zweig–Joseph Gregor: Correspondence 1921-1938. Edited by Kenneth Birkin. Dunedin (New Zealand): Department of German, University of Otago 1991. (= Otago German Studies, Band 6); *Richard Strauss und Joseph Gregor. Briefwechsel 1934-1949*. Im Auftrag der

Wiener Philharmoniker herausgegeben von Roland Tenschert. Salzburg: Otto Müller Verlag 1955.

Greinz, Hermann

2.7.1879, Innsbruck–19.10.1938, ebda
Dramatiker, Erzähler, Jurist, Bruder von Hugo und Rudolf Greinz.

* *Privatbesitz, Salzburg*
Nachlaß: Vorwiegend Erzählungen und Novellen.
Er hat als Student viel mit dem Exltheater Verbindung gehabt, Theaterkritiken geschrieben und u. a. mit Dr. Rudolf Brix (Polizeijurist nicht zu verwechseln mit dem Schauspieler gleichen Namens) zusammen ein Theaterstück *Die Gmoanwahl* (mit R.Brix) 1903 verfaßt, das auch von den Exlleuten aufgeführt wurde.

Greinz, Hugo

3.6.1873, Innsbruck–24.1.1946, Salzburg
Erzähler, Feuilletonist, Zeitungsredakteur, Herausgeber der literarischen Monatsschrift *Kyffhäuser,* Übersetzer dänischer und norwegischer Romane, Bruder von Rudolf und Hermann Greinz.
Vieles ging verloren: Hugo und Berta Greinz mußten 1945 ihre Wohnung (sie waren 1940 von Wien nach Salzburg übersiedelt) aufgeben und den amerikanischen Besatzungstruppen überlassen. „Die 8.000 Bände der Bibliothek waren erst bei Bauern dann eingelagert. So sind Reste geblieben." (Brief vom 8.9.1989)

* *Privatbesitz, Salzburg*
Teilnachlaß: Wenige Manuskripte, Feuilletons als Redakteur der *Volkszeitung* (*Volksblatt*) in Wien. – In einem Briefkonvolut befinden sich Briefe, u. a. von Otto Julius Bierbaum, Johannes Cotta, Emil Ertl, Cäsar Flaischlen, Hans Fraungruber (mit Gedichten), *Die Gesellschaft,* Hans Giebisch, Franz Karl Ginzkey, Martin Greif, Hans von Hoffensthal, Korfiz Holm, Mirko Jelusich (Typos. *Zerspring*), Albert Langen, Otto Georg von Leitgeb (Hs. *Phantasie*), Detlev von Liliencron, Adam Müller-Guttenbrunn (mit Gedichten), Peter Nansen, Josef Friedrich Perkonig (Hs. *Der Reiftanz zu Hüttenberg in Kärnten*), Adolf Pichler von Rautenkar, Emil Reich, Peter Rosegger, Ferdinand von Saar, Georg Trakl, Karl Heinrich Waggerl (Typos. *Das Abenteuer*), Brief an Redaktion *Die Zeit,* September 1909).

Greinz, Rudolf

Pseud. Kassian Kluibenschädel
16.8.1866, Pradl bei Innsbruck–16.8.1942, ebda
Erzähler, Mundartdichter, Dramatiker, Bruder von Hermann und Hugo Greinz. Lebte 1911-1933 in München.

* *Privatbesitz. Dr. Georg Ott, Langholzweg 12, D-W-7980 Ravensburg; Villa Rosenegg-Greinz, A-6071 Aldrans*
Nachlaß: Alle Romane mit Vorarbeiten, Manuskripten und Korrekturfahnen, Tiroler Geschichten und Humoresken, Bühnenwerke (u. a. *Das Krippenspiel von der glorreichen Geburt unseres Heilands, Die Thurnbacherin, Die Altweibermühle* [zusammen mit Karl Schönherr]), Tagebücher. – Familienkorrespondenz, umfangreiche Korrespondenz mit dem L. Staackmann Verlag, darunter auch zum *Taschenbuch für Bücherfreunde,* Redaktionskorrespondenz (*Jugend, Die Muskete*), Korrespondenz mit dem Akademischen Verband für Literatur und Musik in Wien und mit Theaterverlagen. – Lebensdokumente, Photos, Theater- und Verlagsverträge, Abrechnungen. – Druckbelege, Verlagsprospekte, Sammlung von Kritiken, Theaterzettel, Einbandentwürfe.
Bibliothek: Mehrere tausend Bände, darunter viele Bücher aus dem L. Staackmann

Verlag, sowie alle Buchveröffentlichungen von Greinz, z.T. auch in verschiedenen Ausgaben und in Übersetzungen.

Grengg, Maria

26.2.1888, Stein a.d.Donau (N.Ö.)–8.10.1963, Rodaun
Malerin, Schriftstellerin; Wien-Rodaun.

* *Privatbesitz. Edith Brier, Westbahnstraße 5, A-1070 Wien*
Nachlaß: Manuskripte, Briefe (nicht systematisch geordnet), u. a. von Erna Blaas, Karl Maria Grimme, Paula Grogger, Robert Hohlbaum, Hermann R. Leber, Adolf Luser, Max Mell, Franz Nabl, Erwin Stranik, Hedwig Weinheber, Josef Weinheber, Grete Wiesenthal. – Verlagskorrespondenz (Wiener Verlag, Adolf Luser Verlag, Bong & Co.., Mont Blanc Verlag, Wancura Verlag u.v.a.), Korrespondenz mit der Reichsschrifttumskammer, auch mit Stellen, die in der Kriegszeit Lesungen veranstalteten, viele Briefe von Lesern (im Feld). – Verlagsverträge, Honorarabrechnungen, Glückwunschtelegramme. – Verlagsprospekte, Sammlung von Kritiken und Druckbelegen.
Bibliothek: Erstausgaben, Übersetzungen ihrer Werke.
Edith Brier: *Maria Grengg. Das dichteriche und malerische Werk.* Wien: Amt der N.Ö. Landesregierung o.J. (mit Werkverzeichnis).

Grillparzer, Franz

15.1.1791, Wien–21.1.1872, ebda
Lyriker, Erzähler, Dramatiker; Direktor des Hofkammerarchivs in Wien, Mitglied des Herrenhauses.

* *Wien, WSTLB HS*
Nachlaß, ca. 2 470 Inventarnummern: Ca. 1 020 Manuskripte (Notizhefte, Exzerpte, Gedichte, Tagebücher, Reden, Theaterstücke, Übersetzungen). – Ca. 840 Briefe, u. a. von Josef Pollhammer, Leo Schmuck und Marie Schmuck, umfangreiche Familienkorrespondenzen; einzelne Briefe und Briefentwürfe von Grillparzer. – Schul- und Studienzeugnisse, Dokumente zur Beamtenlaufbahn, Testamente, Gesundheitspaß, Reisepaß, Rechnungen. – Briefe an und von Josephine und Katharina Fröhlich.
Verzeichnung: Zettelkatalog.
Testamentarische Verfügung 1879

* *Wien, WSTLB HS*
Kryptonachlaß im Nachlaß von Josef Weil von Weilen, ca. 220 Inventarnummern: Entwürfe, Gedichte, Notizen. – Ca. 80 Briefe an und einzelne Briefe von Grillparzer. – Zahlreiche Gedichte an Grillparzer, einzelne Abschriften von Werken Grillparzers.
Verzeichnung: Zettelkatalog.
Kauf 1918

* *Wien, WSTLB MS*
Teilnachlaß, ca. 20 Inventarnummern: Autographe Kompositionen. – Lieder und Tanzmusik von Josephine Fröhlich, einzelne Werke anderer Komponisten.
Verzeichnung Zettelkatalog.
Testamentarische Verfügung 1879

Standorte von weiteren Autographen nachgewiesen bei Frels, S. 103-104.

Grimme, Karl Maria

8.12.1897, Wien–14.8.1983, ebda
Kunstschriftsteller, Zeitschriftenredakteur; Wien.

* *Unbekannt. Der Nachlaß dürfte sich im Besitz der Witwe, Emmy Grimme († 17.2. 1985, Wien,, Kollburggasse 1, A-1160 Wien, befunden haben.*

Groegler, Oskar

12.12.1889, Olmütz–10.1.1946, Wien
Schriftsteller.

** Wien, WSTLB HS*
Teilnachlaß: 13 Werkmanuskripte (Versdramen, Lustspiele).
Verzeichnung: Zettelkatalog.

Grogger, Paula

12.7.1892, Öblarn (Stmk.)–1.1.1984, ebda
Lehrerin, Erzählerin; Öblarn.

** Graz, Steiermärkische Landesbibliothek*
Teilnachlaß, 23 Kartons: 12 Werkmanuskripte. – Zahlreiche Briefe, u. a. von Felix Braun, Ernst Brogyanyi, Marta Elisabeth Fossel, Friedrich Frischenschlager, Gertrud Fussenegger, Viktor von Geramb, Enrica von Handel-Mazzetti, Max Mell, Börries von Münchhausen, Franz Nabl, Gertrud Smola, Erika Spann-Rheinsch.
Maschinschriftliches Verzeichnis.
Depot 1986

Groh, Otto Emmerich

7.4.1905, Karlstadt (Bayern)–13.10.1978, Wien
Dramaturg, Theaterintendant in Salzburg, Erzähler, Dramatiker.

** Privatbesitz. Vermutlich Claudia Binder (Adoptivtochter), Hegergasse 12/6, A-1030 Wien*

Groller, Balduin

Pseud. für Adalbert Goldscheider
5.9.1848, Arad (Ungarn)–22.3.1916, Wien
Publizist, Unterhaltungsschriftsteller; Wien.

** Wien, WSTLB HS*
Teilnachlaß, ca. 20 Inventarnummern: Ca. 10 Werkmanuskripte (Gedichte, Novellen, Feuilletons). – Einzelne Briefe.
Verzeichnung: Zettelkatalog.
Kauf 1948

Grossmann, Stefan

Pseud. Gabriel Gram, Thomas Wehrlin
18.5.1875, Wien–3.1.1935, ebda

** Privatbesitz. Dr. Christina Wesemann, Köllnerhofgasse 4, A-1010 Wien*
Teilnachlaß: Manuskripte, Briefe, u. a. von Peter Altenberg, Herbert Eulenberg, Oskar Maurus Fontana, Hugo von Hofmannsthal, Gustav Landauer, Heinz Lang, Engelbert Pernerstorfer, Wilhelm Schmidtbonn, Briefwechsel aus dem Jahre 1933 zwischen Grossmann und Leopold Schwarzschild über *Das Tagebuch,* angelegte Sammlung von Zeitungstexten.

** Berlin, Staatsbibliothek Preußischer Kulturbesitz, Handschriftenabteilung*
Nachlaß Gerhart Hauptmann: Großes Konvolut von Briefen Grossmanns an Gerhart Hauptmann.

Großschopf, Alois

6.4.1916, Deutsch-Beneschau–1.7.1977, Linz
Literaturwissenschaftler, Landesbeamter (Leiter des Adalbert-Stifter-Instituts in Linz).

** Linz, Adalbert-Stifter-Institut*
Teilnachlaß, 5 Kartons: Zahlreiche Werkmanuskripte (Vorträge und Abhandlungen, vor allem über Adalbert Stifter). – Ca. 300 Briefe. – Handexemplare seiner Veröffentlichungen, Zeitungsausschnitte.
Unbearbeitet.
Geschenk 1976

Grün, Elisabeth (Lily)

3.2.1904, Wien–Ende Mai 1942 nach Minsk deportiert
Erzählerin; Prag, Wien, Paris.

** Nicht überliefert. Briefe im Archiv des Paul Zsolnay Verlags, Wien.*

Gründorf, Karl

1.5.1830, Riegersburg (Stmk.)–26.7.1906, Wien
Schauspieler, Dramatiker, Publizist; Wien.

** Wien, WSTLB HS*
Teilnachlaß, ca. 280 Inventarnummern: Einzelne Dramen. – Ca. 270 Briefe an Gründorf.
Verzeichnung: Zettelkatalog.
Kauf 1905

Grünewald, Alfred

17.3.1884, Wien–ca. Herbst 1942
Architekt in Wien, Lyriker, Dramatiker.
Nach einem erfolglosen Selbstmordversuch im März 1938 wurde G. nach seiner Genesung in das KZ Dachau überstellt. Nach seiner Entlassung 1939 floh er über die Schweiz und Italien nach Südfrankreich. Bei Kriegsausbruch wurde er im Internierungslager Fort d'Antibes inhaftiert, durfte später nach Nizza zurück und lebte dort ein kümmerliches Emigrantendasein bis zum Herbst 1942. Dann wurde er von der französischen Polizei im Auftrag der Gestapo verhaftet und der SS ausgefolgt. Es wird angenommen, daß er zusammen mit vielen anderen nach Südfrankreich geflohenen österreichischen Juden nach dem Osten verschleppt worden und in einem KZ umgekommen ist.

** Der Nachlaß muß als verloren gelten.*

** Wien, ÖNB HS*
Teilnachlaß, Ser. n. 9.394-9.404: 10 Bände Gedichte und Bühnenwerke.
Alfred Grünewald: *Klage des Minos*. Eine Auswahl zusammengestellt und eingeleitet von Oskar Jan Tauschinski. Wien: Bergland-Verlag 1969 (= Neue Dichtung aus Österreich, Band 157/158); Alfred Grünewald: *Laß meine Seele dir Heimat sein*. Eine Auswahl. Zusammengestellt und eingeleitet von Oskar Jan Tauschinski. Wien-München: Verlag Jungbrunnen 1990 (= Bibliothek Wiederaufnahme).

Grünstein, Leo

18.7.1876, Lemberg–10.1.1943, KZ Theresienstadt
Lyriker, Essayist; Lemberg, Wien.

** Wien, WSTLB HS*
Teilnachlaß, 1/4 Karton: Entwürfe. – Briefe.
Maschinschriftliches Verzeichnis.
Erwerbung 1948

Guem, Otto

6.4.1899, Bruneck (Südtir.)–6.5.1976, Mauthausen (O.Ö.)
Erzähler, Heimatdichter, Dr.jur., 1923-1939 Notar in Südtirol, seit 1940 in Mauthausen wohnhaft.

** Mauthausen, Gemeindemuseum, Heimatverein*
Nachlaß, 20 Mappen: Romanmanuskripte, Theaterstücke, Gedichte, andere Arbeiten, Briefe an Guem, Personaldokumente.

Gütersloh, Albert Paris

D.i. Albert Conrad Kiehtreiber, Pseud. Paris von Gütersloh
5.2.1887, Wien–16.5.1973, Baden bei Wien
Erzähler, Herausgeber, Maler.

** Wien, ÖNB HS*
Nachlaß, Ser. n. 33.001-33.709: Skizzen, Notizbücher (1917, 1924-1970), Gedichte, Romane, Korrekturfahnen, Erzählungen, Essays, Kritiken, Reden, Tagebücher (1936-1954, mit Lücken), autobiographische Aufzeichnungen. – Familiendokumente, Dokumente zur Laufbahn als Professor an der Akademie der bildenden Künste, Personaldokumente, Ehrungen,

Unterlagen zur finanziellen Situation, Testamente, Telefonbücher.
Inhaber der Urheberrechte: Heribert Hutter, Dr. Irmgard Hutter sowie Prof. Wolfgang Hutter, Wien.
Erwerbung 1989

Gugitz, Gustav

9.4.1874, Wien–3.3.1964, Rekawinkel (N.Ö.)
Schriftsteller, Literarhistoriker, Volkskundler; Wien.

* *Wien, WSTLB HS*
Teilnachlaß, ca. 1 700 Inventarnummern und 1/2 Karton: Notizen und Exzerpte zur Edition der Werke von Giacomo Casanova de Seingalt. – Ca. 1 700 inventarisierte und mehrere unbearbeitete Briefe, u. a. von Josef Bindtner, Philipp von Blittersdorff, Erich Karl Blümml, Mirko Breyer, Otto Erich Deutsch, Anton Franz Dörrer, Edmund Friess, Eduard Haustein, Johann Kaliba, Frido Kordon, Anton Pachinger, Busso Peus, Otto Rommel, Anton Schlossar, Leopold Schmidt, Arthur Weber und Fedor von Zobeltitz, Korrespondenzen mit Casanova-Forschern. – Zettelkatalog zur österreichischen Literatur, Index zu Caroline Pichlers *Denkwürdigkeiten.*
Maschinschriftliches Verzeichnis, Zettelkatalog. – Teilweise unbearbeitet.
Geschenk 1942 und 1944

* *Wien, Wiener Stadt- und Landesarchiv*
Nachlaß, 35 Mappen: Biographische Unterlagen, Bibliographie seiner Arbeiten, Aufsätze und Feuilletons zur Wiener Kultur- und Sittengeschichte, Volks- und Heimatkunde, Biographien, Briefe.
Erwerbung 1964
Wolfgang Mayer: *Wiener Stadt- und Landesarchiv. Nachlässe.* Wien 1988, S. 11. (= Veröffentlichungen des Wiener Stadt- und Landesarchivs. Reihe A: Archivinventar, Serie 3, Heft 2)

Gulbransson, Grete

31.8.1882, Bludenz (Vbg.)–27.3.1934, ebda
Lyrikerin; Bludenz.

* *Bregenz, Vorarlberger Landesmuseum*
Teilnachlaß: Ca. 200 Bände Tagebücher (1892-1934).
Vorgeordnet.

Gunert, Johann

9.6.1903, Mödritz bei Brünn (Mähren)–3.10.1982, Wien
Lyriker, Essayist, Bibliothekar an der Wiener Stadtbibliothek.

* *Wien, WSTLB HS*
Nachlaß, 15 Kartons: Gedichte, Tagebücher. – 4 Kartons Briefe.
Vorgeordnet.
Geschenk 1983, 1989 und 1990

Gutherz, Harald Peter

Pseud. Cyprian, Peter Paradeis, Raphael Medardt
10.11.1904, Krems a.d.Donau (N.Ö.)–1944 gefallen in Reval.
Conferencier in „Literatur am Naschmarkt“, Lyriker, Übersetzer, Mitglied des „Bunds der jungen Autoren“, Redakteur bei der *Neuen Freien Presse* und beim *Neuen Wiener Tagblatt,* Kriegsberichterstatter.

* *Privatbesitz. Margarethe Gutherz, Kirchengasse 7, A-1070 Wien*
Nachlaß: Typoskripte von Conferencen, Feuilletons, Theater- und Filmkritiken, Hörspiel, Druckbelege, Photos, Bücher.

Guttman, Albert

19./20.Jh.
Musikverleger und Konzertagent in Wien.

* *München, Bayerische Staatsbibliothek, Handschriften- und Inkunabelabteilung*
Briefsammlung, 6 große Schachteln: 2 300 Briefe (1877-1922) von bekannten Komponisten und Interpreten.

Karl Dachs: *Die schriftlichen Nachlässe in der Bayerischen Staatsbibliothek München*. Wiesbaden 1970. (= Catalogus codicum manuscriptorum bibliothecae Monacensis 9,1)

Haas, Rudolf

28.6.1877, Mies (Böhmen)–25.8.1943, Villach (Ktn.)
Jurist, Erzähler; Villach.

* *Villach, Museum der Stadt Villach*
Teilnachlaß: 2 Romanmanuskripte. – Einzelne Briefe an Haas. – 2 Bände Zeitungsausschnitte mit Berichten und Kritiken über Haas und sein Werk (1915-1942), einzelne Photos. – Teil der Bibliothek.
Verzeichnung: Inventar.
Geschenk 1937 und 1981

Habe, Hans

Eigentlich Bekessy, Pseud. Antonio Corte u. a.
12.2.1911, Budapest–29.9.1977, Locarno
Schriftsteller, Redakteur, Korrespondent.

* *Berlin, Landesarchiv*
Nachlaß: Korrespondenz aus den Jahren 1954 bis 1977, Exposés, Manuskripte, Photos, Andenken.
Erworben 1985.

* *Boston, Boston University, Mugar Memorial Library*
Teilnachlaß, 14 Archivkartons (1941 bis 1965): Literarische Manuskripte, Forschungsnotizen, Fahnenabzüge, Photos, Zeitungsausschnitte und Rezensionen.
Seit 1965 vom Autor übergeben.
Spalek, Kalifornien, S. 182-184; Guide, 1978, S. 380-384.

Habel, Eduard

18.3.1803, Prag–22.8.1884, Salzburg
Hofsekretär, Erzähler; Salzburg, Wien.

* *Wien, WSTLB HS*
Teilnachlaß: 1/4 Karton: Erzählungen, Dramen, Reisetagebücher.
Maschinschriftliches Verzeichnis.
Erwerbung 1925

Hackl, Luise

2.12.1863, Oberbrühl bei Gmünd (N.Ö.)–2.5.1935, Weitra (N.Ö.)
Erzählerin, Frauenrechtlerin; Weitra.

* *Gmünd, Archiv für Heimat- und Lokalgeschichte*
Teilnachlaß, 4 Mappen: Ca. 20 Werkmanuskripte (Gedichte, Erzählungen), 2 Zeichnungen. – Photos.
Maschinschriftliches Verzeichnis.

Hadwiger, Victor

6.12.1878, Prag–4.10.1911, Berlin
Lyriker, Erzähler.
Der Nachlaß Hadwigers existiert nicht mehr. Der Verwalter des Nachlasses, Anselm Ruest (= Pseud. für Ernst Samuel), hat in den Jahren nach dem Tod Hadwigers mehrere Werke aus dem Nachlaß publiziert. Schon als Hadwiger starb, waren die Manuskripte mancher unveröffentlichter Werke, darunter einer Sammlung von Märchen und Erzählungen bis auf Fragmente verloren. „Die vollständige unter dem Titel ‚Wanderer Albatroß‘ vereinigte Sammlung ist indessen verloren gegangen, so daß nur die Rekonstruktion nach Fragmenten oder ersten Niederschriften noch möglich ist." (Nachwort im Auftrage des Verlages verfasst von Dr. Anselm Ruest in Victor Hadwiger: *Abraham Abt. Roman*. Berlin: A.R. Meyer 1912, S. 222-231, hier S. 225f.) Über das weitere Schicksal des Nachlasses bzw. über die jahrelange Suche nach dem Nachlaß berichtet ausführlich Hartmut Geerken in Victor Hadwiger: *Il Pantegan. Abraham Abt. Prosa*. Hrsg. v. Hartmut Geerken. München: edition text + kritik 1984 (= Frühe Texte der Moderne), S. 283 ff. Über die von Ruest geretteten und an Salomo Friedländer übergebenen Materialien schreibt Geerken

in Zusammenhang mit einer Durchsuchung von Wohnung und Keller Friedländers in Paris durch die Gestapo: „So wurde alles konfisziert, was auf den Namen Samuel hinwies. Unter diesen sozusagen versehentlich konfiszierten Papieren Ruests dürfte sich aller Wahrscheinlichkeit nach der ‚reichhaltige Nachlaß' Hadwigers befunden haben, evtl. sogar mit den Manuskripten aus dem Nachlaß von Ferdinand Josef Schneider." (S. 286)
Ferdinand Josef Schneider: *Victor Hadwiger (1878-1911). Ein Beitrag zur Geschichte des Expressionismus in der deutschen Dichtung der Gegenwart.* Halle: Verlag von Max Niemeyer 1921.

Hahn, Otto Max

Keine Daten ermittelt.

** Wien, WSTLB HS*
Teilnachlaß, 3 Kartons: Entwürfe, Gedichte, Erzählungen und Tagebücher aus der Emigration in Brüssel und Bern (ca. 1938-1940). – Zeitungsausschnitte.
Maschinschriftliches Verzeichnis. – Unbearbeitet.
Geschenk 1957

Hajek, Egon

Pseud. Egon Hain
6.11.1888, Kronstadt (Siebenbürgen)–15.5.1963, Wien
Pfarrer der Luther-Kirche in Wien, Professor an der Staatsakademie für Musik, Lyriker, Erzähler, Komponist.
Der sehr umfangreiche Nachlaß wurde in nicht geordnetem Zustand dem Verein Arbeitskreis für Siebenbürgische Landeskunde vom Presbyterium der evang. Pfarrgemeinde Wien-Währing sukzessiv zugesandt. Er ist inzwischen vorgeordnet worden.

** Gundelsheim/Neckar, Arbeitskreis für Siebenbürgische Landeskunde e.V.*
Nachlaß, 16 Bände: Gedichte, Balladen, Essays, Rezensionen, Exzerpte. – Korrespondenz (1924, 1927, 1929, 1938-1959), darunter Verlags- und Familienkorrespondenz. – Verlagsverträge, Dokumente zur Berufslaufbahn, Lebenslauf, Ehrungen, Glückwünsche. – Familiendokumente, umfangreiche Sammlung von Rezensionen seiner Werke, Druckbelege.
Verzeichnung: Zettelkatalog.
Erwerbung 1981-1982

Hakel, Hermann

12.8.1911, Wien–24.12.1987, ebda
Schriftsteller, Verlagslektor, Herausgeber der literarischen Zeitschrift *Lynkeus.*
Emigration 1939 nach Italien, dort im KZ, 1945-47 in Palästina. 1948 Rückkehr nach Wien.
Mit der Ziehharmonika. Zeitschrift der Theodor Kramer-Gesellschaft 5 (1988) Nr. 2, S. 3.; „Hermann Hakel Gesellschaft", *Ebenda* 6 (1989) Nr. 4, S. 12.

** Privatbesitz. Emmerich Kolovic, Traisengasse 17/28, A-1200 Wien (Nachlaßverwalter)*
Nachlaß mit Bibliothek (mehr als 1.000 Bände).
Hermann Hakel: *Dürre Äste, welkes Gras–Begegnungen mit Literaten, Bemerkungen zur Literatur.* Aus dem Nachlaß herausgegeben von Gerhard Amanshauser u. a. Wien: Lynkeus Verlag 1991.

Halm, Friedrich

Pseud. für Eligius Franz Joseph Münch-Bellinghausen
2.4.1806, Krakau–22.5.1871, Wien
Kustos der Hofbibliothek, Theaterleiter, Mitglied des Herrenhauses, Lyriker, Erzähler, Dramatiker.

** Wien, ÖNB HS*
Nachlaß, Ser. n. 122-124, 361, 375-428, 1.449, 1.552, 3.499-3.506, 9.804-9.807, 9.814-9.815, Autogr. 178/1-182/136, 1185/1-1187/21: Manuskripte und Briefe.

* *Wien, WSTLB HS*
Teilnachlaß: Gedichte und Briefe.

Standorte von weiteren Autographen nachgewiesen bei Frels, S. 113.

Hamerling, Robert

24.3.1830, Kirchberg am Walde (N.Ö.)–13.7.1889, Graz
Gymnasiallehrer, Lyriker, Erzähler; Triest, Wien, Graz.

* *Graz, Steiermärkische Landesbibliothek*
Nachlaß, 310 Konvolute: 72 Konvolute Werkmanuskripte (Gedichte, Epen), Tagebücher (1844-1888). – Briefe, u. a. von Anton Alexander Graf Auersperg, L. von Erdödy, Eduard Hans Geisebach, M. Grohe, Clothilde Gstirner, Anne Hamel, K.E. Kleinert, Therese Klepp, O. Linke, Loser, Frau Milborn, Maria Mösner, Johanna Prinzhofer, Elise Prusse, Fanny von Purgay, Anna Schimpf, Lina Vogt und Ernst Wechsler. – Taschenkalender, Aufzeichnungen über häusliche Ausgaben (1856-1863). – Zeitungsausschnitte, Photos und Erinnerungsstücke, Handexemplare seiner Veröffentlichungen, Vertonungen und Übersetzungen von Werken Hamerlings, Katalog seiner Münzsammlung, zahlreiche Veröffentlichungen über Hamerling.
Maschinschriftliches Verzeichnis.
Bruno Brandstetter: Der Nachlaß Robert Hamerlings. Zur hundertfünfzigsten Wiederkehr des Geburtstages des Dichters. In: *Blätter für Heimatkunde* (Graz) 54 (1980), S. 88-94.

* *Wien, ÖNB HS*
Teilnachlaß, Ser. n. 9.588-9.590 und Autogr. 127/108: Manuskripte und Briefe.

* *Kirchberg am Walde (N.Ö.), Gemeindeamt, Hamerlinghaus*
Bibliothek, ca. 5 000 Bände.

Standorte von weiteren Autographen nachgewiesen bei Frels, S. 114-115.

Hammer-Purgstall, Joseph von

9.6.1774, Graz–23.11.1856, Wien
Lyriker, Erzähler, Dramatiker.

* *Privatbesitz. Schloß Hainfeld bei Feldbach (Stmk.). Nicht zugänglich*

* *Wien, ÖNB HS*
Sammlung: Korrespondenz mit Friedrich Wilken (Ser. n. 3.447), Typoskript des Dramas *Die Assassinen* (Ser. n. 15.180, 15.412), Sammlung seiner Gedichte (Ser. n. 15.233-15.238), Nachträge zu seinen Gedichten. Anhang: Gedichte an ihn (Ser. n. 15.353), Codices arabicos, persicos, turcicos, Bibl. Caes.-reg. palat. Vindobonensis (Druck mit hss. Anmerkungen) (Ser. n. 17.932), Korrespondenz und Rechnungsbelege zu dem Kauf der orientalischen Handschriften (Ser. n. 25.853).

* *Leipzig, UB*
Bibliothek von 9 000 Bänden.

Standorte von Autographen nachgewiesen bei Frels, S. 115.

Hammerschlag, Peter

Pseud. Peter Mahr
27.6.1902, Wien–am 17.7.1942 nach Auschwitz deportiert
Lyriker, Kleinkunstdichter, Conferencier.

* *Wien, ÖNB HS*
Kryptonachlaß im Nachlaß von Friedrich Torberg, Ser. n. 26.059, 32.582-32.628: Gedichte, Sketches, Blackouts, Reime, einzelne Druckwerke.
Kauf 1988

Hammerstein-Equord, Hans von

Pseud. Georg Stein
5.10.1881, Schloß Sitzenthal (N.Ö.)–

9.8.1947, Gut Pernlehen bei Micheldorf (O.Ö.)
Schriftsteller, Politiker.

* *Privatbesitz (nicht zugänglich). Christiane von Hammerstein-Equord (1902-1980)*
Der unveröffentlichte Nachlaß wurde vom Dichter selbst in vierzehn Faszikeln zusammengestellt, welche unveröffentlichte Tagebücher, autobiographische Darstellungen, Erzählungen, Gedichte und Aufsätze sowie auch dramatische Entwürfe und das historische Schauspiel *Der letzte Babenberger* (in zwei Fassungen) enthalten.
Maschinschriftliches Verzeichnis (1964), Abschrift in: Elmar Schiffkorn: Hans von Hammerstein-Equord. Dichter und Politiker einer Zeitenwende. Versuch einer Monographie. Diss. Innsbruck 1982, S. 430-436.

Handel-Mazzetti, Enrica von

10.1.1871, Wien–8.4.1955, Linz
Erzählerin, Dramatikerin; Wien, Linz.

* *Linz, Adalbert-Stifter-Institut*
Nachlaß: Notizen, Entwürfe, zahlreiche Manuskripte. – Zahlreiche Briefe, u. a. von Marguerite Anklin, Hildegard von Bayern, Franz Berger, Grete Berges, Henri Bremond, Henriette Brey, Henri Buriot-Darsiles, Maurus Carnot, Elsa Csank-Lesigang, Anton Franz Dörrer, Josef Eberle, Marie Ebner von Eschenbach, Johannes Eckardt, Franz Eichert, Richard Fichte, Arthur Fischer-Colbrie, Josef Calasantius Fleißner, Bernhard Fließ, Friedrich Funder, Paula Grogger, E.M. Hamann, Jolanthe Hasslwander, Melanie Heckner, Thomas Holl, Heinrich Jünemann, Adele Kment, Eduard Korrodi, Richard Kralik von Meyrswalden, Hans Lindau, Vinzenz Oskar Ludwig, Johannes Mumbauer, Karl Muth, Moritz Necker, Joseph Georg Oberkofler, Bertha Pelico, Paula von Preradovic-Molden, Alexandra Rachmanowa, Johannes Ranftl, Julius von Rodenberg, Franz Roser, Maria Veronika Rubatscher, Edward Samhaber, Hans Schmitz, Hans Schönfeld, Margarete Seemann, Paul Siebertz, Bernard Willem Speekman, Maurice Reinhold von Stern, Kurt Vancsa, Sigmund Waitz, Ludwig Wegmann, Ludwig Wehse, Josefine Widmar, Odilo Zurkinden, Familien-, Verlags- und Redaktionskorrespondenzen; Briefe von Enrica von Handel-Mazzetti. – Personaldokumente, Kalender, Kassa- und Haushaltsbücher, Verlagsabrechnungen. – Familiendokumente, Photos, Kritiken ihrer Werke. – Teil der Bibliothek.
Teilweise vorgeordnet.
Dr. Kurt Vancsa: Das Handel-Mazzetti-Archiv der Studienbibliothek Linz. Ein erster Arbeitsbericht. In: *Oberösterreichischer Kulturbericht*. Hg. vom Institut für Landeskunde, Folge 8, 13. April 1956; Bernhard Doppler: Möglichkeiten eines Handel-Mazzetti-Archivs. In: *Vierteljahresschrift. Adalbert-Stifter-Institut des Landes Oberösterreich* 26 (1977), S. 41-62; *Oberösterreichisches Tagblatt*, 9.4.1985, S. 9.

Hanf, Robert

Keine Daten ermittelt.
Richter, Passau.

* *Innsbruck, UB, Handschriftenabteilung*
Teilnachlaß, 23 Bände: 1 Vortrag. – Exemplare seiner Bücher, Manuskripte anderer Autoren.
Vorgeordnet.
Geschenk 1933

Hango, Hermann

16.5.1861, Wien–10.10.1934, ebda
Historiker, Lyriker, Erzähler; Direktor des Wiener Stadtarchivs.

** Wien, WSTLB HS*
Teilnachlaß, 3 Kartons: Gedichte, Erzählungen, Rezensionen, Tagebücher, Dramen. – Briefe. – Lebensdokumente. Maschinschriftliches Verzeichnis. – Unbearbeitet.
Erwerbung 1954

** Wien, Wiener Stadt- und Landesarchiv*
Teilnachlaß, unbearbeitet.

Hanrieder, Norbert

2.6.1842, Kollerschlag (O.Ö.)–14.10.1913, Linz
Weltpriester, Mundartdichter; Putzleinsdorf, Losenstein (Oberösterreich).

** Linz, Adalbert-Stifter-Institut*
Teilnachlaß, 7 Kartons: Ca. 20 Werkmanuskripte (Gedichte, Lieder, Schwänke). – Einzelne Briefe. – Rezensionen, briefliche Urteile über sein Werk, Photos.
Unbearbeitet.
Geschenk 1983

Hanus, Heinz

24.5.1882, Wien–16.3.1972, ebda (?)
Bautechniker, Schauspieler, Filmregisseur und -produzent; Gründer und Präsident des „Österreichischen Filmbundes" in Wien.

** Wien, Österreichisches Filmarchiv*
Teilnachlaß, 3 Kartons: Drehbücher und Drehbuchentwürfe, Filmkritiken. – Korrespondenzen im Zusammenhang mit Filmproduktionen, u. a. mit Eberhard Frowein. – 2 Kartons mit Materialien zum Österreichischen Filmbund seit 1926 (Korrespondenzen, Protokolle, Statuten und amtliche Bescheide, Finanzunterlagen).
Unbearbeitet.

Haringer, Jakob

Pseud. Robert Ibus, Lukas Nell
16.3.1883, Dresden–3.4.1948, Zürich
Schriftsteller, Lyriker.

** Bern, Schweizerisches Literaturarchiv*
Gesamtnachlaß.
Geschenk der Gemeinde Köniz

** Wien, Dokumentationsstelle für neuere österreichische Literatur*
Sammlung Arnold Waldwagner (geb. 30.1.1898 zu Wildpark bei Potsdam): 2 Photos, Gedichte (masch.); 16 Briefe und Karten Haringers an Waldwagner (1929-25.4.1933); Heft *Die Einsiedelei;* Verlagsprospekt Der Strom Verlag Berlin. 1970 übergeben.
Waldwagner hat 1924-1929 eine Reihe von Haringer-Gedichten vertont.
Jakob Haringer: *Aber des Herzens verbrannte Mühle tröstet ein Vers. Ausgewählte Lyrik, Prosa und Briefe.* Hrsg. Hildemar Holl. Mit einem Nachwort von Wulf Kirsten. Salzburg: Residenz Verlag 1988.

Harrer, Heinrich

Geb. 6.7.1912, Hüttenberg (Ktn.)
Bergsteiger, Schriftsteller; Knappenberg, Mauren (Liechtenstein), Expeditionen zu Naturvölkern der ganzen Welt.

** Hüttenberg, Heinrich-Harrer-Museum*
Teilnachlaß: Reiseaufzeichnungen, einzelne Manuskripte von Büchern. – Korrespondenzen. – Ca. 600 Sammlungsgegenstände von Expeditionen, ca. 50 000 Dias, 100 Filmrollen, 20 Videokassetten, Markensammlung.
Maschinschriftliches Verzeichnis. – Teilweise unbearbeitet.
Geschenk 1983

** Zürich, Universität Zürich, Völkerkundemuseum*
Ethnologische Sammlung.

Hartlieb, Wladimir von

Pseud. Rimidalw, Dominikus
19.2.1887, Görz–2.9.1951, Werfen (Sbg.)
Theaterkritiker, Erzähler.

** Wien, ÖNB HS*
Nachlaß, Ser. n. 18.965-19.267, Autogr. 761/1-794/25: Manuskripte, Tagebücher und Briefe.

Hartmann, Moritz

15.10.1821, Duschnik bei Příbram (Böhmen)–13.5.1872, Wien
Publizist, Lyriker, Erzähler; Böhmen, Schweiz, England, Paris, Genf, Wien, Mitglied der Deutschen Nationalversammlung in Frankfurt.

** Wien, WSTLB HS*
Nachlaß, 2 400 Inventarnummern: Ca. 90 Werkmanuskripte (Gedichte, Erzählungen, Feuilletons, Stücke). – Ca. 2 300 Briefe, u. a. von Berthold Auerbach, Ludwig Bamberger, Joseph DuMont, Theodor Gouvry, Paul Heyse, Ferdinand von Hiller, Fanny Lewald-Stahr, Leopold Lieben, Hermann Oelschläger, Heinrich Oppenheim, Betty Paoli, Max Schlesinger, Adolf Strothmann, Fritz Szarvady, Käthe Trubetzkoy, Iwan Turgenjew, Marianne Turner, Carl Vogt, Ludwig Walesrode, Familienkorrespondenzen, Briefe von Hartmann an Ludwig Bamberger, Ferdinand von Hiller, Alfred Meißner, Max Schlesinger und Anna Trubetzkoy. – Verlagsverträge.
Verzeichnung: Zettelkatalog.
Kauf 1926

Standorte von weiteren Autographen nachgewiesen bei Frels, S. 118.

Hartwig, Mela

10.10.1893, Wien–24.4.1967, London
Schauspielerin, Schriftstellerin.
Ihr Vater, Theodor, war kulturpolitischer Schriftsteller. 1917-1921 Schauspielerin, Ausbildung am Wiener Konservatorium. Engagements in Olmütz, Wien und Berlin. Seit 1921 mit dem Grazer Rechtsanwalt Dr. Robert Spira verheiratet. Schrieb ernsthaft seit 1923 mit Vorliebe Prosa, etwas Lyrik, sehr wenig Dramatisches. Lebte in Graz. Emigrierte 1938 nach England.

** Privatbesitz. Prof.Dr. Ernst Schönwiese (†), Wien*
Teilnachlaß: Manuskripte (*Bin ich ein überflüssiger Mensch?* Roman, 1931/32, *Der verlorene Traum.* Roman, 1943/44, *Die andere Wirklichkeit.* Romanfragment, *Der Selbstmord* [offensichtlich Kapitel aus *Bin ich ein überflüssiger Mensch?], Die Kündigung.* Kurzgeschichte, *Der Meineid.* Kurzgeschichte, *Georgslegende.* – Briefe an Ernst Schönwiese, Photos von Mela Hartwig.
Ernst Schönwiese: Im Exil vergessen: Mela Hartwig (1895-1967) und ihr nachgelassener Roman *Die andere Wirklichkeit.* In: E.S., *Literatur in Wien zwischen 1930 und 1980.* Wien: Amalthea 1980, S. 97-102; Sigrid Schmid-Bortenschlager: Der zerbrochene Spiegel. Weibliche Kritik der Psychoanalyse in Mela Hartwigs Novellen. In: *Modern Austrian Literature* 12 (1979), Nr. 3/4, S. 77-95.

Autographen in anderen Beständen

Nach Auskunft der University of Sussex Library, Manuscripts Section, Brighton BN1 9QL befinden sich in der Sussex Collection insgesamt 14 Briefe von Mela Hartwig. Sechs dieser Briefe sind an Virginia Woolf gerichtet (1939-1940) aus dem Nachlaß von Virginia Woolf. Die restlichen Briefe sind an Leonard Woolf gerichtet (1941-1951) und aus dessen Nachlaß. Im Nachlaß von Margaret Storm Jameson befindet sich der Durchschlag eines Briefes an Mela Hartwig (23.7.40) betreffend die Internierung von Robert Spira.

Hattingberg-Graedener, Magda von

Verehelichte Magda Graedener
12.10.1883, Wien–13.2.1959, Gmunden (O.Ö.)

Schriftstellerin, Pianistin.

* *Wien, WSTLB HS*
Teilnachlaß: *Lebenserinnerungen,* 160 Bl., *Die Katzenreise,* 1 Bl. o.D., diverse Photos, Partitur *Drei Lieder (...) von Rainer Maria Rilke für eine Frauenstimme (Mezzosopran)* komponiert von Chr. Gerh. Eckel, September 1931, vervielfältigte Besprechung von Josef Fitzek *Zwei Dichter zum Benevenuta.* Briefe, u. a. von Felix Braun und Detlev von Liliencron, Schnürmappe, 9-seitige Lebenschronik Hermann Graedener sen.
Kuvert mit der Inschrift „Schriften und alte Briefe berühmter Persönlichkeiten aus dem Nachlass Magda von Hattingberg-Graedener zu übergeben an Ernst Richling Schauspieler Adr. mir unbekannt". Enthält Briefe an Mitglieder der Familie Graedener von Franz Liszt, Clara Schumann, Johannes Brahms, Hans von Bülow, Klaus Groth, Eduard Hanslick, Carl Tausig, Karl Reinecke (?), Prof. Christiansen, Kiel.

Hatvani, Paul

Pseud. für Paul Hirsch
16.8.1892, Wien–9.11.1975, Kew bei Melbourne, Australien
Jugendjahre in Budapest, 1911 Matura, abschließend Studium der Chemie in Wien. Wanderte 1939 nach Australien aus.
Nach dem Tod der Witwe Marianne Hirsch ging der literarische Nachlaß auf den Alleinerben, Frank U. Pam, 43 Mt. Victor Road, Kew, Victoria 3101, Australia, über, der auch Inhaber der Urheberrechte ist. Dieser übergab den Nachlaß an das Department of German, Monash University.

* *Clayton (Australia), Monash University, Department of German Studies*
Nachlaß: Manuskripte vor und nach 1939, biographische Materialien, Veröffentlichungen in ungarischer Sprache, Feuilletonbeiträge Hatvanis für verschiedene Zeitungen (*Budapester Presse, Ostrauer Zeitung, Österreichische Morgenzeitung, Prager Tagblatt, Kölner Tageblatt, Wiener Mittags-Zeitung, Prager Presse, Berliner Börsen-Courier, Wiener Allgemeine Zeitung*).
Maschinschriftliches Verzeichnis von Stephen Jeffries.

* *Clayton (Australia), Monash University Library*
Bibliothek.

Hauptvogel, Karl

Keine Daten ermittelt.

* *Innsbruck, Universität, Forschungsinstitut „Brenner-Archiv"*
Teilnachlaß, 2 Mappen: Feuilletons, historische Abhandlungen. – Durchschläge seiner Briefe, u. a. an Ernst Viktor Zenker.
Vorgeordnet
Geschenk 1967

Haus-Ertler, Josefine

14.2.1888, Pernitz (N.Ö.)–18.7.1966, Graz
Verwalterin des Nachlasses und Schwester von Bruno Ertler.

* *Graz, Steiermärkische Landesbibliothek*
Teilnachlaß, 6 Kartons: Briefe, u. a. von Grete Körber – Verlagsverträge.
Maschinschriftliches Verzeichnis.

Hauser, Carry (Carl Maria)

16.2.1895, Wien–28.10.1985, Rekawinkel (N.Ö.)
Maler, Erzähler, Essayist.

** Privatbesitz, Wien*
Nachlaß: Gezeichnete Blockbücher, Gedichte, Essays, Roman *Zwischen gestern und morgen,* Erzählungen, Theaterstücke, Radiovorträge, Kriegstagebuch (1914-1918), Tagebücher und Traumprotokolle. – Briefe, u. a. von Christine Busta, Johann Gunert, Rudolf Henz, Georg Mayer-Marton, Verlagskorrespondenzen und Verlagsverträge. – Zeitungsausschnitte, Kritiken ab 1919, Photos, Ausstellungskataloge.
Cornelia Cabuk: Carry Hauser. Das malerische und graphische Werk bis zum Jahre 1927. Seine Entwicklung im Umfeld der deutschen und österreichischen Kunst dieser Zeit. Diss. Wien 1990; *Carry Hauser 1895-1985.* Ausstellungskatalog Frauenbad. Baden bei Wien: N.Ö.-Gesellschaft für Kunst und Kultur 1990.

Hauser, Otto

Pseud. Ferdinand Büttner
22.8.1876, Gut Dianesch bei Kreuz (Kroatien)–26.5.1944, Blindendorf bei Wiener Neustadt
Schriftsteller, Übersetzer, Rassenkundler, Literarhistoriker.

** Wien, ÖNB HS*
Nachlaß: Ser. n. 26.416-26.464.

Haushofer, Marlen

11.4.1920, Frauenstein (O.Ö.)–21.3.1970, Wien
Erzählerin.

** Privatbesitz. Oskar Jan Tauschinski, Favoritenstraße 27/44, A-1040 Wien*
Nach dem Tod Tauschinskis wird der Nachlaß der WSTLB HS übergeben werden.
Teilnachlaß: Manuskripte, Zeitungsausschnitte.
Testamentarische Verfügung
Marlen Haushofer. 1920-1970. Katalog einer Ausstellung (...) zusammengestellt von Christine Schmidjell. Wien 1990 (= *Zirkular. Sondernummer 22, Juni 1990; Vierteljahresschrift. Adalbert-Stifter-Institut des Landes Oberösterreich* Jg. 39. Sonderheft 1990); Marlen Haushofer: *Die Überlebenden. Unveröffentlichte Texte aus dem Nachlaß. Aufsätze zum Werk.* Hrsg. von Christine Schmidjell. Linz: Landesverlag 1991 (= Schriften zur Literatur und Sprache in Oberösterreich, Folge 2)

Hausmann, Raoul

12.7.1886, Wien–1.2.1971, Limoges
Maler, Photograph, Schriftsteller.

** Privatbesitz. Marthe Prévot, 6, rue Neuve Saint Etienne, F-87000 Limoges, France*
Nachlaß, ca. 6 000 Seiten: Skizzen, Vorarbeiten, ca. 500 in Zeitschriften und Sammelwerken erschienene Texte, unveröffentlichte Gedichte, theoretische Texte und Essays, Erzählung *Umbruch,* Roman *Hyle.* – Briefe, u. a. von Ernst Jandl, Alfred Kolleritsch, Friederike Mayröcker, Kurt Schwitters und Tristan Tzara.

** Rochechouart (Frankreich), Musée départemental d'Art contemporain de Rochechouart, F-87600 Château de Rochechouart*
Der größte Teil des bildnerischen Nachlasses.

Autographen in anderen Beständen

** Berlin, Staatsbibliothek Preußischer Kulturbesitz, Handschriftenabteilung*
Sammlung: 88 Briefe und 12 Durchschläge von, sowie 2 Briefe und 92 Durchschläge an Hausmann, vorwiegend Korrespondenz mit Doris Hahn und Karl Schodder (1964-1966).

** Hannover, Stadtbibliothek (Stadtbüchereien)*
Sammlung, ca. 180 Briefe: Briefwechsel

mit Doris Hahn (1965-71), meist Typoskripte oder Durchschläge.

** Hannover, Stadtbibliothek (Stadtbüchereien)*
Nachlaß Kurt Schwitters: Briefwechsel mit Kurt Schwitters.

Hawel, Rudolf

19.4.1860, Wien–23.11.1923, ebda
Lehrer, Erzähler, Dramatiker; Wien.

** Wien, WSTLB HS*
Sammlung, ca. 180 Inventarnummern: Ca. 10 Werkmanuskripte (Entwürfe, Gedichte, Skizzen, Novellen, Märchen, Volksstücke, Autobiographie). – Ca. 100 Briefe an Hawel. – Gästebücher, Dokumente zur Beamtenlaufbahn.
Verzeichnung: Zettelkatalog.
Kauf 1932 und 1939

** Wien, ÖNB HS*
Sammlung, Ser. n. 9.463-9.465: 3 Bände Gedichte und Prosa.

Hay, Julius

5.5.1900, Abony (Ungarn)–7.5.1975, Ascona
Dramatiker; Budapest, Emigration über Österreich und die Schweiz in die Sowjetunion, 1945 Rückkehr nach Ungarn.

** Marbach, DLA*
Nachlaß, 25 Kartons: Kussmaul, Sp. 176-179.

Haybach, Rudolf

29.12.1886, Wien–15.2.1983, ebda
Ingenieur, Verleger, Theaterleiter, Maler, Schriftsteller.

** Wien, WSTLB HS*
Nachlaß, 10 Kartons: Manuskripte (frühes Manuskript vom August 1915, Drama *Kyondai,* Notizen zu *Fischer in Rom,* mehrere unveröffentlichte Romanmanuskripte, Durchschläge von Frontberichten 1915), Tagebücher, Manuskripte von Albert Paris Gütersloh, u. a. *Kain und Abel.* – Briefe, u. a. von Richard Billinger, Julius Bittner, Franz Blei, Hans Boehler, Albert Paris Gütersloh, L.H. Jungnickl, Michael Powolny, Adalbert Franz Seligmann, Andreas Thom, Rolf Vollé, Wiener Secession, Verlagskorrespondenz. – Dokumente, Verträge, Unterlagen zum Haybach-Verlag (Autorenkorrespondenzen, Produktions- und Vertriebskorrespondenz, Kostenvoranschläge, Papiermuster, Prospekte, nicht gebundene Verlagsexemplare, darunter Erwin Lang: *Hoffnung auf China*), Unterlagen zur Führung des „Theaters der Komödie" (Spielpläne, Korrespondenzen, Unterlagen zur Finanzgebarung), Materialien zur Tätigkeit als Generalsekretär der Wiener Secession. – Zeitungsausschnitte zu den „Wiener Künstlerwochen" (1938), Texte anderer Autoren, Materialien zu Ausstellungen nach dem Krieg, Photos, Ausstellungskataloge Haybachs.

** Wien, ÖNB HS*
Teilnachlaß, Autogr. 760/14, 974/20-23, 1023/1-28: Briefe an Haybach, u. a. von Heimito von Doderer, Albert Paris Gütersloh und Vera Gütersloh, sowie ca. 170 Briefe von Haybach an Vera Gütersloh.

Hebbel, Friedrich

18.3.1813, Wesselburen (Holstein)–13.12.1863, Wien
Dramatiker, Erzähler, Lyriker. Lebte seit 1845 in Wien.

** Weimar, Goethe- und Schiller-Archiv*
Nachlaß, 6 Kartons: Gedichte, Dramen, literaturkritische Arbeiten, autobiographische Aufzeichnungen, Tagebücher (1835-1863). – 66 Briefe an Hebbel, u. a. von Felix Bamberg und Amalie Emma

Sophia Katharina Schoppe sowie 544 Briefe von Hebbel, u. a. an Felix Bamberg, Julius Campe, Franz von Dingelstedt, Siegmund Engländer, Christine Hebbel, Theodor Hedde, Heinrich Laube, Elise Lensing und Karl Werner.
Verzeichnung: Hahn, S. 133f.
Geschenk der Witwe Hebbels im Sommer 1892, danach angereichert.
Friedrich Hebbel: *Tagebücher*. Vollständige Ausgabe in drei Bänden. Hrsg. und mit Anmerkungen versehen von Karl Pörnbacher. München: Deutscher Taschenbuch Verlag 1984.

* *Wesselburen, Hebbel-Museum*
Sammlung: Einzelne Manuskripte, Dokumente und Memorabilia aus dem Nachlaß Hebbels, Briefe von Hebbel, u. a. an Julius Campe, Christine Hebbel, Emil Kuh, John Marshall, Adolf Pichler von Rautenkar und Adolf Stern, Briefe an Hebbel, u. a. von Emil Kuh, Elise Lensing und Adolf Stern sowie Briefe von Persönlichkeiten, die zum Kreis um Hebbel gehörten, Briefe aus der Familie und an die Familie Hebbel, bzw. diese betreffend. Manuskripte über Hebbel, Akten der Familie Hebbel, Akten aus Hebbels Schreiberzeit (1829-1835), Materialien zum Hebbel-Denkmal und zur Hebbel-Stiftung, Theaterprogramme, Manuskripte anderer Autoren, Manuskripte über Hebbel.
Verzeichnung: Zettelkatalog.
U. Henry Gerlach: *Hebbel-Museum, Wesselburen. Verzeichnis seiner Bibliotheks- und Archivbestände*. Wesselburen: Hebbel-Gesellschaft 1981; Martin-M. Langner: Archivbestände des Hebbel-Museums. Nachträge zum Verzeichnis von Gerlach. In: *Hebbel-Jahrbuch* 1986, S. 117-128.

* *Kiel, Universität Kiel, Institut für Literaturwissenschaft, Bibliothek*
Hebbel-Sammlung der Stadt Kiel.
Hayo Matthiesen: Katalog der Hebbel-Sammlung, 1964.

* *Kiel, Schleswig-Holsteinische Landesbibliothek*
Sammlung: Gedichte. – Briefe an Hebbel, u. a. von Ernst Brücke, Cosima von Bülow, Walther von Goethe, Hermann Hettner, Emil Kuh und Karl August Varnhagen von Ense; Briefe von Hebbel, u. a. an Marie von Hohenlohe-Schillingsfürst und Adolf Stern, Familienkorrespondenzen. – Erinnerungen an Hebbel von Marie von Hohenlohe-Schillingsfürst.

* *Wien, ÖNB HS*
Ser. n. 13.751: Fragmente von verschiedenen Werken.

* *Wien, Österreichisches Theatermuseum*
Sammlung, Ser. n. 7.273, 7.239: Regiebuch von *Herodes und Mariamne* mit Korrekturen Hebbels, das Nachlesebuch mit 1 Korrektur Hebbels auf der letzten Seite. Die von Frels (S. 120-121) verzeichneten Bücher wurden von der ÖNB HS an die damalige Theatersammlung der ÖNB (heute: Österreichisches Theatermuseum) abgegeben.

Anni Meetz (Hrsg.): *Neue Hebbel-Briefe*. Neumünster: K. Wachholtz 1963 (=Kieler Studien zur deutschen Literaturgeschichte, Band 1). Zum Nachlaß, S. 23f.; *Briefe an Friedrich Hebbel*. Hrsg. von Moriz Enzinger im Zusammenarbeit mit Elisabeth Bruck. I. Teil: 1840-1860, II. Teil: 1861-1863. Erläuterungen, Biographien der Briefschreiber, Register. Wien: Verlag der Akademie der Wissenschaften 1973-1975. (= ÖAW, Phil-hist. Kl. Sitzungsberichte, 290. Band) [Ohne Angabe der Autographenbesitzer]; Friedrich Hebbel: *Briefe. Ursprünglich in Zeitungen und Periodika veröffentlichte Schriftstücke (nebst einigen bisher unbekannten)*. Gesammelt und erläutert von U.

Henry Gerlach. Heidelberg: Carl Winter Universitätsverlag 1975; *Briefe von und an Friedrich Hebbel. Bisher unbekannte Schriftstücke*. Gesammelt und erläutert von U. Henry Gerlach. Heidelberg: Carl Winter Universitätsverlag 1978. [Mit Angaben aller Autographenbesitzer]

Weitere Autographen nachgewiesen bei Frels, S. 120-121.

Heckenast, Gustav

2.9.1811, Kazshu–12.4.1878, Preßburg
Verleger; Pest.

* *Wien, WSTLB HS*
Teilnachlaß: Ca. 90 Briefe von Peter Johann Nepomuk Geiger.
Verzeichnung: Zettelkatalog.
Kauf 1930

* *Verloren. Die geschäftliche Korrespondenz der Firma Heckenast bis zum Jahre 1870 übergab der Verleger der A.G. Franklin in Budapest, dieser Teil des Nachlasses ist im Winter 1944/45 verbrannt.*
Alois Großschopf: Zum verschollenen Heckenast-Nachlaß. In: *Vierteljahresschrift. Adalbert-Stifter-Institut des Landes Oberösterreich* 22 (1973), S. 46; Anton Schlossar: Adalbert Stifter und Gustav Heckenast, sein Freund und Verleger. In: *Deutsche Arbeit.Monatsschrift für das geistige Leben der Deutschen in Böhmen* 4 (1908), H. 12, S. 810; Cornelia Blasberg: Adalbert Stifter und sein Verleger Gustav Heckenast. Eine andere Geschichte des *Nachsommers*. In: *Von Göschen bis Rowohlt. Beiträge zur Geschichte des deutschen Verlagswesens.* Festschrift für Heinz Sarkowski zum 65. Geburtstag. Hrsg. Monika Estermann und Michael Knoche. Wiesbaden: Otto Harrassowitz 1990, S. 103-121: Klaus Amann: Stifter und Heckenast. Literarische Produktion zwischen Ästhetik und Ökonomie. In: *Vierteljahresschrift. Adalbert-Stifter-Institut des Landes Oberösterreich* 27 (1978), S. 47-58; Irmgard Skroch: Stifter und Heckenast. Ihr Verhältnis aus den Briefen entwickelt. Diss. Wien 1946.

Heer, Friedrich

10.4.1916, Wien–18.9.1983, ebda
Redakteur, Publizist, Dramaturg, Historiker, Erzähler, Essayist, Professor an der Universität Wien.

* *Privatbesitz Wien*
Nachlaß.

Hein, Alois Raimund

2.6.1852, Wien–4.1.1937, Linz
Schriftsteller, Mittelschul- und Gymnasiallehrer, erster Adalbert Stifter-Biograph; Linz, Wien.

* *Linz, Adalbert-Stifter-Institut*
Teilnachlaß, 3 Kartons: Abhandlungen zu Stifter, Reisetagebücher, Erzählungen, Feder- und Bleistiftzeichnungen, Radierungen, Probedrucke, Kupferplatten. – Briefe, u. a. von Karl Adolf Bachofen von Echt, Josef Bindtner, Eduard Pötzl, August Sauer, Franz Schnürer, Gustav Wilhelm und Verlagskorrespondenzen. – Schul- und Studienzeugnisse, Ernennungen, Ehrungen, Diplome. – Materialien zum Adalbert-Stifter-Denkmalausschuß, zur historisch-kritischen Ausgabe der Werke Adalbert Stifters, Zeitungsausschnitte, Exemplare seiner Publikationen. Unbearbeitet.

Heiser, Karl Peter

6.3.1903, Linz–9.3.1978, Salzburg
Dramatiker, Schauspieler, Regisseur; Linz, Intendant in Baden-Baden und Posen.

** Linz, Adalbert-Stifter-Institut*
Teilnachlaß, 2 Kartons: Notizen, 7 Dramen mit Erläuterung der Genese und des Arbeitsprozesses, 3 Regiebücher. – Einzelne Briefe. – Taschenkalender. – Theaterzettel und Kritiken zu seiner Tätigkeit als Schauspieler und Regisseur.
Maschinschriftliches Verzeichnis.
Kauf 1988

Heitzler, Karl

Pseud. Karl Benedikt
7.5.1839, St. Pölten–2.5.1923, ebda
Rechtsanwalt, Dramatiker; Gemeinderat, Bürgermeister von St. Pölten (1917-1919).

** St. Pölten, Stadtmuseum und Stadtarchiv*
Teilnachlaß, 2 Kartons: Erinnerungen, Erzählungen, Dramen, Gedichte und Abhandlungen. – Briefe, meist Familienkorrespondenzen. – Schulhefte, Schul- und Studienzeugnisse, Studienbuch, Rechnungen.
Unbearbeitet.

Heller, Fred

16.4.1889, Ober-Siebenbrunn (N.Ö.)–12.4.1949, Montevideo
Theaterkritiker, Redakteur (u. a. *Der Tag*), Bühnenschriftsteller.

** Der Nachlaß ist wahrscheinlich verschollen.*
Fred Heller gestorben. In: *Neues Österreich,* 22.4.1949, S. 4.

Heller, Paul

1896, Wien–13.10.1916, Monte Pasubio (Bezirk Rovereto, gefallen)
Lyriker.
1920 erschien im Ed. Strache Verlag ein Gedichtband *Gedichte. Aus dem Nachlaß* herausgegeben von Walther Heller und Georg Kulka.

** Unbekannt, möglicherweise in Privatbesitz*

Hemberger, Andreas

4.2.1876, Bayern–10.6.1946, Wien
Zeitungsredakteur, Romanschriftsteller, Dramatiker.

** Verlust infolge mehrerer Übersiedlungen nach dem Krieg*
Inhaber der Urheberrechte: Grete Janca, Nedergasse 28, A-1190 Wien.
Neues Österreich, 3.2.1946, S. 3 und *ebda* 12.6.1946, S. 3.

Henkl, Rolf (Rudolf Hermann)

Pseud. Albin Eiger, Rolf Hennequel
14.12.1897, Wien–30.1.1971, Newnham, South Tasmania, Australia.
(divergierende Geburtsdaten: Giebisch-Gugitz: 14.12.1897, Raabe: 14.12.1894. Auf 12 verschiedenen Meldezetteln im Meldearchiv des Wiener Stadt- und Landesarchivs gab Henkl sein Geburtsjahr achtmal mit 1897, zweimal mit 1894 und je einmal mit 1896 und 1895 an, ein australischer Nachruf in *Sunday Examiner Express,* 20.2.1971, nennt als Geburtsjahr gar 1892. Recherchen im Kriegsarchiv, Wien, ergaben, daß Henkl laut Haupt-Grundbuchsblatt der k.k. Landwehr am 14.12.1897 geboren ist.
Literaturwissenschaftler, Linguist, Maler, Kunsthistoriker, Verleger, Universitätsprofessor in Tokio, Shanghai, Kabul.

** Hobart (Australien), State Library of Tasmania*
Teilnachlaß: Korrespondenz, Manuskripte, Bücher.
Maschinschriftliches Verzeichnis.

** Wien, ÖNB HS*
Teilnachlaß, Ser. n. 15.276-15.320: Gedichte und Gedichtsammlungen, Übersetzungen, Aufsätze über Kunst und Kunstgeschichte, Tagebücher, autobiographische Aufzeichnungen, Notizen über die Entstehung seiner Werke. – Lebensdokumente, Verzeichnis aller Gedichte ab Juli 1916 und weitere Werkverzeichnisse,

Photos von eigenen Bildern und Graphiken, Familienphotos, Kritiken zu seinen Frühwerken, Druckbelege, Exemplare seiner Publikationen.
Geschenk 1924, 1925 und 1952
Paul Raabe: *Die Autoren und Bücher des literarischen Expressionismus. Ein bibliographisches Handbuch,* 1985, S. 204-205.

Hensler, Anna

14.6.1878, Bregenz–14.4.1952, Klaus (Vbg.)
Erzählerin; Feldkirch, Bregenz, Klaus.

* *Bregenz, Franz-Michael-Felderarchiv und Vorarlberger Literaturarchiv*
Nachlaß, 20 Kartons: Historische Erzählungen und Romane, Chronikabschriften. – Einzelne Briefe. – Biographische Aufzeichnungen, Werkverzeichnis, Rechnungen, Vermögensaufstellungen. – Rezensionen ihrer Werke.
Maschinschriftliches Verzeichnis.
Kauf 1984

Henz, Rudolf

10.5.1897, Göpfritz (N.Ö.)–12.2.1987, Wien
Erzähler, Dramatiker, Lyriker, Direktor der österreichischen Rundfunkanstalt RAVAG.

* *Wien, Dokumentationsstelle für neuere österreichische Literatur*
Nachlaß, ca. 300 Kartons: Zahlreiche Manuskripte. – Briefe, u. a. von Imma von Bodmershof, Felix Braun, Hans Brecka, Christine Busta, Josef Eschbach, Johann Gunert, Carry Hauser, Clemens Holzmeister, Clemens Kaminski, Rudolf Kirchschläger, Hermann Kuprian, Friederike Mayröcker, Robert Rie, Artur Schuschnigg, Manès Sperber, Viktor Suchy, Erik G. Wickenburg. – Umfangreiche Sammlung von Lebensdokumenten. – Rezensionen seiner Bücher, Teil der Bibliothek.
Vorgeordnet.
Testamentarische Verfügung

Herbeck, Ernst

Pseud. Alexander, Alexander Herbrich
9.10.1920, Stockerau (N.Ö.)–11.9.1991, Klosterneuburg (N.Ö.)

* *Wien, ÖNB HS*
Teilnachlaß in der Sammlung Leo Navratil, Ser. n. 31.285-31.296: Schriftliche Aufzeichnungen von 1954-1986.
Geschenk 1989

Herrl, Josef Alexander

1739, Leitomischl (Böhmen)–25.2.1818, Wien
Schriftsteller; Vizedirektor der geheimen Kabinettskanzlei in Wien.

* *Wien, WSTLB HS*
Nachlaß, ca. 70 Inventarnummern: Gedichte. – Ca. 30 Briefe. – Mehrere Manuskripte von anderen Autoren, u. a. von Theodor Körner, Franz Grillparzer, Caroline Pichler und Adalbert Stifter.
Verzeichnung: Zettelkatalog.
Erwerbung 1901

Herzfeld, Marie

Pseud. H.M. Lyhne, Marianne Niederweelen
20.3.1855, Güns (Ungarn)–22.9.1940, Mining (O.Ö.)
Übersetzerin, Essayistin; Wien.

* *Wien, ÖNB HS*
Briefnachlaß, Autogr. 354/1-355/17: 489 Briefe an Marie Herzfeld.

* *London, The British Library, The Manuscript Collections*
Egerton Mss 3150-3152. Herzfeld Collection: 44 Briefe von Hugo von Hofmannsthal (1892-1907), 11 Briefe von Rainer Maria Rilke (1905-1917), 78 Briefe, darunter

einige Kopien, von Malwida von Meysenbug (1893-1896), sowie weitere Briefe, u. a. von Wilhelm Furtwängler, Gustav Klimt (1903) und Alfred Roller (1903).
Geschenk
H.J.M. Milne: Letters of Rilke, Hofmannsthal, Malwida von Meysenbug and Others to Marie Herzfeld. In: *British Museum Quarterly* XIII, Vol. 1, (1938/39), S. 11-13; *Hugo von Hofmannsthal. Briefe an Marie Herzfeld.* Hrsg. von Horst Weber. Heidelberg: Lothar Stiehm Verlag 1967.

Herzl, Theodor

2.5.1860, Budapest–3.7.1904, Edlach (N.Ö.)
Journalist, Schriftsteller, Begründer des Zionismus.

* *Jerusalem, Central Zionist Archives*
Nachlaß, 10 Meter.
Signatur: H;HN.
Alex Bein: *Theodor Herzl.* Wien: Fiba-Verlag 1934; ders.: Theodor Herzl und der Staat Israel, in: Norbert Leser (Hrsg.): *Theodor Herzl und das Wien des Fin de siècle.* Wien: Böhlau Verlag 1987, S. 11 ff.

Herzmanovsky-Orlando, Fritz von

30.4.1877, Wien–27.5.1954, Schloß Rametz (Südtir.)
Erzähler, Dramatiker, Zeichner; Wien, Meran.

* *Wien, ÖNB HS*
Nachlaß, Ser. n. 13.565-13.704.
Erwerbung 1961, 1962

* *Innsbruck, Universität, Forschungsinstitut „Brenner-Archiv"*
Teilnachlaß, 28 Kartons: Erzählungen, Romane, Dramen, autobiographische Aufzeichnungen. – 10 Kartons Briefe, darunter Verlags- und Familienkorrespondenzen. – Materialien zu Finanzangelegenheiten. – Briefe verschiedener Schreiber an Friedrich Torberg über Herzmanovsky-Orlando, Ausstattungsentwürfe von Jörg Zimmermann zur Uraufführung von *Kaiser Josef und die Bahnwärterstochter* von Herzmanovsky-Orlando in Wien.
Unbearbeitet.
Erwerbung 1976 und 1981
Fritz von Herzmanovsky-Orlando: *Der Briefwechsel mit Alfred Kubin 1903 bis 1952.* Hrsg. u. komm. v. Michael Klein. Salzburg-Wien: Residenz Verlag 1983. (= Sämtliche Werke, Band VII); *Ausgewählte Briefwechsel 1885 bis 1954.* Hrsg. u. komm. v. Max Reinisch. Salzburg-Wien: Residenz Verlag 1989. (= Sämtliche Werke Band VIII)

Hesshaimer, Ludwig

10.3.1872, Kronstadt (Siebenbürgen)–10.1.1956, Rio de Janeiro
Maler, Radierer, Lyriker.

* *Gundelsheim/Neckar, Arbeitskreis für Siebenbürgische Landeskunde e.V.*
Nachlaß.

Hevesi, Ludwig

Pseud. Onkel Tom
20.12.1843, Heves (Ungarn)–27.2.1910, Wien (Freitod)
Journalist, Erzähler, Reiseschriftsteller.

* *Nicht bekannt.*
Zur Bibliothek siehe Roland Folter, 1975, S. 93-95.

Hirmann, Walter

Pseud. für Heinrich Nübel; weiteres Pseud. H. Hübel
24.7.1876, Wien–11.3.1948, ebda
Schriftsteller, Jurist.

* *Wien, WSTLB HS*
Splitternachlaß: Ca. 10 Werkmanuskripte (Erzählungen, Dramen). – Einzelne Briefe.

Verzeichnung: Zettelkatalog.
Geschenk 1948

Hirt, Karl Emerich

19.2.1866, Troppau–24.1.1963, Innsbruck
Bankdirektor, Lyriker, Erzähler, Dramatiker; Wien, Innsbruck.

* *Innsbruck, Universität, Forschungsinstitut „Brenner-Archiv"*
Splitternachlaß, 1/2 Karton: Gedichte. – Einzelne Briefe. – Kalender, Adreßbuch, Photos.
Unbearbeitet.
Geschenk 1986

Hocheneder, Colette

14.2.1890, Olmütz (Mähren)–25.5.1981, Graz
Lyrikerin, Erzählerin; Graz.

* *Graz, Steiermärkische Landesbibliothek*
Nachlaß, 12 Kartons: Zahlreiche Werkmanuskripte (Gedichte, Chansons, Glossen, Erzählungen, Romane, Notizen und Exzerpte). – Einzelne Briefe, vorwiegend Verlagskorrespondenzen. – Ehrungen, Abrechnungen.
Unbearbeitet.
Testamentarische Verfügung

Hochwälder, Fritz

28.5.1911, Wien–21.10. 1986, ebda
Dramatiker, seit 1938 in Zürich.

* *Wien, WSTLB HS*
Nachlaß, 20 Kartons: Dramen, einzelne Reden. – 1/2 Karton Briefe, u. a. von Leopold Lindtberg, Otto Rommel, Oscar Fritz Schuh, Ernst Waldinger, Hans Weigel, vom Österreichischen Kunstsenat, von Theatern und Verlagen. – Personaldokumente, Ehrungen, Glückwünsche, 1 Karton Honorar- und Tantiemenabrechnungen, Privatphotos. – Bühnenmanuskripte sowie Regie- und Soufflierbücher seiner Stücke, Sammlung von Kritiken seiner Werke, Theaterplakate, Theaterprogramme und Szenenphotos, Belegexemplare der Bücher, auch der Übersetzungen, wissenschaftliche Arbeiten über Hochwälder.
Vorgeordnet.
Testamentarische Verfügung
Hermann Böhm: *Fritz Hochwälder*. Katalog. Ausstellung der Wiener Stadt- und Landesbibliothek und des Österreichischen Kulturzentrums im Palais Palffy. 15. Mai bis 30. Juni 1991. Wien 1991.

Hock, Stefan

9.1.1877, Wien–19.3.1947, London
Schriftsteller, Literarhistoriker, Regisseur.

* *Wien, ÖNB HS*
Teilnachlaß, Autogr. 1033/22-42: Briefe an Hock, u. a. von Emil Ertl, Heinrich Friedjung, Jakob Minor, Alfons Petzold, August Sauer und Oskar Walzel.

Höfer, Leopold

16.7.1870, Groß-Rußbach (N.Ö.)–25.11.1957, Wien
Lehrer; Schuldirektor in Wien.

* *Wien, Österreichisches Volksliedwerk, Zentralarchiv*
Teilnachlaß, 4,5 Meter: Abhandlungen zur Geschichte und Etymologie des Wienerischen, Exzerpte, Zettelkataloge und umfangreiche Vorarbeiten zu einem Wiener Wörterbuch.
Unbearbeitet.

Höfler, Otto

10.5.1901, Wien–25.8.1987, ebda
Germanist, Professor an der Universität Wien.

* *Wien, ÖNB HS*
Derzeit noch in Privatbesitz, wird an die ÖNB abgegeben.

Hoeflich, Eugen

Pseud. Moshe Yaakov Ben-Gavriël
15.9.1891, Wien–17.9.1965, Jerusalem
Schriftsteller.

* *Jerusalem, The Jewish National and University Library, Department of Manuscripts and Archives*
Nachlaß, 11 Kartons: Gedichte, Hörspiele, Theaterstücke, ein Drehbuch, Erzählungen, Autobiographie, Tagebücher (1915-1956). – Briefe, u. a. von Max Brod, Kasimir Edschmid, Albert Ehrenstein, Carl Ehrenstein, Arthur Eloesser, Oskar Maurus Fontana, Else Lasker-Schüler, Carl von Ossietzky, Joseph Roth, Felix Salten, Armin Wegner, Stefan Zweig, Verlags- und Redaktionskorrespondenz. – Ca. 3 000 Druckbelege (1915-1965), Bibliothek.
Maschinschriftliches Verzeichnis.
Signatur: Ms. var. 365.

* *Jerusalem, Central Zionist Archives*
Teilnachlaß: Briefe an Hoeflich, Korrespondenz mit Verlagen und Herausgebern, Briefe und gedruckte Schriften über jüdische und zionistische Angelegenheiten.

Högler, Rudolf

27.12.1907, Bregenz–11.4.1957, Tageswangen/Zürich (Autounfall)
Maler, Photograph, Lyriker, Erzähler.

* *Privatbesitz. Im Besitz der Witwe*
Teilnachlaß, 1 Karton.
Rudolf Högler. [Katalog] Vorarlberger Landesmuseum Bregenz 5.1.1988-8.1.1989. Redaktion: Helmut Swozilek. Bregenz 1988.

Höllersberger, Robert R.

6.6.1924, Linz–10.9.1945, Belgrad (in jugosl. Gefangenschaft)
Lyriker.

* *Privatbesitz. Dr. Gerda Leber-Hagenau, Wallnerstraße 4, A-1010 Wien*
Teilnachlaß: Gedichte, Korrespondenz, Kriegstagebücher aus Polen, ein Drama *Sodom* (1943?).
Robert R. Höllersberger: *Oft von den Inseln des Schweigens ...* Aus den nachgelassenen Gedichten ausgewählt von Karl Kleinschmidt. Linz: Kulturamt der Stadt Linz 1953. [Enthält eine große Zahl lyrischer Zyklen und Einzelgedichte, kurze Prosaarbeiten, *Aufzeichnungen* (Hainburg) und das in Warschau geschriebene Drama *Sodom*.]

Hörmann von Hörbach, Angelika

28.4.1843, Innsbruck–23.2.1921, ebda
Lyrikerin, Epikerin.
Siehe Hörmann von Hörbach, Ludwig

Hörmann von Hörbach, Ludwig

Pseud. Oswald Heiderich, Raimund Clara
12.10.1837, Feldkirch (Vbg.)–14.2.1924, Innsbruck
Volkskundler, Kulturhistoriker; Feldkirch, Klagenfurt, Direktor der Universitätsbibliothek Innsbruck.

* *Innsbruck, Universität, Forschungsinstitut „Brenner-Archiv“*
Teilnachlaß, 27 Kartons: Ca. 500 Werkmanuskripte von Angelika und Ludwig Hörmann von Hörbach (Gedichte, volkskundliche Essays, Zeitschriftenartikel, Biographie von Angelika Hörmann von Hörbach). – Ca. 1 300 Briefe an Angelika und Ludwig Hörmann von Hörbach, u. a. von Johann Georg Obrist und dem Ehlermann-Verlag; ca. 1 100 Briefe von Angelika und Ludwig Hörmann von Hörbach, darunter Familienkorrespondenzen. – Personaldokumente, Zeugnisse, Testament, Lebenslauf, Notizhefte, Materialien zur öffentlichen Wirksamkeit. – Ma-

nuskripte anderer Autoren, Zeitungsausschnitte, Photos und Bilder. – Nachlässe von Hermann von Gilm, siehe dort.
Verzeichnung: Zettelkatalog.
Depot 1974

* *Innsbruck, Tiroler Landesmuseum Ferdinandeum, Bibliothek*
Kryptonachlaß im Nachlaß von Walther Hörmann von Hörbach, 30 Kartons: Zahlreiche volkskundliche Abhandlungen und Sammlungen, Notizbücher. – Briefe, u. a. von Ludwig Steub. – Glückwünsche, Haushaltsbücher, Arbeitstagebuch der Universitätsbibliothek Innsbruck (1877-1902). – Manuskripte anderer Autoren, u. a. von Johann Nepomuk von Alpenburg und Johann von Vintler.
Unbearbeitet.
Erwerbung 1961

Hoffmann, Camill

31.10.1878, Kolin (Böhmen)–Oktober 1944 (KZ Auschwitz)
Lyriker, Erzähler, Diplomat, Übersetzer; Wien, Dresden, Prag, Berlin.

* *Privatbesitz. Edith Yapou-Hoffmann, Jerusalem, Israel [Stand 1987]*
Teilnachlaß, darunter auch Gedichtmanuskripte.

Hoffmann, Franz

1794–14.9.1855, St. Pölten
Buchhändler und Buchbinder; Langenlois, St. Pölten.

* *St. Pölten, Stadtmuseum und Stadtarchiv*
Teilnachlaß, 1 Karton: Zeugnisse, Adreßbuch, Materialien zur Berufstätigkeit (Eingaben, Verträge, Gewerbeschein, Steuerbekenntnisse, amtliche Zuschriften), Grundbuchauszüge, Siegelstempel.
Unbearbeitet.

Hoffmann, Richard

15.5.1892, Wien–10.8.1961, ebda
Übersetzer, Schriftsteller; Wien.
1919 Dr.jur., dann diplomatischer Dienst 1919-1927, danach als freier Schriftsteller und Übersetzer primär für den Paul Zsolnay Verlag in Wien tätig (A.J. Cronin, Pearl S. Buck, V. Katajew, L. Leonow, A. Tschechow, Dostojewsky). Er übersetzte aus 7 und beherrschte insgesamt 15 Fremdsprachen.

* *Privatbesitz. Ursula Benjamin-Hoffmann, Formanekgasse 12, A-1190 Wien*
Ein Nachlaß ist bis auf wenige Einzelstücke nicht mehr vorhanden. Anläßlich einer Übersiedlung wurde das meiste Material weggegeben. Vorhanden sind noch persönliche Dokumente, wie Schulzeugnisse, sowie Exemplare der von Hoffmann übersetzten Werke.

Hofmann, Friedrich Marius

24.5.1895, Klosterneuburg–4.1982, Innsbruck
Publizist, Theaterkritiker, Lehrer; Innsbruck.

* *Innsbruck, Universität, Forschungsinstitut „Brenner-Archiv"*
Teilnachlaß, ca. 30 Meter: Rezensionen. – 4 Ordner Briefe, u. a. von Georgi Schischkoff, sonst vorwiegend Korrespondenzen mit Zeitungen. – Fragen- und Stoffsammlung aus seiner Tätigkeit als Lehrer am ungarischen Realgymnasium in Innsbruck. Unterlagen zur Teilnahme am „Europäischen Forum Alpbach." – Umfangreiche Sammlung von Zeitungsausschnitten.
Vorgeordnet.
Geschenk 1982

Hofmann, Martha

29.8.1895, Wien–9.11.1975, ebda
Mittelschulprofessorin, Lyrikerin, Erzählerin.

** Wien, ÖNB HS*
Teilnachlaß, Ser. n. 24.282-24.283: Manuskript (Gedichtband von 1915-1919), Tagebuch (29.3.1927-13.8.1940).
Kauf 1981

Hofmannsthal, Hugo von

1.2.1876, Wien–15.7.1929, Rodaun
Lyriker, Erzähler, Dramatiker, Essayist, Operntextdichter.

** Frankfurt am Main, Freies Deutsches Hochstift*
Teilnachlaß: Gedichte, Dramen, Operndichtungen, Prosa. – Ca. 4 300 Briefe, u. a. von Leopold von Andrian zu Werburg, Hermann Bahr, Walter Benjamin, Oskar Bie, Otto Brahm, Felix Braun, Walther Brecht, Elsa Cantacuzene (verehel. Bruckmann), Hans Carossa, Gordon Craig, Ottonie von Degenfeld, Richard Dehmel, Gertrud Eysoldt, Anton Faistauer, Clemens von Franckenstein, Georg von Franckenstein, Adolph Fürstner, Marie von Gomperz, Paul Gruß, Alfred Walter Heymel, Georg Hirschfeld, Edgar Karg von Bebenburg, Rudolf Kassner, Harry Graf Kessler, Jaroslav Kvapil, Julius Meier-Graefe, Max Mell, Robert Michel, Josef Redlich, Rainer Maria Rilke, Alfred Roller, Hans Schlesinger, Ria Schmujlov-Claassen, Arthur Schnitzler, Rudolf Alexander Schröder, Ruth St. Denis, Otto von Taube, Christiane von Thun-Salm, Marie Fürstin von Thurn und Taxis, Jakob Wassermann, Willy Wiegand, Grete Wiesenthal, Anton Wildgans, Paul Zifferer; ca. 700 Briefe von Hofmannsthal, u. a. an Rudolf Borchardt, Otto Brahm, Edgar Karg von Bebenburg, Harry Graf Kessler, Yella Oppenheimer, Hans Schlesinger, Alice Sobotka und Familienkorrespondenzen; zahlreiche Abschriften von Briefen Hofmannsthals, 17 Diktathefte mit Briefen Hofmannsthals in der Handschrift von Gertrud von Hofmannsthal. – Werkverzeichnis (1899-1903), Adressenkartei. – Druckbelege, Zeitungskritiken über Werke und Aufführungen. – Ca. 800 Bände der Bibliothek Hofmannsthals.
Großteils Depot der Stiftung Volkswagenwerk
Verzeichnung: *Freies Deutsches Hochstift. Frankfurter Goethe-Museum. Katalog der Handschriften.* Bearbeitet von Jürgen Behrens/Beatrix Habermann/Leo Philippsborn. Unter Mitarbeit von Heide Schlüpmann. Tübingen: Max Niemeyer Verlag 1982 (= Reihe der Schriften/Freies Deutsches Hochstift; Band 25), S. 273-292.

** Cambridge (Mass., U.S.A.), Harvard College Library*
Teilnachlaß: Sämtliche unveröffentlichte Schriften und Entwürfe, zahlreiche veröffentlichte Werke. – Ca. 150 Briefe, u. a. von Rudolf Borchardt und Gerhart Hauptmann, ca. 300 Briefe und Briefentwürfe Hofmannsthals, u. a. an Hannibal Karg von Bebenburg.
Geschenk 1945 und später
H. Steiner: The Harvard Collection of Hugo von Hofmannsthal. In: *Harvard Library Bulletin* 8 (1954), S. 54-64; Eugene Weber: Die Hofmannsthal Sammlung der Harvard Universität. In: *Hofmannsthal Blätter,* H.2, Frühjahr 1969, S. 91-96; *The Hofmannsthal Collection in the Houghton Library. A Descriptive Catalogue of Printed Books.* Heidelberg: Lothar Stiehm Verlag 1974.

** Marbach, DLA*
Sammlung, 15 Kartons: Kussmaul, Sp. 214-215.

** Marbach, DLA*
Sammlung Ernst Eichelbaum: Manuskripte (*Der Kaiser und die Hexe, Bibliotheca mundi, Anmerkung des Herausgebers* für die *Neuen Deutschen Beiträge* 1922, 1923 und 1924). – Briefe von Hof-

mannsthal, u. a. an Franz Blei, Otto Brahm und Georg Hirschfeld.
Jahrbuch der Deutschen Schillergesellschaft 35 (1991), S. 510.

* *Wien, ÖNB HS*
Sammlung, Ser. n. 13.951-13.961, 20.623-20.625 und Einzelsignaturen: Manuskripte, u. a. *Arabella, Ein Brief des Lord Chandos, Der Rosenkavalier, Der Thor und der Tod*. – Ca. 200 Briefe, vorwiegend von Lili Schalk an Hofmannsthal, darunter auch Briefe von Hofmannsthal an Schalk. Der Briefbestand ist versiegelt und bis zum Jahre 2016 gesperrt.

* *München, Bayerische Staatsbibliothek, Handschriften- und Inkunabelabteilung*
Sammlung, 1 flache Schachtel, 2 Konvolute: Briefe von Richard Strauss an Hofmannsthal, Briefe von Hofmannsthal an Elsa und Hugo Bruckmann und an Clemens von Franckenstein. (Dachs, S. 73.)

Autographen in anderen Beständen

* *Wrocław, Biblioteka Uniwersytecka, Oddział Rękopisów*
Nachlaß Wilhelm Roux: Briefe von Hofmannsthal an Wilhelm Roux.
Zbiory rękopisów w bibliotekach i muzeach w Polsce, S. 329.

Horst Weber: *Hugo von Hofmannsthal Bibliographie: Werke, Briefe, Gespräche, Übersetzungen, Vertonungen*. Berlin-New York: Walter de Gruyter 1972.
Hugo von Hofmannsthal: *Sämtliche Werke. Kritische Ausgabe*. Veranstaltet vom Freien Deutschen Hochstift. Hrsg. von Rudolf Hirsch, Clemens Köttelwesch, Heinz Rölleke und Ernst Zinn. Frankfurt am Main: S. Fischer Verlag 1975 ff.
Detlev Lüders: Die Kritische Ausgabe Sämtlicher Werke Hugo von Hofmannsthals, in: *Jahrbuch für Internationale Germanistik* 1 (1969), S. 169-178; Clemens Köttelwesch: Hugo von Hofmannsthal. Sämtliche Werke-Kritische Ausgabe. (Arbeitsbericht.) In: *Hofmannsthal-Forschungen* 8 (1985), S. 315-323.
Einen Überblick über Editionen von Briefen Hofmannsthals bietet Hans-Albrecht Koch: *Hugo von Hofmannsthal*. Darmstadt: Wissenschaftliche Buchgesellschaft 1989 (= Erträge der Forschung, Band 265); Christiane von Hofmannsthal: *Tagebücher 1918-1923 und Briefe des Vaters an die Tochter 1903-1929*. Frankfurt am Main: S. Fischer Verlag 1991.

Hohenlohe-Schillingsfürst, Marie zu

18.2.1837, Schloß Woronince (Südrußland)–21.1.1920, Schloß Friedstein (Stmk.)
Übersetzerin; Wien.

* *Wien, WStLB HS*
Briefnachlaß: Ca. 300 Briefe, u. a. von Franz von Dingelstedt, Salomon Hermann von Mosenthal, Ferdinand von Saar und Adolf von Sonnenthal.
Verzeichnung: Zettelkatalog.
Kauf 1927 und 1950

Hohlbaum, Robert

28.8.1886, Jägerndorf (Öst. Schlesien)–4.2.1955, Graz
Bibliothekar, Lyriker, Erzähler, Dramatiker; Wien, Duisburg, Weimar, Graz.

* *Duisburg, Stadtbücherei*
Nachlaß: Manuskripte, Korrespondenz, „Freundeskreis Robert Hohlbaum"; Aussendungen und Korrespondenz, Beiträge von und über Hohlbaum in Periodika. Maschinschriftliches Verzeichnis.

* *Graz, Steiermärkische Landesbibliothek*
Teilnachlaß, 3 Kartons: Ca. 550 Briefe, u. a. von Maria Dorda, Erwin Guido Kolbenheyer, Loewes Verlag Ferdinand Carl

(Stuttgart), Robert Mödlich Verlag (Hamburg), Pilger Verlag (Speyer), Leopold Stocker Verlag (Graz), Verlag Welsermühl (Wels). – Nachrufe, Veröffentlichungen über Hohlbaum, Kompositionen von Leona Hohlbaum. – Teil der Bibliothek.
Unbearbeitet.
Geschenk 1985

Johann Sonnleitner: Robert Hohlbaum. Monographische Studie zur völkischen und nationalsozialistischen Literatur in Österreich. Diss. Wien 1985, veröffentl. u.d.T.: *Die Geschäfte des Herrn Robert Hohlbaum. Die Schriftstellerkarriere eines Österreichers in der Zwischenkriegszeit und im Dritten Reich.* Wien: Böhlau Verlag 1989. (= Literatur in der Geschichte – Geschichte in der Literatur, Band 18)

Holgersen, Alma

D.i. Alma Ptaczek, verehel. Alma Frey
28.4.1896, Innsbruck–18.2.1976, ebda
Erzählerin, Dramatikerin; Wien, Kitzbühel, Alpbach.

* *Kitzbühel, Stadtarchiv*
Teilnachlaß, 20 Kartons (Nr. 281-300): Manuskripte, unveröffentlichte Gedichte, Briefe, u. a. von Peter Altenberg, Felix Braun, Käthe Braun-Prager, Paul Elbogen, Hermann Hesse, Gertrud von Le Fort, Hans Leip, Josef Leitgeb, persönliche Dokumente, Mitgliedsausweise, Zeitungsausschnitte, Kritiken, Photos, Bibliothek.
Nachlaßverwalter: Hugo Bonatti, Lindnerfeld 1, A-6370 Kitzbühel.
Der Nachlaß ist nicht vollständig. Ein Teil blieb nach ihrem Tod in Wien (1., Naglergasse 1) und ist seither verschollen. Die Wohnung Holgersens wurde von ihrer Freundin Dr. Nora Ruef übernommen, deren Tochter nach Bibione, Italien, heiratete. Eine Kiste ist möglicherweise nach Italien mitgenommen worden.

Holitscher, Arthur

22.8.1869, Budapest–14.10.1941, Genf
Bankbeamter, Schriftsteller; München, Budapest, Berlin.

* *Marbach, DLA*
Restnachlaß: Briefe an Holitscher, u. a. von Hermann Bahr, Otto Julius Bierbaum, S. Fischer Verlag, Moritz Heimann, Kurt Hiller, Siegfried Jacobsohn, Albert Langen, Frans Masereel, Josef Ruederer und Familienkorrespondenz.
Jahrbuch der Deutschen Schillergesellschaft 33 (1989), S. 465.

Hollnsteiner, Franx Xaver

4.7.1910, Wien–8.4.1982, ebda
Lehrer, dann Beamter und Lektor im Unterrichtsministerium, Lyriker, Erzähler, Dramatiker; Wien.

* *Wien, ÖNB ÖLA*
Nachlaß: Literarische Manuskripte, Verlagskorrespondenz, Familienkorrespondenz, Zeitungsausschnitte.
Derzeit in Bearbeitung.

Holtei, Karl von

14.1.1798, Breslau–12.2.1880, ebda
Erzähler, Dramatiker, Schauspieler; Theaterdirektor in Breslau, Berlin und Riga, Schriftsteller in Wien und Graz.

* *Graz, Steiermärkische Landesbibliothek*
Teilnachlaß, 12 Mappen: Einzelne Gedichte. – Ca. 1 500 Briefe an Holtei, 22 Briefe von Holtei.
Vorgeordnet.
Kauf 1947

* *Wrocław (Breslau), Biblioteka Uniwersytecka (UB), Oddział Rękopisów*
Teilnachlaß: Romane und Erzählungen (u. a. *Christian Lammfell, Obernigker Bote*), Gedichte und Gelegenheitsgedich-

te. – Ca. 100 Briefe an Holtei, u. a. von Wilhelm Jordan, August Kahlert und Irene von Prokesch-Osten, ca. 300 Briefe von Holtei, u. a. an Rudolf Köpke. – Korrekturexemplare und Drucke der Werke Holteis, Bildnisse vom Holtei aus verschiedenen Lebensaltern.
A. Schneider: Neu erworbene Holtei-Handschriften der Staats- und Universitätsbibliothek Breslau. In: *Zentralblatt für Bibliothekswesen* 42 (1925), S. 19-25.

* *Wrocław, Stadtbibliothek (Bestände 1945 an die UB Wrocław abgegeben)*
Sammlung: *Schlesische Gedichte*. – Briefe an Karl Weinhold und Karl Anton von Paumann sowie ca. 440 Briefe von Holtei in Abschrift.

* *Weimar, Goethe- und Schiller-Archiv*
Sammlung: Gedichte, *Goethes Aufenthalt in Breslau*. – 26 Briefe von Holtei.
Verzeichnung: Hahn, S. 247.

* *Köln, Holtei-Archiv*
Nachlaß (?): Manuskripte, Briefe, Bilder, Erinnerungsgegenstände. (Stand von 1959)
Ilse Reicke: Das Holtei-Archiv und seine Bedeutung. In: *Ostdeutsche Monatshefte. Kulturzeitschrift für den Osten* 25 (1959), S. 692-693.

Standorte von weiteren Autographen nachgewiesen bei Frels, S. 139-140.

Holzer, Rudolf

28.7.1875, Wien–17.7.1965, ebda
Feuilletonist, Theaterkritiker, Dramatiker, Chefredakteur der *Wiener Zeitung*.

* *Wien, WSTLB HS*
Teilnachlaß, ca. 350 Inventarnummern und 5 1/2 Kartons: 4 Kartons Werkmanuskripte (Romane, kulturhistorische Abhandlungen, Essays, Erzählungen, Dramen). – Ca. 300 inventarisierte und 2 Kartons unbearbeitete Briefe. – Dokumente zur Beamtenlaufbahn, Ehrungen, Notizbücher.
Maschinschriftliches Verzeichnis, Zettelkatalog. – Teilweise unbearbeitet.
Erwerbung 1965 und 1976

* *Wien, ÖNB HS*
Briefnachlaß, Autogr. 426/1-430/11, 517/1-518/85, Ser. n. 13.976-13.977: Ca. 1 300 Briefe an Holzer.
Erwerbung 1967

Holzmann, Michael

21.6.1860, Slavetin (Mähren)–20.10.1930, Wien
Germanist, Lexikograph, Bibliothekar; Wien.

* *Wien, WSTLB HS*
Teilnachlaß, ca. 200 Inventarnummern und 1/2 Karton: Einzelne Entwürfe und Manuskripte. – Ca. 200 inventarisierte und zahlreiche unbearbeitete Briefe, u. a. von Richard Maria Werner. – Schulzeugnisse, Verlagsverträge, Stammbuchblätter, Dokumente zur Beamtenlaufbahn.
Verzeichnung: Zettelkatalog. – Teilweise vorgeordnet.

Hopp, Friedrich Ernst

23.8.1789, Brünn–23.6.1869, Wien
Kaufmann, Schauspieler, Bühnenschriftsteller.

* *Wien, WSTLB HS*
Sammlung: – Gedichte, einzelne Theatermanuskripte und Rollenhefte.

* *Wien, ÖNB HS*
Sammlung: 5 Possen.
Max Pfeiler: Der Volksdichter Friedrich Ernst Hopp. Diss. Wien 1949. Übersicht der in Wien noch existierenden Texte, S. 259-270.

Hornbostel, August Gottlieb

17.9.1786, Wien–26.7.1838, ebda
Arzt, Dramatiker; Wien.

* *Wien, WSTLB HS*
Teilnachlaß: 31 Werkmanuskripte (Erzählungen, Dramen, Aufsätze und Fragmente). – Schriftenverzeichnis.
Verzeichnung: Zettelkatalog.
Geschenk 1892
Standorte von weiteren Autographen nachgewiesen bei Frels, S. 141.

Hornig, Josef

4.7.1888, Wien–2.8.1911, ebda
Lyriker, Volkssänger; Wien.

* *Wien, WSTLB HS*
Teilnachlaß, ca. 65 Inventarnummern: Zahlreiche Couplets. – Sammlung von Theaterstücken, Rollenbüchern und Couplets.
Verzeichnung: Zettelkatalog.
Kauf 1920 und 1929

Horváth, Ödön von

9.12.1901, Fiume–1.6.1938, Paris
Erzähler, Dramatiker.

* *Wien, ÖNB ÖLA*
Nachlaß: Notizbücher, Gedichte, Erzählungen, Romane (u. a. *Der ewige Spießer, Ein Kind unserer Zeit*), dramatische Werke (u. a. *Geschichten aus dem Wiener Wald, Kasimir und Karoline, Italienische Nacht, Glaube Liebe Hoffnung*). – 5 Briefe an Lajos und Ödön von Horváth, 1 Brief von Horváth. – Schulzeugnisse, ca. 40 Photos. – Bühnenmanuskripte, Exemplare seiner Bücher.
Kauf November 1989
Verzeichnis: Music, Continental Manuscripts and Printed Books, Science and Medicine. [Katalog der Auktion am 18. und 19. Mai 1989]. London: Sotheby's 1989, S. 124-133.
Lieselotte Müller: Zum Ödön-von-Horváth-Nachlaß. Bericht über den Versuch, ein Ordnungssystem für das Manuskriptmaterial des Ödön-von-Horváth-Archivs zu entwickeln. In: *Jahrbuch für Internationale Germanistik* 3 (1971), S. 350-356. Nachdruck in: *Über Ödön von Horváth*. Frankfurt am Main: Suhrkamp Verlag 1972, S. 123-130.

Hubalek, Felix

26.12.1908, Wien–23.11.1958, ebda
Journalist; Wien.

* *Wien, Verein für Geschichte der Arbeiterbewegung*
Teilnachlaß: 1 Konvolut Gedichte.
Geschenk 1974

Huber, Gustav

Pseud. Semper Errasmus
7.12.1878, Wien–8.4.1945, ebda
Dramatiker, Bundesbahndirektor.

* *Wien, WSTLB HS*
Teilnachlaß: Ca. 160 Briefe, u. a. von Anton Wildgans. – Gedichte anderer Autoren.
Verzeichnung: Zettelkatalog.
Kauf 1947 und 1953

Huber, Mida

8.4.1880, Schloß Lackenbach (Bgld.)–8.1.1974, Oberpullendorf (Bgld.)
Mundartdichterin; Landsee (Bgld.).

* *Eisenstadt, Burgenländisches Landesarchiv*
Nachlaß.

Huber, Wilhelm

17.10.1893, Leoben (Stmk.)–21.8.1971, Graz
Evangelischer Theologe, Publizist, Dramatiker, Erzähler; Cilli, Wien, Leipzig, Graz, Redakteur der Wochenzeitung *Michel*.

* *Graz, Steiermärkische Landesbibliothek*
Teilnachlaß: 19 Dramen, Anmerkungen zu den Dramen, Abhandlungen über Kultur und Zivilisation.
Maschinschriftliches Verzeichnis.

Hüller, Franz

6.2.1885, Graslitz (Böhmen)–19.11.1967, Prien am Chiemsee
Literarhistoriker; Prag, Gymnasiallehrer in Asch, Graslitz und Aussig, Mitherausgeber der Prager Adalbert Stifter-Ausgabe.

* *Linz, Adalbert-Stifter-Institut*
Teilnachlaß, 13 Mappen: 9 Mappen wissenschaftliche Abhandlungen, vornehmlich über Stifter. – 4 Mappen Briefe, u. a. von Franz Kraus und Gustav Wilhelm. – Kritiken der Prager Stifter-Ausgabe.
Vorgeordnet.

Huemer, Camillo

29.1.1866, Matzen (Bgld.)–4.1.1956, Salzburg
Mittelschullehrer, Dramatiker; Matzen, Salzburg.

* *Salzburg, Museum Carolino Augusteum, Bibliothek*
Teilnachlaß: Ca. 170 Blätter mit Gedichten, 2 Schauspiele, 1 Erzählung, Autobiographie.
Verzeichnung: Zettelkatalog.
Geschenk 1955

Hunold, Balthasar

24.4.1828, Sarnen (Schweiz)–26.6.1884, Oberurnen (Schweiz)
Lyriker; Oberurnen bei Glarus (Schweiz), Kustos am Museum Ferdinandeum in Innsbruck.

* *Innsbruck, Tiroler Landesmuseum Ferdinandeum*
Teilnachlaß: 3 Bände Gedichte. – Ca. 90 Briefe, u. a. von Franz Defregger und Mathias Schmid.
Verzeichnung: Zettelkatalog.
Geschenk 1886

Huppert, Hugo

5.6.1902, Bielitz (Öst. Schlesien)–25.3.1982, Wien
Journalist, Redakteur, Übersetzer.

* *Berlin, Akademie der Künste (Ost)*
Nachlaß, 70 Archivkartons.
[Bestandsverzeichnis] Klaus-Dieter Winzer: Ein Literat aller Gattungen. In: *Die Weltbühne* (Berlin-Ost), 1982, Nr. 22, S. 677-678.

Ingruber, Isidor

1814, Schlaiten (Tir.)–13.12.1895, Neukirchen (Sbg.)
Priester, Mundartdichter; Pfarrer in Neukirchen im Pinzgau.

* *Salzburg, Museum Carolino Augusteum, Bibliothek*
Teilnachlaß, 20 Konvolute: Gedichte in Oberpinzgauer Mundart. – Briefe an Alexander Petter. – Zeugnisse.
Vorgeordnet.
Geschenk 1896

Insel Verlag

* *Weimar, Goethe- und Schiller-Archiv*
Verlagsarchiv, 160 Kartons: Schriftwechsel des Verlags mit den Autoren (1899-1950), u. a. mit Leopold von Andrian zu Werburg, Hermann Bahr, Richard Billinger, Franz Blei, Felix Braun, Martin Buber, Paul Celan, Egon Caesar Conte Corti, Albert Ehrenstein, Joseph Gregor, Herbert E. Herlitschka, Hugo von Hofmannsthal, Rudolf Kassner, Karl Klammer, Alexander Lernet-Holenia, Max Mell, Josef Mühlberger, Hu-

bert Mumelter, Georg Rendl, Rainer Maria Rilke, Franz Spunda, Siegfried Trebitsch, Karl Heinrich Waggerl, Oskar Wiener, Friderike Zweig und Stefan Zweig. – Akten zu: Geschäftsführung des Verlags, Lektoratsarbeit, technischer Herstellung, Reklame und Vertrieb und zur außerverlegerischen Tätigkeit von Anton Kippenberg.

Itzinger, Karl

Pseud. Kunz Iring
26.2.1888, Ried im Innkreis (O.Ö.)–13.4.1948, Linz
Erzähler, Zeitungsverleger und Redakteur in Wels.
Der Teilnachlaß befand sich zur Zeit der Aufnahme (1985) im Besitz des Sohns, Rudolf A. Hawelka-Itzinger. Diese Materialsammlung wurde dem Adalbert-Stifter-Institut in Linz übergeben.

* *Linz, Adalbert-Stifter-Institut*
Teilnachlaß: Manuskripte (*Die vertauschte Liebe*. Marionettenspiel, *Das Lügenlockerl, Das Frankenburger Würfelspiel*. Wels o.J. mit hs. Ergänzung). – Postkarte von Johannes Ude, Brief von Dr. Feller, Verlagskorrespondenz (Turmer Verlag Dr. Böhme KG, Heusenstamm, BRD). – Heimatschein, Verlagsabrechnungen, Verlagsverträge, Partezettel, Zeitungsausschnitte zum Streit mit Hermann Heinz Ortner wegen der Darstellung der Bauernkriege. – Porträtzeichnung von Itzinger aus dem Gefangenenlager Glasenbach, einzelne Zeitungsausschnitte zum *Würfelspiel,* Kuvert „Weißbuch der HW" (= Heimwehr).
Gert Urschitz: Die Darstellung des Bauernkrieges in Karl Itzingers Romantrilogie „Ein Volk steht auf!". Hausarbeit Universität Graz 1981.

Jacob, Heinrich Eduard

Pseud. Eric Jens Petersen
7.10.1889, Berlin–25.10.1967, Salzburg
Zeitungskorrespondent, Erzähler; Wien, Berlin.

* *Privatbesitz. Hans Jörgen Gerlach, Friedbergstraße 26, D-W-1000 Berlin 19 (Nachlaßverwalter)*
Nachlaß: Manuskripte, Briefe, u. a. von Oskar Maurus Fontana, Hugo von Hofmannsthal, Alma Mahler-Werfel, Thomas Mann, Franz Werfel und Stefan Zweig, Verlagskorrespondenz, Lebensdokumente, Photos, Zeitungsausschnitte. – Bibliothek.
Jeffrey B. Berlin: Thomas Mann und Heinrich Eduard Jacob. Unpublished Letters about Haydn. In: *Germanisch-Romanische Monatsschrift* N.F. 40 (1990), S. 171-189; ders.: In Exile. The Friendship and Unpublished Correspondence between Thomas Mann and Heinrich Eduard Jacob. In: *Deutsche Vierteljahrsschrift* 64 (1990), S. 172-187.

Einzelne Briefe Jacobs an andere verzeichnet in Guide, 1978, S. 435-437.

Jaeger, Jacques

11.6.1855, Lemberg–4.3.1933, Wien
Entgegen anderslautenden Angaben bei Kosch (1859) und Kürschner (1857) ist laut Verleihung des Heimatrechts in Wien am 15.4.1902 (Zl. BA IV 2579/1902) 1855 das richtige Geburtsjahr. Jaeger hieß ursprünglich Jakob Hersch Jeger.
Publizist, Reiseschriftsteller; Vizepräsident der Kolonialgesellschaft, Herausgeber des *Wiener Almanachs.*

* *Wien, WSTLB HS*
Teilnachlaß: Vorträge. – Ca. 50 Briefe an Jaeger.
Verzeichnung: Zettelkatalog.
Testamentarische Verfügung 1933

Janda, Otto

22.9.1903, Graz–13.2.1951, ebda
Literarhistoriker; Bibliothekar an der Steiermärkischen Landesbibliothek in Graz.

* *Graz, Steiermärkische Landesbibliothek*
Teilnachlaß, 2 Mappen: 1 Mappe Vorträge über Robert Hamerling. – Ca. 50 Briefe, u. a. von Rudolf Latzke, Briefentwürfe von Janda.
Vorgeordnet.

Janeczek, Ludwig

15.9.1879, Mährisch Trübau–2.8.1955, Wien
Prokurist, Schriftsteller, Journalist; Wien.

* *Wien, Wiener Stadt- und Landesarchiv*
Nachlaß, 59 Mappen: Biographie, Zeitungsausschnitte, Reflexionen, Tagebuchblätter, Arbeitsbücher, Manuskripte, Dialoge, Skizzen, Tätigkeit an Theatern, Urania und RAVAG, Korrespondenz.
Wolfgang Mayer: *Wiener Stadt- und Landesarchiv. Nachlässe.* Wien 1988, S. 14. (= Veröffentlichungen des Wiener Stadt- und Landesarchivs. Reihe A: Archivinventar, Serie 3, Heft 2)

Janowitz, Franz

28.7.1892, Poděbrady (Böhmen)–4.11.1917, Mittel Breth, Bez. Tolmein, Küstenland
Lyriker, gehörte zum Kreis um Karl Kraus.

* *Der Nachlaß gilt als verschollen.*
Christine Czuma: Franz Janowitz. In: *Untersuchungen zum „Brenner". Festschrift für Ignaz Zangerle zum 75.Geburtstag.* Hrsg. von Walter Methlagl, Eberhard Sauermann und Sigurd Paul Scheichl. Salzburg: Otto Müller Verlag 1981, S. 294-303; bes. S. 302-303. „Wie umfangreich der Nachlaß war, läßt sich nur noch aus den Vorarbeiten (Werkverzeichnis und Plan der Ausgabe) von Röck entnehmen. Der Nachlaß selbst ist verschwunden. Nach Vermutung der Schwägerin von Franz Janowitz dürften sich die nachgelassenen Werke bei den Papieren ihres Mannes Otto Janowitz befunden haben. In dem New Yorker Hochhaus, in dem die Familie nach der Emigration lebte, gab es mehrere Kellerbrände."
Karl Röck: *Tagebuch 1891-1946.* Hrsg. und erläutert von Christine Kofler. Salzburg: Otto Müller Verlag 1976, (Brenner-Studien, Sonderband 2-4), 3. Band: Kommentar, bes. S. 248-255. (S. 256: „Der Brenner-Verlag hatte im Herbst 1925 seine Absicht bekannt gegeben, den Nachlaß von Franz Janowitz in zwei Bänden, einem Gedicht- und einem Prosaband, erscheinen zu lassen." Im Frühjahr 1992 erscheint von Franz Janowitz: *Auf der Erde. Dichtungen, Briefe, Dokumente.* Mit einem Anhang hrsg. von Dieter Sudhoff. Innsbruck: Haymon-Verlag 1992. (= Brenner-Studien, Band 12)

Janowitz, Hans

2.12.1890, Poděbrady (Böhmen)–25.5.1954, New York
Lyriker, Erzähler *New York Times Obituary,* 26.5.1954, S. 29, Sp. 3: „After coming to the United States in 1939, he established a company that manufactures perfumes and colognes. His company was dissolved last year because of his illness. Surviving are his widow, Helen, and a brother, Arthur. (died at his home on 25 May 1954, 148 West 77th Street, N.Y.)"

* *Unbekannt.*

Janstein, Elisabeth

19.10.1893, Iglau–31.12.1944, Winchcombe, England
Lyrikerin.

* *Nicht eruiert.*

Jantsch-Streerbach, Albert

3.2.1891, Neutitschein (Mähren)–16.10.1973, Wien
Schriftsteller, Verlagslektor, Übersetzer.

* *Marbach, DLA*
Teilnachlaß, 2 Kartons: Übersetzungen, Briefe (Kussmaul, Sp. 228).

Jellinek, Max Hermann

29.5.1868, Wien–6.5.1938, ebda
Altgermanist; Professor an der Universität Wien.

* *Wien, Universität, Institut für Germanistik, Bibliothek*
Teilnachlaß, 2 Meter: Vorträge, Rezensionen, Arbeiten zur Sprachgeschichte sowie zur althochdeutschen und neuhochdeutschen Grammatik. – Sonderdrucke.
Unbearbeitet.

Jellinek, Oskar

22.1.1886, Brünn–12.10.1949, Los Angeles
Schriftsteller, Richter.

* *Marbach, DLA*
Nachlaß, 12 Kartons (Kussmaul, Sp. 231; Spalek, Kalifornien, S. 185-191.)

Jelusich, Mirko (Vojmir)

12.12.1886, Semil (Böhmen)–22.6.1969, Wien
Erzähler, Verleger.

* *Wien, ÖNB HS*
Nachlaß, Ser. n. 26.548-26.949, Autogr. 1047/1-1049/69: Manuskripte, und Briefe, u. a. von Natalie Beer, Hans Friedrich Blunck, Taras von Borodajkewycz, Alfons von Czibulka, Alfred Gerstenbrand, Robert Hohlbaum, Eduard Kranner, Bruno Prochaska, Karl Hans Strobl, Rudolf Stürzer und Hermann Stuppäck.
Johannes Sachslehner: Der Fall Mirko Jelusich. Eine Monographie. Diss.Wien 1982. (Zum Nachlaß S. 363-370); publiziert als: *Führerwort und Führerblick. Mirko Jelusich. Zur Strategie eines Bestsellerautors in den Dreißiger Jahren.* Hain: Königstein/Taunus 1984. (= Literatur in der Geschichte – Geschichte in der Literatur, Band 11).

Jirgal, Ernst

18.1.1905, Stockerau (N.Ö.)–17.8.1956, Wien
Mittelschulprofessor, Lyriker, Erzähler, Dramatiker; Wien.

* *Privatbesitz. Camilla Jirgal, Cossmanngasse 26/2, A-1140 Wien*
Nachlaß, vorgeordnet von Frau Jirgal: Gedichte, Novellen. – Briefe, u. a. von Hans Carossa, Herbert Cysarz, Herbert Eisenreich, Max Mell, Franz Nabl, Josef Nadler (3 Br.), Briefe an Schüler während des 2. Weltkriegs. – Lebensdokumente, Preisurkunde (Staatspreis für Lyrik), Photos, Zeitungsausschnitte, Bibliothek.

Jone, Hildegard

Pseud. für Hildegard Huber
1.6.1891, Sarajewo (Bosnien)–28.7.1963, Purkersdorf (N.Ö.)
Malerin, Lyrikerin; Purkersdorf bei Wien.

* *Innsbruck, Universität, Forschungsinstitut „Brenner-Archiv"*
Kryptonachlaß im Nachlaß von Ferdinand Ebner: Einzelne Gedichte. – Ca. 150 Briefe an Hildegard Jone und Josef Humplik, u. a. von Ferdinand Ebner, sowie von Friedrich Pustet und Wilhelm Eßer betreffend die Herausgabe der Werke von Ferdinand Ebner.
Verzeichnung: Inventar, Zettelkatalog.
Erwerbung 1969 und 1987

* *Wien, ÖNB HS*
Briefkonvolut: 317 Briefe von Anton von

Webern an Hildegard Jone und Josef Humplik.

Jülg, Bernhard

4.1.1888, Trient–1975
Lyriker, Erzähler, Schauspieler, Professor in Innsbruck, Tavernaro bei Triest, Innsbruck, Kufstein.

* *Innsbruck, Universität, Forschungsinstitut „Brenner-Archiv"*
Teilnachlaß, 1 Karton: 10 Mappen Gedichte, Erzählungen, Feuilletons, 1 Szenario. – Einzelne Briefe an Jülg. – Dokumente zur Beamtenlaufbahn, Militärpapiere, Studienbuch. – Rezensionen seiner Bücher.
Vorgeordnet.
Geschenk 1976

Jun-Broda, Ina

Pseud. Jana Joan
18.4.1899, Zagreb–16.8.1983, Wien
Übersetzerin, Schriftstellerin.

* *Zagreb (Jugoslawien), Institut za Književnost i teatralogiju*
Nachlaß, ca. 20 Kartons: Vorwiegend Übersetzungstexte.
Provenienz: Vera Stein, Schwester von Ina Jun-Broda. Teile des Nachlasses wurden–es handelt sich um kompromittierende Korrespondenz–im Auftrage beider Schwestern vernichtet.
Kontaktperson: Prof. Meden

* *Privatbesitz.*
Teile des Nachlasses sollen noch im Besitz von Frau Stojsavljevic, Visoka Ulica 20, Zagreb, sein.

Jungmair, Otto

6.4.1889, Molln (O.Ö.)–4.10.1974, Linz
Bankangestellter, Lyriker; Linz.

* *Linz, Stelzhamerbund*
Teilnachlaß: Ca. 35 Gedichte und Erzählungen in Mundart, Radiomanuskripte. – Zeitungsausschnitte, Tonbandkassette. – Ca. 25 Briefe. – Teil der Bibliothek.
Maschinschriftliches Verzeichnis.
Geschenk 1982 und 1983

Junker, Carl

10.8.1867, Wien–29.3.1928, ebda
Publizist, Bibliograph; Konsulent des Vereins der österreichisch-ungarischen Buchhändler in Wien.

* *Wien, Österreichisches Buchgewerbehaus*
Teilnachlaß, 3 Mappen: Historische Abhandlungen (Geschichte von Wr. Neustadt und Wels Geschichte der Wimmerschen Buchdruckerei in Linz). – 2 Konvolute Briefe, u. a. von Paul Soergel, Briefe an Hugo Henneberg. – Zeitungsausschnitte.
Vorgeordnet.

Just, Adolf

Pseud. für Adolf Bukorester
15.9.1848, Wien–18.6.1914, ebda
Schriftsteller; Wien.

* *Wien, WSTLB HS*
Teilnachlaß: Ca. 150 Briefe von Josefine Gallmeyer, Eduard Pötzl und Felix Schweighofer.
Verzeichnung: Zettelkatalog.
Kauf 1916

Kadletz, Wilhelm

25.9.1895, Krieglach (Stmk.)–7.6.1966, Leoben (Stmk.)
Schriftsteller, Maler, Graphiker, Jurist; Landrat von Leoben (1939-1945), Obmann des Obersteirischen Kulturbundes.

* *Leoben, Museum der Stadt*
Teilnachlaß, 14 Kartons: Briefe an Kadletz (1936-1945), Geschäftskorrespon-

denzen des Obersteirischen Kulturbundes. – Druckbelege eigener Arbeiten (1942-1961), umfangreiche Sammlung von Zeitungsausschnitten zum Kulturleben von Leoben (1924-1964). – Teil der Bibliothek.
Vorgeordnet.

Kafka, Franz

2.7.1883, Prag–3.6.1924, Kierling bei Wien
Erzähler, Versicherungsbeamter.

* *Oxford, Bodleian Library*
Nachlaß: Manuskripte, Tagebücher, Reisetagebücher.
Erwerbung 1961
J.M.S. Pasley: Franz Kafka Mss: Description and select inedita. In: *The Modern Language Review* 57 (1962), Nr. 1, S. 53-59; Inventar der Manuskriptsammlung in Oxford. In: Franz Kafka: *Das Schloß. Apparatband.* Hrsg. v. Malcolm Pasley. Frankfurt am Main: S. Fischer Verlag 1982; Franz Kafka: *Der Verschollene. Apparatband.* Hrsg. von Jost Schillemeit. Frankfurt am Main: S. Fischer Verlag 1983; Franz Kafka: *Tagebücher. Apparatband.* Hrsg. von Hans-Gerd Koch, Michael Müller und Malcolm Pasley. Frankfurt am Main: S. Fischer Verlag 1990, S. 17 ff.; Franz Kafka: *Der Proceß. Apparatband.* Hrsg. von Malcolm Pasley. Frankfurt am Main: S. Fischer Verlag 1990. (= Franz Kafka: Schriften, Tagebücher, Briefe. Kritische Ausgabe. Herausgegeben von Jürgen Born, Gerhard Neumann, Malcolm Pasley und Jost Schillemeit); *Catalogue of the Kafka Centenary Exhibition 1983.* Bodleian Library Oxford; Max Brod: Franz Kafkas Nachlaß. In: *Die Weltbühne* 20 (1924), Nr. 29 v. 17.7.1924, S. 106-109.

* *Marbach, DLA*
Sammlung: Handschriften *Der Riesenmaulwurf, Der Proceß* (Kauf 1988), *Brief an den Vater* (Dauerleihgabe 1984) und Briefe von Kafka, u. a. an Milena Jesenská (Dauerleihgabe der Bundesrepublik Deutschland 1980).
Jürgen Born/Michael Müller: Kafkas Briefe an Milena. Ihre Datierung. In: *Jahrbuch der Deutschen Schillergesellschaft* 25 (1981), S. 509-524; Ulrich Ott: Kafkas Nachlaß. In: Malcolm Pasley: *Franz Kafka. Der Proceß. Die Handschrift redet.* Mit einem Beitrag von Ulrich Ott. Marbach am Neckar: Deutsche Schillergesellschaft 1990 (= Marbacher Magazin 52/1990), S. 61-99; Kussmaul, Sp. 240.

* *New York, Leo Baeck Institute*
Sammlung: Catalog, S. 72.

* *Prag, Literární archiv. Památník Národního Písemnictví. (Museum der tschechischen Literatur)*
„Franz-Kafka-Fonds" (Sammlung)
Franz Kafka: *Briefe an die Eltern aus den Jahren 1922-1924.* Hrsg. von Josef Čermák und Martin Svatoš. Prag: Odeon-Verlag 1990 und Frankfurt am Main: S. Fischer Verlag 1990. [9 Briefe, 22 Postkarten, 1 Ansichtskarte]

* *Wuppertal, Bergische Universität-Gesamthochschule Wuppertal, Forschungsstelle für Prager deutsche Literatur*
Handbibliothek Kafkas.
Deutschsprachige Literatur Prags und Böhmens im ersten Viertel des 20. Jahrhunderts. Tabellarische Übersicht und Bibliographie. Zusammengestellt von Jürgen Born unter Mitwirkung von Waltraud John und Jon Shepherd. Forschungsstelle für Prager deutsche Literatur. Bergische Universität-Gesamthochschule Wuppertal, 2., revid. u. erw. Aufl. 1988, auch u.d.T.: *Deutschsprachige Literatur Prags und der böhmischen Länder 1900-1925. Chronologische Übersicht und Bibliographie.* Hrsg. und eingel. von Jürgen

Born. Bearbeitet unter Mitwirkung von Waltraud John und Jon Shepherd. München u. a.: Saur 1991; Jürgen Born: *Kafkas Bibliothek. Ein beschreibendes Verzeichnis*. Frankfurt am Main: S. Fischer Verlag 1990.
Ein Briefkonvolut in New York aus dem Eigentum der Schocken Books Inc. bzw. Salman Schocken (327 hs. und 15 masch. Briefe, 33 Postkarten, 5 Telegramme aus der Zeit von 20.9.1912 bis 16.10.1917, Briefwechsel Franz Kafka-Felice Bauer) wurde 1987 in New York im Auktionshaus Sotheby's versteigert. Der Konvolut wurde von einem bislang unbekannt gebliebenen europäischen Sammler oder Händler erworben.
Ein außergewöhnlicher Nachlaß. In: *Anzeiger des Verbandes der Antiquare Österreichs,* Nr. 16-18, Mitte September 1987.

Kahler, Erich von

14.10.1885, Prag–28.6.1970, Princeton, New Jersey, U.S.A.
Lyriker, Essayist, Universitätslehrer.

* *New York, Leo Baeck Institute*
Erich Kahler Collection, 0,6 m: Manuskripte, Briefe, Personaldokumente, Zeitungsausschnitte, Photos. Catalog, S. 72; Guide, 1978, S. 444-445.

* *Marbach, DLA*
Teilnachlaß, 12 Kartons: Kussmaul, Sp. 240, 243.

* *Privatbesitz. Mrs. Alice Loewy Kahler, Princeton*
Restlicher Nachlaß: Umfangreiche Sammlung von Briefen. [Stand 1978]

* *Princeton, New Jersey, Princeton University, Firestone Library*
Briefe von Katja und Thomas Mann an Erich von Kahler.
Ilsedore B. Jonas und Klaus W. Jonas: Das Werk Erich von Kahlers. Eine Bibliographie. In: *Modern Austrian Literature* 19 (1986), Nr 1, S. 63ff.

Kaiser, Ernst

3.10.1911, Wien–1.1.1972, Reading (England)
Musil-Übersetzer, Erzähler; Wien, Rom, London, Reading.

* *Wien, Dokumentationsstelle für neuere österreichische Literatur*
Sammlung: 5 Erzählungen.
Maschinschriftliches Verzeichnis.

* *Reading, University of Reading, The Library*
Teilnachlaß: Notizen und Manuskripte von Ernst Kaiser und Eithne Wilkins, vorwiegend zu Robert Musils Roman *Der Mann ohne Eigenschaften* und zur Übersetzung des Romans ins Englische, Transkriptionen von Manuskripten Musils. – Briefe an Ernst Kaiser und Eithne Wilkins, meist zu Übersetzungen des Romans ins Englische, Italienische und Slowenische, u. a. von Wilhelm Bausinger, Karl Corino, Karl Heinz Danner, Karl Dinklage, Oskar Maurus Fontana, Adolf Frisé, Janez Gradisnik, Anne F. und Otto Rosenthal, Marie-Louise Roth und Patrick Terry. – Katalog des Nachlasses von Robert Musil. Materialien zu Ausstellungen über Musil, Sammlung von Zeitungsausschnitten, Kopien von Veröffentlichungen und Lebensdokumenten Musils. Maschinschriftliches Verzeichnis.

Kaiser, Josef Maria

1.2.1824, Kremsmünster (O.Ö.)–6.5.1893, Linz
Schriftsteller, Zeichner.

* *Wien, ÖNB HS*
Nachlaß, Ser. n. 16.151-16.156, Autogr. 126/58 (13-16), 261/57-77, 711/3-

712/47: 284 Briefe an Kaiser von 159 Schreibern sowie Einzelmanuskripte.

Kaiserjubiläums-Stadttheater

1898 von Rainer Simons als Sprechbühne gegründet, seit 1904 auch als Opernbühne verwendet.

* *Wien, WSTLB HS*
Teil des Archivs (1892-1914), ca. 450 Inventarnummern: Ca. 135 Briefe an Adam Müller-Guttenbrunn und Rainer Simons. – Sammlung von Textbüchern, Theatermanuskripten, Regie- und Soufflierbüchern.
Verzeichnung: Zettelkatalog.

Kalbeck, Max

Pseud. Jeremias Deutlich
4.1.1850, Breslau–4.5.1921, Wien
Schriftsteller, Musik- und Theaterkritiker in Wien, Brahms-Biograph.

* *München, Bayerische Staatsbibliothek, Handschriften- und Inkunabelabteilung*
Sammlung, 1 Schachtel: Briefe an Kalbeck.
Dachs: Nachl.Rep.

Kalchberg, Johann von

15.3.1765, Pichl (Stmk.)–3.2.1827, Graz
Dramatiker, Politiker; Kurator am Joanneum in Graz.

* *Graz, Steiermärkische Landesbibliothek*
Splitternachlaß, 1 Karton: Ca. 20 Erzählungen.
Unbearbeitet.

* *Graz, Steiermärkisches Landesarchiv*
Im Familienarchiv Kalchberg befinden sich Briefe von Erzherzog Johann an Johann von Kalchberg (1810-1825) sowie 2 Schreiben von Kalchberg, darunter das Gedicht über die Grabstätte an der Leechkirche.
Maschinschriftliches Verzeichnis.
Erwerbung 1827

Kallir-Nirenstein, Otto

1.4.1894, Wien–30.11.1978, New York
Galeriebesitzer, Kunstschriftsteller, Verleger; Wien, New York.

* *Privatbesitz. Jane Kallir, The Galerie St. Etienne, 24 West 57th Street, New York, New York 10019*
Entwürfe und Manuskripte der Publikationen von Otto Kallir-Nirenstein, 1 unpubliziertes Manuskript über „aeronautical medals“.

* *Wien, Österreichische Galerie, Unteres Belvedere, Bibliothek*
Archiv der von Kallir-Nirenstein geleiteten Neuen Galerie, 1 Kasten.
Geschenk

* *Weitere Sammlungen sind in Guide (1978), S. 455-456 verzeichnet.*
Jane Kallir und Hans Bisanz: *Otto Kallir-Nirenstein. Ein Wegbereiter österreichischer Kunst.* Ausstellungskatalog. Wien: Historisches Museum der Stadt Wien 1986.

Kalmar, Rudolf

18.9.1900, Wien–18.1.1974, ebda
Schriftsteller, Journalist.

* *Wien, Dokumentationsstelle für neuere österreichische Literatur*
Nachlaß.

Kaltenboeck, Bodo

Pseud. Kaka
15.12.1893, Stuttgart–5.11.1939, Wien
Major a.D., Schriftsteller; Wien, Kritzendorf.

** Privatbesitz. Susanne König (Tochter), Am Graben 27, Stiege 3, A-1010 Wien*
Teilnachlaß: Manuskripte (*Krieg! Ein dramatisches Gedicht.* o.J., *Schäferspiel,* 110 Bl., o.J.), Photos, Gästebuch.

Kaltenbrunner, Karl Adam

30.12.1804, Enns (O.Ö.)–6.1.1867, Wien
Beamter, Lyriker, Dramatiker; Enns, Vizedirektor der Staatsdruckerei in Wien.

** Enns, Museum Lauriacum*
Nachlaß: 16 Bände und ca. 10 Konvolute Werkmanuskripte in Hochdeutsch und Mundart (Gedichte, Dramen, Sprichwörter und Redensarten). – Ca. 60 Briefe, darunter Familienkorrespondenzen. – Personaldokumente, Verträge, Einnahmen- und Ausgabenbuch (1847-1858), Dokumente zur Berufslaufbahn. – Familiendokumente, Vertonungen seiner Gedichte, Materialien zum Denkmal von Kaltenbrunner in Enns. – Nachlaß von Hedwig von Radics-Kaltenbrunner, siehe dort.
Unbearbeitet.
Geschenk 1913
Hildegard Dunzinger: Karl Adam Kaltenbrunner. Diss. Wien 1949 (S.14).

Kaltneker, Hans

2.3.1895, Temesvar–29.9.1919, Gutenstein (N.Ö.)
Dramatiker, Erzähler.
Emmy Wohanka: Hans Kaltneker (1895-1919). Diss. Wien 1933; Helmuth Himmel: Die Problematik im Werk Kaltnekers und ihr Ort in der österreichischen Literatur des 20. Jahrhunderts. Diss. Graz 1951, Band I-IV. Himmel verzeichnet, Band IV, S. 735 alle unveröffentlichten Kaltneker-Manuskripte, die 1951 im Archiv des Paul Zsolnay Verlags in Wien waren: *Die Heilige. Mysterium für Musik, Frohe Ostern! Eine Passion,* verschiedene Gedichte, *Les Noyades, Dolores* (nach Swinburne); Beiträge im Sammelband *Das neue Land* (hektographiert). H. meint, daß die Angaben Wohankas aus dem Jahr 1933 von geringem Wert seien, „da der Aufenthalt verschiedener Manuskript-Besitzer nicht auszumachen ist und die von der Mutter des Dichters verwahrten Manuskripte als verschollen gelten müssen." (Himmel, S. 13)

** Der Nachlaß ist wahrscheinlich verschollen (zuletzt im Besitz der Mutter).*

** Briefe von Kaltneker an Else Wohlgemuth waren bis 1951 noch in ihrem Besitz.*

Kanner, Heinrich

9.11.1864, Galatz–15.2.1930, Wien
Journalist, Zeitungsverleger von *Die Zeit* in Wien.

** Stanford (California, U.S.A.), Stanford University, Hoover Institution on War, Revolution and Peace*
Teilnachlaß (1914-1917), 2 Schachteln: Tagebuch, Interviews als Herausgeber der Wiener Zeitung *Die Zeit.*

Karpfen, Fritz

21.2.1897, Wien–26.8.1952, ebda
Kunstschriftsteller, Erzähler, Essayist, Verleger, Wien, Marseille.
Literarischer Leiter des Verlags der Wiener Graphischen Werkstätte. Herausgeber der Zeitschriften *Volk Richte! Wochenblatt für Schutz und Recht jedes Einzelnen, Berg und Schnee* und *Das Weltbild.* In der Emigration nannte er sich Fréderic Karpfen, schrieb 1941 für die Schweizer Zeitung *Actualis,* gehörte dem „Groupement des Résistants et Combattants autrichiens en France" 1947 an. Lebte in Marseille, kehrte nach dem Krieg nach Wien zurück.

** Ein Nachlaß wurde nicht aufgefunden, wobei zu bezweifeln ist, ob Karpfen, der den Krieg im französischen Exil verbrachte, viel retten konnte.*
Nachrufe: *Wiener Zeitung,* 27.8.1952, S. 4; *Neues Österreich,* 27.8.1952, S. 4.

Kaser, Norbert C.

19.4.1947, Brixen–21.8.1978, Bruneck
Schriftsteller, Lehrer, Bruneck.

* *Innsbruck, Universität, Forschungsinstitut „Brenner-Archiv“*
Nachlaß, 6 Kartons: 388 Werkmanuskripte (Gedichte, Glossen, Kurzprosa, Essays). – 316 Briefe, u. a. von Paul Flora und Rosemarie Judisch, 390 Briefe von Kaser, u. a. an Klaus Gasperi, Rosemarie Judisch, Erika Prader, Monika Segola-Kaser. – Personaldokumente, Unterlagen zur Südtiroler Hochschülerschaft. – Photos, Materialien von Hans Haider zur Verwaltung und Edition des Nachlasses (Manuskripte, Korrespondenzen, Photos, Tonbänder, Verlagsprogramme).
Verzeichnung: Zettelkatalog.
Depot 1982 und 1986
Inhaber der Urheberrechte: Monika Segola-Kaser (besitzt auch einen kleinen Teil des Nachlasses). Die Herausgabe des Nachlasses wurde am Begräbnistag beschlossen, unter dem Zwang, dem Skandal des Todes handelnd entgegenzutreten. Fast alles, was sich in seinem Nachlaß fand, war unveröffentlicht.
Norbert C. Kaser 1947-1978. *Eingeklemmt. Gedichte-Geschichten und Berichte-Stadtstiche Poetische Protokolle, Kritik-Polemik-Agitation.* Hrsg. von Hans Haider. Innsbruck: Galerie Bloch, 1979; Norbert C. Kaser: *jetzt mueßte der kirschbaum blühen. Gedichte Tatsache und Legenden. Stadtstiche.* Hrsg. mit einem Nachw. von Hans Haider. Zürich: Diogenes 1983; Norbert C. Kaser: *gedichte.* Hrsg. von Sigurd Paul Scheichl. Lesehilfen und Materialien von Robert Huez. Innsbruck: Haymon-Verlag 1988. (= Gesammelte Werke, Band 1); Norbert C. Kaser: *Prosa. Geschichten–Schultexte. Stadtstiche. Glossen–Kritik.* Hrsg. von Benedikt Sauer und Erika Wimmer-Webhofer. Lesehilfen und Materialien von Benedikt Sauer und Toni Taschler. Innsbruck: Haymon-Verlag 1989. (= Gesammelte Werke, Band 2); Norbert C. Kaser: *Briefe.* Hrsg. von Benedikt Sauer. Innsbruck: Haymon-Verlag 1991. (= Gesammelte Werke, Band 3)

Kasimir, Luigi

18.4.1881, Pettan–6.8.1962, Wien
Radierer, Wien.

* *Wien, ÖNB HS*
Nachlaß, Ser. n. 24.571-24.576, Autogr. 1004/32-52, 1020/1-1022/43, 1058/1-63: Manuskripte und Briefe, vorwiegend Familienkorrespondenzen.
Kauf 1981

Kassner, Rudolf

11.9.1873, Groß-Pawlowitz (Mähren)–1.4.1959, Sierre (Schweiz)
Kulturphilosoph, Erzähler.

* *Wien, ÖNB HS*
Teilnachlaß, Ser. n. 13.430-13.564, 13.986: Manuskripte.

* *Wien, WSTLB HS*
Teilnachlaß, 3 Kartons: Einzelne Manuskripte. – Briefe. – Personaldokumente, Notizbuch, Photos.
Verzeichnung: Inventar.
Kauf 1983

* *Marbach, DLA*
Sammlung: Kussmaul, Sp. 244; *Jahrbuch der Deutschen Schillergesellschaft* 28 (1984), S. 591.

Katz, Leo

Pseud. Joel Ames
22.1.1892, Sereth (Südbukowina)–9.8.1954, Wien
Journalist, Schriftsteller. Lebte in Berlin (1930-33), Paris (1933-38), New York (1938), Mexiko (1940), Wien (1949).

* *Privatbesitz. Bronia Katz, Borschstraße 24/12, A-1190 Wien (Stand 1984)*
Nachlaß, 1 m: Werkmanuskripte, Verlagskorrespondenz, Lebensdokumente, Photos, Rezensionen, Gedichte von Marie Frischauf.
Horst Fassel: Die Einsamkeit des Leo Katz oder die Standhaftigkeit eines Wunschdenkens. In: *IWK. Mitteilungen des Instituts für Wissenschaft und Kunst* (Wien) 42 (1987), Nr. 2, S. 34-40. Auch in: *Die Bukowina. Studien zu einer versunkenen Literaturlandschaft.* Hrsg. Dietmar Goltschnigg u. Anton Schwob unter Mitarbeit von Gerhard Fuchs. Tübingen: Francke Verlag 1990, S. 199-214.

Kaus, Gina

Eig. Gina Zinner-Kranz, Pseud. Andreas Eckbrecht
21.10.1894, Wien–23.12.1985, Los Angeles
Schriftstellerin, Wien, Los Angeles.

* *New York, New York Public Library at Lincoln Center*
Spalek, Kalifornien, S. 193-194; Guide, 1978, S. 461-463.

Kautsky, Benedikt

1.11.1894, Stuttgart–1.4.1960, Wien
Nationalökonom, Diverse Funktionen in der Arbeiterkammer in Wien.

* *Wien, Verein für Geschichte der Arbeiterbewegung*
Teilnachlaß, 41 Mappen: Dissertation, zahlreiche Aufsätze, Vorträge und Notizen. – Personaldokumente, Materialien zur Haft im Konzentrationslager Buchenwald. – Werkmanuskripte von Karl Heinz und Gerda Kautsky, Materialien zum Parteiprogramm der SPÖ 1948, Zeitungsausschnitte.
Verzeichnung: Inventar.

* *Amsterdam, Internationaal Instituut voor Sociale Geschiedenis*
Teilnachlaß, 2 m (1912-1961): Manuskripte, Korrespondenz, persönliche Dokumente.
Verzeichnis: *General index of Archives and Collections. The Institute of Social History.* Amsterdam o.J.; Guide Amsterdam, S. 83.

Kautsky, Minna

Pseud. Eckert
11.6.1837, Graz–20.9.1912, Berlin
Erzählerin, Dramatikerin, Schauspielerin; Olmütz, Prag, Berlin, Wien.
Ein Nachlaß ist wahrscheinlich nicht überliefert. Erhalten sind lediglich einige Manuskripte sowie Briefe an und von Minna Kautsky.

* *Amsterdam, Internationaal Instituut voor Sociale Geschiedenis*
Nachlaß Karl Kautsky: Manuskripte von Romanen und Theaterstücken. –Briefe an Minna Kautsky, u. a. von Wilhelm Kienberger, Wilhelm, Natalie und Karl Liebknecht, Eva Mehring und Franz Mehring, Unterlagen zur Mitgliedschaft im Verein der Schriftstellerinnen und Künstlerinnen in Wien (1885-1906).
Guide Amsterdam, S. 85f.
Cäcilia Friedrich: Minna Kautsky. Beitrag zur Entstehungsgeschichte der sozialistischen deutschen Literatur. Diss. Halle 1963. (Zum nachgelassenen Material S. 6 ff sowie zu den Briefen, Anhang, S. 8-10.)

Keim, Franz

28.12.1840, Stadl-Paura (O.Ö.)–27.6.1918, Brunn am Gebirge (N.Ö.)
Lehrer, Dramatiker, St. Pölten, Wien.

* *Wien, WSTLB HS*
Teilnachlaß, ca. 1 800 Inventarnummern: Gedichte, Hymnen, Dramen, Essays. – Briefe, u. a. von Franz Christel, Alexan-

der von Fielitz, Ludwig Martinelli, Konrad Nies, Alfred Schwarzinger, Emerich Graf Stadion, Agnes Tyrell, Franz Wastian, Heinrich Wastian, Familien- und Verlagskorrespondenzen. – Personaldokumente, Schulzeugnisse, Ehrungen und Glückwünsche, Notizbücher, Adreßbuch, Ausweise, Tantiemenabrechnungen. – Familiendokumente.
Verzeichnung: Zettelkatalog.
Inventarisiert 1958

Kein, Ernst

27.11.1928, Wien–21.1.1985, ebda
Schriftsteller.

* *Privatbesitz. Erna Lehky, Loeschenkohlgasse 34/9, A-1150 Wien*
Nachlaß, u. a. von Kein gesammeltes Material zur zeitgenössischen Literaturproduktion (Bücher, Zeitschriften) und Briefe.
Andreas Okopenko: Der unbemerkte Meister–Erinnerungen an den Wiener Lyriker Ernst Kein. In: *Die Presse* (Wien), 25./26.1.1986.

Keller, Paul Anton

11.1.1907, Radkersburg (Stmk.)–22.10.1976, Hart bei Graz
Lyriker, Erzähler, in der NS-Zeit Landesleiter der Reichsschrifttumskammer für Steiermark.

* *Graz, Steiermärkische Landesbibliothek*
Nachlaß: 32 Kartons Werkmanuskripte, 1 Konvolut Rezensionen. – 87 Kartons Briefe, u. a. von Paul Alverdes, Gustinus Ambrosi, Wolfgang Arnold, Alfred Cossmann, Else Ernst, Fritz Freudenthaler, Emma Fuchs, Viktor von Geramb, Herbert G. Göpfert, Erich Gschwend, Johann Gunert, Carl Julius Haidvogel, Franz Haslinger, Josefine Haus-Ertler, Franz Ludwig Herzog, Otto Hofmann-Wellenhof, Erica Hohenleitner, Heribert Horneck, Udo Illig, Otto Janda, Otto Kämper, Franz Maria Kapfhammer, Hans Gustl Kernmayr, Marie Knittelfelder, Hanns Koren, Adalbert Krause, Herbert Lex-Kalisch, Rudolf List, R.H. Maissl, Kurt Hildebrand Matzak, Isabella Mauracher-Heigel, Eugen Mayer, Max Mell, Robert Michel, Othmar Muth, Wilhelm Neugebauer, Heinz Nonveiller, Erich Nussbaumer, Joseph Papesch, Josef Friedrich Perkonig, Hermann Pfeifer, Hilde Pucher, Richard von Schaukal, Leo Scheu, Walter G. Schober, Wolfgang Schreckenbach, Julius Franz Schütz, Walter und Reinhild von Semetkowski, Alfred Ernst Stengg, Herbert Strutz, Karl Vogl, Josefa Weissenborn, Rudolf Zilli und der Paul Ernst-Gesellschaft, 10 Konvolute Korrespondenzen mit Verlagen und Zeitungen, Durchschläge der Briefe von Keller. – 2 Kartons Materialien zur Mitgliedschaft in Schriftstellerverbänden, 4 Kartons Sammlung von Partezetteln, 7 Kartons mit Rezensionen von Werken Kellers. – Teil der Bibliothek.
Unbearbeitet.
Geschenk und Kauf

* *Wien, ÖNB HS*
Teilnachlaß, Autogr. 977/6-30: Briefe an Keller.

Kellner, Leon

Pseud. Leo Raphaels
17.4.1859, Tarnów (Galizien)–5.12.1928, Wien
Anglist, Dozent an der Universität Wien 1890, 1904-1918 Professor an der Universität Czernowitz, später Lehrbeauftragter an der Technischen Hochschule Wien, Shakespeare-Forscher. Keller war Testamentsvollstrecker von Theodor Herzl und externer Gutachter des Paul Zsolnay Verlags.

* *Jerusalem, Central Zionist Archives*
Kleine Sammlung zum Themenbereich

Zionismus, Schenkung der Tochter Paula Arnold.

* *Jerusalem, Central Zionist Archives*
Nachlaß Theodor Herzl: 33 Briefe Kellners an Herzl, 3 Postkarten, 1 Ansichtskarte (1896-1899) sowie Fotokopien der Briefe Herzls an Leon Kellner.

* *Privatbesitz. Mr. Dan Arnold, Ha'atzmauth Street, Benyamina 30500, Israel*
Splitternachlaß. Paula Arnold hat Materialien zu Leon Kellner aufgehoben, darunter sämtliche Werke Kellners und seine persönliche Korrespondenz.

Kematmüller, Heinrich

16.12.1856, Gmunden (O.Ö.)–10.11.1922, Perg (O.Ö.)
Offizier, Militärschriftsteller, Erzähler; Gmunden, Wien, Perg.

* *Steyr, Museum*
Teilnachlaß, 1 Karton: Dramen und Lustspiele, Erzählungen.
Vorgeordnet.

Kernmayr, Hans Gustl

10.2.1900, Graz–9.10.1977, Samerberg (BRD)
Publizist, Erzähler, Graz, Untereck (Oberbayern).

* *Graz, Steiermärkische Landesbibliothek*
Teilnachlaß: 21 Werkmanuskripte (Dramen, Lustspiele, Jugendbücher, Romane). – Zeitungsausschnitte.
Maschinschriftliches Verzeichnis.

Kernstock, Ottokar

25.7.1848, Marburg a.d.Drau–5.11.1928 auf der Festenburg, Stmk.
Ordenspriester, Chorherr des Stiftes Vorau, Pfarrer auf der Festenburg, Lyriker.

* *Vorau, Chorherrenstift, Bibliothek*
Nachlaß, 14 Kartons: Entwürfe, Gedichte, Meßgesänge, Reden und Predigten, Dramen. – Briefe, u. a. von Roman Himmelbauer, J.B. Holzinger, Peter Rosegger, Hermann Vogel, Heinrich Wastian, Zahn und Korrespondenzen von Redaktionen, Gesangs- und Turnvereinen, Ortsgruppen des Deutschen Schulvereins, Verlagskorrespondenzen. – Mitgliedsausweise, Verträge, Ernennungen, Auszeichnungen und Glückwünsche, Dokumente zur Tätigkeit als Pfarrer, Verlagsverträge und Verlagsabrechnungen. – Unterlagen zu Kernstock-Feiern, Liste der Vertonungen von Kernstocks Gedichten, Manuskripte anderer Autoren.
Vorgeordnet.

* *Vorau, Chorherrenstift, Archiv*
Teilnachlaß, 15 Bände: Predigten, Gedichte, Exzerpte, Verzeichnis seiner Publikationen.

* *Denkmalhof Kernstock-Haus, A-4851 Gampern, Pöring 2 (betreut von Hermann und Hildegund Kaser, Nutzstraße 1, A-4850 Timelkam, O.Ö.).*
Besitzt Handschriften und Autographen, die von Kaser angekauft wurden, sowie Briefe Kernstocks an seinen Großvater (Rechtsanwalt, † 1928).
E.R.: Denkmalhof Kernstockhaus Poering, in: *Lot und Waage* 33 (1986), H. 3, S. 27f.

* *Kernstock-Museum*
Museumsträger ist das Chorherrenstift Vorau, Bruck a.d. Lafnitz, Stmk. (Memorabilia) Dazu der Museums-Führer: „Festenburg".
Charlotte Grollegg-Edler: Ottokar Kernstock–ein „politischer Dichter"? In: *Österreich in Geschichte und Literatur* 30 (1986), S. 139-149.

Khull von Kholwald, Ferdinand

3.12.1854, Klagenfurt–25.9.1942, Graz
Germanist, Erzähler.

* *Graz, Steiermärkisches Landesarchiv*
Teilnachlaß, 1 Schachtel (1915-1925): Einzelne Briefe, u. a. von Karl Haller, Hermann Sander und Arthur Trebitsch. – Sammlung von Einzelnummern deutschnationaler Zeitschriften, u. a. *Deutsche Ideale,* Zeitungsausschnitte.
Erwerbung 1953
Die nachgelassene Bibliothek wurde 1947 von einem Wiener Antiquariat verkauft. Siehe Hinterberger (Wien), Liste 129 [1947] sowie *Das Antiquariat* (Wien) 3, Nr. 5, S. 2.

Kiener, Julius

13.4.1898, Rattenberg (Tir.)–15.5.1973, Seefeld (Tir.)
Erzähler, Dramatiker, Publizist, Rattenberg, Redakteur der *Seefelder Kur- und Reisezeitung.*

* *Innsbruck, Universität, Forschungsinstitut „Brenner-Archiv“*
Nachlaß, 26 Kartons: Erzählungen, Romane, Dramen. – Zahlreiche Briefe an Julius und Ellen Kiener, meist Redaktionskorrespondenzen, u. a. von Achim Anders, Siegfried Freiberg, Marie Hamsun, Kurt Hartmann, Gottfried Hohenauer, Edith Kahler, Gustav Emil Müller, Alfred Neymayer, Friedrich Punt, Hans Reisiger, Mathilde Schrott, Heinrich von Schullern, Zwi Silberstein, Ernst Waldinger, der Deutschen Verlagsanstalt und dem Karl P. Hofmann-Verlag, Familienkorrespondenzen. – Übersetzungen aus dem Dänischen und ins Dänische von Ellen Kiener, Erinnerungen von Leopold Zahn, Druckbelege, Manuskripte von verschiedenen Autoren für die *Seefelder Kur- und Reisezeitung.*
Vorgeordnet.
Geschenk um 1974

Kienzl, Florian

6.7.1894, Graz–1.4.1972, Berlin
Schauspieler, Regisseur, Dramaturg, Graz, Kiel, Berlin.

* *Graz, Steiermärkische Landesbibliothek*
Teilnachlaß, 8 Nummern: Erinnerungen. – Ca. 80 Briefe von Peter Rosegger an die Familie Kienzl (1875-1916). – Photos, Reisepaß von Wilhelm Kienzl, einzelne Autographen.
Maschinschriftliches Verzeichnis.
Geschenk 1974

Kießling, Franz

10.1.1918, Znaim–20.2.1979, Korneuburg (N.Ö.)
Lyriker, Beamter u. a. des Finanzministeriums.

* *Privatbesitz. Friederike Schäfer, Wien (Stand 1986)*
Franz Kießling: *Lob einer Stunde. Gedichte und Gedanken.* St. Pölten-Wien: Verlag Niederösterreichisches Pressehaus 1986. (= Das österreichische katholische Wort, Jahrbuch 1986 des Verbandes katholischer Schriftsteller Österreichs, Winfried) [Aus dem Nachlaß veröffentlicht]

Kindermann, Heinz

8.10.1894, Wien–3.10.1985, ebda
Literar- und Theaterhistoriker, 1927-1943 Professor an der Universität Münster i.W., dann Vorstand des Instituts für Theaterwissenschaft an der Universität Wien.

* *Wien, Universität, Institut für Theaterwissenschaft*
Teile der Bibliothek.

* *Privatbesitz. Familienbesitz*

Kisch, Egon Erwin

29.4.1885, Prag–31.3.1948, ebda
Journalist, Erzähler, Publizist.

* *Prag, Literární archiv. Památník Národního Písemnictví. (Museum der tschechischen Literatur)*
Nachlaß, 80 Kartons: Manuskripte, Briefe, Lebensdokumente, Druckbelege, Zeitungsausschnitte, Photos. Nachlaßmaterial des Bruders Dr. Paul Kisch.

Kläger, Emil

Pseud. Milo, Milo Boy
10.10.1882, Wisnitz (Galizien)–2.6.1936, Wien
Schriftsteller, Professor an der Akademie für Musik und darstellende Kunst in Wien.

* *Nicht bekannt*

Klammer, Karl

Pseud. K.L. Ammer
13.10.1879, Wien–8.3.1959, ebda
Oberstleutnant i.R., Fabrikant, Lyriker.

* *Privatbesitz. Dr. Herwart Ankershofen, Elßlergasse 15, A-1130 Wien*
Restnachlaß: Einzelne Gedichte, Kriegstagebuch.
Die an Klammer gerichteten Briefe sowie Klammers eigene Autographensammlung wurden ca. 1968 vom Wiener Antiquariat V.A. Heck verkauft, darunter Briefe von Bertolt Brecht, Franz Blei, Richard Dehmel, Ludwig Hesshaimer, Maurice Maeterlinck, Josef Weinheber, Stefan Zweig. In den Katalog nicht aufgenommen, aber ebenfalls von Heck verkauft wurden Briefe an Klammer von Felix Braun, Käthe Braun-Prager, Hans Fronius, Oskar Kokoschka, Alfred Kubin, Fernand Leger, Alexander Lernet-Holenia, Max Mell.
Liste 262. Autographe. Katalog des Antiquariats V.A. Heck, Wien, um 1968.
Inhaberin der Rechte: Hildegard Czezik-Müller, Haus Fuchsbichl, Scheffsnoth 42, A-5090 Lofer.

Klapp, Michael

5.2.1832 (1836), Prag–26.2.1888, Wien
Bühnenschriftsteller, Publizist, seit 1855 in Wien, Prag, Paris, Wien.

* *Wien, WSTLB HS*
Teilnachlaß: Einzelne Kritiken. – Ca. 260 Briefe, u. a. von Adolf von Sonnenthal.
Verzeichnung: Zettelkatalog.
Kauf 1899

Klarmann, Adolf

18.9.1904 (Wien ?)–27.8.1975, Philadelphia
Germanist, Professor u. a. an der University of Pennsylvania und der University of California, Los Angeles. Herausgeber des literarischen Nachlasses von Franz Werfel.

* *Philadelphia, La Salle University, Connelly Library*
Klarmann German Literature Collection: Privatbibliothek von Klarmann, bestehend aus ca. 2 020 Bänden.
Klarmanns Werfel-Sammlung wurde auf zwei weitere Universitäten in den U.S.A. aufgeteilt, und zwar auf die University of Pennsylvania (Van Pelt Library) und die University of California, Los Angeles.

Kleeborn, Hermen von

Pseud. für Hermine von Szalay-Kleeborn
1.3.1908, Wien–5.10.1978, ebda
Verlagslektorin, Lyrikerin, Erzählerin, Übersetzerin.

* *Wien, Dokumentationsstelle für neuere österreichische Literatur*
Nachlaß.

Klein, Karl Kurt

6.5.1897, Weißkirch (Siebenbürgen)–10.1.1971, Innsbruck
Professor für Altgermanistik in Innsbruck seit 1946.

* *Gundelsheim/Neckar, Arbeitskreis für Siebenbürgische Landeskunde e.V.*
Inhalt nicht bekannt. Verzeichnis nicht vorhanden.

Klinenberger, Ludwig

16.9.1873, Wien–27.4.1942, ebda
Publizist, Wien.

* *Wien, WSTLB HS*
Teilnachlaß: Ca. 140 Briefe an Klinenberger.
Verzeichnung: Zettelkatalog.
Kauf 1979

Klinger, Franziska

5.8.1893, Ratibor–?
Sprachlehrerin, Schriftstellerin, Ratibor, Wien.

* *Wien, WSTLB HS*
Teilnachlaß, ca. 40 Inventarnummern: Gedichte. – Einzelne Briefe, darunter 1 Ordner Geschäftskorrespondenzen. – Ausweise, Vertrag, Lebenslauf.
Verzeichnung: Zettelkatalog.
Erwerbung 1977

Kloepfer, Hans

18.8.1867, Eibiswald (Stmk.)–27.6.1944, Köflach (Stmk.)
Arzt, Erzähler, Lyriker; Köflach.

* *Eibiswald, Kloepfer Museum*
Teilnachlaß, 5 Kartons: Ca. 10 Werkmanuskripte (Gedichte, Erinnerungen, Theaterstücke). – Ca. 10 Briefe. – Ehrungen, Photos, Erinnerungsstücke, Tonaufnahmen. – Handexemplare seiner Bücher.
Maschinschriftliches Verzeichnis.
Kauf seit 1954

Knepler, Paul

29.10.1879, Wien–17.12.1967, ebda
Buchhändler, Komponist, Operettenlibrettist, Wien, London.

* *Wien, WSTLB HS*
Nachlaß, ca. 190 Inventarnummern: Einzelne Werkmanuskripte (Entwürfe, Rundfunkmanuskripte, Libretti). – Ca. 250 Briefe, u. a. von Emmerich Kálmán, Franz Lehár, Oscar Straus, Franz von Suppé und Briefe von Knepler. – Photos, Notizbuch von Josefine Gallmeyer, Verzeichnis der Theaterbibliothek von F. Zell und Richard Genée.
Verzeichnung: Zettelkatalog.
Geschenk 1970

* *Wien, WSTLB MS*
Teilnachlaß, ca. 20 Inventarnummern: Autographe Entwürfe, Klavierauszüge und Partituren (Teile von Operetten, Tänze).
Verzeichnung: Zettelkatalog.
Geschenk 1970

Kneucker, Alfred W.

30.1.1904, Wien–12.1.1960, ebda
Arzt, Autor von Drehbüchern, Gedichten, Chansons und kultursoziologischen Texten; Wien, Emigration nach Schweden, London und Shanghai, seit 1947 in den U.S.A., zuletzt Universitätsprofessor für Chirurgie und Urologie an der Chicago Medical School.

* *Wien, ÖNB ÖLA*
Nachlaß.

Knittelfelder, Marie

9.12.1885, Wies (Stmk.)–14.5.1959, Graz
Lehrerin, Lyrikerin, Erzählerin; Wies, Straß, Pölfing-Brunn.

* *Graz, Steiermärkische Landesbibliothek*
Teilnachlaß, 21 Kartons: Notizen, Erzählungen. – Briefe an Marie und Hermann Knittelfelder, u. a. von Hans Brandstetter, Karl Gawalowski, Viktor von Geramb, Fritz Gernot, Wilhelm Gösser, Otto Hofmann-Wellenhof, Franz Killer, Isabella Mauracher-Heigel, Alfred Möller, Leopold Prinz, Gudrun Uexküll, Heinrich Wastian, Elsa Laura von Wolzogen und Familienkorrespondenzen.
Vorgeordnet.
Geschenk

Knobloch, Hilda

Pseud. Hans Knobloch, Hilda Torthofer
21.12.1890, Marburg a.d.Drau–5.2.1960, Graz
Erzählerin; Graz.

* *Graz, UB, Abteilung für Sondersammlungen*
Teilnachlaß, 1 Karton: Exzerpte, 3 Romane.
Unbearbeitet.
Erwerbung 1967

Kobler, Franz

18.12.1882, Jungbunzlau (Böhmen)–12.5.1965, Berkeley, Kalifornien, U.S.A.
Rechtsanwalt in Wien, Schriftsteller.
Emigrierte über London 1938 in die U.S.A., zuletzt in Berkeley, Kalifornien.

* *New York, Leo Baeck Institute*
Nachlaß, ca. 3 m (1933-1971): Manuskripte, Briefe von Benno Elkan, Friedrich Koffka, Else Lasker-Schüler, Ernst Lissauer, Margarete Susman, persönliche Dokumente. (Catalog, S. 78.)

Koch, Franz

21.3.1888, Attnang-Puchheim (O.Ö.)–26.12.1969, Linz
Literarhistoriker, Bibliothekar, Wien, Universitätsprofessor in Berlin und Tübingen.

* *Linz, Adalbert-Stifter-Institut*
Nachlaß, 8 Kartons: Reden und Vorträge, literarhistorische Arbeiten, Rezensionen. – Ca. 175 Briefe, u. a. von Herbert Cysarz, Arthur Fischer-Colbrie, Heinz Kindermann, Günther Müller, Josef Nadler, Heinrich von Srbik und Josef Weinheber. – Personaldokumente, Militärpapiere, Ehrungen, Glückwünsche, Druckbelege, Adreßbuch. – Sammlung von Sonderdrucken der Arbeiten Kochs, Rezensionen und Handexemplare seiner Bücher. Maschinschriftliches Verzeichnis.
Erwerbung 1990

Koenig, Alma Johanna

Pseud. Johannes Herdan = Mädchenname ihrer Mutter
18.8.1887, Prag–gest. nach Ende Mai 1942 (nach Minsk deportiert)
Schriftstellerin.
Ein Teil des Nachlasses ist verlorengegangen. Nach 1938 mußte Alma Johanna Koenig innerhalb Wiens mehrmals übersiedeln und auf kleinstem Raum wohnen. Der schriftliche Nachlaß wurde ihrem Lebensgefährten Oskar Jan Tauschinski übergeben und dadurch gerettet. Ein Teil der Manuskripte wurde verbrannt. Nach dem Tod Tauschinskis wird der gesamte Nachlaß der WSTLB HS übergeben werden.

* *Privatbesitz. Oskar Jan Tauschinski, Favoritenstraße 27/44, A-1040 Wien*
Nachlaß, 5 Ordner: Manuskripte (u. a. *Das Buch Peiron,* Roman). – Briefe, u. a. von Gustinus Ambrosi, Prof. Brandes (Dresden), Felix Braun, Christian von Ehrenfels, Adrienne Gessner, Franz Karl Ginzkey, P.E.N. 1938-39 (England), Alma Seidler, Julius von Wagner-Jauregg; Briefe an Helene Lahr und an Werner Riemerschmid. – Reisepaß, Trauschein, Photos. – Sammlung von Kritiken und von Veröffentlichungen über Alma Johanna Koenig.
Bibliothek: In der Privatbibliothek Oskar

Jan Tauschinskis befinden sich die Originalausgaben ihrer Werke und sämtliche Übersetzungen.

** Wien, ÖNB HS*
149 Briefe an Hofrat Dr. Eugen Antoine (1882-1947) aus den Jahren 1916-1931 (Autogr. 373/1-2).
Erwerbung 1953
Franziska Raynaud: Alma Johanna Koenig (1887-1942?). Leben und Dichten einer Wienerin. In: *Leo Baeck Institute Bulletin* 64 (1983), S. 29-54; Oskar Jan Tauschinski: Alma Johanna Koenig: Briefe an Helene Lahr. In: *Zeitgeschichte* 8 (1980/81), S. 260-291.

König, Friedrich Wilhelm

7.6.1897, Adlerkosteletz (Böhmen)–5.2.1972, Wien
Orientalist.

** Wien, ÖNB HS*
Nachlaß, Ser. n. 19.277-19.375, Autogr. 795/1-798/49: Manuskripte und Briefe an und von König, u. a. von Gerold & Sohn, Hinrich'sche Buchhandlung, Julius Franz Schütz und Ernst F. Weidner.

Koenig, Otto

12.5.1881, Wien–13.9.1955, Klosterneuburg
Redakteur der *Arbeiter-Zeitung*, Kritiker, Erzähler, Essayist.

** Wien, ÖNB HS*
Nachlaß, Ser. n. 26.078-26.410, Autogr. 1025/1-1033/21: Manuskripte und 1 881 Briefe von 601 Schreibern, u. a. von Friedrich Austerlitz, Hans Brecka, Josef Brendel, Gerlach & Wiedling, Karl Henckell, A. Piperger, Marianne Pollak, Oskar Pollak, Andreas Reischek, Fritz Rosenfeld, Friedrich Sacher, Josef Luitpold Stern und Johann Triebl.
Erwerbung 1982 von Otto König jun.

Königsgarten, Hugo F.

Geb. 13.4.1904, Brünn
Autor von Kabarettexten, Brünn, Wien, London.

** Wien, Dokumentationsarchiv des österreichischen Widerstandes*
Teilnachlaß, 6 Mappen: 1 Manuskript über das Wiener Kabarett in den 30er Jahren, Sketches und Szenen für die Kleinkunstbühne „Der liebe Augustin" in Wien, teilweise gemeinsam mit Georg Hermann Mostar verfaßt, autobiographische Aufzeichnungen. – Kabarettexte von Albert Fuchs und Rudolf Spitz, Programmhefte der Kleinkunstbühne „Der liebe Augustin" und des österreichischen Exiltheaters „Laterndl" in London, Kritiken von Aufführungen im „Laterndl".
Verzeichnung: Inventar.

Körber, Lili

Pseud. Agnes Muth
25.2.1897, Moskau–11.10.1982, New York
Schriftstellerin, Krankenschwester.
Als Tochter einer Polin und eines österreichischen Kaufmanns in Moskau geboren verließ sie mit der Familie Rußland, emigrierte über Berlin in die Schweiz, Matura in Zürich. Ab 1917 studierte sie in Wien, wohin die Familie inzwischen übersiedelt war, Literaturgeschichte. Sie beendete das Studium 1925 in Frankfurt mit einer Dissertation über die Lyrik Franz Werfels und kehrte nach Wien zurück, wo sie erste Artikel in der *Arbeiter-Zeitung* veröffentlichte. 1928, 1929 Reisen nach Moskau, arbeitete in einer Traktorenfabrik, erstes Buch *Der rote Alltag*. Ihr nächstes Buch *Eine Jüdin erlebt das neue Deutschland* erschien 1934 bei Richard Lányi in Wien. Emigrierte nach dem Anschluß mit ihrem Freund und späteren Mann Erich Grave nach Frankreich. Lebte bis 1939 in Paris, dann in Lyon. Schrieb für Schweizer Zeitungen und das *Pariser Tageblatt*. 1941 emigrierte sie in die U.S.A. und arbeitete dort als Krankenschwester.

* *Reno (Nevada, U.S.A.), University of Nevada-Reno, College of Arts and Science, Department of Foreign Languages and Literatures*
Teilnachlaß: Manuskripte, Briefe, Photos, Tagebuchblätter, Erstausgaben.
Maschinschriftliches Verzeichnis; Guide, 1992, S. 324-325.
Erwerbung 1985
Nachlaßverwalterin: Dr. Viktoria Hertling.

Körner, Josef

15.4.1888, Rohatetz (Mähren)–9.5.1950, Prag
Germanist, Professor an der Universität Prag.

* *Bonn, UB, Abteilung Handschriften*
Teilnachlaß, 19 Zettelkästen: Bibliographische Nachweise zur deutschen Literatur und zur Geschichte und Problematik der Literaturwissenschaft, Exzerpte aus wissenschaftlicher Literatur, aus deutscher Literatur und Philosophie, Abschriften von Briefen der Romantiker. – Sammlung von Rezensionen über Sekundärliteratur zur Romantik, Sammlung von Sonderdrucken der Arbeiten Körners, Handexemplare seiner Bücher.
Maschinschriftliches Verzeichnis.

Koestler, Arthur

5.9.1905, Budapest–3.3.1983, London
Schriftsteller.

* *Edinburgh (Scotland), University of Edinburgh Library*
1988 noch beschränkt zugänglich („restricted access").
Nachlaß.
Erworben Juli 1985
Susan J. Smyth: *The Koestler Archive in Edinburgh University Library. A checklist*. Edinburgh: Edinburgh University Library 1987. (95 S.); *Location Register of Twentieth Century English Literary Manuscripts and Letters*. London 1988.

Kogler, Hanns

20.7.1905, Innsbruck–4.8.1944, Gaisbühel (Vbg.)
Vortragskünstler, Lyriker, Kaufmann in Innsbruck.

* *Privatbesitz Dr. Klaus Kogler, Museumstraße 6, A-6020 Innsbruck*
Nachlaß: Ca. 20 Tagebuchhefte, die für vereinzelte Jahre vorhanden sind, darin eigene Gedichte, Kritiken von Vortragsabenden. – Einzelne Briefe von Franz Karl Ginzkey, Robert Musil, Stefan Zweig (meist in Abschrift). – Materialien zur Vortragstätigkeit (Plakate, Kritiken), Druckbelege (vor allem Gedichte), Exemplare eigener Werke.
Ein unbekannter Brief Robert Musils. Mitgeteilt von Murray G. Hall, Wien. In: *Musil-Forum* 1987-88, Nr. 13-14, S. 257-258.

Kohlbach, Rochus

13.8.1892, Hirschegg (Stmk.)–14.2.1964, Graz
Dr.theol., Dompfarrer in Graz, Erzähler, Dramatiker, Mundartdichter, Kunstschriftsteller.

* *Graz, Steiermärkisches Landesarchiv*
Nachlaß.

* *Graz, Diözesanarchiv*
Teilnachlaß: Exzerpte von Quellen für Kohlbachs wissenschaftliche Arbeiten und Zeitungsausschnitte betreffend Kunstgeschichte. Darüber hinaus befinden sich im Personalakt Briefe von Friedrich Funder (*Reichspost*) an den Bischof von Seckau über Kohlbach.

* *Graz, Bundesdenkmalamt*
Sammlung Kohlbachs Auszüge aus Matriken betreffend Künstler.

Kokoschka, Oskar

1.3.1886, Pöchlarn a.d.Donau (N.Ö.)–
22.2.1980, Villeneuve (Schweiz)
Maler, Graphiker, Dramatiker; Pöchlarn, Wien, Berlin, Prag, Salzburg, Dresden, Montreux, Villeneuve.

* *Zürich, Zentralbibliothek, Handschriftenabteilung*
Literarischer Nachlaß: Entwürfe, Druckmanuskripte, Korrekturfahnen und fremdsprachige Fassungen von in der Werkausgabe enthaltenen Texten (Erzählungen, Dramen, kunsthistorische Essays, Reden und Vorträge, autobiographische Berichte, Werkverzeichnisse), Manuskripte und Korrekturfahnen von gesetzten, aber in die Werkausgabe nicht aufgenommenen Texten, Manuskripte und teilweise auch Entwürfe von ca. 25 weiteren Texten.
Maschinschriftliches Verzeichnis (36 S.).

* *Pöchlarn, Oskar Kokoschka-Dokumentation*
Splitternachlaß: Mehrere tausend Zeitungsausschnitte über Leben und Werk Kokoschkas (1940-1983).
Geschenk 1983
Vorgeordnet.

* *Berlin, Staatsbibliothek Preußischer Kulturbesitz, Handschriftenabteilung*
Sturm-Archiv: Briefe an die Zeitschrift *Der Sturm* bzw. an Herwarth Walden.
W. J. Schweiger: *Oskar Kokoschka. Der Sturm. Die Berliner Jahre 1910-1916. Eine Dokumentation*. Wien: Verlag Christian Brandstätter 1986.

Kolbenheyer, Erwin Guido

30.12.1878, Budapest–12.4.1962, München-Solln
Lyriker, Erzähler, Dramatiker; Karlsbad, Wien, Gartenberg bei Wolfratshausen (Bayern).

* *Gartenberg (Bayern), Kolbenheyer-Archiv und Gedenkstätte*
Nachlaß: Manuskripte, Briefe, Bilder, Andenken, Bibliothek (Arbeitszimmer des Dichters in einer Nachbildung).
Heinrich Kuhn: *Sudetendeutsche Heimatsammlungen. Museen. Archive. Galerien. Bibliotheken. Heimatstuben. Privatsammlungen*. Herausgegeben vom Sudetendeutschen Archiv. (2.) Erweiterte Neuauflage. München: Aufstieg-Verlag 1985, S. 123.

Kommer, Rudolf K.

Pseud. für R. Kohn
1888, Czernowitz–28.3.1943, New York
Übersetzer, Redakteur, Theateragent.
Kommer dürfte an der Universität Wien Jus studiert haben, ging dann nach Berlin, um als Journalist zu arbeiten, später nach London, wo er als Korrespondent der *Frankfurter Zeitung* und in die U.S.A., wo er für einige deutsche Zeitungen tätig war. Beim Ausbruch des Ersten Weltkriegs kehrte er nach Österreich zurück und trat in den diplomatischen Dienst ein. 1922 wurde er Geschäftspartner von Max Reinhardt, seit 1933 lebte er in New York.

* *Wien, ÖNB HS*
Teilnachlaß, Autogr. 519/1-522/29: 673 Briefe an Kommer, 450 Umschläge und 74 Beilagen von 134 Schreibern sowie Briefe von Alexander Bergengruen und Paul Schlesinger an einen anderen Adressaten.

Kompert, Leopold

5.5.1822, Münchengrätz (Böhmen)–
23.11.1886, Wien
Erzähler, Publizist; Böhmen, Wien.

* *Wien, WSTLB HS*
Teilnachlaß: 8 Erzählungen.
Verzeichnung: Zettelkatalog.
Geschenk 1892

Kornfeld, Paul

11.12.1889, Prag–vermutlich Jänner 1942 Konzentrationslager Lodz
Dramatiker, Erzähler.

* *Berlin, Akademie der Künste*
Sammlung, 1 Archivkarton vorsortiert: Aufzeichnung aus dem KZ (1 Bl.), Programme, Theaterzettel, Aufführungsphotos, 4 Ordner Zeitungsdokumentation.
Die Bestände des Archivs und der Bibliothek der Akademie der Künste. Hrsg. vom Senator für Kulturelle Angelegenheiten. Berlin 1985, S. 21.

* *Marbach, DLA*
Sammlung: Lose Blätter mit Notizen zum Roman *Blanche oder das Atelier im Garten,* Aphorismen und Gedankensplitter, 12 Hefte mit Tagebuchaufzeichnungen (1905-1921).
Margarita Pazi: Zu Paul Kornfelds Leben und Werk. In: *Jahrbuch der Deutschen Schillergesellschaft* 27 (1983), S. 59-85; bes. S. 62.

Korningen, Erich

2.8.1884, Czernowitz–21.2.1975, Wien
Finanzbeamter, Schriftsteller.
Jusstudium in Wien, Beamter der n.ö. Finanzlandesdirektion, dann im Unterrichtsministerium. Verheiratet seit 1928 mit Ann Tizia Leitich.

* *Wien, Österreichisches Staatsarchiv, Abt. Haus-, Hof- und Staatsarchiv*
Teilnachlaß: Manuskripte, u. a. *Musik aus den Sternen* und die Serie „Heimat bist du großer Söhne" in der *Neuen Illustrierten Wochenschau,* 2 Hefte mit tagebuchartigen Eintragungen und selbstverfaßten Zeitungsartikeln, 1 Brief von Max Mell, mehrere Briefe mit Zeichnungen von Zalozieski (?).
Signatur: Sonderbestände, Sammelkarton 1
Maschinschriftliches Verzeichnis.

Kosch, Wilhelm

2.10.1879, Drahan (Mähren)–20.12.1960, Wien
Literarhistoriker, Universitätsprofessor in Fribourg, Czernowitz, Leoben und Nymwegen.

* *Privatbesitz A. Francke Verlag AG Bern, c/o K.G. Saur Verlag, Postfach 70 16 20, D-W-8000 München, Bundesrepublik Deutschland*
Teilnachlaß: Notizen, Zeitungsausschnitte und Korrespondenzen zur Herausgabe des Literatur- und des Theaterlexikons.

Kotas, Walther Hjalmar

Pseud. nach 1945: Peter Dorner, Clemens Berg
16.9.1900, Graz–11.1.1956, Spittal/Drau (Ktn.)
Erzähler, Essayist, Übersetzer. Änderte den Namen „Karl" in Hjalmar.

* *Privatbesitz. Ida Kotas (†), Fürst Liechtensteinstraße 10/2/3, A-1236 Wien. Der Nachlaß dürfte im Besitz des Sohns sein.*
Teilnachlaß (1944-1955): Typoskript *Der letzte Inkassant.* Spiel in vier Akten, Gedichte (*Rufer aus Flammen*). – Korrespondenz mit den Verlagen Desch, Kremayr & Scheriau, Langen-Müller Verlag, Leykam Verlag, Pilgram Verlag (Hermann Stuppäck), Piper-Verlag, Reclam Verlag, Leopold Stocker Verlag; Korrespondenz mit Theatern, Ämtern und Zeitungen (u. a. *Salzburger Nachrichten*) etwa ab 1950; Mappe mit Korrespondenz alphabetisch, mit Durchschlägen von Kotas und Gegenbriefen, u. a. von Ernst Alker (1948-52), Karl Baurecht (Initator der Schauspielgruppe Spittal 1952), Karl Heinrich Bischoff (1944), Hans Friedrich Blunck (1953 betr. Pürgg), Bruno Brehm (1953-54), Antoon Coolen (1954-56, niederl. Autor, den Kotas übersetzte), Gerhard Glawischnigg (1953), Hermann Graedener und Magda von Hattingberg-

Graedener, Briefe und Parte H. Graedener 1956, Hans Grimm (1953-55), Bruno Hillebrand (*Salzburger Nachrichten* 1955), Robert Hohlbaum (Briefe und Parte Hohlbaums 1953-55), Leona Hohlbaum, Gerhard Hütter (1946/1954), Mirko Jelusich (1953-54), Paul Anton Keller (1953-55), Erich Landgrebe (1953-55), Norbert Langer (1953), Wilhelm Moberg (1946/47), Josef Friedrich Perkonig (1954-55), Viktor Reimann (1948-50), Dr. Alfred Rainer (1953-54), Dr. Rudan (1954), Eugen Scasa-Weiss (1953), Ernst Scheibelreiter, Rudolf Stibil (1953-55), Josef Weinheber (1944-45), Franz Zellhausen (1951-52), Harald Zusanek (1952). – Lebensdokumente, u. a. Heimatschein, Totenschein, Mappe mit Kondolenzschreiben an die Witwe Kotas, Zeitungsausschnitte (eigene Drucke) Mitte der 50er Jahre, Material zum Autorentreffen in Pürgg, Stmk. 1953 (Liste der Eingeladenen, Photo der ganzen Gruppe), Sammlung von Photos, Kotas darstellend in verschiedenen Altersstufen.
Von der ursprünglichen Bibliothek Kotas sind nur mehr wenige Bände vorhanden. Die etwa 5 000 Bände umfassende Bibliothek mit Büchern in allen Sprachen ging verloren. In der jetzigen Bibliothek finden sich auch Exemplare der von Kotas übersetzten Werke.
Der Bestand an Manuskripten im Nachlaß ist aufgeschlüsselt im „Verzeichnis der seit 1942 geschriebenen, noch unveröffentlichten Werke", ebenfalls im Nachlaß vorhanden.

Kowy, Jacques

11.10.1834, Wien–15.10.1911, ebda
Schriftsteller, Eisenbahnangestellter; Wien.

* *Wien, WSTLB HS*
Teilnachlaß, ca. 85 Inventarnummern und 1/4 Karton: Couplets, Texthefte zu Walzer und Polkas von Johann Strauß. – Ca. 65 Briefe, u. a. von Eduard Strauß. Maschinschriftliches Verzeichnis, Zettelkatalog. – Teilweise unbearbeitet.
Kauf 1954, 1967 und 1975

Kräftner, Hertha

26.4.1928, Wien–13.11.1951, ebda (Freitod)
Studentin, Lyrikerin.
Anläßlich des 60. Geburtstages der Autorin wurde eine Hertha-Kräftner-Gesellschaft in Mattersburg (Burgenland) gegründet, die sich die Pflege und Verbreitung ihres Werkes und ihres Nachlasses zur Aufgabe gemacht hat. Die Gesellschaft ist inzwischen nach Großhöflein bei Eisenstadt übersiedelt. Obmänner sind Dr. Günther Unger und Mag. Eduard Sieber.

* *Großhöflein, Hertha-Kräftner-Gesellschaft*
Hertha-Kräftner-Archiv, Nachlaß: Gedichte, Manuskripte (u. a. *Notizen zu einem Roman in Ich-Form*), Tagebücher (1946-1949; *Aufzeichnungen der Norwegen-Reise, Beschwörung eines Engels*).
Gerhard Altmann: Hertha Kräftner. Diplomarbeit. Univ. Wien 1990 [mit bisher unveröffentlichten Texten aus dem Nachlaß].
Hertha Kräftner: *Das Werk. Gedichte, Skizzen, Tagebücher*. Hrsg. von Franz Probst, ausgewählt von Otto Breicha und Andreas Okopenko. Eisenstadt: Edition Roetzer 1977. (= Burgenländische Bibliothek); Norbert Frei: Die fünfziger Jahre im Spiegel von Schriftsteller-Autobiografien. In: *Literatur der Nachkriegszeit und der 50er Jahre in Österreich.* Hrsg. von Friedbert Aspetsberger u. a. Wien: Österreichischer Bundesverlag 1984. (= Schriften des Institutes für Österreichkunde, Band 44/45)

Kralik von Meyrswalden, Richard

Pseud. Roman
1.10.1852, Eleonorenhain (Böhmen)–5.2.1934, Wien
Kulturphilosoph und Historiker, Lyriker, Erzähler, Dramatiker; Wien.

* *Wien, WSTLB HS*
Nachlaß, ca. 7 720 Inventarnummern und 11 und 1/4 Kartons: Ca. 2 000 inventarisierte und zahlreiche unbearbeitete Werkmanuskripte (Exzerpte und Notizen, Gedichte und Gedichtentwürfe, Lieder, Historien-, Trauer- und Festspiele, zahlreiche historische Abhandlungen, Korrekturfahnen). – Ca. 4 300 inventarisierte und zahlreiche unbearbeitete Briefe an Maja und Richard von Kralik, u. a. von Anton Bettelheim, Helene Bettelheim-Gabillon, Josef Bindtner, Richard Kurt Donin, Hans Eibl, Michael Gitlbauer, Enrica von Handel-Mazzetti, Adolf Innerkofler, Oskar Katann, Heinz Kindermann, Marianne Kindermann, Wilhelm Klein, Ernst Koran, Wilhelm Kosch, Fritz Lemmermayer, Joseph August Lux, Emil Marriot, Fanny Meißner, Martha von Millenkovich, Max von Millenkovich-Morold, Jakob Minor, Johann Moerzinger, Adam Müller-Guttenbrunn, Karl Muth, Josef Nadler, Moritz Necker, Wenzel Ottokar Noltsch, Wilhelm Oehl, Faust Pachler, Bertha Pelican, Alois Pichler, Ansgard Poellmann, Joseph Calasanz Poestion, Oswald Redlich, Helene Richter, Richard von Schaukal, Franz Martin Schindler, Hanns Schlitter, Franz Schnürer, Jakob Schreiner, Josef Stibitz, Heinrich Swoboda, Adam Trabert, Hanns Maria Truxa, Max Vancsa, Ernst Wachler, Otto Walter, Paul Wilhelm, Maximilian Julius Wunderlich und Oswald Zingerle von Summersberg, Verlags- und Redaktionskorrespondenzen; ca. 90 Briefentwürfe von Kralik.
Maschinschriftliches Verzeichnis, Zettelkatalog. – Teilweise unbearbeitet.
Geschenk 1945

* *Wien, WSTLB MS*
Teilnachlaß, ca. 240 Inventarnummern: Zahlreiche Skizzenbücher und autographe Partituren (Festlieder und Festspiele, Chormusik, Bühnenmusik zu eigenen Dichtungen, Kirchenmusik, Lieder auf eigene Texte und auf Texte anderer Autoren). – Einzelne Werke anderer Komponisten, darunter Kompositionen von Mathilde Kralik.
Verzeichnung: Zettelkatalog.
Geschenk 1945

Kramer, Leopold

29.9.1869, Prag–29.10.1952, Wien
Theaterdirektor

* *Esslingen am Neckar, Ostdeutsches Theaterarchiv der Künstlergilde Esslingen*
Gesamter theatergeschichtlicher Nachlaß zusammen mit dem Nachlaß seiner Gattin, der Volksschauspielerin Pepi Kramer-Glöckner.

Kramer, Theodor

1.1.1897, Niederhollabrunn–3.4.1958, Wien
Lyriker, Buchhändler.

* *Privatbesitz. Mag. Erwin Chvojka (Nachlaßverwalter und von Kramer testamentarisch bestellter Herausgeber des Nachlasses), Vorgartenstraße 162/7/22, A-1020 Wien*
Nachlaß.
Verzeichnis: Erwin Chvojka: Wissenschaftliche Bearbeitung des Nachlasses nach dem Dichter Theodor Kramer. Wien 1987 (26 Bl.).
Theodor Kramer: *Gesammelte Gedichte 1.* 2., durchgesehene und verbesserte Auflage. Wien: Europa-Verlag 1989 („Nachbemerkung des Herausgebers“, S. 613-616);

Gesammelte Gedichte 2. Wien: Europa-Verlag 1985 („Editorisches Nachwort" von Erwin Chvojka, S. 611-615); *Gesammelte Gedichte 3.* Wien: Europa-Verlag 1987 (Nachwort, S. 725-733); Murray G. Hall: Theodor Kramer und der Paul Zsolnay Verlag. Ein Briefwechsel. In: *Über Kramer hinaus und zu ihm zurück.* Wien: Verlag für Gesellschaftskritik 1990 (= Zwischenwelt. Jahrbuch 1 der Theodor Kramer Gesellschaft. Hrsg. von der Theodor Kramer Gesellschaft), S.94-117.

* *Wien, Dokumentationsstelle für neuere österreichische Literatur*
Kryptonachlaß im Nachlaß von Johann Muschik: Ca. 300 Gedichte. – Einzelne Briefe. – Manuskripte von Rudolf Johann Geist.
Maschinschriftliches Verzeichnis. – Teilweise unbearbeitet.
Geschenk 1981 bis 1982

* *Wien, ÖNB ÖLA*
Briefsammlung: Korrespondenz aus dem Nachlaß Kurt Blaukopf.

Kranewitter, Franz

18.12.1860, Nassereith (Tir.)–4.1.1938, Innsbruck
Lyriker, Dramatiker, Kunst- und Theaterkritiker; Innsbruck, Nassereith.

* *Innsbruck, Universität, Forschungsinstitut „Brenner-Archiv"*
Teilnachlaß, 4 Kartons: Ca. 45 Werkmanuskripte (Gedichte, Dramen, Erzählungen, Essays, Reden, Notizbücher). – Ca. 150 Briefe an Kranewitter; ca. 85 Briefe von Kranewitter an Marie Einberger. – Personaldokumente, Materialien zur Mitgliedschaft bei Parteien, Vereinen und Institutionen, Theater- und Verlagsunterlagen. – Programme der „Exl-Bühne", Photos, Manuskripte anderer Autoren.
Verzeichnung: Zettelkatalog.
Depot 1974

Kranzmayer, Eberhard

15.5.1897, Klagenfurt–13.9.1975, Wien
Germanist, Professor an der Universität Wien.

* *Privatbesitz. Hermine Kranzmayer, Wien*
Nachlaß.
Wissenschaftlicher Nachlaßverwalter und Kontaktperson: Univ.-Prof. Dr. Maria Hornung, Semperstraße 29, A-1180 Wien.

Kraus, Arnošt Vilém

4.11.1859, Třeboradice bei Prag–16.4.1943, Terezín (KZ Theresienstadt)
Professor der Germanistik an der Universität Prag, Theaterkritiker, Übersetzer, Zeitschriftenherausgeber.

* *Prag, Ústřední archiv ČSAV (Zentrales Archiv der Tschechoslowakischen Akademie der Wissenschaften)*
Nachlaß: 8 Kartons.
Inventar.

Kraus, Karl

28.4.1874, Jičin (Böhmen)–12.6.1936, Wien
Satiriker, Essayist, Dramatiker, Zeitschriftenherausgeber; Wien.

* *Wien, WSTLB HS*
Teilnachlaß, ca. 4 300 Inventarnummern: Ca. 750 Notizen und Manuskripte, Korrekturfahnen der *Fackel.* – Ca. 4 400 Briefe, u. a. von Karl Adler, Peter Altenberg, Alfred von Berger, Wilhelm von Berger, Carl Bleibtreu, Houston Stewart Chamberlain, Albert Ehrenstein, Ludwig von Ficker, Karl Hauer, Hugo Heinemann, Karl Borromäus Heinrich, Richard Hinrichsen, Siegfried Jacobsohn, Georg Jahoda, Ludwig von Janikowski, Franz Janowitz, Otto Janowitz, Karl Jaray, Dorothea Kaldwasser, Viktor Kienböck, Heinrich Lammasch, Else Lasker-Schüler, Moritz Erwin von Lempruch, Wilhelm Liebknecht, Leopold Liegler, Max

von Lobkowitz, Helga Malmberg, Emil Marriot, Erich Mühsam, Kete Parsenow, Karl Rosner, Emil Schering, Robert Scheu, Friedrich Schik, Joseph Schöffel, Otto Soyka, Otto Stoessl, Frieda Strindberg, Richard Tautenhayn, Ludwig Erik Tesar, Berthold Viertel, Herwarth Walden, Frank Wedekind, Franz Werfel, Kurt Wolff, Briefe von Kraus an Jahoda & Siegel. – Personaldokumente, Ausweise, Schulzeugnisse, Militärpapiere, Rechnungen, Materialien zum Religionswechsel, Prozeßakten. – Briefe an den Verlag „Die Fackel“, Briefe an Helene Kann, u. a. von Maria Dobrženský, Germaine Goblot, Else Lasker-Schüler, Rolf Nürnberg, Materialien und Dokumente zu den von Kraus aufgegriffenen Themen, Abonnentenlisten der *Fackel,* Korrespondenzen und Manuskripte von Sigismund von Radecki, Zeitungsausschnitte.
Verzeichnung: Zettelkatalog.
Erwerbung 1949 bis 1951 und 1974

* *Wien, ÖNB HS*
Teilnachlaß: Ser. n. 24.229-24.267, 30.524-30.549.
Susanna Goldberg: Kraus-Materialien in der Handschriftensammlung der Österreichischen Nationalbibliothek Wien. In: *Kraus Hefte* 1981, H. 20, S. 2-10; 2. Teil. In: *Kraus Hefte* 1988, H. 45, S. 8-11; dies.: Die Handschrift der Akt-Ausgabe. Eine Szenenkonkordanz. In: *Kraus Hefte* 1982, H. 22/23, S. 13-28.

* *Jerusalem, The Jewish National and University Library, Department of Manuscripts and Archives*
Von Karl Kraus korrigierte Druckfahnen der *Dritten Walpurgisnacht.*
Legat von Oskar Samek 1959
Kraus Hefte 1987, H. 42, S. 13-14.

* *Marbach, DLA*
Sammlung: Manuskripte, Briefe, Mitteilungen und Notizen.
Jahrbuch der Deutschen Schillergesellschaft 32 (1988), S. 462.

* *Waltham (Mass., U.S.A.), Brandeis University Library, Special Collections Department, Judaica Department*
Oskar Samek Collection of Krausiana, ca. 3 m: Einzelne Manuskripte von Karl Kraus. – Zahlreiche Bücher von und über Karl Kraus. Keine Korrespondenz.
Verzeichnung: Zettelkatalog.

Autographen in anderen Beständen

* *Wien, WSTLB HS*
Briefe von Kraus an Samuel Lublinski im Teilnachlaß Lublinski.

Kraus-Kassegg, Elisabeth

21.3.1898, Ossiach (Ktn.)–14.2.1989, Lunz am See (N.Ö.)
Schriftstellerin.

* *Privatbesitz der Autorin. Schulstraße 7, A-3293 Lunz am See (Stand 1989)*
Teile des Nachlasses wurden bereits zu Lebzeiten an ein nicht genanntes Archiv in Niederösterreich übergeben. Darunter befindet sich auch Korrespondenz, u. a. mit dem Paul Zsolnay Verlag. Teile des Nachlasses lagen 1989 noch bei der Autorin. Sie hat eine Sperrfrist von 20 Jahren nach ihrem Tod verfügt.

Krauss, Friedrich Salomo

7.10.1859, Pozega–29.5.1938, Wien
Volkskundler, Literat, Gelehrter.

* *Los Angeles (California, U.S.A.), University of California, University Research Library, Department of Special Collections*
Nachlaß, 14 Schachteln, ein großes Paket: Manuskripte, gedrucktes Material, Sonderdrucke.
Signatur: Collection 996 (Friedrich Salomo Krauss).

Verzeichnis in: Raymond L. Burt: *Friedrich Salomo Krauss (1859-1938). Selbstzeugnisse und Materialien zur Biobibliographie des Volkskundlers, Literaten und Sexualforschers mit einem Nachlaßverzeichnis.* Mit dem Beitrag von Michael Martischnigg: „Zum 50. Todestag von Friedrich Salomo Krauss. Eine Nachlese." Wien: Verlag der Österreichischen Akademie der Wissenschaften 1990, S. 145-153. (= Mitteilungen des Instituts für Gegenwartsvolkskunde, Sonderband 3; ÖAW, Phil.-hist. Kl. Sitzungsberichte. 549)

* *Wien, ÖNB HS*
6 Briefe von Krauss.

Mirjam Morad: Als Forscher fast verhungert. In: *Wiener Zeitung*. Extra zum Wochenende, 6.1.1989, S. 4.

Kreiml-Baumberg, Antonie

24.4.1857, Linz–15.4.1902, Wien
Erzählerin, Dramatikerin.

* *Nicht überliefert.*
Walter Tschol: Antonie Kreiml-Baumberg. Monographie. Diss. Wien 1960.
Zur Suche nach dem Nachlaß schreibt Tschol: „Nach der Linzer Tagespost (16.4.1902) hatte die Dichterin ihren literarischen Nachlaß, darunter eine noch nicht veröffentlichte größere Erzählung ‚Der Bruckmüllerhof' und ein eben fertiggestelltes Schauspiel, das noch keinen Namen hatte, an den damaligen Schauspieler am Deutschen Volkstheater Wilhelm Thaller adressiert. Dem Verfasser ist es wohl gelungen, mit dem heute [1960] noch lebenden Sohn des Genannten in Verbindung zu treten, doch erfüllte sich die an diesen Kontakt geknüpfte Hoffnung nicht. Herr Thaller jun. konnte über das Schicksal dieses literarischen Nachlasses keine Auskunft geben.
Nicht besser erging es dem Verfasser mit einer Anfrage, die er–nach dem negativen Ergebnis seiner Vorsprache im Deutschen Volkstheater–an die heute ebenfalls noch lebende Großnichte des damaligen Direktors des Deutschen Volkstheaters Emmerich von Bukovics, Schauspielerin Grete Edthofer-Bukovics, richtete. [...]
Dem Neuen Wiener Tagblatt zufolge hinterließ die Dichterin vier Briefe [...] Die Wiener Stadtbibliothek besitzt zwei Autographen dieses Stückes [*Trab, Trab*], die 2 verschiedene Fassungen darstellen, deren eine eigenhändig durchgeführte Änderungen der Dichterin enthält."

Kreisel, Henry

5.6.1922, Wien–22.4.1991, Edmonton (Kanada)
Erzähler, Anglist, Komparatist, Professor an der University of Alberta. Kreisel besuchte 1932-1938 das Gymnasium in der Zirkusgasse in Wien und flüchtete 1938 nach England, wo er als „enemy alien" interniert wurde und schließlich nach Kanada in ein Gefangenenlager kam, aus dem er 1942 entlassen wurde. Da er wußte, daß er nicht nach Österreich zurückkehren würde, entschloß er sich, fortan in englischer Sprache zu schreiben. Er war seit 1947 an der University of Alberta tätig.

* *Winnipeg, University of Manitoba, Elizabeth Defoe Library, Department of Archives and Special Collections*
Nachlaß, 19 Kartons (1940-1991): Gedichte, Romane, Erzählungen, Tagebücher aus der Internierung in Kanada, Fragmente von Tagebüchern und Reisenotizen (1949, 1955, 1970, 1982, 1988-1989), Vorträge und Vorlesungen, u. a. über englische und deutsche Literatur im 20. Jahrhundert, über kanadische Literatur und über vergleichende Literaturwissenschaft, Dissertation, Rezensionen, Bühnen- und Radiobearbeitungen, Reden, Aufzeichnungen über die Lehr- und Prüfungstätigkeit. – Briefe, u. a. von Sy-

bil Hutchinson, Robert Weaver, sowie Verlags- und Familienkorrespondenzen. – Photo, Sammlung von Rezensionen seiner Werke, Sammlung von Tonbändern.
Maschinschriftliches Verzeichnis.
Signatur: MSS 59

Krenek, Ernst

23.8.1900, Wien–22.12.1991, Palm Springs, California
Komponist, Essayist; Wien, Berlin, Kassel, Wiesbaden, Palm Springs (California, U.S.A.), Mödling, Professor am Vassar College in Poughkeepsie (New York) und an der Hamline University in St. Paul (Minnesota).

* *Wien, WSTLB HS*
Teilnachlaß, ca. 2 400 Inventarnummern und 1 Karton: Entwürfe, Notizen, Feuilletons, musikalische und kulturhistorische Abhandlungen, Bleistiftzeichnungen. – Ca. 1 700 inventarisierte und zahlreiche unbearbeitete Briefe, u. a. von Alban Berg, Gustav Brecher, Irene Erdmann, G.H. Göring, Friedrich Gübler, Rinaldo Küfferle, Erich Lewinski, H.F. Redlich, Willi Reich, Werner Reinhart, Arthur und Therese Schnabel, Elisa Stünzner, Verlags- und Familienkorrespondenzen, Briefe und Briefdurchschläge von Krenek, u. a. an Emanuela Krenek. – Verträge, Ausweise, Tagebücher. – Manuskripte von Theodor W. Adorno, Rainer Maria Rilke und Hektor Rottweiler.
Maschinschriftliches Verzeichnis, Zettelkatalog. – Teilweise unbearbeitet.
Geschenk 1950 und 1956

* *Wien, WSTLB MS*
Teilnachlaß, ca. 200 Inventarnummern: Autographe Skizzen und Kompositionen (Opern, Oratorien, Orchestermusik, Kammermusik, Klavierstücke, Chöre, Lieder).
Verzeichnung: Zettelkatalog.
Geschenk 1950 und 1952

Weitere Nachlaßteile: San Diego (California, U.S.A.), San Diego State University; Memoiren in Washington (D.C.), Library of Congress.

Krenn, Ernst

23.12.1897, Allentsteig (N.Ö.)–15.4.1954, ebda
Lehrer, Föroyarologe; Wr. Neustadt, Hauptschuldirektor in Allentsteig, Dozent an der Universität Wien.

* *Wien, Universität, Institut für Germanistik, Bibliothek*
Teilnachlaß, 3 Meter: Notizen, Korrekturfahnen, Erzählungen, Reiseberichte, Romane, Dramen, Abhandlungen zur Sprache, Volkskunde und Geschichte der Föroyar, Übersetzungen aus dem und ins Föroyische, Einleitung und Ergänzungen zu einem föroyisch-deutschen Wörterbuch. – Schriftenverzeichnis, Lebenslauf, Photos. – Druckbelege, Sammlung von Sonderdrucken, Schülerarbeiten.
Vorgeordnet.
Geschenk

Kreutz, Rudolf Jeremias

Pseud. für Rudolf Krisch, Pseud. Jeremias
21.2.1876, Rozdalovice (Böhmen)–3.9.1949, Grundlsee (Stmk.)
Offizier, Erzähler, Satiriker, Dramatiker; Wien, Grundlsee.

* *Wien, Dokumentationsstelle für neuere österreichische Literatur*
Teilnachlaß, 1 Karton: Dissertation, 1 Roman, Dramen. – Einzelne Briefe an Kreutz. – Unterlagen zur Mitgliedschaft im Österreichischen P.E.N.-Club. – Theaterzettel zu eigenen Stücken.
Vorgeordnet.
Geschenk 1979

* *Wien, Kammer für Arbeiter und Angestellte, Dokumentation*
Nachlaß, 8 Meter: Gedichte, Romane,

Feuilletons, Kritiken, Theaterstücke, Vorträge, Hörspiele. – Zahlreiche Briefe. – Lebensdokumente, Notizbücher, Materialien zum Österreichischen P.E.N.-Club. – Photos, Zeitungsausschnitte und Druckbelege.
Vorgeordnet.
Geschenk 1983

* *Bibliothek: Dr. Erich Bielka-Bleibtreu*

Kreuzig, Friedrich Peter

27.6.1890, Wien–26.7.1958, ebda
Lyriker, Erzähler, Dramatiker; Wien.

* *Wien, WSTLB HS*
Teilnachlaß: Ca. 400 Werkmanuskripte (Gedichte, Schauspiele, Romane).
Verzeichnung: Zettelkatalog.
Erwerbung 1959

Kronberg, Simon

Hieß bis Dezember 1900 Simon Arzt
26.6.1891, Wien–1.11.1947, Haifa
Schriftsteller, Chorleiter, Dramatiker.
Ausbildung als Schauspieler, Jugendführer und Chorleiter im jungjüdischen Wanderbund. Schrieb Bühnenstücke, die unveröffentlicht blieben. Ging 1934 nach Palästina, wo er als Schuster, später als Stimmbildner arbeitete. Eine Werkausgabe mit Texten aus dem Nachlaß im Klaus Boer Verlag, München, wird von Armin Wallas, Klagenfurt, vorbereitet.

* *Marbach, DLA*
Kryptonachlaß im Nachlaß von Karl Otten, 1 Karton: Lyrik, Dramatik und Prosa, 2 Tagebücher (1914-1917; 1919-1929), Notizbuch, einige Briefe, Exemplar des Einblatt-Druckes *Die Stadt*, Zeichnungen und Skizzen. (Kussmaul, Sp. 368; Mitteilung von Armin A. Wallas.)

* *Privatbesitz. Peter Kronberg, 608 Bacon Avenue, St. Louis, Missouri 63119, U.S.A.*
Teilnachlaß: Notizbuch (1915), Gedichte, einige Manuskripte, Totenmaske von Simon Kronberg, Photos, Familienbriefe (1945-1947).

Ein Jude ist ein aufgehängter Jesus. In: *Börsenblatt*, Nr. 94, 25.11.1988, S. 3484-3585.

Krticzka von Jaden, Hans

Pseud. Hans von der Jahde
26.11.1866, Wien–7.9.1948, ebda
Jurist, Lyriker, Erzähler; Beamter in Wien.

* *Wien, WSTLB HS*
Teilnachlaß, ca. 115 Inventarnummern und 1/4 Karton: Studien über Theodor Körner. – Ca. 110 Briefe. – Gedichte von Theodor Körner.
Maschinschriftliches Verzeichnis, Zettelkatalog. – Teilweise unbearbeitet.
Erwerbung 1958

Krzyzanowski, Otfried

25.6.1886, Starnberg/Bayern–30.11.1918, Wien
Bohemien, Lyriker.
Krzyzanowski studierte 1907-1910 Kunstgeschichte an der Universität Wien, brach sein Studium aber ab.
Nach dem Tod Krzyzanowskis im Jahre 1918 haben drei Literaten, Fritz Lampl, Franz Werfel und Georg Kulka, alle drei Mitarbeiter der Zeitschrift *Gefährten*, die Quartiergeberin Krzyzanowskis in Wien aufgesucht und seine Papiere mitgenommen. Der Nachlaß Krzyzanowskis wurde von Fritz Lampl in die Emigration nach England mitgenommen. Nach dessen Tod kam der Nachlaß Lampls zusammen mit dem handschriftlichen Nachlaß Krzyzanowskis in die Handschriftensammlung der Österreichischen Nationalbibliothek. Der kleine Nachlaß ist offensichtlich nicht gänzlich veröffentlicht worden.
Teile wurden in den Jahren 1946-48 in den Bänden des Almanachs *Agathon* publiziert. Verwiesen sei auch auf die Korrespondenz zwischen Lampl und Leopold Wolfgang Ro-

chowanski aus den Jahren 1946/47 (WSTLB HS, Nachlaß Rochowanski).
Agathon. Almanach auf das Jahr 47, S. 255 (Otfried Krzyzanowski. Verhungert in Wien 1918. Fritz Lampl über K.: „(...) Ich habe seinen Nachlaß, dieses Bündel vergilbten Papiers, ein halbes Menschenalter mit mir herumgetragen und in guten und schlimmen Zeiten wohlbewahrt. Er hat nicht viel geschrieben, sein Herz war allzu schwer, allzusehr verschüttet, gebrochen, und so ist sein Werk: Bruchstück." *Agathon. Almanach auf das Jahr 48,* Otfried Krzyzanowski *Der Schatz der Rampsenit* (Fastnachtspiel): „Mit den Veröffentlichungen im Agathon-Almanach auf 46 und 47–mit einer Würdigung von Fritz Lampl–ist fast der ganze Nachlaß des Dichters bekanntgegeben."
Zum Schicksal des Nachlasses: Eva Krzyzanowski: Otfried Krzyzanowski. Erinnerung an ein Dichterschicksal. In: *Prager Presse,* 3.8.1930, S. 10. „Als letztes Nachspiel dieses Lebens sei erwähnt, daß ein paar Tage nach dem Tode des Dichters einige Literaten bei seinen Freunden erschienen, um unter dem Vorwand der sichtenden Ordnung und späteren Veröffentlichung den dichterischen Nachlaß, der in einem Haufen loser Manuskripte, Gedichte, dem Entwurfe eines Einakters und Notizen bestand, an sich zu nehmen und ihn verschwinden zu lassen–so war die Vernichtung vollkommen."
Aus dem Verlassenschaftsakt nach Otfried Krzyzanowski im Wiener Stadt- und Landesarchiv geht hervor, daß die Schwester des Autors, Eva Krzyzanowski, sogar versucht hat, gegen Franz Werfel, den von ihr vermuteten Besitzer des Nachlasses, zu prozessieren. Ob es dazu kam, ist nicht bekannt.

* *Wien, ÖNB HS*
Splitternachlaß im Nachlaß von Fritz Lampl, Ser. n. 19.409-19.416.
Werner J. Schweiger: ... verhungert 1918. Otfried Krzyzanowski. In: *Die Pestsäule* (Wien), 1972, S. 152-159; ders.: Zwischen „Central" und „Herrenhof". Der Dichter Otfried Krzyzanowski. In: *Wien aktuell* 1978, Heft 7, S. XXXI-XXXIII; Hannelore Rodlauer: Kafkas Modell. Ottfried (sic) Krzyzanowski, verhungert 1918 in Wien. In: *Die Presse* (Wien), 20./21.6.1987, S. VII; Lucy Topal'ská: Ein vergessener österreichischer Dichter: Zu Ottfried (sic) Krzyzanowskis Leben und Werk. In: *Österreich in Geschichte und Literatur* 23 (1979), S. 349-356.

Kubin, Alfred

10.4.1877, Leitmeritz (Böhmen)–20.8.1959, Zwickledt bei Wernstein am Inn (O.Ö.)
Maler, Illustrator, Schriftsteller.

* *München, Städtische Galerie, Lenbachhaus. Früher Dr. Kurt Otte (1902-1983), Kubin-Archiv Hamburg*
Angereicherter Nachlaß: 110 Federzeichnungen, 170 farbige Originale, 115 Bleistiftzeichnungen, 300 Lithos, Mappen, 18 Skizzenbücher, 31 Tagebücher, Manuskripte. – Tausende Briefe und Karten, u. a. von Peter Altenberg, Alfred Döblin, Gerhart Hauptmann, Hugo von Hofmannsthal, Franz Kafka, Wassily Kandinsky, Paul Klee, Thomas Mann, Gustav Meyrink, Emil Preetorius, Kurt Tucholsky, Franz Werfel, Stefan Zweig. – Manuskripte anderer Autoren, u. a. von Gustav Meyrink.
Christian Otto Frenzel: Kurt Otte. Deutsche Privatsammlungen (22). In: *Deutsche Zeitung* (Stuttgart), 19.3.1958; München erwirbt das Kubin-Archiv. In: *Süddeutsche Zeitung,* Nr. 278, 20.11.1970.
Fritz von Herzmanovsky-Orlando. Der Briefwechsel mit Alfred Kubin 1903 bis 1952. Hrsg. u. komm. von Michael Klein. Salzburg: Residenz Verlag 1983. (= Sämtliche Werke Band VII)

* *Privatbesitz. František Holesovsky, Prag [1983]*
František Holesovsky: Alfred Kubin und die tschechische Kunst. Ein Briefwechsel aus den Jahren 1942 bis 1951. [68 Briefe] In: *Kunstjahrbuch der Stadt Linz 1983.*

Hrsg. vom Stadtmuseum Linz. Wien und München: Schroll, S. 65-135.

* *Linz, Oberösterreichisches Landesmuseum, Graphische Sammlungen*
Teilnachlaß: Ca. 3 500 Zeichnungen, Druckgraphiken und Illustrationen. – Diplome, Ehrungen. – Ca. 1 200 Graphiken anderer Künstler, Schallplatten. – Bibliothek. – Nachlaß von Alois Beer.
Verzeichnung: Inventar.

* *Linz, Oberösterreichisches Landesmuseum, Graphische Sammlungen*
Sammlung Alois Samhaber: Ca. 600 Zeichnungen und Lithographien.
Verzeichnung: Inventar.

* *Wernstein am Inn (O.Ö.), Alfred Kubin Gedenkstätte*
Kubins Bibliothek mit ca. 6 700 Bänden.

* *München, Bayerische Staatsbibliothek, Handschriften- und Inkunabelabteilung*
Sammlung, 1 flache Schachtel: Briefe von Kubin.
Verzeichnung: Nachlaßrepertorium.

Kudriaffsky, Euphemia

4.6.1820, Wien–3.1.1881, ebda
Blumenmalerin, Schriftstellerin; Wien.

* *Wien, Österreichisches Museum für angewandte Kunst, Bibliothek und Kunstblättersammlung*
Teilnachlaß: Ca. 540 Blätter Blumenzeichnungen und Aquarelle.
Verzeichnung: Inventar.
Geschenk 1882 und 1911

Künast, Adolf

1845, Schluckenau–26.9.1911, Baden bei Wien
Buchhändler; Baden bei Wien.

* *Wien, WSTLB HS*
Teilnachlaß, ca. 170 Inventarnummern: Einzelne Briefe an Künast. – Konvolut von Aufzeichnungen und Zeitungsausschnitten betreffend Leopold Rosner, Sammlung von Theatermanuskripten.
Verzeichnung: Zettelkatalog.
Kauf 1951

Kürbisch, Friedrich G.

26.1.1915, Marburg a.d.Drau–4.3.1985, Graz
Publizist, Bibliothekar; Graz, Sammler und Herausgeber deutschsprachiger Arbeiterliteratur.

* *Graz, Österreichische Gesellschaft für Kulturpolitik*
Teilnachlaß, ca. 100 Mappen und 35 Ordner: Lesebuch, Vorträge, Zeitschriftenartikel. – 9 Ordner Briefe, u. a. von Fritz Barth, Max Barthel, Ernest Borneman, Willi Botz, Nikolaus Britz, Helmut Doyscher, Martin Grill, Marie Günzel, Horst R. Hess, Johannes Hoischen, Armin Juhre, Karl R. Kern, Walter Köpping, Willi Mader, Franz Osterroth, Helga Schwarz, Herbert Wadsack und Herta Zerna. – Ehrungen. – Zettelkataloge, Sammlung von Literatur, Bildern, Tondokumenten und Autographen zur deutschsprachigen Arbeiterliteratur. – Bibliothek.
Verzeichnung: Zettelkatalog.
Kauf 1985

Kürnberger, Ferdinand

3.7.1823, Wien–14.10.1879, München
Publizist, Erzähler, Dramatiker, Kritiker; Wien, Dresden.

* *Wien, WSTLB HS*
Nachlaß, ca. 360 Inventarnummern und 1 Karton: Entwürfe, Erzählungen, Kritiken, Dramen, Tagebücher (1869-1879). – Ca. 160 inventarisierte und zahlreiche unbearbeitete Briefe, darunter Familienkorrespondenzen, Briefentwürfe von Kürnberger.

Maschinschriftliches Verzeichnis, Zettelkatalog. – Teilweise unbearbeitet.
Erwerbung 1900 und 1903

** Wien, ÖNB HS*
Briefsammlung, Autogr. 381/1-2: 223 Briefe Kürnbergers an verschiedene Adressaten.

Standorte von weiteren Autographen nachgewiesen bei Frels, S. 172-173.

Kuh, Anton

Pseud. Yorrick
12.7.1890, Wien–18.1.1941, New York
Schriftsteller.

** Ein Nachlaß ist nicht überliefert.*
Die Papiere, die Kuh nach New York mitnahm bzw. dort hatte, waren in einem Keller eingelagert. Das Haus wurde abgebrochen, der Besitzer verstarb und mit ihm verschwand der Nachlaß. Entgegen anderslautenden Hinweisen besitzt die New York Public Library keine Manuskripte und auch keine anderen Materialien von Anton Kuh.
Rechtsnachfolgerin: Thea Kuh-Taussig, 156, Chemin des Marais, CH-1255 Veyrier-Genève, Schweiz.
Wahre Neuigkeiten über Anton Kuh. Seine Witwe war zu Verlagsverhandlungen für einige Tage in Wien. In: *Die Presse* (Wien), 11.7.1985, S. 5.

Kulka, Georg

5.6.1897, Weidlingau (N.Ö.)–29.4.1929, Wien
Lyriker. Besuchte das Humanistische Staatsgymnasium in Wien VI, 1916 Matura. Nahm als Reserveoffizier am Ersten Weltkrieg teil. Studierte 1918-1922 Philosophie und Germanistik in Wien, 1920-22 Hersteller im Ed. Strache Verlag in Wien, danach im Kiepenheuer Verlag, Potsdam. Im väterlichen Geschäft kurze Zeit als Getreidekaufmann tätig.

** Nicht bekannt.*
Georg Kulka: *Werke.* Herausgegeben von Gerhard Sauder unter Mitarbeit von Reiner Wild und Eckhard Faul. München: edition text + kritik 1987. (Frühe Texte der Moderne)

Kulke, Eduard

28.5.1831, Nikolsburg (Mähren)–20.3.1897, Wien
Lehrer, Publizist, Erzähler, Dramatiker; Wien.

** Wien, WSTLB HS*
Teilnachlaß: Gedichtsammlung. – 2 Bände Tagebücher (1862-1871).
Verzeichnung: Zettelkatalog.
Kauf 1949

Kuprian, Hermann

12.4.1920, Tarrenz bei Imst (Tir.)–12.1.1989, Innsbruck
Studierte in Wien, Innsbruck und Zürich, Lyriker, Dramatiker, Herausgeber, Mittelschulprofessor, lebte zuletzt in Völs bei Innsbruck, Mitbegründer und 20 Jahre lang Leiter des „Turmbundes".

** Privatbesitz. Vilma Kuprian, Maximilianstraße 4b/6, A-6176 Völs/Innsbruck, wird übergeben an Univ.-Ass. Dr. Hermann Kuprian, Innerebnerstraße 49, A-6020 Innsbruck*
Nachlaß: Sehr frühe Dichtungsversuche (1934-1939), veröffentlichte und unveröffentlichte Manuskripte, darunter Dramen, Tagebücher ab 1934 bis zu seinem Tod (chronologisch, numeriert). – Briefe, u. a. von Eugen Andergassen, Kurt Becsi, Natalie Beer, Erna Blaas, Felix Braun, Käthe Braun-Prager, Gertrud Fussenegger, Mimi Grossberg, Rudolf Henz, Franz Xaver Hollnsteiner, Carl Watzinger, Briefe seiner Mutter (1938-1941), Briefe an seine Frau Vilma (1940-1945). – Preise, Orden, Auszeichnungen, Urkunden, Le-

bensdokumente, Büste, Schreiben zum 65. Geburtstag, Teile von Geschäftsunterlagen den „Turmbund" betreffend, Adressenkartei, Materialien zum Privattheater „Die kleine Waldarena" in Tarrenz bei Imst, dazu Photos, Nachweiskartei eigener Texte, Rezensionen eigener Werke (Essays, Abdrucke, Vorworte, Anthologien, Zeitungen, Zeitschriften, Aufführungen eigener Texte, Werke, Rundfunksendungen) sowie Rezensionen fremder Texte, Kassetten und Bandaufnahmen eigener Rundfunksendungen, Übersetzungen seiner Werke ins Spanische, Slowenische und Englische (*Brother, Have I done right?* Poems, Madras [Indien], 1987, in der Reihe: Poetry International. Eminent Poets), Sekundärliteratur zu Hermann Kuprian, Bücher, die von Kuprian herausgegeben wurden, Zeitungsbesprechungen 1953-87, Nachrufe. – Bibliothek.

Laaber, Otto

28.10.1934, Klosterneuburg (N.Ö.)–
15.7.1973, Tulln (Selbstmord)
Lyriker. Studierte ab 1952 an der Universität Wien Psychologie und Völkerkunde. Frühe Publikationen in *Neue Wege* und *Stimmen der Gegenwart*, später im *Podium*.

* *Privatbesitz. Elfriede Gerstl, Wien*
Nachlaß.
Elfriede Gerstl: Zwei österreichische Dichterschicksale oder wie der Kulturbetrieb seine Opfer macht und in posthumen Ehrungen sich selber feiert. In: *Literatur in Österreich von 1950 bis 1965. Walter Buchebner Tagung 1984*. Hrsg. von Wendelin Schmidt-Dengler. Mürzzuschlag: Walter-Buchebner-Gesellschaft (1985), S. 21-24.

Lackinger, Wilhelm

23.6.1892, Wien–5.1.1968, Innsbruck
Essayist; Ingenieur für Wildbachverbauung in Innsbruck.

* *Innsbruck, Universität, Forschungsinstitut „Brenner-Archiv"*
Teilnachlaß, 4 Kartons: Aphorismen, Glossen, philosophische Essays, Erzählungen, Kunst- und Literaturkritiken, hydrologische Abhandlungen, Erinnerungen.
Vorgeordnet.
Geschenk 1982

Lämmel, Josef Otto

22.4.1891, Waidhofen a.d.Ybbs (N.Ö.)–
1.7.1980, Graz
Publizist, Verlags- und Reisebüroangestellter; Graz, London.

* *Graz, Steiermärkische Landesbibliothek*
Nachlaß, 21 Kartons: Zahlreiche Werkmanuskripte (Theatermanuskripte, Vorträge, Erzählungen, Romane, Theaterkritiken). – Zahlreiche Briefe, darunter Verlags- und Familienkorrespondenzen. – Kalender, Rechnungen, Auszeichnungen, biographische Aufzeichnungen, Materialien zur Tätigkeit im Steirischen Schriftstellerbund. – Photos, Rezensionen, Druckbelege.
Unbearbeitet.
Erwerbung 1980

Längle, Johann Melchior

1824–Nov. 1905, Feldkirch (Vbg.)
Fabriksbesitzer; Präsident der Vorarlberger Handelskammer in Bregenz und Vorstand des Vorarlberger Sängerbundes.

* *Bregenz, Franz-Michael-Felderarchiv und Vorarlberger Literaturarchiv*
Kryptonachlaß im Nachlaß von Hermann Sander, 1 Karton: Exzerpte, Gedichte, historische Notizen und Abhandlungen, Reiseaufzeichnungen, Aufzeichnungen von Aphorismen und Einfällen (*Gedankenspäne*). – Briefe, u. a. von Franz Bole und Familienkorrespondenzen. – Perso-

naldokumente, Wanderbuch. – Druckbelege.
Maschinschriftliches Verzeichnis.
Erwerbung 1985

Lahr, Helene

Pseud. für Helene Birti-Lavarone
9.1.1894, Wien–23.3.1958, ebda
Schriftstellerin, Lektorin, Übersetzerin.

** Privatbesitz. Oskar Jan Tauschinski, Favoritenstraße 27/44, A-1040 Wien*
Nach dem Tod von Oskar Jan Tauschinski wird der Nachlaß der WSTLB HS übergeben werden.
Nachlaß: Ungedruckte Gedichte (3 Hefte); Übersetzungen von Gedichten aus dem Französischen (Charles Baudelaire, Paul Verlaine), Englischen, Amerikanischen und Polnischen; diverse kleine Arbeiten, Typoskript *Der Seitenblick* (1969), *Die wirklichen Eulen* (1955), *Skeptisches Tagebuch. Gedichte aus dem Nachlaß* (1963), Lesebuchgeschichten. – Briefe an Helene Lahr. – Sammlung von Artikeln in Zeitschriften und Zeitungen über sie, u. a. Programmseiten des Österreichischen Rundfunks mit Hinweis auf Gedichte, die im Rundfunk gelesen wurden, Übersetzungen ihrer Gedichte ins Polnische.
Texte aus dem Nachlaß: *Skeptisches Tagebuch.* Wien-München: Jugend & Volk 1963. (Reihe: „Neue Perspektiven"); *Der Seitenblick. Ein literarischer Nachlaß.* Eingel. von Oskar Jan Tauschinski. Wien: Bergland Verlag 1969. (= Neue Dichtung aus Österreich, Band 155)

Lampl, Fritz

28.9.1892, Wien–5.3.1955, London
Lyriker, Dramatiker, Glasarbeiter, Verlagsmitarbeiter.
Emigrierte 1938 nach London, wo er zusammen mit dem Journalisten Max Ermers arbeitete. Die Werkstätte für Glasbläserei („Bimini", von einem Heine-Gedicht: „Kleiner Vogel Kolibri, führe mich nach Bimini"), die er 1923 am Schubertring in Wien gegründet hatte, verlegte er 1938 nach London. Mitglied des „Neuen Österreichischen Werkbundes", in London wurde er in den „Council of Industrial Design" aufgenommen.
L.W. Rochowanski, *Wiener Zeitung,* 24.3.1955, S. 3: „(...) Er war ein sorgsamer Bewahrer von Nachlässen. Wer kennt die Namen Quartner oder Zellermayer? Er hat ihre dichterische Hinterlassenschaft herausgegeben, ebenso die von Otfried Krzyzanowski, der 1918 in Wien verhungerte. Er war auch der Behüter der Werke seines Freundes Albert Ehrenstein."

** Wien, ÖNB HS*
Teilnachlaß, Ser. n. 19.376-19.418, 22.135-22.174, 31.464-31.477, Autogr. 799/1-42, 799/66-71: Manuskripte und Briefe an Lampl, u. a. von Peter Altenberg, Margarete Hamerschlag-Berger und Arnold Zweig.
Erwerbung 1976 und 1991

Landesmann, Heinrich

Pseud. Hieronymus Lorm
9.8.1821, Nikolsburg (Mähren)–3.12.1902, Brünn
Journalist, Schriftsteller, Literaturkritiker; Wien, Berlin, Dresden, Brünn.

** Wien, WSTLB HS*
Nachlaß, ca. 750 Inventarnummern: Ca. 170 Werkmanuskripte (Gedichte, Romane, Aufsätze, Dramen). – Zahlreiche Briefe, u. a. von Sophie Gräfin Waldburg, Abschriften von Briefen und Briefe von Landesmann, u. a. an Berthold Auerbach, Marie Ebner von Eschenbach, Eduard Hartmann, Moritz Hartmann, Emil Kuh, Karl von Thaler. – Tagebuchaufzeichnungen.
Verzeichnung: Zettelkatalog.
Kauf 1927

Standorte von weiteren Autographen nachgewiesen bei Frels, S. 189.

Landgrebe, Erich

18.1.1908, Wien–25.6.1979, Salzburg
Schriftsteller und Maler.

* *Privatbesitz. Margret Landgrebe, Zwieselweg 3 A, A-5020 Salzburg*
Nachlaß: Gedichte, Aphorismen, Hörspiele, Erzählungen, Kinderbücher, Essays, Romane, Tagebücher, Übersetzungen, Illustrationen zu Erzählungen. – Personaldokumente, Schulzeugnisse, Verlagsverträge, Dokumente zu literarischen Preisen und Ehrungen, Photos. – Briefe, u. a. von Ilse Aichinger, W.H. Auden, Bruno Brehm, Christine Brückner, Heimito von Doderer, Jeannie Ebner, Herbert Eisenreich, Hermann Friedl, Joachim Günther, Albert Paris Gütersloh, Marlen Haushofer, Bernt von Heiseler, Rudolf Henz, Hermann Hesse, Hermann Kasack, Hans Kloepfer, Alfred Kubin, Kurt Kusenberg, Wilhelm Lehmann, Alexander Lernet-Holenia, Börries von Münchhausen, Herbert Rosendorfer, Friedrich Sacher, Jakob Schaffner, Richard von Schaukal, Ernst Scheibelreiter, Friedrich Torberg, Charles Wassermann, Hans Weigel, Josef Wenter, Herbert Zand und Verlags- und Familienkorrespondenzen. – Belegexemplare seiner Veröffentlichungen, Sammlung von Kritiken seiner Werke.

Landsteiner, Karl

Pseud. Arthur Landerstein
30.8.1835, Stoizendorf bei Eggenburg (N.Ö.)–3.4.1909, Nikolsburg (Mähren)
Piaristenpater, Gymnasialprofessor in Krems und Wien, Mitglied des Wiener Gemeinderates 1876, 1886 Probst in Nikolsburg, Ehrendomherr der Erzdiözese Wien.

* *Der 1948 noch vorhandene Nachlaß ist verschollen.*
Martin Hroschek: Karl Landsteiner als Erzähler. Diss. Wien 1948. (Kein Hinweis auf den Nachlaß). Alfred Suda: Karl Landsteiner. Monographie. Diss. Wien 1948. Diese Arbeit enthält das Verzeichnis „Der Nachlaß Karl Landsteiners. Geordnet nach den einzelnen Schaffens- und Interessensgebieten des Dichters", ebda, S. 432-445: „Ich danke es dem freundlichen Entgegenkommen des Großneffen des Dichters Karl Landsteiner, Herrn Karl Job, daß mir der gesamte Nachlaß zur näheren Einsicht überlassen wurde, den ich nach meinen Gesichtspunkten ordnete und in den Rahmen meiner Arbeit einbaute." (S. 8). „Den Nachlaß des Dichters erfaßte ich in Langenzersdorf bei Wien, wo er sich derzeit noch in den Händen des Herrn Karl Job befindet." (S. 9)

* *Wien, ÖNB HS*
Sammlung Kurt Adel: Ser. n. 17.394-17.402.
Geschenk 1972

* *Klosterneuburg, Chorherrenstift, Archiv*
Teilnachlaß, 1 Karton: Gedichte, Manuskript *Der Luxus der Frauen. Bluette von Karl Landsteiner* (19 Bl.), Zeitungsausschnitte, vereinzelt Kritiken der Werke Landsteiners, eigene Zeitungsbeiträge.

* *Klosterneuburg, Chorherrenstift, Archiv*
Kryptonachlaß im Nachlaß von Vinzenz Oskar Ludwig: Materialien, die Ludwig vor 1948 aus dem Nachlaß Landsteiners ausborgte und die Alfred Suda für seine Dissertation nicht zur Verfügung standen. Es handelt sich um „Karton VI, Transkription des Tagebuchs Landsteiners 1856-1906", offenbar für den Druck bestimmt, darunter auch weitere Manuskripte, Notizen und Zeitschriftenveröffentlichungen.

Lang, Fritz

5.12.1890, Wien–2.6.1976, Beverly Hills, Kalifornien
Filmregisseur, Drehbuchautor.

* *Los Angeles, University of Southern California, Edward L. Doheny Memorial Library, Special Collections*
Teilnachlaß, 13 Kartons und 19 größere Kisten: Drehbücher, unverfilmte Manuskripte, Erzählungen, Erinnerungen, Vorträge. – Umfangreiche Korrespondenzen. – Erinnerungsgegenstände.
Erwerbung 1981 und 1984
Der Großteil der Bibliothek von Fritz Lang wurde an die University of Wyoming verkauft.
Cornelius Schnauber: *Fritz Lang in Hollywood.* Wien-München-Zürich: Europa Verlag 1986 (zur Geschichte des Nachlasses, S. 176-185); Fritz Lang: *Der Tod eines Karrieregirls und andere Geschichten.* Hrsg. u. kommentiert von Cornelius Schnauber. Wien: Europa Verlag 1987; ders.: *Der Berg des Aberglaubens und andere Geschichten.* Hrsg. u. kommentiert von Cornelius Schnauber. Wien-Zürich: Europa Verlag 1988.

* *Wien, Thomas Sessler Verlag (Inhaber der Rechte)*
Teilnachlaß: Verträge und Korrespondenzen.

Lange, Herbert

9.8.1908, Dresden–19.5.1971, Schärding am Inn (O.Ö.)
Lehrer, Publizist, Lektor, Zeichner; Dresden, Linz.

* *Linz, Adalbert-Stifter-Institut*
Gesamtnachlaß, 12 Kartons: Zahlreiche Werkmanuskripte (Gedichte, Erzählungen, Stücke, Übersetzungen, Vorträge und Aufsätze, Rezensionen). – Ca. 400 Briefe, u. a. von Franz Theodor Csokor, Hans Fronius und Alfred Kubin. – Lebensläufe, Personaldokumente, Schriften- und Werkverzeichnis, ärztliche Zeugnisse. – Manuskripte anderer Autoren, u. a. von Hermann Hesse, Alexander Lernet-Holenia.
Maschinschriftliches Verzeichnis.

Langer, Felix

18.6.1889, Brünn–Juni 1979, London
Lyriker, Erzähler, Dramatiker, Hörspielautor.

* *Düsseldorf, Heinrich-Heine-Institut*
Nachlaß: Manuskripte (7 Romane, 234 Erzählungen, Essays, Vorträge, 19 Dramen in deutscher, 8 in englischer Sprache, 24 Hörspiele in deutscher Sprache, 12 in englischer Sprache. – Briefe von ca. 220 Briefpartnern im Zeitraum 1904-1979, Durchschläge der Briefe von Langer an 14 Personen sowie ungeordnete Korrespondenzen mit Verlagen, Redaktionen und Rundfunkanstalten insbesondere aus der Zeit nach 1945 bis in die 70er Jahre. – Persönliche Dokumente.
Verzeichnung: Zettelkatalog
Geschenk und testamentarische Verfügung vom 20.11.1972

Langmann, Philipp

5.2.1862, Brünn–22.5.1931, Wien
Chemiker, Journalist, Erzähler, Dramatiker, lebte zuerst in Brünn, später in Wien.

* *Wien, WSTLB HS*
Nachlaß, ca. 350 Inventarnummern: Ca. 230 Werkmanuskripte (Entwürfe, Gedichte, Feuilletons, Novellen, Dramen). – Ca. 200 Briefe, darunter Verlags- und Geschäftskorrespondenzen. – Notizbücher, Lebenslauf, Schul- und Geschäftszeugnisse, Verlagsverträge.
Verzeichnung: Zettelkatalog.
Geschenk 1926 und testamentarische Verfügung 1932
Renate Riedl: Philipp Langmann. Leben

und Werk. Diss. Wien 1947: „Von Langmanns Fleiß zeugt sein Nachlaß. Unzählige Fragmente von Dramen und Novellen, historische und zeitgemäße Stücke, problematische Stücke liegen in engbeschriebenen Blättern vergessen in der Rathausbibliothek in Wien, der Langmann seinen Nachlaß testamentarisch vermachte." (S. 7)
Jiří Veselý: „Es gibt nur eine Kunst, und diese ist realistisch!" Philipp Langmann, der mährische Gerhart Hauptmann? In: *Acta Universitatis Carolinae, Philologica 2, Germanistica Pragensia* 9 (1984), S. 101-113.

Lanser, Elsa

12.3.1903, Innsbruck–6.5.1973, ebda
Botanikerin, Lyrikerin; Innsbruck, Innervillgraten.

* *Innsbruck, Universität, Forschungsinstitut „Brenner-Archiv"*
Teilnachlaß, 2 Kartons: Skizzen, Gedichte, Erzählungen, Oratorien, Dramen, Puppentheater, botanische Abhandlungen, Biographien von Wissenschaftlern, Musikern, Erfindern, Bergsteigern und Technikern, Aufzeichnungen von Ausflügen und Bergfahrten, Verzeichnis von Todesfällen in Tirol. – Stammbücher. – Druckbelege, Abschriften der Gedichte von Silvia Del-Pero, Sammlung von Zeitungsausschnitten über Botanik.
Vorgeordnet.
Depot 1974

* *Innsbruck, Tiroler Landesmuseum Ferdinandeum*
Teilnachlaß, 2 Kartons: Zahlreiche Hefte mit Gedichten, Erzählungen und Dramen, Tagebücher von Ausflügen und Bergfahrten. – Stammbücher. – 5 Bände Abschriften der Werke von Luise Stolz-Speckbacher. – Nachlaß von Silvia Del-Pero, siehe dort.
Unbearbeitet.

Larisch, Rudolf von

1.4.1856, Verona–24.3.1934, Wien
Lehrer an der Kunstgewerbeschule, der Graphischen Lehr- und Versuchsanstalt und der Akademie der bildenden Künste in Wien.

* *Offenbach, Klingspor-Museum der Stadt Offenbach am Main*
Sammlung Rudolf von Larisch: Arbeiten von Schülern, Freunden und seiner Frau, Pergamenthandschrift von Goethes *Faust,* geschrieben von Hertha von Larisch-Ramsauer 1926 zum 70. Geburtstag von Rudolf von Larisch.

* *Privatbesitz, Wien*

Lattinger, Alfred Emil

9.8.1904, Marburg a.d.Drau–17.8.1973, Graz
Lehrer; Graz.

* *Graz, Steiermärkische Landesbibliothek*
Teilnachlaß, 6 Kartons: 1 Konvolut Erzählungen, mehrere Werkmanuskripte zu religiösen und naturwissenschaftlichen Fragen.
Unbearbeitet.
Testamentarische Verfügung

Latzko, Andreas

Geboren als Adolf Andor Latzkó
1.9.1876, Budapest–12.9.1943, Amsterdam
Schriftsteller. Während des 1. Weltkriegs lebte er in der Schweiz. Schrieb pazifistische Romane und Novellen. Lebte seit 1920 in Salzburg, später wieder in der Schweiz. Eine Veröffentlichung (*Sieben Tage. Roman*) im Krystall-Verlag, Wien 1931.

* *Privatbesitz. Niederlande*
Nachlaß, 2 Kartons: Zum Nachlaß gehören die fragmentarisch erhaltene Autobiographie Latzkos sowie Briefe an ihn, u. a. von Felix Salten und Stefan Zweig. Der Nachlaß lieferte die Grundlage für das

folgende Werk: Andreas en Stella Latzko: *Levensreis. Herinneringen.* Amsterdam en Antwerpen: Wereldbibliotheek 1950. János Szabó (Budapest): Der vergessene Andreas Latzko. In: *Acta Litteraria Academiae Scientarium Hungaricae* 29 (1987), S. 305-314 (kein Hinweis auf den Nachlaß).

Laube, Heinrich

8.9.1806, Sprottau (Schlesien)–1.8.1884, Wien
Erzähler, Redakteur, Dramatiker, Hofburgtheaterdirektor, Direktor des Leipziger und Wiener Stadttheaters.

** Wien, WSTLB HS*
Teilnachlaß, ca. 240 Inventarnummern: Briefe, u. a. von Hermann Ludwig Fürst von Pückler-Muskau. – Tantiemenabrechnung.
Verzeichnung: Zettelkatalog.
Kauf 1913

** Wien, ÖNB HS*
Briefesammlung, Autogr. 153/1-167/58 und Ser. n. 22.779: 3 641 Briefe an Laube in 15 Autographen-Schachteln.
Erwerbung 1914 von der Generalintendanz der Hoftheater

** Leipzig, Stadtgeschichtliches Museum*
Sammlung, 8 Mappen: Ca. 105 Briefe von Iduna und Heinrich Laube, u. a. an H. Haessel. – Abschriften von Laubes Briefen, angefertigt von Heinrich Hubert Houben, Schreiben verschiedener Institutionen über Laube an Houben, Sammlung von Theaterzetteln und Zeitungsausschnitten über Laube.
Erwerbung wahrscheinlich seit 1909, großteils von Heinrich Hubert Houben.

** Kórnik-Zamek, Polska Akademia Nauk, Biblioteka Kórnicka*
Teilnachlaß, 4 Inventarnummern: Manuskripte (*Herz-Dame.* Schauspiel in fünf Akten, Fragmente). – Briefe, u. a. von Anton Alexander Graf Auersperg, Cotta, Philipp Jakob Düringer, Rudolf Glaser, Ludwig Goldhann, Herman Grimm, J.J. Hanusch, Heinrich Mayer, Michel, Louis Theiner; Korrespondenzen zur Ausgabe der Werke Laubes (1907-1909).

Trotz mehrfacher Anfragen ließ sich die Angabe bei Raabe (Quellenrepertorium) bzw. Hansel (Personalbibliographie), wonach der Nachlaß von Laube im „Laube-Museum" in Szprotawa (Sprottau) aufbewahrt werde, nicht bestätigen.
Die Bibliothek Laubes wurde 1885 bzw. 1886 vom Antiquariat Gottlieb (Wien) verkauft: Katalog Nr. 19 (1885); Katalog 20 (1886).

Lavant, Christine

4.7.1915, Edling bei Wolfsberg (Ktn.)–7.6.1973, Wolfsberg
Erzählerin, Lyrikerin.

** Privatbesitz (Nachlaßverwalter). Armin Wigotschnig, Goritschitzen NB, A-9062 Moosburg, Kärnten*
Nachlaß.

** Privatbesitz. Dr. Otto Scrinzi, A-9062 Moosburg*
Teilnachlaß: Manuskripte, Briefe, Erinnerungsstücke, Photos, Urkunden.

Otto Scrinzi: Christine Lavant. In: *Die Brücke. Kärntner Kulturzeitschrift.* 1/2 (1975/76), Nr. 2-3, S. 167-183.
Christine Lavant: *Kunst wie meine ist nur verstümmeltes Leben. Nachgelassene und verstreut veröffentlichte Gedichte-Prosa-Briefe.* Ausgewählt und herausgegeben von Armin Wigotschnig und Johann Strutz. Salzburg: Otto Müller Verlag 1978 (Briefe, S. 221-238; S. 168); Grete Lübbe-Grothues (Hrsg.): *Über Christine Lavant. Leseerfahrungen–Interpretationen–Selbstdeutungen.* Salzburg: Otto Müller Verlag 1984. Darin: Briefwechsel mit Hilde Domin (S. 142-

166); Ingeborg Teuffenbach: *Christine Lavant–Gerufen nach dem Fluß. Zeugnis einer Freundschaft.* Mit einem Nachwort von Manon Andreas-Grisebach. Zürich: Ammann Verlag 1989; Christine Lavant: *Und jeder Himmel schaut verschlossen zu. Fünfundzwanzig Gedichte für O.S.* Mit einer Einleitung von Hans Haider. Wien-München: Verlag Jungbrunnen 1991 (Bibliothek Wiederaufnahme. Österreichische Literatur des 20. Jahrhunderts. Hrsg. von Hans Weigel).

Lazar, Eugen

4.11.1885, Großwardein, Rumänien (lt. Wiener Meldezettel) bzw. Budapest (lt. Sterbeurkunde der Stadt Limoges)–28.11.1946, Limoges
Journalist, Schriftsteller. Emigrierte Mitte Juni 1939 nach Paris. „In Limoges in Frankreich ist Doktor Eugen Lazar einen Herzschlag erlegen. Dr. Lazar kam aus Budapest nach Wien, als Béla Kun Ungarn beherrschte, und leitete hier den von rechtsstehenden Kreisen des Landes herausgegebenen ‚Becsi magyar Hirlap', und trat dann zu den Blättern des Elbemühl-Verlages über, die er im Stile der Budapester Boulevardpresse umzugestalten versuchte. Als die Truppen Hitlers ins Land fielen, flüchtete er nach England und dann nach Frankreich, wo er bei verschiedenen französischen Zeitungen tätig war." (*Wiener Zeitung*, 25.4.1947, S. 3)

* *Nicht bekannt*

Lazar, Maria Franziska

Pseud. Esther Grenen
22.11.1895, Wien–30.3.1948, Stockholm
Schriftstellerin, Übersetzerin. Besuchte die Schwarzwald-Schule in Wien. Protegiert von Karin Michaelis, deren Werke sie auch ins Deutsche übersetzte. Verheiratet 1923-1927 mit Friedrich Strindberg, einem Sohn Frank Wedekinds. Lebte bis zu ihrem Tod im Stockholmer Stadtteil Essinge-Gemeinde.

* *Privatbesitz. Der Nachlaß befindet sich im Besitz der Tochter Maria Lazars, Judith, in England*
Nach dem „Verzeichnis über Gedichte und Novellen von Maria Lazar-Strindberg bei Frau Signe Lindberg (1972)" im Ordner Lazar in der Dokumentationsstelle für neuere österreichische Literatur in Wien umfaßt der Nachlaß Gedichte, Novellen, Drucke von Novellen, Zeitungen (hauptsächlich *Basler Nationalzeitung*), Kritiken, Fragmente, Filmmanuskripte.
Birgit S. Nielsen: Maria Lazar. Eine Exilschriftstellerin aus Wien. In: *Text & Kontext* (Kopenhagen), 11 (1983), S. 138-194; Maria Lazar (Pseudonym Esther Grenen, 1895-1948). In: *Geflüchtet unter das dänische Strohdach. Schriftsteller und bildende Künstler im dänischen Exil nach 1933.* Ausstellung der Königlichen Bibliothek Kopenhagen in Zusammenarbeit mit dem Kultusminister des Landes Schleswig-Holstein. Katalog: Willy Dähnhardt und Birgit S. Nielsen. Heide in Holstein: Westholsteinische Verlagsanstalt Boyens & Co 1988, S. 42-52 (= Schriften der Schleswig-Holsteinischen Landesbibliothek. Hrsg. Dieter Lohmeier. Band 3)

Autographen in anderen Beständen

* *Stockholm, Kungliga Biblioteket*
Nachlaß Wilhelm Moberg: Sechs Briefe von Lazar 1929-1930 betr. Übersetzung für den Paul Zsolnay Verlag Wien.

* *Kopenhagen, Det Kongelige Bibliotek, Handskriftafdelingen*
Nachlaß Karin Michaelis: Briefe von Lazar an Karin Michaelis (1931-1947, 1 Beilage: Ernst Polak an Maria Lazar, 11.11.1936), außerdem Briefe von Lazar an Herdis Bergstrom, 30.7.1946, Stockholm, Eugenie Schwarzwald, 21.5.1938, 7.6.1938; 1 Brief von Egon Friedell an Maria Lazar, o.D.

Leb, Hans

7.2.1909, Knappenberg (Ktn.)–19.9.1961, Villach (Ktn.)
Architekt, Graphiker, Lyriker, Erzähler Zauchen bei Villach.

** Wien, ÖNB HS*
Teilnachlaß, Ser. n. 17.127-17.254, Autogr. 669/34-37: Manuskripte, Briefe und Zeitungsausschnitte.

** Wien, Dokumentationsstelle für neuere österreichische Literatur*
Teilnachlaß, 3 Kartons: Gedichte und Gedichtzyklen, kleine Prosa. – Einzelne Briefe, u. a. von Gustav Warneck. – Verlagsverträge. – Unterlagen zur Herausgabe der Zeitschrift *Der Bogen* (eigene Manuskripte, graphische Entwürfe, Probedrucke und Rezensionen), Druckbelege, Sammlung von Rezensionen eigener Werke.
Maschinschriftliches Verzeichnis.
Geschenk um 1970

Leber, Hermann R.

6.8.1900, Montabaur–2.1.1974, Wien
Kunsthistoriker, Kunstschriftsteller, Lektor, Verleger.

** Privatbesitz. Dr. Gerda Leber-Hagenau, Wallnerstraße 4, A-1010 Wien*
Nachlaß vor 1945 nicht mehr vorhanden. Restnachlaß: Verlagsmaterial (Neff, Deutsch, Andermann etc.) sowie persönliche Korrespondenz und eine Autographensammlung.

LeBorg, Reginald

Pseud. für Reginald Grobel
11.12.1902, Wien–25.3.1989, Los Angeles
Drehbuchautor, Filmproduzent, u. a. für Cosmos Production und für Universal Pictures.

** Privatbesitz. Regina LeBorg, Los Angeles, California*
Nachlaß: Gedichte, Drehbücher, Theaterstücke, Kurzgeschichten, Essays. – Ca. 1 000 Briefe. – Material zu seinen Filmen (Plakate, Produktionsphotos, Kritiken).
(Guide, 1992, S. 369)

Lehner, Frederick

15.10.1893, Wien –22.6.1961, Institute, West Virginia
Mittelschulprofessor (Deutsch/Französisch), Übersetzer, Universitätsprofessor; Wien, West Virginia (U.S.A.).
Promovierte 1919 an der Universität Wien mit der Dissertation „Über die Szenenanmerkungen in den Dramen Ibsens und ihr Einfluß auf das deutsche Drama", emigrierte 1938 über England in die U.S.A. Wurde 1939 „Visiting Professor of French and German" am West Virginia State College in Institute, West Virginia, 1940 „regular member of the faculty of West Virginia State College", 1944 US-Staatsbürger. War zuletzt Prof. für Vergleichende Literaturwissenschaft. Übersetzte für den Paul Zsolnay Verlag (Ed. Estaunié, Roger Martin du Gard) sowie für den Internationalen Psychoanalytischen Verlag in Wien.

** Institute (West Virginia, U.S.A.), West Virginia State College, Drain-Jordan Library, Archives*
Nachlaß.
„We have a modest collection of Dr. Lehner's writings and two photographs of him taken with students prior to his coming to the United States. (...) we do have Dr. Lehner's correspondences, and articles which he wrote. We do not have available an inventory of all the items which are in this collection. There are several hundred pages of information (...)." (10.1.1990)
Dr. Frederick Lehner. Professor of French and German 1939-1956, Professor Emeritus 1956-1961. In: *Bulletin*, West Virgi-

nia State College, Institute, West Virginia, Series 51, No. 1, February 1964. [17 S., Inhalt: ausführliche Biographie, wichtigste Publikationen vor und nach 1938, Übersetzungen.]

Leibl, Ernst

17.6.1895, Graslitz (Böhmen)–5.5.1982, Memmingerberg/Allgäu
Lyriker, Erzähler, Redakteur.

* *München, Sudetendeutsches Archiv*
Nachlaß.

Leifhelm, Hans

2.2.1891, München-Gladbach (Rheinland)–1.3.1947, Riva/Gardasee
Lyriker, Erzähler, lebte in Graz, ging 1935 nach Italien, wo er bis 1942 als Univ. -Lektor in Palermo, Rom und Padua wirkte. Der Nachlaß befand sich 1961 noch im Besitz der Tochter, Elfriede Leifhelm.

* *Marbach, DLA*
Nachlaß.
Jahrbuch der Deutschen Schillergesellschaft 34 (1990), S. 500-501.
Ingrid Bröderer: Hans Leifhelm. Versuch einer Monographie. Diss. Wien 1961. (Briefe Leifhelms in diversen Archiven in der Bundesrepublik Deutschland und 1961 im Privatbesitz werden dort nachgewiesen.)

Leiner, Amalie

9.6.1900, St. Ruprecht a.d. Raab (Stmk.)–1.9.1975, ebda
Mundartdichterin, Erzählerin; St. Ruprecht an der Raab.

* *Graz, Steiermärkische Landesbibliothek*
Splitternachlaß: 1 Konvolut Gedichte und Erzählungen.
Vorgeordnet.
Testamentarische Verfügung 1962

Leiter, Helmut

17.6.1926, Wien–6.12.1990, ebda
Redakteur, Erzähler.

* *Privatbesitz, Hilde Leiter, Wienerbruckstraße 124/14, A-2344 Maria Enzersdorf*
Nachlaß: Unpublizierte Manuskripte und Manuskripte von gedruckten Werken. – Briefe, vor allem aus seiner Tätigkeit als Lektor des Verlages Jugend & Volk, u. a. von Christine Busta, Marlen Haushofer und Hans Weigel.

Leitgeb, Otto Georg von

24.10.1860, Pola–2.10.1951, St. Georgen bei Klagenfurt
Erzähler; Görz, St. Georgen bei Klagenfurt.

* *Klagenfurt, Landesmuseum für Kärnten, Bibliothek*
Kryptonachlaß im Nachlaß von Franz Xaver Zimmermann: Gedichte, Erzählungen, Romane, Filmdrehbücher, Byron-Studien. – Schul- und Studienzeugnisse, Mündigkeitserklärung, Meldungsbuch der Universität Wien, zahlreiche Familienphotos, Parte. – Unterlagen zur Familienforschung, Familiendokumente, u. a. zu Andrä von Leitgeb, Briefe von Louis von Lichtenberg an seine Eltern in Darmstadt (18. Jh.), Nachrufe, Rezensionen seiner Bücher, Druckbelege, Verzeichnis der Bibliothek, Tagebuch von Louise von Ritter (1932).
Vorgeordnet.

Leitich, Ann Tizia

25.1.1896, Wien–3.9.1976, ebda
Erzählerin; Wien.

* *Wien, WSTLB HS*
Teilnachlaß, ca. 30 Inventarnummern und 2 1/3 Kartons: Notizen, Entwürfe, Erzählungen, Romane, Rezensionen, Dramen. – Ca. 30 inventarisierte und weitere unbe-

arbeitete Briefe, u. a. von Ernst Witschel, Verlagskorrespondenzen und Briefkonzepte von Leitich. – Verträge, Materialien zur Auseinandersetzung mit Rudolf Hans Bartsch.
Maschinschriftliches Verzeichnis, Zettelkatalog. – Teilweise unbearbeitet.
Erwerbung 1968 und Kauf 1984

Leitkam, Hedda

31.3.1927, Wien–24.7.1979, Bregenz
Journalistin; Chefsekretärin beim Theater für Vorarlberg in Bregenz.

* *Bregenz, Franz-Michael-Felderarchiv und Vorarlberger Literaturarchiv*
Teilnachlaß, 5 Ordner: Erzählungen, 1 Drama. – Briefe von Zeitungs- und Rundfunkredaktionen. – Unterlagen und Korrespondenzen zu einem Arbeitsgerichtsprozeß.
Vorgeordnet.
Geschenk 1979

Leitner, Franz Johann

6.1.1849, Wiener Neustadt–12.7.1922, ebda
Backofenbauer, Dramatiker, Zeitschriftenherausgeber; Wiener Neustadt

* *Wiener Neustadt, Stadtarchiv*
Teilnachlaß: Manuskripte (Gedichte, *Der Wechselhof, Schach dem Wucher, Allzeit getreu, Schicksal, Dr. Kranz*). – Photos, Leitner darstellend, Durchschläge einer Leitner-Biographie, Exemplar von Josef Heitzenberger: *Der Volksdichter,* Exemplare des Dramas *s' Julerl.*
Karl Flanner: *Der Volkstribun. Das Leben und Wirken des Wiener Neustädter Arbeiterführers und Volksdichters Franz Johann Leitner 1849-1922.* Wiener Neustadt o.J. [ca. 1980]

Leitner, Karl Gottfried von

18.11.1800, Graz–20.6.1890, ebda
Gymnasiallehrer, Lyriker, Erzähler; Cilli, Kurator des Joanneums in Graz.

* *Graz, Steiermärkische Landesbibliothek*
Kryptonachlaß im Nachlaß von Anton Schlossar, 3 Kartons: Ca. 30 Gedichte und Erzählungen, Exzerpte, 9 Konvolute für eine Ausgabe vorbereitete Gedichte, Tagebuch. – Ca. 250 Briefe, u. a. von Karl von Holtei, Johann Gabriel Seidl und Adelma Vay de Vaja. – Werkverzeichnis. – Zeitungsausschnitte (Besprechungen, Würdigungen, Druckbelege), Vertonungen von Gedichten Leitners.
Unbearbeitet.
Erwerbung 1955

* *Graz, Steiermärkisches Landesarchiv*
Nachlaß, 10 Schachteln: Gedichte, Erzählungen, Trauerspiele, Manuskripte über Erzherzog Johann, Manuskripte über steirische Künstler und Literaten, zur Geschichte und Kirchengeschichte der Steiermark sowie über Grazer Bauten und Straßen, Sammlung von Inschriften in der Steiermark, Briefe, u. a. von Ferdinand Avenarius, Franz Brümmer, Wilhelm Fischer, Karl Emil Franzos, Robert Hamerling, Anselm Hüttenbrenner, Albert von Muchar, Peter Rosegger, Verlagskorrespondenz (Hartleben und Kröner). – Rezensionen und biographische Artikel über Leitner, 2 Mappen Manuskripte von Karl Schröckinger, Vorarbeiten für eine geplanten Neuausgabe der Gedichte von Johann Georg Fellinger, Handexemplare von Publikationen Leitners.
Maschinschriftliches Verzeichnis.
Erwerbung 1918/1923

Lenau, Nikolaus

Pseud. für Nikolaus Niembsch von Strelenau 13.8.1802, Csatád bei Temesvar (Banat)–22.8.1850 Oberdöbling-Wien (Irrenanstalt) Lyriker, Dramatiker, Sohn deutscher Eltern, studierte in Wien, Preßburg, Heidelberg die Rechte, Landwirtschaft und Medizin, lebte nach Aufenthalt in den U.S.A. 1832-1833 in Wien und Schwaben.

* *Wien, WSTLB HS*
Teilnachlaß, ca. 280 Inventarnummern: Ca. 90 Werkmanuskripte (Notizen und Entwürfe, Gedichte, Epen und Szenarien). – Briefe an Lenau, u. a. von Max Löwenthal, Sophie Löwenthal, Anton Xaver Schurz und Therese Vogel. – Reisepaß. – Kryptonachlaß von Anton Xaver Schurz, siehe dort.
Verzeichnung: Zettelkatalog.
Erwerbung 1963

* *Berlin, Deutsche Staatsbibliothek, Hss.-Abt./Lit.Archiv*
1 Mappe: Briefe, Notizhefte, 2 Briefe von Justinus Kerner an Lenau.

* *Marbach, DLA*
Sammlung, 1 Karton: Briefe an und von Lenau, zugehörige Materialien. (Kussmaul, Sp. 321.)

* *Wien, ÖNB HS*
Einzelmanuskripte.

* *Stuttgart, Landesbibliothek*
Sammlung.

* *Stockerau, Lenau-Archiv*
Neben einer umfangreichen Sammlung von Sekundärliteratur sammelt das Lenau-Archiv auch Kopien und Photos von Manuskripten, Briefen und Lebensdokumenten Lenaus.
Anton Scherer: Das Lenau-Archiv in Stockerau. In: *Vergleichende Literaturforschung. Internationale Lenau-Gesellschaft 1964-1984*. Hrsg. von Antal Mádl und Anton Schwob. Wien: Österreichischer Bundesverlag 1984, S. 86-89.

Standorte von weiteren Autographen nachgewiesen bei Frels, S. 181.

Leppa, Karl Franz

28.1.1893, Budweis (Böhmen)–13.8.1986, Weißenburg (Bayern)
Präfekt, Bibliothekar, Lyriker, Erzähler, Mundartdichter; Krumau, Karlsbad, Suffersheim (Bayern).

* *Passau, Böhmerwaldmuseum Passau*
Nachlaß.
Unbearbeitet.

Leppin, Paul

27.11.1878, Prag–10.4.1945, ebda
Lyriker, Erzähler, Dramatiker; Prag.

* *Prag, Literární archiv. Památník Národního Písemnictví. (Museum der tschechischen Literatur)*
Teilnachlaß: Familienkorrespondenzen und Familiendokumente, sowie Briefe von Gustav Meyrink an Paul Leppin.

* *Marbach, DLA*
Briefe von Leppin in der Autographensammlung.

Dirk O. Hoffmann: *Paul Leppin. Eine Skizze mit einer ersten Bibliographie der Werke und Briefe*. Bonn: Bouvier 1982 (= Abhandlungen zur Kunst-, Musik- und Literaturwissenschaft, Band 279). Keine direkten Hinweise auf Nachlaßinhalt. Bibliographie der Werke und Briefe, Primärbibliographie und Briefwechsel, S. 138-223; Briefe, S. 211-223 mit Inhalt in Stichworten.

Lernet-Holenia, Alexander

21.10.1897, Wien–3.7.1976, ebda
Offizier in beiden Weltkriegen, Lyriker, Erzähler, Dramatiker.
Inhaber der Urheberrechte: Mag. Alexander Dreihann-Holenia, A-2111 Kleinrötz 102.

* *Wien, ÖNB HS*
Kryptonachlaß im Nachlaß von Annie Lifczis, Ser. n. 31.051-31.202: Manuskripte (u. a. *Die Standarte*), Typoskripte (u. a. von spanischen Übersetzungen), Lebensdokumente, Zeitungsausschnitte (Nachrufe, Rezensionen), Briefwechsel mit Friedrich Torberg, P.E.N.-Club (1969-1976), Photos, Material zu diversen Werken.

* *Wien, WSTLB HS*
Teilnachlaß, ca. 35 Inventarnummern und 3 Kartons: Erzählungen, Hörspiele, Korrekturfahnen. – Ca. 250 Briefe, u. a. von Theodor Rudolf Salvator und Carl Zuckmayer; ca. 500 Briefe an Lambert Binder. – Tantiemen- und Honorarabrechnungen, Verlagsverträge, zahlreiche Glückwünsche. – Sammlung von Rezensionen eigener Werke, Theaterprogramme, Zeitschriften.
Maschinschriftliches Verzeichnis, Zettelkatalog.
Kauf 1986

* *Wien, Thomas Sessler Verlag*
Manuskripte der betreuten Werke.

Günther Berger: Ein dichtender Grandseigneur. Beiträge zur Vervollständigung der Biographie und des Werkes von Alexander Lernet-Holenia. In: *Österreich in Geschichte und Literatur* 33 (1989), S. 89-113.

Lesser, Jonas

3.8.1895, Czernowitz–9.2.1968, London
Verlagslektor, Übersetzer, Philologe, Lyriker.
Emigrierte 1938 nach England mit seiner Frau, arbeitete zeitweise bei Macmillan (Verlag) in London, wurde nicht interniert, weil er rumänischer Staatsbürger war und nicht Deutscher oder Österreicher.

* *Privatbesitz. Mrs. S. Lesser, Ph.D., 122 Broadfield, Broadhurst Gardens, London NW6 3QR*
Teilnachlaß.

* *Marbach, DLA*
Sammlung Thomas Mann: Briefe von Thomas Mann an Jonas Lesser.

* *Marbach, DLA*
Sammlung Hermann Hesse: Briefe von Hermann Hesse an Jonas Lesser.

Levett, Oswald Franz

15.6.1884 (nicht 1889!), Baden bei Wien (nicht Wien)–am 5. Oktober 1942 in das Lager Klein-Trostinetz bei Minsk deportiert.
Rechtsanwalt, Übersetzer, Romanschriftsteller; Wien.
Er promovierte im Juni 1908 zum Dr. jur. an der Universität Wien und änderte seinen Namen „Oswald Loewit" im Jahr 1912 in Oswald Franz Levett. Levett war vom 2. Dezember 1940 bis zum 24. März 1941 im Landesgericht in Wien in Haft.

* *Privatbesitz. Dr. René Levett, Donauzentrum-Bürohaus, Donaustadtstraße 1, A-1220 Wien*
Kleine Sammlung: Fragmentarisch erhaltenes Typoskript eines umfangreichen Romans über Ravaillac. – Photos.
Jahrbuch der Wiener Gesellschaft 1928. Wien: Franz Planer 1928, S. 202f.

Levetzow, Karl Michael von

Pseud. M. Karlev
10.4.1871, Dobromielitz (Mähren)–4.10.1945, Mürau (Mähren) im Gefängnis
Lyriker, Bühnenschriftsteller, begraben am Mürauer Zivilfriedhof.
Der Großteil des Nachlasses ist verlorengegangen. Beschreibung in Brigitte Cornaro: Karl

Michael Freiherr von Levetzow. Versuch einer Monographie. Diss. Wien 1950: „Durch die Ereignisse des Jahres 1945 haben die Stiefgeschwister Levetzows alles, was sie an Briefen und Aufzeichnungen besaßen, verloren. Levetzows Freunde und Verwandte sind in alle Windrichtungen zerstreut.“ (S. 1) „Dr. Felzmann, Levetzows Freund und Weggenosse während seiner letzten Lebensjahre in Auspitz, verfügt über Material, das mir nicht zugänglich war, und wird wohl erst mit einer größeren Arbeit über seinen toten Freund hervortreten.“ (S. 183)
Cornaro verzeichnet viele unveröffentlichte Werke.

* *Privatbesitz, Wien*
Wenige Abschriften von nach dem 2. Weltkrieg noch auffindbaren Publikationen, Sammlung von Daten zur Biographie, Entwurf einer Biographie.

Lichnowsky, Mechtilde von

8.3.1879, Schloß Schönburg (Niederbayern)–4.6.1958, London
Schriftstellerin.

* *München, Bayerische Akademie der schönen Künste*
Teilnachlaß, 7 Kapseln, 12 Ordner, 45 Nr.: Manuskripte, Notizbücher, Briefe, Ausgabe der gedruckten Werke und Titelkartei.

* *Marbach, DLA*
Teilnachlaß, 20 Kartons: Kussmaul, Sp.316-317.

* *Opava (Troppau, ČSFR), Státní oblastní archiv v Opavě*
Familienarchiv (nicht aufgearbeitet). „Bis 1945 lebte meine Familie in Kuchelna (tschech. Chuchelná), ehemals preußisch Oberschlesien, seit 1918 Tschechoslowakei. In Kuchelna befand sich auch unser Familienarchiv. Beim Einmarsch der Russen im März 1945 mußten wir fliehen und Kuchelna wurde arg verwüstet. Die Reste unseres Familienarchivs wurde einige Monate später in die Kreisstadt Troppau (= Opava) verbracht und dort im Staatsarchiv niedergelegt.“ (Leonore Lichnowsky, 28.8.1979)
Josef Polišenský-Zdeněk Šolle: Významné Kulturně historické památky V Opavském Státním Oblastním Archivu. (Z literárni pozůstalosti Mechtildy Lichnowské). (Bedeutende kulturhistorische Denkmäler im Staatlichen Regionalarchiv in Opava. Aus dem schriftlichen Nachlass von Mechtilde Lichnowsky.) In: *Studie O Rukopisech* 17 (1978), S. 89-128. [Briefe von Cosima Wagner, Gerhart Hauptmann, Johannes R. Becher, Alfred Kerr, Max Pallenberg, Maximilian Harden, Annette Kolb, Franz Werfel].

Liegler, Leopold

30.6.1882, Wien–9.10.1949, ebda
Beamter, Literaturkritiker, Essayist; Buchhalter der Österreichischen Akademie der Wissenschaften in Wien.

* *Wien, WSTLB HS*
Teilnachlaß: Exzerpte, Aufsätze. – Briefe. Erwerbung 1965

* *Innsbruck, Universität, Forschungsinstitut „Brenner-Archiv“*
Teilnachlaß, 2 Kartons: 21 Stücke von Johann Nestroy, rückübersetzt ins Wienerische, Zettelkatalog, Vorwort zur geplanten Nestroyausgabe, Abhandlungen über Lyrik, Rezension, Erinnerungen an Karl Kraus. – Bücher von und über Karl Kraus. Maschinschriftliches Verzeichnis.
Geschenk 1968

Liemert-Mainprugg, Felicie

8.2.1892, Wien–26.5.1976, ebda
Erzählerin, Lyrikerin; Mödling.

* *Mödling, Literarische Gesellschaft, Archiv für ungedruckte Manuskripte*
Teilnachlaß, 21 Bände: Erzählungen, Gedichte. – Lebenslauf.

Unbearbeitet.
Depot

Lindau, Karl

26.11.1853, Wien–15.1.1934, ebda
Schauspieler, Bühnenschriftsteller; Graz, Budapest, Frankfurt am Main, Dresden, Wien.

* *Wien, WSTLB HS*
Teilnachlaß, ca. 30 Inventarnummern und 9 Kartons: Ca. 30 inventarisierte und zahlreiche unbearbeitete Werkmanuskripte (Romane, Libretti, Possen, Schwänke, Drehbücher, Übersetzungen, Rollenhefte, theaterwissenschaftliche Abhandlungen). – Text- und Regiebücher.
Maschinschriftliches Verzeichnis, Zettelkatalog. – Teilweise unbearbeitet.
Erwerbung 1934

Lindenbaum, Robert

5.1.1889, Komotau (Böhmen)–24.9.1979, Bayreuth
Lyriker, Erzähler.

* *München, Sudetendeutsches Archiv*
Nachlaß.

Lindt, Peter Maximilian

26.4.1908, Wien–20.9.1976, New York
Radiokommentator in New York, Erzähler, Dramatiker. Emigrierte 1938 aus Wien über die Schweiz in die U.S.A.

* *Bremen, Staats- und Universitätsbibliothek*
Nachlaß: Texte, Briefe, Tonbänder sowie Rundfunkpläne.
Findbuch, 259 Seiten.
Biblos 31 (1982), S. 73f.

Lindtberg, Leopold

Hieß bis 1933 Lemberger
1.6.1902, Wien–18.4.1984, Sils-Maria, Engadin
Schauspieler, Theater- und Filmregisseur.

* *Berlin, Akademie der Künste*
Nachlaß: Vorträge und Vorlesungen, Regiematerialien (Drehbücher, Textvarianten, Skizzen zum szenischen Ablauf, Bühnengrundrisse, Besetzungszettel). – Ca. 6 000 Briefe mit ca. 1 200 Korrespondenzpartnern, darunter umfangreiche Briefwechsel mit Theatern und Filmgesellschaften. – Ehrungen, Glückwünsche, Dokumente zur Theaterlaufbahn. – Theaterprogramme, Theaterzettel, Kritiken zu den von Lindtberg inszenierten Stücken, ca. 1 600 Proben- und Inszenierungsphotos, ca. 50 Privatphotos.
Dagmar Wünsche: *Leopold Lindtberg. Regisseur. 1902-1984. Eine Nachlaßpräsentation zur Ausstellung in der Archiv-Dependance.* 14. Oktober-16. Dezember 1990. Berlin: Akademie der Künste 1990. („Der künstlerische Nachlaß“, S. 20-23)

Linhardt, Adolf

20.5.1887, Wien–1.11.1954, ebda
Publizist, Erzähler, Fabriksdirektor; Wien.

* *Wien, WSTLB HS*
Teilnachlaß, 1 Konvolut: Gedichte, Erzählungen. – Zeitungsausschnitte.
Maschinschriftliches Verzeichnis.
Geschenk 1935

Lippott, Eduard

11.9.1873, Kufstein (Tir.)–6.2.1965, ebda
Buchdrucker und Verleger; Kufstein.

* *Kufstein, Heimatmuseum auf der Festung*
Teilnachlaß, 1 Ordner: Abhandlungen über die Geschichte Kufsteins und über die Schiffahrt auf dem Inn. – Briefe von Rudolf Sinwel, Durchschläge einzelner Briefe von Lippott. – Ehrungen. – Sammlung von Dias zur Geschichte Kufsteins und zur Schiffahrt auf dem Inn.
Verzeichnung: Inventar.
Geschenk 1984

Lissauer, Ernst

16.12.1882, Berlin–10.12.1937, Wien
Lyriker, Dramatiker, Publizist; Berlin, München, seit 1924 Wien.

** Wien, WSTLB HS*
Teilnachlaß, ca. 340 Inventarnummern: Ca. 220 Briefe, u. a. von Rosa Mayreder und Otto Wittner. – Briefe von Emil Kuh an Gottfried Keller, 1 Manuskript von Emil Kuh.
Verzeichnung: Zettelkatalog.
Kauf 1954

** New York, Leo Baeck Institute*
Teilnachlaß, 1,5 m : Catalog, S. 90.

Literatur und Kritik

Österreichische Literaturzeitschrift, gegründet April 1966. Herausgeber Gerhard Fritsch, Rudolf Henz, Paul Kruntorad, bis 1987 Jeannie Ebner und Rudolf Henz, danach Kurt Klinger als alleiniger Herausgeber.

** Wien, ÖNB ÖLA*
Archiv der Zeitschrift: Redaktionskorrespondenz 1967-1990.

Literaturinstitut Last & Co.

Wiener Leihbücherei, 1847 gegründet, liquidiert 1962.

** Wien, Universität, Institut für Vergleichende Literaturwissenschaft*
Archiv, ca. 22 Meter: Kartei des Bücherbestandes, Teil des Schlagwortkatalogs, Kartei der ab 1939 verbotenen Bücher, Kartei der 1945 ausgeschiedenen NS-Literatur, Auswahlkataloge (1920-1961), Hefte mit Listen der Neuanschaffungen (1958-1962), Kundenkartei über ca. 7 200 Leser, Kontoblätter mit Aufzeichnungen über die Entlehnungen (1927-1962), Abonnenten- und Leserverzeichnisse, Kundenkorrespondenz (1948-1959) und Geschäftsunterlagen aus der Zeit nach 1945.
Verzeichnung: Norbert Bachleitner: Das Ende des „Königs aller deutschen Leihbibliotheken“. In: *Internationales Archiv für Sozialgeschichte der deutschen Literatur* 11 (1986) S. 115-148 (Vorbericht von A. Martino).
Geschenk um 1980

Littrow, Auguste von

Pseud. Otto August
13.2.1819, Prag–23.3.1890, Wien
Schriftstellerin, Frauenrechtlerin; Wien.

** Wien, WSTLB HS*
Teilnachlaß: Ca. 700 Briefe an Auguste von Littrow, Joseph Johann von Littrow, Karl Ludwig von Littrow, Ella von Lang-Littrow und Viktor von Lang, u. a. von Ottilie von Goethe, Wolfgang von Goethe, Rudolf von Ihering, Urbain Jean Joseph Le Verrier, Betty Paoli, Ferdinand von Saar, Giovanni Santini. – Gästebuch von Auguste von Littrow.
Verzeichnung: Zettelkatalog.
Kauf 1954

Littrow, Heinrich von

26.1.1820, Wien–25.4.1895, Abbazia
Lyriker, Dramatiker, Seemann; Direktor der Nautischen Akademie in Triest.

** Wien, WSTLB HS*
Teilnachlaß, ca. 80 Inventarnummern: Ca. 70 Briefe, u. a. von Ada Christen. – Gedichte an Littrow.
Verzeichnung: Zettelkatalog.
Kauf 1930

Locella, Alois Emerich von

3.9.1733, Wien–27.12.1800, ebda
Beamter; Zensor in Wien.

* *Wien, KHM, Antikensammlung*
Teilnachlaß, 5 Bände: Kommentierte Übersetzungen von Xenophon Ephesius in das Lateinische. – Ca. 70 Briefe an Locella.
Zettelkatalog in Bearbeitung. – Derzeit unzugänglich.

Loehner, Hermann von

27.4.1842, Wien–19.5.1902, ebda
Literarhistoriker, Dramatiker, Übersetzer; Wien.

* *Wien, WSTLB HS*
Teilnachlaß, ca. 70 Inventarnummern: Notizen, einzelne Manuskripte, ca. 30 Notizbücher (Archivexzerpte, historische und biographische Aufzeichnungen). – Ca. 20 Briefe an Loehner.
Verzeichnung: Zettelkatalog.
Testamentarische Verfügung

Löser, Franz

Pseud. Manfred Gollner, Franz Karl Eder
26.2.1889, Neunkirchen (N.Ö.)–23.7.1953, Wien
Seit 1910 Schriftsteller in Salzburg, seit 1938 in Wien. Gründer des Salzburger Schriftstellerverbands.

* *Privatbesitz. Rudolf Löser, Buchenweg 5/20, A-2326 Biedermannsdorf, N.Ö.*
Teilnachlaß: Gedichte, Kurzgeschichten, Romane (*Kriegerdenkmal, Julius Kielholz, Der Bergherr von Gastein, Andreas Korner*), Lustspiele, Volksstücke, Autobiographie.

* *Neunkirchen, Städtisches Heimatmuseum*
Sammlung: Kurzgeschichten, Anekdoten, Essays.

Uta Wimmer: Franz Lösers Romane. Hausarbeit. Universität Salzburg 1977.

Loewe, Ludwig

29.1.1795, Rinteln (Kurhessen)–7.3.1871, Wien
Schauspieler, Regisseur, Lyriker; Prag, Kassel, Wien.

* *Wien, WSTLB HS*
Teilnachlaß, ca. 200 Inventarnummern: Autobiographische Aufzeichnungen, Aufsätze zum Theater. – Ca. 40 Briefe und Stammbuchblätter. – Bühnenverträge, Dekrete. – Zahlreiche Gedichtabschriften, Sammlungen von Rätseln, Scharaden und Epigrammen, Zeitungsausschnitte, mehrere Manuskripte anderer Autoren.
Verzeichnung Zettelkatalog.
Geschenk 1903

Lohberger, Hans

25.1.1920, Graz–4.10.1979, ebda
Bankangestellter, Essayist, Lyriker, Erzähler, Dramatiker; Graz.

* *Graz, UB, Abteilung für Sondersammlungen*
Nachlaß, 8 Meter: Gedichte, Romane, Dramen und Textbücher, Aphorismen; philosophische, historische und volkskundliche Abhandlungen, Vertonungen eigener Texte, autobiographische Aufzeichnungen. – Ca. 410 Briefe, u. a. von Sigfrid Bein Lothar Schmidt, Kurt Schuschnigg und Franz Vonessen, Durchschläge von Briefen Lohbergers.
Maschinschriftliches Verzeichnis. – Teilweise gesperrt.
Geschenk 1973
Franz Otto Roth: Kurt Schuschnigg an Hans Lohberger. Aus den Briefen des österreichischen Altbundeskanzlers an den Dichterphilosophen. In: *Blätter für Heimatkunde* (Graz) 54 (1980), S. 8-13.

Loibl-Neuhauser, Maria

26.2.1906, Kienberg–Gaming (N.Ö.)–1.6.1985, Wien
Lyrikerin, Erzählerin, Dramatikerin; Wien.

* *Mödling, Literarische Gesellschaft, Archiv für ungedruckte Manuskripte*
Teilnachlaß: 12 Dramen.
Unbearbeitet.
Depot 1982 und 1983

* *Wien, WSTLB HS*
Teilnachlaß, 4 Kartons: Literarische Arbeiten. – Einzelne Briefe. – Rezensionen ihrer Werke.
Unbearbeitet.
Geschenk 1984

* *Wien, Österreichisches Theatermuseum*
Teilnachlaß, 1 Karton.

Loos, Lina

9.10.1882, Wien–6.6.1950, ebda
Schauspielerin, Schriftstellerin, Diseuse, erste Frau von Adolf Loos; Wien.

* *Privatbesitz, Wien*
Teilnachlaß: Manuskripte.

* *Wien, WSTLB HS*
Teilnachlaß: Ca. 500 Briefe, u. a. von Peter Altenberg, Franz Theodor Csokor, Egon Friedell, Adolf Loos und Kerstin Strindberg, Briefe von Lina Loos an Gustav Grotte. – 5 Manuskripte von Egon Friedell.
Verzeichnung: Zettelkatalog.
Kauf 1955
Lina Loos: *Du silberne Dame Du. Briefe von und an Lina Loos*. Hrsg. von Franz Theodor Csokor u. Leopoldine Rüther. Wien-Hamburg: Paul Zsolnay Verlag 1966; *Das Buch ohne Titel. Erlebte Geschichten*. Hrsg. von Adolf Opel und Herbert Schimek. Wien: Böhlau Verlag 1986.

Lorens, Carl

7.7.1851, Wien–14.12.1909, ebda
Lyriker, Volkssänger; Wien.

* *Wien, WSTLB HS*
Teilnachlaß, ca. 60 Inventarnummern: Couplets, Liedersammlungen. – Einzelne Briefe. – Zeitungsausschnitte.
Verzeichnung: Zettelkatalog.
Geschenk 1910

* *Wien, WSTLB MS*
Teilnachlaß: Ca. 100 Couplets.
Verzeichnung: Inventar.

Lorenz, Friedrich

19.6.1898, Wien–25.12.1964, ebda
Journalist bis 1934, freier Schriftsteller, Erzähler; seit 1947 Redakteur (später Chefredakteur) des *Neuen Österreich*.

* *Privatbesitz. Dr. Hellmut Lorenz, Schillerstraße 27, D-W-1000 Berlin 45*
„Der schriftliche Nachlaß meines Vaters befindet sich (in etwas reduziertem Umfang) in Berlin: vorwiegend Manuskripte seiner Bücher und eine Sammlung ihrer Rezensionen; Korrespondenz mit Verlegern, Schriftsteller-, Journalisten- und sonstigen Kollegen (meist nach 1945); verschiedene unpublizierte Arbeiten (kleiner Bestand) und verworfene Projekte. Aus der Zeit vor 1945 nur geringes Material: Tagebücher (in schwer lesbarer Misch-Stenographie) seit den 1950er Jahren." (Hellmut Lorenz, 2.8.1991)

Lothar, Ernst

Bis 1910 Ernst Lothar Müller
25.10.1890, Brünn–30.10.1974, Wien
Theaterkritiker, Theaterleiter, Schriftsteller. Bruder von Hans Müller-Einigen. Lebte seit 1938 in der Emigration in Amerika, kehrte 1945 nach Wien zurück.

* *Privatbesitz. Leopold Benda, Wien*
Nachlaß von Adrienne Gessner: Privat-

korrespondenz, Korrespondenz zwischen Lothar und Hans Müller-Einigen (nach 1945).

* *Wien, Burgtheater*
Teilnachlaß: Bibliothek und Regiebücher.

Lothar, Rudolf

23.2.1865, Wien
Erzähler, Dramatiker.

* *Wien, ÖNB HS*
Teilnachlaß, Autogr. 1013/1-39: Briefe an Lothar, u. a. von Albert Spitzer.

Lucka, Emil

11.5.1877, Wien–15.12.1941, ebda
Erzähler, Dramatiker, Essayist; Wien.
Nach vorliegenden Informationen ist der Gesamtnachlaß Luckas nicht erhalten. Nach seinem Tod und dem Tod seiner Witwe, Trude L., geb. Wenig, im Jahre 1944 gingen der Nachlaß und die Autorenrechte an deren Geschwister Grete Stefan, geb. Wenig und Hofrat i.R. Dipl.Ing. Hans Wenig über. Die im Nachlaß vorhandenen, damals noch nicht erschienenen Manuskripte übergab Frau Stefan Emil Luckas Freund Major Scholdan. Nach dessen Tod gelangten sie in den Besitz seiner Witwe, nach deren Tod in den Besitz ihres Sohns, Heinz Scholdan (Weinhändler). Jahre später wurden diese Manuskripte ca. 1957 angeblich an das Kulturamt der Stadt Wien übergeben. Im Jahre 1955 verzichteten alle Familienmitglieder auf die Autorenrechte und die Rechte auf den „Nachlaß" zugunsten von Susanne Schön-Goller (Nichte). Verlagskorrespondenz verschollen.

* *Wien, ÖNB HS*
Teilnachlaß, Ser. n. 14.012-14.042: 31 Manuskripte, 1 Druck als Beilage.
Kauf 1970

* *Privatbesitz. Susanne Schön-Goller (1977), Wien*
Manuskripte: *Der Ehelehrer, Maria und das Geigerlein.* Erzählung, *Müßige Tage.* Erzählung, *Besuch.* Schauspiel; Druckbelege, Briefe Luckas an Susi Schön, Photos.

* *Wien, WSTLB HS*
Teilnachlaß: 17 Manuskripte (Erzählungen, Romane, Theaterstücke, 1 Libretto).
Kauf 1970

Emil Lucka. Gedächtnisausstellung zum 100.Geburtstag des Dichters und Philosophen 17. Mai bis 8. Juni 1977. Katalog. (Die Josefstadt. Schriftenreihe des Bezirks-Museums–Mai 1977, Nr. 3). Viele Exponate aus dem Nachlaß.

Ludwig, Paula

5.1.1900, Altenstadt bei Feldkirch (Vbg.)–27.1.1974, Darmstadt
Erzählerin. Kam 1919 nach München. Spätexpressionistische Lyrikerin. Lebte 1923-33 in Berlin. Ging dann in ihre Heimat zurück, wohnte in Ehrwald, Tirol. Emigrierte 1938 in die Schweiz, dann nach Frankreich, 1940 nach Spanien. Gelangte über Portugal nach Brasilien. Lebte als Malerin in Sao Paolo. 1953 Rückkehr nach Deutschland, lebte zuletzt in Darmstadt.

* *Bregenz, Franz-Michael-Felderarchiv und Vorarlberger Literaturarchiv*
Teilnachlaß ca. 2 500 Blatt: Gedichte, Prosa, Träume, Tagebücher. – Personaldokumente aus der Exilzeit, Materialien zur finanziellen Situation nach 1953. – Zahlreiche Briefe, u. a. von Nina Engelhardt, Ina Seidel und Familienkorrespondenzen.
Maschinschriftliches Verzeichnis.
Kauf 1988

* *Privatbesitz. Darmstadt*
Teilnachlaß.

Ludwig, Vinzenz Oskar

18.6.1875, Nieder-Hillersdorf (Österr. Schlesien)–22.1.1959, Klosterneuburg (N.Ö.)
Lyriker, Erzähler, Kulturhistoriker, Chorherr im Stift Klosterneuburg.

* *Klosterneuburg, Chorherrenstift, Stiftsarchiv*
Nachlaß, 20 Kartons: Festgedichte, Romane (*Der hochherzige Sünder, Das Geheimnis einer Wachauerin, Jugendsünde, Literar. Maskenspiel*), Libretto zu einem Singspiel von Ernst Paul, kunsthistorische und volkskundliche Aufsätze und Quellenmaterial, Skizzen und Korrespondenzen zu Aufsätzen über Zunftwesen, Bergrecht, Napoleon, Krippen etc., Vorträge, dramatische Werke (u. a. *Fata Morgana.*Tragödie eines Führers in acht Bildern, 1934, Feiertexte, Hörspiele), 4 Notizbücher. – Briefe, u. a. von Max Egger, Leopold Figl, Enrica von Handel-Mazzetti, Theodor Innitzer, Viktor Keldorfer und Privatkorrespondenz. – Sammlung von Kritiken, Druckbelege. – Teil des Nachlasses von Karl Landsteiner, siehe dort.

Luger, Franz Georg

13.5.1880, Wien–23.1.1946, ebda
Lyriker, Lehrer; Wien.

* *Wien, WSTLB HS*
Nachlaß, einzelne Inventarnummern und 2 1/2 Kartons: Entwürfe, Gedichte, Aphorismen, politische, kulturpolitische, theologische und philosophische Aufsätze, 1 Drama. – Briefe, darunter Familienkorrespondenzen. – Schulzeugnisse, Dokumente, Schriftenverzeichnis, Photos.
Maschinschriftliches Verzeichnis, Zettelkatalog. – Teilweise unbearbeitet.
Erwerbung 1946

Lund, Egon von

Geb. 4.2.1877, Triest
Erzähler, Beamter; Graz.

* *Graz, UB, Abteilung für Sondersammlungen*
Teilnachlaß, 4,5 Meter: Erzählungen, Romane. – Verlagskorrespondenzen.
Unbearbeitet.

Lung, Fritz

Keine Daten ermittelt.

* *Wien, WSTLB HS*
Teilnachlaß, 1/2 Karton: Couplets und Soloszenen.
Unbearbeitet.
Erwerbung 1922

Lustig-Prean, Karl

Pseud. Erwin Janischfeld
20.1.1892, Prachatitz (Böhmen)–22.10.1965, Wien
Zuerst Offizier, dann Journalist in Wien, Eger und Prag, Theaterintendant in Graz, Augsburg, Bern, Wien (Volksoper), 1938-1946 in Brasilien, seit 1949 Direktor des Konservatoriums der Stadt Wien.

* *Wien, ÖNB HS*
Nachlaß, Ser. n. 20.526-20.570, Autogr. 902/1-48: Manuskripte und 107 Briefe von 47 Schreibern, u. a. von Ignaz Seipel und Anton Wildgans.
Geschenk 1977

Lux, Joseph August

8.4.1871, Wien–23.3.1947 Anif bei Salzburg
Lyriker, Erzähler, Dramatiker; Wien, Salzburg.

* *Wien, ÖNB HS*
Nachlaß, Ser. n. 34.072-34.161 u. 49 Beilagen: Manuskripte, einige persönliche Erinnerungsstücke, Lebensdokumente,

zahlreiche Photos von Gemälden, die Lux gemalt hat, private Photos, Zeitungsausschnitte, Gästebuch.
Kauf 1989

Märzroth, Ludwig

Pseud. für Moritz Barach
21.3.1818, Wien–14.2.1888, Salzburg
Publizist, Lyriker, Erzähler, Dramatiker; Wien.

* *Wien, WSTLB HS*
Teilnachlaß, ca. 350 Inventarnummern: Briefe, u. a. von Karl von Holtei, Briefentwürfe von Märzroth. – Zeugnis, Verträge. – Manuskripte anderer Autoren.
Verzeichnung: Zettelkatalog.
Kauf 1903

Mahler-Werfel, Alma

31.8.1879, Wien–11.12.1964, New York
Schriftstellerin, Gesellschaftsdame; Wien.

* *Philadelphia (Pa.), University of Pennsylvania, The Charles Patterson Van Pelt Library*
Nachlaß: Guide, 1978, S. 571-578.
Diverse kleinere Sammlungen von Briefen in verschiedenen Archiven und Bibliotheken in den U.S.A. sind ebendort verzeichnet.

Mally, Leo Hans

18.6.1901, Hammern/Böhmerwald–16.12.1987, Deggendorf

* *Passau, Böhmerwaldmuseum Passau*
Nachlaß.
Unbearbeitet.

Markus, Andreas

25.9.1884, Linz–23.12.1971, ebda
Gemeinderat in Linz, Sparkassensekretär, Mittelschulprofessor, Schriftsteller, Stifter-Forscher.

* *Linz, Archiv der Stadt Linz*
Teilnachlaß, 13 Schuber: Manuskripte, Tagebücher. – Familien- und sonstige Korrespondenz, Korrespondenz seines Vaters Adalbert Markus. – Photos, Lichtbilder, Druckbelege.
Maschinschriftliches Verzeichnis. – Geordnet.
Übernommen 1972

* *Linz, Adalbert-Stifter-Institut*
Teilnachlaß: Manuskripte.
Übernommen 1972

Marriot, Emil

Pseud. für Emilie Mataja
20.11.1855, Wien–5.5.1938, ebda
Erzählerin; Wien, Berlin.

* *Wien, WSTLB HS*
Sammlung, ca. 100 Inventarnummern: Erinnerungen, Tagebuch. – Ca. 110 Briefe, u. a. von Leopold von Sacher-Masoch. – Reisepaß. – Briefe an Amelie und Heinrich Kautsch.
Verzeichnung: Zettelkatalog.
Kauf 1950 und 1958, Geschenk 1968
Leopold von Sacher-Masoch: *Seiner Herrin Diener. Briefe an Emilie Mataja nebst Anhang und Nachwort herausgegeben von Michael Farin und Albrecht Koschorke.* München: belleville 1987.

Marschall, Josef

2.10.1905, Wien–24.11.1966, Eisenstadt
Lyriker, Erzähler, Bibliothekar; St. Margarethen, Kustos an der Universitätsbibliothek Wien.

* *St. Margarethen (Burgenland), Gemeindebücherei*
Nachlaß, 93 Konvolute: Korrekturfahnen, Entwürfe, Dissertation, Gedichte, Erzählungen, Romane, Hörspiele, Drehbücher, Dramen, Tagebücher (1927-1931).

Maschinschriftliches Verzeichnis.
Depot 1978

Georg Marton

Gegründet 1928 als Verlag und Vertrieb dramatischer und musikalischer Werke in Wien, im Thomas Sessler Verlag aufgegangen. Leiter 1945-1956 war Georg Fraser.

* *Wien, Thomas Sessler Verlag*
Verlagsarchiv des Bühnenverlags G. Marton: Stammbücher, Bühnenmanuskripte, Korrespondenz, Verträge.

Marx, Friedrich

20.9.1830, Steinfeld (Ktn.)–19.6.1905, Oberdrauburg (Ktn.)
Lyriker, Erzähler, Dramatiker.

* *Privatbesitz.*

Der Nachlaß befand sich noch im Jahre 1948 im Privatbesitz des Herrn Friedrich Pichler auf dem sog. „Schröttelhof" in Oberdrauburg, Kärnten. „Der dichterische Nachlaß um den es heute geht, wurde über alle Jahrzehnte hinweg am Schröttelhofer Dachboden aufbewahrt und ist leider leider im zweiten Weltkrieg zugrunde gegangen. Ich bedaure sehr den Verlust dieser wertvollen Briefe, die so manchen Aufschluß hätten geben können." Frau Rémy besitzt heute lediglich Memorabilia, Briefe von Marx an seinen Sohn Viktor (Vater von Frau Rémy), einige Photos, Marx-Wappen. (Maria Rémy-Berzencovich, 22.4.1987)
Erika Scholz: Friedrich Marx. Sein Leben und sein dichterisches Schaffen. Diss. Wien 1948: „Herr Friedrich Pichler, der Besitzer des Schröttelhofes in Oberdrauburg, der für Marx ein Stück Heimat war, sandte mir nicht nur mehrere schwer zugängliche Werke des Dichters und einige Fotographien aus seinem Privatbesitz, sondern er stellte mir darüber hinaus auch eine genaue Ahnen- und Sippentafel mit biographischen Angaben über alle Mitglieder der weitverzweigten Familie Marx zusammen. (...) Hoffentlich wird auch der am Schröttelhofe liegende, nur zum Teil von der Kärntner Dichterin und Marx-Biographin Irene von Schellander erschlossene Nachlaß einer künftigen Forschung zugänglich gemacht werden." (S.2f.)
Scholz konnte 117 Briefe und Karten aus Familienbesitz verwenden. Im Anhang Verzeichnis der aufgefundenen Briefe in öffentlichen Sammlungen.

Matejka, Viktor

Geb. 4.12.1901, Korneuburg
Publizist, Volksbildner, Kulturpolitiker; Stadtrat für Kultur und Volksbildung in Wien (1945-1949).

* *Wien, Dokumentationsarchiv des österreichischen Widerstandes*
Teilnachlaß: Ca. 650 Briefe, u. a. von Siegfried Bernfeld und Frederic Werber.
Verzeichnung: Inventar.

Matura, Ottokar Siddharta

Keine Daten ermittelt.

* *Graz, UB, Abteilung für Sondersammlungen*
Splitternachlaß: 3 Vorträge, 2 Mappen mit illustrierten Übersetzungen von buddhistischen Lehrreden.
Unbearbeitet.
Geschenk 1963 und 1968

Maurer, Christian Friedrich

26.1.1847, Agnethen (Siebenbürgen)–26.11.1902, Landau (Pfalz)
Schuldirektor, Dramatiker.

* *Gundelsheim/Neckar, Arbeitskreis für Siebenbürgische Landeskunde e.V.*
Inhalt nicht bekannt.

Mauthe, Jörg

11.5.1924, Wien–29.1.1986, ebda
Erzähler, Hörspielautor, Journalist.

* *Privatbesitz. Philipp Mauthe, Mollenburg 2, A-3653 Weiten (N.Ö.)*
Nachlaß.

Mauthner, Fritz

22.11.1849, Hořitz bei Königgrätz (Böhmen)–29.6.1923, Meersburg am Bodensee
Erzähler, Sprachphilosoph, Kritiker.

* *New York, Leo Baeck Institute*
Nachlaß, 3 m: Manuskripte, Theaterstükke, Gedichte, Briefe, Briefentwürfe, Reisepaß, Tagebücher, Notizbücher, Varia. (Catalog, S. 95-96.)
Erwerbung 1966-1971

* *Münster, UB*
Sammlung, 2 Kapseln: Abschriften von Arbeiten Mauthners, Erinnerungsstücke.

Mayer, Carl

20.2.1894, Graz–1.7.1944, London
Drehbuchautor.

* *Ein Nachlaß ist nach Auskunft des Deutschen Instituts für Filmkunde, Frankfurt, mit ziemlicher Wahrscheinlichkeit nicht überliefert.*

Mayer, Erich August

Pseud. Heinz Schüttler
23.8.1894, Wien–9.4.1945, ebda (Freitod)
Gymnasialprofessor, Zeitschriftenherausgeber, Erzähler; Wien.

* *Nicht überliefert.*
Mayer hat eine letztwillige Verfügung nicht hinterlassen. (*Wiener Zeitung*, 31.8.1946, S.6). Kurator der Verlassenschaft war Dr. Norbert Grell, Mittelschulprofessor, Neudeggergasse 11, A-1080 Wien.

Hermann Böhm: Erich August Mayer. Völkisch-nationale Ideologie im österreichischen Roman der Zwischenkriegszeit. Diss. Wien 1980.

Mayer, Karl Adolf

31.8.1889, Mährisch-Rothwasser–6.3.1957, Graz
Gymnasiallehrer, Erzähler, Lyriker; Triest, Graz.

* *Privatbesitz. Dr. Renate Mayer, Elisabethstraße 38, A-8010 Graz*
Nachlaß: Gedichte (u. a. *Besonnte Steine, Daheim*), Erzählungen und Romane (*Der Landreiter, Das Jahr in Dijon, Einkehr in Paris, Frühlingsopfer, Die blaue Bucht, Amor in Biedermeier*), dramatische Werke (*Ein Narrenspiel von Till Eulenspiegel und der Prinzessin Lorelore, Krieg. Ein szenischer Prolog*), 1 Heft „Gelesene Bücher", Tagebuch „Paris" (1931), Ton-Cassette *Verklärter Herbst,* Roman für Kriegsblinde auf 3 Kassetten gesprochen von Fritz Holy. – Zeitungsausschnitte, z.T. in eine Mappe eingeklebt zu allen Veröffentlichungen, auch Würdigungen seiner Person, Druckbelege.

Mayer, Ludwig

10.8.1833, Großschönau–1884, Weitra
Kaufmann, Erzähler; Weitra.

* *Gmünd, Archiv für Heimat- und Lokalgeschichte*
Teilnachlaß, 3 Mappen: 3 Hefte und 1 Konvolut mit Aufzeichnungen und Notizen.
Maschinschriftliches Verzeichnis.

Mayer, Simon Martin

Pseud. Julius Proben
21.4.1788, Klagenfurt–16.5.1872, ebda
Geistlicher, Publizist, Herausgeber der *Kärnt-*

nerischen Zeitschrift (1818-1835), der *Carinthia,* Leiter der *Klagenfurter Zeitung* seit 1821, Schriftsteller.

* *Klagenfurt, Kärntner Landesarchiv*
Teilnachlaß: 15 Tagebücher der Reisen ins Gasteiner Bad 1844-1863.
Signatur: Geschichtsverein-Handschrift 3/25.

Mayer, Theodor Heinrich

27.2.1884, Wien–4.11.1949, ebda
Apotheker, dann freier Schriftsteller, Erzähler.

* *Wien, ÖNB HS*
Nachlaß, Ser. n. 18.825-18.923: Manuskripte, Kurzgeschichten, Reiseskizzen, Filmentwürfe, Theateraufsätze, Lyrik, Abschriften von Kritiken.
Geschenk 1975

Mayr, Carl

19.1.1854, Graz–9.1.1939, ebda
Landesgerichtsrat.

* *Graz, Steiermärkisches Landesarchiv*
Nachlaß: 10 Schuber.

* *Graz, Steiermärkische Landesbibliothek*
Teilnachlaß, 8 Bände: Gedichte, Sammlung von zeitkritischen Aphorismen und Bemerkungen. – 3 Bände Gedichte von Raimund Mayr, teilweise in Abschrift von Carl Mayr.
Vorgeordnet.

Mayreder, Rosa

Geb. Obermayer, Pseud. Franz Arnold
30.11.1858, Wien–19.1.1938, ebda
Essayistin, Frauenrechtlerin; Gründerin des „Allgemeinen Österreichischen Frauenvereins" in Wien.
Der Nachlaß wurde am 26. und 27. April 1938 im Dorotheum in Wien versteigert.

* *Wien, WSTLB HS*
Kryptonachlaß im Nachlaß von Käthe Braun-Prager, ca. 1 100 Inventarnummern: Aufsätze, 1 Vortrag, 1 Libretto. – Zahlreiche Briefe, u. a. von Tina Blau-Lang, Hugo Faisst, Auguste Fickert, Oskar Grohe, Marianne Hainisch, Jacqueline von Isbary, Ernst Lissauer, Paul Mueller, Heinrich Potpeschnigg, Marie Vetter und Familienkorrespondenzen, Briefe von Rosa Mayreder, u. a. an Karl Kunn.
Verzeichnung: Inventar.
Kauf 1953

* *Wien, WSTLB HS*
Teilnachlaß, 2 Kartons: Entwürfe, Aphorismen, Aufzeichnungen über Hugo Wolf, Tagebücher (1874-1906). – Briefe an Karl und Rosa Mayreder, u. a. von Karl Heckel, sowie Geschäftskorrespondenzen.
Vorgeordnet.
Erwerbung 1951 und 1953

* *Wien, ÖNB HS*
Teilnachlaß, Ser. n. 24.556-24.570, 26.509-26.511: Einzelmanuskripte.

Rosa Mayreder: *Tagebücher. 1873-1937.* Hrsg.u.eingel. von Harriet Anderson. Frankfurt am Main: Insel Verlag 1988; *Aufbruch in das Jahrhundert der Frau? Rosa Mayreder und der Feminismus in Wien um 1900.* 125. Sonderausstellung des Historischen Museums der Stadt Wien. Wien: Historisches Museum 1989; Hanna Bubenicek (Hrsg.): *Rosa Mayreder oder Wider die Tyrannei der Norm.* Wien: Böhlau Verlag 1986.

Mayrhofer, Josef

Pseud. Joseph Moorland
18.1.1904–7.7.1977, Hainburg an der Donau
Finanzbeamter, Schriftsteller; Wien.

* *Privatbesitz. Ing. Peter Mayrhofer, Püchlgasse 16/27, A-1190 Wien*
Nachlaß: Manuskripte, Typoskripte, Pri-

vatdrucke (posthum) aller Werke (Romane, Erzählungen, Lyrik), Photos, Tagebücher (v.a. Kriegszeit), Briefe, u. a. von Erhard Buschbeck .

Mayröcker, Friederike

Geb. 20.12.1924, Wien
Lyrikerin, Erzählerin; Wien

* *Wien, WSTLB HS*
Teilnachlaß, 28 Kartons: Entwürfe, Gedichte, Erzählungen, Hörspiele, Korrekturfahnen. – Einzelne Verlagskorrespondenzen.
Maschinschriftliches Verzeichnis.
Geschenk 1988

Meindl, Eugenie

3.10.1874, Klosterneuburg–3.5.1963, Gmünd (N.Ö.)
Märchenerzählerin; Gmünd, Wien.

* *Gmünd, Archiv für Heimat- und Lokalgeschichte*
Teilnachlaß: 2 Werkmanuskripte, Rollenhefte. – Glückwünsche. – Zeitungsausschnitte.
Maschinschriftliches Verzeichnis.

Meißner, Alfred

15.10.1822, Teplitz (Böhmen)–29.5.1885, Bregenz
Lyriker, Erzähler, Dramatiker, Arzt; Paris, Bregenz.

* *Bregenz, Archiv der Landeshauptstadt Bregenz*
Nachlaß, 12 Kartons: 1 Karton Manuskripte und Korrekturfahnen, Notizbücher, Reisetagebücher, Vorlesungsmitschriften aus der Studienzeit, medizinische Rezeptbücher. – 5 Kartons Briefe, u. a. von Robert Byr, A.W. Grube, Franz Hedrich, Heinrich Heine, Ignaz Kuranda, Fritz Lemmermayer, Peter Rosegger, Friedrich Spielhagen, Adolf Strodtmann und Verlags- und Familienkorrespondenzen. – Verlagsverträge, Dokumente zur Erbschaft nach Meißner. – Druckbelege, Sammlung von Rezensionen seiner Gedichte und Theaterstücke, Exemplare seiner Bücher. – Nachlaß von August Gottlieb Meißner, siehe dort.
Maschinschriftliches Verzeichnis.

* *Prag, Literární archiv. Památník Národního Písemnictví. (Museum der tschechischen Literatur)*
Teilnachlaß, 1 Karton.

Meißner, August Gottlieb

3.11.1753, Bautzen–18.2.1807, Fulda
Erzähler, Dramatiker, Universitätsprofessor in Prag.

* *Bregenz, Archiv der Landeshauptstadt Bregenz*
Kryptonachlaß im Nachlaß von Alfred Meißner: Manuskripte von Skizzen, 2 Briefe, Sammlung seiner Publikationen.
Maschinschriftliches Verzeichnis.

Mejstrik, Adolf

10.11.1840 in Neudorf (heute: Wiener-Neudorf) bei Mödling (N.Ö.)–1903 nach Grein/Donau (O.Ö.) abgemeldet.
Buchhändler; Wien.

* *Wien, WSTLB HS*
Teilnachlaß, 2 Kartons: Entwürfe, Gedichte, Aphorismen, Erzählungen, Dramen.
Maschinschriftliches Verzeichnis. – Unbearbeitet.
Erwerbung 1951

Mell, Max

10.11.1882, Marburg a.d.Drau–12.12.1971, Wien
Lyriker, Erzähler, Dramatiker; Wien.

* *Privatbesitz.*

** Wien, WSTLB HS*
Teilnachlaß: Ca. 200 Briefe von Hugo von Hofmannsthal.
Verzeichnung: Zettelkatalog.
Kauf 1972

** Graz, Steiermärkische Landesbibliothek*
Teilnachlaß, 5 Kartons: Ca. 500 Briefe an Anton und Max Mell, u. a. von Viktor von Geramb, Franz Nabl und Heinz Nonveiller. – Sammlung von Ansichtskarten von „Alt-Graz", Veröffentlichungen von Mell.
Maschinschriftliches Verzeichnis.
Kauf

** Wien, OeAW, Archiv*
Sammlung, 3 Mappen: 49 Werkmanuskripte (Gedichte, *Der Nibelungen Not,* Teil 2). – 123 Briefe von Mell an V. Sallagar.
Verzeichnung: Klaus Wundsam: Max Mell. Mitteilungen aus dem wissenschaftlichen Archiv der Österreichischen Akademie der Wissenschaften. In: *Anzeiger der ÖAW, Phil.-hist. Klasse* 110 (1973), S. 318-325.
Geschenk 1973

Menz, Julia

25.2.1901–7.3.1944, Wien
Musikerin, Reiseschriftstellerin; München, Köln, Wien.

** Wien, Kammer für Arbeiter und Angestellte, Dokumentation*
Teilnachlaß, 1 Meter: Notizen, ca. 20 Werkmanuskripte (Vorträge, *Das weibliche Element in der Welt*).
Vorgeordnet.
Geschenk 1982

Merkt, Eduard

20.2.1852, Wien–15.8.1908, ebda
Kellner, Schriftsteller; Verfasser zahlreicher Wiener- und Deutschmeisterlieder.

** Wien, WSTLB HS*
Teilnachlaß, ca. 15 Inventarnummern und 1/3 Karton: Couplets und Vertonungen seiner Texte. – Sammlung von Couplets verschiedener Autoren (u. a. von Edmund Guschelbauer, Karl Schmitter, Johann Schrammel, Wilhelm Wiesberg), 1 Band Zeitungsausschnitte mit Berichten über Merkt.
Verzeichnung: Zettelkatalog. – Teilweise vorgeordnet.
Geschenk 1908 und 1909

Merz, Carl

Pseud. für Carl Czell
30.1.1906, Kronstadt (Siebenbürgen)–31.10.1979, Kirchberg (N.Ö.)
Erzähler, Essayist; Wien.

** Wien, Thomas Sessler Verlag*
Nachlaß: Manuskripte, darunter sogenannte „Kritzelhefte" mit tagebuchartigen Aufzeichnungen, Ideenskizzen, Sketches und Texten, die Merz im Alter von neun Jahren begonnen und bis zu seinem Tod fortgesetzt hat.

Messenhauser, Caesar Wenzel

Pseud. Wenzeslaw March, J. Erin
4.1.1812, Proßnitz (Mähren)–16.11.1848, Wien (hingerichtet)
Oberkommandant der Wiener Nationalgarde, Erzähler, Dramatiker.

** Wien, WSTLB HS*
Sammlung: 12 Manuskripte (4 Gedichte, 1 Gedichtheft, politische und historische Aufsätze, Erzählungen, Trauerspiel). – Dokumente zur Tätigkeit in der Wiener Nationalgarde 1848, Taufschein.

** Wien, ÖNB HS*
Sammlung, Ser. n. 9.586-9.587: 1 Notizbuch, 1 Manuskript.

Max Vancsa: Wenzel Messenhauser als

Schriftsteller. Mit ungedruckten Briefen und Verwendung ungedruckter Handschriften. In: *Österreich. Zeitschrift für Geschichte* 1 (1918/1919), S. 449-475.

Meßner, Joseph

3.2.1822, Prachatitz (Böhmen)–4.1.1862, ebda
Gerbermeister, Erzähler.

* *Passau, Böhmerwaldmuseum Passau*
Teilnachlaß.
Unbearbeitet.

Mestrozi, Paul

26.8.1851, Wien–23.1.1928, ebda
Theaterkapellmeister, Komponist, Bühnenschriftsteller; Direktor des Fürst-Theaters in Wien.

* *Wien, WSTLB HS*
Teilnachlaß: Ca. 40 Werkmanuskripte (Gedichte, Vorträge, Couplets). – Studienzeugnisse, Militärpapiere, Notizbuch. – Ca. 20 Briefe an Mestrozi.
Verzeichnung: Zettelkatalog.
Kauf 1943

* *Wien, Österreichisches Theatermuseum*
Teilnachlaß.

Metzler, Josef Maria

11.1.1890, Arco (Südtir.)–5.5.1976, Innsbruck
Volkserzähler, Historiker, Postpräsident von Innsbruck.

* *Innsbruck, Tiroler Landesmuseum Ferdinandeum*
Teilnachlaß, 1 Karton: Gedichte, Erzählungen, Dramen. – Publikationsverzeichnis, Kalender. – Zeitungsausschnitte (Druckbelege, Rezensionen seiner Werke, Berichte über Metzler).
Unbearbeitet.

Meynert, Hermann Günther

20.12.1808, Dresden–10.3.1895, Wien
Erzähler, Historiker, seit seiner Übersiedlung nach Wien im Oktober 1836 auch Journalist.

* *Privatbesitz. Dr. Franz K. v. Stockert*
Teilnachlaß: Einige Manuskripte und Briefe, u. a. von Johann Gabriel Seidl.

Meyrink, Gustav

19.1.1868, Wien–4.12.1932, Starnberg (Bay.)
Erzähler, Dramatiker; Prag.

* *Privatbesitz. Meyrink-Archiv, Rechtsanwalt Robert Karle, Frankenforster Weg 5, D-W-5330 Königswinter 21, Bundesrepublik Deutschland*
Sammlung: 30 Briefe Meyrinks, ca. 100 Briefe seiner Witwe, Bilder aus dem Besitz Meyrinks, zahlreiche Bilder/Illustrationen zu seinen Werken, umfangreiche Sammlung der Primär- und Sekundärliteratur, tausende Zeitungsartikel, Widmungsexemplare seiner Werke, Totenmaske und einige Gegenstände aus dem Nachlaß. [Stand 1991]
Evelin Aster: *Personalbibliographie von Gustav Meyrink*. Bern/Frankfurt/Las Vegas: Lang 1980.

* *München, Bayerische Staatsbibliothek, Handschriften- und Inkunabelabteilung*
Sammlung: Werkmanuskripte, Briefe an und von Meyrink, persönliche und Geschäftskorrespondenz, Briefkonzepte, Briefabschriften von Meyrink, darunter Verlagskorrespondenz, Pressestimmen.

* *München, Stadtbibliothek, Handschriften-Abteilung*
Sammlung: Werkmanuskripte, Briefe und Karten von Meyrink an diverse Personen, vereinzelt Briefe an Meyrink sowie Verschiedenes.

* *Marbach, DLA*
Briefe und Manuskripte von Meyrink

(darunter *Athanasius Pernath der Gemmenschneider. Ein Guckkasten* als Typoskript (374 Bl.) mit handschriftlichen Korrekturen [= *Der Golem*]) im Bestand „Autographensammlung".

Autographen in anderen Beständen

* *Wien, Österreichisches Theatermuseum*
3 Briefe von Meyrink an Richard Teschner (1912-1914).

* *Wien, WSTLB HS*
Werkmanuskripte in Fragment.

* *New York, Leo Baeck Institute*
Drei Autographen, Briefe Meyrinks an Julius Bab.

* *Jerusalem, The Jewish National and University Library, Department of Manuscripts and Archives*
Briefe an Martin Buber und Stefan Zweig.

Manfred Lube: Beiträge zur Biographie Gustav Meyrinks und Studien zu seiner Kunsttheorie. Diss. Graz 1970. (Verzeichnis des Quellenmaterials und seiner Standorte, u. a. private Sammlungen, S. 367-377.)

Michel, Robert

24.2.1876, Chaberice (Böhmen)–12.2.1957, Wien
Offizier, Major a.D., freier Schriftsteller in Wien, Erzähler, Dramatiker; Wien.

* *Privatbesitz. Agathe Michel-Mosettig, Theresiengasse 67, A-1180 Wien; Ing. Leopold R. Michel, c/o John P. (Tory) Kelley, 22 Menitt Street, Marblehead, Massachusetts 01945, U.S.A.*
Nachlaß: Romane, Erzählungen, Essays, Feuilletons, Rezensionen, Theaterstücke, Libretti, Drehbücher, Tagebücher, autobiographische Schriften. – Briefe, u. a. von Leopold von Andrian zu Werburg, Hermann Bahr, Felix Braun, Hans Brekka, Franz Theodor Csokor, Ludwig von Ficker, Franz Karl Ginzkey, Hermann Hesse, Otto Heuschele, Camill Hoffmann, Hugo von Hofmannsthal, Max Mell, Josef Mühlberger, Max Paulsen, Arthur Schnitzler sowie Verlagskorrespondenz (u. a. Amalthea Verlag, S. Fischer Verlag, Insel Verlag, Filip Schmidt-Dengler Verlagsbuchhandlung, Kurt Wolff Verlag). – Kritiken, Würdigungen, Nachrufe.
Ferruccio Delle Cave: Robert Michel. Eine monographische Studie. Diss. Innsbruck 1978. (Verzeichnis des Nachlasses, S. 177-180.)

Mielichhofer, Ludwig

1.5.1814, Salzburg–2.3.1892, ebda
Publizist; Wien, Padua, Redakteur der *Salzburger Zeitung*, Sekretär der Handels- und Gewerbekammer in Salzburg.

* *Salzburg, Museum Carolino Augusteum, Bibliothek*
Teilnachlaß, 1 Karton: Gedichte, Kunstkritiken, anatomische Exzerpte. – Einzelne Briefe. – Personaldokumente, Zeugnisse, Reisepässe, Dokumente zur Berufslaufbahn. – Reisepaß und Zeitungsausschnitte, vorwiegend Reiseberichte von Alphons Mielichhofer, Dokumente von Mathias Mielichhofer, einzelne Abhandlungen, Wetterbeobachtungen, Verzeichnis der geognostischen Sammlung, Personaldokumente, Zeugnisse, Dokumente zur Beamtenlaufbahn.
Vorgeordnet.
Geschenk 1892

Millenkovich-Morold, Max von

Pseud. Max Morold
2.3.1866, Wien–5.2.1945, Baden bei Wien
Beamter, Dramatiker, Musik- und Theaterkritiker; Wien, Direktor des Hofburgtheaters (1917-1918).

* *Wien, WSTLB HS*
Nachlaß, ca. 5 000 Inventarnummern und 6 Kartons: Entwürfe, Gedichte, Reden, erzählende und dramatische Dichtungen. – Ca. 3 500 inventarisierte und zahlreiche unbearbeitete Briefe, u. a. von Hans Fraungruber, Franz Karl Ginzkey, Wilhelm Kienzl, Franz Kranewitter, Joseph August Lux, Franz Mikorey, Adam Müller-Guttenbrunn, Guido Peters, Josef Reiter, Annie Rosar, Arthur Seidl, Hans Sterneder, Fritz Stüber-Gunther, Daniela Thode, Hans Paul von Wolzogen, Familien-, Verlags- und Geschäftskorrespondenzen, Briefe von Millenkovich an Josef Reiter und Ferdinand von Saar. – Schulzeugnisse, Dokumente, Kalender, Tagebücher, Glückwünsche, Verlagsverträge. – Manuskripte anderer Autoren. – Nachlaß von Stephan von Millenkovich, siehe dort.
Maschinschriftliches Verzeichnis, Zettelkatalog. – Teilweise unbearbeitet.
Kauf 1939

* *Wien, WSTLB MS*
Teilnachlaß, ca. 120 Inventarnummern: Sammlung von autographen Kompositionen, u. a. von Roderich von Mojsisovics, Emil Petschnig, Anton Reichel, Josef Reiter, Josef Zach, Abschriften von Werken anderer Komponisten.
Verzeichnung: Zettelkatalog.
Kauf 1939

Millenkovich, Stephan von

Pseud. Stephan Milow
9.3.1836, Orsova (Banat)–12.3.1915, Mödling bei Wien
Offizier, Lyriker, Erzähler; Wien.

* *Wien, WSTLB HS*
Kryptonachlaß im Nachlaß von Max von Millenkovich-Morold: Entwürfe, erzählende und dramatische Dichtungen. – Ca. 1 300 inventarisierte und zahlreiche unbearbeitete Briefe, u. a. von Wilhelm Arthur Hammer, Ferdinand Kürnberger, Wilhelm von Martini, Friedrich Marx, Albert Möser, Moritz Necker, Oskar von Redwitz, Peter Rosegger, Ferdinand von Saar, Mathilde Gräfin Stubenberg und Franz Julius Wettel; Briefe von Millenkovich an Ferdinand von Saar. – Gedichte von Ferdinand von Saar.
Maschinschriftliches Verzeichnis, Zettelkatalog. – Teilweise unbearbeitet.
Kauf 1937 und 1939

Minor, Jakob

Pseud. J. Löw
15.4.1855, Wien–7.10.1912, ebda
Literaturwissenschaftler; Berlin, Professor in Mailand und an den Universitäten Prag und Wien.

* *Wien, ÖNB HS*
Teilnachlaß Ser. n. 9.988-9.991, 15.049-15.050, Autogr. 624/1-90: Manuskripte und Briefe sowie Bücher mit autographen Eintragungen.

* *Wien, Universität, Archiv*
Teilnachlaß, 2 Kartons: 1 Erzählung. – Briefe an Margarethe und Jakob Minor, u. a. von Marianne Hainisch, Emil Marriot, August Sauer, Wilhelm Scherer und Erich Schmidt. – Studienzeugnisse.
Vorgeordnet.

* *Wien, WSTLB HS*
Teilnachlaß, 1 Inventarnummer und 1 Karton: Notizen, Exzerpte, Vorlesungen, Korrekturfahnen. – Manuskripte anderer Autoren.
Maschinschriftliches Verzeichnis. – Unbearbeitet.
Erwerbung 1969

Die weit über 12 000 Bände umfassende Bibliothek Minors wurde 1913 von Friedrich Meyer's Buchhandlung, Leipzig, verkauft. *Bibliothek Jakob Minor, Wien.*

Antiquariats-Katalog No. 113, Friedrich Meyer's Buchhandlung, Leipzig, Sommer-Semester 1913.

Misson, Joseph

14.3.1803, Mühlbach (N.Ö.)–28.6.1875, Wien
Piaristenpriester, Gymnasiallehrer in Krems, Wien, Horn, Mundartdichter.

* *Mühlbach am Manhartsberg, N.Ö. Joseph-Misson-Bund*
Handschrift des Mundartepos *Da Naz, a niederösterreichischer Bauernbui geht in d'Fremd'*.

Mitterer, Erika

Pseud. für Erika Petrowsky
Geb. 30.3.1906, Wien
Lyrikerin, Erzählerin; Wien.

* *Marbach, DLA*
Literarisches Archiv: Gedichte (1918-1980), Schauspiele, Romane, Erzählungen, Essays, Reisefeuilletons, Würdigungen, Glossen, Tagebücher, Arbeitsnotizen. – Briefe, u. a. von Hans Urs von Balthasar, Alexander von Bernus, Imma und Wilhelm von Bodmershof, Rudolf Borchardt, Felix Braun, Hans Carossa, Theodor Däubler, Gertrud Fussenegger, Bernt von Heiseler, Theodor Kramer, Hans Leifhelm, Ernst Lissauer, Paula von Preradovic-Molden, Rainer Maria Rilke, Ina Seidel und Max Tau; Briefe von Erika Mitterer an Felix Braun und Rainer Maria Rilke.
Jahrbuch der Deutschen Schillergesellschaft 34 (1990), S. 501.

Mittler, Franz

14.4.1893, Wien–28.12.1970 bei München
Musiker; Wien, U.S.A.

* *Wien, Dokumentationsstelle für neuere österreichische Literatur*
Teilnachlaß, 1 Karton: Rätsel, Schüttelreime und Gedichte in deutscher und englischer Sprache, 1 autobiographisches Manuskript. – Ca. 40 Briefe an Mittler. Maschinschriftliches Verzeichnis.
Geschenk

Mladje. Literatura in kritika

Zweisprachige Literaturzeitschrift (deutsch und slowenisch) in Klagenfurt, gegründet von Florjan Lipuš im Jahre 1960.

* *Klagenfurt, Slowenisches wissenschaftliches Institut*
Redaktionsarchiv, ca. 3 Meter: Kaufmännische Unterlagen, Korrespondenzen und Manuskripte für die unter der Verantwortung von Florjan Lipuš erschienenen Nummern 1-42 der Zeitschrift.
Vorgeordnet.

Mölzer, Otto

27.7.1904, Schrems (N.Ö.)–28.4.1984, ebda
Lehrer, Märchenerzähler; Hauptschuldirektor in Schrems.

* *Gmünd, Archiv für Heimat- und Lokalgeschichte*
Teilnachlaß, 1 Mappe: 14 Märchen.
Maschinschriftliches Verzeichnis.

Moreno, Jakob Levy

18.5.1889, Bukarest–14.5.1974, Beacon, New York
Lyriker. Jugend in Wien. Studierte Medizin, insbesondere Psychiatrie. 1918-1925 Gemeindearzt in Vöslau. Stegreiftheaterspiele. Erfinder der Soziometrie und Gruppenpsychotherapie. Schrieb Psychodramen. Ging 1925 in die U.S.A., leitete eine Klinik in Beacon, New York. Präsident seines World Center for Psychodrama, Sociometry and Group Psychotherapy.

** Boston (Mass., U.S.A.), Harvard Medical Library, The Francis A. Countway Library of Medicine, Archives and Rare Books Department*
Nachlaß, 8 Ladenkästen: Notizen, Entwürfe und Manuskripte von Artikeln, Essays, Buchkapiteln und Protokollen. – Umfangreiche Korrespondenz betreffend Soziometrie, Psychodrama und Moreno-Institute, sowie von Moreno gegründete Gesellschaften, Korrespondenz zu Büchern von Moreno, persönliche Korrespondenzen, Korrespondenz mit Beacon Publishing House. – Personaldokumente. – Tonbänder und Videobänder, Sammlung von Zeitungsausschnitten (1930-1970), Bibliothek, Protokolle und Akten des New York City Theater for Psychodrama; Akten, Protokolle und Korrespondenz des Moreno Sanitarium and Psychodramatic Institute.
Maschinschriftliches Verzeichnis; Guide, 1992, S. 444-445.
René F. Marineau: *Jacob Levy Moreno, 1889-1974: Father of Psychodrama, Sociometry and Group Psychotherapy*. London: Routledge 1989 (International Library of Group Psychotherapy and Group Process); ders.: *J.L. Moreno et la troisième révolution psychiatrique*. Paris: Métaillé 1989.

** Bad Vöslau, Stadtmuseum*
Sammlung, 2 Archivkartons: Materialien über Moreno, u. a. Photos, Sonderdrucke.
Maschinschriftliches Verzeichnis.

** Überlingen-Bodensee (BRD), Moreno Institut*
Sammlung.

** Leipzig, Gustav Kiepenheuer Verlag*
Verlagsarchiv: Korrespondenz zwischen Moreno-Levy und dem Kiepenheuer Verlag. (Keine Verträge oder Manuskripte!)

Morgenstern, Soma

3.5.1890, Budanow (Galizien)–17.4.1976, New York
Erzähler.

** Privatbesitz. Dan Morgenstern, 365 West End Avenue, Apt. 3C, New York, New York 10024, U.S.A.*
Nachlaß: Erzählungen und Romane (u. a. *Funken im Abgrund* und *Internment in France*), 1 Drama, Biographie über Joseph Roth, autobiographisches Manuskript *Alban Berg und seine Idole*. – Ca. 1 000 Briefe an und von Morgenstern. – Reisepaß. – Sammlung von Druckbelegen, Exemplare seiner Bücher, Photos und ca. 200 Bücher.
Guide, 1992, S. 446-447.

Moritz, Edeltraud

Geb. 14.4.1923, Hainburg (N.Ö.)
Angestellte, Lyrikerin; Hainburg.

** Wien, Dokumentationsstelle für neuere österreichische Literatur*
Teilnachlaß, 1 Karton: Ca. 35 Gedichtzyklen.
Unbearbeitet.
Geschenk

Moro, Hugo

17.2.1865, Villach–20.6.1954, ebda
Lehrer, Mundartdichter; St. Lorenzen im Gitschtal, Hermagor, Bezirksschulinspektor in den Bezirken Hermagor und Villach.

** Klagenfurt, Landesmuseum für Kärnten, Bibliothek*
Kryptonachlaß im Nachlaß von Gotbert Moro: Zahlreiche Gedichte, Duplikate der für die Wörterbuchkommission der Österreichischen Akademie der Wissenschaften zum Kärntner Dialekt gesammelten Zettel. – Briefe, u. a. von Josef Friedrich Perkonig. – Dokumente zur Tätigkeit als Bezirksschulinspektor (Lehr-

stoffverteilungen, Qualifikations- und Diensttabellen von Lehrern, Disziplinaruntersuchungen, Protokolle des Ortsschulrates von Hermagor, Unterlagen zur „Vereinigung der Bezirksschulinspektoren Österreichs“), Unterlagen und Dokumente zur Ortsgruppe Villach der „Kärntner Landsmannschaft“. – Manuskripte von Josef Friedrich Perkonig, Verlagskorrespondenzen aus den zwanziger Jahren, Sammlung von in Zeitungen erschienenen Werken von Perkonig, Sammlung von Manuskripten und Druckbelegen von Johannes Lindner, umfangreiche Sammlung von Druckbelegen eigener Gedichte.
Unbearbeitet.
Geschenk 1988

Moser, Johann Baptist

25.9.1799, Wien–6.12.1863, ebda
Lehrer, Volkssänger, Liederdichter; Wien.

* *Wien, WSTLB HS*
Teilnachlaß, ca. 380 Inventarnummern: Couplets und Lieder, Quodlibets, Szenen. – Einzelne Briefe an Moser. – Personaldokumente, Vollmachten, Passierschein, Dokumente betreffend die Wiener Nationalgarde im Jahr 1848. – Verzeichnis seiner Lieder.
Verzeichnung: Zettelkatalog.
Erwerbung 1895 und 1903

Moser, Josef

27.2.1812, Schloß Parz bei Grieskirchen (O.Ö.)–27.4.1893, Steyr (O.Ö.)
Arzt, Volksdichter; Klaus (Oberösterreich).

* *Linz, Adalbert-Stifter-Institut*
Teilnachlaß, 3 Kartons: 9 Bände Gedichte, 162 Werkmanuskripte, Aquarelle, Skizzen, Skizzenbuch. – Personaldokumente. – Patientenregister, 2 Poesiealben, 4 Schulhefte mit Dichtungen von Ludmilla Moser.
Unbearbeitet.
Erwerbung 1983

Moshamer, Josef Alois

7.2.1800, Forchtenau bei Aurolzmünster (O.Ö.)–15.11.1878, Wien
Beamter, Erzähler, Jugendschriftsteller; Wien, Oberösterreich.

* *Wien, WSTLB HS*
Teilnachlaß: Ca. 160 Werkmanuskripte (Gedichte, Erzählungen, Dramen, Wörterbuch, didaktische Schriften). – Schulzeugnisse, Personaldokumente, Pensionsdekret.
Verzeichnung: Zettelkatalog.
Kauf 1928 und 1935
Elfriede Maria Patzak: Josef Alois Moshamer als Lyriker und Erzähler. Diss. Wien 1949.

Mrasek, Karl Norbert

9.5.1892, Brünn–26.4.1985, Darmstadt
Theaterkritiker, Lyriker, Erzähler; Darmstadt.

* *Schwäbisch Gmünd, Brünner Heimatmuseum*
Nachlaß.

Mühlberger, Josef

3.4.1903, Trautenau (Böhmen)–2.7.1985, Eislingen/Fils
Redakteur, Schriftsteller.

* *Nicht bekannt*

Autographen in anderen Beständen

* *Weimar, Goethe- und Schiller-Archiv*
Sammlung „Insel-Archiv“: Briefe von Mühlberger an den Insel Verlag/Anton Kippenberg (1933-38).
Inventar Nr. 50

* *Marbach, DLA*
Nachlaß Anton und Katharina Kippen-

berg: Briefe von Mühlberger an Katharina Kippenberg.

* *Privatbesitz. Dr. Eva Hartlová, Prag*
Briefe von Mühlberger an Walter Maras.

Michael Berger: „Von einem Verbot meiner Bücher ... ist aber nicht die Rede.“ Josef Mühlbergers Publikationsnöte in den Jahren 1933-1938. In: *Brücken. Germanistisches Jahrbuch DDR-ČSSR* (Prag), 1987/88, S. 1-26.

Müller, Anton

Pseud. Bruder Willram
10.3.1870, Bruneck (Tir.)–16.2.1939, Innsbruck
Priester, Religionsprofessor, Lyriker, Epiker; Bruneck, Innsbruck.

* *Innsbruck, Universität, Forschungsinstitut „Brenner-Archiv“*
Teilnachlaß, 15 Konvolute: Gedichte und Gedichtzyklen, Epen.
Vorgeordnet.
Depot 1974

Müller, Hans

Pseud. Hans Müller-Einigen
25.10.1882, Brünn–8.3.1950, Einigen (Schweiz)
Schriftsteller in Wien, seit 1930 in Einigen.
Universalerbe war Dr. Maurice Nikolaus Schwarz, ungar. Staatsbürger, wohnte in Einigen zu Spies, starb am 1.5.1951. Sein einziger gesetzlicher Erbe und somit auch der Rechtsnachfolger von Hans Müller-Einigen war sein Bruder Josef Schwarz, früher Gastwirt in Budapest VII. Dohány u. 30. Die Verwaltung des literarischen Nachlasses (Autorenrechte) von Dr. Hans Müller-Einigen wurde im Juni 1952 (laut Korrespondenz im Archiv des Paul Zsolnay Verlags Wien) von Paul Pereszlényi, Mühlegasse 17, Zürich, übernommen.

* *Verschollen*

Müller, Robert

29.10.1887, Wien–27.8.1924, ebda
Erzähler, Verleger.
Der Nachlaß ging nach dem Tod Müllers in den Besitz des Nachlaßverwalters Arthur Ernst Rutra über. Werknutzungsrechte bei Werner J. Schweiger, Wien.

* *Wahrscheinlich verschollen*

Müller-Guttenbrunn, Adam

22.10.1852, Guttenbrunn (Banat)–5.1.1923, Wien
Beamter, Erzähler, Dramatiker, Publizist; Wien, Direktor des Wiener Stadttheaters.

* *Wien, WSTLB HS*
Nachlaß, ca. 1 100 Inventarnummern: Reden, theaterhistorische Abhandlungen. – Ca. 1 100 Briefe, u. a. von Ludwig Fulda, Hans Grasberger, Robert Hamerling, Friedrich von Radler, Peter Rosegger, Ferdinand von Saar, Richard Voss, Briefentwürfe und Kopierbücher der Briefe von Müller-Guttenbrunn (1893-1895 und 1901-1903). – Glückwünsche, Ehrungen. – Manuskripte anderer Autoren.
Verzeichnung: Zettelkatalog.
Kauf 1923
Der Hinweis bei Raabe/Ruppelt (*Quellenrepertorium zur neueren deutschen Literaturgeschichte,* 3. Aufl. Stuttgart 1981) und anderen, wonach der Nachlaß von Adam Müller-Guttenbrunn in der Stadtbibliothek München aufbewahrt werde, trifft nicht zu. Diese Bibliothek besitzt nur einzelne Briefe von Müller-Guttenbrunn in anderen Nachlässen. Ebenso unrichtig ist die Angabe des Burgenländischen Landesarchivs in Eisenstadt als Standort des Nachlasses (*Vergleichende Literaturforschung. Internationale Lenau-Gesellschaft 1964-1984*. Hrsg. von Antal Mádl und Anton Schwob. Wien: Österreichischer Bundesverlag 1984).

Müller-Guttenbrunn, Herbert

5.6.1887, Wien–10.4.1945, Klosterneuburg
Schriftsteller.

** Privatbesitz. Dr. Erhard Müller-Guttenbrunn, Klosterneuburg*
Teilnachlaß: Theaterstücke (Manuskripte), Korrespondenz. (Nicht öffentlich zugänglich)

Müller-Guttenbrunn, Roderich

Pseudonyme: Roderich Meinhart–bis 1918, Roderich Müller, R.M., Nono, Roderich, G.M. Roderich, M.G. Roderich, Dietrich Arndt
5.2.1892, Wien–9.2.1956, Linz
Redakteur, Erzähler.

** Privatbesitz. Dr.med. Fritz Adelhart, Hildegund Adelhart, Leonfeldnerstraße 242, A-4040 Linz (Urfahr)*
Nachlaß: Romane (z.T. unveröffentlicht), Tagebücher, Verlagskorrespondenz, Verlagsverträge, Zeitungsausschnitte. Im Nachlaß Teile des Nachlasses, darunter eine Sammlung von Zeitungsausschnitten, von Adam Müller-Guttenbrunn.

Münzer, Richard

29.7.1864, Brzeznitz (Galizien)–23.12.1930, Wien
Rechtsanwalt, Erzähler, Bühnenschriftsteller; Wien.

** Wien, ÖNB HS*
Sammlung: Notizhefte, Bücher von Richard Münzer.
Geschenk

Multerer, Hans

27.2.1892, Plöß bei Neuern (Böhmen)–12.7.1945, Neuern
Erzähler, Bibliothekar.

** Passau, Böhmerwaldmuseum Passau*
Teilnachlaß.
Unbearbeitet.

Muschik, Johann

20.8.1911, Wien–2.10.1979, ebda
Literatur- und Kunstkritiker; Wien.

** Wien, Dokumentationsstelle für neuere österreichische Literatur*
Teilnachlaß, 2 Kartons: Einzelne Briefe an Muschik. – Abschriften von Gedichten und Erzählungen verschiedener Autoren, Manuskripte von Otto Basil, Gottfried von Einem und Theodor Sapper. – Umfangreiche Sammlung von Zeitungsausschnitten. – Nachlaß von Theodor Kramer, siehe dort.
Vorgeordnet.
Geschenk 1981

Musil, Robert

6.11.1880, Klagenfurt–15.4.1942, Genf
Offizier, Erzähler, Dramatiker, Kritiker; Wien, Berlin.

** Wien, ÖNB HS*
Nachlaß, Ser. n. 15.061-15.159, 26.513-26.545, 28.120-28.190, 29.056-29.158, Autogr. 1005/1-1006/29: Entwürfe, Reinschriften und Korrekturfahnen, u. a. zum *Mann ohne Eigenschaften,* Tagebücher. – Briefe an Robert Musil, u. a. von Friedrich Bernhofer und Hanna Casper. – Sammlung von Kritiken der Werke Musils.
Verzeichnung: Inventar.
Gaetano Marcovaldi und Walter Zettl: Inventar des bei Prof. Gaetano Marcovaldi, Rom, befindlichen und von ihm verwalteten literarischen Nachlasses von Robert Musil [mit den Signaturen der Österreichischen Nationalbibliothek]. In: *Musil-Forum* 2 (1976), S. 195-200; Otto Wächter: Die Restaurierung und Erhaltung des Nachlasses von Robert Musil. In: *Musil-Forum* 2 (1976), S. 203-209.
Robert Musil: *Tagebücher.* Hrsg. von Adolf Frisé, 2 Bände. Reinbek bei Hamburg: Rowohlt 1976; ders.: *Briefe 1901-1942.* Hrsg. von Adolf Frisé. Unter Mit-

hilfe von Murray G. Hall, 2 Bände. Reinbek bei Hamburg: Rowohlt 1981.
Die Tagebücher und Nachlaßmanuskripte, die sich auf den *Mann ohne Eigenschaften* beziehen, wurden im Rahmen eines gemeinsamen Forschungsprojektes der Universitäten Klagenfurt und Trier (1984-1989 bzw. 1991) transkribiert, der Text liegt, herausgegeben von Friedbert Aspetsberger, Karl Eibl, Adolf Frisé, auf CD-Rom vor.

* *Wien, ÖNB HS*
Nachlaß Gaetano Marcovaldi, Autogr. 1035/1-1043/14: 1 601 Briefe an Gaetano Marcovaldi von 306 Schreibern, vorwiegend Korrespondenzen mit Musil-Forschern und Mitglieder der Familie Musils.

* *Klagenfurt, Robert-Musil-Archiv, Haus der Literatur*
Splitternachlaß: Einzelne Briefe von Musil. – Personaldokumente, Photos, Unterlagen zur Abwicklung der Verlassenschaft in Genf. – Familiendokumente, 3 Gemälde von Martha Musil, 1 Drama von Gustav Donath, Erinnerungsgegenstände, Teil der Bibliothek.
Maschinschriftliches Verzeichnis.
Erwerbung

* *Genf, Fondation Martin Bodmer, Bibliotheca Bodmeriana*
Der Reinschrift zugrundeliegendes Manuskript der Novelle *Grigia*.
Erwerbung 1961
Marie-Louise Roth: Ein Kommentar zur „Vollendung der Sprache" am Beispiel einer unbekannten handschriftlichen Vorstufe zu Robert Musils Novelle „Grigia". In: *„Die in dem alten Haus der Sprache wohnen". Beiträge zum Sprachdenken in der Literaturgeschichte. Helmut Arntzen zum 60. Geburtstag.* Zus. m. Thomas Althaus und Burkhard Spinnen hrsg. von Eckehard Czucka. Münster: Aschendorff 1991, S. 345-351.

Naaff, Anton August

28.11.1850, Weitentrebetitsch bei Saaz (Böhmen)–27.12.1918, Wien
Lyriker, Publizist, Erzähler; Wien, Komotau, Prag, Teplitz.

* *Wien, WSTLB HS*
Teilnachlaß: Ca. 45 Gedichte. – Einzelne Briefe. – Gästebuch. – Mehrere Manuskripte anderer Autoren.
Verzeichnung: Zettelkatalog.
Kauf 1942

Nabl, Franz

16.7.1883, Lautschin (Böhmen)–19.1.1974, Graz
Erzähler, Dramatiker; Baden, Graz.

* *Graz, Franz Nabl Institut für Literaturforschung*
Nachlaß, 11 Meter: Zahlreiche Werkmanuskripte (Gedichte, Rezensionen, Erzählungen, Romane, Vorträge, Aufsätze, autobiographische Aufzeichnungen), Notizbücher. – Ca. 800 Briefe, u. a. von Ernst Alker, Felix Braun, Hans Deißinger, Paula Grogger, Gertraut Laurin, Max Mell, Alexander Mrugowski, Wolfgang Schumann, Hans Weigel, Bühnen- und Verlagskorrespondenzen. – Reisepaß, Notizbücher, Taschenkalender, Abrechnungen, Verlagsverträge, Publikationsverzeichnis, Materialien zur Tätigkeit im „Österreichischen Kunstsenat" und im „P.E.N.-Club". – Photos, Tonbänder, Erinnerungsgegenstände, Zeitungsausschnitte, Zettelkatalog der Bibliothek.
Maschinschriftliches Verzeichnis.
Depot 1989

* *Graz, Stadtmuseum*
Teilnachlaß: Einzelne Briefe an Nabl. – Personaldokumente, Reisepaß, Materialien zur Ahnenforschung, Ehrungen. – Zeitungsausschnitte, Photos, Erinnerungsgegenstände und Möbel.
Maschinschriftliches Verzeichnis.

Nack-Meyroser von Mayberg, Johann

Pseud. Hans Regina Nack
21.8.1894, Prag–14.7.1976, Wien
Journalist; Prag, Wien.

* *Wien, WSTLB HS*
Teilnachlaß: Ca. 670 Erzählungen, Romane. – Ca. 330 Briefe, u. a. von Roderich Menzel, Richard Romanowsky und Geschäftskorrespondenzen. – Ehrungen, Glückwünsche, Gästebücher.
Verzeichnung: Zettelkatalog.
Kauf 1977

Nadler, Josef

23.5.1884, Neudörfl (Nordböhmen)–14.1.1963, Wien
Literarhistoriker, Professor an den Universitäten Freiburg und Wien.

* *Wien, ÖNB HS*
Briefnachlaß Ser. n. 13.781-13.783, Autogr. 390/1-411/78: Manuskripte, 4 042 Briefe mit 1 408 Umschlägen und 414 Beilagen.

* *Houston (Texas), Rice University*
Teilnachlaß, ca. 2 m: Unterlagen zu Nadlers Arbeiten über Johann Georg Hamann, Korrekturfahnen seiner Ausgabe der Werke Hamanns. – 1 Karton Briefe (1900-1959). – Rezensionen der Veröffentlichungen Nadlers, Würdigungen, Manuskripte von Ernst Jirgal, Hermann Kuprian, Hans Meinke, Prüfungsarbeiten seiner Studenten. – Bibliothek.

* *Marburg, Johann-Gottfried-Herder-Institut*
Zeitungsausschnittsammlung Nadlers.

* *Marbach, DLA*
Teilnachlaß: 2 Kartons: Briefe an Nadler sowie zugehörige Materialien. (Kussmaul, Sp. 358.)

* *Salzburg, UB Salzburg*
Bibliothek.

Narbeshuber, Maximilian

9.2.1896, Gmunden–7.11.1963, Linz
Lyriker, Dramatiker, Erzähler; Linz.

* *Linz, Adalbert-Stifter-Institut*
Gesamtnachlaß, 20 Kartons: Ca. 230 Werkmanuskripte.
Unbearbeitet.
Kauf 1979

Natonek, Hans

Pseud. Immanuel, Hans Eff, Hans Egg
28.10.1892, Kgl. Weinberge bei Prag–23.10.1963, Tucson, Arizona
Erzähler, Theaterkritiker, Feuilletonredakteur; Prag, Leipzig, Paris.
Deutsches Gymnasium Prag-Weinberge (Vinohrady), Studium an den Universitäten in Wien und Berlin. 1914 Redakteur der *Saale-Zeitung* (Halle), 1917 *Leipziger Abendzeitung*, 1919 *Leipziger Tageblatt*, 1921 ff. *Prager Presse*. Bis 1933 Feuilletonredakteur und Theaterkritiker an diversen Leipziger Zeitungen. 1933 Emigration in die Tschechoslowakei, dann 1938 nach Paris, 1941 mit Hilfe des Emergency Rescue Committee und des President's Advisory Committee nach New York, lebte in Tucson, Arizona.
Der Nachlaß besteht aus zwei Teilen und zwar aus dem Teil, den Natonek in die U.S.A. mitnahm und auch dort hinterließ, und einem zweiten Teil, der in Paris von der Gestapo beschlagnahmt wurde und jetzt in der ehemaligen DDR aufbewahrt wird.

* *Albany, State University of New York at Albany, The Library, Department of Special Collections*
Hans Natonek Papers, ca. 1 m: Entwürfe, Typoskripte von Romanen, Novellen, Gedichten. Korrespondenz, vor allem mit Familienmitgliedern (bes. mit dem Sohn Wolfgang Natonek) und Verlagen. Der Großteil der Sammlung stammt aus der Zeit nach seiner Übersiedlung nach Arizona, Manuskripte der Romane *Geld regiert die Welt* und *Kinder einer Stadt* unter

dem Titel *Kampf um die Glaskugel* (o.D.). Maschinschriftliches Verzeichnis; Guide, 1992, S. 455-460.
Erwerbung 1979
„John M. Spalek kam für Hans Natonek zu spät, doch noch rechtzeitig, um der State University of New York in Albany den Nachlaß zu sichern. (...) Als Spalek sich meldete, hatten die Kakerlaken ein Drittel des Nachlasses zerfressen, darunter rund fünfzig Tagebücher. Das, was heute geordnet in Albany liegt, ist immer noch ein wahrer Schatz." Jürgen Serke: *Böhmische Dörfer. Wanderungen durch eine verlassene literarische Landschaft.* Wien-Hamburg: Paul Zsolnay Verlag 1987, S. 90.

* *Potsdam, Bundesarchiv, Abteilungen Potsdam (ehemals: Zentrales Staatsarchiv der DDR)*
Teilnachlaß: Erzählungen, Aufsätze, Rezensionen, Exposé zum Roman *Schlehmil.*
„In unserem Archiv befindet sich ein sehr fragmentarischer Teil des literarischen Nachlasses von Natonek (28 schmale Bände, also nicht der Umfang von 5 Koffern!). Eine größere Anzahl von Manuskripten ist auf die vor der Übergabe an uns gehefteten Bände verteilt.
Die Titel der Manuskripte sind nicht alle einzeln in unseren Findhilfsmitteln verzeichnet, zum Teil auch nicht zu identifizieren. Ein Manuskript (Schreibmaschinendurchschlag, 261 Bl.) des Romans ‚Ich nicht, aber vielleicht Du. Versuch eines gerechten Lebens' liegt in dem Teilnachlaß vor (90Na4, Nr. 6)." (Auskunft des Zentralen Staatsarchivs vom 30.1.1990)
„Hans Natoneks schriftstellerische Habe legte einen abenteuerlichen Weg zurück. Die Gestapo, der der Schriftsteller beim Einmarsch der Deutschen in Paris knapp entkam, beschlagnahmte in seinem französischen Quartier fünf von Natonek in der Eile zurückgelassenen Koffer mit Manuskripten. Die Gestapo schickte die Koffer nach Berlin. In Berlin wurden sie 1945 von den Sowjets sichergestellt und nach Moskau transportiert. Im Jahre 1957 übernahm das Innenministerium der DDR die Gestapo-Erbschaft und verwahrt sie seither im Zentralen Staatsarchiv. Der Schriftsteller, dessen Adresse der DDR bekannt war, erhielt das Raubgut nicht zurück." (Serke, S. 88, siehe auch S. 107, 113, 128.)

Autographen in anderen Beständen

* *Bonn, Archiv der sozialen Demokratie*
Brief des Neuen Vorwärts an Hans Natonek, Paris, 30.4.1940.

* *München, Institut für Zeitgeschichte*
Nachlaß Hubertus Prinz zu Löwenstein: 3 Briefe an Prinz von Löwenstein, August 1942.

Klaus Ulrich Werner: *Dichter-Exil und Dichter-Roman. Studien zur verdeckten Exilthematik in der deutschen Exilliteratur 1933-1945.* Frankfurt am Main: Peter Lang 1987; ders.: Der Feuilletonist und Romancier Hans Natonek im Exil. In: *Exilforschung. Ein internationales Jahrbuch* 7 (1989) S. 155-165.

Necker, Moritz

14.10.1857, Lemberg–16.2.1915, Wien
Theater- und Literaturkritiker, Literarhistoriker; Lemberg, Dozent an der Akademie für Musik und darstellende Kunst in Wien.

* *Wien, WSTLB HS*
Nachlaß: Ca. 5 200 Briefe an Sophie und Moritz Necker, u. a. von Leo Berg, Goswina von Berlepsch, Carl Busse, Ada Christen, Emerich Dumont, Marie Ebner von Eschenbach, Auguste Ehrhard, Johann Eugensteiner, Franz Karl Ginzkey, Martin

Greif, Alfred Haackman, Enrica von Handel-Mazzetti, Laura Hansson, Ludwig Hörmann von Hörbach, Hans Hoffmann, Hyazinth Holland, Carl Jentsch, Friedrich Jodl, Max Kalbeck, Felix Liebeskind, Sophie Lotheissen, Hermann Manz, Sebastian Mayr, Richard Moriz Meyer, Stephan von Millenkovich, Otto Müller, Sophie Necker, Adolf Pichler von Rautenkar, Eduard Pötzl, Wolfgang Quincke, Peter Rosegger, Ferdinand von Saar, August Sauer, Emanuel Hans Sax, Erich Schmidt, Arthur Schnitzler, Otto Seeck, Erika Spann-Rheinsch, Alfred Staackmann, Rudolf Tyrolt, Robert Waldmüller, Karl Weiss, Auguste Wilbrandt-Baudius und Eduard Zetsche, Familien- und Verlagskorrespondenzen; Briefe an Ferdinand Lotheissen, u. a. von Georg Fürst Czartoryski und Ludwig Weissel sowie Briefe an Hermann Manz und Leopoldine von Nescher-Falkenhof. – Abschriften der Briefe von Heinrich Laube an Franz Nissel, Sammlung von Unterlagen zu Johann Nestroy (Manuskriptentwürfe, Theatertagebücher, Honorarbuch, Rollenbilder), zahlreiche, meist von Schriftstellern ausgefüllte Fragebögen für *Meyers Konversationslexikon.*
Verzeichnung: Zettelkatalog.
Kauf 1957 und 1964

Nestroy, Johann

7.12.1801, Wien–25.5.1862, Graz
Schauspieler, Dramatiker; Wien.

* *Wien, WSTLB HS*
Nachlaß, ca. 450 Inventarnummern: Entwürfe und Fragmente, ca. 40 vollständige Dramenmanuskripte, Bühnenmanuskripte, Rollenhefte, Coupletstimmen. – Einzelne Briefe an Johann Nestroy.
Verzeichnung: Zettelkatalog. – Karl Gladt: *Die Handschriften Johann Nestroys.* Graz 1967.
Geschenk 1923 und Kauf seit 1924
Standorte von weiteren Autographen nachgewiesen bei Frels, S. 213.

Neubach, Ernst

3.1.1900, Wien–21.5.1968, München
Autor von Liedertexten und Drehbüchern, Erzähler, Regisseur.

* *Wien, Österreichisches Theatermuseum*
Nachlaß.

Neues Österreich

Überparteiliche Tageszeitung, erschienen in Wien 1945-1966.

* *Linz, Universität, Institut für Neuere Geschichte und Zeitgeschichte*
Archiv, 230 Meter: 200 Kartons mit Zeitungsausschnitten, Photoarchiv, 880 Bände verschiedener österreichischer Tageszeitungen (1945-1966), Nachschlagewerke.
Teilweise unbearbeitet.
Kauf 1968

Neumann, Oskar

3.10.1894, Brüx (Most/Böhmen)–26.4.1981, Moschav Beer-Tuvia (Israel)
Redakteur, Lyriker, Erzähler, Dramatiker; Prag, Wien, Bratislava, Tel Aviv.
Chefredakteur der *Jüdischen Wochenzeitung* und Herausgeber der Jugendzeitschrift *Haschomer* in Bratislava, Vorsitzender der „Zionistischen Organisation der Slowakei“, 1944 im Konzentrationslager Sered und später in Theresienstadt inhaftiert. Wanderte 1946 nach Palästina aus. Staatsbeamter in Israel, lebte bis 1970 in Tel Aviv und bis zu seinem Tod in Beer-Tuvia.

* *Privatbesitz. Margalit Sommer, Moschav Beer-Tuvia 70996, Israel*
Nachlaß: Unveröffentlichte Manuskripte, literarische Beiträge, Rezensionen, Lebensdokumente, diverse Alben, eigene Bücher.

Neumann, Robert

22.5.1897, Wien–3.1.1975, Monaco
Bankbeamter, Erzähler, Lyriker, Parodist; Wien, London.

* *Wien, ÖNB HS*
Nachlaß, Ser. n. 20.762-21.792, 21.796-21.873, 22.471-22.525: Briefe und Manuskripte.
Texte. Noten. Bilder. Neuerwerbungen, Restaurierungen, Konservierungen 1977-1983. Ausstellung der Österreichischen Nationalbibliothek. Prunksaal 8. Juni-13. Oktober 1984. Wien: Österreichische Nationalbibliothek 1984, S. 67-69.

Neumann, Wilhelm Anton

4.7.1837, Wien–5.10.1919, Mödling (N.Ö.)
Kunsthistoriker, Redakteur des *Wiener Dombauvereinsblattes,* Professor an der Universität Wien, Ordenspriester.

* *Heiligenkreuz, Zisterzienserstift, Archiv*
Nachlaß, ca. 25 Kartons.

Nikolowsky, Anton

Pseud. für F. Antony
7.4.1855, Wien–13.11.1916, ebda
Beamter, Bühnenschriftsteller; Wien.

* *Wien, WSTLB HS*
Teilnachlaß: 5 Bühnenstücke. – Ca. 20 Briefe. – Ca. 35 Verlagsverträge.
Verzeichnung: Zettelkatalog.
Kauf 1924

Nissel, Franz

14.3.1831, Wien–20.7.1893, Gleichenberg (Stmk.)
Schauspieler, Dramatiker; Wien.

* *Wien, WSTLB HS*
Teilnachlaß, ca. 500 Inventarnummern: Notizen, historische Abhandlungen, Schauspiele, Trauerspiele, autobiographische Aufzeichnungen. – Briefe an Caroline und Franz Nissel, u. a. von Heinrich Laube, Familienkorrespondenzen. – Schulzeugnisse.
Verzeichnung: Zettelkatalog.
Zeitungsausschnitte aus dem Nachlaß des Dichters befinden sich in der Druckschriftensammlung der Wiener Stadt- und Landesbibliothek.
Franz Nissel: *Mein Leben. Selbstbiographie, Tagebuchblätter.* Aus dem Nachlass hrsg. von seiner Schwester Caroline Nissel. Stuttgart: J.G. Cotta 1894.

Standorte von weiteren Autographen nachgewiesen bei Frels, S. 217.

Nissel, Gustav

Keine Daten ermittelt.
Lyriker, Erzähler, Dramatiker.

* *Wien, WSTLB HS*
Teilnachlaß: 13 Werkmanuskripte.
Verzeichnung: Zettelkatalog.
Geschenk 1941

Nordmann, Johannes

Urspr. Rumpelmaier
13.3.1820, Landersdorf bei Krems (N.Ö.)–20.8.1887, Wien
Publizist, Lyriker, Erzähler, Dramatiker; Präsident der Wiener Schriftsteller- und Journalistenvereinigung „Concordia".

* *Wien, WSTLB HS*
Teilnachlaß: Ca. 180 Briefe an Nordmann.
Verzeichnung: Zettelkatalog.
Kauf 1890

Nossek, Pater Meinrad Alexis

Pseud. P. Meinrad
12.10.1891, Arnsdorf im Riesengebirge (Böhmen)–6.12.1946, Wiener Neustadt

Religionslehrer in Wiener Neustadt, nordböhmischer Mundartdichter.

* *Heiligenkreuz, Zisterzienserstift, Archiv*
Nachlaß, 3 Kartons: Meßtexte, Heiligenlieder, Konzepte zu Predigten und Referaten, Schreibhefte. – Korrespondenz. – Photos, Lebensdokumente. – Zeitungsausschnitte.
Berta Völgyfy: Pater Meinrad Alexius Nossek. Sein Leben, sein Werk. Diss. Wien 1952.

Novák, Arne

2.3.1880, Litomyšl–26.11.1939, Polička
Germanist, Professor für tschechische Literatur an der Universität Brünn

* *Prag, Ústředni archiv ČSAV (Zentrales Archiv der Tschechoslowakischen Akademie der Wissenschaften)*
Teilnachlaß: 6 Kartons.
Inventar.

* *Prag, Literární archiv. Památník Národního Písemnictví. (Museum der tschechischen Literatur)*
Teilnachlaß, 11 Kartons.
War 1991 in Bearbeitung.

* *Litomyšl, Městské muzeum*
Teilnachlaß.

Nowak, Heinrich

Henry Vincent Nowak bzw. Novak
26.1.1890, Wien–12.8.1955, Zürich
Redakteur, Journalist, Schriftsteller.
1911 Matura am Akademischen Gymnasium Wien. Studium der Deutschen Philologie an der Universität Wien. Seit 1912 am Akademischen Verband für Literatur und Musik in Wien beteiligt. Seit 1930 für United Press, später für Associated Press tätig. Emigrierte 1939 in die Schweiz. Nach dem Krieg wieder Journalist, starb in Zürich.
Als Nowak aus Wien floh, konnte er nur eine „kleine Aktenmappe" mitnehmen. 1949 heiratete Nowak in dritter Ehe Hedwig Ammann, Zürich, die, als Nowak in die Schweiz emigrierte, eine Mitarbeiterin von Pfarrer August Wallburger war. Dazu Heinrich Nowak: *Die Sonnenseuche. Das gesamte Werk (1912-1920)*. Hrsg. und mit einem Nachwort von Wilfried Ihrig und Ulrich Janetzki. Wien-Berlin: Medusa-Verlag 1984.

* *Privatbesitz. Hedwig Nowak-Ammann, Zürich*
Vermutlich nur fragmentarisch überliefert.

Nüchtern, Hans

Pseud. Hans Bichler
25.12.1896, Wien–9.1.1962, ebda
Erzähler, Dramatiker, Literaturredakteur; Wien.

* *Wien, ÖNB HS*
Teilnachlaß, Ser. n. 32.366-32.477, Autogr. 1190/8-23: Werkmanuskripte, Entwürfe, Typoskripte, Zeitungsausschnitte, Sonderdrucke, Schulhefte, relativ wenig Korrespondenz, Mappe mit eingeklebten Kritiken, Notizen über Nüchtern, diverses über RAVAG.
Kauf 1989

* *Wien, Österreichisches Theatermuseum*
Teilnachlaß, 10 Kartons.

Oberhauser, Franz Friedrich

29.9.1894, Leoben (Stmk.)–16.4.1966, ebda
Publizist, Erzähler; Leoben.

* *Leoben, Museum der Stadt Leoben*
Nachlaß, 33 Kartons: Zahlreiche Kinder- und Jugenderzählungen, Kurzgeschichten und Romane. – Briefe, u. a. von Julius Steger und vom Langen-Müller Verlag sowie weitere Verlags- und Redaktionskorrespondenzen und Familienkorrespondenzen. – Notizbücher, Gästebuch, Werkverzeichnis. – Sammlung von Kriti-

ken eigener Werke, Druckbelege, Sammlung von Photos aus den U.S.A. (Wolkenkratzerbau, Kinos).
Maschinschriftliches Verzeichnis.

Oberkofler, Joseph Georg

17.4.1889, St. Johann im Ahrntale (Tir.)–12.11.1962, Innsbruck
Jurist, Verlagsredakteur, Lyriker, Erzähler: St. Johann im Ahrntal, Bozen, Innsbruck.

* *Schwaz, Bischöfliches Gymnasium Paulinum*
Teilnachlaß, 15 Meter: Ca. 100 Werkmanuskripte (Gedichte, autobiographische Aufzeichnungen, Rezensionen, Reden, Erzählungen, Romane, Dramen). – Ca. 150 Familienbriefe. – Ehrungen. – Familiendokumente, Sammlung von ca. 70 Gemälden, Photos, Publikationen über Oberkofler, Zeitungsausschnitte (Rezensionen, Würdigungen, Nachrufe). – Bibliothek.
Verzeichnung: Zettelkatalog.
Testamentarische Verfügung 1976

Oberndorfer, Fritz

13.7.1878, Steyr (O.Ö.)–18.12.1969, Graz
Lyriker, Dramatiker, Beamter; Steyr, Graz.

* *Linz, Adalbert-Stifter-Institut*
Nachlaß, 72 Kartons: Zahlreiche Werkmanuskripte (Gedichte, Dramen, Bearbeitungen von Volksschauspielen, volksbildnerische und literarhistorische Abhandlungen). – Zahlreiche Briefe. – Lebensdokumente. – Materialien zur Tätigkeit in verschiedenen Vereinen, zur Ahnenforschung und Erbhofgeschichte, Sammlung von Volksschauspielen, Handexemplare eigener Veröffentlichungen.
Unbearbeitet.
Testamentarische Verfügung 1970

Oberparleitner, Maria

Pseud. Marianne Ernhold
28.1.1876, Kaplitz (Böhmen)–6.12.1954, Steyr (O.Ö.)
Lehrerin, Erzählerin, Lyrikerin.

* *Passau, Böhmerwaldmuseum Passau*
Nachlaß.
Unbearbeitet

Obrist, Hans

12.12.1798, Stans bei Schwaz (Tir.)–26.3.1882, ebda
Gärtner, Bauerndichter; Stans bei Schwaz.

* *Innsbruck, Universität, Forschungsinstitut „Brenner-Archiv"*
Teilnachlaß, 1 Konvolut: Gelegenheitsgedichte.
Vorgeordnet.
Depot 1974

Obrist, Walter

20.4.1878, Innsbruck–22.10.1936, ebda
Schriftsteller.

* *Innsbruck, Universität, Forschungsinstitut „Brenner-Archiv"*
Teilnachlaß, 1 Konvolut: Gedichte.
Vorgeordnet.

Ongyerth, Gustav

1.3.1897, Hermannstadt (Siebenbürgen)–12.11.1969, Hochzirl (Tir.)
Theaterdirektor in Innsbruck, Hörspielautor, Erzähler.

* *Gundelsheim/Neckar, Arbeitskreis für Siebenbürgische Landeskunde e.V.*
Nachlaß.
Unbearbeitet.

Ortner, Hermann Heinz

14.11.1895, Bad Kreuzen–18.8.1956, Salzburg
Schriftsteller, Dramatiker, Schauspieler; Salz-

burg, Wien, Baden, Aigen bei Salzburg, Bad Kreuzen.

** Linz, Adalbert-Stifter-Institut*
Nachlaß, ca. 115 Kartons: Ca. 50 Mappen Werkmanuskripte (Drehbücher, Libretti, Dramen). – Zahlreiche Briefe, u. a. von Ernst Arndt, Bruno Brehm, Anton Buchner, Erhard Buschbeck, Oskar Maurus Fontana, Josef Haas, Wladimir von Hartlieb, Elisabeth Ortner-Kallina, Ferdinand Kögl, Christl Kral, Theo Modes, Hans Nüchtern, Friedrich Schreyvogl, Aloys Wach, Franz Xaver Weidinger, Josef Wenter, Familien- und Verlagskorrespondenzen. – Schulhefte und Schulzeugnisse, Militärpapiere, Verlagsverträge, ärztliche Befunde, Unterlagen zu Bau, Finanzierung und Verwaltung seiner Häuser, umfangreiche Materialien zur Organisation der Musik-Olympiade (Adressen, Satzungen, Korrespondenzen, Prospekte). – Zahlreiche Kritiken seiner Werke, Bühnenphotos, Programmhefte, Plakate, zahlreiche Photos, Sammlung von Maueranschlägen aus dem Jahr 1848, Familiendokumente (Rollenbücher, Bühnenverträge sowie Kundenlisten, Geschäftskorrespondenzen und -unterlagen seines Vaters Georg Ortner; Gedichte, gewidmet Georg Ortner), Lebensdokumente des Pfarrers von Bad Kreuzen, Joseph Ertl. – Nachlaß von Josef Reischl.
Maschinschriftliches Verzeichnis.
Geschenk 1956
Anläßlich der Bestandsaufnahme bzw. Übergabe im Dezember 1956 wurden von Herrn Jörg Ortner „wegen eventuell dringenden Gebrauchs“ einiges an Material zurückbehalten und nicht mehr dem Nachlaß hinzugefügt.

Ortner, Mathias

18.2.1877, Söll (Tir.)–14.6.1960, ebda
Priester; Feldkurat des Ersten Tiroler Landsturmregiments, Ebbs, Aschau bei Kitzbühel.

** Innsbruck, Universität, Forschungsinstitut „Brenner-Archiv“*
Teilnachlaß, 2 Mappen: Lieder, Gedichte. Vorgeordnet.

Osten-Sacken, Maria von

Daten unbekannt.
Schriftstellerin (publizierte im Zeitbild-Verlag Wien).

** Nicht ermittelt*

Overhoff, Julius

12.8.1898, Wien–5.8.1977, Neustadt/Weinstraße
Lyriker, Erzähler, kaufmännischer Angestellter.
Maturierte 1916 am Akademischen Gymnasium in Wien, studierte Jus an der Universität Wien, ging 1920 nach Deutschland, wo er für die Farbenfabriken Bayer als kaufmännischer Angestellter tätig war. Er promovierte 1923 zum Dr.jur. an der Universität Köln, war seit 1930 bei den IG-Farben in Frankfurt am Main und ab 1949 bei BASF in Ludwigshafen beschäftigt.

** Saarbrücken, Universität des Saarlandes, Arbeitsstelle für Robert-Musil-Forschung*
Nachlaß: Manuskripte veröffentlichter und unveröffentlichter Schriften, Korrespondenzen mit Freunden und Verlegern, Reiseberichte, Photos, Familiendokumente, Kritiken seiner Schriften und eine sehr breit angelegte Ahnenforschung.
Bibliothek: über 4 000 Bände, vornehmlich Belletristik. Der Rest der Bibliothek wurde von der UB Saarbrücken erworben.

Pachler, Faust

Pseud. C. Paul
18.12.1819, Graz–5.9.1891, ebda
Jurist, Lyriker, Dramatiker, Erzähler; Kustos an der Wiener Hofbibliothek.

* *Graz, Steiermärkische Landesbibliothek*
Teilnachlaß, 35 Kartons: Exzerpte und Entwürfe, Gedichte, Aufsätze, Romane, Dramen, Übersetzungen, Tagebücher (1837-1887). – Briefe, u. a. von Conrad Beyer, Karl Dezur, Ignaz Papsch, Jenny Plundre, Josephine und Karoline Plundre, Anton von Prokesch-Osten, Karl Rettich, Briefentwürfe von Pachler an Emil Kuh, Julius und Gabriele Schmeller, Familienkorrespondenzen. – Personaldokumente, Werkverzeichnis, Lebensläufe, Abschriften von Werken und Materialien zur Herausgabe der Schriften von Friedrich Halm, Materialien zur Kontroverse mit Franz von Holbein, Protokolle von „Verhandlungen von Beamten der Hofbibliothek" und der „Aurora-Gesellschaft". – Familiendokumente, Manuskripte von Johann von Kalchberg (Bittschriften, Gedichte).
Handschriftliches Verzeichnis.
Geschenk 1942 und 1958

* *Graz, UB, Abteilung für Sondersammlungen*
Teilnachlaß, 4,5 Meter: Entwürfe, Gedichte, literarhistorische Abhandlungen, Erzählungen, Romane, Dramen.
Vorgeordnet.

* *Wien, WSTLB HS*
Teilnachlaß: Ca. 600 Briefe, u. a. von Franz Hermann von Hermannsthal, Edmund Hofer, Karl Gottfried von Leitner, Constantin Wurzbach von Tannenberg, Familienkorrespondenzen, Briefe von Pachler, u. a. an Karl Gottfried von Leitner. – Briefe an Anton Alexander Graf Auersperg, Abschriften von Briefen des Erzherzogs Johann von Österreich an Joseph von Hormayr.
Verzeichnung: Zettelkatalog.
Kauf 1952

Standorte von weiteren Autographen nachgewiesen bei Frels, S. 219.

Pany, Leonore

Pseud. Rudolf Treuen
8.8.1877, Hollenburg a.d.Donau (N.Ö.)–24.2.1965, Wien
Schriftstellerin.

* *Unbekannt.*

Paoli, Betty

Pseud. für Elisabeth Glück
30.12.1814, Wien–5.7.1894, Baden bei Wien
Erzieherin, Publizistin, Lyrikerin, Erzählerin, Übersetzerin; Wien, Baden.

* *Wien, WSTLB HS*
Nachlaß, ca. 730 Inventarnummern: Gedichte. – Ca. 550 Briefe, u. a. von Karoline Brezenheim, Marie Ebner von Eschenbach, Hans Graf Kolowrat, Iduna Laube, Alfred Marchand, Ferdinand von Saar, Minna von Stein, Briefe von Betty Paoli an Ida Fleischl. – Personaldokumente, Tagebücher (1866-1895), Stammbuch, Lebenslauf.
Verzeichnung: Zettelkatalog.
Kauf 1924, 1930 und 1950

Standorte von weiteren Autographen nachgewiesen bei Frels, S. 219.
Friedrich Adamec: Betty Paoli und ihr Freundeskreis. Diss. Wien 1951.

Papesch, Joseph

29.7.1893, Marburg a.d.Drau–8.12.1968, Graz
Beamter, Herausgeber der *Alpenländischen Monatshefte*, Lehrer, Erzähler, Dramatiker.

* *Privatbesitz, Ass.Prof. Univ.-Doz. Dr. Stefan Karner, Institut für Wirtschafts- und Sozialgeschichte, Universitätsplatz 4/III, A-8010 Graz*
Sammlung, zum Teil in Kopien: Entwürfe zu Reden, persönliche Aufzeichnungen, amtliche Unterlagen, Briefe, darunter Verlagskorrespondenzen.

** Graz, Steiermärkische Landesbibliothek*
Teilnachlaß, 1 Karton: 3 Werkmanuskripte. – Ca. 50 Briefe, darunter Verlags- und Redaktionskorrespondenzen. – Glückwünsche.
Unbearbeitet.

** Graz, StLJ, Bild- und Tonarchiv*
Teilnachlaß: Einzelne Postkarten von Joseph Papesch an Gretl Burckhardt. – Sammlung von ca. 500 Photos, 1 Album und einzelne Glasplattennegative (vorwiegend Photos der Familie Papesch und von Joseph Papesch in offiziellen Funktionen).
Maschinschriftliches Verzeichnis.

Pauer, Ignaz

27.6.1859, Waldegg (N.Ö.)–23.10.1921, Wien
Kaufmann, Angestellter, Humorist, Bühnenschriftsteller; Wien.

** Wien, WSTLB HS*
Teilnachlaß: Ca. 900 Werkmanuskripte (Gedichte, Aphorismen, Feuilletons, Erzählungen, Humoresken, Theatermanuskripte). – Einzelne Briefe.
Verzeichnung: Zettelkatalog.
Geschenk 1948

Pauker, Wolfgang Eduard

14.12.1867, Tracht (Mähren)–9.1.1950, Klosterneuburg (N.Ö.)
Chorherr in Klosterneuburg, Kustos der Stiftskirche und der stiftlichen Kunstsammlungen in Klosterneuburg, Dozent an der Kunstgewerbeschule in Wien.

** Klosterneuburg, Chorherrenstift, Stiftsarchiv*
Nachlaß, 10 Kartons: Werke (*Die Rösnerkinder,* Studien zu einer Monographie über Jakob Prandtauer, Vorträge, *Hofmannsthals neue Dichtung ‚Das Salzburger Große Welttheater',* Selbstbiographie, Reiseberichte, Notizbücher), Tagebücher mit eingeklebten Zeitungsausschnitten). – 4 Kartons Briefe, u. a. von Raoul Aslan (ca. 20 Br., 1915-49), Otto Benesch (5 Br., 1935-39), Erzherzog Eugen (1938-48), Franz Karl Ginzkey (1 Br., 1913), Familie Herberstein (über 20 Briefe), Hugo von Hofmannsthal (9 Br., 1916-1927), Marcell Kammerer (4 Br., 1944-47), Familie Kestranek (über 20 Briefe), Adam Müller-Guttenbrunn (7 Br., 1910-46), Helene Nostiz (5 Br., 1916-30), Karl Renner (über 20 Br., 1945 ff.), Felix Salten (1 Karte, 1916; 1 Br., 1916), Egon Schiele (1 Br., 20.12.1908), Dora Stokkert-Meynert (1 Br., 1916), Hugo Thimig (9 Br., 1917-28), Else Wohlgemuth und Emmerich Thun-Wohlgemuth (ca. 40 Briefe, 1930-49), Familie Trapp (1938), Felix Weingartner (6 Br., 1933-36), umfangreiche Familienkorrespondenz. – Lebensdokumente, darunter Curriculum vitae, Taschenkalender, Memorabilia, Gästebücher, Adressenverzeichnis zur Korrespondenz von 1943-1949. – Zeitungsausschnitte und Photos.
Die Furche, Nr. 24 vom 12.6.1971: Briefe von Hugo von Hofmannsthal an Wolfgang Pauker; Berthold Cernik: *Das Augustiner-Chorherrenstift Klosterneuburg.* 2. Aufl. Wien: Floridus-Druck 1958.

Pauli, Hertha

4.9.1909, Wien–12.2.1973, New York
Schriftstellerin, Literaturagentin.

** Wien, ÖNB HS*
Nachlaß, Ser. n. 33.710-34.071: Entwürfe und Manuskripte, Rezensionen. – Manuskripte von Franz Theodor Csokor, Zeitungsausschnitte, Nachlaß von E.B. Ashton.
Kauf 1990
Guide, 1978, S. 687-691; Carl Frucht: Nachlass Hertha Pauli. In: *Mitteilungen*

der Vereinigung Österreichischer Bibliothekare 43 (1990) 1, S. 61 ff.

Paulin, Karl

6.2.1888, Brixen (Südtir.)–7.8.1960, Innsbruck
Volkskundler, Publizist; Brixen, Innsbruck.

* *Innsbruck, Universität, Forschungsinstitut „Brenner-Archiv"*
Teilnachlaß, 1/2 Karton: Einzelne literarhistorische Manuskripte, 1 Rede. – Abschriften der Briefe von Karl Schönherr an Mary Pöschl, Manuskripte von Bartholomäus Del-Pero und Balthasar Hunold.
Unbearbeitet.
Geschenk 1965

Payer von Thurn, Rudolf

27.9.1867, Groß-Becskerek (Banat)–18.6.1932, Wien
Literarhistoriker, Bibliothekar; Wien.

* *Wien, UB*
Teilnachlaß, 0,3 Meter: Briefe an Payer.
Unbearbeitet.
Testamentarische Verfügung

Pée, Julius

Keine Daten ermittelt.
Literarhistoriker, Biograph von Karl Emil Franzos in Belgien.

* *Wien, WSTLB HS*
Teilnachlaß, ca. 110 Inventarnummern: Konvolut von Notizen zu den Briefen von Ottilie Franzos. – Ca. 80 Briefe, u. a. von Ottilie Franzos. – Einzelne Briefe an Ottilie Franzos von verschiedenen Schreibern.
Verzeichnung: Zettelkatalog.
Geschenk 1971

Pellich, Marcell (geb. Pellichower)

8.12.1908, Wien–Dezember 1945, Zürich
Volkshochschulbibliothekar in Wien, Lyriker.
Pellich emigrierte im Sommer 1938 über Italien in die Schweiz und wohnte danach in Zürich.

* *Privatbesitz. Prof. Dr Walter Sokel, University of Virginia, Department of Germanic Languages and Literature, 108 Cocke Hall, Charlottesville, Virginia 22903, U.S.A*
Teilnachlaß: Manuskripte, darunter ein Drama *Das Schloss* (eine Umdichtung von Franz Kafkas gleichnamigem Roman), ein Roman *Das Vergrösserungsglas. Geschichte einer Beziehung*, Exemplare seiner Bücher.

Penn, Heinrich

2.12.1839, Laibach–14.10.1918, Wien
Redakteur der *Neuen Freien Presse*, der *Vorstadtzeitung*, des *Illustrierten Wiener Extrablatts*, Chefredakteur der Zeitung *Mährisch-schlesischer Correspondent* in Brünn und der *Brünner Morgenpost*, Schriftsteller, Mitarbeiter im Pressedepartement des k.k. Ministerrats-Präsidiums.

* *Wien, Wiener Stadt- und Landesarchiv*
Teilnachlaß, 1 Mappe: Manuskripte, Korrespondenz 1877-1913, Visit- und Postkarten, Auszeichnungen und Publikationen.
Erwerbung 1970

Pentz, Alfred Cornelius

14.10.1895, Wien–28.1.1947, ebda
Industrieangestellter, Lyriker, Dramatiker; Lektor im Kulturamt der Stadt Wien.

* *Wien, WSTLB HS*
Nachlaß, 3 Kartons: Entwürfe, Gedichte, Dramen. – Zahlreiche Briefe, darunter Familien- und Geschäftskorrespondenzen. – Lebensdokumente.
Maschinschriftliches Verzeichnis.
Erwerbung 1969

Perkonig, Josef Friedrich

3.8.1890, Ferlach (Ktn.)–8.2.1959, Klagenfurt
Erzähler, Professor an der Lehrerbildungsanstalt in Klagenfurt.
Der Nachlaß wurde dem Kärntner Landesarchiv in den Jahren 1975-1987 in mehreren Teilen zunächst als Depot übergeben. 1989 wurde der gesamte Nachlaß in das Eigentum des Archivs übertragen.

* *Klagenfurt, Kärntner Landesarchiv*
Nachlaß, 25 Kartons: 12 Kartons Manuskripte, Typoskripte, Korrekturfahnen. – 7 Kartons Korrespondenz. – Fotos, Besprechungen, Kritiken, Zeitungsartikel zur Biographie, Exemplare seiner Bücher, Druckbelege, Zeitungsausschnitte.
Verzeichnung: Katalog.
Einige wenige, im Katalog eigens ausgewiesene Archivalien sind bis Ende 1999 gesperrt.

Perry, Leo

Pseud. für Leo Prerovsky
8.11.1886, Wien–19.4.1947, ebda
Schriftsteller, Journalist, Redakteur.
Absolvierte das Gymnasium in Wien, studierte Germanistik und Romanistik an der Universität Wien, promovierte 1913 zum Dr.phil. Hierauf wurde er Journalist, Redakteur der *Zeit*, dann des *Morgen*, später Chefredakteur des *Illustrierten Wiener Extrablatts* und der *Wiener Allgemeinen Zeitung*. Leitete den Lokalteil des *Neuen Wiener Tagblatts*. Nach dem 2. Weltkrieg arbeitete er für die *Wiener Zeitung*.

* *Nicht ermittelt*

Perutz, Leo

2.11.1882, Prag–25.8.1957, Bad Ischl (O.Ö.)
Erzähler und Dramatiker.

* *Frankfurt am Main, Die Deutsche Bibliothek, Deutsches Exilarchiv 1933-1945*
Nachlaß: Manuskripte seiner Romane und Erzählungen, unveröffentlichte Arbeiten. – Briefe, u. a. von Hans Adler, Richard A. Bermann, Bruno Brehm, Franz Elbogen, Paul Frank, Gerty Keleman, Friedrich Reck-Malleczewen, Hans Reimann, Arthur Rundt, Rudolph Steinsberg, Hedwig Weinheber, Josef Weinheber, Ernst Weiß, Verlags- und Familienkorrespondenzen, einzelne Briefe von Leo Perutz. – Verlagsverträge. – Manuskripte anderer Autoren.
Maschinschriftliches Verzeichnis. – Die Tagebücher von Perutz sind nicht öffentlich zugänglich.
Erwerbung 1986.
Leo Perutz 1882-1957. Eine Ausstellung der Deutschen Bibliothek Frankfurt am Main. Ausstellung und Katalog: Hans-Harald Müller und Brita Eckert. Wien-Darmstadt: Paul Zsolnay Verlag 1989.

* *Wien, ÖNB HS*
Kryptonachlaß im Nachlaß von Annie Lifczis, Ser. n. 31.203-31.275: Manuskripte und Typoskripte (ab 1907), Lebensdokumente, Rezensionen, Photos.

Peteani, Maria von

2.2.1888, Prag–28.7.1960, Linz
Zeichnerin, Erzählerin; Linz.

* *Linz, Archiv der Stadt Linz*
Nachlaß, 45 Schuber: Manuskripte, Notizen, Materialsammlungen. – Tagebücher. – Briefe, u. a. von Franz Karl Ginzkey, Viktor Hartberg, Robert Hohlbaum, Franz Lehár, August Pepöck, Carl Steiner, Kamillo Triembacher, Alfred Maria Willner, Korrespondenz mit Institutionen und Behörden. – Persönliche Dokumente. – Zeitungsausschnitte, Lichtbilder.
Maschinschriftliches Verzeichnis. Geordnet.
Übernommen 1964, 1965, 1971

Peter, Johann

23.2.1858, Buchwald (Böhmen)–14.2.1935, Winterberg (Böhmen)
Lyriker, Erzähler, war Oberlehrer in Budweis und im Weinviertel (N.Ö.).

* *Unbekannt*
Ernestine Pichler: Johann Peter. (Monographie). Diss. Wien 1938, S. 97: „Die sämtlichen Werke Peters befinden sich nur noch in den Händen seiner zweiten Frau, der Lehrerin Gisela Peter, die gegenwärtig in Mährisch-Ostrau bei ihrem Sohne lebt."

Peter, Richard

Pseud. für Richard Peter Baumfeldt-Lohnstein
17.1.1881, Wien–31.12.1963, ebda
Lyriker, Erzähler, Dramatiker, Übersetzer, Beamter bis 1959.

* *Unbekannt*

Petzold, Alfons

24.9.1882, Wien–25.1.1923, Kitzbühel (Tir.)
Arbeiterdichter, Lyriker, Erzähler.

* *Wien, WSTLB HS*
Splitternachlaß: Ca. 20 Manuskripte (Erzählungen, Feuilletons).
Verzeichnung: Zettelkatalog.
Kauf 1959
Bernhard Denscher u. Johann Luger: *Alfons Petzold (1882-1923).* Katalog der 197. Wechselausstellung der Wiener Stadt- und Landesbibliothek. November 1982-März 1983. Wien 1982.

* *Wien, ÖNB HS*
Nachlaß, Ser. n. 22.026-22.134, Autogr. 955/1-959/41: Manuskripte, Notiz- und Tagebücher (1905-1923) und Briefe, u. a. von Felix Braun, Walther Eidlitz, Franz Karl Ginzkey, Gustav Klimt, Heinrich Lersch, Leo Slezak, Josef Luitpold Stern, Stefan Zweig und Familienkorrespondenzen.
Texte. Noten. Bilder. Neuerwerbungen, Restaurierungen, Konservierungen 1977-1983. Ausstellung der Österreichischen Nationalbibliothek. Prunksaal 8. Juni-13. Oktober 1984. Wien: Österreichische Nationalbibliothek 1984, S. 62-64.

* *Dortmund, Institut für deutsche und ausländische Arbeiterliteratur*
Sammlung, 1 Mappe: Briefe, Drucke, persönliche Dokumente, Vertonungen, Bibliographie, Sekundärliteratur.

* *Dortmund, Stadt- und Landesbibliothek*
Teilnachlaß von Karl Henckell: 13 Briefe von Petzold an Henckell.

Einzelstücke noch im Privatbesitz. Seit Frühjahr 1987 wurden im Dorotheum in Wien laufend Briefe an Petzold, u. a. von Hermann Bahr, Felix Braun, Franz Karl Ginzkey, Stefan Zweig zum Verkauf angeboten.

Pfeifer, Johann

7.7.1820, Galtür (Tir.)–31.3.1888, Meran
Lyriker; Innsbruck, Meran, Sekretär von Erzherzog Karl Ludwig in Wien.

* *Innsbruck, Tiroler Landesmuseum Ferdinandeum, Bibliothek*
Teilnachlaß: 3 Konvolute Gedichte, 2 Bände handschriftliches Reimwörterbuch.
Vorgeordnet.

Pfeiffer, Ida

Geb. Reyer
14.10.1797, Wien–27.10.1858, ebda
Reiseschriftstellerin.

* *Privatbesitz. „Familie C." [ohne Angabe des Orts]*
Nachlaß: Darunter Vortragsmanuskript *Reise auf Sumatra zu den Canibalen,*

Stammbuch, Reiseverzeichnis, Reisenotizbuch, 2 Daguerreotypien von Reykjavík.

* *Waidhofen a.d.Ybbs, Heimatmuseum*
Sammlungsgegenstände und Kleidungsstücke von Ida Pfeiffer.

Hiltgund Jehle: *Ida Pfeiffer. Weltreisende im 19. Jahrhundert. Zur Kulturgeschichte reisender Frauen.* Münster-New York: Waxmann Verlag 1989. („Annotierte chronologische Bibliographie der Briefe Ida Pfeiffers“, S. 275-279)

Pichler, Caroline

7.9.1769, Wien–9.7.1843, ebda
Lyrikerin, Erzählerin; Wien.

* *Wien, WSTLB HS*
Kryptonachlaß im Nachlaß von Henriette Franz: Notizen, Exzerpte, Gedichte, Abhandlungen, Übersetzungen. – Briefe, u. a. von Therese von Artner, Johannes Büel, Ludwig August Frankl, Joseph von Hormayr, Josefa Kuhn, Edouard de La Grange, Adolf Friedrich Karl Streckfuss und Familienkorrespondenzen, Briefe von Caroline Pichler, u. a. an Marianne von Neumann und Marie Zay. – Lebensdokumente. – Familiendokumente, Gedichte und Lebenslauf von Marianne von Neumann.
Verzeichnung: Zettelkatalog.
Kauf und Geschenk 1904 und 1906

Standorte von weiteren Autographen nachgewiesen bei Frels, S. 223-224.

Pichler, Fritz

7.7.1834, Klagenfurt–11.11.1911, Graz
Kustos am Münz- und Antikenkabinett des Joanneums, Professor an der Universität Graz, Erzähler, Dramatiker.
Im Jahre 1950 war der komplette schriftliche Nachlaß Pichlers vorhanden. Ein Prof. Perhautz in Klagenfurt stellte den gesamten Nachlaß Friedrich Jocher zur Verfügung. Es war Jocher aber nicht möglich, die zahlreichen Briefe Pichlers an seinen Freund Ernst Rauscher, einzusehen.
Friedrich Jocher: Fritz Pichler. Leben und dichterisches Schaffen. Diss. Wien 1950.

* *Vermutlich Privatbesitz*
Inhalt: Zeitungsausschnitte, Briefe, kleinere Aufzeichnungen, Tagebuch bis 1853. [Stand 1950]

Pichler, Georg Abdon

9.3.1806, Salzburg–24.10.1864, ebda
Lehrer, Lyriker, Bibliothekar und Historiker; Salzburg.

* *Salzburg, Museum Carolino Augusteum, Bibliothek*
Teilnachlaß, 24 Bände: Historische, religiöse und literarhistorische Arbeiten, u. a. über Edward Bulwer-Lytton und Friedrich Schiller, zahlreiche Lustspiele. – Ca. 20 Briefe an Pichler. – Zeugnisse, Reisepaß, Quittungen.
Verzeichnung: Zettelkatalog.

Pichler, Gustav

17.5.1904, Wien–25.2.1980, ebda
Beamter, Schauspieler, Regisseur, Rechtsanwalt; Kulturreferent der Salzburger Landesregierung, Gründer und Präsident der „Ferdinand-Raimund-Gesellschaft“ in Wien.

* *Mödling, Literarische Gesellschaft, Archiv für ungedruckte Manuskripte*
Teilnachlaß, 1 Konvolut: Einzelne Briefe. – Manuskripte verschiedener Autoren, u. a. von Emil Lucka und Max Mell.
Unbearbeitet.
Depot

Pichler von Rautenkar, Adolf

4.9.1819, Erl (Tir.)–15.11.1900, Innsbruck
Geologe, Lyriker, Erzähler; Gymnasiallehrer und Professor an der Universität Innsbruck.

* *Weimar, Goethe- und Schiller-Archiv*
Teilnachlaß, 5 Kartons: Tagebuch (1848-1896). – Ca. 2 700 Briefe, u. a von Alois Brandl, Moriz Carriere, A. Englert, Ludwig August Frankl, Moritz Necker, Johann Georg Obrist, Simon Marian Prem, Peter Rosegger, Ferdinand von Saar, Hermann Theodor Schmid, Christian Schneller, Kaspar Speckbacher, Karl von Thaler, Richard Maria Werner; ca. 270 Briefe und Briefentwürfe von Pichler.
Verzeichnung: Hahn, S. 168-170.

* *Innsbruck, Universität, Forschungsinstitut „Brenner-Archiv"*
Teilnachlaß, 5 Kartons: Gedichte, literarische Aufsätze, naturwissenschaftliche und geologische Notizen, Druckvorlagen für die Ausgabe der *Gesammelten Werke*. – Ca. 400 Briefe, u. a. von W. Guembel; ca. 85 Briefe von Pichler, u. a. an Simon Marian Prem. – Zeugnisse, Bewerbungsschreiben, Dokumente zur Beamtenlaufbahn, Ehrungen, Testament, Totenschein. – Photos, Bleistiftzeichnung, 2 Druckgraphiken.
Verzeichnung: Zettelkatalog.
Depot 1974
Der Ministerialrat Adolf von Pichler, dessen Nachlaß im Steiermärkischen Landesarchiv aufbewahrt wird, ist nicht identisch mit dem Schriftsteller Adolf Pichler von Rautenkar.

Pick, Otto

9.5.1886, Prag–25.5.1940, London
Schriftsteller, Übersetzer, Herausgeber, Feuilletonredakteur der *Prager Presse* 1921-1938.
Der Nachlaß dürfte im wesentlichen verschollen sein. „Pick hat vor seiner Emigration im Jahre 1939 seine Papiere (oder einen Teil davon) bei jemandem in Prag hinterlegt, der, da Pick bereits 1940 in England starb und später niemand das Deponierte zurückverlangte, dies als sein Eigentum betrachtete." (Eduard Goldstücker: Eine unbekannte Novelle von Franz Werfel. In: *Germanistica Pragensia* 4 (1966), S. 65-73; hier S. 66.) Goldstücker vermutete 1966, daß das von ihm hier publizierte Fragment einer Novelle von Franz Werfel, *Die Stagione* (1912), aus dem Besitz bzw. Nachlaß von Pick stammte. Briefe an Pick in seiner Eigenschaft als Feuilletonredakteur der *Prager Presse* befinden sich im Museum der tschechischen Literatur in Prag.

Pick, Robert

Pseud. Valentin Richter
1.3.1898, Wien–7.4.1978, New York
Erzähler, Herausgeber, Übersetzer.

* *Cambridge (Mass.), Harvard University, Houghton Library*
Nachlaß: Erzählungen, autobiographische Aufzeichnungen, Übersetzungen. – 84 Briefe, vorwiegend an Pick.
Guide, 1992, S. 511-512.

Pirker, Lotte

11.8.1877, Marienbad–16.12.1963, Wien
Schriftstellerin, sozialistische Politikerin; Bezirksrätin in Wien-Hietzing.

* *Wien, Kammer für Arbeiter und Angestellte, Dokumentation*
Teilnachlaß, 0,4 Meter: Vorträge, Vorlesungen. – Einzelne Briefe. – Dokumente über Lesungen und Vorträge.
Vorgeordnet.

* *Wien, WSTLB HS*
Teilnachlaß, 1/2 Karton: Entwürfe von lyrischen und epischen Dichtungen.
Unbearbeitet.
Erwerbung 1973

* *Wien, Verein für Geschichte der Arbeiterbewegung*
Teilnachlaß.

Plattensteiner, Richard

Pseud. Robert Palten
18.3.1878, Wien–18.7.1956, ebda

Lyriker, Erzähler, Dramatiker, Rezitator; Wien.

* *Wien, Bezirksmuseum Landstraße*
Teilnachlaß: Einzelne Gedichte. – Ca. 200 Briefe an Plattensteiner. – Ehrungen. – Druckbelege.
Maschinschriftliches Verzeichnis.

Pock, Friedrich

1.3.1891, Graz–2.12.1945, Anhaltelager Wolfsberg (Ktn.)
Literarhistoriker; Bibliothekar an der Steiermärkischen Landesbibliothek in Graz.

* *Graz, Steiermärkische Landesbibliothek*
Teilnachlaß, 5 Kartons: Ca. 60 Werkmanuskripte (kulturpolitische Aufsätze, zahlreiche Arbeiten über Peter Rosegger). – Ca. 100 Briefe an Pock und an die Schriftleitung des *Deutschen Volkskalenders*. – Ca. 20 Briefe in Angelegenheiten des „Deutschen Schulvereins", meist an Karl Deschmann.
Handschriftliches Verzeichnis.

Pöhnl, Hans

3.5.1849, Wien–gest. geisteskrank vielleicht in Znaim, wo er noch 1893 lebte.
Oberregisseur und Dramaturg in Wien, lebte seit 1889 in Oberweis bei Gmunden.

* *Nicht bekannt*
Seine Bibliothek wurde 1896 in Wien verkauft. Siehe *Gilhofer & Ranschburg (Wien), Katalog No. 52 des Antiquarischen Bücherlagers,* Wien [1896]. 94 S. 2222 Nummern.

Pölt-Nordheim, Klara

1.5.1862, Sarnthein (Südtir.)–16.11.1926, Innsbruck
Erzählerin, Volkskundlerin; Sarnthein, Innsbruck.

* *Innsbruck, Universität, Forschungsinstitut „Brenner-Archiv"*
Teilnachlaß, 3 Kartons: Notizen, Exzerpte, zahlreiche literarische und volkskundliche Arbeiten, u. a. über Bräuche, Sagen und Märchen, Sammlung von Sarnthaler Redensarten. – Einzelne Briefe. – Personaldokumente, Werkverzeichnis. – Sammlung von Unterlagen über Kriegsauswirkungen, Druckbelege, Vorträge und Veröffentlichungen über Pölt-Nordheim.
Vorgeordnet.
Depot 1974

Polak, Ernst

Pseud. Ernst Schwenk, E.Sch. E.S. Esch., E.P.
4.8.1886, Jičin (Böhmen)–21.9.1947, London
Literaturagent, Kritiker, Verlagslektor.

* *Marbach, DLA*
Nachlaß, 5 Kartons: Kussmaul, Sp. 389-390.
Dieter Sulzer: Der Nachlaß von Ernst Polak im Deutschen Literaturarchiv. Bericht, Verzeichnis und Edition von Briefen Polaks, Werfels und Brochs. Für Bernhard Zeller zum 19. September 1989. In: *Jahrbuch der Deutschen Schillergesellschaft* 23 (1979), S. 514-548; Hartmut Binder: Ernst Polak–Literat ohne Werk. Zu den Kaffeehauszirkeln in Prag und Wien. In: *ebda,* S. 366-415.

Polgar, Alfred

17.10.1873, Wien–24.4.1955, Zürich
Kritiker, Feuilletonist, Erzähler; Wien, Berlin.
Ein eigentlicher Nachlaß existiert nicht. In verschiedenem Besitz sind kleinere Materialsammlungen. Eine solche Sammlung findet sich nach Auskunft von Dr. Ulrich Weinzierl im Besitz der Witwe des Stiefsohns Polgars, Herrn Erik G. Ell (New York). Photos aus dem Besitz der Witwe Erik G. Ells im Besitz von U. Weinzierl.

** Privatbesitz. Witwe von Erik G. Ell, New York*
Diverse Materialien wurden nach dem Tod Ells in New York in einem Koffer gefunden, darunter keine Briefe, aber einige Übersetzungen.
Autographen von Polgar verzeichnet Ulrich Weinzierl: *Er war Zeuge. Alfred Polgar. Ein Leben zwischen Publizistik und Literatur*. Wien: Löcker & Wögenstein 1978, S. 195, sowie ders.: *Alfred Polgar. Eine Biographie*. Wien-München: Löcker Verlag 1985. Siehe auch Guide, 1978, S. 740-742.

Politzer, Heinz

31.12.1910, Wien–30.7.1978, Berkeley (Kalifornien)
Literaturwissenschaftler.

** Marbach, DLA*
Nachlaß, 40 Kartons: Prosa, Übersetzungen, Briefe von und an Politzer.
Kussmaul, Sp. 390; *Jahrbuch der Deutschen Schillergesellschaft* 28 (1984), S. 514.

Pollaczek, Clara Katharina

Geb. Loeb, Pseud. Bob, Béol
15.1.1875, Wien–22.7.1951, ebda
Erzählerin, Lyriker, Übersetzerin; Wien.
Verheiratet mit dem Industriellen Otto P., der 1908 Selbstmord beging. Hatte zwei Kinder: Harry, Karl Friedrich. Nach dem Tod Arthur Schnitzlers wurden ihre Briefe an ihn retourniert. In seinen letzten Lebensjahren war Pollaczek die Lebensgefährtin von Schnitzler.

** Wien, WSTLB HS*
Teilnachlaß, ca. 250 Inventarnummern: Abschriften aus Briefen und Tagebüchern über ihre Beziehung zu Arthur Schnitzler. – Ca. 240 Briefe, u. a. von Arthur Schnitzler, einzelne Briefe von Clara Katharina Pollaczek. – Tagebücher.
Verzeichnung: Zettelkatalog.
Geschenk 1949

Pollak, Felix

9.11.1909, Wien–19.11.1987, Madison, Wisconsin, U.S.A.
Lyriker, Bibliothekar in Madison. Emigrierte 1938 in die U.S.A.
Inhaber der Rechte: Dr. Sara Pollak, 601 Segoe Road, Apt. 404, Madison, Wisconsin 53705, U.S.A.

** Madison (Wisconsin), University of Wisconsin, General Library Systems, Rare Book Collections*
Nachlaß: Gedichte, Aphorismen, Essays, Briefe, u. a. von Henry Miller und Anais Nin, Lebensdokumente, Photos, Belegexemplare, Arbeiten über Pollak, Widmungsexemplare der Bücher von Anais Nin.
Maschinschriftliches Verzeichnis.
Felix Pollak: *Vom Nutzen des Zweifels. Gedichte*. Hrsg. u. mit einem Nachwort versehen von Reinhold Grimm. Frankfurt am Main: Fischer Taschenbuch Verlag 1989; Reinhold Grimm: Ein Aphoristiker im Gehäus: Neues aus dem Nachlaß von Felix Pollak. In: *Modern Austrian Literature* 24 (1991), Nr. 3/4, S. 17-41.

Polzer, Victor

5.9.1892, Wien–16.2.1965, New York
Übersetzer, Lektor, Journalist; Wien.

** New York, Leo Baeck Institute*
Teilnachlaß, 0,1 m : Manuskripte, Briefe, u. a. von Hermann Broch und Thomas Mann, Personaldokumente, Schulzeugnisse. (Catalog, S. 116)

Popper-Lynkeus, Josef

21.2.1838, Kolin–21.12.1921, Wien
Sozialphilosoph, Techniker.

* *Jerusalem, The Jewish National and University Library, Department of Manuscripts and Archives*
Nachlaß und Sammlung Siegfried Pirker, 105 Mappen: Manuskripte, Briefe, u. a. von Ludwig Gelber, Briefkopierbücher (1897-1910) von Popper-Lynkeus. – Autobiographische Aufzeichnungen, Publikationsverzeichnis. – Sammlung von Rezensionen der Werke Popper-Lynkeus, Sekundärliteratur über Popper-Lynkeus, Bücher von ihm, Katalog der Bibliothek, Aufzeichnungen von Paul Tausig, 140 Briefe von Popper-Lynkeus an Tausig. Maschinschriftliches Verzeichnis. Signatur: Ms. var. 303.

Prager Presse

Die Tageszeitung erschien von 21. März 1921 bis 31. Dezember 1938. Chefredakteur während dieser Zeit war Arne Laurin (24.2.1889, Hrnčiře bei Prag–18.2.1945, New York), der eigentlich Arnošt Lustig hieß. Zwischen 1921 und 1938 war der Prager deutsche Schriftsteller und Übersetzer Otto Pick (9.5.1886, Prag–25.5.1940, London) Feuilletonredakteur. Als Laurin zu Beginn des Jahres 1939 emigrieren mußte, wurde sein Archiv, das Redaktionsarchiv der *Prager Presse,* dem Literaturarchiv des tschechischen Nationalmuseums übergeben, das seit 1964 dem Museum der tschechischen Literatur in Prag angegliedert ist. Verzeichnet werden im folgenden Briefe von österreichischen Autoren an Arne Laurin und Otto Pick sowie Briefe (in Durchschlag) von Laurin sofern 10 oder mehr Korrespondenzstücke vorliegen.

* *Prag, Literární archiv. Památník Národního Písemnictví. (Museum der tschechischen Literatur)*
Briefe an Laurin, u. a. von Max Adler, Ea von Allesch, Heinrich Benedikt, Hugo Bergmann, Franz Blei, Hermann Broch, Oscar Walter Cisek, Hans Demetz, Adolph Donath, Albert Ehrenstein, Wladimir Eliasberg, Marie Franzos, Ben Gavriël (= Eugen Hoeflich), Max Hayek, Paul Hohenau, Josef Kalmer, Heinrich Kanner, Arnošt Kraus, Felix Langer, Paul Leppin, Robert Müller, Alois Musil, Robert Musil, Hans Natonek, Emil Pirchan, Herbert Reichner, Edmund Reimer-Ironside, Hugo Salus, Robert Saudek, Robert Scheu, Hugo Sonnenschein-Sonka, Rudolf Steiner, Ernst Weiß; Briefe an Otto Pick, u. a. von Robert Musil, Otto Stoessl; Durchschläge der Briefe von Laurin, u. a. an Ea von Allesch, Franz Blei, Albert Ehrenstein, Arnošt Kraus, Emil Pirchan, Robert Saudek, Robert Scheu und Hugo Sonnenschein-Sonka.
[Verzeichnis] Jan Wagner: *Arne Laurin (vl. jméno Arnošt Lustig) (1889-1945).* Literární pozůstalost číslo 412. Praha 1966.

Pramberger, Julius Richard

Ordensname Romuald; Pseud. W. Elfenau
12.4.1877, Pöchlarn (N.Ö.)–7.4.1967, Mautern (Stmk.)
Benediktiner in Melk und St. Lamprecht, lebte bis zu seinem Tod in Mautern, Erzähler, Volkskundler.

* *St. Lambrecht, Benediktinerstift, Stiftsarchiv*
Nachlaß: U. a. ein großes Konvolut von Briefen des jungen Albert Paris Gütersloh. Pramberger war von ca. 1898 bis 1906 mit dem jungen Albert Kiehtreiber zuerst als Nachhilfelehrer, dann als Freund und Förderer seiner literarischen Neigungen eng und anfangs mit starkem Einfluß verbunden. Fotokopien der Briefe Güterslohs an Pramberger sind im Nachlaß Gütersloh in Wien vorhanden.

* *Graz, Steiermärkische Landesbibliothek*
Teilnachlaß, 1 Karton: 6 Konvolute Werkmanuskripte (Gedichte, Erzählungen, umfangreiche Erinnerungen).

Unbearbeitet.

* *Graz, Steirisches Volkskundemuseum*
Teilnachlaß: 45 Bände Aufzeichnungen zur Volkskunde der Steiermark.
Vorgeordnet.

Prechtler, (Johann) Otto

21.1.1813, Grieskirchen (O.Ö.)–6.8.1881, Innsbruck
Lyriker, Dramatiker, Librettist; Linz, Steyr, Direktor des Hofkammerarchivs in Wien.

* *Wien, WSTLB HS*
Teilnachlaß, ca. 15 Inventarnummern: 9 Werkmanuskripte (Entwürfe und Notizen zu Opernlibretti). – Einzelne Briefe. – Werkverzeichnis.
Verzeichnung: Zettelkatalog.
Geschenk 1932

* *Innsbruck, Tiroler Landesmuseum Ferdinandeum, Bibliothek*
Teilnachlaß, 1/2 Karton: Gedichte, autobiographische Aufzeichnungen. – Einzelne Briefe an Prechtler. – Druckbelege.
Unbearbeitet.
Geschenk 1915

Standorte von weiteren Autographen nachgewiesen bei Frels, S. 226.

Prem, Simon Marian

Pseud. Christian Ewald
27.10.1853, Niederau–26.4.1920, Innsbruck
Gymnasiallehrer, Literarhistoriker; Hall in Tirol, Innsbruck.

* *Innsbruck, Universität, Forschungsinstitut „Brenner-Archiv"*
Teilnachlaß, 1 Karton: 1 Reisebericht. – Zahlreiche Briefe von Martin Greif. – Abschriften der Briefe von Prem an Ludwig August Frankl.
Vorgeordnet.
Depot 1974

* *Innsbruck, Tiroler Landesmuseum Ferdinandeum, Bibliothek*
Sammlung, 5 Mappen: Abschriften seiner Tagebücher, autobiographische Aufzeichnungen.
Vorgeordnet.

Preradovic-Molden, Paula von

12.10.1887, Wien–25.5.1951, ebda
Erzählerin, Lyrikerin.
Aus der Zeit vor 1945 sind nur wenige Briefe vorhanden, da ein Großteil der Briefe dieser Zeit auf dem Dachboden des Hauses Osterleitengasse 7 bei einem Bombentreffer vernichtet wurden. Briefe von Paula von Preradovic aus der Zeit vor 1945 im Nachlaß sind ihr nachträglich von den Briefempfängern übergeben worden.

* *Privatbesitz. Prof. Otto Molden, Wien*
Angereicherter Nachlaß, ca. 10 große Kisten: Zeitungskritiken, Briefe, Manuskripte.
Reginald Vospernik: Paula von Preradovic. Leben und Werk. Diss. Wien 1961.

Priessnitz, Reinhard

27.10.1945, Wien–5.11.1985, ebda
Schriftsteller, Herausgeber.

* *Privatbesitz. Cora Pongracz, Formanekgasse 1A, A-1190 Wien*
Betreuer: Dr. Ferdinand Schmatz, Kellermanngasse 8/8, A-1070 Wien. Werknutzungsrechte bei der Witwe.
Nachlaß.
Findbuch vorhanden.
Eine Gesamtausgabe seiner Werke erscheint in der Linzer edition neue texte. 1990 ist das theoretische Werk u.d.T. *Literatur, Gesellschaft etc.* erschienen. 1991 folgt der Band *Materialien zu Leben und Werk.*

Prinzinger, August d.Ä.

16.10.1811, Böhmenkirch (Schwaben)–14.1.1899, Salzburg
Rechtsanwalt, Abgeordneter zur Deutschen Nationalversammlung in Frankfurt, Gemeinderat und Landtagsabgeordneter in Salzburg, Sprach- und Geschichtsforscher.

** Salzburg, Salzburger Landesarchiv*
Teilnachlaß: Manuskripte (*Nachträge zu den Grundsätzen der altdeutschen Schriftsprache, Nachträge zur ältesten Geschichte des baierisch-österreichischen Volksstammes*), Tagebücher.
Maschinschriftliches Verzeichnis.

Prinzinger, August d.J.

26.3.1851, Salzburg–6.12.1918, ebda
Rechtsanwalt, Heimat- und Sprachforscher.

** Salzburg, Salzburger Landesarchiv*
Teilnachlaß: Manuskripte, Reiseunterlagen, Tagebücher, Schriftverkehr mit der Redaktion des Werkes *Die österreichisch-ungarische Monarchie in Wort und Bild* sowie mit der Wörterbuchkommission der K. Akademie der Wissenschaften (1913-1916), Druckbelege, Zeitungsausschnitte, Zettelkatalog (Sammlung von Pinzgauer Flur- und Ortsnamen).
Maschinschriftliches Verzeichnis.

Probst, Johann Eugen

24.11.1858, Wien–4.8.1937, Mödling (N.Ö.)
Direktor der Städtischen Sammlungen in Wien als Nachfolger Karl Glossys.

** Wien, Wiener Stadt- und Landesarchiv*
Teilnachlaß, 2 Mappen: Manuskripte. – Biographische Unterlagen, Magistratsdekrete 1888-1921, Anerkennungen 1897-1922, Glückwünsche zum 70.Geburtstag, Nachrufe.
Geschenk 1971

Prosl, Robert Maria

14.9.1873, Wien–11.11.1957, ebda
Schauspieler, Theaterkritiker, Bühnenschriftsteller; Wien.

** Wien, WSTLB HS*
Nachlaß, ca. 150 Inventarnummern und 5 Kartons: Notizen, Exzerpte, zahlreiche Gedichte, theaterhistorische Abhandlungen. – Ca. 120 Briefe, darunter Familienkorrespondenzen. – Verlagsverträge. – Photos.
Maschinschriftliches Verzeichnis, Zettelkatalog. – Teilweise unbearbeitet.
Erwerbung 1979

Pschorn, Karl

17.7.1885, Waidhofen a.d.Ybbs (N.Ö.)–30.5.1945, Wien
Hauptschuldirektor bis 1937, Mundartdichter.
„Die Katastrophe, die so viele Kulturwerte vernichtete, hat auch den reichen Nachlaß des Dichters hinweggefegt. Demnach war ich angewiesen auf die spärlichen Reste, die da und dort aufzufinden waren." (A. Wagner, Vorwort) Das Restmaterial war 1950 noch im Besitz der Witwe, Frau Elisabeth Pschorn. Auskunft kam von Herrn Moritz Pschorn. „Aber in den Tagen der Befreiung war er völlig verstört, auch körperlich durch die Anstrengungen und Aufregungen der letzten Zeit geschwächt. Er hat alles verbrannt, Bücher, Manuskripte, Briefe. Die Wohnung wurde sofort nach seinem Tode besetzt, eventuelle Reste sind verschollen." Albert Wagner: Karl Pschorn. Versuch einer Monographie. Diss. Wien 1950, S. 55.

** Waidhofen a.d. Ybbs, Stadtarchiv*
Spärliche Reste. Der Großteil des literarischen Nachlasses wurde im Zuge des Kriegs vernichtet.

Pühringer, Franz

27.12.1906, Kirchdorf bei Pernegg (Stmk.)–30.8.1977, Linz
Lyriker, Dramatiker, Kulturreferent des Landes Oberösterreich.

* *Linz, Adalbert-Stifter-Institut*
Nachlaß, 57 Kartons: Entwürfe, 6 Kartons Gedichte, Märchen, Erzählungen, Aufsätze, Rezensionen, Schauspiele, Komödien, Puppenspiele, Bearbeitungen für Puppenspiele, Rundfunkmanuskripte. – 1 Karton Briefe, dazu Korrespondenz mit Verlagen und Theatern. – Personaldokumente. – Rezensionen seiner Werke, Sammlung von Büchern und Zeitschriften.
Handschriftliches Verzeichnis.
Geschenk 1988

Puff, Rudolf Gustav

10.7.1808, Holzbaueregg nächst Großflorian–20.6.1865, Marburg a.d.Drau
Gymnasiallehrer, Erzähler, Lyriker.

* *Graz, Steiermärkisches Landesarchiv*
Nachlaß, 21 Schachteln: Gedichte, Erzählungen, zahlreiche Manuskripte zur Geschichte der Steiermark, Nachrufe, Reisehandbuch für die Steiermark. – Briefe, u. a. von Johann Gabriel Seidl, Hyazinth (?) Schulheim, Joseph von Hammer-Purgstall, Nicolaus Oesterlein, Johann Vinzenz Sonntag. – Unterlagen zur Lehrtätigkeit am Marburger Gymnasium, Materialien zur Gründung und Verwaltung des Theaters in Marburg (1847-1859), Dokumente zu verschiedenen Vereinen.
Maschinschriftliches Verzeichnis.
Geschenk 1981
Franz Otto Roth: Aus den Briefen der Marie I. an Dr. Rudolf Gustav Puff. Eine „love-story" im steirischen Biedermeier. In: *Blätter für Heimatkunde* (Graz) 60 (1986), S. 49-56.

Pupp, Julius

1.6.1886, Linz–16.4.1974, Salzburg
Architekt, Schriftsteller; Linz, Wien, Salzburg.

* *Salzburg, Salzburger Literaturarchiv*
Teilnachlaß, 3 Kartons: Exzerpte, Entwürfe und Manuskripte, u. a. für den unvollendeten Roman *San Sava*.
Vorgeordnet.
Geschenk 1988

Pyrker von Oberwart (Felsö-Eör), Johann Ladislaus

2.11.1772, Lángh bei Stuhlweißenburg (Ungarn)-2.12.1847, Wien
Epiker, Dramatiker, Zisterzienser, seit 1827 Erzbischof von Erlau (Eger).

* *Eger (Ungarn), Föegyházmegyei Könyvtár Eger (Bibliothek der Erzdiözese Eger)*
Nachlaß: Ca. 110 Erzählungen. – Briefe, u. a. von Joseph von Arneth, Sarah Austin, F.G. Benkert, Wilhelm Hebenstreit, Karl Friedrich Philipp von Martius, Karl Wilhelm Meinhold, Jacobo Monico, J.J. Nyssen, Angelo Maria Ricci, A. Weissenburg und Karl Winarcky.
Signatur: Ms 1039/1-1042.
Sándor Iványi: *Az Egri Föegyházmegyei Könyvtár kéziratkatalógusa.* Budapest: Országos Széchényi Könyvtár 1986, S. 100-143. (= Catalogi manuscriptorum, quae in bibliotecis ecclesiasticis Hungariae asservantur 5)

Standorte von weiteren Autographen nachgewiesen bei Frels, S. 229.

Qualtinger, Helmut

Pseud. gemeinsam mit Michael Kehlmann: Paul Brisot, Hans Helmut, Helmut Blattl
8.8.1928, Wien–29.9.1986, ebda
Schauspieler, Kabarettist; Wien.

* *Wien, WSTLB HS*
Nachlaß, 18 Kartons: Entwürfe, Aufsätze, Sketches, Satiren, Kabarettszenen, Übersetzungen. – Ca. 400 Briefe an Qualtinger; dazu Familien-, Verlags- und Redaktionskorrespondenzen – Personaldoku-

mente, medizinische Befunde, Steuerbescheide, Ehrungen, Verträge, Honorar- und Lizenzabrechnungen, Tourneepläne, Programme von Auftritten Qualtingers, Photos. – Gedichte und Tagebuch von Ida Qualtinger (1928-1935); Notizbücher, Personaldokumente und Militärpapiere von Friedrich Qualtinger; Kritiken von Werken und Auftritten Qualtingers, Sammlung von Verlags- und Bühnenexemplaren der Übersetzungen und Theaterstücke Qualtingers.
Maschinschriftliches Verzeichnis.
Geschenk 1987

* *Wien, Thomas Sessler Verlag*
Sammlung: Manuskripte.

Quartner, Isidor

23.7.1891, Wien–9.10.1915, ebda
Schriftsteller.

* *Unbekannt, wahrscheinlich verschollen*

* *Wien, ÖNB HS*
Oden (7 Bl.) im Nachlaß Fritz Lampl: Ser. n. 19.403.

Rachmanowa, Alja

Pseud. für Galina Alexandra von Hoyer, geb. Djuragin
27.6.1898, Ural–11.2.1991, Ettenhausen (Thurgau)
Erzählerin; Wien, Salzburg. Lebte seit 1945 in der Schweiz und seit 1949 in Ettenhausen.

* *Privatbesitz. Ettenhausen (Thurgau) Schweiz*
Nachlaß.

Radics-Kaltenbrunner, Hedwig von

11.12.1845, Wien–16.11.1919, Laibach
Schriftstellerin; Wien, Laibach.

* *Enns, Museum Lauriacum*
Kryptonachlaß im Nachlaß von Karl Adam Kaltenbrunner, 2 Konvolute: Notizen, Entwürfe. – Einzelne Briefe. – Manuskripte anderer Autoren, Sonderdrucke.
Unbearbeitet.
Geschenk 1913

Radnitzky, August

Pseud. Der Fink von Mattsee
12.6.1810, Salzburg–22.3.1897, Mattsee (Sbg.)
Mundartdichter; Salzburg, Verwalter im Stift Mattsee.

* *Salzburg, Museum Carolino Augusteum, Bibliothek*
Teilnachlaß, 2 Kartons: Gedichte, Festspiele, Lustspiele, Libretti. – Personaldokumente, Zeugnisse, Dokumente zur Berufslaufbahn, Sammlung von Akten aus der Tätigkeit als Stiftsverwalter in Mattsee. – Sammlung von Salzburger Gelegenheitsgedichten (Einblattdrucke).
Vorgeordnet.
Geschenk 1900

Räuscher, Josef

10.8.1889, Hainfeld (N.Ö.)–23.1.1937, St. Pölten
Lyriker, Publizist, Übersetzer; St. Pölten, Berlin, Paris.

* *Innsbruck, Universität, Forschungsinstitut „Brenner-Archiv"*
Kryptonachlaß im Nachlaß von Ferdinand Ebner: Ca. 20 Werkmanuskripte (Gedichte, Übersetzungen antiker Lyrik).
Verzeichnung: Inventar, Zettelkatalog.

Raimund, Ferdinand

1.6.1790, Wien–5.9.1836, Pottenstein (N.Ö.)
Schauspieler, Dramatiker; Wien.

* *Wien, WSTLB HS*
Sammlung: Entwürfe, Einlagen, Zensur- und Soufflierbücher seiner Stücke. – Ca.

200 Briefe von Raimund an Charlotte und Antonia Wagner.
Verzeichnung: Zettelkatalog.
Kauf 1879 und 1893

Standorte von weiteren Autographen nachgewiesen bei Frels, S. 230.

Rainalter, Erwin Herbert

6.6.1892, Konstantinopel–29.10.1960, Wien
Erzähler, Verlagslektor, Journalist.

* *Krems, Bundesgymnasium*
Nachlaß: Radiovorträge, Romane, Novellen, Gedichte. – Briefe, u. a. von Raoul Auernheimer (7), Hermann Bahr (4), Anna Bahr-Mildenburg (1), Rudolf Hans Bartsch, Waldemar Bonsels, Felix Braun (6), Burghard Breitner (1), Max Brod (1), Franz Theodor Csokor (1), Marie Eugenie Delle Grazie (2), Herbert Eulenberg (über 20), Oskar Maurus Fontana (2), Franz Karl Ginzkey (1916-1958, umfangreich), Hermann Graedener (2), Felix Harta, Hugo von Hofmannsthal (1 Br., 1921), Robert Hohlbaum (47), Oskar Jellinek (2), Hans Kloepfer, Erich Landgrebe (betr. „Brauner Buchring“: *Österreich erzählt*), Max Mell (40), Max von Millenkovich-Morold, Walter von Molo, Kurt Münzer (umfangreich), Adelbert Muhr (1), Franz Nabl (2), Hans Nüchtern (1), Joseph Georg Oberkofler, Hermann Heinz Ortner, Josef Friedrich Perkonig (umfangreich), Erwin Rieger (5), Hans Ludwig Rosegger (4), Hugo Salus (1), Richard von Schaukal (7), Friedrich Schreyvogl (2), Franz Servaes (2), Otto Stoessl, Karl Hans Strobl (7), Fritz Stüber-Gunther (5), Franz Tumler (1), Egon Wellesz (2), Josef Wenter (3), Friderike Zweig (7 Briefe und 2 Ansichtskarten), Stefan Zweig (46 Briefe, 29 Post- und Ansichtskarten aus den Jahren 1912-1930); Redaktionskorrespondenz, u. a. von Paul Busson, Hugo Glaser (*Neues Wiener Tagblatt*), Ernst Lissauer, Verlagskorresondenz. – Kondolenzschreiben an Julitta Rainalter, Glückwünsche (u. a. zur Vermählung), Verlagsverträge (z.B. Paul Zsolnay Verlag). – Zeitungsausschnitte, Druckbelege in Kuverts alphabetisch geordnet, Fahnen einzelner Werke, Nachrufe, Photos. – Bibliothek, ca. 5 000 Bände (katalogisiert und alphabetisch z.T. nach Sachgebieten im „Rainalter-Zimmer“ aufgestellt), Werkkritiken und persönliche Dokumente nicht im Nachlaß.
Kaum Korrespondenz nach 1945 und aus den 30er Jahren.
(Nach dem testamentarischen Wunsch Rainalters von der Witwe, Julitta Rainalter übergeben.)

* *Einzelne Dokumente im Besitz der Nichte, Mag. Julietta Müller, Haidgasse 15/9, A-1020 Wien.*

Rakovsky, Gertrude

Geb. 5.6.1923, Wien
Lyrikerin, Erzählerin; Wien.

* *Wien, Dokumentationsstelle für neuere österreichische Literatur*
Teilnachlaß, 1 Karton: Gedichte, Erzählungen, Arbeiten über Luise Rinser. – 5 Mappen Briefe an Rakovsky und Durchschläge eigener Briefe. – Photos.
Maschinschriftliches Verzeichnis.
Depot 1978 bis 1983

* *Wien, WSTLB HS*
Teilnachlaß, 2 Kartons: Rezensionen, Mariengedichte, Gedichte über Gestalten des Alten und Neuen Testaments, Abhandlungen, u. a. über Rudolf von Alt, Luise Rinser und Simone Weil. – Einzelne Briefe. – Autobiographische Aufzeichnungen.
Unbearbeitet.
Geschenk 1979

Rank, Josef

10.6.1816, Friedrichsthal (Böhmerwald)–27.3.1896, Wien
Publizist, Erzähler; Weimar, Nürnberg, Mitglied der Deutschen Nationalversammlung in Frankfurt, Direktionssekretär der Wiener Hofoper, Redakteur der *Österreichischen Zeitung* und der *Heimat*.

* *Wien, WSTLB HS*
Teilnachlaß: Ca. 70 Werkmanuskripte (Aufsätze, Erzählungen, Erinnerungen, Romane und Romanfragmente, Dramen). – Ca. 70 Briefe an Rank.
Verzeichnung: Zettelkatalog.
Geschenk 1902

* *Passau, Böhmerwaldmuseum*
Teilnachlaß.

* *Wien, ÖNB HS*
Teilnachlaß: Ser. n. 9.668-9.674, Autogr. 267/1-14: Manuskripte und ca. 50 Briefe an Rank.

Standorte von weiteren Autographen nachgewiesen bei Frels, S. 231.

Ranzoni, Emmerich

17.12.1823, Unternalb (N.Ö.)–4.4.1898, Wien
Beamter, Schauspieler, Erzähler, Publizist; Wien.

* *Wien, WSTLB HS*
Teilnachlaß: Ca. 90 Briefe an Ranzoni.
Verzeichnung: Zettelkatalog.
Kauf 1941

Ratislav, Josef Karl

27.6.1890, Wien–10.11.1955, ebda
Erzähler, Lyriker, Dramaturg, Literarhistoriker.

* *Wien, ÖNB HS*
Teilnachlaß, Autogr. 1044/1-1045/80: 433 Briefe an Ratislav von 144 Schreibern, u. a. von Max Paulsen, Charlotte Sauer und Eugen Swoboda.

Reichsbund deutscher Mundartdichter Österreichs

* *Wien, ÖNB HS*
Archiv, Autogr. 1097/29-1098/50.

Reichsschrifttumskammer, Landesleitung Wien

* *Wien, Österreichischer Schriftstellerverband*
Archiv: Korrespondenz der Landesleitung Wien mit den Mitgliedern der Reichsschrifttumskammer 1938-1945.

* *Wien, Österreichisches Buchgewerbehaus, Archiv*
Teil des Archivs im Archiv des Vereins der österreichischen Buch- Kunst- und Musikalienhändler: Korrespondenz, Denkschriften und Materialien der Abteilung Buchhandel der Landesleitung Wien.

* *Wien, Gremium für den Handel mit Büchern, Archiv*
Korrespondenz der Reichsschrifttumskammer, Abteilung Buchhandel, mit Verlagen und Buchhandelsfirmen.

Maria Karger: Bericht einer Augenzeugin über den Untergang des Vereins im Jahre 1938 und dessen Wiedererstehung nach der Befreiung Österreichs im Jahre 1945. In: *Anzeiger des österreichischen Buchhandels* 120 (1985), Nr. 10, Mitte Mai, S. 109-120.

Reisch, Walter

23.5.1903, Wien–28.3.1983, Los Angeles
Journalist, Drehbuchautor, Regisseur.

* *Berlin, Stiftung Deutsche Kinemathek*
Nachlaß.

* *Wien, Thomas Sessler Verlag*
Teilnachlaß: 2 Ordner Korrespondenz und Verträge.

** Wien, Österreichisches Filmarchiv*
Sammlung: Drebbücher.

Reischl, Josef

7.7.1842, Mauerkirchen (O.Ö.)–6.5.1892, Linz
Mundartdichter, Sparkassenangestellter; Mauerkirchen, Linz.

** Linz, Adalbert-Stifter-Institut*
Kryptonachlaß im Nachlaß von Hermann Heinz Ortner, 1 Konvolut: Gedichte, Possen. – Druckbelege.
Unbearbeitet.

Reisner, Viktor Freiherr von

21.11.1860, Osijek (Slawonien)–1919, Berlin
Offizier, Schriftsteller, Herausgeber. Schrieb Slawonische Dorfgeschichten, gab zusammen mit Theodor Etzel 1902-1903 die Zeitschrift *Die fröhliche Kunst* in Berlin sowie die Serie „Welthumor" heraus.

** Verschollen*

** Berlin, Landesarchiv*
Typoskript des Dramas *Die Feudalherren* (1897).

Rendl, Georg

1.2.1903, Zell am See (Sbg.)–10.1.1972, St. Georgen bei Oberndorf (Sbg.)
Lyriker, Dramatiker, Erzähler, Glasbläser, Imker, Maler; Zell am See, Salzburg, St. Georgen bei Oberndorf.

** Salzburg, Salzburger Literaturarchiv und St. Georgen, Rendl-Gedenkstätte*
Nachlaß, ca. 70 kleine Holzkisten und 3 500 Bände: Gedichte, Zeitungs- und Zeitschriftenartikel, Essays, Erzählungen, Romane, Hörspiele, Dramen. – Briefe. – Ehrungen. – Nahezu vollständige Sammlung der Publikationen von Jakob Haringer, Sammlung von Hinterglasbildern, ca. 100 Bände aus der Bibliothek von Stefan Zweig. – Bibliothek.
Vorgeordnet.
Depot

Renk, Anton

10.9.1871, Innsbruck–2.2.1906, ebda
Mittelschullehrer, Lyriker, Erzähler, Dramatiker; Innsbruck

** Innsbruck, Universität, Forschungsinstitut „Brenner-Archiv"*
Teilnachlaß, 2 Kartons: Entwürfe und Fragmente, Gedichte, Sprüche in Tiroler Mundart, Reiseerzählungen, Teil seiner Dissertation über *Faust,* Abhandlungen über das Drama, Romane. – Briefe von Renk an Richard Eder, Karl Newesely, Anna Wolf-Herzog, Betty Wolf, Briefe von Hans von Hoffensthal an Fritz Unterrichter, Druckbelege, Manuskripte von Karl Newesely (Erinnerungen an Renk, Gedichte, Vorträge).
Vorgeordnet
Depot 1974

Rheinhardt, Emil Alphons

4.4.1889, Wien–25.2.1945, KZ Dachau
Lyriker, Erzähler, Herausgeber.
Wurde am 28.4.1943 in Lavandou (Département Var) verhaftet, im Lager Compiègne (Département Oise) interniert und am 2.7.1944 nach Dachau deportiert, wo er am 25. Februar 1945 an Typhus starb.

** Wien, ÖNB HS*
Teilnachlaß Briefkonvolut, übergeben von der Sekretärin Rheinhardts, der Exilrussin Erica de Behr, die die letzte Verwalterin seiner Briefe, Bücher und Bilder in Frankreich war.

** Wien, Dokumentationsarchiv des österreichischen Widerstandes*
Angelegte Sammlung
„Die vom Dokumentationsarchiv des

österreichischen Widerstandes (DÖW) im Mai 1975 in der Bürgerstube des alten Rathauses in Wien eröffnete Ausstellung ‚Österreicher im Exil. 1934-1945' veranlaßte viele Besucher, aus ihrem Besitz Aufzeichnungen, Dokumente, Photographien dem Archiv zum Zwecke der Exilforschung zu übergeben. So gelangten unter anderem unveröffentlichte Gedichte, Briefe und Gefängnisaufzeichnungen von E. Alphons Rheinhardt sowie eine aus persönlicher Erinnerung verfaßte Biographie von Frau Felice Gerty Wolmut, die gegenwärtig in Portland in den USA lebt und die 1920-1922 mit Rheinhardt verheiratet war, die Freundschaft mit ihm aber auch nach ihrer Trennung aufrecht erhielt." Siehe Selma Steinmetz: Emil Alphons Rheinhardt (1889-1945). Aus dem Leben eines Exilschriftstellers. In: *Zeitgeschichte* (Wien) 4 (1976/77), S. 109-122.

Riccabona, Max

Geb. 31.3.1915, Feldkirch (Vbg.)
Rechtsanwalt; Feldkirch.

* *Bregenz, Franz-Michael-Felderarchiv und Vorarlberger Literaturarchiv*
Teilnachlaß, ca. 100 Inventarnummern: Gedichte, Manuskriptteile zum *Projekt ‚Dr. Halbgreyffer'* (Skizzen, Entwürfe und ausgeführte Manuskripte), Übersetzungen aus dem Englischen und Französischen. – Einzelne Briefe. – Druckbelege.
Verzeichnung: Inventar.
Kauf und Geschenk 1987 und 1988

Richter, Eduard

5.5.1846, Wittingau (Böhmen)–16.11.1893, Wien
Polizeibeamter, Erzähler, Bühnenschriftsteller; Wittingau (Böhmen), Wien.

* *Wien, WSTLB HS*
Teilnachlaß: Ca. 10 Werkmanuskripte (Exzerpte, Stücke). – Familiendokumente, Diplome, Tagebuch (1865). – Gedichtabschriften.
Verzeichnung: Zettelkatalog.
Kauf 1959

Richter, Elise

2.3.1865, Wien–21.6.1943, KZ Theresienstadt
Romanistin; Professor an der Universität Wien.

* *Wien, ÖNB HS*
Briefnachlaß, Autogr. 264/1-266/73, 270/7-9.

* *Wien, ÖNB HS*
Splitternachlaß, Autogr. 669/43-45: 7 Briefe an Elise Richter, davon 5 von Stefan Zweig, 6 Briefe an Helene Richter, u. a. von Karl Seitz.

Richter, Helene

4.8.1861, Wien–8.11.1942, Theresienstadt
Anglistin, Theaterhistorikerin; Wien.

* *Wien, WSTLB HS*
Teilnachlaß, ca. 290 Inventarnummern und 2 Kartons: Ca. 450 inventarisierte und zahlreiche unbearbeitete Briefe, darunter Familienkorrespondenzen. – Tagebücher. – Lebensdokumente.
Maschinschriftliches Verzeichnis, Zettelkatalog. – Teilweise unbearbeitet.
Kauf 1947

* *Wien, ÖNB HS*
Briefe, Ser. n. 9.772: 140 Glückwunschadressen zum 70. Geburtstag von Helene Richter, 1931.

* *Wien, ÖNB HS*
Gemeinsamer Nachlaß, Autogr. 359/1: 606 Briefe von Adolf Mussafia.

* *Wien, Österreichisches Theatermuseum*
Teilnachlaß.

Rie, Robert

28.11.1904, Wien–18.4.1981, Fredonia, New York
Erzähler, Jurist, Professor am State University College at Fredonia.

* *Fredonia, State University College at Fredonia, Daniel Reed Library*
Nachlaß: Gedichte, Erzählungen, Autobiographie, literarhistorische und rechtswissenschaftliche Arbeiten. – Umfangreiche Korrespondenz aus den Jahren 1938-1981. – Lebenslauf, Personaldokumente, Adreßbuch, Taschenkalender, Erinnerungsgegenstände, Photos.
Guide, 1992, S. 560-563.
Maschinschriftliches Verzeichnis.

Rieger, Erwin

13.9.1889, Wien–25.11.1940, Tunis
Übersetzer, Erzähler.

* *Privatbesitz. Helene Rieger, Wien [Stand 1959]*
Erwin Rieger: *Untergrund. Zwei Erzählungen.* Mit einem Nachwort von Felix Braun. Wien: Bergland Verlag, 1959. (= Neue Dichtung aus Österreich, Band 68). Keine Hinweise auf den Nachlaß, obwohl diese Texte aus dem Nachlaß stammen dürften.

Riemerschmid, Werner

16.11.1895, Maria Enzersdorf (N.Ö.)–16.4.1967, Wien
Regisseur, Lyriker, Erzähler.

* *Privatbesitz. Wolfgang Riemerschmid, Hofwiesengasse 29, A-1130 Wien (Nachlaßverwalter)*
Nachlaß: Manuskripte, Briefe (zum Teil vorgeordnet), Verlagskorrespondenz, Verlagsverträge, Lebensdokumente, Photos, Tonbanddokumente aus den 30er Jahren, Bibliothek.

Rilke, Rainer Maria

4.12.1875, Prag–29.12.1926, Valmont bei Montreux (Schweiz)
Lyriker, Erzähler, Übersetzer.

* *Gernsbach*
Rilke-Archiv Ca. 660 Manuskripte und zahlreiche Briefe.

* *Bern, Schweizerisches Literaturarchiv*
Schweizerisches Rilke-Archiv (Sammlung Nanny Wunderly-Volkart), 17 m: Manuskripte, Briefe an und von Rilke, Zeugnisse aus Rilkes Umkreis.
Das Schweizerische Rilke-Archiv der Schweizerischen Landesbibliothek in Bern. Zürich: Max Niehans 1952; Rätus Luck: Das schweizerische Rilke-Archiv. In: *Blätter der Rilke-Gesellschaft* 1 (1972), S. 5[illegible]-62.

* *Marbach, DLA*
Sammlung, 7 Kartons; Sammlung Paul Obermüller, 5 Kartons; Teilnachlaß Dieter Bassermann, 6 Kartons; Sammlung Jean Gebser, 1 Karton: Kussmaul, Sp. 411-415. Sammlung Anton und Katharina Kippenberg, 3 Kartons: Kussmaul, S. 257.
Bernhard Zeller: Rilke in Marbach. Zur Geschichte der Rilke-Sammlung des Deutschen Literaturarchivs. In: *Für Rudolf Hirsch. Zum 70. Geburtstag am 22. Dezember 1975.* Frankfurt am Main: S. Fischer Verlag, S. 172-186.

* *Duino bei Triest, Schloß Duino*
Manuskripte, darunter die Handschrift der *Duineser Elegien,* italienische Übersetzungen von Gedichten Rilkes von Marie von Thurn und Taxis. – Korrespondenz zwischen Rilke und Marie von Thurn und Taxis, Briefe von Alexander von Thurn und Taxis und anderen Mitgliedern der Familie an Rilke.

* *Cambridge (Mass., U.S.A.), Harvard University, Houghton Library*
The Richard von Mises Collection: Ne-

ben zahlreichen Ausgaben der Werke Rilkes enthält die Sammlung auch mehrere Manuskripte, Albumblätter und Widmungen sowie 221 Briefe an Sidonie Nádherný von Borutin.
Katalog der Rilke-Sammlung Richard von Mises. Bearbeitet und hrsg. von Paul Obermüller und Herbert Steiner unter Mitarbeit von Ernst Zinn. Frankfurt am Main: Insel Verlag 1966.

* *Urbana (Illinois, U.S.A.), University of Illinois at Urbana-Champaign, University Library, Rare Book and Special Collections Library*
Teilnachlaß Karl und Elisabeth von der Heydt: 108 Briefe von Rilke an Karl und Elisabeth von der Heydt (1905-1921). Erwerbung 1950

* *Pittsburgh (Pennsylvania, U.S.A.), University of Pittsburgh, Bibliographical Center of German Literature*
Sammlung: Neben zahlreichen Kopien von Briefen Rilkes auch mehrere Originalbriefe, u. a. an Eudo C. Mason und Georg Steindorff. Nach einer Mitteilung von Klaus W. Jonas aus dem Jahr 1991 wurde diese Institution inzwischen aufgelöst, und die Materialien wurden zum größten Teil der Universität Augsburg gestiftet.

* *Wien, ÖNB HS*
Nachlaß Richard Weininger, Autogr. 358/5-6, 358/20: 68 Briefe von Rilke an Richard Weininger und 20 Telegramme von Rilke an Marianne Weininger.
Bedeutende Sammlungen von Ausgaben der Werke Rilkes

* *Lawrence (Kansas, U.S.A.), University of Kansas Library*
The Henry Sagan Rilke Collection, ca. 1 000 Einheiten: Ausgaben der Werke Rilkes, teilweise mit eigenhändiger Widmung, Sammlung von Sekundärliteratur. Erwerbung 1963
George W. Schoolfield: Rilke's Last Year, darin The Henry Sagan Rilke Collection in: *University of Kansas Publications*, Library Series 30 (1969), S. 55-73.

* *New Haven (Conn., U.S.A.), Yale University Library, Sterling Memorial Library*
Edgar S. Oppenheimer Collection: 180 Erst- oder Luxusausgaben von Rilkes Werken.

* *Urbana (Illinois, U.S.A.), University of Illinois at Urbana-Champaign, University Library, Rare Book and Special Collections Library*
The Gerhard Mayer Collection.
The Catalog of The Gerhard Mayer Collection of Rainer Maria Rilke at the University of Illinois Library at Urbana-Champaign. Compiled by Thomas D. Kilton und Sara de Mundo Lo. Boston: G.K.Hall & Co. 1988.

Standorte von weiteren Autographen nachgewiesen bei Frels, S. 240; Klaus W. Jonas und Ingeborg Schnack: Rainer Maria Rilke's Manuscripts in German and Austrian Collections. In: *Monatshefte für Deutschen Unterricht* 56 (1964), S. 61-73; Klaus W. Jonas: Rainer Maria Rilkes Handschriften. In: *Philobiblon* 15 (1971), Heft 1/2, S. 5-100; Karl Klutz: Bericht über den Stand der Rilke-Bibliographie und über zwei Rilke-Sammlungen. In: *Blätter der Rilke-Gesellschaft* 1 (1972), S. 44-50; Zdeněk Šolle: Neznámé dopisy R.M. Rilka v československých archivech. [Unbekannte Briefe von R.M. Rilke in den tschechoslowakischen Archiven] In: *Studie O Rukopisech* 14 (1975), S. 183-207 [Briefe von Rilke an Svatopluk Čech, Maria Dobrženský, F.V. Krejčí, Mechtilde von Lichnowsky, Otto Pick]; Rainer Maria Rilke: *Briefe in zwei Bänden*. Hrsg. von Horst Nalewski. Frankfurt am Main: Insel Verlag 1991.

Ring, Lothar

Pseud. R. Marschall, A. Schäffer, Ch. Rainer, Ben Bolt?
15.11.1882, Wien–13.7.1974, ebda
Journalist, Theaterkritiker, Redakteur, Erzähler, Dramatiker, 1906–ca. 1914 im Staatsdienst als Bahnkommissär.

* *Privatbesitz. Lothar Ring, Conrad von Hötzendorfplatz 8, A-2500 Baden bei Wien*
Nachlaß: Gedichte, Entwürfe, Erzählungen, Kurzgeschichten, Romane (*Sonne über den Bergen, Liebling der Frauen, Das Mädchen mit den Onyx-Augen*), Dramen, Drehbücher und Libretti (*Hochzeitsflug.* Operette, *Die Abschiedssymphonie, Besuch bei der Jugend, Ein Vater wird gesucht, Der liebe Augustin, Inflation, Prinzenliebchen*), Manuskript *Die vergessenen Jahre 1918-1938.* – Redaktions- und Verlagskorrespondenz, einzelne persönliche Briefe. – Mitgliedsausweise, Lebenslauf, Werkverzeichnis. – Große Sammlung von Druckbelegen, einzelne Rezensionen seiner Werke, Photos.

Ringler-Kellner, Ilse

9.9.1894, Sarajewo–28.8.1958, Salzburg
Lyrikerin.

* *Nicht überliefert*
Hat nach 1945 nichts mehr veröffentlicht. Lebte seit 1920 in Perchtoldsdorf bei Wien, seit 1939 in Baden bei Wien, wo das Eigentum den Kriegseinwirkungen zum Opfer fiel. Zahlreiche Manuskripte gingen verloren. Seit 1950 lebte sie in Salzburg.
Wilhelm Formann: *Sudetendeutsche Dichtung heute.* München: Aufstieg-Verlag 1961, S. 145.

Rittner, Thaddäus

31.5.1873, Lemberg–21.6.1921, Bad Gastein (Sbg.)
Erzähler, Dramatiker, Sektionsrat im Unterrichtsministerium in Wien.

* *Warszawa (Warschau), Polskiej Akademii Nauk (Polnische Akademie der Wissenschaften), Biblioteka Instytutu Sztuki*
Teilnachlaß, 10 Konvolute: Erzählungen, Stücke. – Ca. 90 Briefe an Rittner. – Druckbelege von Feuilletons Rittners in österreichischen, deutschen und polnischen Zeitungen, Artikel über Rittner und seine Theaterstücke.
Maschinschriftliches Verzeichnis.
Signatur: Nr. inw. 281.

* *Warszawa (Warschau), Polskiej Akademii Nauk (Polnische Akademie der Wissenschaften), Biblioteka Instytutu Sztuki*
Archiv: Ca. 110 Manuskripte (Theaterstücke, u. a. *Der alte König, Der dumme Jakob, Das ewige Feuer, Kinder der Erde, Der Mann im Souffleurkasten, Sommer* und dramatische Entwürfe, Erzählungen und Romane, u. a. *Die Brücke, Geister in der Stadt,* autobiographische Aufzeichnungen). – Ca. 70 Briefe an Thaddäus Rittner (1889-1921), ca. 90 Briefe an Sophie Rittner (1912-1938). – Rezensionen zu den Übersetzungen von Sophie Rittner; Rezensionen, Theaterprogramme und Plakate zu den Stücken von Rittner, Druckbelege von Artikeln in Wiener und Berliner Zeitungen, Nachrufe, Artikel über Rittner.
Maschinschriftliches Verzeichnis.
Signatur: Nr. inw. 582.

* *Wrocław (Breslau), Polskiej Akademii Nauk (Polnische Akademie der Wissenschaften), Biblioteka Ossolineum*
Teilnachlaß, 12 Inventarnummern: Dramen (u. a. *Garten der Jugend, Der dumme Jakob, Kinder der Erde, Wölfe in der Nacht*), zahlreiche Erzählungen (u. a. *Zukunft, Begegnung*).

In der Biblioteka Ossolineum finden sich Briefe und Manuskripte von Rittner auch in den Nachlässen von Ludwik Bernacki, Ignac Nikorowicz und Stanisław Piekarski.

* *Kraków (Krakau), Uniwersytet Jagielloński, Biblioteka Jagiellońska*
Nachlaß Władysław Orkan: Briefe von Rittner an Orkan.

Andere Materialien, darunter Briefe von Rittner, verzeichnet in: Danuta Kamolowa und Krystyny Muszyńskiej: *Zbiory rękopisów w bibliotekach i muzeach w Polsce*. Warszawa: Biblioteka Narodowa 1988.

Ritzer, Walter

16.3.1911, Wien–16.5.1984, ebda
Literarhistoriker, Bibliothekar; Direktor der Bibliothek der Technischen Hochschule in Wien.

* *Innsbruck, Universität, Forschungsinstitut „Brenner-Archiv"*
Teilnachlaß, 7 Kartons: Zettelkataloge, Kopien und einzelne Korrespondenzen zur Trakl-Bibliographie.
Vorgeordnet.
Geschenk 1985

Rizy, Theobald von

11.2.1807, Wien–18.2.1882, ebda
Schriftsteller, Jurist; Rechtsanwalt, Richter, Senatspräsident des Obersten Gerichtshofes in Wien, Mitglied des Herrenhauses.

* *Wien, WSTLB HS*
Teilnachlaß: Ca. 100 Briefe, u. a. von Wilhelm Vollmer, Verlagskorrespondenzen und Briefentwürfe von Rizy.
Verzeichnung: Zettelkatalog.

Rochowanski, Leopold Wolfgang

3.8.1885, Zuckmantel (Österr. Schlesien)–13.9.1961, Wien
Erzähler, Dramatiker, Kunstschriftsteller, Verleger; Wien.

* *Wien, WSTLB HS*
Nachlaß, ca. 500 Inventarnummern und 8 1/2 Kartons: 1 Karton Werkmanuskripte (Notizen, Gedichte, Essays, Tagebücher, Dramen, Druckfahnen). – Ca. 470 inventarisierte und 5 Kartons unbearbeitete Briefe, u. a. von Margarete Hamerschlag-Berger, Fritz Karpfen, Fritz Lampl, Johannes Urzidil, Verlags- und Familienkorrespondenzen. – Familiendokumente, Sammlung von Briefen, Manuskripten und Biographien österreichischer Mundartdichter, Manuskripte von und Briefe an Josef Hoffmann, Zeugnisse und Dokumente von Maximilian Fleischer.
Maschinschriftliches Verzeichnis, Zettelkatalog. – Vorgeordnet.
Kauf 1962 und 1975, Geschenk 1984

* *Privatbesitz. Dipl.-Ing. Bernhard Leitner, Wien*

Roda Roda, Alexander

Geboren als Sandór [Alexander] Friedrich Rosenfeld. Die Familie Rosenfeld ließ 1899 den Familiennamen in „Roda" ändern. Der Schriftsteller führte ab 1906 den Namen „Roda Roda". Pseudonyme: Aba Aba, Nikolaus Suchy.
13.4.1872, Drnowitz (Mähren)–20.8.1945, New York
Humorist, Schriftsteller; Wien, Berlin, München, Graz.

* *Wien, ÖNB HS*
Nachlaß, Ser. n. 15.634-15.947, Autogr. 177/32-100, 177/105-135: Manuskripte. – Briefe, u. a. von Gustav Meyrink, Mena Meyrink, Adele Sandrock, sowie Briefe von Roda Roda an Gustav Meyrink. – Zeitungsausschnitte.
Kauf 1987

* *Wien, WSTLB HS*
Nachlaß, 9 Kartons: Skizzen und Fragmente, Kurzgeschichten Anekdoten, Schwänke, Roman. – 1 Karton Briefe an Roda Roda, Durchschläge von Briefen von Alexander Roda Roda. – Steuererklärungen und Rechnungen, Emigrationsdokumente, Werbeunterlagen. – Zeitungsausschnitte, Sammlung von Arbeiten über Roda Roda, Lebenszeugnisse von Dana Becher-Roda und Ulrich Becher.
Maschinschriftliches Verzeichnis. – Vorgeordnet.
Kauf 1986

* *Wien, Thomas Sessler Verlag*
Sammlung: Theaterstücke, Briefe.

Rotraut Hackermüller: *Einen Handkuß der Gnädigsten. Roda Roda. Bildbiographie.* Wien-München: Herold 1986; Anton Scherer: Betrachtungen zu einer Roda-Biographie. In: *Südostdeutsche Vierteljahresblätter* 36 (1987), S. 60 ff.

Roden, Max

21.7.1881, Wien–22.3.1968, New York
Lyriker, Schriftsteller, ab 1939 in die U.S.A.

* *Wien, ÖNB HS*
Teilnachlaß, Ser. n. 17.354-17.393; Autogr. 734/1-736/12: Gedichte, Erzählungen, Artikel aus *Volkszeitung* (1921-22; 1930-38). – Briefe, u. a. von Albert Ehrenstein. – Titel der Artikel in der *Volkszeitung* (1906-1936), biographische Daten.
Erwerbung 1972

Röck, Karl

20.3.1883, Imst (Tir.)–9.6.1954, Innsbruck
Beamter, Lyriker, Psychologe; Innsbruck.

* *Innsbruck, Universität, Forschungsinstitut „Brenner-Archiv"*
Nachlaß, ca. 10 Meter: Gedichte, Notizen, Entwürfe und Manuskripte (u. a. zu Graphologie, Temperamentenlehre, Metrik, Psychologie und Philosophie und zur Periodisierung der Kulturgeschichte), Fragment seiner Dissertation, Wochen- und Jahreschroniken, Tagebücher, Zeichnungen. – Schulzeugnisse, Meldungsbuch der Universität Innsbruck, Ausweise, Lebenslauf, Dokumente zur Beamtenlaufbahn, mehrere Alben mit Familienphotos, Unterlagen zum Plan der Zeitschrift *Der Fern.* – Werkmanuskripte von Helene Ausserhofer, Karl Hauptvogel, Franz Janowitz, Erich Lechleitner, Josef Leitgeb, Erwin Mahrholdt, Joseph Georg Oberkofler, Friedrich Punt, Guido Weinberger, Abschriften einiger Gedichte von Georg Trakl und Ludwig Seifert, Verzeichnis der Gedichte von Ludwig Seifert, Sonderdrucke und einzelne Notizen und Manuskripte zur mexikanischen Zeitrechnung von Friedrich Röck.
Unbearbeitet.
Geschenk 1985

* *Salzburg, Otto Müller Verlag*
Tagebücher.

Roessler, Arthur

20.2.1877, Wien–20.7.1955, ebda
Galeriedirektor, Kunstkritiker; Wien.

* *Wien, WSTLB HS*
Nachlaß: Ca. 80 Werkmanuskripte. – Ca. 5 500 Briefe an Ida und Arthur Roessler, u. a. von Louise von Alt, Gustinus Ambrosi, Bruno Beran, Karl Bodingbauer, Artur Brusenbauch, Karl Cajka, Ludwig Dill, Josef von Divéky, Andreas Einberger, Marie Einberger, Anton Faistauer, Karl von Felner, Johannes Fischer, Willi Geiger, Rudolf Glotz, Karl Graeser, Albert Paris Gütersloh, Carry Hauser, Fritz Hegenbarth, Adolf Hölzel, Arno Holz, Josef Humplik, Max Kahrer, Eduard Kapra-

lik, Alfred Kubin, Ivan Mestrovic, Johann Oeltjen, Max Oppenheimer, Karl Otten, Anton Peschka, Wilderich Rheinfelder, Erwin Rieger, Karl Schade, Karl Scheffler, Egon Schiele, Alfred von Schroetter, Erich von Schroetter, Karl Sterrer, Richard Teschner, Hans Henning von Voigt, Ernst Wagner, Georg Philip Woerlen, Franz Zelezny, Familien- und Verlagskorrespondenzen. – Schulzeugnisse, Militärpapiere, Tagebuch, Testament, Verlagsverträge und Verlagsabrechnungen. – Familiendokumente, Tagebuch von Josef Toman, Briefe verschiedener Schreiber an Louise von Alt und Rudolf von Alt.
Verzeichnung: Zettelkatalog.
Kauf 1956

Röttinger, Werner

26.6.1918, Wien–15.7.1960, ebda
Journalist; Literaturreferent bei Radio Wien.

* *Wien, WSTLB HS*
Nachlaß, 16 Kartons: Umfangreiche Autographensammlung, mit 5 Kartons Autographen von Schriftstellern, Verlegern und Journalisten, 5 Kartons Autographen von Komponisten, Dirigenten, Sängern, Malern, Bildhauern und Graphikern, 4 Kartons Autographen von Schauspielern, Theaterdirektoren, Dramaturgen, Regisseuren und Gelehrten. – Sammlung von Konzertprogrammen, Theaterzetteln und Zeitungsausschnitten.
Maschinschriftliches Verzeichnis, Zettelkatalog. – Vorgeordnet.
Kauf 1982

Rollett, Edwin

24.1.1889, Graz–7.12.1964, Wien
Chefredakteur, Publizist; Wien.

* *Wien, ÖNB HS*
Teilnachlaß, Ser. n. 29.478-29.513, Autogr. 978/48-56: Manuskripte (*Angela*. Roman, *Der Revolver*. Novelle, *Erfinder I, Der Dichter Tolstoi, Grillparzers Trauergestalten,* Vortrag über russische Dichtung im Volksheim, *Heimaterde*. Drama). – Briefe an und von Rollett und an den Verband demokratischer Schriftsteller, Briefe von Heinrich Fischer in Sachen Karl Kraus, Oskar Maurus Fontana. – Lebensdokumente, Unterlagen zum Theodor Körner Stiftungsfonds (1954-1963, Vorträge, Notizen, Typoskripte dritter, Gutachtertexte), Kritiken, Material zu Karl Kraus und zur Karl Kraus Gesellschaft (Testament von Karl Kraus in Abschrift, Briefe von Helene Kann an Viktor Matejka über Kraus-Ausgabe, Statuten der Karl Kraus Gesellschaft, Briefe von Heinrich Fischer). – Zeitungausschnitte, Vortrag von Hugo Thimig, Gedichte von Richard Goetz („Aus dem Nachlaß“), Manuskript von Fritz Habeck und Übersetzungen von Käthe Kudisch, Materialien von und über Jakob Julius David (Transkriptionen, Bibliographie von Werken Davids in Zeitungen, Bücherverzeichnis, Zeitungsveröffentlichungen, unveröffentlichte Gedichte).
Karin-Heidi Hackenberg: Der Kritiker, Journalist und Schriftsteller Edwin Rollett. (Ein Beitrag zur Wiener Theaterkritik im 20. Jahrhundert). Diss. Wien 1985.

* *Wien, ÖNB, Druckschriftensammlung*
Bibliothek.

Rollett, Hermann

20.8.1819, Baden bei Wien–30.5.1904, ebda
Historiker, Schriftsteller, Publizist, Lyriker; Stadtarchivar von Baden.

* *Baden, Städtische Sammlungen*
Nachlaß: Gedichte, Balladen, Dramen, historische und numismatische Abhandlungen, einzelne Kompositionen. – Zahlreiche Briefe, u. a. von Ludwig Abels, Marie von Amerling, Sophie Barkhausen, Woldemar von Biedermann, Josef Böck-

Gnadenau, Heinrich Börnstein, Wilhelm Braumüller, Joachim Brenner von Felsach, Balthasar Elischer, Karl Emil Franzos, Conrad Grefe, Alfred Greufer, Wilhelm Hein, Friedrich Hochenegg, Franz Mair, Elfriede Merkens, Henry Phillips, Karl Julius Schröer, Otto Volger, Rudolf von Waldheim, Hermann Weichelt, Leonie von Weisseneck, Friedrich Zarncke, Briefe von Rollett an Babette Blumenfeld-Lazarus. – Schulzeugnisse, Studienzeugnisse, Ehrungen und Glückwünsche, Verträge, Honorarabrechnungen, Liste der Vertonungen seiner Gedichte. – Autographe Kompositionen von verschiedenen Komponisten auf Texte Rolletts, Gedichte von Eduard Mautner, Autographensammlung, Rezensionen seiner Werke, Nachrufe, Erinnerungsgegenstände, Sammlung von ca. 10 000 Gemmenpasten, museale Sammlungen, Herbar.
Unbearbeitet.

Standorte von weiteren Autographen nachgewiesen bei Frels, S. 243.

Rommel, Otto

12.6.1880, Mähr. Schönberg–6.9.1965, Salzerbad (N.Ö.)
Literarhistoriker, Lehrer; Teschen, Gymnasialdirektor in Wien.

* *Wien, WSTLB HS*
Teilnachlaß, 1/2 Karton: Repertoire des Theaters an der Wien und des Theaters in der Josefstadt. – Sammlung von Soufflierbüchern.
Unbearbeitet.
Erwerbung 1965

Rosegger, Hans Ludwig

19.8.1880, Krieglach (Stmk.)–17.2.1929, Graz
Zeitschriftenherausgeber und Erzähler.

* *Graz, Steiermärkisches Landesarchiv*
Splitternachlaß, 1 Mappe: Schul- und Studienhefte (1895).

Rosegger, Peter

Pseud. Hans Malser
31.7.1843, Alpl bei Krieglach (Stmk.)–26.6.1918, ebda
Erzähler; Graz, Krieglach.

* *Graz, Steiermärkische Landesbibliothek*
Nachlaß, 10 Meter: Ca. 990 Werkmanuskripte, Reiseaufzeichnungen, Tagebücher (1858-1918), Zeichnungen. – Zahlreiche Briefe u. a. von Karl Adolf Bachofen von Echt, Anton Bettelheim, August Brunnlechner, Vinzenz Chiavacci, Manfred von Clary-Aldringen, Franz Defregger, Ernst Decsey, Emil Ertl, Rosa Fischer, R. von Foregger, Hans Fraungruber, Ludwig Ganghofer, Franz Goldhann, Hans Grasberger, Robert Hamerling, Adolf Hartleben, Marie Haselgraber, Friedrich von Hausegger, Gustav Heckenast, Emma Herrmann, Theodor Kappstein, Adolf Kappus, Paul Keller, Ottokar Kernstock, Karl Kleinert, Hermann Kienzl, Rudolf Latzke, Alfred Meißner, Hans Mittendorfer, Hermine und Hugo Möbius, Karl Morre, Anna Pichler, Richard Plattensteiner, Eduard Pötzl, Michael M. Rabenlechner, Peter von Reininghaus, Franz Rottenmanner, Wilhelm Rullmann, Friedrich Schlögl, Anton Schruf, Hermann Seippel, August Silberstein, Otto von Sommerstorff, Ludwig Staackmann, Maria Stona, Adalbert Svoboda, Emil Mario Vacano, A. Vulliod Robert Wagner, Joseph Wichner, Briefe der Verlage Hartleben und Leykam, zahlreiche Briefe von Rosegger. – Schulzeugnisse, Schulhefte und -zeichnungen, Notizbücher, Diplome, Medaillen, Auszeichnungen, Kassabücher. – Zahlreiche

Besprechungen und Photos, Vertonungen von Werken Roseggers, Kalender und Zeitschriften mit Illustrationen Roseggers, Erinnerungsstücke.
Maschinschriftliches Verzeichnis.
Depot 1932
Günter Cerwinka: Mundartdichtung, deutsche Schrift und Kulturpolitik. Der Briefwechsel Ferdinand Khulls mit Peter Rosegger aus den Jahren 1887 bis 1917. In: *Blätter für Heimatkunde* (Graz) 58 (1984), S. 125-138.

* *Krieglach, Roseggermuseum*
Teilnachlaß: Ehrungen, Ernennungen, Glückwünsche und Dankadressen, Materialien zu Roseggers sozialem Wirken. – Zeitungsausschnitte. – Teil der Bibliothek.
Verzeichnung: Inventar.
Kauf 1943

Standorte von weiteren Autographen nachgewiesen bei Frels, S. 244.
Der Hinweis bei Raabe/Ruppelt (*Quellenrepertorium zur neueren deutschen Literaturgeschichte,* 3. Aufl. Stuttgart 1981) und anderen, wonach der Nachlaß von Peter Rosegger in der WSTLB aufbewahrt werde, trifft nicht zu.

Rosegger-Gemeinde

Graz.

* *Graz, Steiermärkische Landesbibliothek*
Teil des Vereinsarchivs, 2 Kartons (1935-1941): Satzungen, Sitzungsprotokolle, Mitgliederverzeichnisse, Kassabelege, Briefe an den Verein, Flugschriften, Sonderdrukke, Briefprotokoll (1931-1937), Bilder.
Maschinschriftliches Verzeichnis.

Rosenberger, Erwin

Pseud. Edwin von der Oder, 1916; „Cunctator", 1900, „e."
15.2.1875, Brandeis (Böhmen)–28.10.1966, Wien
Zeitschriftenherausgeber, Schiffsarzt, Schriftsteller.
Rosenberger studierte zunächst in Prag, dann begann er im Wintersemester 1894/95 das Studium der Medizin an der Universität Wien, Promotion 1903. Er war Sekretär von Theodor Herzl, Redakteur der Zeitung *Die Welt,* später Schiffsarzt. Auch Gegner von Karl Kraus in Sachen Zionismus (Zeitschrift *Der Pinsel*). Schrieb u. a. für *Die Zukunft, Die fliegenden Blätter, Illustriertes Wiener Extrablatt,* gehörte einer jüdisch-akademischen Studentenverbindung an, gab die Zeitschrift *Streiflichter* und neben Marco Brociner und Heinrich Teweles *Unitas* (1898) heraus.

* *Jerusalem, Central Zionist Archives*
Teilnachlaß: Manuskripte, Notizen für seine Memoiren (u. a. über Theodor Herzl), Tagebuch (1904-1907), Briefe (1894-1948), Verlagskorrespondenzen (Reclam Verlag, Frick), Verzeichnis des Nachlasses von Theodor Herzl, angefertigt im Oktober 1904, Rezensionen seiner Werke, Druckbelege, ein Heft von *Der Pinsel,* II. Folge („Der Handelsmann Karl Kraus" von Erwin Rosenberger).
Signatur: A 276/64
Murray G. Hall: Verlage um Karl Kraus. In: *Kraus Hefte* 1983, Heft 26/27, S. 2-31; bes. S. 29; ders.: Ein Zionist über die „Krone für Zion". In: *Kraus Hefte* 1987, Heft 42, S. 1-4.

Rosner, Leopold

Pseud. Hohenmarkt
21.3.1838, Pest–23.7.1903, Wien
Schauspieler, Übersetzer, Buchhändler und Verleger; Wien.

* *Wien, WSTLB HS*
Nachlaß, ca. 420 Inventarnummern: Briefe, u. a. von Ludwig Anzengruber, Carl Haffner, Ferdinand Kürnberger, Auguste Schlönbach. – Briefe verschiedener

Schreiber an Johann Nestroy, Ferdinand Kürnberger und Ernst von Steinhauser; Manuskripte und Abschriften von Manuskripten anderer Autoren, u. a. von Ada Christen, Johann Nestroy, Friedrich Schlögl.
Verzeichnung: Zettelkatalog.
Kauf 1905 und 1939

* *Wien, ÖNB HS*
Nachlaß Heinrich Röttinger, Autogr. 376/15-39: Briefe aus dem Nachlaß von Leopold Rosner.

Roth, Joseph

2.9.1894, Brody (Galizien)–29.5.1939, Paris
Schriftsteller, Journalist.

* *New York, Leo Baeck Institute*
Sammlung Joseph Bornstein, 0,7 m : Manuskripte, Essays, Kurzgeschichten. – Verlagskorrespondenz (Gustav Kiepenheuer Verlag, Allert de Lange Verlag, Querido Verlag, Viking Press), Familienkorrespondenz, Briefe von Roth an Blanche Gidon. – Verlagsverträge, persönliche Dokumente, Zeitungsausschnitte, Photographien. (Catalog, S. 122; Guide, 1992, S. 577-581)
Maschinschriftliches Verzeichnis.
Fritz Hackert: Joseph Roths Nachlaß im Leo-Baeck-Institute in New York. In: David Bronsen (Hrsg.): *Joseph Roth und die Tradition*. Darmstadt 1975, S. 374-399.

* *Leipzig, Archiv des Verlags Gustav Kiepenheuer*
Verlagsarchiv: Meist handschriftliche Werkmanuskripte, u. a. von *Hotel Savoy, Der blinde Spiegel, Die Flucht ohne Ende, Perlefter.Fragment eines Romans, Erdbeeren, Jugend, Wasserträger Mendel, Hiob. Roman eines einfachen Mannes* sowie aus dem sog. „Berliner Nachlaß" die Manuskripte *Die Rebellion, Zipper und sein Vater*.
Joseph Roth: *Perlefter. Fragmente und Feuilletons aus dem Berliner Nachlaß*. Hrsg. von Friedemann Berger. 2. erw. Auflage. Leipzig und Weimar: Gustav Kiepenheuer Verlag 1981. (= Gustav Kiepenheuer Bücherei 33)

* *Wien, Dokumentationsstelle für neuere österreichische Literatur*
Sammlung Hedi Davis, 18 Mappen: Briefe, Manuskripte, Typoskripte (Durchschrift und Reinschrift von Roths *Die Geschichte von der 1002. Nacht*), Photographien.
Maschinschriftliches Verzeichnis.
Geschenk 1933
Heinz Lunzer und Viktoria Lunzer-Talos: *Joseph Roth 1894-1939*. Katalog einer Ausstellung, gemeinsam veranstaltet vom Bundesministerium für Auswärtige Angelegenheiten und von der Dokumentationsstelle für neuere österreichische Literatur in Wien. Wien 1989. (= Zirkular. Sondernummer 17)

* *Berlin, Stiftung Deutsche Kinemathek*
In der 1989 erworbenen Sammlung der Filmagentur Paul Kohner (Los Angeles) wurden im Jänner 1991 entdeckt: Typoskript für den geplanten Film *Kinder des Bösen*, Exposé *Der letzte Karneval von Wien*.
Brita Eckert: Joseph Roth und der Film. Anmerkungen zu Joseph Roths und Leo Mittlers Scenario „Der letzte Karneval von Wien" In: Michael Kessler/Fritz Hackert (Hrsg.): *Joseph Roth. Interpretation–Kritik–Rezeption*. Akten des internationalen, interdisziplinären Symposions 1989, Akademie der Diözese Rottenburg-Stuttgart. Tübingen: Stauffenburg Verlag 1990, S. 99-106. (= Stauffenburg Colloquium, Band 15)

* *Den Haag, Nederlands Letterkundig Museum en Documentatiecentrum*
Archiv des Verlags De Gemeenschap: Briefe an und von Joseph Roth.

Aber das Leben marschiert weiter und nimmt uns mit. Der Briefwechsel zwischen Joseph Roth und dem Verlag De Gemeenschap 1936-1939. Hrsg. u. eingel. von Theo Bijvoet und Madeleine Rietra. Köln: Kiepenheuer & Witsch 1991.

Dietmar Grieser: „Sei ruhig und geduldig...“. Sechs Anwälte verteidigen das Joseph-Roth-Erbe. In: Dietmar Grieser: *Glückliche Erben. Der Dichter und sein Testament.* München: Langen-Müller 1983, S. 110-118; Joseph Roth: *Romane und Erzählungen 1916-1929.* Hrsg. und mit einem Nachwort von Fritz Hackert. Köln: Kiepenheuer & Witsch 1989 (= Werke 4); *Romane und Erzählungen 1930-1936.* Hrsg. und mit einem Nachwort von Fritz Hackert. Köln: Kiepenheuer & Witsch 1990 (= Werke 5); *Romane und Erzählungen 1936-1940.* Hrsg. und mit einem Nachwort von Fritz Hackert. Köln: Kiepenheuer & Witsch 1991 (= Werke 6).

Rotter, Kurt Erich

Pseud. Enzio Hauser
21.7.1907, Hadersdorf bei Wien–18.1.1979, Wien
Schriftsteller, Kaufmann.

* *Marbach, DLA*
Nachlaß, 3 Kartons: Kussmaul, Sp. 421f.

* *Wien, ÖNB HS*
Manuskript: *Nie ist das Leben leicht* in 6 Teilen: Ser. n. 18.924-18.932.
Geschenk des Autors

Bemühungen. Der Weg eines Dichters, geschildert an Hand von Buchbesprechungen und Briefen. Kurt Erich Rotter zum 70. Geburtstag. Zusammengestellt und mit einem Vorwort versehen von Franz Georg Szabo. Wien: Augarten Verlag Stephan Szabo 1976.

Rouland, August Ernst

17.7.1872, Korneuburg–1.11.1934, Wien
Offizier, Dramatiker, Komponist; Korneuburg, Wien.

* *Wiener Neustadt, Theresianische Militärakademie, Archiv*
Teilnachlaß, 4 Mappen: Gedichte, Kurzgeschichten, Essays, Kritiken, Theaterstücke, Kompositionen. – Druckbelege, Zeitungsausschnitte, Photos.
Maschinschriftliches Verzeichnis.
Erwerbung 1961

Rutra, Arthur Ernst

Bis 1919 Samuely
18.9.1892, Lemberg–nach 5.10.1942, „Minsk mit Transport in Haft“
Schriftsteller, Verlagssekretär, Publizist, Verwalter des Nachlasses von Robert Müller.
Studium und Promotion in Wien (1917). Seit 1918 Verlagssekretär beim Georg Müller Verlag, München. Emigration 1933 nach Wien, Redakteur der Zeitschrift *Der christliche Ständestaat,* tätig im Heimatdienst der Vaterländischen Front. Seit dem 2. April 1938 im KZ Dachau, ab 9. Oktober 1939 KZ Buchenwald. Am 2.4.1941 zu 15 Jahren Zuchthaus verurteilt. Wohnte 1934-1942 in Wien 9., Porzellangasse 14/16. Am 5. Oktober 1942 durch die Gestapo Wien nach Minsk verschleppt. Dort wahrscheinlich umgekommen.

* *Nicht überliefert*

Saar, Ferdinand von

30.9.1833, Wien–24.6.1906, ebda
Offizier, Erzähler, Lyriker; Mähren, Wien.

* *Wien, WSTLB HS*
Nachlaß, ca. 1 150 Inventarnummern: Zahlreiche Skizzen und Werkmanuskripte (Gedichte, Dramen, Novellen). – Zahlreiche Briefe, u. a. von Abraham Altmann, Ada Christen, Marie Fürstin zu Hohenlohe, Betty Paoli, Moritz Necker,

Franz Nissel, Ludwig Schneegans, Georg Weiss, Oskar Welten, Josefine von Wertheimstein, Ernestine Gräfin Zierotin und Verlagskorrespondenzen; Briefe und Briefabschriften von Saar, u. a. an Marie Ebner von Eschenbach und Marie Fürstin Hohenlohe. – Schulzeugnisse, Militärpapiere, Adelsdokumente, Stammtafel, Verlagsabrechnungen. – Familiendokumente, Zeitungsausschnitte (Druckbelege, ca. 800 Nachrufe), Handexemplare seiner Publikationen.
Verzeichnung: Zettelkatalog.
Geschenk 1908 und 1909

Standorte von weiteren Autographen nachgewiesen bei Frels, S. 247.

Sacher, Friedrich

10.9.1899, Wieselburg a.d.Erlauf (N.Ö.)–22.1.1982, Wien
Lehrer, Publizist, Lyriker, Erzähler; Klosterneuburg, Wien.

* *Wien, WSTLB HS*
Nachlaß, ca. 580 Inventarnummern und 32 Kartons: 9 Kartons Werkmanuskripte aus den Jahren 1931-1974 (Gedichte, Erzählungen, Vorträge). – Ca. 580 inventarisierte und 14 Kartons vorgeordnete Briefe, u. a. von Kurt Adel, Felix Braun, Käthe Braun-Prager, Karl Caska, Friedrich Candido, Ilse Candido, Hans Deißinger, Hugo Ellenberger, Walter Emrich, Rudolf Felmayer, Edmund Finke, Wilhelm Franke, Wilhelm Gerlach, Franz Karl Ginzkey, Johann Gunert, Augustin Gutmann, Carl Julius Haidvogel, Wladimir von Hartlieb, Otto Heuschele, Walter Jary, Grete Körber, Heinz Konegger, Maria Lastufka, Karl Miss, Maria Loibl-Neuhauser, Christian Neumeier, Rudolf Oezelt, Josef Pfandler, Adele Rittmannsberger, Theodor Rittmannsberger, Walter Sachs, Lois Schiferl, Adalbert Schmidt, Ernst Schönwiese, Heribert Schwarzbauer, Erika Spann-Rheinsch, Gerda Stadler, Fritz Steiner, Josef Viktor Stummer, Viktor Suchy, Valerie Szabo, Wilhelm Szabo, Hedwig Weinheber, Josef Weinheber, Richard Szerelmes und Familienkorrespondenzen. – Lebensdokumente, Materialien zu Lesungen und Vorträgen (Anzeigen, Prospekte), Unterlagen zur Tätigkeit in der Arbeitsgemeinschaft Schrifttum des Niederösterreichischen Bildungs- und Heimatwerkes (1958-1964). – Sammlung von Material über Erich Bockholt, Franz Böck, Augustin Gutmann, Wladimir von Hartlieb, Karl Kleinschmidt, Leopold Liegler, Franz Staude und Josef Weinheber; Manuskripte anderer Autoren, Druckbelege und Rezensionen eigener Werke.
Maschinschriftliches Verzeichnis, Zettelkatalog.
Geschenk 1976

Sacher-Masoch, Alexander

18.11.1901, Wittkowitz (Mähren)–17.8.1972, Wien
Chemiker, Publizist, Erzähler, Übersetzer; Wien, Belgrad, Frankfurt, Gründer der Zeitschrift *Österreichisches Tagebuch*.

* *Wien, WSTLB HS*
Nachlaß, 7 Kartons: 5 Kartons Werkmanuskripte (Drehbuch, Erzählungen, Essays, Rezensionen, Bearbeitungen von Übersetzungen, Romane). – 2 Kartons Briefe, darunter Familienkorrespondenzen, Briefe von Sacher-Masoch. – Honorarabrechnungen, Verträge. – 1 Karton Werkmanuskripte von Artur Sacher-Masoch und Manuskripte anderer Autoren.
Maschinschriftliches Verzeichnis. – Unbearbeitet.
Erwerbung 1979

* *Wien, ÖNB HS*
Schriftlicher Teilnachlaß.

** Wien, Dokumentationsarchiv des österreichischen Widerstandes*
Teilnachlaß, 13 Mappen: Gedichte, Erzählungen, politische Essays, Manuskript über Wachauer und Salzburger Bräuche. – Einzelne Briefe an Sacher-Masoch, Familien- und Verlagskorrespondenzen. – Lebensläufe, einzelne Lebensdokumente. – Manuskripte von Franz Theodor Csokor und Hermann Lein, Briefe von Theodora von Sacher-Masoch an Csokor, einzelne Exemplare von Zeitschriften.
Verzeichnung: Inventar.

Sacher-Masoch, Leopold von

Pseud. Charlotte Arand, Zoë von Rodenbach
27.1.1836, Lemberg–9.3.1895, Lindheim (Hessen)
Schriftsteller, Dr.jur., Privatdozent (Geschichte) an der Universität Graz.

** Wien, ÖNB HS*
Schriftlicher Teilnachlaß.

** Darmstadt, Hessisches Staatsarchiv*
Alle den Nachlaß Sacher-Masochs betreffende Dokumente. Sie geben Aufschluß über seine Vermögensverhältnisse, die Scheidung seiner ersten Ehe und den Ehevertrag mit Hulda Meister, seiner zweiten Frau.

** Genf, Bibliothèque des Nations Unies, Collections historiques*
Collection Suttner-Fried: Briefe von Hulda Meister an Bertha von Suttner.

Michael Farin (Hrsg.): *Leopold von Sacher-Masoch. Materialien zu Leben und Werk.* Bonn: Bouvier 1987.

Sachs, Walter

9.12.1901, Traisen (N.Ö.)–5.3.1985, Lilienfeld (N.Ö.)
Lehrer, Lyriker.

** Privatbesitz. Marianne Sachs, Rathausplatz 1, A-3160 Traisen*
Nachlaß: Manuskripte der publizierten Gedichtbände und zahlreiche weitere Gedichte, ca. 30 Erzählungen. – Briefe, u. a. von Kurt Adel, Imma von Bodmershof, Rudolf Felmayer, Arthur Fischer-Colbrie, Wilhelm Franke, Augustin Gutmann, Mirko Jelusich, Norbert Langer, Franz Nabl, Margret Pfaffenbichler, Josef Pfandler, Josef Reisinger, Franz Richter, Ernestine Rotter-Peters, Friedrich Sacher, Hans Sengstschmid, Richard Szerelmes, Franz Traunfellner, Alois Vogel, Korrespondenzen mit Verlagen (Bergland-Verlag, Ferdinand Berger, Karl H. Bischoff Verlag, Heimatland, Jugend und Volk, N.Ö. Pressehaus, Paul Zsolnay Verlag). – Lebensläufe, Werkverzeichnisse, Ehrungen, Photos, Programme von Lesungen, Verlagsverträge, Honorarabrechnungen. – Druckbelege, Rezensionen seiner Bücher, Gedichte von Ralph Voss, Bibliothek.

Sachse, Karl Albert

28.3.1823, Breslau–1894
Theateragent, Hamburg, Breslau, Herausgeber der *Theater-Chronik* in Wien.

** Wien, WSTLB HS*
Teilnachlaß: Biographien für Sachses Theaterlexikon. – Ca. 800 Briefe, u. a. von Marianne Austerlitz, Paul Blasel, Leo Friedrich, Wilhelm Knaack, Karl Wilhelm Meixner, Julius Moser, K. Morska, Efendi Murat, Louis Noetel, Louisabeth Roeckel, Felix Schweighofer, Carl Seyfferth, Karl Swoboda, Marie Swoboda, Anna Versing-Hauptmann und Karl Wiene.
Verzeichnung: Zettelkatalog.
Kauf 1913

Saiko, George

Nannte sich auch Markus Saiko
5.2.1892, Seestadtl (Böhmen)–23.12.1962, Rekawinkel (N.Ö.)

Schriftsteller, von 1939-1950 wissenschaftlicher Angestellter der Albertina in Wien, deren provisorische Leitung er nach Kriegsende auf einige Monate übernahm.

* *Privatbesitz. Magdalena Saiko, Schubertgasse 4-6, A-1090 Wien*
Nachlaß, ca. 10 Kartons: Literarische und kunsthistorische Manuskripte. – Briefe, u. a. von Hermann Broch (1946-1951, 48 Briefe). – Personaldokumente, Zeugnisse, Meldungsbuch der Universität Wien, Photos. – Druckbelege, Zeichnungen von Hilde Polsterer zu *Der feindliche Gott* von George Saiko.
Adolf Haslinger: „Die ganze Romanschreiberei–Eine inadäquate Beschäftigung". Zum Briefwechsel Hermann Brochs und George Saiko. In: *George Saikos magischer Realismus. Zum Werk eines unbekannten großen Autors.* Hrsg. von Joseph P. Strelka. Bern, Frankfurt am Main, New York, Paris: Peter Lang 1990, S. 121-133; George Saiko: *Die Erzählungen.* Hrsg. von Adolf Haslinger. Salzburg: Residenz Verlag 1990, S. 294-302 („Anhang"). (= Sämtliche Werke in fünf Bänden, Band III); George Saiko: *Drama und Essays.* Hrsg. von Adolf Haslinger. Salzburg: Residenz Verlag 1986, S. 249-282. (= Sämtliche Werke in fünf Bänden, Band IV). Im Frühjahr 1992 erschienen als Band V der Ausgabe die Briefe.
Hermann Böhm: *George Saiko. Zum 100. Geburtstag des Dichters. Ausstellung der Wiener Stadt- und Landesbibliothek im Palais Palffy.* 4. Februar bis 1. März 1992. Wien 1992.

Salten, Felix

Früher Pseudonym für Siegmund Salzmann. Später wurde der Name amtlich auf Felix Salten geändert.
Weitere Pseudonyme und Paraphen: Martin Finder (m.f.; M.F.), Sebastian Merker, Karl Albrecht (K.A.), Jeremias Eckenpfeifer (J.E.), Sascha, Lanzelot, Karl Heinrich, Ferdinand Sollberg, „Netlas", Marie Hemmer, Karin Bekker, -x-, F.S., f.s., F-x S-n, -x -n. (Hinweise von Gregor Ackermann)
6.9.1869, Budapest–8.10.1945, Zürich

* *Privatbesitz. Kontaktperson: Lea Wyler, Sonnenhof 5, CH-8121 Benglen bei Zürich, Schweiz*
Nachlaß: Manuskripte. – Zahlreiche Briefe, u. a. von Peter Altenberg, Rudolf Hans Bartsch, Julius Bauer, Richard Beer-Hofmann, Ernst Benedikt, Julius Bittner, Felix Braun, Max Brod, Ferdinand Bronner, Ignaz Brüll, Martin Buber, Egmont Colerus, Egon Caesar Conte Corti, Richard Graf Nikolaus Coudenhove-Kalergi, Franz Theodor Csokor, Ernst Decsey, Felix Dörmann, Marie Ebner von Eschenbach, Emil Ertl, S. Fischer, Hedwig Fischer, Sigmund Freud, Egon Friedell, Armin Friedmann, John Galsworthy, Rudolf Greinz, Paul Goldmann, Stefan Grossmann, Gerhart Hauptmann, Theodor Herzl, Hugo von Hofmannsthal, Leopold Jacobson, Josef Kainz, Ludwig Karpath, Leon Kellner, Wilhelm Kienzl, Alma Johanna Koenig, Karl Kraus, Rudolf Jeremias Kreutz, Franz Lehár, Alexander Lernet-Holenia, Ernst Lothar, Emil Lucka, Alma Mahler-Werfel, Erika Mann, Heinrich Mann, Thomas Mann, Emanuela Mattl-Löwenkreuz, Max Mell, Robert Michel, Wilhelmine Mitterwurzer, Hans Müller-Einigen, Robert Neumann, Wolfgang Pauker, Leo Perutz, Max Reinhardt, Erwin Rieger, Rainer Maria Rilke, Alexander Roda Roda, Hugo Salus, Hanns Sassmann, Alice Schalek, Leon Schalit, Franz Schamann, Moriz Scheyer, Arthur Schnitzler, Friedrich Schreyvogl, Eugenie Schwarzwald, George Bernard Shaw, Sil-Vara, Upton Sinclair, Carl Spitteler, Richard Strauss, Karl Hans Strobl, Georg Terramare, Karl Torresani, Berthold Vier-

tel, Bruno Walter, Jakob Wassermann, Frank Wedekind, H.G. Wells, Franz Werfel, Anton Wildgans, Paul Zsolnay, Berta Zuckerkandl und Stefan Zweig.
Gregor Ackermann: Lieber Salten ... herzlichst Kraus. Die Briefe von Karl Kraus an Felix Salten. In: *Kraus Hefte* 1989, Heft 51, S. 2-3. (20 Schriftstücke von Kraus an Salten)

* *Eugene (Oregon), University of Oregon, The Library*
The Sanford J. Greenburger Collection: Umfangreiche Korrespondenz mit Briefen von Salten und Durchschlägen der Briefe an Salten.
Maschinschriftliches Verzeichnis.

* *Marbach, DLA*
Mikrofilm: Ca. 85 Briefe und Karten von Felix und Ottilie Salten an S. Fischer und Hedwig Fischer.
Samuel Fischer.Hedwig Fischer. Briefwechsel mit Autoren. Herausgegeben von Dierk Rodewald und Corinna Fiedler. Mit einer Einführung von Bernhard Zeller. Frankfurt am Main: S. Fischer Verlag 1990.

Salus, Hugo

3.7.1866, Böhm.-Leipa–4.2.1929, Prag
Arzt, Lyriker, Erzähler; Prag.

* *Wien, WSTLB HS*
Splitternachlaß: Ca. 100 Briefe von Franz Karl Ginzkey.
Verzeichnung: Zettelkatalog.
Kauf 1976

* *Wien, ÖNB HS*
Briefnachlaß, Autogr. 933/(32-35): Briefe an Salus von Jakob Julius David, Hans Müller-Einigen, Emil Orlik, Rainer Maria Rilke, Richard von Schaukal sowie von Salus an Emil Faktor, Rudolf Holzer, Alexander Roda Roda.

* *Prag, Literární archiv. Památník Národního Písemnictví. (Museum der tschechischen Literatur)*
Teilnachlaß.

Salzer, Anselm

8.10.1856, Waidhofen a.d.Ybbs (N.Ö.)–18.3.1938, Seitenstetten (N.Ö.)
Benediktiner, Literarhistoriker.

* *Seitenstetten, Benediktinerstift Seitenstetten, Stiftsarchiv*
Nachlaß.

Samhaber, Edward

26.12.1846, Freistadt–27.3.1927, Linz
Gymnasiallehrer, Lyriker, Dramatiker; Freistadt, Laibach, Linz.

* *Linz, Adalbert-Stifter-Institut*
Nachlaß, ca. 50 Mappen: 18 Mappen Werkmanuskripte (Gedichte, Dramen, Erzählungen, Vorträge und Aufsätze). – 5 Mappen Briefe, u. a. von Anton Emanuel Schönbach, Bernhard Seuffert, Gustav Streicher, Susi Wallner-Kränzl. – Schulzeugnisse, Ernennungen, Ehrungen, Glückwünsche, Photos, Totenmaske. – Druckbelege, Zeitungsausschnitte und wissenschaftliche Arbeiten über Samhaber, Vertonungen seiner Gedichte, Korrespondenz seines Sohnes Walter Samhaber mit dem Georg Müller Verlag. – Teil der Bibliothek.
Maschinschriftliches Verzeichnis.
Geschenk 1957

Sander, Bonifaz

11.11.1794, Schruns (Vbg.)–14.8.1856, Kitzbühel (Tir.)
Beamter, Lyriker, Erzähler; Bezirkshauptmann von Bludenz.

* *Bregenz, Franz-Michael-Felderarchiv und Vorarlberger Literaturarchiv*
Kryptonachlaß im Nachlaß von Hermann

Sander, 1/2 Karton: Naturwissenschaftliche, juristische und historische Exzerpte, Gedichte, Erzählungen, Romane.
Unbearbeitet.
Erwerbung 1985

Sander, Bruno

Pseud. Anton Santer
23.2.1884, Innsbruck–5.9.1979, ebda
Geologe, Lyriker; Professor an der Universität Innsbruck.

* *Innsbruck, Universität, Forschungsinstitut „Brenner-Archiv"*
Nachlaß, 13 Kartons: Zahlreiche Gedichte, Tagebücher und Notizbücher. – Briefe, u. a. von Minna Hansgirg, Anton Konrath, Eva Marinaldi, Familien- und Verlagskorrespondenzen, einzelne Briefentwürfe von Sander. – Lebenslauf, Verlagsverträge. – Kritiken seiner Gedichte, Manuskripte von Friedrich Punt.
Vorgeordnet.
Geschenk 1980 und 1987

* *Innsbruck, Universität, Archiv*
Teilnachlaß, 19 Kartons: Vorlesungen (1912-1938), Geologische Gutachten (1908-1957), Gutachten in Berufungsangelegenheiten. – Umfangreiche Korrespondenz mit Geologen in Österreich, Skandinavien, Italien, Deutschland und U.S.A. seit 1922. – Dokumente zur akademischen Laufbahn, Unterlagen zur Planung der 88. Tagung der „Gesellschaft Deutscher Naturforscher und Ärzte" 1924 in Innsbruck, Dokumente zur Mitgliedschaft in Akademien und gelehrten Gesellschaften. – Sammlung von geologischen Aufnahmen und Diagrammen.
Maschinschriftliches Verzeichnis. – Teilweise gesperrt.

Sandler, Klaus

11.1.1945, Plagwitz (Polen)–28.10.1984, Amstetten (N.Ö.)
Hauptschullehrer, Erzähler, Gründer der Literaturzeitschrift *Das Pult* (gemeinsam mit Peter Baresch und Dieter Parzer), lebte in St. Pölten.

* *Privatbesitz. Nadia Ave-Sandler, Kremser Gasse 43 A-3100 St. Pölten*
Nachlaß: Zahlreiche unveröffentlichte Gedichte und Prosatexte, Entwürfe und verschiedene Fassungen von unpublizierten und publizierten Romanen, dramatische Entwürfe. – Briefe, u. a. von Brigitte Kronauer.
Maria Altmann: Klaus Sandler. Sein literarisches Werk und die Zeitschrift „das pult". Diplomarbeit. Univ. Wien 1991. (Verzeichnis des Nachlasses, S. 92-95)

Sann, Hans von der

Pseud. für Johann Krainz
6.9.1847, Cilli–24.4.1907, Graz
Lehrer, Volkskundler, Erzähler.

* *Graz, Steiermärkische Landesbibliothek*
Teilnachlaß, 3 Kartons: Ca. 20 Werkmanuskripte, vorwiegend landesgeschichtliche Abhandlungen. – 2 Kartons Briefe, u. a. von Franz Ferk, Franz Forcher von Ainbach, Friedrich August Kienast, Ferdinand Krauß, Richard Peinlich, Anton Schlossar, Zahn, der Redaktion des Werkes *Die österreichisch-ungarische Monarchie in Wort und Bild* (meist Josef Weil von Weilen), und vom „Historischen Verein für Steiermark". – Personaldokumente.
Unbearbeitet.
Kauf 1950

* *Graz, Steiermärkisches Landesarchiv*
Der Teilnachlaß (1 Schachtel) enthält keine Manuskripte, auch keine Briefe und Lebensdokumente.

Saphir, Moritz Gottlieb

8.2.1795, Lovas-Berény bei Budapest–5.9.1858, Baden bei Wien
Journalist, Gründer der Zeitschrift *Der Humorist*, Lyriker, Satiriker.

** Wien, WSTLB HS*
Teilnachlaß: Manuskripte von humoristischen Aufsätzen und Gedichten, Briefe.

Standorte von weiteren Autographen nachgewiesen bei Frels, S. 249-250.

Sapletan, Leopold

Geb. 10.5.1908, Wien
Beamter, Humorist; Wien.

** Wien, WSTLB HS*
Teilnachlaß, 4 Kartons: Gedichte, Notizbücher. – Tonbandaufnahmen von Gedichten in Mundart und Hochsprache, Photos.
Vorgeordnet.
Geschenk 1984

Sapper, Theodor

16.9.1905, Feldbach (Stmk.)–1.10.1982, Wien
Redakteur, freier Schriftsteller, seit 1960 Lehrer an der Akademie der bildenden Künste in Wien, Lyriker, Erzähler, Dramatiker.

** Wien, ÖNB ÖLA. Früher Privatbesitz. Dr. Agnes Derbolav, Bockkellerstraße 6, A-1190 Wien*
Nachlaß: *Kettenreaktion Kontra*. Assoziationsgewebe eines Verfolgten aus dem Terrorjahr 1944. 3 Bände, ca. 1947, *Die Mähne des Ruhmes, Im fahlen Feuerschein. Eine symphonische Dichtung, Der Blickpunkt von einer Massenherberge aus, Dienst an einem Kunden, Porträt eines Ichs voller Agilität, Seegras, Steuermann, Brief auf dem Arthos, Kornfeld* (früherer Titel: *Umnachtung*), *Unbefugte haben Zutritt*, Jugenddramen, Vorlesungen zur deutschen Literatur, Durchschläge und Material zum Expressionismusbuch. – Briefe, u. a. von Elias Canetti, Franz Theodor Csokor, Wilhelm Thöny und Fritz Wotruba.

Sassmann, Hanns

Pseud. Rideus
17.12.1882, Wien–8.5.1944, Langkampfen (Tir.)
Theaterkritiker, Erzähler, Dramatiker.
Sassmann war Literaturkritiker des *Neuen Wiener Journals*, schrieb und bearbeitete mehrere Werke zusammen mit Egon Friedell, später mit Luis Trenker (Bergfilme).
„Der Großteil des Nachlasses ist in Berlin bei einem Bombenangriff im Jahre 1944 vernichtet worden. Geblieben ist nur, was sich im Kufsteiner Sommerhaus befunden hat und das ist wahrscheinlich nur ein kleiner Teil." (Ingrid Sassmann)

** Wien, ÖNB ÖLA. Früher Privatbesitz. Ingrid Sassmann, Wien*
Teilnachlaß: *Englisches Drama*. Entwurf, *Das Haus der Zerknirschung, Xanthippe* (8 Szenen, 137 S.), *Die Schicksals-Schmiede, Kleines Bezirksgericht*. Heiteres Volksstück in drei Akten von Otto Bielen. Bearbeitet von Hanns Sassmann, *Alles und Nichts oder Der Traum von Schale und Kern*. Nach Nestroy von Egon Friedell und Hanns Sassmann, *Strobnitzer Geschichten, Das blaue Aug'*. Eine Wiener Komödie (49 S., II. Fassung 1942-43?), *Krieg in Turkestan*. Filmentwurf, *Ein Stück Erde*. Nach einer Idee von G. Civinini und C. Alvaro. Manuskript und Drehbuch von Luis Trenker und Hanns Sassmann (226 Bl.), *Wiener Miniaturen, Das Geheimnis der Oase*. Filmprojekt, *Kongreß-Roman?, Casanova in Wien* (eine Neubearbeitung des Theaterstücks *Xanthippe*), *Reich der Träumer, Kulturgeschichte Österreichs, Wienerisch* (1935). Manuskript und Korrekturbögen, *Ein Mann mit vielen Fehlern*. Ko-

mödie in drei Akten von Hanns Sassmann, *Feuer in der Stadt.* Komödie in 5 Akten, *Der Damenkrieg oder Was den Damen gefällt, Der Ekel.* Drehbuch von Otto Bielen und Walter Fichelscher. Nach dem gleichnamigen Bühnenstück von Toni Impelonen und Hans Reimann (1939), *Der Igel.* Schwank in 6 Bildern von Toni Impelonen. Im Wiener Lokalton bearbeitet von Hanns Sassmann, *Die Schuldenlast.* Komödie in drei Akten (93 S.), *Fiakerlied. Ein Wiener Sittenfilm* von E.W. Emo und Hanns Sassmann. – Regiebücher, Theaterkritiken. – Briefe, u. a. von Egon Friedell, Luis Trenker und Fürst Franz Windischgrätz. – Schulhefte, Materialien zu Steuerproblemen, Partezettel, Kondolenzschreiben, größere Sammlung von Photos von Egon Friedell sowie einzelne Photos von Sassmann. – Zeitungsausschnitte zum Streit zwischen Hanns Sassmann und Ferdinand Bruckner, Druckbelege, Kritiken seiner Werke.

** Wien, ÖNB HS*
Teilnachlaß, Autogr. 794/34-70: Briefe an Sassmann, u. a. von Gustav Waldau.
Erwerbung 1979

** Wien, Thomas Sessler Verlag*
Größere Sammlung von Bühnenmanuskripten Sassmanns.

Sauer, August

12.10.1855, Wiener-Neustadt–17.9.1926, Prag
Literarhistoriker, Universitätsprofessor in Graz, seit 1886 in Prag.

** Wien, WSTLB HS*
Nachlaß, ca. 1 800 Inventarnummern und 3 Kartons: Einzelne Werkmanuskripte (Reden, Entwürfe). – Ca. 1 600 inventarisierte und 3 Kartons unbearbeitete Briefe, u. a. von Konrad Burdach, Richard Fellner, Adolf Foglar, Josef Gangl, Eugen Guglia, Wilhelm Gurlitt, Adolf Hauffen, Rudolf Christoph Jenny, Friedrich Jodl, Hans von Müller, Franz Muncker, Moritz Necker, Emil Petzold, Josef Pollhammer, Simon Marian Prem, Heinrich Proehle, Edwin Rollett, Rudolf Schachinger, Anton Emanuel Schönbach, Franz Spina, Bernhard Ludwig Suphan und Oswald Zingerle von Summersberg, Verlagskorrespondenzen.
Verzeichnung: Zettelkatalog.
Kauf 1940

** Wien, ÖNB HS*
Teilnachlaß, Ser. n. 13.789-13.796, Autogr. 412/1-425/1?: 8 Manuskripte und ca. 3 760 Briefe an und von Sauer, u. a. von Otto Eduard Lessing, Anna Loewe, Jakob Minor, Josef Nadler, Wilhelm Scherer und Erich Schmidt sowie von Sauer, u. a. an Reinhold Backmann, Karl Glossy, Karl Kaderschafka, Otto Eduard Lessing, Anna Loewe, Wilhelm Scherer und Bernhard Seuffert. – Lebensdokumente.

Sauter, Ferdinand

6.5.1804, Werfen (Sbg.)–30.10.1854, Wien
Handels- und Versicherungsangestellter, Lyriker; Werfen, Wels, Wien.

** Wien, WSTLB HS*
Nachlaß: Ca. 130 Gedichte, 1 Drama.
Verzeichnung: Zettelkatalog.
Kauf 1926

Standort von weiteren Autographen nachgewiesen bei Frels, S. 250.

Sazenhofer, Alexandra von

Verehelicht von Schiefner
4.6.1900, Eger (Böhmen)–2.8.1984, Burgschleinitz (N Ö.)
Erzählerin.

** Privatbesitz. Irmengard von Sazenhofen, Wien*
Nachlaß: Romane (u. a. *Die Brücke von*

Berba, Morgen fahren wir, Der Vagabund).

Sazenhofen, Anna von

Pseud. A.v. Wernberg
22.8.1874, Ansbach (Bayern)–23.9.1948, Burgschleinitz (N.Ö.)
Erzählerin; Wien, Burgschleinitz bei Eggenburg.

** St. Pölten, Dokumentationsstelle für Literatur in Niederösterreich*
Teilnachlaß: 16 Erzählungen und Romane. – Druckbelege von Vorabdrucken in Zeitungen, einzelne Manuskripte von Irmengard von Sazenhofen.
Vorgeordnet.

** Privatbesitz. Irmengard von Sazenhofen, Wien*
Nachlaß. Ein Teil dieses Bestandes wurde im Jahre 1991 dem Österreichischen Literaturarchiv an der ÖNB übergeben.

Sazenhofen, Gabriele von

Vereh. von Skrbensky
5.7.1898, Eger (Böhmen)–9.9.1961, Basel
Erzählerin.

** Privatbesitz. Irmengard von Sazenhofen, Wien*
Nachlaß. Ein Teil dieses Bestandes wurde im Jahre 1991 dem Österreichischen Literaturarchiv an der ÖNB übergeben.

Sazenhofen, Irmengard von

5.5.1916, Linz–lebt in Wien
Erzählerin.

** Privatbesitz der Autorin*
Nachlaß. Ein Teil dieses Bestandes wurde im Jahre 1991 dem Österreichischen Literaturarchiv an der ÖNB übergeben.

Schadek, Moriz

28.8.1840, Horn (N.Ö.)–31.5.1928, Wien
Mundartdichter, Oberlandesgerichtsrat; Wien.

** Waidhofen an der Thaya, Heimatmuseum*
Nachlaß: Notizhefte mit Gedichten. – Korrespondenzen mit Freunden und mit Verlagen. – Personaldokumente, Schulzeugnisse, Parte, Dias, biographischer Film (1924). – Zeitungsausschnitte.
Verzeichnis in Arbeit.
Geschenk des Autors
Moriz Schadek: *Ausgewählte Gedichte in niederösterr. Mundart.* Zum 50. Todestag des Dichters herausgegeben 1978 vom Verein Heimatmuseum Waidhofen a.d.Thaya. (= Schriftenreihe des Waidhofner Heimatmuseums, Nr. 2) [Enthält u. a. Gedichte aus dem Nachlaß]

Schaffner, Karl

Keine Daten ermittelt.
Schriftsteller.

** Wien, WSTLB HS*
Teilnachlaß: Ca. 30 Theatermanuskripte.
Verzeichnung: Zettelkatalog.
Geschenk

Schalit, Leon

Verwendete zeitweise den Namen L. Leonhard
19.2.1884, Wien–19.5.1950, London
Übersetzer von John Galsworthy, Erzähler, Zeitungsredakteur; Wien.
Schalit hatte Brüder, die in die U.S.A. emigrierten, darunter den Komponisten Heinrich Schalit (1886-1976). Über ihn das Werk: *Heinrich Schalit. The Man and his Music.* Compiled by Michael Schalit. Livermore (California) 1979. Als Leon Schalit 1939 nach England kam, war er sehr krank und konnte daher keiner Beschäftigung nachgehen. Gelegentlich hielt er Vorträge und bekam zeitweise Unterstützung von Ada Galsworthy, die für ihn gebürgt hatte.

* *Privatbesitz. Mr. Edgar Lax, 8 Woodgrange Avenue, Kenton, Harrow, Middlesex, England HA3 0XD*
Teilnachlaß: *Sehnsucht.* Schauspiel in drei Akten (70 S.), *Ehrenmänner.* Komödie in vier Akten (109 S.), *Josepha.* Drama in zwei Teilen (111 S.), *Kindersegen.* Schauspiel in drei Akten (64 S.), *Der Abtrünnige.* Tragödie in fünf Aufzügen, Typoskripte früher Gedichte, die anläßlich eines England-Aufenthalts 1909 entstanden sind, Fragmente von Übersetzungen der Werke John Galsworthys. – Photos von John Galsworthy und seinem Vater, Szenenphotos von Galsworthy-Aufführungen, Exlibris von R.M. Sauter.

Schaukal, Richard von

27.5.1874, Brünn–10.10.1942, Wien
Schriftsteller, Sektionschef; Wien.

* *Privatbesitz. Dr. Lotte von Schaukal, Cobenzlgasse 42, A-1190 Wien*
Nachlaß: Entwürfe, Gedichte, Erzählungen, Essays, Kritiken, Vorlesungen, Korrekturexemplare. – Briefe, u. a. von Hans von Arnim (10), Rudolf Bach (34), Otto Basil (5), Franz von Bayros (6), Ed. Berend (28), Carl Berninger (110), Hans Bethge (13), Franz Blei (28 Br., 8 Kt., 1 Br. von R. Schaukal, 1 Gedicht), Alice Bleichsteiner (543), H. Brabik (85), Felix Braun (10), Max Brod (22), Eduard Castle (17), Richard Dehmel (16), Marie Ebner von Eschenbach (24), Albert Ehrenstein (2), Eduard Engel (53), Emil Ermatinger (19), Alois Essigmann (550), Richard Flatter (9), Egid Filek von Wittinghausen, Arthur Fischer-Colbrie, Ludwig von Ficker (4), Otto Forst-Battaglia (113), Egon Friedell (1), Franz Karl Ginzkey (7), Adolf Loos (6), Heinrich Mann (8), Thomas Mann (27 Br., 46 Kt.), Kurt Martens (26), Julius Meier-Graefe (24), Max Mell (10), Hans Müller-Einigen (186), Josef Nadler (31), Rainer Maria Rilke (17 Br., 1 Kt.), Max Roden (5), Otto Rommel (38), Ferdinand von Saar (24), Hugo Salus (9 Br., 18 Kt.), Arthur Schnitzler (5 Br., 1 Kt.), Friedrich Schreyvogl (10), Wilhelm von Scholz (27), Oswald Spengler (2), Maria Stona (16), Karl Hans Strobl (57), Frieda Strindberg (27), Josef Weinheber (1 Br. m. div. Mat.), Emil Wohlgemuth (528), Briefe von Schaukal, u. a. an Rudolf Huch (408), Max Mell (38) und Emil Strauß (25), Korrespondenz mit Vereinen, Gesellschaften, Zeitungen, Zeitschriften und Verlagen, u. a. mit dem Schutzverband deutscher Schriftsteller (40 Briefe, Mitteilungen, Mitgliedsverzeichnisse), dem Verband katholischer Schriftsteller (10 Briefe, Mitgliedslisten, Mitteilungen), dem Georg Müller Verlag (sehr umfangreich 1904-1908), der Zeitschrift *Deutsche Kunst und Dekoration* (etwa 150 Briefe), Familienkorrespondenz (über 5.000 Briefe) sowie Glückwünsche.
Wird der WSTLB HS übergeben werden.
Maschinschriftliches Verzeichnis.

* *München, Bayerische Staatsbibliothek, Handschriften- und Inkunabelabteilung*
Nachlaß Wilhelm Greiner (Literarhistoriker, 1879-1957): Gedichte von Richard von Schaukal.

Scheibelreiter, Ernst

13.11.1897, Wien–3.3.1973, ebda
Lyriker, Erzähler, Dramatiker; Wien.

* *Privatbesitz. Univ.-Doz. Dr. Georg Scheibelreiter, Bauernfeldgasse 9, Stg. 1, A-1190 Wien*
Nachlaß: Manuskripte, darunter Feuilletons. – Briefe in sechs Aktenordnern alphabetisch geordnet, u. a. von Richard Beer-Hofmann, Imma von Bodmershof, Hans Carossa, Arthur Fischer-Colbrie, Franz Karl Ginzkey, Oskar Laske, Hans Leifhelm, Alexander Lernet-Holenia, Otto

Mauer, Hilde Melas, Max Mell, Erika Mitterer, Alfred Mortier, Josef Friedrich Perkonig, Alfons Petzold, Wilhelm von Scholz, Friedrich Schreyvogl, Herbert Strutz, Frank Thiess, Heinrich Suso Waldeck, Josef Weinheber, Paul Zsolnay Verlag (1934-1959), Stefan Zweig. – Zeitungskritiken, chronologisch geordnet und bis in die heutige Zeit ergänzt, Sammlung von Arbeiten über Ernst Scheibelreiter.

* *Wien, WSTLB HS*
Ein Romanfragment über den Biedermeiermaler Michael Neder befindet sich auf Grund einer Widmung in der WSTLB HS.

Barbara Heigl: Ernst Scheibelreiter: Leben und Werk unter besonderer Berücksichtigung seiner Lyrik. Diss. Salzburg 1979.

Scherer, Franz Wolfram

Pseud. Franz Wolfram
11.6.1867, Salzburg–22.4.1932, ebda
Beamter, Erzähler; Salzburg.

* *Salzburg, Salzburger Literaturarchiv*
Splitternachlaß, 1 Karton: 1 Drama und 1 Roman. – Einzelne Briefe. – Sammlung von Rezensionen seiner Werke, Programme von Vorträgen und Lesereisen, Exemplare seiner Bücher.
Vorgeordnet.
Geschenk 1987
Nachlaß 1944 vernichtet.

Scherer, Wilhelm

26.4.1841, Schönborn (N.Ö.)–6.8.1886, Berlin
Literarhistoriker, Professor an den Universitäten Wien, Straßburg, Berlin.

* *Berlin, Akademie der Wissenschaften [der ehemaligen DDR] Zentrales Akademie-Archiv*
Nachlaß, 29 Kästen: Manuskripte zur Sprachgeschichte, zur Literaturgeschichte des Altertums, zur älteren und neueren Literaturgeschichte. – Persönliche Dokumente zum persönlichen und beruflichen Werdegang. – Umfangreiche Korrespondenz, mit Briefen an Scherer, u. a. von Friedrich Theodor Althoff, Jacob Baechthold, Fritz Bechtel, Otto Brahm, Theodor Demuth, Wilhelm Dilthey, Dümmlers Verlagsbuchhandlung, Oskar Erdmann, Bernhard Erdmannsdörffer, Johannes Franck, Ludwig Geiger, Theodor Gomperz, Gisela Grimm, Herman Grimm, Wilhelm Hartel, Richard Heinzel, Rudolf Henning, Moritz Heyne, Ludwig Hirzel, Julius Hoffory, Konrad Hofmann, Hans Hopfen, Adalbert H. Harawitz, Gustav Jacobsthal, Daniel Jacoby, Matthias v. Lexer, Franz Lichtenstein, Rochus von Liliencron, Auguste von Littrow, Karl von Littrow, Gustav v. Loeper, Ernst Martin, Jakob Minor, Fernande Müllenhoff, Karl Müllenhoff, Max Roediger, Anton Emanuel Schönbach, Josef Seemüller, Bernhard Seuffert, Ludwig Adolf Spach, Elias Steinmeyer, Philipp Strauch, Josef Strobl, C. Stumpf, Theodor Toeche, Karl Tomaschek, Karl J. Trübner (Verlag), Ernst Voigt, Albrecht Wagner, Josef Maria Wagner, Fritz Werneck, Richard Maria Werner und Heinrich Zimmer sowie Durchschläge der Briefe Scherers an Herman Grimm, Franz Lichtenstein, Karl Müllenhoff und Josef Maria Wagner.

* *Cleveland (Ohio, U.S.A.), Case Western Reserve University, Freiberger Library, Rare Books Section*
Wilhelm Scherer Collection: Privatbibliothek, bestehend aus ca. 12 000 Bänden. Im Laufe der Jahre wurden viele Werke wie etwa Monographien und Periodika in den allgemeinen Bestand der Universitätsbibliothek integriert. Seit den 60er Jahren wurden wichtige Werke (ca. 6 000-7 000 Bände) aus diesem Bestand

sukzessiv in die Rare Books Section überstellt. Ein Teil der Scherer Collection (80 Monographien und 13 Periodika) wurde 1968 von Research Publications Inc. in Woodbridge, Connecticut, für den allgemeinen Verkauf mikroverfilmt. (Dazu der Werbeprospekt dieser Firma aus dem Jahr 1981 mit einem Essay von Peter Salm: German Books and Periodicals from The Wilhelm Scherer Collection.)
Kauf 1887
Peter Salm: Die Scherer Bibliothek. In: *Frankfurter Allgemeine Zeitung,* 18.9.1965; ders.: Die verschollene Bibliothek Scherers. In: *Die Welt,* 26.11.1965; ders: In: *PMLA* 81 (1966), Nr. 3, S. A-4; Sander Gilman: The Wilhelm Scherer Library: A Bibliography of the Works Printed prior to 1700. In: *Archiv für das Studium der neueren Sprachen und Literaturen* 206 (1970), S. 433-446; Cliff Miller: Long-Lost Scherer Library Refound. In: *The Library Binder* 14 (Dezember 1966), S. 21-22.

Briefwechsel zwischen Karl Müllenhoff und Wilhelm Scherer. Im Auftrag der Preußischen Akademie der Wissenschaften herausgegeben von Albert Leitzmann. Mit einer Einführung von Edward Schröder. Berlin-Leipzig: Walter de Gruyter & Co. 1937; *Wilhelm Scherer–Erich Schmidt. Briefwechsel.* Mit einer Bibliographie der Schriften von Erich Schmidt herausgegeben von Werner Richter und Eberhard Lämmert. Berlin: Erich Schmidt Verlag 1963; *Wilhelm Scherer/Elias von Steinmeyer. Briefwechsel 1872-1886.* In Verbindung mit Ulrich Pretzel herausgegeben von Horst Brunner und Joachim Helbig. Göppingen: Kümmerle Verlag 1982. (= Göppinger Arbeiten zur Germanistik, Nr. 365)

Scherzer, Karl von

1.5.1821, Wien–20.2.1903, Görz
Reiseschriftsteller; Wien, Görz.

* *Wien, WSTLB HS*
Teilnachlaß, ca. 120 Briefe an Scherzer.
Verzeichnung: Zettelkatalog.
Kauf 1942

* *Sydney (Australien), State Library of New South Wales, Mitchell Library, Manuscripts Section*
Teilnachlaß: Tagebücher (1857-1859), geführt während der Reise der Fregatte „Novara".

John Fletcher: Karl Scherzer and the Visit of the „Novara" to Sydney, 1858. In: *Journal of the Royal Australian Historical Society* 71 (1985), Teil 3, S. 189-206; ders.: The „Novara" in Sydney, November-December 1858: On unlocking a time-warp. In: W. Boyd Rayward (Hrsg.): *Australian Library History in Context.* Sydney: University of New South Wales, School of Librarianship 1988, S. 7-25; ders.: *German manuscripts (1538-1864) in the libraries of Sydney. A descriptive catalogue.* Sydney: Book Collectors' Society of Australia 1988, S. 73-76.

Scheu, Andreas

Politiker, Schriftsteller.
27.1.1844, Wien–29.8.1927, Rapperswill, Kt. St. Gallen (Schweiz)

* *Amsterdam, Internationaal Instituut voor Sociale Geschiedenis*
Teilnachlaß, 0.35 m: Manuskripte, Notizbücher mit Gedichten und Arbeiterliedern geschrieben oder übersetzt von Scheu, Tagebuch (1900-1920). – Briefe, u. a. von William Morris, May Morris-Sparling, George Bernard Shaw und Edouard Vaillant. – Druckbelege (1884-1907).
Guide Amsterdam, S. 149f.

* *Wien, Verein für Geschichte der Arbeiterbewegung*
Sammlung.

Scheu, Robert

11.7.1873, Schönau (N.Ö.)–25.1.1964, Wien
Jurist, Essayist, Dramatiker; Wien.

* *Wien, WSTLB HS*
Teilnachlaß, ca. 60 Inventarnummern: Aphorismen, Essays, Polemiken. – Ausweis, Notizbuch, Programm einer Lesung von Robert Scheu.
Verzeichnung: Zettelkatalog.
Kauf 1987

Scheuermann, Walther

Pseud. Heinrich Tieck, Theodor Heick
5.10.1891, Leipzig–22.2.1975, Wien
Verleger, Verlagsdirektor, Schriftsteller; Leipzig, München, Wien.
Scheuermann kam in der ersten Hälfte der 20er Jahre aus München nach Wien und war zunächst Direktor des Rikola-Verlags, anschließend des Speidel-Verlags und gründete zusammen mit Mirko Jelusich den Tieck-Verlag. Er trennte sich von Jelusich und verlegte nur mehr eigene Werke, die während des Kriegs (bis zur großen Papierknappheit im Jahre 1943) vor allem unter den Soldaten sehr viele Leser fanden. Nach dem Krieg wurden diese und weitere Titel neu aufgelegt. Anfang der 80er Jahre wurden die Rechte an den Bergland-Verlag, Salzburg, verkauft.

* *Privatbesitz. Cäcilia bzw. Reinhard Scheuermann, Springsiedelgasse 27, A-1190 Wien*
Teilnachlaß und Teil des Verlagsarchivs: Manuskripte. – Abrechnungen, Korrespondenz über Bindeaufträge etc. sowie mit dem Schweizer Vereinssortiment Olten, zwei Mappen Zeitungsausschnitte über „Tieck-Bücher“ nach 1945, Steuererklärungen, sehr vereinzelt Briefe von Lesern, einige Verlagsprospekte.

Scheyer, Moriz

6.1.1887, Foscani (Rümanien)–April 1949, Belvès (Frankreich)
Schriftsteller, Redakteur beim *Neuen Wiener Tagblatt;* Wien.
Emigration nach Frankreich 1938, dort im KZ interniert, Flucht über die Schweizer Grenze, Festnahme, neuerliche Flucht nach Frankreich in eine von Geistlichen geleitete Anstalt.

* *Nicht bekannt. Vermutlich in England. Neues Österreich,* 3.4.1949, S. 3 (Nachruf).

Schicht, Elisabeth

29.4.1920, Berndorf (N.Ö.)–29.8.1983, Mödling
Lehrerin, Erzählerin; Mödling.

* *Mödling, Literarische Gesellschaft, Archiv für ungedruckte Manuskripte*
Teilnachlaß, 8 Konvolute, 8 Ordner: Romane, Erzählungen, Gedichte.
Unbearbeitet.
Depot

Schicht, Franz Josef

8.9.1911, Fiume–11.5.1970, Mödling (N.Ö.)
Lyriker, Erzähler, Werbetexter; Mödling, Wien.

* *Mödling, Literarische Gesellschaft, Archiv für ungedruckte Manuskripte*
Teilnachlaß, 4 Konvolute: Gedichte, Erzählungen, universitäre Prüfungsarbeiten. – Verlagskorrespondenzen. – Verlagsvertrag, Dokumente zur schriftstellerischen Tätigkeit. – Rezensionen, Druckbelege, Nachrufe.
Handschriftliches Verzeichnis.
Depot 1982

Schidrowitz, Leo

20.3.1894, Wien–6.11.1956, ebda
Lyriker, Kulturschriftsteller, Verleger; Wien.

* *Verschollen (möglicherweise im Besitz seiner zweiten Frau in Wien).*

Schiffkorn, Aldemar

26.7.1915, Graz–22.11.1987, Wels (O.Ö.)
Germanist und Volksbildner; Leiter der Kulturabteilung der Oberösterreichischen Landesregierung und des Landesinstituts für Volksbildung und Heimatpflege, Gründer des Adalbert-Stifter-Instituts in Linz.

* *Innsbruck, Universität, Forschungsinstitut „Brenner-Archiv"*
Teilnachlaß, 4 Kartons: 2 Manuskripte (Rede, Artikel). – Ca. 430 Briefe, u. a. von Felix Braun, Arthur Fischer-Colbrie, Linus Kefer, Max Mell und Rudolf Pannwitz, einzelne Briefe von Schiffkorn. – Sammlung von Manuskripten von Arthur Fischer-Colbrie, Manuskripte anderer Autoren zum Thema Adalbert Stifter, u. a. von Felix Braun, Gertrud Fussenegger, Hans Gottschalk, Rudolf Henz und Linus Kefer, Zeitungsausschnitte über Arthur Fischer-Colbrie.
Verzeichnung: Zettelkatalog.
Geschenk 1967

Schikaneder, J. Emanuel

1.9.1751, Straubing (Bayern)–21.9.1812, Wien
Theaterleiter, Bühnendichter, Komponist; Brünn, Wien.

Standorte von Autographen nachgewiesen bei Frels, S. 254.

Schinner, Walter

19.4.1900, St. Peter ob Judenburg (Stmk.)–15.5.1982, Graz
Historiker, Übersetzer, Bibliothekar an der Steiermärkischen Landesbibliothek in Graz.

* *Graz, Steiermärkische Landesbibliothek*
Teilnachlaß, 3 Kartons: Ca. 15 Werkmanuskripte (historische Abhandlungen, Übersetzungen kunsthistorischer Werke, Notizen und Exzerpte).
Unbearbeitet

Schirmer, Adolf

7.5.1821, Hamburg–12.2.1886, Wien
Erzähler, Lyriker, Schauspieler. Lebte seit 1854 in Wien.

* *Wien, ÖNB HS*
Teilnachlaß, Autogr. 1007/1-73: 85 Briefe an Schirmer von 70 Schreibern.

Schivizhoffen, Viktor von

24.9.1878, Zagreb–24.7.1961, Graz
Beamter, Dramatiker; Triest, Marburg, Postdirektor in Graz

* *Graz, Steiermärkische Landesbibliothek*
Teilnachlaß, 3 Kartons: Einzelne Werkmanuskripte, ca. 20 Hefte mit Exzerpten, Entwürfen, Notizen und Dramen. – Einzelne Briefe. – Personaldokumente, Adelsnachweis, Dekrete. – Familienpapiere.
Maschinschriftliches Verzeichnis.
Geschenk 1978

Schlechta von Wschehrd, Franz Xaver

20.10.1796, Pisek (Böhmen) [Giebisch: Wien]–24.3.1875, Wien
Staatsbeamter, Sektionschef im Finanzministerium und Geheim-Rat, Dramatiker.

* *Privatbesitz. Auguste Schlechta, Wien (Stand 1949)*
Gertrud Enzl: Franz Xaver Schlechta von Wschehrd. Versuch einer Monographie. Diss. Wien 1949: „Ich möchte es nicht versäumen, an dieser Stelle Frau Baronin Auguste Schlechta, die mir in liebenswürdiger Weise Einblick in den gesamten Nachlaß des Dichters gewährte, meinen

Dank auszusprechen.“ (S. I)
Laut Gotha wohnte Baronin S. 1959 in Wien 17., Dornbacherstraße 107 mit Sohn Franz (geb. 1919). Heute nicht auffindbar.

Schlesinger, Sigmund

15.6.1832, Waag-Neustadtl (Ungarn)–7.3.1918, Wien
Journalist, Dramatiker; Wien.

* *Wien, WSTLB HS*
Splitternachlaß: Ca. 50 Briefe, u. a. von Franz Nissel.
Verzeichnung: Zettelkatalog.
Kauf 1919

Schlesinger, Viola Gabriele

18.9.1884, Wien–1.7.1950, ebda
Lyrikerin, Reiseerzählerin, Dramatikerin; Wien.

* *Wien, WSTLB HS*
Nachlaß, einzelne Inventarnummern und 2 Kartons: Gedichte, Erzählungen, Romane, Dramen. – Briefe.
Maschinschriftliches Verzeichnis, Zettelkatalog. – Teilweise unbearbeitet.
Erwerbung 1960

Schlier, Paula

12.3.1899, Neuburg a.d.Donau–28.5.1977, Bad Heilbrunn
Lyrikerin, Erzählerin, Journalistin; München, Innsbruck, Ingolstadt, Berlin, Garmisch-Partenkirchen.

* *Innsbruck, Universität, Forschungsinstitut „Brenner-Archiv“*
Nachlaß, 15 Kartons: Hörspiel. – Zahlreiche Briefe, u. a. von Lienhard Delekat, Johanna Herzog-Dürck, Walter Grohmann, Walter Methlagl, Mathias Pöschl, Birgit von Schowingen-Ficker, Elisabeth Maria Spelbrink, Ignaz Zangerle und Verlagskorrespondenzen; Briefe von Schlier, u. a. an Ludwig von Ficker. – Familiendokumente, Rezensionen ihrer Bücher.
Vorgeordnet.
Geschenk 1977

Schlögel, Franz

15.11.1894, Wien–19.11.1968, ebda
Industrieangestellter, Lyriker; Wien.

* *Wien, WSTLB HS*
Teilnachlaß, 1 Karton: Gedichte. – Briefe, u. a. von Mirko Jelusich und Erwin Guido Kolbenheyer.
Unbearbeitet.
Kauf 1987

Schlögl, Friedrich

7.12.1821, Wien–7.10.1892, ebda
Beamter der Hofkriegsbuchhaltung, Feuilletonist; Wien.

* *Wien, WSTLB HS*
Nachlaß: Ca. 75 Werkmanuskripte (Gedichte, autobiographische Notizen). – Lebensdokumente zur Beamtenlaufbahn, Personaldokumente, Glückwünsche. – Ca. 1 600 Briefe, u. a. von Ludwig Anzengruber, Wilhelm Bolin, Vinzenz Chiavacci, Adolf Glassbrenner, Martha Goehler, Eduard Leisching, Fritz Lemmermayer, Josef Mayr, Karl Prohaska, Leopold Rosner, Joseph Schöffel, Karl Julius Schröer, Karl Sitter und Josef Wimmer, Familienkorrespondenzen. – Zeitungsausschnitte.
Verzeichnung: Zettelkatalog.
Kauf 1922

* *Wien, ÖNB HS*
Teilnachlaß, Ser. n. 3.367, 9.586-9.587, 16.158-16.175, Autogr. 32/32, 117/55, 127/101-104, 132/119, 710/26-45: Manuskripte und Briefe.
Die Bibliothek wurde am 21.2.1921 in Wien von Seidel und Schwarz versteigert.

Schlögl, Johann

Ordensname: Nivard; Pseud. Fr. Nivardus
4.6.1864, Gaaden (N.Ö.)–25.6.1939, Wien
Zisterzienser in Heiligenkreuz, Professor an der Theologischen Fakultät der Universität Wien, Epiker, Übersetzer.

* *Heiligenkreuz, Stiftsarchiv*
Teilnachlaß, 5 Kartons.

Schlossar, Anton

27.6.1849, Troppau–1.8.1942, Graz
Jurist, Volkskundler, Bibliothekar; Troppau, Direktor der Universitätsbibliothek Graz.

* *Graz, UB, Abteilung für Sondersammlungen*
Teilnachlaß, 1 Karton: 3 Werkmanuskripte, Register zu der von Joseph von Hormayr herausgegebenen Zeitschrift *Archiv*. – Zahlreiche Briefabschriften betreffend Anton Alexander Graf Auersperg. – Familiendokumente, Zeitungsausschnitte, Photos.
Unbearbeitet.

* *Graz, Universität, Institut für Germanistik*
Teilnachlaß: 1 Werkmanuskript, 1 Konvolut Briefabschriften und Notizen. – Zeitungsausschnitte, Sammlung von Sonderdrucken über Anton Alexander Graf Auersperg, ca. 140 Briefe von Auersperg an Otto von Apfaltrern und Karl Gottfried von Leitner, ca. 50 Briefe von Joseph Fellner an Auersperg.
Verzeichnung: Handschriftliches Inventar.

* *Graz, Steiermärkische Landesbibliothek*
Teilnachlaß, 2 Kartons: Photos von Peter Rosegger, Sammlung von Briefen Robert Hamerlings und Abschriften seiner Gedichte. – Nachlaß von Karl Gottfried von Leitner.
Vorgeordnet.
Kauf und Geschenk 1955

* *Linz, Adalbert-Stifter-Institut*
Splitternachlaß: Ca. 40 Briefe, u. a. von Karl Löffler.
Verzeichnung: Zettelkatalog.

Schmid, Siegfried

16.12.1774, Friedberg (Hessen)–10.4.1859, Wien
Schriftsteller, Offizier.

* *Wien, ÖNB HS*
Teilnachlaß: 2 gedruckte und eigenhändig korrigierte sowie 3 handschriftliche Bände mit Dramen.
Verzeichnung: Zettelkatalog.

Schmutzer, Alice

11.12.1884, Wien–24.4.1949, ebda
Publizistin, Erzählerin; Wien.

* *Wien, Dokumentationsstelle für neuere österreichische Literatur*
Teilnachlaß, 2 Kartons: Gedichte, Erzählungen, Rezensionen, Essays, Übersetzungen, Erinnerungen. – Briefe, u. a. von Hermann Broch. – Dokumente zur finanziellen Situation.
Maschinschriftliches Verzeichnis.

Schnitzler, Arthur

15.5.1862, Wien–21.10.1931, ebda
Arzt, Schriftsteller; Wien.

* *Cambridge, Cambridge University Library*
Nachlaß: 247 Mappen Manuskripte, 20 Kartons Briefe, u. a. von Hermann Bahr, Richard Beer-Hofmann, Otto Brahm, Georg Brandes, Hugo von Hofmannsthal, Jonas Lesser, Max Reinhardt, Felix Salten, Gustav Schwarzkopf und Jakob Wassermann.
Maschinschriftliches Verzeichnis: The Posthumous Papers of Arthur Schnitzler

(12 Bl.); Jutta Müller und Gerhard Neumann: *Der Nachlaß Arthur Schnitzlers*. Verzeichnis des im Schnitzler-Archiv der Universität Freiburg i.B. befindlichen Materials. Mit einem Vorwort von Gerhart Baumann und einem Anhang von Heinrich Schnitzler: Verzeichnis des in Wien vorhandenen Nachlaßmaterials. München: Wilhelm Fink 1969; The Arthur Schnitzler Archive [mit Standorten von Mikrofilmen des Nachlasses]. In: *Modern Austrian Literature* 4 (1971), Nr. 1, S. 63-75; Michaela L. Perlmann: *Arthur Schnitzler*. Stuttgart: Metzler 1987 (= Sammlung Metzler, Band 239), S. 1f.
Kopien des Nachlasses auf Mikrofilm (38 Rollen) befinden sich u. a. am Deutschen Seminar der Universität Freiburg i.Br. (Schnitzler-Archiv) sowie an mehreren amerikanischen Universitäten, darunter Arthur Schnitzler Research Association, State University of New York at Binghamton, New York und The University Library, University of California, Los Angeles.

* *Exeter (England), University of Exeter Library*
Teilnachlaß, 21 000 Zeitungsausschnitte: Schnitzlers eigene Sammlung von Kritiken der Veröffentlichungen und Aufführungen seiner Werke.
Erwerbung 1982
W.E. Yates: The tendentious reception of *Professor Bernhardi*. Documentation in Schnitzler's collection of press cuttings. In: *Vienna 1900. From Altenberg to Wittgenstein*. Hrsg. von Edward Timms u. Ritchie Robertson. Edinburgh: Edinburgh University Press 1990 (= Austrian Studies 1), S. 108-125.

* *Marbach, DLA*
Teilnachlaß aus dem Besitz von Heinrich Schnitzler und Sammlung von 6 Kartons: Dramatisches, Tagebücher 1879-1931 in Abschrift (die Tagebücher werden bis zum Abschluß der Tagebuch-Edition in der Akademie der Wissenschaften in Wien aufbewahrt), ca. 8 000 Briefe an und ca. 4 000 Briefe von Schnitzler.
Kussmaul, Sp. 452; Müller/Neumann, S. 15-16; *Jahrbuch der Deutschen Schillergesellschaft* 30 (1986), S. 705.

* *Los Angeles, University of California, Los Angeles, A1713 University Research Library, Department of Special Collections*
Typoskripte von Tagebüchern Schnitzlers (1879-1912 und 1931) in zeitgenössischen masch. Abschriften.
Geschenk von Heinrich Schnitzler in den 50er Jahren

* *New York, Leo Baeck Institute*
Sammlung, ca. 80 Einheiten: Catalog, S. 366.

* *Wien, ÖNB HS*
Teilnachlaß, Autogr. 1024/1-28: 332 Briefe von Hedwig Kempny an Schnitzler, 261 Briefe von Schnitzler an Kempny.

* *Wien, ÖNB HS*
Teilnachlaß: Einzelmanuskripte, u. a. *Buch der Sprüche und Bedenken*, *Komödie der Verführung* und *Liebelei*.

* *Wien, Arthur Schnitzler-Institut*
Fotokopien/Mikrofilmaufnahmen von Teilen des Nachlasses in Cambridge und Marbach.

Autographen in anderen Beständen

* *Wien, WSTLB HS*
Teilnachlaß von Otto Brahm: Briefe von Schnitzler.

* *Wrocław, UB*
Nachlaß Wilhelm Bölsche: 15 Briefe von Schnitzler an Bölsche (1890-1893).
Edward Białek/Alois Woldan: Briefe österreichischer Literaten in der Univer-

sitätsbibliothek Wrocław. In: *Germanica Wratislaviensia* 1985, Heft 68, S. 148-155; hier S. 153-155.

Arthur Schnitzler: *Tagebuch*. Hrsg. v. d. Kommission für literarische Gebrauchsformen der Österreichischen Akademie der Wissenschaften, Obmann: Werner Welzig, unter Mitwirkung von Peter Michael Braunwarth, Konstanze Fliedl, Richard Miklin, Maria Neyses, Susanne Pertlik, Walter Ruprechter und Reinhard Urbach. Wien: Verlag der Österreichischen Akademie der Wissenschaften 1981 ff. (Bisher sind die Tagebücher für die Jahre 1879-1919 erschienen.)
Aus Schnitzlers Nachlaß sind zahlreiche Briefe ediert worden. Vgl. den Überblick in Perlmann, a.a.O., S. 7-10. Seither ist u. a. erschienen: *Samuel Fischer. Hedwig Fischer. Briefwechsel mit Autoren*. Herausgegeben von Dierk Rodewald und Corinna Fiedler. Mit einer Einführung von Bernhard Zeller. Frankfurt am Main: S. Fischer Verlag 1989, S. 51-164.

Schnitzler, Heinrich

9.8.1902, Wien–14.7.1982, ebda
Schauspieler, Regisseur.

* *Wien, Österreichisches Theatermuseum*
Nachlaß.

Schober, Franz von

17.5.1798, Schloß Torop bei Malmö (Schweden)–13.9.1882, Dresden
Lyriker, Schauspieler; Schweden, Ungarn, Pest, München, Graz, Wien, Dresden.

* *Wien, WSTLB HS*
Teilnachlaß: Ca. 1 100 Briefe, u. a. von Eduard von Bauernfeld, von der Familie Bezeredy, von Bartholomäus von Carneri, Anton von Doblhoff, Jacob Eck, Ernst von Feuchtersleben, Arnold Hirsch, Hyazinth Hollard, Anna Gräfin Kalckreuth, Stanislaus Graf Kalckreuth, Joseph Lefèbvre, Anton Mayer, Anton Ottenwalt, Antonie Gräfin Schärffenberg, Friederike von Serre, Anton Spaun, Charlotte Starck, Karoline Unger-Sabatier und Familienkorrespondenzen. – Einzelne Manuskripte anderer Autoren.
Verzeichnung: Zettelkatalog.
Kauf 1910, 1925 und 1939

Schönbach, Anton Emanuel

29.5.1848, Rumburg (Böhmen)–28.8.1911, Schruns (Vbg.)
Literarhistoriker; Wien, Berlin, Professor an der Universität Graz.

* *Graz, UB, Abteilung für Sondersammlungen*
Splitternachlaß, 1 Meter: Einzelne Briefe. – Personaldokumente, Schulzeugnisse, Studienbuch, Ernennungen, Ehrungen, Glückwünsche. – Nachrufe.
Verzeichnung: Zettelkatalog.
Erwerbung 1924

* *Graz, Steiermärkisches Landesarchiv*
Teilnachlaß, 2 Schachteln: Zahlreiche Postkarten, u. a. von Ludwig Hörmann von Hörbach, Hermann Sander und Bernhard Seuffert. – Kochbuch von Anna Schönbach, Sammlung von Sonderdrukken Schönbachs.
Vorgeordnet.
Geschenk 1954

* *Bibliothek:* Graz, UB und Graz, Universität, Institut für Germanistik

* *Wien, ÖAW, Archiv*
Splitternachlaß, 1 Mappe: 39 Briefe an Schönbach, 25 Briefe von Schönbach.
Verzeichnung: Josef Nadler: Bericht über die Eröffnung der Dichterbriefe aus dem Nachlaß von Anton Schönbach; D.Kralik: Über den Briefwechsel zwischen Karl Müllenhoff und Anton E. Schönbach. *An-*

zeiger der ÖAW, Phil.-hist. Klasse 79 (1942) S. 14-20.
Testamentarische Verfügung

* *Erlangen, UB Erlangen-Nürnberg, Handschriftenabteilung*
Im Briefnachlaß von Elias von Steinmeyer befinden sich 840 Briefe von Steinmeyer an Schönbach.
Signatur: Ms. 2616.

Schönherr, Karl

24.2.1867, Axams bei Innsbruck–16.3.1943, Wien
Arzt, freier Schriftsteller.

* *Wien, ÖNB HS*
Nachlaß, Ser. n. 13.800-13.828, Autogr. 585/1-592/51: Manuskripte, ca. 1 000 Briefe von 519 Schreibern sowie Zeitungsausschnitte.

Schönherr, Max

23.11.1903, Marburg/Donau–13.12.1984, Baden bei Wien
Musikwissenschaftler, Dirigent; Wien.

* *Privatbesitz. Elisabeth Schönherr, Schubertgasse 10, A-2500 Baden bei Wien*
Nachlaß: Manuskripte, Sammlung von Materialien für geplante Publikationen über Daniel Spitzer, Theodor Herzl (Bibliographie seiner Feuilletons in der *Neuen Freien Presse* zusammen mit Kopien aller Texte), Joseph Lanner, umfangreiche Sammlungen zu Johann Strauß (Partituren, Noten), Carl Michael Ziehrer, österreichische Militärmusik, u. a. Franz Lehár, Karl Komzák, Friedrich Eckstein (mit Photos, die 1954 in Rom von der in Armut lebenden Witwe Percy Ecksteins übergeben wurden), sehr große Sammlung von Tonaufnahmen (Kassetten) von Werken, die Schönherr dirigierte bzw. einrichtete.

* *Wien, WSTLB HS*
Splitternachlaß: 2 Konvolute Briefe an Schönherr zur Tätigkeit im Österreichischen Rundfunk.
Unbearbeitet.
Geschenk 1983

Schönthan von Pernwald, Paul

19.3.1853, Wien–4.8.1905, ebda
Publizist, Theaterkritiker, Humorist, Erzähler, Dramatiker; Wien.

* *Wien, WSTLB HS*
Teilnachlaß: Ca. 340 Briefe an Paul von Schönthan.
Verzeichnung: Zettelkatalog.
Kauf 1951

Schönwiese, Ernst

6.1.1905, Wien–4.4.1991, ebda
Lyriker, Herausgeber, Essayist, Volksschuldozent.

* *Privatbesitz. Wien*
Nachlaß.

Scholz, Hugo

Pseud. Hans Balderbauer, Urli Hofer
27.7.1896, Ottendorf bei Braunau (Böhmen)–15.9.1987, Seeg/Allgäu
Bauer, Schriftsteller, Heimatdichter, Verleger, Redakteur, Volkskundler.

* *Privatbesitz. Ilse Benedikt (geb. Scholz) und Erhard Benedikt, Feldkirchenstraße 11, D-W-8958 Füssen, Bundesrepublik Deutschland*
Nachlaß: Manuskripte aus der Zeit nach 1945 (Gedichte, Kurzgeschichten, Romane, Theaterstücke). – Briefe, u. a. von Edwin Kneifel, Erhard Meissner, Beda Menzel, Josef Spitzer, Verlagskorrespondenz. – Persönliche Dokumente, Verlagsverträge, Photos. – Druckbelege, Sammlung von Zeitungen und Zeitschriften (z.T. aus der Zeit vor 1945), Exemplare seiner Bücher.

Schopper, Hanns E.

7.12.1900, Mödling (N.Ö.)–29.12.1954, Graz
Schauspieler, Regisseur, Journalist, Verlagsleiter, 1938 kurze Zeit Leiter der Theaterdirektion des Paul Zsolnay Verlags in Wien, danach Gaupresseamtsleiter Niederdonau, Kunstkritiker zuletzt in Graz. Seit 1947 Presseleiter der ÖVP-Landesleitung Steiermark und Redakteur der *Information,* daneben Kulturreferent des *Grazer Montag* und des *Samstag*.

** Vermutlich Privatbesitz der Familie in Graz*

Schoßleitner, Karl

18.6.1888, Cavalese (Südtir.)–11.12.1959, Salzburg
Lyriker, Erzähler, Dramatiker.

** Salzburg, Salzburger Landesarchiv*
Teilnachlaß, 1 Karton: Manuskripte, Lebensdokumente, Zeitungsausschnitte Schoßleitner betreffend, vornehmlich Lesungen, Vorträge und Aufführungen der Marionettenbühne, Druckbelege, 1 Schuber „Paracelsus-Gesellschaft“: Photographien von Paracelsus-Dokumenten und -Drucken, Photos.
Maschinschriftliches Verzeichnis.

Schrecker, Paul

31.10.1889, Wien–24.12.1963, Philadelphia, U.S.A.
Dr.jur., Rechtsanwalt; Wien, Berlin, Professor an der University of Pennsylvania 1950-1960 in Philadelphia.
Eltern waren Theodor und Berta (geb. Neurath), promovierte 1913 zum Dr.jur. an der Universität Wien, zum Dr.phil. 1928 an der Universität Berlin. Rechtsanwalt in Wien 1913-1924. 1940 ging er in die U.S.A., wurde 1954 „naturalized citizen“. Heiratete Anne H. Martin am 19.6.1951.

** Privatbesitz. Dr. Anne Schrecker, R.R. 1, Arwa, Ontario, Canada bzw. Chairman, Department of Architectural Science and Landscape, Ryerson Polytechnical Institute, 350 Victoria Street, Toronto, Ontario M5B 2K3, Canada*
Teilnachlaß: Briefe, u. a. von Franz Blei und Robert Musil.
Geordnet.

Schreier, Maximilian

23.5.1877, Brünn–15.6.1942, Wien (Selbstmord)
Verleger, Chefredakteur der Zeitungen *Der Tag* und *Die Zeit,* Herausgeber des *Morgen;* Wien.

** Wien, Presseclub „Concordia“*
Teilnachlaß, 1 Koffer: Vorträge, Filmentwurf, Zeitungsartikel. – Briefe, u. a. von Max Vladimir Beck. – Personaldokumente von Ida und Maximilian Schreier, ärztliche Befunde; Konvolut von Weisungen der Staatsanwaltschaften und des Kriegsüberwachungsamtes über zu unterbleibende Meldungen (1914-1917). – Verzeichnis seiner Bibliothek.
Vorgeordnet.
Geschenk um 1968
Peter Eppel: *„Concordia soll ihr Name sein ...“. 125 Jahre Journalisten- und Schriftstellerverein.* Wien: Böhlau Verlag 1984, S. 277 ff.

Schreyvogel, Joseph

27.3.1768, Wien–28.7.1832, ebda
Dramatiker, Hoftheatersekretär in Wien.

** Wien, WSTLB HS*
Teilnachlaß, ca. 140 Inventarnummern: Briefe an Schreyvogel.
Verzeichnung: Zettelkatalog.
Kauf 1926

Standorte von weiteren Autographen nachgewiesen bei Frels, S. 268.

Schreyvogl, Friedrich

17.7.1899, Mauer bei Wien–11.1.1976, Wien
Publizist, Erzähler, Dramatiker; Lehrer an der Staatsakademie für Musik und darstellende Kunst und am Reinhardt-Seminar, stellvertretender Direktor des Burgtheaters in Wien.

** Wien, WSTLB HS*
Nachlaß, ca. 700 Inventarnummern und 20 Kartons: Notizen, Exzerpte, Drehbücher, Reden, Kritiken, Essays, Dramen, Bearbeitungen. – Ca. 680 inventarisierte und zahlreiche unbearbeitete Briefe, u. a. von Franz Karl Ginzkey, Grete Körber, Josef Friedrich Perkonig, Karl Anton Rohan, Frank Thiess, Siegfried Trebitsch, Verlags-, Redaktions- und Theaterkorrespondenzen. – Zeugnisse, Dokumente, Glückwünsche, Ehrungen, Lebenslauf, Werkverzeichnis, Abrechnungen, Verlagsverträge. – Manuskripte anderer Autoren.
Maschinschriftliches Verzeichnis, Zettelkatalog. – Teilweise unbearbeitet.
Geschenk 1970

Schrott-Fiechtl, Hans

15.7.1867, Kundl (Tir.)–19.12. [od.9.10.] 1938, Vomp bei Schwaz
Gelernter Landwirt, Fachschriftsteller, Erzähler.

** Familienbesitz (Stand 1949). Standort nicht ermittelt.*
Friedrich Putzer: Hans Schrott-Fiechtl. (Sein Leben und sein dichterisches Schaffen). Diss. Wien 1949: „Die Witwe des Dichters, Frau Martha Schrott-Fiechtl, Herr Walter Jannings, sein Schwiegersohn, und Herr Knapp aus Schwaz kamen mir dabei [bei der Suche nach Nachlaßmaterial] in liebenswürdiger Weise entgegen. Ich bin ihnen zu herzlichem Dank verpflichtet; besonders Herrn Walter Jannings, der mir die ungedruckten, das heißt die noch nicht veröffentlichten Schriften Schrott-Fiechtls übermittelte." (S. 2); „Von den Hinterbliebenen des Dichters wurde mir in liebenswürdiger Weise ein Paket ungedruckter Manuskripte überlassen; es umfaßt 118 Maschinschriftseiten, auf die sich sechs Artikel verteilen, wovon zwei unvollständig sind. Die Zeit der Abfassung ist nur in zwei Fällen angegeben." (S. 73)

Schütz, Julius Franz

10.11.1889, Mureck (Stmk.)–20.10.1961, Graz
Jurist, Bibliothekar, Lyriker, Erzähler, Dramatiker; Mureck, Direktor der Steiermärkischen Landesbibliothek in Graz.

** Graz, Steiermärkische Landesbibliothek*
Nachlaß, 11 Meter: Vorlesungsmitschriften, Korrekturfahnen. – Zahlreiche Briefe an Grete und Franz Josef Schütz, u. a. von Else Kucera, Camilla Lucerna, Franz Platzer, Verlags- und Familienkorrespondenzen. – Personaldokumente, Ahnenpaß, Studienbuch, Reisepässe, Dokumente zur Beamtenlaufbahn, Ehrungen, Glückwünsche, Taschenkalender, Wertpapiere, Rechnungen, Verträge, ärztliche Befunde, Photos. – Familiendokumente, Druckbelege.
Unbearbeitet.

** Graz, Steiermärkisches Landesarchiv*
Der Bestand Julius Franz Schütz betrifft fast ausschließlich die in Mureck ansässig gewesene „Ledergerberei Schütz". Lediglich 4 Mappen mit Schuldokumenten, einzelnen Gedichten und Zuschriften betreffen Julius Franz Schütz.

Schütz, Paul

Pseud. Konrad Paulis
18.1.1891, Wien–1.3.1955, ebda
Industrieller, Lyriker.

** Wien, ÖNB HS*
Nachlaß, Ser. n. 14.810-14.958, Autogr. 573/52-574/80: Manuskripte und Briefe.

Schuk, Pankraz

Pseud. Maximilian Stürmer
13.5.1877, Proßnitz (Mähren)–13.1.1951, Maria Enzersdorf (N.Ö.)
Postamtsdirektor i.R., Erzähler, Dramatiker. Grab im Friedhof Maria Enzersdorf.

** Nicht ermittelt*

Schuldes, Julius

Pseud. Hettauer
2.3.1849, Hettau bei Bilin (Böhmen)–6.12.1935, Baden bei Wien
Postbeamter, Publizist, Erzähler; Wien, Mayerling, Baden.

** Baden, Städtische Sammlungen*
Nachlaß, 4 Kartons: Gedichte, philosophische und kulturhistorische Abhandlungen, Erzählungen, Erinnerungen, Grundrisse und Zeichnungen des Jagdschlosses Mayerling, angefertigt aus Anlaß des Selbstmordes von Erzherzog Rudolf. – Ca. 120 Briefe. – Schulzeugnisse, Personaldokumente, Dokumente zur Beamtenlaufbahn, Ehrungen, Testament, Materialien betreffend die Deutsch-Österreichische Schriftstellergenossenschaft und Autographenmappe der Genossenschaft, Photos. – Familiendokumente, Exemplare seiner Publikationen, Rezensionen seiner Werke, Postdrucksorten, 2 Konvolute Manuskripte von Ella Hruschka.
Unbearbeitet.
Geschenk 1937

Schulhofer, Karl

22.10.1914, Lechen bei Mürzzuschlag (Stmk.)–23.3.1986, Langenwang (Stmk.)
Stahlarbeiter, Bibliothekar, Lyriker; Lechen bei Mürzzuschlag, Wien, Langenwang.

** Wien, WSTLB HS*
Teilnachlaß: Ca. 140 Briefe, u. a. von Paul Amadeus Pisk.
Verzeichnung: Zettelkatalog.
Geschenk 1951

** Privatbesitz. Herta Schulhofer, A-8665 Langenwang*
Teilnachlaß, u. a. Briefe von Albert Schweitzer.

Schullern, Heinrich von

Pseud. Paul Ebenberg
17.4.1865, Innsbruck–16.12.1955, ebda
Arzt, Erzähler; Salzburg, Innsbruck.

** Innsbruck, Tiroler Landesmuseum Ferdinandeum, Bibliothek*
Teilnachlaß, 2 Kartons: Ca. 10 Manuskripte. – Glückwünsche. – Sammlung von Druckbelegen und von Kritiken eigener Werke. Vertonungen von Werken Schullerns.
Unbearbeitet.
Geschenk 1960
Veröffentlichungen 1961, S. 281.

** Innsbruck, Universität, Forschungsinstitut „Brenner-Archiv“*
Teilnachlaß: Ca. 85 Erzählungen.
Vorgeordnet
Depot 1974

Schurz, Anton Xaver

2.9.1794, Asparn a.d.Zaya (N.Ö.)–28.12.1859, Wien
Beamter, Lyriker; Vorstand der Münz- und Bergwesenhofbuchhaltung in Wien.

** Wien, WSTLB HS*
Kryptonachlaß im Nachlaß von Nikolaus Lenau: Ca. 65 Werkmanuskripte (Gedichte, Reisetagebuch). – Briefe an Schurz, u. a. von Max Löwenthal und Sophie Löwenthal, Briefe von Schurz an Sophie Löwenthal, Familienkorrespondenzen.

Verzeichnung: Zettelkatalog.
Erwerbung 1963

Schwarzenberg, Friedrich Fürst von

30.9.1799, Wien–6.3.1870, ebda
Erzähler, Reiseschriftsteller, Offizier.

* *Třeboň (ČSFR), Státní oblastní archiv v Třeboni*
Nachlaß: 11 Faszikel Manuskripte und Korrekturfahnen (Gedichte, Jugendarbeiten, Reiseberichte, Tagebücher, Erinnerungen, Notizen und Glossen, militärgeschichtliche Arbeiten). – Briefe, u. a. von Ida Hahn-Hahn, Gustav Kühne, Betty Paoli und Anton von Prokesch-Osten.
Horst Belke: *Autobiographie und Zeitkritik. Friedrich Fürst zu Schwarzenberg als Schriftsteller.* Düsseldorf: Bertelsmann Universitätsverlag 1971. (= Literatur in der Gesellschaft, Band 3), S. 133-134.

Schwayer, Adolf

12.8.1858, Poysdorf (N.Ö.)–16.5.1922, Linz
Lehrer, Bahnbeamter, Dichter.

* *Linz, Adalbert-Stifter-Institut*
Teilnachlaß, 1 Karton: 12 Hefte mit Gedichten, ca. 50 Theaterstücke und Erzählungen.
Unbearbeitet.
Übernahme vom O.Ö. Landesmuseum (1983)

Sealsfield, Charles

Pseud. für Karl Postl
3.3.1793, Poppitz bei Znaim (Mähren)–26.4.1864, bei Solothurn (Schweiz)
Priester, Erzähler; Mitglied des Kreuzherrenordens in Prag, U.S.A., Mexiko, Korrespondent in London und Paris, Solothurn.

* *Nachlaß zum Großteil verschollen*
Über die Gerüchte, die sich um das Verschwinden des Nachlasses ranken, berichtet ausführlich Castle: *Der große Unbekannte. Das Leben von Charles Sealsfield (Karl Postl).* Wien-München: Manutiuspresse 1952, S. 618-663.

* *Solothurn, Zentralbibliothek*
Sammlung Albert Kresse, 490 Bände und 6 Kartons: Umfangreiche Sammlung von Primär- und Sekundärliteratur zu Charles Sealsfield, Photokopien oder Photographien von Lebensdokumenten und Briefen Sealsfields, literarische Manuskripte von Albert Kresse, Briefwechsel zwischen Albert Kresse und verschiedenen Sealsfield-Forschern.
Kauf 1982

* *Solothurn, Zentralbibliothek*
Sammlung: Briefe an Sealsfield von Stephan Gutzwiller; Briefe von Sealsfield an Johann Friedrich Cotta, Stephan Gutzwiller und Franz Krutter. – Sammlung von Primär- und Sekundärliteratur zu Sealsfield.
Denise Steinmann: *Katalog der Sealsfieldiana in der Zentralbibliothek Solothurn.* Mit einem Vorwort von Rolf Max Kully. Hildesheim-New York: Olms Presse 1990. (= Charles Sealsfield [Karl Postl 1793-1864]: Sämtliche Werke. Supplementreihe Materialien und Dokumente. Hrsg. von Alexander Ritter, Band 3)

* *Weimar, Goethe- und Schiller-Archiv*
Sammlung: Verlagsverträge (1833-1845).

Standorte von weiteren Autographen nachgewiesen bei Frels, S. 225-226.
Eduard Castle: *Das Geheimnis des großen Unbekannten. Charles Sealsfield = Karl Postl. Die Quellenschriften mit Einleitung, Bildnis, Handschriftproben und ausführlichem Register.* Wien: Wiener Bibliophilen-Gesellschaft 1943; ders.: *Der große Unbekannte. Das Leben von*

Charles Sealsfield (Karl Postl). Briefe und Aktenstücke. Wien: Verlag Karl Werner 1955. Quellen und Fundorte der Briefe und Aktenstücke, S. 413-416.

Sebestyén, György

30.10.1930, Budapest–6.6.1990, Wien
Essayist, Erzähler, Übersetzer, Herausgeber; Wien.

* *Wien, ÖNB HS*
Teilnachlaß, Ser. n. 30.609-30.646, Autogr. 1175/85-105: Manuskripte, Typoskripte, Photos.
Erwerbung 1988

* *Wien, WSTLB HS*
Teilnachlaß, 12 Kartons: Frühe literarische Arbeiten. – Einzelne Briefe, ca. 100 Familienkorrespondenzen in ungarischer Sprache. – Photos.
Erwerbung 1988

Seemann, Margarete

Pseud. Margmann
26.7.1893, Wien–6.6.1949, ebda
Lehrerin, Lyrikerin, Erzählerin; Wien.

* *Privatbesitz, Wien.*
Nachlaß.
Otmar Seemann: *Sehnsucht strömt die Bäche tief nach innen. Die Schriftstellerin Margarete Seemann (1893-1949).* Wien: Verlag Dr. Othmar Helwich 1989.

* *Wien ÖNB HS*
Sammlung, Ser. n. 28.214-28.215: Album mit Gedichten und Kunstkarten, Autographen, Stenogramme, Typoskripte 1939.
Geschenk 1982

Seemüller, Joseph

15.10.1855, Wien–20.1.1920, St. Martin bei Klagenfurt
Altgermanist; Professor an den Universitäten Innsbruck und Wien.

* *Wien, Universität, Institut für Germanistik, Bibliothek*
Teilnachlaß, 3 Meter: Vorlesungen und Abhandlungen über Grammatik und Sprachgeschichte.
Vorgeordnet.
Geschenk

* *Wien, UB*
Splitternachlaß: Ca. 50 Briefe, u. a. von Elias von Steinmeyer.
Unbearbeitet.

Seidl, Johann Gabriel

21.6.1804, Wien–18.7.1875, ebda
Archäologe, Lehrer, Lyriker, Erzähler und Mundartdichter; Cilli, Kustos am kaiserlichen Münz- und Antikenkabinett in Wien, Schatzmeister der Schatzkammer.

* *Wien, KHM, Antikensammlung*
Splitternachlaß, 1 Konvolut: Notizen und Aufzeichnungen für die *Chronik der archäologischen Funde* (1840-1856).
Zettelkatalog in Bearbeitung. – Derzeit unzugänglich.

* *Wien, WSTLB HS*
Teilnachlaß, ca. 500 Inventarnummern: Zahlreiche Werkmanuskripte (ca. 250 Gedichte und Gedichtsammlungen, Aufsätze, Lustspiele, Trauerspiele, Libretti). – Ca. 200 Briefe, darunter Familienkorrespondenzen. – Schulzeugnisse, Ernennungen, Dekrete. – Familiendokumente, Stammbuchblätter.
Verzeichnung: Zettelkatalog.
Geschenk 1897

Standorte von weiteren Autographen nachgewiesen bei Frels, S. 275-276.

Seidler, Herbert

18.8.1905, Feldkirch (Tir.)–14.6.1983, Wien
Germanist; Professor an den Universitäten Johannesburg (Südafrika), Salzburg und Wien.

** Wien, Universität, Institut für Germanistik, Bibliothek*
Teilnachlaß, 2 Meter: Ca. 30 Vorlesungen. – 1 Ordner Korrespondenzen mit Dissertanten, meist geführt von Friedbert Aspetsberger. – Umfangreicher Zettelkatalog.
Vorgeordnet.
Geschenk

Seis, Eduard

Pseud. Friedrich Otis, Eduard Knoll
28.12.1842, Wien–5.8.1930, ebda
Erzähler, Dramatiker; Kustos der Wiener Städtischen Sammlungen.

** Wien, WSTLB HS*
Teilnachlaß: Einzelne Werkmanuskripte (meist Trauerspiele). – Ca. 60 Briefe. – Ca. 200 Autographen, Sammlung erotischer Gedichte und Scherze aus dem Vormärz in 3 Bänden.
Verzeichnung: Zettelkatalog.
Erwerbung 1914 und 1930

Selinko, Annemarie (verehelichte Kristiansen)

1.9.1914, Wien–28.7.1986, Hellerup, Dänemark
Romanschriftstellerin.
Selinko floh 1938 nach Kopenhagen, um Botschafter Erling Kristiansen zu heiraten. Erlangte durch die Heirat die dänische Staatsbürgerschaft.

** Privatbesitz. Erling Kristiansen, Granhøjen 4, DK-2900 Hellerup, Dänemark*
Nachlaß. Aus der Zeit vor 1938 ist nach Mitteilung Kristiansens nichts vorhanden.

Senn, Johann Chrysostomus

1.4.1795, Pfunds (Tir.)–30.9.1857, Innsbruck
Lyriker, Schreiber; Wien, Innsbruck, Salzburg.

** Innsbruck, Tiroler Landesmuseum Ferdinandeum, Bibliothek*
Teilnachlaß, ca. 20 Konvolute: Gedichte, Epigramme, geographische Abhandlungen. – Ca. 70 Briefe an Senn. – Autobiographie von Franz Bruchmann.
Handschriftliches Verzeichnis, Zettelkatalog.

** Innsbruck, Universität, Forschungsinstitut „Brenner-Archiv"*
Teilnachlaß, 5 Konvolute: Entwurf und Manuskript der *Glossen zu Goethes Faust*.
Vorgeordnet.

Serner, Walter

Eig. Walter Eduard Seligmann
15.1.1889, Karlsbad–nach dem 20.8.1942 (Tag der Deportation)
Jurist, Dadaist, Schriftsteller.
Begann 1909 das Jusstudium in Wien, promovierte 1913 in Greifswald. 1914 Flucht in die Schweiz, 1917 Freund und Helfer des Mouvement Dada, bis 1920 Teilnahme an Dada-Aktivitäten in Zürich, Genf und Paris, 1921 Bruch mit Dada. 1923 Beginn des unsteten Lebens, 1933 Bern, Zürich, Wien, Karlsbad, Prag. Verbot sämtlicher Bücher in Deutschland. Soll im KZ umgekommen sein.

** Ein Nachlaß ist vermutlich nicht überliefert*
Walter-Serner-Archiv, Thomas Milch, Neckarstaden 4, D-W-6900 Heidelberg.
Walter Serner: *Das gesamte Werk.* Hrsg. Thomas Milch. Band 1-8. Erlangen-München: Verlag Klaus G. Renner 1979-1984; Herbert Wiesner und Ernest Wichner: *dr. walter serner. 1889-1942. Ausstellungsbuch.* Berlin: Literaturhaus 1989. (= Texte aus dem Literaturhaus Berlin 4. Hrsg. von Herbert Wiesner); Jürgen Serke: *Böhmische Dörfer. Wanderungen durch eine verlassene literarische Landschaft.* Wien-Hamburg: Paul Zsolnay Verlag 1987, S. 445-447.

Servaes, Franz

17.6.1862, Köln–14.7.1947, Wien
Publizist, Kunstkritiker, Erzähler, Dramatiker; Köln, Wien, Berlin.

* *Wien, WSTLB HS*
Teilnachlaß: Ca. 760 Briefe, u. a. von Felix Braun, Richard Dehmel, Paul Ernst, Franz Karl Ginzkey, Paul von Gomperz, Carl Hauptmann, Richard Heller, Franz Lucka, Max Mell und Stefan Zweig.
Verzeichnung: Zettelkatalog.
Kauf 1958 und 1984

* *Wien, Österreichisches Theatermuseum*
Teilnachlaß, 2 Kartons.

* *Privatbesitz. Eva Servaes, Wien (Übergabe an eine Wiener öffentliche Institution vorgesehen)*
Teilnachlaß: Entwürfe und Manuskripte. – 3 Kartons Briefe, u. a. von Fred Fakler, Arthur Fitger, Gregori, Elvira Greiner, Maria Gutheil-Schoder, Andreas Heusler, Uri Lesser, Julius Meier-Graefe, Walter von Molo, Georg von Ompteda, Willy Pastor, Leni Riefenstahl, Thaddäus Rittner, Wilhelm Schmidtbonn, Arthur Schnitzler, Rosa Silberer, Erika Spann-Rheinsch und Paul Wiecke.
Paul Scheerbart: *70 Trillionen Weltgrüße. Eine Biographie in Briefen 1889-1915.* Hrsg. von Mechthild Rausch. Berlin: Argon Verlag [1991].

* *Privatbesitz. Familie Wichtl, Wien*
Durchschlag der Erinnerungen von Franz Servaes in 4 Teilen, für die Publikation überarbeitete Fassung.
Franz Servaes: *Grüsse an Wien.* Wien: Paul Zsolnay Verlag 1948.
Otto Wichtl: Leben und Werk von Franz Servaes (1862-1947). In: *Wiener Geschichtsblätter* 39 (1984), Heft 1, S. 13-19.

* *Die noch erhaltenen Teile der Lebenserinnerungen von Franz Servaes befinden sich z.T. bei Otto Wichtl, Wien, und z.T. im Stadtarchiv Köln.*

Silberstein, August

1.7.1827, Ofen–7.3.1900, Wien
Schriftsteller, Publizist; Herausgeber der Zeitung *Der Wanderer* in Wien.

* *Wien, WSTLB HS*
Teilnachlaß: Ca. 800 Briefe, u. a. von Julius Grosse, Heinrich Landesmann, Friedrich Marx, Julius von Rodenberg, August Rohsolo, Peter Rosegger, Emil Mario Vacano und Familienkorrespondenzen.
Verzeichnung: Zettelkatalog.
Erwerbung 1912, 1918 und 1925

Standorte von weiteren Autographen nachgewiesen bei Frels, S. 277.

Sinwel, Rudolf

5.4.1865, Zell bei Kufstein (Tir.)–26.10.1947
Heimatforscher, Lehrer, Lyriker; Aussig, Brünn, Innsbruck.

* *Innsbruck, Tiroler Landesmuseum Ferdinandeum, Bibliothek*
Teilnachlaß: 1/2 Karton: Sammlung von Unterlagen, Sonderdrucken und Briefen zu Hermann von Gilm, darunter Briefe von Gilm an Simon Marian Prem.
Unbearbeitet.

Sitter, Karl

29.1.1825, Wien–21.5.1884, ebda
Beamter, Publizist; Wien.

* *Wien, WSTLB HS*
Teilnachlaß: ca. 110 Inventarnummern: Einzelne Werkmanuskripte (Entwürfe, Aufsätze, Stücke). – Ca. 100 Briefe, u. a. von O.F. Berg, Leserbriefe. – Personaldokumente, Schul- und Studienzeugnisse, Gerichtsentscheidungen.
Verzeichnung: Zettelkatalog.

Inventarisiert 1943 und 1965
Erna Schwub: Karl Sitter. Diss. Wien 1950.

Skidelsky, Valentin

3.2.1901, Tiflis–23.12.1980, Perchtoldsdorf (N.Ö.)
Journalist in Wien, u. a. beim *Neuen Wiener Tagblatt,* politischer Schriftsteller.

** Privatbesitz. Monica Skidelsky-Colerus, Feldgasse 11, A-2380 Perchtoldsdorf*
Nachlaß, u. a. ein umfangreiches geschichtsphilosophisches Manuskript *Die Entscheidung liegt bei Deutschland.*

Skurawy, Edmund

3.8.1869, Wien–22.7.1933, ebda
Journalist; Wien.

** Wien, WSTLB HS*
Nachlaß, ca. 30 Inventarnummern und 2 Kartons: Couplets, Vorträge, Arbeiten über Wiener Volksmusik, Regiebücher, Dramen. – Briefe an Louise und Edmund Skurawy, darunter Geschäftskorrespondenzen. – Tantiemenabrechnungen.
Maschinschriftliches Verzeichnis, Zettelkatalog. – Teilweise unbearbeitet.
Erwerbung 1953

Sloboda, Carl

25.10.1875, Preßburg–25.2.1929, Wien
Bankbeamter, Dramatiker, Kritiker; Wien.

** Wien, WSTLB HS*
Teilnachlaß, 4 Kartons: Zahlreiche Theatermanuskripte. – Einzelne Briefe. – Lebensdokumente. – Abschriften von Werken verschiedener Autoren, meist Vortragstexte.
Maschinschriftliches Verzeichnis. – Unbearbeitet.
Erwerbung 1981

Soffé, Elisabeth

15.3.1888, Brünn–27.2.1966, Salzburg
Lehrerin, Erzählerin, Dramatikerin, Lyrikerin; Tochter von Emil Soffé.

** Brno, Archiv města Brna (Archiv der Stadt Brünn)*
Teilnachlaß: Manuskripte (u. a. *Die Burg Duana. Ein Schauspiel, Das Bild. Ein Spiel, Das Märchen von der Treue. Ein Spiel in 4 Aufzügen, Heimkehr. Ein Schauspiel in 4 Aufzügen,* Gedichte, Bearbeitungen von Stücken Nestroys und Raimunds für das Marionettentheater). – Druckbelege.
Depot (Bergungsgut) 1944
Elisabeth Soffé: *Heimat seines Herzens. Nachgelassene Erzählungen.* Salzburg-Stuttgart: Bergland-Buch 1966.

Soffé, Emil

4.10.1851, Brünn–20.2.1922, ebda
Lehrer, Essayist, Literarhistoriker; Brünn.

** Brno, Archiv města Brna (Archiv der Stadt Brünn)*
Nachlaß, 5 Kartons: Manuskripte, u. a. *Der Dorfmagister. Eine Erzählung* und 3 Bände Gedichte. – Briefe, u. a. von Rudolf von Eichthal, Franz Goldhann, Albert Kresse, Ludwig Lintner und Simon Marian Prem. – Personaldokumente, Lebenslauf, Testamente, Impfzeugnisse. – Familiendokumente, 1 Album mit Photos von Burgschauspielern, Stammbuch, 12 Bände mit eingeklebten Kritiken Soffés von deutschsprachigen Theateraufführungen in Brünn (1901-1922), Zeitungsausschnitte über seine Vortrags- und Vereinstätigkeit, einzelne Briefe an Emil Offermann.
Depot (Bergungsgut) 1944

** Wien, WSTLB HS*
Teilnachlaß: Ca. 80 Briefe, u. a. von Ferdinand von Saar.

Verzeichnung: Zettelkatalog.
Kauf 1927

* *Wien, ÖNB HS*
Teilnachlaß, Autogr. 148/1-150/51, 151/1-152/95: Briefe und Postkarten, u. a. von Peter Rosegger und Anna Rosegger.

Sommer, Ernst

29.10.1888, Iglau–20.9.1955, London
Rechtsanwalt, Schriftsteller.
Studierte seit 1907 Jus an der Universität Wien. Promotion, Anschluß an zionistische Kreise. 1914-18 an einem Kriegsgericht an der Front. Anwalt in Karlsbad. 1938 Emigration nach England, 1947 Anwalt für internationales Recht.
Véra Machácková-Riegerová: *Ernst Sommer Leben und Werk*. Prag 1969 (= Acta Universitatis Carolinae Philologica Monographia XXVI-1969): Sommer hätte Prag „nur mit einem kleinen Handgepäck" verlassen. „All ihre Habe ließ die Familie zurück in der Wohnung" in Prag.

* *Marbach, DLA*
Teilnachlaß: Romane, Erzählungen, historische Studien, Biographien. – Briefe, u. a. von Fritz Brügel.
Jahrbuch der Deutschen Schillergesellschaft 34 (1990), S. 502.

* *Jerusalem, The Jewish National and University Library, Department of Manuscripts and Archives*
Ernst Sommer Archiv: Die Materialien umfassen biographisches und bibliographisches Material, Briefe von Sommer an Nelly Engel-Thieberger (London) und Friedrich Thieberger, autobiographisches Romanmanuskript *Hillel*, Nachruf.
Maschinschriftliches Verzeichnis.
Signatur: Ms. var. 394.

Ernst Sommer: *Der Aufruhr und andere ausgewählte Prosa*. Mit einer Einführung und einer Bibliographie von Véra Machácková-Riegerová. Wiesbaden: Steiner 1976. (Reihe Vergessene und Verschollene). Bibliographie ebda, S. 158-170; Serke, *Böhmische Dörfer*, S. 202-217.

Sonnenfels, Josef von

1732, Nikolsburg (Mähren)–25.4.1817, Wien
Soldat, Professor für politische Wissenschaften an der Universität Wien, Präsident der Akademie der bildenden Künste in Wien.

Standorte von verschiedenen Autographen nachgewiesen bei Frels, S. 279.

Sonnenschein-Sonka, Hugo

25.5.1889, Kyjov (Gaya), Mähren–20.7.1953, Zuchthaus Mírov (ČSFR)
Vagabund, Lyriker.
Inhaber der Urheberrechte: Prof. Dr. Ian D. Spenser, Department of Chemistry, McMaster University, 1280 Main Street West, Hamilton, Ontario L8S 4M1, Canada.
Ein eigentlicher Nachlaß ist nicht überliefert.

* *Boston, Harvard University Library*
„There is a meagre file of about a dozen postcards and letters, dated between 1929 and 1939, addressed to Trotzki by Sonka, from Vienna and Prague, and drafts or copies of the replies from Trotzki, together with a few supporting documents." (Ian D. Spenser, 5.12.1984)

* *Privatbesitz. Ian D. Spenser, Hamilton, Ontario, Kanada*
Teilnachlaß: Korrespondenz Sonka und Marie Sonnenschein, Briefe Sonkas an seinen Sohn, Photos.

* *Privatbesitz. Marie Bergmayr, Steyr (O.Ö.)*
Sammlung.

* *Privatbesitz. Dr. Tomi Spenser, Kibbuz Sasa, Israel*
Teilnachlaß: Photos, Korrespondenz.

** Wien, ÖNB HS*
Nachlaß Fritz Lampl, Ser. n. 19.404: *Schritte des Todes* von Sonka. Traumgedichte aus Pankraz und Auschwitz (Oswiecim) aus Kerker und Konzentrationslager (Typos. 20 Bl.). Auf dem ersten Blatt ein Vorwort, datiert Moskau, im März 1945. Gibt auch biographische Informationen über die Jahre 1943-45, u. a. daß er aus dem KZ durch die Rote Armee befreit wurde. Widmung: „Mit inniger Umarmung sende ich es meinen Söhnen Ilja und Tomas".

Hugo Sonnenschein (Sonka): *Die Fesseln meiner Brüder. Gesammelte Gedichte.* Auswahl und Nachwort von Karl-Markus Gauß und Josef Haslinger. München: Carl Hanser Verlag 1985. Hinweis dort ohne Angabe zum Standort: „Ab 1936 ist der Briefwechsel verschollen. Es existiert dann nur mehr ein Brief vom 24. Februar 1939."

Sonntag, Johann Vinzenz

1811, Warmberg bei Brunsee (Ktn.)–26.5.1847, Seckau (Stmk.)
Lehrer, Beamter, Schriftsteller.

** Graz, Steiermärkisches Landesarchiv*
Nachlaß, 6 Schachteln.
Unbearbeitet

Soyfer, Jura

Pseud. Norbert Noll, Fritz Feder, Walter West
12.12.1912, Charkow–15./16.2.1939, KZ Buchenwald
Erzähler, Dramatiker; Wien.

** Wien, Dokumentationsarchiv des österreichischen Widerstandes*
Teilnachlaß: Briefe, Ausschnitte, Typoskripte, z.T. angelegte Sammlung.
Erbin: Tamara Hutton (Schwester), New York, Nachlaßverwalterin: Helli Andis, New York. Aufführungsrechte: Thomas Sessler Verlag, Wien.

Jura Soyfer: *Das Gesamtwerk*. Hrsg. von Horst Jarka. Wien-München-Zürich: Europa Verlag 1980; Horst Jarka: *Jura Soyfer. Leben, Werk, Zeit.* Mit einem Vorwort von Hans Weigel. Wien: Löcker Verlag 1987; ders. (Hrsg.): *Sturmzeit. Die Briefe Jura Soyfers.* Wien: Verlag für Gesellschaftskritik 1991 [enthält 78 Briefe]; Dietmar Grieser: Jura Soyfers Erbin. In: *Glückliche Erben. Der Dichter und sein Testament.* München: Langen Müller 1983, S. 100-109.

Soyka, Otto

9.5.1882, Wien–1.12.1955, ebda
Schriftsteller, Erzähler, Dramatiker; Wien.
Otto Soyka war verheiratet mit Dora Angel. Aus dieser Ehe ging eine Tochter hervor, Hedwig Soyka (21.8.1914, Wien–30.3.1958, Barnstable, U.S.A.). Der Schriftsteller Heinrich Eduard Jacob war der spätere Ehemann von Otto Soykas geschiedener Frau Dora.
Soyka wohnte zuletzt in Wien 6., Gumpendorferstraße 11/7. Die Verlassenschaft Soykas bestand aus einem geringen Barbetrag sowie aus einem Koffer mit Büchern und Manuskripten, der bei einem Wiener Trödler verkauft worden sein soll.
Verwalter der Rechte: Dr. Reinhard Urbach, Wien.

** Nachlaß nicht überliefert.*

Autographen in anderen Beständen

** Jerusalem, The Jewish National and University Library, Department of Manuscripts and Archives*
Nachlaß Carl Ehrenstein: Umfangreicher Briefwechsel mit Soyka (1911-1955).
Signatur: Ms. var. 430.

** Privatbesitz Wien*
Sammlung, z.T. aus dem Nachlaß von Heinrich Eduard Jacob, Berlin: Brief von Soyka vom 19.1.40, Blois, Frankreich an seine Tochter Hedy Pfeiffer samt Visitenkarte von Otto Soyka und Dora Soyka;

Brief o.D. von Otto Soyka vermutlich an seine Frau Dora; Ablichtung des Beschlusses (Verlassenschaftsabhandlung) des Bezirksgerichts Wien Innere Stadt vom 23.4.1956; Ablichtung eines Schreibens des mit der Verlassenschaft Soykas befaßten Notars Dr. Karl Veith an Dora Jacob vom 29.2.1956; Ablichtung eines Textes: *Ekdal Fronners Erbe*. Filmschauspiel in vier Aufzügen nach dem Roman *Die Söhne der Macht* von Otto Soyka; Scheidungsurteil (Soyka-Dora Soyka) der Israelitischen Kultusgemeinde Wien vom 31. März 1919; Ablichtung des Vergleichs anläßlich der Scheidung 1917 in Wien.

Spann-Rheinsch, Erika

4.10.1880, Trennfeld (Bayern)–25.8.1967, Bergwerk (Bgld.)
Lyrikerin, Übersetzerin, Erzählerin; Wien.
Gattin des Wiener Universitätsprofessors Othmar Spann, lebte in Brünn und Wien, zuletzt in Neustift bei Mariasdorf, Burgenland.

** Privatbesitz. Mag. Ingeborg Spann, Vegagasse 3, A-1190 Wien (Inhaberin der Urheberrechte)*
Teilnachlaß: Gedichte, darunter *Heiligtum, Tierkreis. Buch des Vaterlandes, Der Spruch über die Zaubermacht, Ringen, Sechs Gesänge von Quareros;* Dramatisches, darunter *Der Himmel ist nicht weit,* einzelne Briefe um 1924, Bibliothek, Ausgaben ihrer Werke.
Wolfgang Hingst: Erika Spann-Rheinsch. In: *Begegnung mit dem Burgenland. Das Grenzland in der Literatur*. Red. Margit Pflagner. Hrsg. Kulturreferat der Burgenländischen Landesregierung. Wien: Belvedere Verlag Wilhelm Meissel 1971. (Die von Hingst zitierten Briefe an Spann-Rheinsch befinden sich nicht mehr im Nachlaß.)

Specht, Richard

7.12.1870, Wien–19.3.1932, ebda
Lyriker, Erzähler, Dramatiker, Musikschriftsteller, Biograph; Wien.

** Wien, WSTLB HS*
Teilnachlaß, 85 Inventarnummern: Gedichte. – Ca. 30 Briefe, vorwiegend Familienkorrespondenzen.
Verzeichnung: Zettelkatalog.

** Briefe an Richard Specht (u. a. von Hermann Bahr) wurden anläßlich der Sonderauktion-Autographen im Dorotheum Wien am 30.1.1990 zum Verkauf angeboten.*

Speckbacher, Kaspar

3.7.1819, Obermieming (Tir.)–25.9.1899, ebda
Richter, Lyriker; Obermieming, Mitglied des Tiroler Landtages.

** Innsbruck Universität, Forschungsinstitut „Brenner-Archiv"*
Teilnachlaß, 1 Karton: Zahlreiche Gedichte und Sprüche, 1 Drama.
Maschinschriftliches Verzeichnis.
Leihgabe des Tiroler Landesmuseums Ferdinandeum

Standorte von weiteren Autographen nachgewiesen bei Frels, S. 280.

Speidel, Ludwig

14.4.1830, Ulm–3.2.1906, Wien
Publizist, Erzähler; Ulm, Theaterkritiker der *Neuen Freien Presse* in Wien.

** Wien, WSTLB HS*
Nachlaß, ca. 780 Inventarnummern und 1 Karton: Kritiken. – Ca. 770 Briefe an Leontine und Ludwig Speidel, u. a. von Alfred von Berger, Robert Emerich, Martin Greif, Adolf von Sonnenthal, Adolf von Wilbrandt und Familienkorrespon-

denzen. – Manuskripte anderer Autoren, Briefe von Ferdinand Schubert an Franz Schubert.
Maschinschriftliches Verzeichnis, Zettelkatalog. – Teilweise unbearbeitet.
Kauf 1941 und 1947

Sperber, Manès

12.12.1905, Zablowtow–5.2.1984, Paris
Erzähler, Verlagsdirektor; Paris.

* *Wien, ÖNB ÖLA*
Nachlaß.
Erwerbung 1988

Spiel, Hilde

Pseud. Grace Hanshaw, Jean Lenoir
19.10.1911, Wien–30.11.1990, ebda
Schriftstellerin, Essayistin, Kulturkritikerin; Wien, London.

* *Wien, ÖNB ÖLA*
Nachlaß.
Erwerbung 1991

Spirk, Hans

10.8.1897, Wien–3.8.1966, ebda
Schauspieler, Schriftsteller.

* *Wien, WSTLB HS*
Teilnachlaß, 10 Bände: Skizzen, Gedichte, Dramen, Erzählungen.

Spitzer, Elsa

Geb. 18.6.1884, Wien
Übersetzerin; Wien, Emigration nach England.

* *Wien, WSTLB HS*
Splitternachlaß: Ca. 50 Briefe von Hermann Broch, 1 Brief von Elsa Spitzer.
Verzeichnung: Zettelkatalog.
Kauf 1966

Spunda, Franz

1.1.1890, Olmütz (Mähren)–1.7.1963, Wien
Schriftsteller, Gymnasiallehrer.

* *Marbach, DLA*
Nachlaß, 10 Kartons: Kussmaul, Sp. 485-486.

Stadion, Emerich Graf

17.2.1838, Bellatincz (Ungarn)–3.8.1901, Wien
Offizier, Lyriker, Erzähler, Dramatiker.

* *Wien, WSTLB HS*
Einzelmanuskripte. Der Nachlaß ist wahrscheinlich verschollen.
Lotte Wieser: Emerich Graf Stadion. Sein Leben und sein literarisches Schaffen. Diss. Wien 1950, S. 67: „Sein persönlicher Nachlaß und das Majorat gingen auf seinen Bruder, Philipp Graf Stadion über, welcher auf Schloß Kauth in Böhmen residierte. Als jener am 13. September 1908 starb, erlosch im Mannesstamm das ganze Haus Stadion."

Stebich, Max

10.5.1897, Wien–17.5.1972, ebda
Lehrer, Lyriker, Erzähler; Hauptschuldirektor, Verlagslektor, Geschäftsführer der Reichsschrifttumskammer in Wien.

* *Wien, WSTLB HS*
Teilnachlaß: Ca. 360 Briefe, betreffend Veranstaltungen der Wiener Kulturvereinigung und der Hamerling-Gesellschaft (1942-1945). – Manuskripte anderer Autoren, Materialien zu Vereinen (1938-1945).
Verzeichnung: Zettelkatalog.
Erwerbung 1950 und 1973

Stein, Erwin Walter

Geb. 18.3.1908, Graz
Lyriker, Erzähler; Mittelschullehrer in Graz.

* *Graz, Steiermärkische Landesbibliothek*
Teilnachlaß: 5 Werkmanuskripte (1 Heft Gedichte, Erzählungen, Romane). Vorgeordnet.

Steinauer, Josef

24.5.1874, Wien–9.10.1946, ebda
Schriftsetzer, Schauspieler, Volksdichter; Wien.

* *Wien, WSTLB HS*
Teilnachlaß, 2 Kartons: Erzählungen, kulturhistorische Skizzen; Vorträge, zum Teil gemeinsam mit Franz Heinzen verfaßt. – Einzelne Briefe an Steiner, u. a. von Karl Jäger, sonst meist Redaktionskorrespondenzen. – Vortragsprogramme, Druckbelege von Beiträgen Steinauers für die Zeitung *Wiener Bilder*.
Vorgeordnet.
Geschenk 1979

Steiner-Wischenbarth, Joseph

13.3.1876, Oberzeiring (Stmk.)–14.9.1949, Graz (Giebisch-Gugitz: 1948)
Soldat, Beamter, Schriftsteller.

* *Graz, Steiermärkisches Landesarchiv*
Nachlaß, 22 Schachteln: Zahlreiche Aufsätze (1904-1931), umfangreiche Autobiographie mit Tagebuchaufzeichnungen, eingelegten Briefen an Steiner-Wischenbarth, Rezensionen seiner Werke und Verzeichnissen seiner Schriften. – 2 Kartons Briefe, u. a. von Anton Schlossar und von Verlagen und Zeitungen. – Sammlung von Einzelnummern von Zeitungen.
Maschinschriftliches Verzeichnis.
Erwerbung 1950

Steinitz, Heinrich

Pseud. Siegfried
30.8.1879, Bielitz–Nov.1942, Auschwitz
Jurist, Lyriker, Dramatiker; Rechtsanwalt in Wien.

* *Wien, WSTLB HS*
Teilnachlaß, ca. 10 Inventarnummern: Gedichte, Szenen. – 1 Brief. – Manuskripte anderer Autoren, u. a. von Benedikt Kautsky, Frieda Nödl und Ernst Waldinger.
Verzeichnung: Zettelkatalog.
Testamentarische Verfügung

Steirischer Schriftstellerbund

Schriftstellerorganisation in der Steiermark, gegründet 1923 in Graz.

* *Graz, Steiermärkische Landesbibliothek*
Teil des Vereinsarchivs, 2 Konvolute (1928-1938): Sitzungsprotokolle, Tätigkeitsberichte, Akten, Korrespondenzen.
Vorgeordnet.

Stelzhamer, Franz

29.11.1802, Groß Piesenham (O.Ö)–14.7.1874, Henndorf bei Sbg.
Lyriker, Erzähler; Wien, Oberösterreich, Bayern.

* *Linz, Adalbert-Stifter-Institut*
Gesamtnachlaß, 17 Kartons: Zahlreiche Werkmanuskripte (Gedichte, Erzählungen in Mundart und Hochdeutsch). – Zahlreiche Briefe und Briefkonzepte, u. a. Familien- und Verlagskorrespondenzen. – Briefe, Personaldokumente, biographische Aufzeichnungen, Notizbücher und Taschenkalender, Geschäftsbücher, Rechnungen, Glückwünsche, Dokumente zur schriftstellerischen Tätigkeit. – Zeitungsausschnitte, Materialien zu Stelzhamerbüsten und Gedenktafeln, zum Stelzhamer-Bund, Sammlung von Schriften über Stelzhamer und Materialien zu Vorträgen und Würdigungen Stelzhamers.

Maschinschriftliches Verzeichnis.
Erwerbung 1983

Standorte von weiteren Autographen nachgewiesen bei Frels, S. 284.

Stenvert, Curt

Bis 1969: Kurt Steinwendner
7.9.1920, Wien–3.3.1992, Köln
Filmregisseur, Maler; Wien.

* *Wien, WSTLB HS*
Teilnachlaß, 9 Mappen: Drehbücher, Entwürfe, Jugenderzählungen, kunsthistorische Essays. – Ca. 50 Briefe.
Unbearbeitet.
Kauf 1983 und 1984

Stern, Josef Luitpold

Pseud. Josef Luitpold
16.4.1886, Wien–13.9.1966, ebda
Volksbildner, Lyriker, Erzähler, Dramatiker; Leiter der Wiener Arbeiterhochschule, Emigration in die U.S.A.; dort Lehrer in Philadelphia und am Quaker College in Pendle Hill (Pennsylvania).

* *Wien, WSTLB HS*
Nachlaß, ca. 650 Inventarnummern und 5 Kartons: Entwürfe, Gedichte, Essays, Reden, Druckvorlagen für die Gesamtausgabe. – Briefe an Josef Luitpold und Maria Stern, u. a. von Otto König, Alfons Petzold, Paul Amadeus Pisk und Familienkorrespondenzen, Briefe von Josef Luitpold Stern. – Dokumente. – Briefe und Gedichte von Gerhart Baron, Manuskripte von Otto Spranger, Materialien zu Heinrich Steinitz, Verzeichnis der Bibliothek.
Maschinschriftliches Verzeichnis, Zettelkatalog. – Teilweise unbearbeitet.
Geschenk 1955

* *Wien, WSTLB Druckschriftensammlung*
Bibliothek und Zeitungsausschnitte.

Briefe Sterns an andere Emigranten sind verzeichnet in Guide, 1978, S. 849-850.

Sterneder, Hans

7.2.1889, Eggendorf (N.Ö.)–24.3.1981, Bregenz
Lehrer, dann freier Schriftsteller in Gloggnitz, zuletzt Bregenz.
Der Standort des schriftlichen Nachlasses konnte nicht ermittelt werden. Ein Teil des Nachlasses wurde von einem Briefmarkenhändler in Wien verwertet.

* *Krems, Historisches Museum der Stadt Krems*
Kunstwerke und Bibliothek: „Die Stadt Krems hat von Prof. Sterneder die Bibliothek und Kunstwerke käuflich erworben, die mit dem Tod des Dichters in das Eigentum der Stadt Krems übergegangen sind. Der dichterische Nachlaß–soweit ein solcher überhaupt vorhanden ist–ist laut Testament an Emmy Hausamann, Goethestraße 70, CH-9008 St. Gallen, Schweiz, gegangen. (...) Über den Bestand der Bibliothek gibt es ein Inventar, das allerdings nur sehr ungenaue bibliographische Angaben enthält." (Auskunft des Magistrats der Stadt Krems, 1987)

* *Privatbesitz. Emmy Hausamann, St. Gallen*
Splitternachlaß.

Fritz Arno Weisse: Hans Sterneder. Sein Leben und Werk. Diss. Wien 1941.

Steub, Ludwig

20.2.1812, Aichach (Oberbay.)–16.3.1888, München
Jurist, Reiseerzähler, Ethnologe; Augsburg, Brixlegg, Rechtsanwalt und Notar in München.

* *Innsbruck, Tiroler Landesmuseum Ferdinandeum, Bibliothek*
Teilnachlaß, 5 Kartons und 1,5 Meter: Exzerpte zu Orten und Regionen von Tirol und Bayern, Entwürfe, Manuskripte, u. a. Vorarbeiten zu seinem Werk *Rhätica*

und über oberdeutsche Familiennamen, Korrekturfahnen. – Zahlreiche Briefe, u. a. von Berthold Auerbach, Adolf Lukas Bacmeister, Anton Bernard, Adolf Bonz & Comp., Otto Braun, von der Cotta'schen Buchhandlung, von Felix Dahn, der *Deutschen Zeitung*, von Jakob Philipp Fallmerayer, Eduard Fentsch, Alois Fischer, Gustav Gasteiger, Ludwig Hörmann von Hörbach, Ludwig von Hohenbühel, Josef von Hundegger, Julius Jung, Ernst Keil, Heinrich Kiepert, Adolf Kröner, Friedrich Lentner, Norbert Pfretzschner, Adolf Pichler von Rautenkar, Sebastian Ruf, Hermann Sander, den Brüdern Scheitlin, Ignaz von Schmuck, Christian Schneller, Carl von Seyffertitz, Joseph Streiter, Heinrich Vieweg, Ignaz Vinzenz Zingerle von Summersberg, Briefe von Redaktionen und Verlagen. – Verlagsvertrag, Honorarabrechnungen der *Augsburger Allgemeinen Zeitung*. – Zahlreiche Zeitungsausschnitte (Druckbelege, Rezensionen seiner Werke).
Vorgeordnet. – Teilweise unbearbeitet.

Stiasny Verlag Ges.m.b.H.

Belletristischer Verlag in Graz, gegründet 1948 von Gerhard Zerling im Rahmen einer seit 1902 bestehenden Druckerei, eingestellt 1969.

* *Wien, Dokumentationsstelle für neuere österreichische Literatur*
Archiv, 81 Kartons: Kartei der im Stiasny Verlag erschienenen Publikationen, Protokolle der Verlagskonferenzen, Korrespondenz mit den Autoren, Produktionsakten, Vertriebsunterlagen, Sammlung von Besprechungen der Verlagsproduktion.
Vorgeordnet.
Geschenk um 1967
Werner Schlacher: Die steirischen Buchverlage zwischen 1945 und 1955 unter besonderer Berücksichtigung der belletristischen Produktion. Diss. Graz 1985.

Stieber, Konrad

8.5.1878, Wien–23.7.1946, Salzburg
Lyriker, Komponist; Wien, Salzburg.

* *Salzburg, Museum Carolino Augusteum, Bibliothek*
Teilnachlaß, 9 Bände: Autographe Kompositionen (Skizzen, Lieder für Singstimme und Klavier), Gedichte, dramatische Skizzen, Spiele und Dramen, Texte für geplante musikalische Werke.
Verzeichnung: Zettelkatalog.
Geschenk um 1970

Stifter, Adalbert

23.10.1805, Oberplan (Böhmerwald)–28.1.1868, Linz (Freitod)
Erzähler; Wien, Inspektor der oberösterreichischen Volksschulen in Linz.

* *Prag, Národni knihovna v Praze (Nationalbibliothek Prag)*
Nachlaß.
Alois Hofmann: Die Sammlung des Prager Adalbert Stifter-Archivs. In: *Vierteljahresschrift. Adalbert-Stifter-Institut des Landes Oberösterreich* 11 (1962). (Verzeichnis der Handschriften; chronologisches und alphabetisches Verzeichnis zum Briefwechsel). ders.: Bericht über das Prager Adalbert-Stifter-Archiv, in: *ebda*, 33 (1984), S. 109-113.

* *Linz, Adalbert-Stifter-Institut*
Sammlung und Museum
Alois Großschopf: Adalbert Stifter Institut des Landes Oberösterreich. Verzeichnis der Sammlungen. Lfg. 1: Bibliothek. Linz 1959 (56 S.) (= Schriftenreihe des Adalbert Stifter Instituts des Landes Oberösterreich, Bd. 14).

* *München, Bayerische Staatsbibliothek, Handschriften- und Inkunabelabteilung*
Teilnachlaß, 17 Bände: Erzählungen, Albumblätter, Erinnerungsstücke. (Dachs, S. 153.)

Standorte von weiteren Autographen nachgewiesen bei Frels, S. 286-287.

Franz Hüller: Wo befinden sich die Handschriften Adalbert Stifters? In: *Vierteljahresschrift. Adalbert-Stifter-Institut des Landes Oberösterreich* 12 (1963), S. 134-145; Wolfgang Landthaler: Münchener Stifter-Handschriften. In: *Literaturwissenschaftliches Jahrbuch* N.F. 8 (1967), S. 119-155 sowie *ebda* N.F. 10 (1969), S. 109-159.

Stockert-Meynert, Dora

5.5.1870, Wien–3.1.1949, ebda
Erzählerin, Dramatikerin.
Der wissenschaftliche Nachlaß ihres Vaters Theodor Meynert wurde dem Institut für Geschichte der Medizin in Wien übergeben.

* *Familienbesitz. Dr. Franz K. v. Stockert, D-W-5450 Neuwied 1, Bundesrepublik Deutschland*
Nachlaß: Manuskripte, Briefe, Verlagskorrespondenz, Verlagsverträge, Photos, Personaldokumente, Bibliothek (nicht mehr komplett erhalten), Fahnen. – In einem noch erhaltenen Nachlaßteil von Theodor Meynert befinden sich u. a. zahlreiche Briefe von Robert Hamerling an Theodor Meynert und an dessen zweite Frau, geb. Grimschitz.

* *Wien, WSTLB HS*
Eine Sammlung („in einigem Umfang") von Briefen an Stockert-Meynert.
Gertrude Meinel-Kernstock: Dora von Stockert-Meynert und der Verein der Schriftstellerinnen und Künstlerinnen in Wien. Diss. Wien 1949.

Stoessl, Otto

2.5.1875, Wien–15.9.1936, ebda
Theaterkritiker, Erzähler.

* *Privatbesitz. em.Univ.-Prof. Dr. Franz Stoessl, Wilhelm-Raabe-Gasse 17, A-8010 Graz*
Nachlaß: Skizzen und Entwürfe, Gedichte und Aphorismen, Erzählungen, Romane, Dramen, Hörspiele, Theaterkritiken, literarhistorische Studien, Reinschriften und Korrekturfahnen, Tagebuch (1906-1909, 1914-1917, 1919-1923), gemeinsam mit Robert Scheu verfaßte dramatische Arbeiten. – 18 Mappen Briefe an Stoessl von ca. 350 Schreibern, 5 Mappen und 5 Ordner Verlags- und Redaktionskorrespondenz, Familienkorrespondenz. – Personaldokumente, Militärdokumente, Meldungsbuch und Doktordiplom der Universität Wien, Lebensdokumente von Auguste Stoessl, Dokumente zum Nachlaß, Verzeichnis der literarischen Arbeiten und ihrer Erträgnisse (1910-1936). – Kritiken der Werke Stoessls (1895-nach 1936), Würdigungen, Sammlung von Zeitungsausschnitten in 17 Kassetten (Persönlichkeiten, Literatur, Theater, Kunst, Reisen, Anekdoten).
Maschinschriftliches Verzeichnis.

Autographen in anderen Beständen

* *Wien, WSTLB HS*
Briefe von Stoessl an Samuel Lublinski im Teilnachlaß von Samuel Lublinski.

Stranitzky, Joseph Anton

10.9.1676, Knittelfeld (Stmk.)[Brümmer: Schweidnitz/Schlesien]–19.5.1726 [Brümmer: 1727], Wien
Wanderschauspieler, Dramatiker; Wien.

* *Wien, ÖNB HS*
Teilnachlaß: 15 Stücke in alter Abschrift.

Standort von weiteren Autographen nachgewiesen bei Frels, S. 291.

Strobel, Alfred

19.6.1897, Innsbruck–3.4.1976, ebda
Publizist, Heimatforscher, langjähriger Leiter der Kulturredaktion der *Tiroler Tageszeitung* in Innsbruck.

** Innsbruck, Universität, Forschungsinstitut „Brenner-Archiv"*
Teilnachlaß, 1 Karton: Briefe, u. a. von Theo Kerg, sowie Redaktionskorrespondenzen. – Glückwünsche. – Manuskripte von Feuilletondiensten.
Vorgeordnet.
Geschenk 1980

Strobl, Karl Hans

18.1.1877, Iglau–10.3.1946, Perchtoldsdorf bei Wien
Schriftsteller in Wien.

** Iglau (ČSFR) [Bezirksarchiv], Okresní archiv v Jihlavě*
Nachlaß: 171 Werkmanuskripte (Romane, Erzählungen, Rezensionen). – 18 Kartons Briefe, u. a. von Leonhard Adelt, Gustinus Ambrosi, Karl Anzengruber, Rudolf Hans Bartsch, Max Brod, Franz Theodor Csokor, Stefan Eggeler, Emil Ertl, Egid Filek von Wittinghausen, Franz Karl Ginzkey, Heinrich Glücksmann, Hermann Graedener, Rudolf Greinz, Maria Grengg, Rudolf Haas, Emil Hadina, Ludwig Hesshaimer, Camill Hoffmann, Robert Hohlbaum, Mirko Jelusich, Fritz Jurditsch, Linus Kefer, Egon Erwin Kisch, Rudolf Jeremias Kreutz, Erich Landgrebe, Paul Leppin, Rudolf Lothar, Emil Lucka, Theodor Heinrich Mayer, Gustav Meyrink, Max von Millenkovich-Morold, Roderich von Mojsisovics, Walter von Molo, Hans von Müller, Adam Müller-Guttenbrunn, Roderich Müller-Guttenbrunn, Josef Nadler, Bruno Prochaska, Erwin Rainalter, Gustav Renker, Ilse Ringler-Kellner, Hans Ludwig Rosegger, Franz Schamann, Richard von Schaukal, O.F. Scheuer, Arthur Schnitzler, Franz Servaes, Georg Terramare, Richard Teschner, Otto Voss, Karl Wache, Hans Watzlik, Paul Wertheimer, Albert Wesselski, Oskar Wiener, Friedrich Winterholler, Bruno Hans Wittek, Rudolf Wolkan, Heinrich Zerkaulen, Fedor von Zobeltitz und Stefan Zweig, Korrespondenzen mit Verlagen (L. Staackmann Verlag, J.C.C. Bruns Verlag, Georg Müller Verlag, Ullstein Verlag, Ed. Strache Verlag, Verlag der Gesellschaft für Graphische Industrie, R. Löwit Verlag) und Redaktionen, zahlreiche Durchschläge von Briefen Strobls. – 3 Kartons Lebensdokumente, darunter Personaldokumente, Materialien zu Erbschafts- und Steuerangelegenheiten, Unterlagen zu seinen Häusern in Iglau und Perchtoldsdorf, Glückwünsche, Materialien zu Schriftstellerorganisationen, 1 Karton mit Akten über seine öffentliche Tätigkeit, 9 Kartons Photos. – 1 Karton Familiendokumente, 13 Kartons Zeitungsausschnitte, darunter eine umfangreiche Sammlung von Rezensionen der Werke Strobls.
Verzeichnung: Zettelkatalog.

** Privatbesitz, Walburga Strobl, Ortsstraße 9, A-2362 Biedermannsdorf*
Splitternachlaß: 1 angefangener Roman, Briefe von Strobl an seine Frau aus dem Ersten Weltkrieg, Sammlung der Bücher von Strobl.

Strutz, Herbert

6.6.1902, Klagenfurt–1.10.1973, Wien
Kapellmeister, Kritiker, Verlagsleiter, Lyriker, Erzähler; Wien, Klagenfurt.

** Privatbesitz, Gerhild Kavaller, A-9711 Stockenboi 35 (Inhaberin der Rechte)*
Nachlaß: Manuskripte, Tagebücher (1944-46), Korrespondenz.

Stubenberg, Mathilde Gräfin

29.10.1863, Schallaburg (N.Ö.)–24.3.1927, Laubegg (Stmk.)
Lyrikerin; Laubegg.

* *Graz, Steiermärkische Landesbibliothek*
Teilnachlaß, 1 Karton: 1 Konvolut Gedichte, 2 Hefte mit Reiseaufzeichnungen. – Einzelne Briefe. – Zeitungsausschnitte.
Unbearbeitet.
Geschenk 1942 und 1944

* *Wien, ÖNB HS*
Teilnachlaß, Autogr. 933/37-53: Ca. 50 Briefe an Mathilde Gräfin Stubenberg, u. a. von Marie Ebner von Eschenbach.

Studer, Heinrich

7.3.1889, Olten (Schweiz)–21.1.1961, Wien
Lyriker, Verleger (Gründer des Amalthea Verlags), Epiker, Dramatiker in Wien.

* *Privatbesitz. Dora-Lies Graf-Studer, 46 avenue Wendt, CH-1203 Genf, Schweiz*
Restnachlaß: Briefe, Verlagsverträge, Zeitungsausschnitte, Photos. – Exemplare seiner Werke. Während des Krieges ist fast alles verloren gegangen.

Stummer, Josef Viktor

22.2.1910, Linz-Urfahr–19.2.1981, Linz
Finanz-Vertragsbediensteter, Lyriker; Linz.

* *Linz, Adalbert-Stifter-Institut*
Teilnachlaß, 1 Karton: 5 Konvolute Werkmanuskripte (Gedichte, Prosa). – Exemplare seiner Publikationen.
Unbearbeitet.
Geschenk 1981

Stuppäck, Hermann

Pseud. u. a. Heinrich Sicking, „HST"
28.9.1903, Wien–15.12.1988, Salzburg
Lyriker, Verlagslektor, Kunsthistoriker; Wien, Salzburg, Linz.

* *Privatbesitz. Valerie Stuppäck, Kinostraße 3, A-5061 Glasenbach*
Teilnachlaß (1946-1988): Mappe „Texte/Reden", Geschäftskorrespondenz des Pilgram Verlags, Briefe, u. a. von Bruno Brehm (umfangreich), Edmund Finke, Hans Grimm, Albert Jantsch-Streerbach, Mirko Jelusich, Erich Landgrebe, Christine Lavant, Max Mell, Josef Friedrich Perkonig, Eugen Roth, Franz Spunda, Franz Tumler (über 100), Hedwig Weinheber; Photos, Zeitungsausschnitte bzw. Zeitungsdrucke eigener Texte, vor allem *Die Furche* (1966) und *OÖ Nachrichten;* Manuskripte anderer Autoren, u. a. von Ernst von Dombrowski, Christine Lavant, Eugen Roth und Franz Tumler (*Erinnerung an Aichet*).

Sturm, Eduard von

4.1.1823, Wien–25.4.1889, ebda
Lyriker, Beamter; Wien.

* *Wien, WSTLB HS*
Teilnachlaß, 4 Bände, 1 Konvolut: Zahlreiche Gedichte und Gedichtentwürfe, Notizen, Vorträge.
Verzeichnung: Inventar.

Suhtschek-Hauschka, Friedrich von

3.12.1883, Graz–9.3.1944, Graz (?)
Germanist, Lehrer; Graz.

* *Graz, UB, Abteilung für Sondersammlungen*
Kryptonachlaß im Nachlaß von Fred Fritsch, 2 Kartons: Gedichte, Reden, 1 Drama, literarhistorische Abhandlungen und Materialien zu seinen umstrittenen Thesen zum *Parzival*. – Einzelne Briefe. – Sonderdrucke.
Unbearbeitet.
Geschenk 1963

Suschitzky, Wilhelm

22.12.1877, Wien–18.4.1934, ebda
Buchhändler, Verleger; Wien.

* *Wien, WSTLB HS*
Teilnachlaß, ca. 30 Inventarnummern: Briefe an Wilhelm und Philipp Suschitzky. – Personal- und Familiendokumente.
Verzeichnung: Zettelkatalog.
Kauf 1980

Suttner, Arthur Gundaccar von

21.12.1850, Wien–10.12.1902, Schloß Harmannsdorf (N.Ö.)
Erzähler.

* *Wien, ÖNB HS*
Teilnachlaß, Ser. n. 16.311-16.346, Autogr. 732/1-733/78: Manuskripte, Briefe und Zeitungsausschnitte.

Suttner, Bertha von

Pseud. B. Oulot
9.6.1843, Prag–21.6.1914, Wien
Schriftstellerin, Herausgeberin, Erzieherin, Sekretärin; Wien.

* *Genf, Bibliothèque des Nations Unies*
Die Nachlässe Suttner und Alfred H. Fried sind zusammen übergeben worden und durch einen Zettelkatalog erschlossen.
Collection Suttner-Fried: Vorträge, Aufsätze, Reden, Memoiren, Gedichte, Tagebücher (Band I-XII: 1897-1914). – Familienkorrespondenz, Briefe, u. a. von Albert Apponyis, Hermann Bahr, Rudolf Hans Bartsch, Björnstjerne Björnson (1894-1902), Robert Bracco (1 Br., 1913), Georg Brandes, Ludwig Büchner (1886-1898), Andrew Carnegie, Bartholomäus von Carneri (1890-1900), Heinrich Graf Coudenhove (1900-1901), Jakob Julius David (1891), Deutsche Verlagsanstalt (1886-1910), G.H.W. Dietz Verlag (1886-1889), Joseph von Doblhoff (1891-1907), Henri Dunant (1895-1899, 1901-03, 1905, 1908), Marie Ebner von Eschenbach (1891, 1892, 1894, 1896, 1898, 1901, 1903), Otto Ernst (4 Br., 1890-1904), Wilhelm Exner (3 Br. 1891, 1892, 1900) Wilhelm Förster, Alfred Hermann Fried (1892-1914), Heinrich Friedjung, Ludwig Fulda (6 Br., 1888-1910), John Galsworthy (1 Br., 1914), Heinrich Glücksmann (1891, 1893, 1895, 1903, 1910, 1912), Marie Eugenie Delle Grazie (1896, 1901, 1909-10), Marianne Hainisch (4 Br., 1891-1913), Robert Hamerling (1884-86, über Peter Rosegger), Carl Hauptmann (1 Br., 1914), Gerhart Hauptmann (1 Br., 1913), Theodor Herzl (1896, 1898, 1899, 1903, 1905, Briefe von Suttner an Herzl auf Mikrofilm 1896-1904), Heinrich Lammasch, Albert Last und Ludwig Last (1886, 1887, 1890, 1895), Literarische Gesellschaft Wien 1893 betr. Roman *Vor dem Gewitter,* Wilhelm Löwenthal (umfangreich), Ernst Mach (1902, 1903, 1909), Karl May (mehrere Briefe 1905-1912), Octave Mirbeau (1889-1890), Siegmund Münz (1 Br., 1904), Neue Freie Presse (1889, 1900, 1901, 1907), Alfred Nobel (1881, 1881, 1889, 1890, 1891, 1893), Max Nordau (1892-1912), Frédéric Passy, Moritz Perles (1892, 1 Br. über Ill. Österr. Volkskalender), Pierson's Verlag, Hedwig Gräfin Pötting, Peter Rosegger (1886, 1891-1893, 1895-1897, 1900, 1914), Ferdinand von Saar (1891, 1893-1894), Leopold von Sacher-Masoch (1887-1895, 1897), Edith von Salburg (1887, 1896, 1897), Felix Salten (1 Br., 1890), Arthur Schnitzler (1913-14), Friedrich von Spielhagen (1891-95), Maria Stona (1891, 1896, 1903, 1909, 1913), Ludwig Wittgenstein (1 Br., 1901, über den Nobelpreis), Haager Friedenskonferenzen, Interparlamentarische Union. – Persönliche Dokumen-

te, Geburts- und Heiratsurkunde, Photos. – Rezensionen über die Werke Suttners. A.C. Breycha-Vauthier (Genf): Dokumente um ein Leben. Die „Bertha-von-Suttner-Sammlung" der Bibliothek der Vereinten Nationen. In: *Festschrift zur Feier des zweihundertjährigen Bestandes des Haus-, Hof- und Staatsarchivs.* Hrsg. von Leo Santifaller. 1. Band. Wien: Staatsdruckerei 1949, S. 9-12; Fried-Suttner papers. In: *Guide to the archives of international organizations. 1. The United Nations system.* UNESCO Paris 1984 (= Documentation, libraries and archives: bibliographies and reference works, 8), S. 174-176.

* *St. Louis (Missouri, U.S.A.), The Missouri Historical Society, Collections*
Nachlaß, 365 Einheiten (1891-1902): Ausschließlich Briefe an Bertha von Suttner, die internationale Friedensbewegung betreffend. „The collection came to us in 1915 from St. Louisan William Keeney Bixby, a local businessman and manuscript collector, and member and supporter of the Missouri Historical Society. Bixby appears to have purchased this collection directly from the Baroness in 1912. His interest seems to have mostly been in the autographs. The papers are arranged alphabetically by the name of the author." (Auskunft der Missouri Historical Society)
Der Bestand umfaßt „Dichter und Schriftsteller" (Briefe, u. a. von Hermann Bahr, Felix Dörmann, Marie Ebner von Eschenbach, Karl Emil Franzos, Hugo von Hofmannsthal, Gerhart Hauptmann, Robert Hamerling, Ferdinand von Saar, Leopold von Sacher-Masoch, Felix Salten, Richard von Schaukal, Stefan Zweig), „Diverse", „Fürstlichkeiten", „Gelehrte und Professoren" (u. a.Ludwig Büchner, Heinrich Lammasch, Julius Schnitzler, Wilhelm Wundt), „Künstler und Musiker" (u. a.Anna Bahr-Mildenburg, Alexander Girardi, Alfred Grünfeld, Josef Kainz, Olga Lewinsky, Gustav Mahler, Leo Slezak, Adele Sandrock, Johann Strauß, Richard Strauss, Charlotte Wolter), „Pazifisten" (u. a. Henri Dunant), „Staatsmänner-Politiker und Diplomaten".

* *Genf, Bibliothèque Publique et Universitaire de Genève, Département des Manuscrits*
Nachlaß Henri Dunant: Umfangreiche Korrespondenz (Karten, Telegramme, Briefe ab 1895) mit Bertha von Suttner.

* *Wien, WSTLB HS*
Kryptonachlaß im Nachlaß von Wilhelm Börner: Ca. 60 Briefe von Bartholomäus von Carneri.
Verzeichnung: Zettelkatalog.
Kauf 1952

* *Wrocław, UB*
Nachlaß Wilhelm Bölsche: 7 Briefe von Suttner an Bölsche (1901-1913).
Edward Białek/Alois Woldan: Briefe österreichischer Literaten in der Universitätsbibliothek Wrocław. In: *Germanica Wratislaviensia* 1985, Heft 68, S. 148-155; hier S. 155.

Swinarski, Artur Marya

28.7.1900, Brodnica (Polen)–26.4.1965, Wien
Lyriker, Dramatiker, Übersetzer.
Swinarksi studierte in Posen Germanistik, war 1928-1933 Mitarbeiter beim Posener Künstlerischen Kabarett, 1927-1929 Redakteur der Zeitung *Kurier Bałtycki* in Gdingen. Er übersiedelte 1952 nach Warschau und 1959 nach Wien, wo er österreichischer Staatsbürger wurde.

* *Privatbesitz. Dr. Gerda Leber-Hagenau, Wallnerstraße 4, A-1010 Wien*
Nachlaß.

Szabo, Wilhelm

30.8.1901, Wien–14.6.1986, ebda
Lyriker, Volks- und Hauptschullehrer; Gmünd, Weitra, Wien.

* *Privatbesitz. Valerie Szabo, Wenckebachgasse 39, A-1190 Wien*
Nachlaß: Manuskripte, Briefe, Verlagskorrespondenz, Verlagsverträge, Lebensdokumente, Photos, Zeitungsausschnitte, Photos.

Szittya, Emil

18.8.1886, Budapest–26.11.1964, Paris
Schriftsteller, Kulturkritiker, Zeitschriftenherausgeber, Maler.

* *Marbach, DLA*
Nachlaß, 22 Kartons: Lyrik, Prosa, Autobiographisches, Briefe, zugehörige Materialien. (Kussmaul, Sp. 507-508)

Taube, Theodor

Pseud. für Theodor Herdlička
23.2.1840, Wien–3.7.1904, ebda
Publizist, Librettist und Bühnenschriftsteller; Wien.

* *Wien, WSTLB HS*
Teilnachlaß, ca. 20 Inventarnummern und 5 Kartons: Theatermanuskripte. – Ca. 20 Briefe an Taube.
Maschinschriftliches Verzeichnis, Zettelkatalog. – Teilweise unbearbeitet.
Kauf 1977

Tausk, Viktor

12.3.1879, Sillein (Žilina), Slowakei–3.7.1919, Wien (Selbstmord)
Dr.jur., Dr.med., Psychoanalytiker, Schriftsteller.
Tausk, der seinen Vornamen sowohl mit „c" als auch mit „k" schrieb, war (in erster, geschiedener Ehe) mit Martha Tausk, geb. Frisch (1881-1957), Tochter von Moriz Frisch, Schwester von Justinian Frisch, verheiratet. Viktor Tausk hat in seinem Testament verlangt, nach seinem Tod alle im Nachlaß befindlichen Briefe und Schriften ungelesen zu verbrennen.

* *Privatbesitz. Vermutlich Dr. Marius Tausk (Briefe, Schriften etc.)*
Viktor Tausk: *Gesammelte psychoanalytische und literarische Schriften.* Hrsg. von Hans Joachim Metzger. Wien-Berlin: Medusa 1983. Darin Marius Tausk: Wer war Viktor Tausk? Ein biographischer Versuch von seinem Sohn, S. 498-563; Alfred Pfabigan: Victor Tausk huldigt Karl Kraus. In: *Forum* (Wien) 36 (1989), Nr. 430/431, S. 58-61.

Terlago, Caroline Gräfin

16.12.1839, Rovereto (Südtir.)–15.8.1916, Innsbruck
Lyrikerin; Rovereto, Wien, Gmunden.

* *Innsbruck, Universität, Forschungsinstitut „Brenner-Archiv"*
Teilnachlaß, 1 Konvolut: Ca. 150 Gedichte. – Handexemplar eines Gedichtbandes, 1 Aufsatz über Terlago.
Vorgeordnet.

Terramare, Georg

Name der Familie: Eisler von Terramare. Georg Eisler von Terramare erhielt das Recht, seinen Adelsnamen als bürgerlichen Namen zu führen. Diese Namensänderung wurde 1925 vom Magistrat Wien ausdrücklich bewilligt.
2.12.1889, Wien–4.4.1948, La Paz, Bolivien
Erzähler, Dramatiker, Regisseur.
Emigrierte 1938 über Italien nach Bolivien, war mit der Schauspielerin Erna Terrel verheiratet, die 1953 Dr. Fritz Kalmar in Montevideo heiratete. Diese starb am 27.9.1985 ebendort.
„Was den Nachlass betrifft, so kann ich Ihnen mitteilen, dass vor einigen Jahren die Österreichische Nationalbibliothek einige Handschriften erworben hat. Andere sind noch in meinem

Besitz–ich glaube, ausser uns beiden, Erna und mir, konnte niemand seine Schrift entziffern." „Es ist richtig, dass das Material in meinem Besitz fast zur Gänze aus der Emigrationszeit stammt. Die wichtigsten Handschriften hat die Nationalbibliothek erworben. Was ich hier habe, sind kleinere Arbeiten, kurze Szenen und Chansontexte für sogenannte ‚Bunte Abende', die in La Paz sehr beliebt waren und relativ viel Geld für gute Zwecke einbrachten. Da ein Liftvan des Ehepaares Terramare in Triest hängen blieb, ein anderer mit kostbaren Kunstgegenständen und anderen Wertobjekten in Wien von der Gestapo beschlagnahmt wurde, kam aus der Zeit vor der Emigration fast nichts nach Bolivien. Einige wenige Briefe, aber nicht gerade aus einer Korrespondenz mit Autoren. Einzige Ausnahme: ein an Terramare gerichteter Brief von Anton Wildgans. (...)" (Auskunft von Dr. Fritz Kalmar). Kalmar besitzt eine große Anzahl der publizierten Werke Terramares.

** Privatbesitz. Dr. Fritz Kalmar, Österreichischer Generalkonsul, Casilla de correo 1455, 11000 Montevideo, Uruguay*
Teilnachlaß.

** Wien, ÖNB HS*
Einzelmanuskripte.

Hermine Maria Steinmetz: Einige biographische und lokalhistorische Anmerkungen zu Georg Terramares Weihnachtslegende „Uns ward ein Kind geboren". In: *Jahrbuch des Vereins für Geschichte der Stadt Wien* 44/45 (1988/89), S. 228-241.

Tesar, Ludwig Erik

Pseud. Ludwig Erde
6.7.1879, Brünn–8.10.1968, Schwaz
Mittelschullehrer, Gewerkschafter, Schulreformer; Wien, Proßnitz, Olmütz, Direktor der Bundeserziehungsanstalt in Wr. Neustadt und des Paulinums in Schwaz, Leiter der Volkshochschule in Payerbach.

** Innsbruck, Universität, Forschungsinstitut „Brenner-Archiv"*
Nachlaß, 30 Kartons: Exzerpte, Gedichte, Erzählungen, Abhandlungen zu pädagogischen, philosophischen und naturwissenschaftlichen Themen. – Briefe, u. a. von Karl Brenner, Bertrand Alfred Egger, Otmar Eigenthaler, Berta Friederich, Ernst Goldbeck, Bo Gronbech, Wilhelm Günther, Erika Hanel, Martha Hofmann, Hans Houschka, Rudolf Jauernig, Erwin Kubalek, Karl Kürschner, Franz Kurzmann, Rudolf Miesbauer, Wilhelm Muster, Österreichischer P.E.N.-Club, Alexander Sacher-Masoch, Anton Stascha, Felix Fritz Strauss, Entwürfe und Durchschläge von Briefen Tesars, u. a. an Alexander Sacher-Masoch. – Zeugnisse, Personaldokumente, Dokumente zur Beamtenlaufbahn, Adreß- und Kassabücher, Gästebuch, Versicherungs- und Finanzunterlagen, Materialien zum Schulwesen, insbesondere zur Organisation der Bundeserziehungsanstalten und des Paulinums. – Zeitungsausschnitte.
Maschinschriftliches Verzeichnis, Zettelkatalog.
Geschenk 1970

** Innsbruck, Universität, Forschungsinstitut „Brenner-Archiv"*
Sammlung Wilfried Kirschl, 1 Karton: Gedichte. – 3 Mappen Briefe an Tesar von Wilfried Kirschl und Sepp Orgler, Briefe von Tesar, u. a. an Wilfried Kirschl und Sepp Orgler.
Vorgeordnet.

Erziehung–Weg zu menschenwürdigem Leben. Schwazer Tesar-Symposium. Hrsg. von Anton Hütter u. Eberhard Sauermann. Innsbruck: Haymon-Verlag 1989. (= Brenner-Studien, Band 10)

Teutschmann, Karl

1.11.1855, St. Florian bei Linz–10.8.1928, Linz
Erzähler, Jurist; Rechtsanwalt in Linz.

* *Linz, Adalbert-Stifter-Institut*
Teilnachlaß, 7 Kartons: 5 Kartons Manuskripte (Gedichte, Sprüche und Epigramme, Trauerspiel). – Einzelne Briefe. – Vertonungen seiner Werke, Familiendokumente, Photos, Zeitungsausschnitte und Sonderdrucke.
Maschinschriftliches Verzeichnis.
Erwerbung 1984

Thaler, Karl von

30.9.1836, Wien–19.10.1916, ebda
Publizist, Lyriker, Erzähler, Dramatiker; Redakteur der *Neuen Freien Presse* in Wien.

* *Wien, WSTLB HS*
Teilnachlaß, ca. 350 Inventarnummern: Gedichte, Rezensionen. – Ca. 310 Briefe, u. a. von Robert Hamerling, Adolf Pichler von Rautenkar, Oskar von Redwitz, Ferdinand von Saar und Familienkorrespondenzen.
Verzeichnung: Zettelkatalog.
Kauf 1917

Theaterverlag Fuchs

Bühnen- und Musikverlag für Wiener Volksstücke.

* *Wien, WSTLB HS*
Teil des Archivs, 2 Kartons: Aufführungsmaterial zu Stücken des Verlagsrepertoires.
Unbearbeitet.
Erwerbung 1975

Thom, Andreas

Pseud. für Rudolf Csmarich
11.5.1884, Wien–25.6.1943, ebda
Lehrer, Schriftsteller, Verlagslektor, Maler. Besuchte das Lehrerseminar St. Pölten. 1903-1934 Lehrer in Wien. 1918-1923 Lektor im Ed. Strache Verlag Wien.

* *Wien, WSTLB HS*
Teilnachlaß, ca. 600 Inventarnummern und 7 Kartons: Zahlreiche Werkmanuskripte (Notizen, Entwürfe, Korrekturfahnen, Gedichte, Feuilletons, umfangreiche Tagebücher, Drehbücher, Dramen). – Ca. 590 inventarisierte und ca. 1 1/2 Kartons unbearbeitete Briefe, u. a. von Erhard Buschbeck, Johannes Fischer, Catherine Godwin, Joseph Gregor, Albert Paris Gütersloh, Karl Linke, Alma Mahler-Werfel, Franz Zeis und Valerie Zeis, Briefe von Thom an Gertrud Schelsky.
Maschinschriftliches Verzeichnis, Zettelkatalog. – Teilweise vorgeordnet.
Kauf 1944

Thomas, Adrienne

Pseud. für Dr. Hertha Lesser
24.6.1897, St. Avold (Elsaß)–7.11.1980, Wien
Lebte zeitweise in Wien, emigrierte 1938 nach Frankreich, 1940 in die U.S.A., lebte seit 1947 wieder in Wien.

* *Privatbesitz. Mag.iur. Raimund Truxa, Gumplowiczstraße 1/2/18, A-1220 Wien*
Teilnachlaß: Manuskripte und Typoskripte, u. a. *Das Gästebuch,* einige Dutzend Taschenkalender, Tagebücher (z.T. vor 1945). – Briefe von Lesern aus den frühen 30er Jahren, sehr umfangreich, u. a. zum Roman *Katrin,* umfangreiche Verlagskorrespondenz, u. a. mit dem Ullstein/Propyläen Verlag (Max Krell, an/von Albert Ehrenstein, 1930-Frühjahr 1933), mit Allert de Lange Verlag (1934-frühe 50er Jahre) samt Durchschlägen der Briefe von A. Thomas sowie Briefe von anderen Verlagen, mit denen Thomas nach 1945 zu tun hatte, darunter Librairie Stock (Paris). – Testament. Adreßbücher mit persönlichen Notizen und Hinweisen auf eingegangene Briefe nach 1947, Weihnachtskarten, Briefe zum Geburtstag (u. a. von Hans Weigel und Hermann Kesten).
Nicht geordnet.

Tluchor, Alois

25.4.1869, Daschitz (Böhmen)–2.6.1939, Perchtoldsdorf (N.Ö.)
Lehrer, Erzähler; Schuldirektor in Perchtoldsdorf.

** Wien, WSTLB HS*
Nachlaß, einzelne Inventarnummern und 6 Kartons: Entwürfe, Gedichte, Schulreden, Vorträge, Jugendromane, Erzählungen, Filmentwürfe, pädagogische Abhandlungen. – Einzelne Briefe. – Dokumente, Zeugnisse.
Maschinschriftliches Verzeichnis, Zettelkatalog. – Teilweise unbearbeitet.
Erwerbung 1957

Tomaschek, Carl

28.9.1828, Iglau–9.9.1878, Wetterhöfl bei Iglau
Germanist; Professor an den Universitäten Graz und Wien.

** Wien, Universität, Archiv*
Teilnachlaß, 2 Kartons: 1 Prüfungsarbeit, Vorträge, Vorlesungen und Abhandlungen. – Entwürfe und Materialien zur Revision des Lehrplans der Mittelschulen (1872). – Prüfungsarbeiten von Studenten.
Vorgeordnet.

Torberg, Friedrich

Pseud. für Friedrich Kantor-Berg
16.9.1908, Wien–10.11.1979, ebda
Erzähler, Übersetzer, Herausgeber; Wien, Prag, Los Angeles.
Auf seiner Flucht von Frankreich über Spanien und Portugal nach den U.S.A. konnte Torberg keine Manuskripte retten.

** Wien, WSTLB HS*
Teilnachlaß, 35 Kartons: Briefe, u. a. von Axel von Ambesser, Raoul Auernheimer, Alfred von Bleyleben, François Bondy, Hermann Broch, Max Brod, Engelbert Broda, Sigrid Brunk, Franz Theodor Csokor, Ernst Deutsch, Marlene Dietrich, Klaus Dohrn, Milan Dubrovic, Laci Fessler, Ludwig von Ficker, Heinrich Fischer, Ruth Fischer, Günther Gerstmann, Ernst Ginsberg, Ernst Gottlieb, Hanna Gunther, Michael Guttenbrunner, Fritz Haeussermann, Peter Heller, Fritz Hellin, Martin Herz, Fritz von Herzmanovsky-Orlando, Franz von Hildebrandt, Fritz Hochwälder, Alexander Inngraf, Fritz (?) Kalmar, Gina Kaus, Hermann Kesten, Ephraim Kishon, Adolf Klarmann, Ruben Klingsberg, Fritz Kortner, Arthur Koestler, Rudolf Krämer-Badoni, Ernst Krenek, Alexander Lernet-Holenia, Conrad Lester, Ernst Lothar, Edgar Maass, Alma Mahler-Werfel, Winfried Martini, Frank Mittler, Alfred Mozer, Kitty Neumann, Robert Neumann, Leo Perutz, Robert Pick, Alfred Polgar, Heinz Politzer, Ernst Pories, Frederick A. Praeger, Erich Maria Remarque, Richard Revy, Eva Roeder, Nelly Sachs, N.O. Scarpi, William S. Schlamm, Arnold Schönberg, Oscar Fritz Schuh, Valerie Schwarzschild, Ignazio Silone, Walter Slezak, Manős Sperber, Hilde Spiel, Joseph P. Strelka, Lucy Tal, Fritz (?) Thorn, Bruno Walter, Joseph Wechsberg, Tilly Wedekind, Hans Weigel, Franz Werfel, Thornton Wilder, Carl Zuckmayer, Verlagskorrespondenzen (S. Fischer Verlag, Langen-Müller Verlag, George Marton Plays, Molden Verlag, Paul Zsolnay Verlag), Rundfunk-, Zeitungs- und Zeitschriftenredaktionen. – Verträge, Unterlagen und Redaktionskorrespondenz des *Forum.*
Maschinschriftliches Verzeichnis.
Testamentarische Verfügung

** Wien, ÖNB HS*
Teilnachlaß, Ser. n. 24.721-24.893, 32.551-32.678, Autogr. 388/89, 534/34 (1-7), 1191/1-1201/76): Manuskripte und

Korrespondenz, Novellen, Rezensionen, Kritiken, Pamphlete, Parodien, Vorträge. *Texte. Noten. Bilder. Neuerwerbungen, Restaurierungen, Konservierungen 1977-1983*. Ausstellung der Österreichischen Nationalbibliothek. Prunksaal 8. Juni-13. Oktober 1984. Wien: Österreichische Nationalbibliothek 1984, S. 65-67.

* In mehreren Nachlässen finden sich größere Konvolute von Briefen Torbergs, so z.B. Franz Werfel Archive an der University of California, Los Angeles, Alma Mahler-Werfel Archive an der University of Pennsylvania in Philadelphia, Alfred Neumann Nachlaß (Stadtbibliothek München), Manfred George Archiv (DLA Marbach), Max Brod Archive (Tel Aviv), sowie Leo Baeck Institute (New York).

* Ein Teil der (dritten) Bibliothek Torbergs wurde im Dezember 1986 vom Antiquariat Fritsch in Wien verkauft.

Franz-Heinrich Hackel: „More Torberg hoffend". Zur Edition des Nachlasses von Friedrich Torberg. In: *Und Lächeln ist das Erbteil meines Stammes. Erinnerung an Friedrich Torberg*. Hrsg. von David Axmann. Wien: Edition Atelier 1988, S. 135-148.

Trabert, Adam

27.1.1822, Fulda–9.12.1914, Wien
Jurist, Redakteur, Lyriker, Beamter; Fulda, Nürnberg, Wiesbaden, Frankfurt am Main, Mitglied des Hessischen Landtags, Angestellter der österreichischen Staatsbahnen in Wien.

* *Wien, WSTLB HS*
Teilnachlaß: 6 Gedichte, Erinnerungen.
Verzeichnung: Zettelkatalog.
Geschenk 1918

Trakl, Georg

3.2.1887, Salzburg–3./4.11.1914, Garnisonspital Krakau
Lyriker, Militärapotheker; Salzburg, Wien, Innsbruck.

* *Innsbruck, Universität, Forschungsinstitut „Brenner-Archiv"*
Sammlung Ludwig von Ficker: Ca. 140 Gedichte, Prosagedichte und Widmungen. – 17 Briefe an Trakl, 37 Briefe von Trakl an Ludwig von Ficker. – Zeugnis, Dekret, Totenschein. – Photos, Zeichnung. – Bibliothek.
Verzeichnung: Zettelkatalog.
Kauf 1964

* *Salzburg, Museum Carolino Augusteum, Bibliothek*
Teilnachlaß, 336 Inventarnummern: Zahlreiche Gedichte und Gedichtentwürfe, 2 Dramenentwürfe. – 62 Briefe an Trakl, 3 Briefe von Trakl. – Schulzeugnisse, Gesuche, Familienphotos. – 18 Briefe an Mitglieder der Familie Trakl.
Verzeichnung: Zettelkatalog.
Kauf 1952 und 1967

Hans Szklenar: Ein vorläufiger Bericht über den Nachlaß Georg Trakls. In: *Euphorion* 54 (1960), S. 295-311; Hans Szklenar: Beiträge zur Chronologie und Anordnung von Georg Trakls Gedichten auf Grund des Nachlasses von Karl Röck. In: *Euphorion* 60 (1966), S. 222-262; Hans Szklenar: Bericht über den Nachlaß Georg Trakls. In: *Text + Kritik* 1964, H. 4, S. 25 f.; Friedrich Fischer: Die Trakl-Handschriften im Salzburger Museum Carolino Augusteum. In: *Jahresschrift. Salzburger Museum Carolino Augusteum* 4 (1958), S. 147-168; *Georg Trakl. Nachlaß und Biographie*. Hrsg. von W. Schneditz. Salzburg 1949; Ludwig Dietz: Zur Druck- und Textgeschichte der Dichtungen Georg Trakls. In: *Jahrbuch der Deutschen Schillergesellschaft* 6 (1962), S.

340-352; Georg Trakl: *Dichtungen und Briefe*. Historisch-kritische Ausgabe. Herausgegeben von Walther Killy und Hans Szklenar, 2. erg. Auflage, Salzburg: Otto Müller Verlag 1987, Band II: „Bericht der Herausgeber“, S. 15-22.

Tramin, Peter von

Pseud. Peter von Kleynn
9.5.1932, Wien–12.7.1981, ebda
Bankkaufmann, Schriftsteller, Übersetzer, Hörspielautor.

* *Privatbesitz. Dr. Roman Roček, Wien*
Nachlaß: Veröffentlichte und unveröffentlichte Erzählungen, Romane, darunter *Die Attentäter* (Romantorso mit vielen Textstufen), Briefe, u. a. von Heimito von Doderer.

* *Privatbesitz. Jane von Tramin, Wien*
Geschäftskorrespondenz.

Peter von Tramin: *Die Herren Söhne. Roman*. Wien-Köln-Graz: Böhlau 1985. (Österreichische Bibliothek)

Traun, Julius von der

Pseud. für Julius Alexander Schindler
26.9.1818, Wien–16.3.1885, ebda
Novellist, Erzähler, Dramatiker. Staatsanwalt in Graz, Domänenverwalter in Wolfsberg (Ktn.), dann Advokat und Generalsekretär der Staatseisenbahn, Reichsrat und Landtagsabgeordneter („nationale Opposition“). Lebte in seinen letzten Jahren teils in Wien, teils auf seinem Besitz in Leopoldskron bei Salzburg.

* *Wien, ÖNB HS*
Nachlaß, Ser. n. 16.712-16.866.
Kauf 1956 aus Schwaz in Tirol
Susanne Haider: Julius Alexander Schindler als Reiseschriftsteller. Diss. Wien 1951.

Trebitsch, Siegfried

21.12.1868, Wien–3.7.1956, Zürich
Übersetzer (B.Shaw), Schriftsteller, Bruder des Schriftstellers Arthur Trebitsch; Wien, London, seit 1938 in Zürich.

* *Zürich, Zentralbibliothek, Handschriftenabteilung*
Teilnachlaß, 5 Schachteln: Manuskript (*Alexander der Grosse*). – 822 Briefe von 292 Absendern, u. a. von Viktor Barnowsky, Oskar Baum, Gisela von Berger, Elisabeth Bergner, Oskar Blumenthal, Otto Brahm, Max Burckhard, Joseph Chapiro, Georgette Deutsch de la Meurthe, Bernhard Diebold, Käthe Dorsch, Tilla Durieux, S. Fischer, Oskar Maurus Fontana, Egon Friedell, Ida Fulda, Franz Karl Ginzkey, Gertrud Heimann, Hugo von Hofmannsthal, Josef Jarno, Wilhelm Klitsch, Arthur Landsberger, Wilhelm Lehmann, Oskar Loerke, Samuel Lublinski, Emil Lucka, Emil Ludwig, Robert Nhil, Erwin Rieger, Felix Salten, Paul Schlenther, Arthur Schnitzler, Annemarie Steinsieck, Helene Thimig, Theodor Wolff, Stefan Zweig. – Verzeichnis des ursprünglichen Bestandes des Nachlasses von Siegfried Trebitsch (1964), Mitgliedsausweis, Visitkarten, persönliche Dokumente, darunter Unterlagen zum Antrag auf Einbürgerung in Frankreich, Zeitungsausschnitte.
Maschinschriftliches Verzeichnis.
Übernommen 1964, aus dem Legat Carl Seelig
Signatur: Ms Z II 579.

* *New York, The New York Public Library, The Research Libraries, Henry W. and Albert A. Berg Collection*
Sammlung: 552 Briefe und Postkarten von George Bernard Shaw an Siegfried Trebitsch (26.6.1902–7.9.1950) sowie 3 Briefe und Karten von Shaw an Tina Trebitsch (1942-1947), 5 Photos von Siegfried Tre-

bitsch, Unterlagen zu den Tantiemenzahlungen von Trebitsch an Shaw (1904-1926), Übersetzung eines Werkes von Trebitsch durch Shaw (*Jitta's Atonement*).
Catalog of the Berg Collection; Bernard Shaw: *Collected Letters 1898-1910.* Ed. by Dan H. Laurence. London: Max Reinhardt 1972; ders.: *Collected Letters 1911-1925.* Ed. by Dan H. Laurence. London: Max Reinhardt 1985; ders.: *Collected Letters 1926-1950.* Ed. by Dan H. Laurence. London: Max Reinhardt 1988; Samuel A. Weiss (Hrsg.): *Bernard Shaw's Letters to Siegfried Trebitsch.* Stanford: Stanford University Press 1986.

Trenck, Friedrich von der

16.2.1726, Königsberg (Preußen)–26.7.1794, Paris (hingerichtet)
Offizier, später Gutsherr in Zwerbach, N.Ö. Schrieb mehrere Dramen, Epen, Lyrik, Selbstbiographie.

* *Privatbesitz. Mag. Monica Draudt, Wien*
Teilnachlaß: Briefe, Familiendokumente, offizielle Dokumente, Urkunden.
Maschinschriftliches Verzeichnis.
Kontaktperson Dr. Manfred Draudt, Institut für Anglistik, Universität Wien, Universitätsstraße 7, A-1010 Wien.

Standorte von weiteren Autographen nachgewiesen bei Frels, S. 299.
Manfred Draudt: Ein unbekannter Brief von Christian Fürchtegott Gellert. In: *Lessing Yearbook* 15 (1983), S. 1-7; bes. S. 2.

Trentini, Albert von

10.10.1878, Bozen–18.10.1933, Wien
Jurist, Erzähler; Bozen, Wien.

* *Innsbruck, Tiroler Landesmuseum Ferdinandeum, Bibliothek*
Teilnachlaß, 1 Karton: Gedichte, Vorträge, Aufsätze, Rezensionen, Romane.
Unbearbeitet.
Geschenk

Triebl, Johann

24.12.1881, Oberndorf bei Raabs (N.Ö.)–14.3.1959, St. Pölten
Publizist, Priester; Kaplan in Raabs, Gmünd, Religionslehrer am Gymnasium in St. Pölten.

* *St. Pölten, Stadtmuseum und Stadtarchiv*
Teilnachlaß, 4 Kartons: Vorträge. – Briefe, u. a. von Jakob Baxa, Josefine von Knorr, Otto Koenig, Maria Kralik von Meyrswalden, Joseph August Lux, Wolfgang Madjera, Erika Spann-Rheinsch und Else Wohlgemuth. – Personaldokumente, Mitgliedsausweise, Ehrungen, Dokumente zur Beamtenlaufbahn, zahlreiche Photos. – Theaterprogramme.
Unbearbeitet.

Triebnigg, Ella

Pseud. für Ella von Pirkhert
23.12.1874, Budapest–29.1.1938, Wien
Erzählerin; Budapest, Wien.

* *Wien, WSTLB HS*
Teilnachlaß, ca. 70 Inventarnummern und 1 Karton: Entwürfe. – 70 inventarisierte und weitere unbearbeitete Briefe an Ella Triebnigg und Eduard Maximilian Pirkert, u. a. von Josef Labor und Familienkorrespondenzen. – Personaldokumente, Kondolenzen.
Maschinschriftliches Verzeichnis, Zettelkatalog. – Teilweise unbearbeitet.
Erwerbung 1969

Troll, Siegfried

12.12.1882, Wien–12.5.1965, ebda
Germanist; Kustos am Österreichischen Museum für angewandte Kunst in Wien.

* *Linz, Oberösterreichisches Landesmuseum, Volkskundliche Abteilung*
Teilnachlaß, 145 Bände: Notizen und

Aufzeichnungen über Jahresbrauchtum aus der Zwischenkriegszeit.
Vorgeordnet.
Erwerbung 1967

Troll-Borostyáni, Irma von

Pseud. Veritas, Leo Bergen
31.3.1849 (1847), Salzburg–10.2.1912, ebda
Musiklehrerin, Erzählerin und Publizistin, Frauenrechtlerin; Wien, Budapest, Salzburg.

* *Salzburg, Museum Carolino Augusteum, Bibliothek*
Teilnachlaß: Ca. 80 Briefe an Troll-Borostyáni, vorwiegend Redaktionskorrespondenzen. – Briefe an Wilhelmine Troll vom Verlag Spohr über die Edition der Schriften von Irma von Troll-Borostyáni, 11 Hefte mit Notizen, Lesefrüchten und tagebuchartigen Aufzeichnungen, wahrscheinlich von Josefine Troll.
Verzeichnung: Zettelkatalog.

* *Salzburg, Salzburger Landesarchiv*
Manuskripte: *Mutter, Zwei Seelen, Erziehungsziele, Untreu, Die Brüder, In Pflicht und Treue.*
Signatur: Handschriften 885.

Tschabuschnigg, Adolph von

Pseud. A.V.T. Süd
20.7.1809, Klagenfurt–1.11.1877, Wien
War 1848 Mitglied des Kärntner Landtages und des konstituierenden Reichstages in Wien, Abgeordneter, 1870/71 Justizminister, Lyriker, Erzähler.

* *Klagenfurt, Kärntner Landesarchiv*
Nachlaß. Um 1922/24 von A.v.Jaksch für das Archiv des Geschichtsvereins für Kärnten gekauft und von Dr. Martin Wutte 1931 geordnet und aufgestellt. Der Nachlaß enthält außer dem schriftlichen Nachlaß auch Akten der Familie Tschabuschnigg. „Rein technisch gesehen besteht dieser Nachlaß aus neun Faszikeln, die nach großzügigen Gesichtspunkten geordnet sind und Lebensabschnitte wie: Elternhaus, Studium, juridische und politische Tätigkeit, sowie literarisches Schaffen umfassen.“ (Hügel, S. 2)
Erika Hügel: Adolph I. Ritter v. Tschabuschnigg. Nachlaß und lyrisches Schaffen. Diss. Wien 1950.

Standorte von weiteren Autographen nachgewiesen bei Frels, S. 299.

Tschofen, Heribert

21.6.1934, Bregenz–19.4.1987, Wien
Botschafter, Diplomat, Lyriker, Erzähler, Dramatiker.

* *Privatbesitz. (Vermutlich im Familienbesitz)*
[Aus dem Nachlaß] Heribert Tschofen: *Du große Welt in greifbar nahen Räumen.* Gedenkausgabe herausgegeben und eingeleitet von Eugen Thurnher. Innsbruck-Wien: Tyrolia Verlag, Bozen: Athesia Verlag 1989.

Tschofen, Michael

11.7.1847, Bludenz–29.6.1881, Wien
Lyriker; Bludenz, Wien.

* *Bregenz, Franz-Michael-Felderarchiv und Vorarlberger Literaturarchiv*
Teilnachlaß, 2 Bände Gedichte.
Unbearbeitet.
Erwerbung 1986

Tschuppik, Walter

7.7.1889, Leitmeritz (Böhmen)– vor 1952
Bühnenschriftsteller, Publizist, Redakteur beim *Prager Tagblatt.*

* *Nachlaß nicht bekannt.*

* *Prag, Literární archiv. Památník Národního Písemnictví. (Museum der tschechischen Literatur)*

Ein Konvolut von im Autographenhandel erworbenen Briefen an Tschuppik, u. a. von Henri Barbusse, Georg Bernhard, Siegfried Jacobsohn, Egon Erwin Kisch, Theodor Lessing, Heinrich Mann, Walter Mehring, Hans Natonek, Joseph Roth, Carl Sternheim und Oskar Wiener. Gegenstand der meisten Briefe ist die Publikation von *Der Christ und sein Schatten*.
Signatur: „varia“.

Uhl, Friedrich

14.5.1825, Teschen (Schlesien)–20.1.1906, Mondsee
Erzähler, Theaterkritiker, Publizist; Chefredakteur der *Wiener Zeitung*.

** Wien, WSTLB HS*
Teilnachlaß: Ca. 130 Briefe, u. a. von Maximilian von Gagern.
Verzeichnung: Zettelkatalog.
Kauf 1966

Uji, Béla von

2.3.1873, Wien–1.2.1942, ebda
Erzähler, Operettenkomponist; Wien.

** Wien, Museum des Blindenwesens*
Teilnachlaß, ca. 9 Meter: Erzählungen und Libretti in Blindenschrift und Transkription, zahlreiche Kompositionen, vermutlich diktiert von Béla von Uji und geschrieben von fremder Hand, teilweise mit Klavierauszügen und Stimmen (Operetten, Klavierstücke, Lieder).
Vorgeordnet.

Ullmann, Ludwig

2.4.1887, Wien–8.5.1959, New York
Theater- und Literaturkritiker.

** Zürich, Universität, Deutsches Seminar*
Teilnachlaß: Typoskripte (u. a. Geschichte des Theaters, Autobiographie *Heimat in der Fremde. Ein Buch der Erinnerung und der Gegenwart*), Lyrik, Zeitungsausschnitte.

Briefe Ullmanns befinden sich in diversen Archiven bzw. Nachlässen in den U.S.A. Guide, 1978, S. 906-908.

Umlauft, Johann von

17.5.1807, Prag–8.12.1889, Wien
Theaterkritiker, Buchhändler; Prag, Innsbruck, Mitglied des Wiener Gemeinderates und des konstituierenden Reichstages.

** Wien, WSTLB HS*
Teilnachlaß: Ca. 300 Briefe, u. a. von Carl Stegmayer. – Mehrere Manuskripte anderer Autoren.
Verzeichnung: Zettelkatalog.
Kauf 1923

Underrain von Meysing, Anton Maria

8.1.1859, Zara (Dalmatien)–5.4.1924, Graz
Beamter; Zara, Statthaltereivizepräsident in Graz.

** Graz, Steiermärkische Landesbibliothek*
Teilnachlaß 1 Karton: 7 Schauspiele, 1 Konvolut Gedichte. – 1 Photo.
Testamentarische Verfügung 1944.

Ungar, Frederick

5.9.1898, Wien–16.11.1988, New York
Verleger.

** Privatbesitz. Mrs. Hansi Ungar, Scarborough Manor, K5, Scarborough, New York 10510 U.S.A.*
Nachlaß: Autobiographischer Vortrag, einführende Texte zu Büchern des Verlags. – Umfangreiche Verlagskorrespondenz. – Sammlung der von der Frederick Ungar Publishing Company publizierten Bücher, Ehrungen, Photos, Manuskripte

verschiedener Autoren, u. a. von Ernst Waldinger.
Guide, 1992, S. 699.

Ungar, Hermann

20.4.1893, Boskovice (Mähren)–28.10.1929, Prag
Erzähler, Bühnenschriftsteller, Bankangestellter, Handels-Attaché.
Inhaber der Rechte: Tom Unwin, Milverton, Somerset, England.
Der Nachlaß Hermann Ungars ging verloren (Dieter Sudhoff: *Hermann Ungar. Leben-Werk-Wirkung*. Würzburg: Königshausen & Neumann 1990, S. 411). Unmittelbar nach dem Tod Ungars schickte seine Witwe Margarete „einen Großteil der Nachlaßmanuskripte, darunter das Tagebuch", an den Schriftsteller-Freund Camill Hoffmann, hat sie aber offenbar nicht zurückbekommen. „Es sind noch massenhaft Sachen da, aus seiner Jugend, vielleicht manche sogar zur Veröffentlichung" (Brief von Margarete Ungar an Gustav Krojanker vom 26.11.1929, zit. Sudhoff, S. 411). Als Margarete Ungar Prag 1939 verließ, blieben fast alle Tagebuchaufzeichnungen Hermann Ungars zurück (Serke, *Böhmische Dörfer,* S. 232).

* *Privatbesitz. Dr. Margarita Pazi (Tel Aviv)*
Laut Jürgen Serke soll sie im Besitz des bisher unveröffentlichten Manuskripts des gegen Ende des Ersten Weltkriegs entstandenen Dramas *Krieg* sein. (Hermann Ungar: *Das Gesamtwerk*. Mit einem Nachwort von Jürgen Serke. Wien-Darmstadt: Paul Zsolnay Verlag 1989; Editorische Notiz, S. 460)

Urbanitzky, Grete von

9.7.1891, Linz–4.11.1974, Genf
Schriftstellerin, Lyrikerin, zuletzt Korrespondentin bei den Vereinten Nationen in Genf, Ehrenmitglied der Mark Twain Society (U.S.A.). Emigrierte 1939 in die Schweiz. Das in den meisten Literaturlexika anzutreffende und von der Autorin meist angegebene Geburtsjahr 1893 ist unrichtig. Laut Taufmatrik Pfarre St. Josef (Linz) ist sie 1891 geboren.
Inhaberin der Urheberrechte: Mia Crowe-Passini, 18 Château Banquet, CH-1202 Genf, Schweiz (Schwester von Grete von Urbanitzky).

* *Wien, WSTLB HS*
Nachlaß, 18 Kartons: Gedichte, Chansons, Kabarettlieder, Erzählungen, Romane, Filmentwürfe. – Verlagsverträge, Notizkalender (1958, 1960, 1969), Aufzeichnungen über „Jahresereignisse", Verzeichnis der Veröffentlichungen, Kartei der Werke. – Sammlung von Rezensionen der eigenen Veröffentlichungen. Maschinschriftliches Verzeichnis. – Vorgeordnet.
Geschenk 1987
Ursula Huber: „Frau und doch kein Weib". Zu Grete von Urbanitzky. Monographische Studie zur Frauenliteratur in der österreichischen Zwischenkriegszeit und im Nationalsozialismus. Diss. Wien 1990. (Mit Nachlaßverzeichnis.)

Urzidil, Johannes

3.2.1896, Prag–2.11.1970, Rom
Erzähler.

* *New York, Leo Baeck Institute*
Nachlaß, ca. 5 Meter: Catalog, S. 143-144; *Library and Archives News*. Leo Baeck Institute, New York, No 7, January, 1978, o.P.; Guide, S. 915-920.

* *Marbach, DLA*
Teilnachlaß, 1 Karton: Kussmaul, Sp. 523.

* *Linz, Adalbert-Stifter-Institut*
Sammlung, 1 Zettelkatalog, 5 Konvolute: Handschriftliche Notizen, Typoskripte, Druckschriften.

Verein der Steiermärkischen Zweig-Schiller-Stiftung, Graz

Zweigverein der Deutschen Schillerstiftung in Weimar.

* *Graz, Steiermärkische Landesbibliothek*
Teil des Vereinsarchivs, 7 Kartons (1857-1913): Satzungen, Protokolle von Vorstandssitzungen und Vollversammlungen, Mitgliederverzeichnisse, Briefe an den Verein, Rechnungen, Kontoblätter, Aufrufe, Aussendungen des Verwaltungsrates der „Deutschen Schillerstiftung" an die Zweigvereine, Einladungen, Tagesordnungen und Protokolle zu den Generalkonferenzen und Generalversammlungen der „Deutschen Schillerstiftung", Jahresberichte von verschiedenen Zweigvereinen der „Deutschen Schillerstiftung" (München, Dresden, Wien), Zeitungsausschnitte.
Maschinschriftliches Verzeichnis.

Verkauf-Verlon, Willy

Geb. 6.3.1917, Zürich
Graphiker, Publizist, Verleger; Wien, Sekretär des „Free Austrian Movement in Palestine" in Jerusalem.

* *Wien, Österreichische Galerie, Bibliothek*
Teilnachlaß, 2 Mappen: 1 Mappe Briefe an Verkauf-Verlon aus den Jahren 1960 bis 1984, Durchschläge eigener Briefe. – Heimatschein, Ausweis, Unterlagen zur kulturpolitischen Diskussion in Österreich in den 70er Jahren. – Druckbelege, einzelne Artikel über Verkauf-Verlon.
Vorgeordnet.

Viertel, Berthold

28.6.1885, Wien–24.9.1953, ebda
Schriftsteller, Dramaturg, Regisseur, Übersetzer.

* *Marbach, DLA*
Nachlaß, 45 Kartons (angefügt Nachlaß Salka Viertel): Kussmaul, Sp. 527-530.
Sammlung Gert Heidenreich: Briefe an Viertel, u. a. von Louise Dumont, Jakob Hegner, Klabund, Karl Kraus und Gustav Lindemann, Briefe von Viertel an Jakob Hegner, Karl Kraus und Gustav Lindemann.
Jahrbuch der Deutschen Schillergesellschaft 29 (1985), S. 593.
Tribüne und Aurora. Wieland Herzfelde und Berthold Viertel. Briefwechsel 1940-1949. Hrsg. von Friedrich Pfäfflin unter Mitarbeit von Heidemarie Gruppe. Mainz: Hase & Koehler 1990. (= Mainzer Reihe, Band 71)

* *Privatbesitz. Elisabeth Viertel-Neumann, Wien*

* Kleinere Sammlungen, vor allem mit Briefen Viertels, in diversen Bibliotheken und Archiven in den U.S.A.: Guide, 1978, S. 931-933.

„Viertels Witwe, Elisabeth Viertel-Neumann, Wien, besitzt eine umfangreiche Sammlung von Typoskripten, sowie einige Handschriften und andere Materialien (...). Eine kleine Sammlung von Typoskripten und zwei Notizbücher sind im Nachlaß des Wiener Schriftstellers Hermann Hakel vorhanden (...). Briefe, Manuskripte, Materialien zur Theater- und Filmarbeit u. a.m. finden sich in der Wiener Stadt- und Landesbibliothek, in der Theatersammlung der Österreichischen Nationalbibliothek, Wien, im Bertolt Brecht-Archiv, Berlin, und an anderen Stellen." Dazu Berthold Viertel: *Die Überwindung des Übermenschen. Exilschriften.* Herausgegeben von Konstantin Kaiser und Peter Roessler in Zusammenarbeit mit Siglinde Bolbecher und vom Verein zur Förderung und Erforschung der antifaschistischen Literatur. Wien:

Verlag für Gesellschaftskritik 1989. (= Berthold Viertel: Studienausgabe in vier Bänden, Band 1; Antifaschistische Literatur und Exilliteratur–Studien und Texte Band 2), S.324.

Vogl, Johann Nepomuk

7.2.1802, Wien–16.11.1866, ebda
Beamter, Erzähler, Lyriker; Wien.

* *Wien, WSTLB HS*
Nachlaß, ca. 320 Inventarnummern: Zahlreiche Werkmanuskripte (Gedichte und Gedichtsammlungen, Dramen, Novellen, Skizzen und Aufsätze). – Ca. 60 Briefe. – Mehrere Diplome. – Manuskripte von Moriz Bermann und Rudolf Hinterhuber.
Verzeichnung: Zettelkatalog.
Geschenk 1899

* *Wien, WSTLB MS*
Teilnachlaß, ca. 35 Inventarnummern: Sammlung von autographen und abschriftlichen Kompositionen, meist Vertonungen von Werken Vogls, u. a. von Carl Loewe, Wolfgang Amadeus Mozart, Adolf Müller, Carl Gottfried Salzmann, Franz von Suppé.
Verzeichnung: Zettelkatalog.
Geschenk 1922

Standorte von weiteren Autographen nachgewiesen bei Frels, S. 305-306.

Vorhauser, Otto

14.3.1822, Schwaz–7.5.1897, Innsbruck
Priester; Brixen, Weerberg, St. Margarethen, Imst, Gymnasiallehrer in Feldkirch und Innsbruck.

* *Innsbruck, Tiroler Landesmuseum Ferdinandeum, Bibliothek*
Teilnachlaß, 2 Hefte und 1 Konvolut: Humoristische Zeichnungen, Gedichte, Rätsel. – Zeitungsausschnitte.
Vorgeordnet.

Vukelich, Wilma von

1880, Osijek/Essegg–1956, Zagreb
Erzählerin.

* *Zagreb, Historjski arhiv Zagreba*
Nachlaß: Vorwiegend literarische Manuskripte, Korrespondenz vermutlich noch im Privatbesitz (Februar 1989). Ebenfalls im Archiv ist der dichterische Nachlaß ihres Mannes, Milivoj Vukelich.
Kontaktperson: Dr. Vlado Obad, Vijenac 6, SUK-a37, YU-54550 Osijek.

Wache, Karl

26.4.1887, Wien–30.4.1973, ebda
Bibliothekar, Schriftsteller, Literarhistoriker.

* *Wien, Universität Wien, Institut für Zeitgeschichte*
Fotokopie von autobiographischen Manuskripten *Aufzeichnungen und Notizen* (Bl. 1-51), *Denk- und Nichtswürdigkeiten. Erinnerungen eines Außenseiters der Politik von Franz Josef bis Theodor Körner,* gedrucktes Material.
Signatur: Nl-31, Mm-4/1,2.

* *Wien, ÖNB HS*
Nachlaß, Ser. n. 14.456-14.457, Autogr. 388/56-57, 539/1-117, 573/1-51: 2 Tagebücher 1915, 287 Briefe, u. a. von Kurt Frieberger, Sophie Gerstel, Ludwig Goldscheider, Hermann Graedener, Wladimir von Hartlieb, Robert Hohlbaum, Karl Itzinger, Karl F. Kocmata, Richard Kralik von Meyrswalden, Alfred Kubin, Franz Löser, Ernst Lothar, Rudolf Lothar, Emil Lucka, Joseph August Lux, Gilbert In der Maur, Max von Millenkovich-Morold, Friedrich Sacher, Friedrich Schreyvogl, Franz Spunda, Karl Hans Strobl und Josef Weinheber.

* *Wien, WSTLB HS*
Teilnachlaß, ca. 60 Inventarnummern: Zahlreiche Werkmanuskripte. – Ca. 60

Verzeichnung: Zettelkatalog.
Kauf 1950

Wagner, Hedda

Pseud. H.W., Wehwalt, Yllem, Phönix, Spectator
21.1.1876, Linz–24.3.1950, ebda
Erzählerin, Lyrikerin, Komponistin, Musikpädagogin.

* *Linz, Archiv der Stadt Linz*
Teilnachlaß, 17 Schuber: Manuskripte schöngeistiger und musikalischer Werke. – Briefe, Manuskripte fremder Autoren. – Zeitungsausschnitte.
Maschinschriftliches Verzeichnis. – Geordnet.
Übernommen 1960

Wagner, Josef

6.10.1874, Klingenbrunn (N.Ö.)–19.11.1938, St. Pölten
Priester, Lehrer, Mundartdichter.

* *St. Pölten, Diözesanarchiv*
Literarischer Nachlaß.
Signatur: Nachlaß K 11.
Gerhard Winner: *Das Diözesanarchiv St. Pölten. Behörden und Institutionen, ihre Geschichte und Bestände*. St. Pölten: Bischöfliches Ordinariat 1962, S. 178f.; Reinhold Soxberger: Josef Wagner. Sein Leben und Schaffen. Diss. Wien 1949.

Wagner, Sylvester

31.12.1807, Henndorf (Sbg.)–10.10.1865, ebda
Astronom, Mundartdichter; Wien, Schreiber in Neumarkt und Henndorf.

* *Salzburg, Museum Carolino Augusteum, Bibliothek*
Teilnachlaß, 6 Konvolute: Notizen, Gedichte. – Einzelne Briefe. – Personaldokumente. – Zeitungsausschnitte.
Verzeichnung: Inventar.
Geschenk 1900

Wahrmund, Auguste

25.4.1862, Wien–13.3.1936, ebda
Malerin, Dramatikerin; Wien.

* *Wien, WSTLB HS*
Teilnachlaß: 1 Konvolut Briefe.
Verzeichnung: Zettelkatalog.

Waldeck, Heinrich Suso

Pseud. für Augustin Popp
3.10.1873, Wscherau bei Pilsen (Böhmen)–4.9.1943, St. Veit im Mühlviertel (O.Ö.)
Redemptorist, Kaplan, Bankbeamter, Journalist, Religionslehrer; Eggenburg, Dresden, Wien.

* *Privatbesitz*
Aldemar Schiffkorn: „Immer beschaut sich Gott in mir . . .“. Heinrich Suso Waldeck. Zeugnis eines Lebens. Linz: OLV-Buchverlag 1980. (= Schriften zur oberösterreichischen Literatur, Folge 1)

Waldinger, Ernst

16.10.1896, Wien–1.2.1970, New York
Lyriker, Verlagsangestellter, Mitbegründer des Aurora-Verlags in New York, Professor am Skidmore College (Saratoga Springs, New York).

* *Wien, Dokumentationsstelle für neuere österreichische Literatur*
Nachlaß, 17 Kartons: Zahlreiche Gedichte, Nachdichtungen, Rezensionen. – 3 Kartons Briefe, u. a. von Rudolf Brunngraber, Johann Gunert, Fritz Hochwälder, Martha Hofmann, Hans Leifhelm, Josef Luitpold Stern, Georg Mayer-Marton, Georg Merkel, Mimi Orenstein, Ernst Orenstein, Jacob Picard, Paula Sack, Frederick Ungar, Otto W. Zenker, Verlags- und Redaktionskorrespondenzen. – Druckbelege
Verzeichnung: Zettelkatalog.

Verzeichnung: Zettelkatalog.
Geschenk 1970

* Weitere Materialien im Besitz des Bruders Theo Waldinger, Boston.

Weitere kleinere Sammlungen in diversen Archiven in den U.S.A.: Guide, 1978, S. 938-941.
Ernst Waldinger: *Noch vor dem Jüngsten Tag. Ausgewählte Gedichte und Essays* herausgegeben von Karl-Markus Gauss. Salzburg: Otto Müller Verlag 1990 (Editorische Notiz, S. 215-217).

Waldner, Thomas

17.6.1826, Liesing (Ktn.)–3.9.1892, Tröpolach (Ktn.)
Mundartdichter.

* *Klagenfurt, Kärntner Landesarchiv*
Teilnachlaß: 1 Konvolut mit Gedichten und Prosaschriften.
Signatur: Geschichtsverein-Sammelarchiv, Faszikel 75.

Waldstein, Max

30.12.1835, Dörzbach (Württemberg)–17.3.1919, Wien (Geburtsjahr nach der Eintragung im Totenbeschauprotokoll, Wiener Stadt- und Landesarchiv)
Beamter, Dramatiker, Librettist; Wien.

* *Wien, WSTLB HS*
Teilnachlaß: Einzelne Werkmanuskripte (Opernlibretti, Roman). – Ca. 50 Briefe, u. a. von Pauline von Lucca-Wallhoffen.
Verzeichnung: Zettelkatalog.
Geschenk 1919

Waldstein, Wilhelm

9.11.1897, Wiener Neustadt–22.7.1974, Wien
Lyriker, Komponist, bis 1946 Sektionschef im Unterrichtsministerium, Gymnasiallehrer.

* *Privatbesitz. Dipl.-Ing. Richard Waldstein, Gustav v. Festenberg-Gasse 13, A-2700 Wiener Neustadt*
Nachlaß: Manuskripte, gedruckte und ungedruckte Partituren, Schul- und Studienzeugnisse, Dissertation, Doktordiplom, Auszeichnungen, Ernennungen, Korrekturenfahnen, Photos, Militärpapiere, persönliche Dokumente, Briefe.

Waller, Peter

Pseud. Viktor Immanuel Graf von Falkenstein
21.10.1891, Budapest–8.9.1971, Wien
Schriftsteller, Verlagsmitarbeiter.

* *Privatbesitz. Dr. Gerda Leber-Hagenau, Wallnerstraße 4, A-1010 Wien*
Teilnachlaß: 1 Tagebuch (1970-71), sowie ein Typoskript für eine Art autobiographischen Film oder einen Roman im Umfang von mehr als 1.000 Seiten, *Der Parke*. (Hätte im Verlag Hans Deutsch, erscheinen sollen.) Der Rest des Nachlasses ist großteils verloren.
Wolfgang Kudrnofsky: *Der Messias von der Lobau. Peter Waller und die Arbeitslosen der Zwischenkriegszeit. Eine Roman-Biographie*. Wien: Österreichischer Bundesverlag 1983.

Wallis, Alfons

1.9.1898, Wien–10.1967, New York
Jurist, Schriftsteller.
Wallis promovierte 1921 zum Dr.jur. Schrieb zuletzt für das *Neue Wiener Tagblatt*, emigrierte 1939 zusammen mit seiner Frau Elli in die U.S.A. (New York).

* *Wien, ÖNB HS*
Teilnachlaß, Ser. n. 17.120-17.126: Literarische Manuskripte.
Geschenk 1972

Wallisch, Friedrich

31.5.1890, Weißkirchen (Mähren)–7.2.1969, Wien

ehemaliger Präsident des Schutzverbandes österreichischer Schriftsteller, Erzähler, Sachbuchautor, Dramatiker.
Rechtsnachfolger und Nachlaßbesitzer (bis 1989), Maria Schmid, Florianigasse 15/8, A-1080 Wien.

* *Privatbesitz. Dr. Karl Michael Kisler, Berggasse 5/27, A-1090 Wien*
Teilnachlaß: Manuskripte (*Der Spion.* Dramolett von Wallisch und Carl Zeska, *Napoleon in Schönbrunn.* Ein Akt, *Opium. Die letzte Nacht.* Zwei Akter, 1921, *Venedig hat uns gehört.* – Ausweise, „Stammbuch" mit Eintragungen, u. a. von Carl Julius Haidvogel, Joachim Ringelnatz, Alexander Roda Roda, Friedrich Schreyvogl, Karl Hans Strobl, Kory Elisabeth Rosenbaum, Grete von Urbanitzky, Karl Alexander Wilke, Photos. – Von Wallisch gebundene Exemplare seiner Buchveröffentlichungen jeweils ohne Originaleinband und Umschlag, Zeitungsausschnitte.

Wallner, Anton

28.1.1867, Oberplan–16.2.1953, Graz
Altgermanist; Professor an der Universität Graz.

* *Graz, UB, Abteilung für Sondersammlungen*
Teilnachlaß, 2,5 Meter: Notizen, Exzerpte, wissenschaftliche Abhandlungen. – Sammlung seiner Sonderdrucke.
Unbearbeitet.

Wallpach zu Schwanenfeld, Arthur von

6.3.1866, Vintl im Pustertal (Tir.)–31.6.1946, Klausen (Tir.)
Lyriker; Klausen, Innsbruck.

* *Innsbruck, Universität, Forschungsinstitut „Brenner-Archiv"*
Teilnachlaß, 2 Kartons: Einzelne Briefe. – Militärpapiere. – Bibliothek.
Vorgeordnet.
Erwerbung 1987

Walzel, Oskar

28.10.1864, Wien–29.12.1944, Bonn
Germanist, Universitätsprofessor in Bern, Dresden, seit 1921 in Bonn.

* *Bonn, UB Abteilung Handschriften*
Teilnachlaß: Manuskript der Autobiographie und ca. 200 Briefe, u. a. von Josef Nadler und August Sauer.
Erwerbung 1990

Wambrechtsamer, Anna

4.7.1897, Montpreis–4.8.1933, Graz
Schriftstellerin; Ried im Innkreis.

* *Graz, Steiermärkische Landesbibliothek*
Teilnachlaß, 1 Karton: Ca. 40 Werkmanuskripte (Entwürfe und Notizen, Gedichte, Erzählungen, Tagebuch, autobiographische Aufzeichnungen). – Briefe, u. a. von Rosa Adamus, Zoe von Formacher, Verlagskorrespondenzen. – Zeitungsausschnitte, Photos.
Handschriftliches Verzeichnis.

* *Graz, Steiermärkisches Landesarchiv*
Teilnachlaß: mehrere Manuskripte.
Erwerbung 1938

Waniek, Wolfgang

26.5.1878, Lipnik bei Biala (Galizien)–27.3.1950, Wien
Beamter; Wien.

* *Wien, WSTLB HS*
Teilnachlaß, ca. 85 Inventarnummern und 1 1/5 Kartons: Exzerpte und Notizen zur Biographie Eduard von Bauernfelds. – Ca. 60 Briefe an Camilla und Wolfgang Waniek. – Familiendokumente, Briefe von Heinrich Laube an Rudolf Seeliger.

Maschinschriftliches Verzeichnis, Zettelkatalog. – Teilweise unbearbeitet.
Kauf 1947

Wartenegg, Wilhelm von

24.6.1839, Wien–14.10.1914, ebda
Offizier, Kustos der kaiserlichen Gemäldegalerie, Erzähler, Dramatiker.

* *Wien, ÖNB HS*
Nachlaß, Ser. n. 15.321-15.417, 22.784, Autogr. 669/7-19: 97 Manuskripte, darunter zahlreiche Dramen, Lebenserinnerungen sowie 23 Briefe an Wartenegg.
Erwerbung 1915

Wassermann, Jakob

10.3.1873, Fürth/Bayern–1.1.1934, Altaussee
Schriftsteller.

* *Marbach, DLA*
Nachlaß, 14 Kartons: Kussmaul, Sp. 540; *Jahrbuch der Deutschen Schillergesellschaft* 32 (1988), S. 573.

* *Nürnberg, Stadtbibliothek, Institut für fränkische Literatur*
Sammlung: Skizzen und Entwürfe, Romane. – Ca. 150 Briefe von Wassermann (Stand 1972). – Bibliothek von ca. 2 800 Bänden.
Heinrich Hofmann: *Jakob Wassermann zum 100. Geburtstag. 1873-1973.* Ausstellung der Stadtbibliothek Nürnberg. Abt. Egidienplatz. Nürnberg 1973; Jakob Wassermann-Sammlung: In: *Jahrbuch für Internationale Germanistik* 4 (1972) 1, S. 219.

* *New York, Leo Baeck Institute*
Sammlung, 60 Nummern: Literarische Manuskripte, Korrespondenz, Zeitungsartikel, Photos, Manuskript von *Das Gänsemännchen,* 1913/14.

Wastian, Heinrich

Pseud. Heini von Steier
3.2.1876, Graz–1.9.1932, ebda
Beamter, Schriftsteller, Kulturpolitiker; Präsident des Steiermärkischen Kunstvereins in Graz.

* *Graz, Steiermärkische Landesbibliothek*
Teilnachlaß, 2 Kartons: Ca. 400 Briefe von Ottokar Kernstock. – Gedichte von Kernstock und Besprechungen seiner Werke.
Unbearbeitet.
Geschenk 1958

Watzlik, Hans

16.12.1879, Unterhaid (Böhmen)–24.11.1948, Tremmelhausen bei Regensburg
Lyriker, Erzähler. Seit 1925 freier Schriftsteller im Neuern am Osser, seit 1945 in Bayern.

* *München, Sudetendeutsches Archiv*
Nachlaß.

* *Passau, Böhmerwaldmuseum Passau*
Teilnachlaß.
Unbearbeitet.
Elfriede Fiedler: Der Böhmerwalddichter Hans Watzlik. Sein Leben und ein Abriß seines Werkes. Diss. Wien 1950.

Weber, Josef

Pseud. für Dr. Josef Wenzlitzke
11.10.1892, Brünn–28.9.1969, Gschwandt am Wolfgangsee
Arzt, Lyriker, Erzähler.
Inhaber der Rechte: Dietlind Kloppmann, Ulrike Wenzlitzke, Steiner Landstraße 16, A-3500 Krems a.d.Donau

* *St. Pölten, Dokumentationsstelle für Literatur in Niederösterreich*
Nachlaß: Zahlreiche Gedichte und Gedichtzyklen (seit 1913), Haikus, Epigramme, Romane (*Anna Gudula Frosin,*

Kalumeni), Erzählungen, Legenden und Essays. – Briefe, u. a. von Imma von Bodmershof, Felix Braun, Bruno Brehm, Christine Busta, Franz Karl Franchy, Wilhelm Franke, Egon Geier, Emmy Haesele, Hajo Jappe, Robert J. Koc, Eduard Kranner, Rudolf Pleban, Friedrich Sacher, Walter Sachs, Lois Schiferl, Karl Schiske, Wilhelm Szabo, Richard Szerelmes, Franz Traunfellner, Fanny Wibmer-Pedit, Korrespondenz mit dem Verlag Kurt Wedl. – Ehrungen. – Rezensionen seiner Werke, Nachruf.

Wechsberg, Joseph

29.8.1907, Vitkovice (ČSR)–10.4.1983, Wien
Schriftsteller, Journalist.

* *New York, Columbia University in the City of New York, Butler Library, Rare Book and Manuscript Library*
The Paul Revere Reynolds Papers (Box 178-188; 252): Korrespondenz zwischen Wechsberg und seinem Agenten Paul R. Reynolds, mehrere Manuskripte, Abrechnungen.
Geschenk 1972, 1982, 1984, 1988

* *University of Michigan, Bentley Historical Library, Michigan Historical Collections*
Nachlaß Arnold Gingrich, 2 Mappen, 71 Einheiten: Briefwechsel zwischen Gingrich und Wechsberg.

* *University of Michigan, Bentley Historical Library, Michigan Historical Collections*
Archiv des Esquire Magazine, ca. 72 Einheiten: Notizen, Aktenvermerke, Briefe von Wechsberg an die Redaktion sowie Briefe der Redaktion an Wechsberg (1958-1962).

Weigel, Hans

29.5.1908, Wien–12.9.1991, Maria Enzersdorf
Erzähler, Essayist, Kritiker und Übersetzer, Dramatiker; Emigrant in der Schweiz, Wien.

* *Wien, WSTLB HS*
Teilnachlaß, 6 Mappen: Manuskripte und Unterlagen zum Buch über Karl Kraus. – Verlagskorrespondenzen.
Unbearbeitet.
Geschenk 1983

Weihs-Trostprugg, Henriette

Pseud. Harry von Weiß
7.8.1896, Bruck a.d.Leitha–6.1.1979, ebda
Lehrerin, Lyrikerin; Triest, Paris, Bruck an der Leitha.

* *Wien, Dokumentationsstelle für neuere österreichische Literatur*
Teilnachlaß, 1 Karton: Gedichte, Erzählungen. – Lebenslauf, Werkverzeichnis.
Vorgeordnet

Weil, Robert

Pseud. Homunkulus, Gustav Holm
4.8.1881, Wien–5.12.1960, New York
Erzähler, Humorist.

* *Privatbesitz. Dorrit Molony, 16 South Meadow Ridge, Concord, Massachusetts 01742, U.S.A.*
Teilnachlaß: Gedichte, Liedtexte, Theaterstücke, Drehbücher, Kurzgeschichten, humoristische Skizzen (*Die Schulaufsätze des Poldi Huber*), Buchentwürfe und -manuskripte (u. a. *This was Lidice, Ein Wort an den Präsidenten, Verläßliche Zeugen*), Opern- und Operettentextbücher, Vorträge, Autobiographie. – Briefe, u. a. von Gustav Beer, Ernst Decsey, Hans Fuchs, Ernst und Hubert Marischka, Robert Stolz und Ludwig Ullmann, Familienkorrespondenz. – Personaldokumen-

te, Schul- und Studienzeugnisse, Doktordiplom, Militärpapiere, Mitgliedskarten, Reisepaß, Dokumente zur Emigration, Verlagsverträge. – Skizzenbuch zum „Musketenfest" 1910, Sammlung von Theaterprogrammen und Plakaten zu Aufführungen von Stücken Weils, Druckbelege von Beiträgen Weils, u. a. für *Die Muskete, Bombe, Der Floh, Simplicissimus, Der Raucher, Neues Wiener Tagblatt.*

Weil von Weilen, Josef

28.12.1828, Tetin–3.7.1889, Wien
Offizier, Lyriker, Dramatiker; Direktor der Schauspielschule des Konservatoriums, Skriptor an der Hofbibliothek in Wien.

** Wien, WSTLB HS*
Teilnachlaß, ca. 230 Inventarnummern: 14 Werkmanuskripte (Bruchstücke eines Romans, Dramen). – Nachlaß von Franz Grillparzer, siehe dort.
Verzeichnung: Zettelkatalog.
Geschenk bis 1918

Standorte von weiteren Autographen nachgewiesen bei Frels, S. 313-314.

Weilen, Helene

26.2.1898, Wien–24.8.1987, ebda
Kinder- und Jugendbuchautorin; Wien.
Schrieb nach dem 2. Weltkrieg hauptsächlich für den Verlag Julius Breitschopf, aber auch für Herold, den Österreichischen Bundesverlag und Kremayr Kinderbücher. Angeregt dazu wurde sie von Heinz Kindermann, der auch die Verbindung zum Verlag Breitschopf herstellte. Sie schrieb ca. 48 Bücher, dazu auch Theaterstücke für Kinder, war Mitarbeiterin der Zeitschrift *Kinderpost.* Während einer Bombardierung im Krieg wurde ihr Hab und Gut vernichtet, darunter Korrespondenz (Marie Ebner von Eschenbach), Nachlaßteile ihres Vaters bzw. Großvaters.
Der Ehemann von Helene von Weilen war Rechtsanwalt. Ihr Vater war Alexander von Weilen, der Großvater war Josef Weil von Weilen, die Tante war Marie Ebner von Eschenbach.

** Privatbesitz. Susanne Weilen, Pötzleinsdorferstraße 5B, Tür 5, A-1180 Wien*
Teilnachlaß: Manuskripte, *Erinnerungen* (Abschnitte über den Vater und Großvater, Stefan Zweig, die Tante Ebner von Eschenbach usw.), Bücher Weilens auch in Übersetzungen, Zeitungsausschnitte, Kritiken.

Weinhandl, Ferdinand

31.1.1896, Judenburg (Stmk.)–14.8.1973, Graz
Philosoph, Psychologe; Professor an den Universitäten Kiel, Frankfurt am Main und Graz.

** Graz, UB, Abteilung für Sondersammlungen*
Nachlaß: Vortragsmitschriften, Notizbücher, Tagebuchblätter, Vorlesungen, Vorträge, Dissertations- und Habilitationsgutachten, Abhandlungen zur Gestaltpsychologie und über den Gestaltlegetest. – Zahlreiche Briefe an Margarete und Ferdinand Weinhandl, u. a. von Martha Baumgartner, Imma von Bodmershof, H. Bössenroth, W. Budderke, A.M. Curtis, M.V. Dunlop, Irene Grabner, Ilse-Marie Günther, Edith Hach, Otto Höfler, Hilda Hoffmann, A. Kohlhaas, Hans Kreitler, Erwin Kreyszig, Otto Lagler, Gertraut Laurin, Ingeborg Mahnert, Metelli, Felix Oberborbeck, Elsbeth Polligkeit, Wilhelm Rosanelli, Wilhelm Schiek, Marianne Schoel, Herta von Spieß, Inge Stelzl, Kurt Stuckenschmidt, Wilma Textor; Briefe von Margarete Weinhandl an Luise Bargum und Fritz Silberbauer, Familienkorrespondenzen, Verlagskorrespondenzen. – Ausweise, Reisepässe, Personaldokumente, Schul- und Studienzeugnisse, Kalender, Postbücher, Unterlagen zur finanziellen Situation, Kondolenzen, Ver-

lagsverträge, Materialien zur akademischen Tätigkeit in Graz (Dissertantenkartei, Schulausschuß der Österreichischen Rektorenkonferenz, Studienreform, Korrespondenzen und Unterlagen zur Herausgabe der Festschrift für Christian von Ehrenfels, Kärntner Hochschulwochen, Berufsverband österreichischer Psychologen, Berufungen an die Universität Salzburg, Nachfolge Weinhandls an der Universität Graz, Ehrendoktorat für Johannes von Allesch). – Sammlung von Studentenarbeiten, Familiendokumente, 6 Kartons Manuskripte von Margarete Weinhandl (Tagebuch, Gedichte, Erzählungen, Vertonungen ihrer Gedichte, Mitschriften nach Vorlesungen von Viktor von Geramb), Schulzeugnisse von Margarete Weinhandl.
Vorgeordnet.
Geschenk 1988

Weinhandl, Margarete

Geb. Glantschnigg
5.6.1880, Cilli–28.9.1975, Graz
Lyrikerin, Erzählerin. Lebte als Univ.-Prof.-Gattin in Kiel, Frankfurt am Main und zuletzt Graz.

* *Graz, UB, Abteilung für Sondersammlungen*
Teilnachlaß, 6 Kartons: Briefe, u. a. von Imma von Bodmershof, Hans Carossa, Hilda Knobloch, Franz Nabl , Verlagskorrespondenz (Jos. Kienreich, Leykam Verlag, Steinkopf, Stiasny Verlag, Styria Verlag), Zeitungsausschnitte, Photos. (Korrespondenz aus der Zeit vor dem 2. Weltkrieg verbrannte 1943 in Frankfurt.) Bis 1987 im Besitz der Adoptivtochter, Erika Weinhandl-Reiser, Morellenfeldgasse 5, A-8010 Graz bzw. Kleegraben 18, A-8262 Ilz (Stmk.).

Weinheber, Josef

9.3.1892, Wien–8.4.1945, Kirchstetten (N.Ö.)
Lyriker, Erzähler.
Universalerbe: Christian Janota (*1941)

* *Wien, ÖNB HS*
Nachlaß, Ser. n. 19.440-20.207, 22.572-22.684 + 112 Beil., Autogr. 877/1-899/66: Manuskripte, Tagebücher. – 5 168 Briefe von 1 865 Schreibern, u. a. von Paul Alverdes, Werner Berg, Edmund Finke, Emma Fröhlich, Hans Giebisch, Herbert G. Göpfert, Lenz Grabner, Hugo Greinz, Otto Henning, Korfiz Holm, Franz Koch, Erwin Guido Kolbenheyer, Hans Leb, Hans Leifhelm, Börries von Münchhausen, Gustav Pezold, Kurt Erich Rotter, Friedrich Sacher, Adalbert Schmidt, Hans Teichmann, Will Vesper und August Zöhrer. – Zeitungsausschnitte, ca. 860 Photos.
Kauf 1976
Rudolf Adolph: Bibliotheken und Archive der Dichter. IV. Josef Weinheber. In: *Aus dem Antiquariat* 1956, Nr. XII, S. 1449-1450; Dietmar Grieser: Schneckenrennen. Ein Weinheber namens Janota. In: *Glückliche Erben. Der Dichter und sein Testament*. München-Wien: Langen Müller 1983, S. 119-129.

Weiselberger, Carl

Pseud. Carl Berger
4.3.1900, Wien–28.4.1970, Victoria, British Columbia, Kanada
Erzähler, Übersetzer, Journalist, Kunst- und Musikkritiker; Wien, Ottawa, Victoria.
Verließ Wien im April 1939, ging nach London, wo er im Mai 1940 interniert wurde. Im Juli 1940 wurde er nach Kanada deportiert, wo er bis Februar 1943 interniert war. Nach dem Krieg war er Postzensor, später arbeitete er für die Tageszeitung *Ottawa Citizen,* wo er „Chief Arts Correspondent“ wurde. Auch als Übersetzer und Kritiker tätig.

* *Victoria (British Columbia, Kanada), University of Victoria, McPherson Library, Special Collections*
Carl Weiselberger-Archiv: Manuskripte, Briefe, u. a. von Rudolf Kalmar.
Kontaktperson: Prof. Dr. Peter Liddell, Department of Germanic Studies, University of Victoria, P.O. Box 3045, Victoria, British Columbia V8W 3P4, Canada.
Carl Weiselberger: *Bridges. Sketches of Life, Artists, and the Arts that join the Old World and the New*. Ed. by Peter Liddell and Walter Riedel. Winnipeg: Hyperion Press 1987.
Karin R. Gürttler: Exilschriftsteller in Kanada. In: John M. Spalek und Joseph Strelka (Hrsg.): *Deutschsprachige Exilliteratur seit 1933*. Band 2, Teil 2. New York. Bern: Francke Verlag 1989, S. 1202-1256; bes. S. 1213-1220.

Weiß, Ernst

28.8.1882, Brünn–15.6.1940, Paris (Selbstmord)
1902 Matura. Studierte Medizin in Wien und Prag. 1908 Promotion. Danach ärztliche Tätigkeit in Berlin. 1911 Rückkehr nach Wien, arbeitete in der chirurgischen Abteilung eines Wiener Spitals. 1912/13 nach einer Lungenerkrankung Schiffsarzt. 1913 Bekanntschaft mit Franz Kafka und erste Romanveröffentlichung. 1914-1918 Militärarzt, danach freier Schriftsteller. Lebte in München, dann in Berlin, 1933 in Prag, 1934 Emigration nach Paris. Nahm sich am 15. Juni 1940 nach dem Einmarsch der deutschen Truppen in Paris das Leben.
Ein eigentlicher Nachlaß ist nicht überliefert. Überliefert sind lediglich Korrespondenzen mit Briefen Weiß' an andere.

* *München, Stadtbibliothek, Handschriften-Abteilung*
Nachlaß Klaus Mann und Nachlaß Hermann Kesten: Briefe von Ernst Weiß.
Ernst Weiß an Klaus Mann. Sieben Briefe. Klaus-Mann-Archiv der Stadtbibliothek München. Hrsg. und kommentiert von K.-P. Hinze. In: *Die Horen* (1977), Nr. 106, S. 46-50; Hermann Kesten (Hrsg.): *Deutsche Literatur im Exil. Briefe europäischer Autoren 1933-49*. Wien-München-Basel: Desch 1964, S. 63f.

* *Berlin, Deutsche Staatsbibliothek, Handschriftenabteilung/Literaturarchiv*
Briefe an Franz Blei.
Archiv Nr. 922.

* *Frankfurt am Main, Die Deutsche Bibliothek, Deutsche Exilliteratur 1933-1945*
Nachlaß Leo Perutz: Briefe.
Maschinschriftliches Verzeichnis.
„...ein guter Freund und Kamerad täte mir oft hier sehr wohl". Ernst Weiß' Briefe an Leo Perutz. Ediert und kommentiert von Peter Engel und Hans-Harald Müller. In: *Modern Austrian Literature* 21 (1988), Nr. 1, S. 27-59.

* *Prag, Literární archiv. Památník Národního Písemnictví. (Museum der tschechischen Literatur)*
Briefe in den Nachlässen von Jan Grmela, Egon Erwin Kisch, Marie Majerová und Josef Matous (darin 3 Briefe an Johannes Urzidil).
Eduard Wondrák: Ernst Weiß in seiner Heimat. Zu den tschechischen Übersetzungen seiner Werke. In: *Weiss-Blätter* Nr. 2, September 1984, S. 14-20.

Weiss, Karl

Pseud. C. Karlweis
23.11.1850, Wien–27.10.1901, ebda
Erzähler, Dramatiker, Eisenbahnangestellter; Wien.
Ein Großteil des Nachlasses ist verlorengegangen, „da die Theatermanuskripte und sonstiges handschriftliches Material größtenteils in der französischen Hauptstadt dem Krieg zum Opfer fielen" (Gruber, S. I).

** Wien, WSTLB HS und Wien, ÖNB HS*
Briefe von Karl Weiss.

** Wien, Österreichisches Theatermuseum*
Regiebücher aus dem Archiv des Deutschen Volkstheaters.

Annemarie Gruber: Carl Karlweiss. Diss. Wien 1949.

Weiß, Marie

22.10.1884, Paris–1970
Lyrikerin, Erzählerin; Wien, Seattle.

** Albany, State University of New York at Albany, The Library, Department of Special Collections*
Teilnachlaß: Gedichte, Erzählungen.
Geschenk 1974
Guide, 1992, S. 725.

Wenter, Josef

11.8.1880, Meran–5.7.1947, Rattenberg am Inn
Erzähler, Dramatiker; Innsbruck, Klagenfurt, Baden.
Laut Auskunft aus dem Jahre 1972 von Univ.-Prof. Dr. Eugen Thurnher ist der Nachlaß von Wenter „leider in den letzten Kriegstagen in Baden bei Wien vernichtet worden".

** Innsbruck, Universität, Forschungsinstitut „Brenner-Archiv"*
Teilnachlaß, 5 Kartons: Ca. 60 Werkmanuskripte (Dramen, Erzählungen, Drehbücher, Vorträge). – Einzelne Briefe. – Vollmacht.
Verzeichnung: Zettelkatalog.
Depot 1977

Werchota, Anna

18.8.1853, Kaisersberg (Stmk.)–28.4.1932, Wien
Mundartdichterin; Graz, Wien.

** Graz, Steiermärkische Landesbibliothek*
Splitternachlaß: 1 Konvolut Gedichte in obersteirischer Mundart mit 53 aquarellierten Federzeichnungen der Verfasserin.
Verzeichnung: Inventar.

Werfel, Franz

10.9.1890, Prag–26.8.1945, Beverly Hills, California
Erzähler, Dramatiker: Prag, Wien, Beverly Hills (California).

** Los Angeles, University of California, Los Angeles, A1713 University Research Library, Department of Special Collections*
Franz Werfel Archive: Guide, 1978, S. 974-982.
Maschinschriftliches Verzeichnis.
Signatur: Collection 512.

** Philadelphia, University of Pennsylvania, Van Pelt Library, Special Collections*
Alma Mahler-Werfel Archive: Guide, 1978, S. 982-988.

** Marbach, DLA*
Sammlung, 2 Kartons: Kussmaul, Sp. 554.
Briefe an Gertrud Spirk. (Siehe *Das Franz Werfel Buch*. Hrsg. von Peter Stephan Jungk. Frankfurt am Main: S. Fischer Verlag 1986, S. 385-436).

** Wien, Dokumentationsstelle für neuere österreichische Literatur*
Splitternachlaß, 2 Kartons: Übersetzungen von Romanen Werfels (übersetzt von Gustave Arlt, Moray Firth und Ludwig Livihson), abgeschrieben von seiner Mutter Albine Werfel.
Vorgeordnet.
Geschenk 1973

** Wien, ÖNB HS*
Manuskripte: *Juarez und Maximilian* (Ser. n. 4.395), *Paulus unter den Juden. Dramatische Legende in sechs Bildern*

(Ser. n. 27.039), *Die vierzig Tage des Musa Dagh* (Ser. n. 30.653).

* *Wien, Österreichisches Theatermuseum*
Autographen-Sammlung Stefan Zweig, Signatur V Zw M, V 469 Th: *Euripedes oder Über den Krieg*. Ein Dialog von Franz Werfel. Prag, Dezember 1914.

* *Washington, Library of Congress, Manuscript Division*
The Papers of Benjamin W. Huebsch: Material betreffend die Beziehung Werfels zur Viking Press (Korrespondenz, Verträge, Notizbücher von Ben Huebsch).
Jeffrey B. Berlin: March 14, 1948: „Es gibt kein Österreich mehr". Some unpublished correspondence between Franz Werfel, Alma Mahler Werfel and Ben Huebsch. In: *Deutsche Vierteljahrsschrift* 62 (1988), S. 741-763; Jeffrey B. Berlin, Donald G. Daviau und Jorun B. Johns: Unpublished letters between Franz Werfel, Alma Mahler-Werfel, and Ben Huebsch: (1941-1946). In: *Modern Austrian Literature* 24 (1991), Nr. 2, S. 123-200.

* *Privatbesitz. Prag [1963]*
Die Handschrift eines bis dahin unbekannten Novellenfragments von Franz Werfel, *Die Stagione* (1912), das nach Vermutung Eduard Goldstückers aus dem Nachlaß bzw. Besitz von Otto Pick stammt, wurde 1963 von einem Prager Antiquariat an einen Privatsammler verkauft und 1966 von Goldstücker veröffentlicht. Wer die Handschrift jetzt besitzt, ist nicht bekannt.
Eduard Goldstücker: Eine unbekannte Novelle von Franz Werfel. In: *Germanistica Pragensia* 4 (1966), S. 65-73; Text der Novelle, S. 74 ff.

Weitere Standorte in den U.S.A. siehe Guide, 1978, S. 974-996.

Lore B. Foltin: *Franz Werfel*. Stuttgart: Metzler 1972 (dort auch Hinweise auf andere Manuskripte und Materialsammlungen und Nachlaßbericht, S. 1-6; publizierte Briefe ebda, S. 7-8); Jeffrey B. Berlin und Hans-Ulrich Lindken: Der unveröffentlichte Briefwechsel zwischen Franz Werfel und Stefan Zweig. In: *Modern Austrian Literature* 24 (1991), Nr. 2, S. 89-122.

Wertheimer, Paul

4.2.1874, Wien–19.3.1937, ebda
Rechtsanwalt, Redakteur der *Neuen Freien Presse*, Lyriker, Erzähler, Dramatiker; Wien.

* *Privatbesitz. Erika Tabor-Wertheimer, Hameaustraße 31, A-1190 Wien*
Teilnachlaß: Gedichte, Theaterstücke (*Die Frau des Raja*. Drama in 3 Akten, *Gewitter in Venedig*. 3 Akte, *Manni*. Lustspiel, *Der Sensationsprozeß*. Groteske in 3 Aufzügen, *Das kritische Alter*. Komödie, *Eine Heilige*. Volksstück, 1 Drehbuchentwurf, *Die himmelblaue Zeit*. Operette, *Edith*), Vorträge, Romane. – Einzelne Briefe an Wertheimer, Verlagsverträge, Szenenphotos, Familienphotos. – 1 Band Zeitungsausschnitte mit biographischen Artikeln zu Wertheimer, eigene Feuilletons, Exemplare seiner Bücher.

Wessetzky, Oscar C.

8.4.1880, Wien–9.10.1963, ebda
Publizist; Redakteur der *Neuen Illustrierten Kronen-Zeitung* in Wien.

* *Wien, Presseclub Concordia*
Teilnachlaß, 1 Karton: Einzelne Briefe. – Mitgliedskarten, Versicherungsverträge, Rechenschaftsberichte der „Concordia", Materialien zur Auflösung der Sterbekasse der „Concordia" (1938). – Manuskripte anderer Autoren, Photos.
Unbearbeitet.

Weyr, Siegfried

21.4.1890, Groß-Mosty (Gal.)–21.3.1963, Wien
Schriftsteller, Journalist, Zeichner, Maler; Wien, New York.

* *Privatbesitz. Wien und Bronxville, New York, U.S.A.*
Nachlaß, u. a. Tagebücher, Zeichnungen, Photos.

Weys, Rudolf

30.9.1898, Graz–27.11.1978, Wien.
Kabarettist, Schriftsteller; Begründer des Kabaretts „Wiener Werkel".

* *Privatbesitz. Rudolf Weys, Wien*
Nachlaß.

Wibmer-Pedit, Fanny

19.2.1890, Innsbruck–27.6.1967, Lienz
Erzählerin; Innsbruck, Wien, Lienz.

* *Innsbruck, Universität, Forschungsinstitut „Brenner-Archiv"*
Teilnachlaß, 1 Karton: Romane, 1 Drama. – Verlagsprospekte ihrer Bücher.

Wicclair, Walter

Pseud. für Walter Weinlaub
Geb. 24.1.1901, Kreuzburg (Oberschlesien)
Schauspieler, Regisseur; Berlin, Amsterdam, Gründer des Emigrantentheaters „Freie Bühne" in Los Angeles.

* *Privatbesitz. Dr. Marta Mierendorff, 930 Westbourne Drive, West Hollywood, California 90069*
Teilnachlaß: Guide, 1992, S. 737-738.

* *Wien, Dokumentationsstelle für neuere österreichische Literatur*
Sammlung Marta Mierendorff, 5 Mappen: Materialien zur Aufführungsgeschichte des *Jeremias* von Stefan Zweig in Berlin (1961) sowie zum Prozeß um die nicht zustande gekommene Aufführung. Maschinschriftliches Verzeichnis. Geschenk 1973

* *Berlin, Akademie der Künste (Ost)*
Teilnachlaß: Reichhaltige Sammlung von Theatermaterialien und Emigrationsdokumenten.

* Weitere Sammlungen im Theaterwissenschaftlichen Institut der Freien Universität Berlin sowie in der Akademie der Künste (West-Berlin)

Walter Wicclair: *Von Kreuzburg bis Hollywood.* Mit einem Nachwort von Curt Trepte. Berlin: Henschelverlag 1975.

Wichner, Joseph

23.10.1852, Bludenz–14.6.1923, Krems
Lehrer, Erzähler, Dramatiker. Lebte 1880-1908 in Krems.

* *Bludenz, Stadtarchiv*
Nachlaß.

Josef Wichner: *Im Schneckenhause. Ein Volksroman.* Bearbeitet von Elmar Haller und Herbert Wehinger. Bregenz: Kommissions-Verlag Lingenhöle & Co. 1985. (= Ausgewählte Werke. Hrsg. vom Franz-Michael-Felder-Verein, Erster Band 1985)

Wickerhauser, Emil

Pseud. Ludwig Albrecht Berger, Friedrich Feld
1823, Wien–26.8.1900, Zagreb
Lyriker, Orientalist, Diplomat; Wien, Zagreb.

* *Wien, WSTLB HS*
Teilnachlaß, ca. 30 Inventarnummern: 2 Konvolute Gedichte. – Stammbuchblätter, einzelne Briefe an Marie Steiner, Manuskripte anderer Autoren, u. a. von Eduard von Bauernfeld, Lebensdokumente von Franz Grillparzer.

Verzeichnung: Zettelkatalog.
Kauf 1907

Wied, Martina

Pseud. für Martina Weisl
10.12.1882, Wien–25.1.1957, ebda
Lyrikerin, Erzählerin, Dramatikerin; Wien, London.

* *Wien, Dokumentationsstelle für neuere österreichische Literatur*
Teilnachlaß, 8 Kartons: Notizen, Exzerpte, Gedichte, Dramen, Romane, Literaturkritiken, Druckfahnen. – 2 Kartons Briefe, u. a. von Imma von Bodmershof und E.M. Wunder, Verlags- und Redaktionskorrespondenzen, Familienkorrespondenzen. – Ausweise. – Druckbelege, Photos.
Vorgeordnet.

Wiesberg, Wilhelm

Pseud. für Bergamenter
13.9.1850, Wien–25.8.1896, ebda
Wiener Volksdichter, Bühnenautor.

* *Wien, WSTLB HS*
Nachlaß, 2 Kartons: Theaterstücke, Liedertexte, Tagebuch.
Unbearbeitet.
Erwerbung 1937
Anna Maria Huber: Wilhelm Wiesberg. Diss. Wien 1938.

Wiesinger, Albert

12.8.1830, Wien–8.10.1896, ebda
Pfarrer, Publizist, Erzähler; Wien.

* *Wien, WSTLB HS*
Nachlaß, 16 Inventarnummern und 4 Kartons: Exzerpte, Entwürfe, Predigten, Reden und Abhandlungen. – Briefe, darunter Redaktionskorrespondenzen der Gemeindezeitung. – Dokumente, Zeugnisse, Prozeßakten. – Korrigierte Handexemplare seiner Publikationen.
Maschinschriftliches Verzeichnis, Zettelkatalog. – Teilweise unbearbeitet.
Erwerbung 1896

Wildgans, Anton

17.4.1881, Wien–3.5.1932, Mödling bei Wien
Direktor des Burgtheaters, Lyriker, Erzähler, Dramatiker.

* *Wien, ÖNB HS*
Nachlaß, Ser. n. 13.280-13.397, 29.554-30.500, Autogr. 1141/1-1173/23: Manuskripte, Dokumentation, 134 Kartons Briefe an Anton und Lilly Wildgans, u. a. von Gustinus Ambrosi, Felix Braun, Josef Brendel, Eduard Castle, Franz Theodor Csokor, Clemens von Franckenstein, Agnes Funck, Friedrich von Gagern, Franz Karl Ginzkey, Hugo Kleinmayr, Karl Lustig-Prean, Joseph Marx, Max Mell, Emil Reich, Kurt Thomasberger, Arthur Trebitsch, Friedrich Winterholler und Stefan Zweig.
Zettelkatalog in Arbeit.
Kauf 1961 und 1985

* *Wien, WSTLB HS*
Splitternachlaß: Ca. 65 Briefe, u. a. von Felix Braun und Max Mell.
Verzeichnung: Zettelkatalog.
Kauf 1979

Wildgruber, Adolf

26.8.1825, Innsbruck–6.3.1853, Feldkirch (Vbg.)
Priester, Lyriker; Innsbruck, Brixen, Feldkirch.

* *Innsbruck, Tiroler Landesmuseum Ferdinandeum, Bibliothek*
Teilnachlaß: 5 Hefte mit Gedichten.
Verzeichnung: Zettelkatalog.
Geschenk 1882

Wildgruber, Josef

Keine Daten ermittelt.
Lyriker; Innsbruck.

* *Innsbruck, Tiroler Landesmuseum Ferdinandeum, Bibliothek*
Teilnachlaß: Ca. 20 Hefte mit Gedichten. – Militärpapiere.
Geschenk 1894

Willam, Franz Michel

14.6.1894, Schoppernau (Vbg.)–18.1.1981, Andelsbuch
Priester, Religionsphilosoph, Volkskundler, Erzähler; Schoppernau, Kaplan in Langen bei Bregenz, Schwarzenberg, Tschagguns und Andelsbuch.

* *Bregenz, Franz-Michael-Felderarchiv und Vorarlberger Literaturarchiv*
Nachlaß, 81 Kartons: Erzählungen, Vorträge, Predigten, volkskundliche Notizen und Abhandlungen, zahlreiche Exzerpte, Notizen und Abhandlungen über Kardinal John Henry Newman, Wetteraufzeichnungen. – Verlagskorrespondenzen und Korrespondenzen über Newman. – Personaldokumente, Zeugnisse, Materialien zur Administration als Kaplan, Bücherrechnungen. – Sammlung von Sagen aus Vorarlberg, Rezensionen seiner Bücher, Druckbelege, Manuskripte anderer Autoren, u. a. von Otmar Mennel, Klara Schwendinger und Adalbert Welte, Dokumente über Franz Michael Felder, u. a. Mündigkeitserklärung, Tagebuch für Ernst Heiter und Verzeichnis der Bücher von Felder.
Maschinschriftliches Verzeichnis.
Geschenk 1981

Wimmer, Josef

23.1.1834, Wien–4.12.1903, ebda
Publizist, Dramatiker; Wien.

* *Wien, WSTLB HS*
Teilnachlaß, ca. 300 Inventarnummern: Ca. 1 450 Briefe, u. a. von Friederike Bäuerle, Theodor Giesrau, Franz Josef Graselli, Karl Gürtler, Alfred Klinkowstroem, Gustav Lechner, Leopold Rosner, Friedrich Schlögl, Jakob Josef Seitz, Albert Strauss, Urbaschek, J. Wilo und Constantin Wurzbach von Tannenberg, Briefe von Josef Wimmer an Elise Pertholt. – Tantiemenabrechnungen. – Zeitungsausschnitte, Zettelkatalog zur Theatergeschichte Wiens.
Verzeichnung: Zettelkatalog.
Kauf 1904

Winder, Ludwig

7.2.1889, Schaffa (Mähren)–16.6.1946, Baldock, Herts., England
Schriftsteller, Redakteur; Prag.
Besuchte 1903-1913 die Deutsche Handelsakademie in Olmütz. Lebte als Journalist (*Bohemia, Deutsche Zeitung Bohemia*) und Schriftsteller in Prag. Emigrierte Juni 1939 nach England.

* *Privatbesitz. Hedwig Winder, Leo Baeck House, London*
Jürgen Serke: *Böhmische Dörfer. Wanderungen durch eine verlassene literarische Landschaft.* Wien-Hamburg: Paul Zsolnay Verlag 1987, S. 142-161: „Ein [sic] Teil des literarischen Nachlasses hat Hedwig Winder abgegeben an das Literaturarchiv in Marbach. Ein Teil liegt in der Wohnung ihrer Tochter Marianne, die ihre Mutter einmal wöchentlich besucht und sonst jeden Tag zehn Minuten mit ihr telefoniert." (S. 143)

Winter, Karl

17.10.1908, Nitzau bei Bergreichenstein (Böhmen)–25.7.1977, Neumarkt-St. Veit
Lehrer, Erzähler, Lyriker, Hörspielautor.

** Passau, Böhmerwaldmuseum Passau*
Nachlaß.
Unbearbeitet.

Winter, Max

9.1.1870, Tarnok (Ungarn)–10.7.1937, Hollywood
Journalist, sozialdemokratischer Politiker; Redakteur der *Arbeiter-Zeitung,* Mitglied des Reichsrates, Stadtrat und Vizebürgermeister von Wien, Hollywood (California, U.S.A.).

** Wien, Kammer für Arbeiter und Angestellte, Dokumentation*
Teilnachlaß, 3 Meter: Reportagen, Theaterstücke, Reden, 1 Roman, Tagebuch. – Ca. 700 Briefe an Winter; ca. 100 Briefe von Winter. – Personaldokumente, Ausweisungspapiere, Notizbücher. – Familiendokumente, Photos, zahlreiche Druckbelege.
Vorgeordnet.
Geschenk 1982
Stefan Riesenfellner: *Der Sozialreporter. Max Winter im alten Österreich.* Wien: Verlag für Gesellschaftskritik 1987.

Winterholler, Friedrich

30.5.1882, Brünn–10.2.1945, Wien
Industrieangestellter, Erzähler; Brünn, Wien.

** Wien, WSTLB HS*
Teilnachlaß, 2 Kartons: Werkmanuskripte. – Briefe an Dora und Friedrich Winterholler. – Photos, Werkmanuskripte von Ernst Benedikt und Eugen Benedikt.
Unbearbeitet.

** Wien, ÖNB HS*
Teilnachlaß: 2 Manuskripte von Winterholler und 259 Briefe an Winterholler von Max Mell.

** Weimar, Goethe- und Schiller-Archiv*
Teilnachlaß: 1 Gedichtzyklus. – 175 Briefe von Richard von Schaukal und Anton Wildgans.

Winterl, Hans

21.11.1900, Wien–16.1.1970, ebda
Bankbeamter, ab 1945 freier Schriftsteller. Schrieb Lyrik, Erzählungen, Dramen; Wien.

** Privatbesitz. Herbert Exenberger (Wien)*

Wittels, Fritz

Pseud. Avicenna
24.11.1880, Wien–16.10.1950, New York
Psychoanalytiker, Schriftsteller. Lebte seit 1928 in New York, wo er als Lehrer und Psychoanalytiker tätig war.

** New York, New York Psychoanalytic Institute, Abraham A. Brill Library*
Maschinschriftliches Verzeichnis (10 Bl.): „The materials in this collection were deposited by the estate of Mrs. Poldi Goetz-Wittels in September 1970 and June 1971. The collection is stored in four 5-inch manuscript boxes and two portfolios in addition to the published volumes on the Archives shelves."
Teilnachlaß: Korrespondenz, Tagebücher, Leseexzerpte, Manuskripte, u. a. *Phantom Psychology,* Zeitungsausschnitte, Rezensionen (z.T. als Typoskript) von Wittels wie auch von seinen eigenen Werken, Manuskript seiner Autobiographie *Wrestling With the Man: The Story of a Freudian,* (auto-) biographisches Material.

Autographen in anderen Beständen

** Washington, D.C., Library of Congress*
Briefe in der „Sigmund Freud Collection" und in den Nachlässen von Siegfried Bernfeld, Paul Federn und Smith Ely Jelliffe.

** Bloomington (Indiana), Indiana University, The Lilly Library, Manuscripts Department*
Upton Sinclair Archives: Umfangreiche Korrespondenz 1925-1935, darunter die

Durchschläge von 8 Briefen Sinclairs an Wittels 1925-1931.

Leo A. Lensing: Karl Kraus as „Volksklassiker“? Upton Sinclair and the Translation of „Die letzten Tage der Menschheit“. Including an unpublished Kraus manuscript. In: *Deutsche Vierteljahrsschrift* 58 (1984), S. 156-168; Susanna Lahner: Fritz Wittels–Versuch einer Monographie. Hausarbeit Univ. Wien 1983 (72 Bl.); Leo A. Lensing: „Geistige Väter“ & „Das Kindweib“. Sigmund Freud, Karl Kraus & Irma Karczewska in der Autobiographie von Fritz Wittels. In: *Forum* (Wien) 36 (1989), Nr. 430/431, S. 62-71; Edward Timms: The „Child-Woman“: Kraus, Freud, Wittels and Irma Karczewska. In: *Vienna 1900. From Altenberg to Wittgenstein.* Hrsg. von Edward Timms u. Ritchie Robertson. Edinburgh: Edinburgh University Press 1990, (Austrian Studies 1), S. 87-107.

Wittmann, Hugo

16.10.1839, Ulm–6.2.1923, Wien
Publizist, Erzähler, Librettist; Wien.

* *Wien, WSTLB HS*
Teilnachlaß, ca. 780 Inventarnummern und 1 1/2 Kartons: Feuilletons, Kritiken und Notizen zu Kritiken, Tagebuch, dramatische Arbeiten und Bearbeitungen. – Ca. 600 Briefe, u. a. von Julius Bauer, Oskar Blumenthal, Adolf Müller, Ludwig Speidel und Camillo Walzel. – Glückwünsche und Kondolenzen.
Maschinschriftliches Verzeichnis, Zettelkatalog. – Teilweise unbearbeitet.
Erwerbung 1923, 1940 und 1959

Wittner, Victor

Pseud. Vivo
1.3.1896, Herta–27.10.1949, Wien
Lyriker, Dramatiker, Chefredakteur der Zeitschrift *Der Querschnitt* in Berlin, emigrierte 1933 nach Wien, 1938 in die U.S.A., kehrte 1945 nach Wien zurück.

* *Wien, Dokumentationsstelle für neuere österreichische Literatur*
Splitternachlaß, 1 Karton: 1 Bühnenmanuskript. – Einzelne Briefe, u. a. von Alfred Polgar. – Szenenphotos von Aufführungen eigener Stücke.
Vorgeordnet.
Geschenk um 1970

* *Wien, ÖNB HS*
Teilnachlaß, Ser. n. 17.278-17.290, Autogr. 714/5-75: Literarische Manuskripte nebst Zeitungsausschnitten und Briefen.

Wolff, Franz

18.4.1858, Wien–2.5.1926, ebda
Eisenbahnangestellter, Erzähler, Dramatiker; Wien.

* *Wien, WSTLB HS*
Teilnachlaß: Ca. 70 Briefe, meist Redaktionskorrespondenzen der *Allgemeinen Kunstchronik*.
Verzeichnung: Zettelkatalog.
Kauf 1956

Wolff, Karl Felix

21.5.1879, Karlstadt (Kroatien)–25.11.1966, Bozen
Volkskundler, Erzähler; Bozen.

* *Innsbruck, Universität, Forschungsinstitut „Brenner-Archiv“*
Teilnachlaß, ca. 15 Meter: Zahlreiche Hefte mit Exzerpten, Werkmanuskripte zur Volkskunde und Geschichte von Südtirol, anthropologische Abhandlungen, Zettelkataloge. – Rezensionen seiner Bücher, Druckbelege.
Vorgeordnet
Geschenk 1980

* *Innsbruck, Universität, Archiv*
Teilnachlaß, 5 Kartons: Erzählungen, Sammlung von Sagen.
Unbearbeitet.

Kurt Wolff Verlag

Wichigster Verlag des Expressionismus, 1913 aus dem 1910 gegründeten Ernst Rowohlt Verlag hervorgegangen. Verlagssitze waren Leipzig und München. Kurt Wolff verkaufte den Verlag 1930.

* *New Haven (Conn., U.S.A.), Yale University Library, The Beinecke Rare Book and Manuscript Library, Yale Collection of German Literature*
Kurt Wolff Archive, 10 Kartons (vorwiegend 1910-1930): Ca. 4 100 Briefe an den und vom Kurt Wolff Verlag.
Der Bestand enthält Korrespondenzen mit folgenden österreichischen Autoren: Paul Amann, Hermann Bahr, Anna Bahr-Mildenburg, Béla Balázs, Franz Blei, Max Brod, Martin Buber, Richard Graf Nikolaus Coudenhove-Kalergi, Theodor Däubler, Victor von Dirsztay, Albert Ehrenstein, Oskar Maurus Fontana, Rudolf Fuchs, Hugo von Hofmannsthal, Franz Janowitz, Franz Kafka, Oskar Kokoschka, Karl Kraus, Alfred Kubin, Mechtilde von Lichnowsky, Alma Mahler-Werfel, Gustav Meyrink, Alfred Polgar, Rainer Maria Rilke, Georg Trakl, Jakob Wassermann, Ernst Weiß, Franz Werfel, Hermynia Zur Mühlen, Stefan Zweig. – Verträge und Kontoauszüge von einzelnen Autoren, Manuskripte von Rudolf Fuchs, Gustav Meyrink, Franz Werfel.
[Verzeichnis] Christa Sammons und Heidi L. Eberhardt: Kurt Wolff Archive. New Haven, Connecticut 1989; *Kurt Wolff. Briefwechsel eines Verlegers 1911-1963.* Hrsg. von Bernhard Zeller und Ellen Otten. Frankfurt am Main: Fischer Taschenbuch Verlag 1980.

Wollek, Nesti Lyro

Geb. Ernestine Lyro, mit dem Bildhauer Karl Wollek verheiratet.
4.2.1875, Florenz–17.5.1946, Wien
Lyrikerin; Wien.

* *Wien, WSTLB HS*
Teilnachlaß: 1 Konvolut Gedichte und Entwürfe, 1 Gedichtsammlung, 1 autobiographisches Romanmanuskript.
Verzeichnung: Zettelkatalog.
Erwerbung 1951

Wolkan, Rudolf

21.7.1860, Prelautsch (Böhmen)–16.5.1927, Wien
Universitätsprofessor, Direktor der UB Wien, Germanist.

* *Wien, WSTLB HS*
Teilnachlaß: Sammlung von ca. 200 Couplets, Liedern, Gedichten und Szenen, u. a. von Wilhelm Wiesberg, August Betz, Wilhelm Seidl und Josef Stein.
Verzeichnung: Zettelkatalog.

* *Nachlaß nicht bekannt.*
1930/31 wurde in Wien die Bibliothek Wolkans samt Autographensammlung versteigert.
Die Bibliothek eines Germanisten. Heck (Wien), Katalog 52, [1930]; *Fast vollständige Reihe der Bücher, Schriften u. Beiträge für Sammelwerke etc. des Univ.-Prof. Dr. Rudolf Wolkan.* Heck (Wien), [hektographierte Liste ohne Nummer]. [1930]; *Autographen ... Im Nachtrag: Autographensammlung Dr. Rudolf Wolkan. Kataloge und Handbücher für Autographensammler.* Heck (Wien), Katalog 54 [1930]. Ging in den Besitz der Fa. Salomon über: *Autographen. Sammlung Wolkan Wien und andere Beiträge.* David Salomon (Berlin), Katalog 77 [1931].

Würtz, Johannes

2.10.1900, Linz–25.7.1967, Salzburg
Lehrer, Schriftsteller, Leiter des Instituts für vergleichende Erziehungswissenschaft Salzburg.

* *Linz, Adalbert-Stifter-Institut*
Gesamtnachlaß, 7 Kartons: Ca. 65 Werkmanuskripte (Gedichte, Dramen, Märchen, erziehungswissenschaftliche und philosophische Abhandlungen, Rezensionen). – Lebensläufe, Werkverzeichnisse, Notizbücher, Verlagsverträge. – Sonderdrucke seiner Veröffentlichungen.
Unbearbeitet.
Geschenk

Wurm, Ernst

30.6.1906, Katzelsdorf bei Wr. Neustadt–30.9.1971, Wr. Neustadt
Freier Schriftsteller in Zwettl, dann Wiener Neustadt, Erzähler, Dramatiker.

* *Wien, ÖNB HS*
Nachlaß, Ser. n. 18.404-18.811: Literarische Manuskripte, darunter Theaterkritiken, (ca. 50) Notizhefte.
Geschenk

Wurzbach von Tannenberg, Constantin

11.4.1818, Laibach–17.8.1893, Berchtesgaden
Offizier, Volkskundler, Lexikograph, Bibliothekar, Lyriker, Erzähler; Lemberg, Wien, Berchtesgaden.

* *Wien, WSTLB HS*
Nachlaß, ca. 1 600 Inventarnummern: Biographische Notizen, Zensurblätter. – Ca. 1 550 Briefe, u. a. von Leopold Beckh-Widmanstetter, Hans Falke von Lilienstein, Ludwig Foglar, Ludwig August Frankl, Karl Emil Franzos, Alexander Gigl, Ferdinand Grassauer, Wilhelm Haidinger, Modest Andrejewitsch Graf Korff, Ludwig Märzroth, Faust Pachler, Hermann Rollett, Leopold Rosner. – Zeitungsausschnitte, Manuskripte und Lebensläufe anderer Persönlichkeiten, 1 Karton Notizen und Zeitungsausschnitte zu einem biographischen Lexikon.
Maschinschriftliches Verzeichnis, Zettelkatalog. – Teilweise unbearbeitet.
Erwerbung 1931, 1957 und 1968

Zach, Richard

23.3.1919, Graz–27.1.1943, Berlin (hingerichtet)
Sohn einer Arbeiterfamilie, Lehrerbildung, Widerstandskämpfer, Lehrer. Schrieb vornehmlich Lyrik während der Haft. November 1941 durch Gestapo verhaftet, wurde dann im Zuchthaus Berlin-Brandenburg hingerichtet.

* *Privatbesitz. Alfred Zach, Graz*
Teilnachlaß: Manuskripte, Briefe.

* *Wien, Dokumentationsarchiv des österreichischen Widerstandes*
Teilnachlaß, 9 Inventarnummern und mehrere Kartons: Gedichte. – Briefe von Zach aus dem Zuchthaus.
Verzeichnung: Inventar.

„Durch unsern Fleiß war deutsch dies Land und deutsch woll'n wir's bewahren". Steirische Literatur im Nationalsozialismus. Einige Beispiele. Hrsg. von der Projektgruppe Österreichische Literatur im Nationalsozialismus 1938-1945. Graz 1988; Christian Hawle: Richard Zachs Lyrik. Österreichische Literatur im Widerstand. Hausarbeit Germanistisches Institut, Universität Salzburg o.D.; ders.: *Richard Zach: „Gelebt habe ich doch!"* Wien: Globus Verlag 1989 (= Biografische Texte zur Geschichte der österreichischen Arbeiterbewegung, Band 3); Richard Zach: Niemals wieder! Zellengedichte. *Freibord* 3 (1978), Nr. 11/12.

[enthält Briefe und Lyrik aus dem Nachlaß]; Richard Zach: *Streut die Asche in den Wind! Ausgewählte Gedichte.* Hrsg. u. eingel. von Christian Hawle. Stuttgart: Akademie-Verlag Heinz 1988.

Zand, Herbert

14.11.1923, Knoppen bei Bad Aussee–14.7.1970, Wien
Lyriker, Erzähler; Wien, Knoppen.

* *Wien, ÖNB ÖLA*
Nachlaß: Manuskripte, Briefe, u. a. von Felix Braun, Hermann Broch, Herbert Eisenreich, Hermann Hakel, Hermann Hesse, Dolf Lindner, George Saiko, Frank Thiess, Briefdurchschläge an div. Briefpartner.

Zedlitz, Joseph Christian

28.2.1790, Schloß Johannisberg bei Jauernig (Öst.-Schlesien)–16.3.1862, Wien
Lyriker, Dramatiker.

* *Wien, ÖNB HS*
Teilnachlaß, Ser. n. 3.843, Autogr. 143/1-168 und weitere Einzelsignaturen: Manuskripte und Briefe an Zedlitz.
Verzeichnung: Inventar.

Zeemann, Dorothea

Geb. 20.4.1909, Wien
Erzählerin; Wien.

* *Wien, WSTLB HS*
Teilnachlaß: Ca. 200 Briefe an Dorothea Zeemann von Heimito von Doderer. – Manuskripte von Heimito von Doderer (Entwürfe zu *Die Dämonen,* 1 Manuskript über Zeemann).
Verzeichnung: Zettelkatalog.
Kauf 1984

Zellermayer, Robert

14.3.1888, Odessa–5.2.1917 bei Triest (gefallen)
Schriftsteller.

* *Wahrscheinlich nicht überliefert.*
Letzter Hinweis war das Werk *Erzählungen. Aus dem Nachlaß.* Genossenschaftsverlag 1921 (Kraus Reprint 1973)

* *ÖNB HS*
Nachlaß Fritz Lampl, Ser. n. 19.406: Manuskript (*Traumstudie*).

Zernatto, Guido

21.6.1903, Treffen bei Villach–8.2.1943, New York
Lyriker, Erzähler, Verleger, Politiker. Emigrierte 1938 nach den U.S.A.
Der Nachlaß ist nur zum Teil, und zwar aufgesplittert erhalten. Der Großteil des vorhandenen Nachlasses stammt aus der Zeit der Emigration in Frankreich und New York. 1976 wurde durch Zufall der Inhalt des Schreibtisches von Zernatto aus den Wiener Jahren 1927-1931 gefunden.
Inhaber der Urheberrechte: Komm.Rat Dr. Otto Zernatto, A-9521 Treffen bei Villach.

* *Collegeville, Minnesota, St. John's University, Department of Modern and Classical Languages*
Teilnachlaß („Heiligenstädter Nachlaß"): 222 Gedichtentwürfe und Skizzen; 107 Gedichte, unver. hs. bzw. masch. Korrespondenz mit Verlegern (Jess, Neugebauer, L. Staackmann Verlag etc.; Briefe (146) von und an Theodor Kramer, S. Lobisser, Josef Friedrich Perkonig, Gustav Renker, Friedrich Schreyvogl, L.Steiner, Eltern und Freunde; 49 Prosatexte, z.T. unvollständig (darunter die elf Novellen für *Der verlorene Bub*); 31 politische Texte, Kommentare oder Entwürfe dazu (darunter 15 Radioreden für die RAVAG); neun Texte mit Dramen oder Entwürfen für Volksstücke, Zeitungsaus-

schnitte, Entwürfe für Buchdeckel, Geschäftskorrespondenz mit Briefkopf *Kärntner Monatshefte, Österreichische Monatshefte* etc.
Maschinschriftliches Verzeichnis; Guide, 1992, S. 771-773.
Kontaktperson: Prof. Otmar M. Drekonja.

* *Wien, Dokumentationsstelle für neuere österreichische Literatur*
Teilnachlaß (1938-1943), 25 Mappen: Vorträge, Essays. – Ca. 15 Briefe an Zernatto und ca. 20 Briefentwürfe Zernattos. – Photos, Personaldokumente. – Exzerpte, Zeitungsausschnitte.
Maschinschriftliches Verzeichnis.
Geschenk

* *Privatbesitz. Dr. Otto Zernatto*
Sammlung: Unveröffentlichtes, u. a. kurze Selbstdarstellung, Vorträge, Radiodiskussionen.

Otmar M. Drekonja: *Erinnerungen an Guido Zernatto. Unbekanntes aus dem Schreibtisch eines Österreichers aus Kärnten.* Josef-Friedrich-Perkonig-Gesellschaft. Klagenfurt 1981, bes. S. 53.

Zernik, Charlotte

Geb. 1919 Autorin, Sprachlehrerin; New York.

* *Frankfurt am Main, Die Deutsche Bibliothek, Deutsches Exilarchiv 1933-1945*
Nachlaß: Familienkorrespondenzen, Lebensdokumente, Familiendokumente, Photos.
Signatur: EB 90/51

Zerzer, Julius

5.1.1889, Mureck (Stmk.)–29.10.1971, Linz
Lehrer, Erzähler; Linz.

* *Linz, Adalbert-Stifter-Institut*
Teilnachlaß, 6 Konvolute: Ca. 120 Werkmanuskripte, Skizzen und Entwürfe, Zeichnungen und Skizzenbücher. – Einzelne Briefe an Zerzer. – Ehrungen. – Sonderdrucke und Zeitungsbelege, Teil der Bibliothek.
Maschinschriftliches Verzeichnis.
Geschenk 1971

Zettl, Zephyrin

14.7.1876, Stadln (Böhmerwald)–4.7.1935, Wien
Mundartdichter, Beamter der Staatsdruckerei in Wien.
Der Großteil des Nachlasses ist 1945 verlorengegangen, als die Wiener Wohnung in Abwesenheit der Witwe an andere Mieter abgegeben wurde. „Der gesamte Nachlaß meines Vaters (Manuskripte, Schriften, Urkunden, Bibliothek) wurden in den Bunker Hietzing verbracht. Hier wurde er mit anderen Privatbibliotheken für kurze Zeit gelagert und schließlich auf Anordnung des sowjetischen Kommandos vernichtet. Ein geringer Teil von Artikeln und Korrespondenz verblieb in der Wohnung und wurde meiner Mutter übergeben. Ein Teil davon kam in das Böhmerwald-Museum auf der Burg Oberhaus in Passau und der größere Teil 1975“ an das Adalbert-Stifter-Institut in Linz. (Dr. Walter Zettl)

* *Passau, Böhmerwaldmuseum Passau*
Teilnachlaß
Unbearbeitet

Walter Zettl: Das Vermächtnis Zephyrin Zettls. Zum zwanzigsten Todestag des Dichters. In: *Mein Böhmerwald. Heimatzeitschrift für Süd- und Westböhmen* (Wien) 10 (1955), Folge 7/8, S. 2. Hier heißt es: „... hinterließ Zephyrin Zettl eine Fülle skizzenhafter Aufzeichnungen für eine Anzahl epischer und dramatischer Werke. ... Soweit die Sammlung gediehen war [Mundartwörterbuch], wurde sie in das ‚Bairisch-Österreichische Wörterbuch' der Wiener Akademie der Wissenschaften aufgenommen."

Ziak, Karl

27.1.1902, Wien–3.11.1987, ebda
Erwachsenenbildner; Sekretär des Vereines „Volksheim“ und Cheflektor des Europa-Verlages in Wien.

* *Wien, WSTLB HS*
Teilnachlaß, 3 Kartons: Dissertation, frühe Gedichte, Reiseführer; zahlreiche Arbeiten für Rundfunk, Zeitungen und Zeitschriften, u. a. über die Geschichte des Alpinismus, die Geschichte Wiens, des Burgenlandes und Österreichs; Dramen. – Lebenslauf, Schriftenverzeichnis.
Vorgeordnet.
Erwerbung 1988

Zifferer, Paul

9.3.1879, Bistriz am Hostein (Mähren)–14.2.1929, Wien
Dr.jur. und phil., Feuilletonredakteur bei der *Neuen Freien Presse,* Hofrat an der Österreichischen Gesandtschaft Paris.

* *Nicht bekannt.*

* *Wien, ÖNB HS*
Autogr. 425/15-21: Briefe von Hugo von Hofmannsthal an Zifferer.
Erwerbung 1972
Hugo von Hofmannsthal. Paul Zifferer. Briefwechsel. Hrsg. von Hilde Burger. Wien: Verlag der Österreichischen Staatsdruckerei o.J. [1983].

Zimmermann, Franz Xaver

4.6.1876, Hopfgarten (Tir.)–20.3.1959, Klagenfurt
War 1908-1912 Professor in Görz, ab 1917 in Kärnten tätig, wo er die Zeitschrift *Kärntnerland* herausgab. Hofrat an der Österreichichen Gesandtschaft am Heiligen Stuhl in Rom, 1943 wieder in Klagenfurt.

* *Klagenfurt, Landesmuseum für Kärnten, Bibliothek*
Teilnachlaß, 3 Kartons: Reiseberichte, journalistische Arbeiten über Italien, Abhandlungen über Georg von Prokesch-Osten und Otto Georg von Leitgeb. – Einzelne Briefe an Anna Zimmermann und Franz Xaver Zimmermann, u. a. von Leo Icha. – Gedichte von Leo Icha, Druckbelege, Nachlaß von Otto Georg von Leitgeb, siehe dort.
Vorgeordnet.

* *Klagenfurt, UB*
Teilnachlaß, 15 Kartons: Notizen, Gedichte, Erzählungen, Arbeiten über das Friaul, das österreichische Küstenland und Rom. – Adressenverzeichnis. – Übersetzungen aus dem Friaulischen, Werke anderer Autoren, u. a. Gedichte von Robert Hamerling. – Sammlung von Druckbelegen eigener Arbeiten.
Handschriftliches Verzeichnis.

Zingerle von Summersberg, Ignaz Vinzenz

6.6.1825, Meran–17.9.1892, Innsbruck
Gymnasiallehrer in Innsbruck, seit 1858 Leiter der Innsbrucker Universitätsbibliothek. 1859-1890, Lyriker, Prof. für Deutsche Literatur an der Universität Innsbruck.

* *Innsbruck, Tiroler Landesmuseum Ferdinandeum, Bibliothek*
Teilnachlaß, 1 Karton: Briefe, u. a. von Karl Bartsch, Karl Domanig, Josef von Ehrhart, Vinzenz von Ehrhart, Herman Grimm, Rudolf Hildebrand, Andrä Kirchebner, Theodor Klein, Gustav Kofler, Ambros Mayr, Josef Pembaur, Pfeiffer, Gottlieb Putz, Christian Schneller, P. Johann Baptist Schöpf, Johann Schrott, Hermann Sander, Ludwig Steub, Joseph Streiter und Karl Weinhold.
Maschinschriftliches Verzeichnis.

* *Innsbruck, Universität, Forschungsinstitut „Brenner-Archiv“*
Kryptonachlaß im Nachlaß von Oswald Zingerle von Summersberg: Gedichte, Er-

zählungen, wissenschaftliche Abhandlungen, Vorlesungen (u. a. über Grammatik, ältere und neuere deutsche Literatur). – Briefe, u. a. von Isabella Braun, Hyacinth, Alois Messmer, Karl Simrock und Familienkorrespondenzen, Briefe von Zingerle an Hyacinth und Karl Simrock. – Glückwünsche, 35 Notizbücher. – Familiendokumente, Sammlung von Unterlagen über Beda Weber und Adolf Pichler von Rautenkar, Zeitungsausschnitte über Zingerle.
Maschinschriftliches Verzeichnis.
Geschenk 1987

Leopold Wagner: Ignaz Vinzenz Zingerle. Diss. Innsbruck 1962; Helga Rogenhofer-Suitner: „was kümmern uns die, welchen das verständnis von dem werth der alten überlieferungen fehlt!" (Wilhelm Grimm). Der Briefwechsel zwischen den Brüdern Grimm und Ignaz Vinzenz Zingerle 1852-1858. In: *Mitteilungen aus dem Brenner-Archiv* 1989, Nr. 8, S. 44-66.

Zingerle von Summersberg, Oswald

8.2.1855, Innsbruck–30.1.1927, ebda
Literarhistoriker; Innsbruck, Professor an der Universität Czernowitz.

* *Innsbruck, Universität, Forschungsinstitut „Brenner-Archiv"*
Teilnachlaß, 19 Kartons: Abhandlungen über Burgenbau, Volkskunde und Gartenbau sowie über die Geschichte von Vorarlberg und Tirol. – 6 Konvolute Briefe. – Sammlung von eigenen Sonderdrucken. – Nachlaß von Ignaz Vinzenz Zingerle von Summersberg, siehe dort.
Maschinschriftliches Verzeichnis.
Geschenk 1987

Zipper, Albert

Pseud. Juris doctorandus, J. J. Alper
8.5.1855, Lemberg–3.4.1936, ebda
Gymnasialprofessor, Hochschuldozent in Lemberg, Literarhistoriker, Übersetzer, Lyriker.

* *Kraków (Krakau), Uniwersytet Jagielloński, Biblioteka Jagiellońska*
Nachlaß: Werke, Übersetzungen, Briefe (1870-1936), u. a. von Michal Bobrzynski, Józef Ignacy Kraszewski, Zygmunt Sarnecki.

Zöhrer, August

27.7.1888, Sarleinsbach (O.Ö.)–1.6.1971, Linz
Schriftsteller, Leiter des Kommunalstatistischen Amtes in Linz, Leiter des Kulturamts der Stadt Linz (1938-1945), Historiker.

* *Linz, Archiv der Stadt Linz*
Nachlaß, 23 Schuber: Manuskripte, Notizen und Entwürfe, Tagebücher. – Private und fachliche Korrespondenz, Korrespondenz mit Behörden, Notizhefte, Druckbelege, Bilder.
Maschinschriftliches Verzeichnis. – Geordnet.
Übernommen 1971/1972

Zoff, Otto

Pseudonyme: Quiquerez, Otz, Dr.Friedländer, L.Z., Anita Silvestrelli u. a.
9.4.1890, Prag–14.12.1963, München
Erzähler, Dramatiker, Verlagslektor.
Jugend in Wien. Studierte Kunstgeschichte in Prag und Wien. Promotion. Lektor bei S. Fischer, 1919-1923 Dramaturg und Mitdirektor der Münchner Kammerspiele, danach am Lobe-Theater Breslau, 1923-1925 Verlagsdirektor in München, dann freier Schriftsteller und Regisseur. Seit 1932 in Italien. Emigrierte 1941 über Frankreich nach New York, 1949 Rückkehr nach Deutschland, dann wieder Korrespondent in New York.

* *Marbach, DLA. Bis Sommer 1985 im Besitz der Witwe, Liselotte Zoff, München.*
Nachlaß: Dramen und Hörspiele, zahlrei-

che Prosastücke, Rezensionen und autobiographische Aufzeichnungen, Tagebücher (1933-1944). – Briefe, u. a. von Felix Braun, Hermann Broch, Marie Luise Kaschnitz, Guido von Kaschnitz-Weinberg, Alexander Lernet-Holenia, Thomas Mann, Paul Tillich und Carl Zuckmayer.
Jahrbuch der Deutschen Schillergesellschaft 30 (1986), S. 705; Ulrike Keller: *Otto Zoffs dramatische Werke. Vom Theater zum Hörspiel.* München etc.: K.G. Saur 1988, bes. S. 5-7.

Einzelne Briefe Zoffs finden sich in div. Sammlungen in den U.S.A.: Guide, 1978, S. 1037-1039.

Zoglauer, Arthur

Pseud. Auer-Waldborn
18.2.1873, Wiener Neustadt–19.12.1920, Wien
Offizier, Dramatiker, Lyriker, Redakteur im Kriegspressequartier; Wien.

* *Privatbesitz. Franz Zoglauer, Trauttmansdorffgasse 8, A-1130 Wien*
Teilnachlaß: Gedichte, Lebensdokumente, Photos, Exemplare seiner Bücher.
Neues Wiener Tagblatt, 21.12.1920, S. 6 (Nachruf); *Die Furche,* Nr. 37, 13.9.1975 (Biographie).

Zoller, Anna

1859–11.2.1942, Innsbruck
Lehrerin, Lyrikerin, Erzählerin; Innsbruck.

* *Innsbruck, Universität, Forschungsinstitut „Brenner-Archiv"*
Teilnachlaß, 4 Kartons: Gedichte, Märchen, 1 Roman, Erinnerungen, Opern- und Singspiellibretti, Tagebücher. – Einzelne Briefe. – Unterlagen zum „Landesverband der Bundesangestellten für Tirol". – Zeitungsausschnitte, darunter Druckbelege. Unbearbeitet.
Depot 1974

Zuckerkandl, Berta

Verehelichte Szeps
12.4.1864, Wien–16.10.1945, Paris
Journalistin.

* *Privatbesitz. Prof. Emil Zuckerkandl, 440 Page Mill Street, Palo Alto, California, U.S.A.*
Nachlaß.

Zur Mühlen, Hermynia

Pseud. Franziska Maria Rautenberg, Maria Berg, Lawrence H. Desberry, Traugott Lehmann
12.12.1883, Wien–19.3.1951, Radletts/Hertfordshire, England
Schriftstellerin, Übersetzerin. Lebte 1919-1933 in Frankfurt am Main, dann bis 1938 in Wien.

* *Ein Nachlaß ist mit Wahrscheinlichkeit nicht überliefert.*
Sylvia M. Patsch: *Österreichische Schriftsteller im Exil in Großbritannien. Ein Kapitel vergessene österreichische Literatur. Romane, Autobiographien, Tatsachenberichte auf englisch und deutsch.* Wien: Verlag Christian Brandstätter 1985, S. 102-113; Manfred Altner: Hermynia Zur Mühlen. Konzeption einer Biografie. In: *Mit der Ziehharmonika* 6 (1989), Nr. 4, S. 7-8: „Der literarische Nachlaß Hermynias soll nach dem Tode Stefan Kleins [= Ehemann, 1889-1960] achtlos in den Müll geworfen worden sein." Altner zitiert Briefe Zur Mühlens im Nachlaß Wilhelm Sternfelds.
Familiensprecher: Ture von Zur Mühlen, Diesbergwegplatz 52, D-W-6000 Frankfurt/Main.

Zusanek, Harald

14.1.1922, Wien–21.1.1989, ebda
Regisseur in Wien u. Bregenz; Dramatiker, Lyriker; seit 1968 Lehrer an der Abteilung

„Film und Fernsehen“ der Wiener Musikhochschule.

* *Privatbesitz. Nicht bekannt*

Zusner, Vinzenz

18.1.1803, Bischoflack (Skofja-Loka, Krain)–12.6.1874, Graz
Kaufmann, Fabrikant, Lyriker.

* *Graz, Steiermärkisches Landesarchiv*
Nachlaß, 2 Schachteln: Briefe, u. a. von Karl Adam Kaltenbrunner, Franz Legler, Friederike Röck und umfangreiche Familienkorrespondenz. – Reisepaß, Zeugnisse, Gesuche, Unterlagen zur kaufmännischen Tätigkeit (Geschäftskorrespondenz, Rechnungen, Materialien zu Schulden, Geldverkehr, Zahlungsaufträgen und Einkommenssteuer, 1827-1842) und zur Tätigkeit als Schriftsteller (1842-1873). – Familiendokumente, Vertonungen von Gedichten Zusners, u. a. von Josef Rosenberg, Viktor von Herzfeld, Hans Zois von Edelstein und Georg Kremser.
Maschinschriftliches Verzeichnis.
Erwerbung 1932

Zweig, Friderike

4.12.1882, Wien–18.1.1971, Stamford (Conn., U.S.A.)
Erzählerin, Übersetzerin, erste Frau von Stefan Zweig.

* *Privatbesitz. Elisabeth M. Stoerk, Susanne B. Hoeller, Stamford, Connecticut*
Friderike Zweig Archive, ca. 3,15 m: Guide, 1978, S. 1044-1048 (Standorte von weiteren Materialien in den U.S.A. sind ebenfalls dort verzeichnet).

Zweig, Max

Pseud. Robert Hall
22.6.1892, Proßnitz (Mähren)–5.1.1992, Jerusalem
Dramatiker, lebte seit 1938 in Palästina.

* *Marbach, DLA*
Sammlung, 1 Karton: Erzählungen, Essays, Dramen.
Kussmaul, Sp. 579; *Jahrbuch der Deutschen Schillergesellschaft* 35 (1991), S. 514.

* *Privatbesitz. Dr. Gerda Leber-Hagenau, Wallnerstraße 4, A-1010 Wien*
Aufführungskritiken sämtlicher Dramen.

Zweig, Stefan

28.11.1881, Wien–22.2.1942, Petropolis bei Rio de Janeiro
Lyriker, Erzähler, Dramatiker, Biograph, Essayist, Autographensammler; Salzburg, Wien.

* *London, Williams Verlag, Zweig Estate, Mrs. Sonja Dobbins, 49 Aberdare Gardens, London NW6 3AL, England*
Teilnachlaß: Gedichte, 16 Manuskripte von Erzählungen und Romanen, 1 Notizbuch, Dissertation *Die Philosophie des Hippolyte Taine,* Tagebuch (1912-1918, 1931-1939). – 14 Ordner Briefe an Zweig, großteils in Kopien. – Personaldokumente, Adreß- und Telephonbuch – 4 Ordner Druckbelege, Drehbücher nach Werken Zweigs von verschiedenen Autoren, Manuskripte von Übersetzungen der Werke Zweigs, Sammlung von Arbeiten über Stefan Zweig.
Maschinschriftliches Verzeichnis.

* *Fredonia (New York), State University College at Fredonia, Daniel Reed Library, Special Collections*
Stefan Zweig Collection: Briefe, u. a. von Sibilla Aleramo, Gustinus Ambrosi, René Arcos, Schalom Asch, Raoul Auernheimer, Rudolf Hans Bartsch, Louis Charles Baudouin, Walter Bauer, Rudolf Binding, Ernst Bloch, Jean-Richard Bloch, Johan Bojer, Giuseppe Antonio Borgese, Felix Braun, Hermann Broch, Max Brod, Martin Buber, Hans Carossa, Joseph Chapiro,

Franz Theodor Csokor, Ernst Deutsch, Adolph Donath, Georges Duhamel, Ossip Dymov, Erich Ebermayer, Kasimir Edschmid, Albert Ehrenstein, Herbert Eulenberg, Franz Evers, Robert Faesi, Anton Faistauer, Ernst Fischer, Otto Flake, Victor Fleischer, Hans Franck, Bruno Frank, Alfred Hermann Fried, Oskar Fried, Benno Geiger, Joseph Gregor, Walter Hasenclever, Jakob Hegner, Otto Heuschele, Arthur Holitscher, Wilhelm Holzamer, Insel Verlag, Heinrich Eduard Jacob, Siegfried Jacobsohn, Emil Jannings, Pierre-Jean Jouve, James Joyce, Anton Kippenberg, Erwin Guido Kolbenheyer, Josip Kosor, Alfred Kubin, Jaroslav Kvapil, Andreas Latzko, Henri Victor Le Fauconnier, Alexander Lernet-Holenia, Karl Michael von Levetzow, Vladimir Lidin, Ernst Lissauer, Emil Lucka, Emil Ludwig, Joachim Maass, Klaus Mann, Roger Martin Du Gard, Marcel Martinet, Magdeleine Marx, Frans Masereel, Max Mell, Albert Mockel, Walter von Molo, Börries von Münchhausen, Robert Neumann, Rudolf Pannwitz, Alfons Hermann Paquet, Eden Paul, Alfons Petzold, Luigi Pirandello, Guy de Pourtalős, Erwin Herbert Rainalter, Erwin Rieger, Rainer Maria Rilke, Grigol Robakidse, Alexander Roda Roda, Jules Romains, Joseph Roth, Felix Salten, Hugo Salus, Albrecht Schaeffer, Richard von Schaukal, René Schickele, Johannes Schlaf, Wilhelm Schmidtbonn, Oskar Schmitz, Wilhelm von Scholz, Silvara, Otto Soyka, André Spire, Richard Strauss, Alberto Stringa, Karl Hans Strobl, Eduard Stucken, André Suarès, Otto von Taube, Arnold Ulitz, Fritz von Unruh, Berthold Viertel, Bruno Walter, Armin Wegner, Ernst Weiß, Franz Werfel, Paul Wiecke, Hugo Wolf, Otto Zarek, Paul Zech, Otto Zoff, Carl Zuckmayer, Arnold Zweig, Friderike Zweig.
[Verzeichnis] Ursula M. Joseph: Collection of Letters from Stefan and Friderike Zweig Belonging to the Reed Library, State University College at Fredonia, New York; Guide, 1992, S. 774-778.
Sven Spieker: Ernst Weiß' Briefe an Stefan Zweig. Ein Beitrag zur Biographie des Autors. In: *Weiss-Blätter,* Nr. 2, September '84, S. 21-34; Jeffrey B. Berlin: „Wie unwichtig sind ja überhaupt jetzt alle unsere Bücher und das, was wir machen!“. The unpublished correspondence between Stefan Zweig und Felix Braun during the *Anschluß* year 1938. In: *Germanisch-Romanische Monatsschrift* N.F. 41 (1991), S. 322-348.

* *Jerusalem, The Jewish National and University Library, Department of Manuscripts and Archives*
Teilnachlaß, ursprünglich 1 383 Nummern, bis 1981 auf etwa das Doppelte erweitert: Typoskripte, Korrekturfahnen. – Briefe an Zweig, u. a. von Albert Einstein, Sigmund Freud, André Gide, Maxim Gorki, Hugo von Hofmannsthal, Thomas Mann, Lavinia Mazzucchetti, Walther Rathenau, Max Reger, Rainer Maria Rilke, Romain Rolland, Arthur Schnitzler, Bertha von Suttner, Emile Verhaeren, Jakob Wassermann, Anton Wildgans. – Photos, Zeitungsausschnitte, Dissertationen über Zweig, Autographen aus Zweigs Sammlung, u. a. von Martin Buber, Alfred Döblin, Karl Emil Franzos, Alfred Kubin, Max Reinhardt, Arnold Schönberg, Briefe von Zweig an Rolland auf Mikrofilm.
Geschenk Zweigs 1934
Stefan Zweig on the centenary of his birth 1881-1981. Jewish National and University Library, Catalogue, Jerusalem-December 1981.

* *Privatbesitz. Wilhelm Meingast, Salzburg*
Sammlung Anna Meingast (langjährige

Sekretärin von Stefan Zweig): „Hauptbuch“ (seit 1932 geführtes Verzeichnis über die Vergabe von Rechten für Übersetzungen, Verfilmungen u.ä. mit Angaben zu Übersetzern, Verlagen, Honoraren und anderen vertraglichen Vereinbarungen), von Zweig angelegte Bibliographie seiner Werke, Dokumente zur Zusammenarbeit von Zweig mit Anna Meingast (Briefe, Photos, Erinnerungsstücke).

* *London, British Library, The Music Library*
Stefan Zweig Collection: Autographe Kompositionen, u. a. von Johann Sebastian Bach, Ludwig van Beethoven, Johannes Brahms, Christoph Willibald Gluck, Joseph Haydn, Wolfgang Amadeus Mozart, M.P. Mussorgsky, Franz Schubert und Richard Strauss.
Signatur: Zweig MSS.1-131
Literarische Manuskripte, u. a. von Honoré de Balzac, Paul Claudel, Sigmund Freud, André Gide, Johann Wolfgang von Goethe, Heinrich Heine, Hermann Hesse, Adolf Hitler, Hugo von Hofmannsthal, Heinrich von Kleist, Novalis, Alexander Pope, Rainer Maria Rilke, Romain Rolland, L.N. Tolstoj, Emile Verhaeren, Paul Verlaine, Jules Verne und Oskar Wilde.
Signatur: Zweig MSS 132-200
Geschenk 1986
Oliver Neighbour: Musical autographs in the Zweig Collection. In: *The British Library. Stefan Zweig Series of Concerts, Lectures and Exhibitions,* April-May 1987, S. 11-13; Verzeichnis, S. 16-20; Pamela Porter: Literary autographs in the Zweig Collection. In: ebda, S. 14-15, Verzeichnis, S. 20-22.

* *Marbach, DLA*
Sammlung, 3 Kartons: Prosa, Verschiedenes, Autobiographisches, Briefe an und von Zweig, zugehörige Materialien sowie Zweigs Sammlung von Autographenkatalogen und von Werken über Autographen. (Kussmaul, Sp. 579.)

* *Wien, Österreichisches Theatermuseum*
Teil von Zweigs Autographensammlung, mehr als 100 Einzelstücke, darunter Manuskripte von Rudolf Hans Bartsch (*Zwölf aus der Steiermark*), Richard Beer-Hofmann (Skizzen zum Drama *Der junge David*), Johan Bojer, Felix Braun (*Das Schicksal des Fräuleins von Lassberg*. Erzählung), Max Brod (*Ein tschechisches Dienstmädchen*), Herbert Eulenberg, Franz Karl Ginzkey (*Jakobus und die Frauen*. Roman), Maxim Gorki, Joseph Gregor (*Nacht*. Novelle), Ernst Hardt, Walter Hasenclever, Gerhart Hauptmann (Korrekturexemplare seiner Stücke *Die Ratten, Gabriel Schillings Flucht*), Hermann Hesse (*Heumond*. Erzählung), Hugo von Hofmannsthal (*Verse zum Gedächtnis des Schauspielers Josef Kainz*), Franz Kafka (Blatt aus dem Roman *Amerika*), Edmond Jaloux, Pierre-Jean Jouve, Ernst Lissauer (Gedichtezyklus *Der Strom*), Heinrich Mann (*Die Rückkehr zum Hades*. Novelle), Thomas Mann (*Die Hungernden*. Novelle), Robert Michel (*Unser Frühling*. Novelle), Albert Mockel, Boris Pilniak (*Maschinen und Wölfe*. Roman), Josef Ponten, Romain Rolland, Jules Romains, Joseph Roth (*Rechts und Links*. Roman), Felix Salten (Kapitel der Novelle *Die Geliebte Friedrich des Schönen*), Wilhelm Schmidtbonn (*Der Zorn des Achilles*. Tragödie), Arthur Schnitzler (*Der Ruf des Lebens*. Drama), André Spire, Eduard Stucken (*Lanzelot*), Ernst Toller (*Rotes Requiem*), Arnold Ulitz (*Boykott, Der verwegene Beamte,* Erzählungen), Jakob Wassermann (*Die Gefangenen auf der Plassenburg*. Novelle), Franz Werfel, Anton Wildgans (*Armut*. Trauerspiel, *Sonette an Ead*).
Verzeichnung: Zettelkatalog.

Geschenk von Zweig 1937
Karl Ecker: Die Sammlung Stefan Zweig. In: *Die Österreichische Nationalbibliothek. Festschrift*. Hrsg. zum 25 jährigen Dienstjubiläum des Generaldirektors Univ.-Prof. Dr. Josef Bick von Josef Stummvoll. Wien: H. Bauer-Verlag 1948, S. 321-330.

* *Genf, Fondation Martin Bodmer, Bibliotheca Bodmeriana*
Teil von Zweigs Autographensammlung: Deutsche Autographen, u. a. von Georg Büchner, Joseph von Eichendorff, Johann Wolfgang von Goethe, Friedrich Hölderlin, Ludwig Christoph Heinrich Hölty, Gottfried Keller, Heinrich von Kleist, Karl Kraus, Nikolaus Lenau, Gotthold Ephraim Lessing, Friedrich Nietzsche, Novalis, Ferdinand Raimund, Friedrich Schiller, Arthur Schopenauer, Ludwig Uhland und Ulrich Zwingli. Darüber hinaus wurden auch französische, englische und amerikanische Autographen sowie Musikhandschriften aus der Sammlung Zweig erworben.
Original-Manuskripte deutscher Dichter und Denker. Musikalische Meister-Handschriften deutscher und ausländischer Komponisten. Eine berühmte Sammlung repräsentativer Handschriften. Antiquariat und Autographenhandlung Heinrich Hinterberger (Wien), Katalog IX, I. Teil, o.J. [1936]; *Interessante Autographen. I. Musiker. II. Dichter, Schriftsteller, Gelehrte, Fürsten, Militärs, Staatsmänner etc. Nachtrag, darunter mehrere Dokumente von Präsidenten der USA*. Antiquariat und Autographenhandlung Heinrich Hinterberger (Wien), Katalog XX [1937]; Bernard Gagrebin: *Manuscrits et autographes français*. Cologny-Genève 1973 (= Bibliotheca Bodmeriana, Catalogue I); Margaret Crum: *English and American Autographs in the Bodmeriana*. Cologny-Genève 1977 (= Bibliotheca Bodmeriana, Catalogue IV); Tilman Seebass: *Musikhandschriften der Boderiana*. Cologny-Genève 1986 (= Bibliotheca Bodmeriana, Catalogue VI).
Stefan Zweig: Meine Autographen-Sammlung. In: *Philobiblon* 3 (1930), S. 279-289; Stefan Zweigs Handschriftensammlung. In: *Der Wiener Tag*, 23.12.1937, S. 11; Harry Zohn: Stefan Zweig as a collector of manuscripts. In: *German Quarterly* 25 (1952), S. 182-191; G. H. Thommen-Girard: Stefan Zweig als Autographen-Sammler. In: *Antiquariat* 10 (1954), S. 205-208; Hanns Arens: Der Sammler Stefan Zweig. In: *Wort in der Zeit* 7 (1961), Heft 10, S. 36-41; Frels, S. 375.

* *Wien, WSTLB HS*
Splitternachlaß: Einzelne Kopien von Briefen Zweigs. – 2 Konvolute Lebensdokumente aus dem Exil in Brasilien.
Verzeichnung: Zettelkatalog.
Geschenk 1950

Autographen in anderen Beständen

* *Berlin, Deutsche Staatsbibliothek, Handschriftenabteilung-Literaturarchiv*
Sammlung, 1 Konvolut: Briefe, Postkarten und Schriftstücke 1902-1915 und o.D.
Signatur: Slg. Autographa.

* *Marbach, DLA*
Nachlaß Erich Ebermayer: 95 Briefe, 46 Postkarten und 7 Telegramme (1924-1939) von Stefan Zweig.

* *Düsseldorf, Heinrich-Heine-Institut*
Nachlaß Detmar Heinrich Sarnetzki: Briefe von Stefan Zweig.

* *Frankfurt am Main, Die Deutsche Bibliothek, Deutsches Exilarchiv 1933-1945*
Briefe von Zweig im Bestand „American Guild for German Cultural Freedom“ sowie „Sammlung Stefan Zweig“ (Briefe, kleine Manuskripte).

* *Leningrad, Verlag „Wremja“*
60 Briefe, 1925-1934.
K.M. Asadowski (Hrsg.): Unbekannte Briefe Stefan Zweigs, in: *Jahrbuch der Handschriftenabteilung des Puschkin-Hauses.* Leningrad 1977 sowie in: *Jahrbuch des Instituts für Russische Literatur der Akademie der Wissenschaften der UdSSR* 1978; Unbekannte Briefe an den Verlag Wremja, Leningrad. In: *Neue Deutsche Literatur* 26 (1978), H. 12, S. 99-128.

* *Moskau, Institut für Weltliteratur „Maxim Gorki“*
Korrespondenz zwischen Gorki und Zweig.
Maxim Gorki-Stefan Zweig. Briefwechsel. Hrsg. Kurt Böttcher. Leipzig: Reclam 1980.

* *New York, Leo Baeck Institute*
Stefan Zweig-Siegmund Warburg (1917-1943): 72 Briefe von Zweig an Warburg und 40 Durchschläge von Briefen Warburgs an Zweig. (Catalog, S. 154).
Jeffrey B. Berlin: „We want neither victory nor defeat for anyone, we are enemies of victory and friends of renunciation...“. –Notes on an Unpublished 1918 Stefan Zweig Letter to Hermann Hesse. In: *Germanisch-Romanische Monatsschrift* N.F. 41 (1991), S. 231-235.
Geschenk 1986

* *New York, Leo Baeck Institute*
Sammlung, 38 Nummern: Catalog, S. 409.
Weitere Briefe von Zweig in den Nachlässen von Julius Bab, Georg Hermann, Hugo Wolf, Johanna Meyer, Jacob Picard, Photos, Zeitungsartikel. (Catalog, S. 154-155.)

* *Stockholm, Kungliga Biblioteket*
Nachlaß Ellen Key: 20 Briefe von Zweig an Key (1905-1921).

* *Washington, Library of Congress, Manuscript Division*
The Papers of Benjamin W. Huebsch: Material betreffend die Beziehung Zweigs zur Viking Press (Korrespondenz, Verträge, Notizbücher von Ben Huebsch). Kopien der Briefe auf Mikrofilm befinden sich in der Stefan Zweig Collection in Fredonia.
Jeffrey B. Berlin: Stefan Zweig and his American Publisher: Notes on an Unpublished Correspondence, with reference to „Schachnovelle“ and „Die Welt von Gestern“. In: *Deutsche Vierteljahrsschrift* 56 (1982), S. 259-276; Jeffrey B. Berlin: An Author and his Publisher: Stefan Zweig's Unpublished Letters of 1936 to Ben Huebsch. In: *Germanisch-Romanische Monatsschrift* N.F. 37 (1987), S. 301-319; Jeffrey B. Berlin: Stefan Zweig's Unpublished Letters of 1938 to Ben Huebsch. In: *Deutsche Vierteljahrsschrift* 61 (1987), S. 325-358.

* *Wien, ÖNB HS*
Autogr. 544/4-6: 3 Briefe von Leonhard Adelt an Zweig, 74 Briefe und 7 Postkarten von Zweig an Adelt.
Eine Presseaussendung der Österreichischen Nationalbibliothek vom 28.11.1990, wonach die Bibliothek die komplette Sammlung des erhaltenen Briefwechsels über dreißig Jahre zwischen Sigmund Freud und Stefan Zweig jüngst erworben hätte, geht auf eine Verwechslung von Stefan Zweig mit Arnold Zweig zurück. Die nicht dementierte Meldung wurde noch im Jänner 1991 in österreichischen Zeitungen verbreitet.

* *Rio de Janeiro, Biblioteca Nacional*
Teil des Verlagsarchivs: Briefe von Stefan Zweig an den Verleger Abrahao Koogan. Übernommen von Abrahao Koogan im Frühjahr 1992
Brunhild E. Blum: Stefan Zweigs Briefe

an seinen brasilianischen Verleger Abrahao Koogan von 1932 bis 1942. Vollständiger Abdruck mit Anmerkungen und einem Exkurs über das Brasilienbild des Autors. Diplomarbeit. Universität Innsbruck 1988.
Verzeichnis von weiteren Briefen Zweigs in den U.S.A., siehe Guide, 1978, S. 1052-1059.

The Correspondence of Stefan Zweig with Raoul Auernheimer edited with an introduction and notes by Donald G. Daviau and Jorun B. Johns and with Richard Beer-Hofmann edited with a commentary and notes by Jeffrey B. Berlin. Columbia, South Carolina: Camden House 1983; Jeffrey B. Berlin: Stefan Zweig: An Unpublished Letter about Guy de Maupassant. In: *Etudes Germaniques* 42 (1987), Nr. 1, S. 66-69; *Stefan Zweig. Briefwechsel mit Hermann Bahr, Sigmund Freud, Rainer Maria Rilke und Arthur Schnitzler.* Herausgegeben von Jeffrey B. Berlin, Hans-Ulrich Lindken und Donald A. Prater. Frankfurt am Main: S. Fischer Verlag 1987. [ohne Hinweis auf Standorte der Korrespondenzen]
Zu den Autographensammlungen und -katalogen Zweigs siehe Roland Folter: *Deutsche Dichter- und Germanistenbibliotheken. Eine kritische Bibliographie ihrer Kataloge.* Stuttgart: Verlag Fritz Eggert 1975, S. 217-218.
Randolph J. Klawiter: *Stefan Zweig. A Bibliography.* Chapel Hill: The University of North Carolina Press (1965). (= University of North Carolina Studies in the Germanic languages and literatures, Band 50); ders: *Stefan Zweig. An International Bibliography.* Riverside: Ariadne Press 1991.

Zwillinger, Frank Gerhard

29.11.1909, Wien–22.11.1989, Paris
Lyriker, Theaterschriftsteller. Emigrierte 1939 nach Paris, wo er bis zu seinem Tod lebte.

* *Wien, ÖNB ÖLA*
Teilnachlaß (unbearbeitet).

* *Waltham (Mass., U.S.A.), Brandeis University Library, Special Collections Department, Judaica Department*
Frank Zwillinger Collection: Gedichte und Gedichtsammlungen (u. a. endgültige Fassungen der Gedichte 1926-1947), Stücke, u. a. *Der Brennspiegel, Die Angeln der Welt, Gestörte Kreise, Wiener Welttheater, Galileo Galilei. Der Golem von Prag, Der Streik Gottes, Zwischen Tod und Leben,* Notizbücher. – Briefe, u. a. von Kurt Becsi, Walter Berendsohn, Verlagskorrespondenz (u. a. Österreichische Verlagsanstalt). – Lebensläufe, Glückwünsche zum 70. Geburtstag, Ehrungen. – Rezensionen seiner Bücher, Sammlung von Veröffentlichungen über Zwillinger, Tonbandaufnahmen von Lesungen und Theaterstücken.
Geschenk des Autors.
Maschinschriftliches Verzeichnis (14 S.).
Harry Zohn: In Memoriam. Frank Zwillinger 1909-1989. In: *Modern Austrian Literature* 23 (1990), Nr. 3/4, S. 217-219; Dagmar C.G. Lorenz: Frank Zwillinger: Wiener Welttheater. In: *Ebda* 21 (1988), Nr. 1, S. 61-82.

Zwinz-Breyer, Maria Anna

10.3.1887, Wien–15.10.1982, ebda
Lyrikerin; Wien.

* *Wien, ÖNB HS*
Teilnachlaß, Ser. n. 24.388-24.510: Tagebücher und Briefe.

* *Wien, Dokumentationsstelle für neuere österreichische Literatur*
Teilnachlaß, 1 Karton: Zahlreiche Gedichte. – Photos, Personaldokumente. – Materialien betreffend die Liga für die Vereinten Nationen.
Unbearbeitet.
Geschenk 1980 bis 1981

Bibliographie der wichtigsten Nachlaßverzeichnisse

Bat'ha, František: Seznam literárních pozůstalosti a korespondencní v literárním archivu Národního Musea. Praha 1954 (Knihovna a literární archiv Národního Musea v Praze. Inventáře a katalogy, Sv. 2)

Behrens, Jürgen [u. a.]: Freies Deutsches Hochstift. Frankfurter Goethe-Museum. Katalog der Handschriften. Tübingen: Max Niemeyer Verlag 1982. (= Reihe der Schriften/Freies Deutsches Hochstift Band 25)

Die Bestände des Archivs und der Bibliothek der Akademie der Künste. Hrsg. vom Senator für Kulturelle Angelegenheiten. Berlin 1985.

Białek, Edward und Alois Woldan: Briefe österreichischer Literaten in der Universitätsbibliothek Wrocław. In: *Germanica Wratislaviensia* 1985, Heft 68, S. 148-155.

Bystrický, Vladimír und Václav Hrubý: Přehled archivů ČSR. Archivní správa ministerstva vnitra ČSR. Praha 1984.

Dachs, Karl: Die schriftlichen Nachlässe in der Bayerischen Staatsbibliothek München. Wiesbaden: Otto Harrassowitz 1970. (= Catalogus codicum manuscriptorum bibliothecae Monacensis 9,1)

Denecke, Ludwig und Tilo Brandis: Die Nachlässe in den Bibliotheken der Bundesrepublik Deutschland. 2. Auflage, Boppard am Rhein: Harald Boldt Verlag 1981 (Verzeichnis der schriftlichen Nachlässe in deutschen Archiven und Bibliotheken. 2)

Deutsche Exilliteratur seit 1933. Band 1: Kalifornien. Hrsg. v. John M. Spalek, Joseph Strelka und Sandra H. Hawrylchak. Bern und München: Francke Verlag 1976. – Band 2: New York. Hrsg. v. John M. Spalek und Joseph Strelka. Bern: Francke Verlag 1989.

Folter, Roland: Deutsche Dichter- und Germanistenbibliotheken. Eine kritische Bibliographie ihrer Kataloge. Stuttgart: Verlag Fritz Eggert 1975.

Fondation Archives Européennes Genève. Présentation & État Général des fonds d'archives. Genf 1990.

Frels, Wilhelm: Deutsche Dichterhandschriften von 1400 bis 1900. Gesamtkatalog der eigenhändigen Handschriften deutscher Dichter in den Bibliotheken und Archiven Deutschlands, Österreichs, der Schweiz und der ČSR. Leipzig: Verlag von Karl W. Hiersemann 1934.

Gelehrten- und Schriftstellernachlässe in den Bibliotheken der Deutschen Demokratischen Republik. Teil 1: Die Nachlässe in den wissenschaftlichen Allgemeinbibliotheken. Bearbeitet von Ruth Unger. Berlin 1959. – Teil 2: Die Nachlässe in wissenschaftlichen Instituten und Museen und in den allgemeinbildenden Bibliotheken. Unter Mitwirkung von Horst Wolf hrsg. v. Hans Lülfing und R. Unger. Berlin: Deutsche Staatsbibliothek 1968. – Teil 3: Nachträge, Ergänzungen, Register. Hrsg. v. Hans Lülfing und Horst Wolf. Berlin: Deutsche Staatsbibliothek 1971.

Goedekes Grundriß zur Geschichte der deutschen Dichtung. Neue Folge (Fortführung von 1830 bis 1880). Erster Band. Hrsg. von Georg Minde-Pouet und Eva Rothe. Berlin: Akademie-Verlag 1962.

Guide to the Archives in Israel. Edited by P.A. Alsberg. Jerusalem: Israel Archives Association 1973.

Guide to the International Archives and Collections at the IISH, Amsterdam. Hrsg. v. Atie van der Horst und Elly Koen. Amsterdam 1989.

Gunnemann, Hedwig und Harro Heim: Stadt- und Landesbibliothek Dortmund. Autographenkatalog. Dortmund 1962. (= Veröffentlichungen N.F., Band 1)

Hahn, Karl-Heinz: Goethe-und Schiller-Archiv. Bestandsverzeichnis. Weimar: Arion Verlag 1961.

Handschriftensammlung der Wiener Stadtbibliothek. Beschreibendes Verzeichnis der Briefe. Herausgegeben von der Gemeinde Wien, 1. Band Abegg bis Balochino. Wien: Gerlach & Wiedling 1919.

Hansel, Johann und Carl Paschek: Personalbibliographie zur deutschen Literaturgeschichte. Studienausgabe von Johannes Hansel. 2., neubearb. u.erg. Auflage. Berlin: Erich Schmidt Verlag 1974.

Heim, Harro: Österreichisches Kulturgut in ausländischen Bibliotheken. Autographen österreichischer Autoren im Ruhrgebiet. In: Information. Gestern–Heute–Morgen. Bibliotheken als wissenschaftliche informations- und Servicezentren. Internationale Festschrift für Ferdinand Baumgartner zum 60. Geburtstag. Hrsg. von Ilse Dosoudil und Paul Rauchbauer. Wien: Literas 1991, S. 41-71.

Informationen aus der Wiener Stadt- und Landesbibliothek. Nr. 2: Handschriftensammlung. 1. Aufl. Wien [Dezember] 1981.

The International Institute of Social History. General index of Archives and Collections. Amsterdam o.J.

Kuhn, Heinrich: Sudetendeutsche Heimatsammlungen. Museen. Archive. Galerien. Bibliotheken. Heimatstuben. Privatsammlungen. Herausgegeben vom Sudetendeutschen Archiv. (2.) Erweiterte Neuauflage. München: Aufstieg-Verlag 1985.

Kussmaul, Ingrid: Die Nachlässe und Sammlungen des Deutschen Literaturarchivs Marbach am Neckar. Ein Verzeichnis. Marbach am Neckar: Deutsche Schillergesellschaft 1983. Zweite, durchgesehene Auflage 1986. (Deutsches Literaturarchiv. Verzeichnisse-Berichte-Informationen 10)

Leo Baeck Institute New York. Catalog of the Archival Collections edited by Fred Grubel in cooperation with Alan S. Divack, Frank Mecklenburg, Michael A. Riff, Nusi Sznaider. Tübingen: J.C.B.Mohr (Paul Siebeck) 1990.

Location Register of Twentieth Century English Literary Manuscripts and Letters. A Union List of Modern English, Irish, Scottish and Welsh Authors in the British Isles. Volume I, A-J Volume II, K-Z. London: The British Library 1988.

Lohrer, Lieselotte: Schiller-Nationalmuseum Marbach/Neckar. Bestandsverzeichnis des Cotta-Archivs (Stiftung der Stuttgarter Zeitung). I Dichter und Schriftsteller. Stuttgart: Ernst Klett Verlag 1963. (= Veröffentlichungen der Deutschen Schillergesellschaft Band 25)

Mayer, Wolfgang: Wiener Stadt- und Landesarchiv. Nachlässe. Wien 1988. (=Veröffentlichungen des Wiener Stadt- und Landesarchivs. Reihe A: Archivinventar, Serie 3, Heft 2)

Mommsen, Wofgang: Die Nachlässe in den deutschen Archiven (mit Ergänzungen aus anderen Beständen). Teil II. Bearbeitet im Bundesarchiv in Koblenz von W.A.

Mommsen. Boppard: Boldt 1983. (Verzeichnis der schriftlichen Nachlässe in deutschen Archiven und Bibliotheken. 1,II Schriften des Bundesarchivs. 17/II).

Nachbilder. 25 Jahren Brenner-Archiv. 10 Jahre Forschungsinstitut Brenner-Archiv Universität Innsbruck. Eine Dokumentation. Innsbruck 1989.

Prag. Literární archiv. Památník Národního Písemnictví (Literaturarchiv im Museum der tschechischen Literatur). Verzeichnis der Nachlässe. Manuskript, Prag 1990.

Prag. Ústřední archiv ČSAV (Zentrales Archiv der Tschechoslowakischen Akademie der Wissenschaften). Verzeichnis der Nachlässe. Manuskript, Prag o.J.

Raabe, Paul und Georg Ruppelt: Quellenrepertorium zur neueren deutschen Literaturgeschichte. 3., vollständig neu bearbeitete Auflage. Stuttgart: Metzler 1981. (Sammlung Metzler. Realien zur Literatur Band 74)

Renner, Gerhard: Die Nachlässe in den Bibliotheken und Museen der Republik Österreich. Ausgenommen die Österreichishe Nationalbibliothek und das Österreichische Theatermuseum. Manuskript, Wien 1990. (Erscheint 1992)

Repertorium der handschriftlichen Nachlässe in den Bibliotheken und Archiven der Schweiz. Zuwachsliste. Bern: Schweizerische Landesbibliothek 1980.

Schmutz-Pfister, Anne-Marie: Repertorium der handschriftlichen Nachlässe in den Bibliotheken und Archiven der Schweiz. Im Auftrage der Vereinigung Schweizerischer Bibliothekare und der Vereinigung Schweizer Antiquare. Bern-Bümpitz 1967.

Spalek, John, Adrienne Ash und Sandra H. Hawrylchak: Guide to the Archival Materials of the German-speaking Emigration to the United States after 1933. Verzeichnis der Quellen und Materialien der deutschsprachigen Emigration in den U.S.A. seit 1933. Charlottesville: University Press of Virginia 1978.

Spalek, John und Sandra H. Hawrylchak: Guide to the Archival Materials of the German-speaking Emigration to the United States after 1933. Volume 2. Verzeichnis der Quellen und Materialien der deutschsprachigen Emigration in den USA seit 1933. Band 2. Bern: A. Francke Verlag 1992.

Texte. Noten. Bilder. Neuerwerbungen, Restaurierungen, Konservierungen 1977-1983. Ausstellung der Österreichischen Nationalbibliothek. Prunksaal 8. Juni-13. Oktober 1984. Bearbeitet von Eva Irblich und Maria Flieder. Wien: Österreichische Nationalbibliothek 1984.

Winner, Gerhard: Das Diözesanarchiv St.Pölten. Behörden und Institutionen, ihre Geschichte und Bestände. St.Pölten: Bischöfliches Ordinariat 1962.

Zbiory rękopisów w bibliotekach i muzeach w Polsce. Opracowała. Danuta Kamolowa Pryz Współudziale. Krystyny Musyzńskiej (zbiory kościelne). Warszawa: Biblioteka Narodowa 1988.

Register

Adressen der Autoren

Dr.Murray G. Hall
Kulmgasse 30/12
A-1170 WIEN

Dr.Gerhard Renner
Palffygasse 5
A-1170 WIEN
Wiener Stadt- und Landesbibliothek
Rathaus, A-1082 WIEN

Literatur in der Geschichte
Geschichte in der Literatur

Herausgegeben von Klaus Amann und
Friedbert Aspetsberger in Verbindung mit Claudio Magris

Band 17
Hubert Lengauer
Ästhetik und liberale Opposition
Zur Rollenproblematik des Schriftstellers in der österreichischen
Literatur um 1848. 1989. 258 S. Brosch. ISBN 3-205-05210-2

Band 18
Johann Sonnleitner
Die Geschäfte des Herrn Robert Hohlbaum
Die Schriftstellerkarriere eines Österreichers in der Zwischenkriegszeit
und im Dritten Reich. 1989. 316 S. Brosch. ISBN 3-205-05206-4

Band 19
Klaus Amann / Helmut Grote
Die „Wiener Bibliothek" Hermann Brochs
Kommentiertes Verzeichnis des rekonstruierten Bestandes.
1990. 290 S. Geb. ISBN 3-205-05321-4

Band 20
Roland Innerhofer
Kulturgeschichte zwischen den beiden Weltkriegen:
Egon Friedell.
Mit einem Beitrag von Johann Hinterhofer.
1991. 177 S. Brosch. ISBN 3-205-05362-1

Band 21
Stephanie Heckner
Die Tropen als Tropus
Zur Dichtungstheorie Robert Müllers.
1991. 203 S. Brosch. ISBN 3-205-05353-2

Literatur in der Geschichte
Geschichte in der Literatur

Herausgegeben von Klaus Amann und
Friedbert Aspetsberger in Verbindung mit Claudio Magris

Band 22
Ernst Gombrich
Gastspiele
Aufsätze eines Kunsthistorikers
zur deutschen Sprache und Germanistik
1992. 133 S. Brosch. ISBN 3-205-05439-3

Band 23
Murray G. Hall / Gerhard Renner
Handbuch der Nachlässe und Sammlungen österreichischer Autoren
1992. 420 S. Gb. ISBN 3-205-05528-4

Band 24
Judith Klein
Literatur und Genozid
Zur Darstellung der nationalsozialstischen Massenvernichtung
in der französischen Literatur
1992. Ca. 232 S. Brosch. ISBN 3-205-05536-5

BÖHLAU VERLAG WIEN · KÖLN · WEIMAR